ZWISCHEN HERRSCHAFT UND KUNST
FÜRSTLICHE UND ADLIGE FRAUEN IM ZEITALTER
ELISABETHS VON NASSAU-SAARBRÜCKEN (14.-16- JH.)

Veröffentlichungen
der Kommission für Saarländische Landesgeschichte
und Volksforschung

44

ZWISCHEN HERRSCHAFT UND KUNST
FÜRSTLICHE UND ADLIGE FRAUEN IM ZEITALTER ELISABETHS VON NASSAU-SAARBRÜCKEN (14.-16- JH.)

herausgegeben von
WOLFGANG HAUBRICHS und PATRICIA OSTER

Saarbrücken 2013

Die Deutsche Bibliothek – CIP-Einheitsaufnahme

Druck und buchbinderische Verarbeitung:
SDV Saarländische Druckerei und Verlag GmbH

Printed in Germany

ISBN: 978-3-939150-05-3

Inhalt

EINLEITUNG

Es mag angemessen erscheinen, Ziele und Intentionen dieses internationalen und auf der interdisziplinären Zusammenarbeit von Historikern, Romanisten, Germanisten und Kunsthistorikern aufbauenden Sammelbandes an der im Titel genannten faszinierenden Persönlichkeit der Elisabeth von Lothringen, Gräfin von Nassau-Saarbrücken, einer literarisch interessierten und aktiven Fürstin des 15. Jahrhunderts, zu verdeutlichen. Das Geburtsjahr der in Vézélise (südlich Nancy) als Tochter Friedrichs von Lothringen († 1415) geborenen Gräfin ist nicht präzise bekannt, lässt sich jedoch indirekt auf das letzte Jahrfünft des 14. Jahrhunderts eingrenzen. Elisabeth, aus der Zweiglinie Vaudémont des lothringischen Herzoghauses stammend, wurde 1412 mit dem Grafen Philipp von Nassau-Saarbrücken vermählt, einem im Westen des Reichs nicht ganz einflusslosen Fürsten, der zugleich stets auf gute Beziehungen zum französischen Königtum und den Fürsten des französischen *regnum* Wert legte. Nach dem Tode ihres Gatten übernahm sie 1429 über ein Jahrzehnt lang für ihre unmündigen Söhne die Regentschaft der Grafschaft, die damals (freilich nicht in einem geschlossenen Territorium) von der Herrschaft Commercy an der oberen Maas (südlich Verdun) über umfangreiche Besitzungen an Saar und Blies und am Donnersberg bis in den Rheingau (Wiesbaden), den Taunus und das Lahntal reichte. Saarbrücken war ihre Hauptresidenz; als sie 1456 verstarb, begründete ihr repräsentativ nach burgundischen Mustern gestaltetes, die Memoria der Lothringer und anderer großer, verwandter Adelshäuser (Luxemburg, Brabant, Württemberg) aufnehmendes und an ausgezeichneter Stelle in der Mitte des Chores der gotischen Stiftskirche St. Arnual ihrer Residenz platziertes Grabmal für mehrere Generationen, bis ins frühe 17. Jahrhundert, die in prächtigen Denkmälern manifestierte Grablege des Hauses – so bereits den Zusammenhang von Herrschaft und Repräsentation ausweisend.

Herrschaft und Kunst: Gerade als Elisabeth als tatkräftige Verwalterin ihrer Territorien in die Randereignisse des in seine virulente Spätphase eingetretenen Hundertjährigen Krieges zwischen Frankreich, England und Burgund verwickelt wurde, verfasste sie ihre Prosaübersetzungen (um 1435/37), die ihr in der Literaturgeschichte die Etikettierung als erste Vertreterin des neu entstehenden deutschen Prosaromans eingebracht haben. Elisabeth hat vier französische Heldenlieder, sog. Chansons de geste, in deutsche Prosa übertragen: ,Herpin', ,Sibille', ,Loher und Maller' und ,Huge Scheppel'. Sie behandeln thematisch, wenn auch in der Form der Sage, die jedoch für das zeitgenössische Adelspublikum Historie war, die Zeit von Karl dem Großen über Ludwig den Frommen und Lothar bis hin zu der (viel näher als in der Realgeschichte zusammengerückten) Ablösung der Karolinger durch das neue französische Königsgeschlecht der Kapetinger, somit auch die Frühgeschichte, die Genealogie der beiden großen Reiche, zwischen denen Lothringen und Nassau-Saarbrücken lagen, des (römisch-deutschen) Imperium und des (westfränkisch-französischen) *regnum*. Die aussagekräftige Zusammenstellung gerade dieser Heldenepen (und nicht etwa der lothringischen ,Chansons de geste' um Garin und Hervis) hatte vielleicht bereits Elisabeths Mutter Margarethe († 1416) aus dem Hause Vaudémont-Joinville geleistet. Es darf vermutet werden, dass diese Frühgeschichte des französischen

Königtums im lothringischen Herzogshaus auch wegen dessen Verwandtschaft mit den Trägern des Lilienwappens hohes Interesse fand.

Der Erbe der Saarbrücker Lande, Elisabeths Sohn Johann (1442-72) sorgte später für die Abschrift der Werke seiner Mutter in bebilderten Prachthandschriften französischen Typs. Die Rezeption der Elisabeth-Werke vollzog sich zu einem großen Teil im Umkreis Bücher sammelnder Verwandter, z.B. der Blankenheimer und der Heidelberger Pfalzgrafen. Eine weitere Verwandte der Elisabeth, die Pfalzgräfin Mechthild von Rottenburg, selbst Büchersammlerin und Zentrum eines anspruchsvollen literarischen Kreises, besaß eine Handschrift des ‚Herpin'-Romans; bei ihrem ‚Hofdichter' Hermann von Sachsenheim finden sich Anspielungen auf dieses Werk.

Schließlich zeigt sich Bibliotheksaufbau, aber auch Auftraggeberschaft bei Elisabeths Tochter Margarethe von Rodemachern († 1490), etwa in ihrem bemerkenswerten, bebilderten Weimarer Gebetbuch, dessen Anlage in einzelnen Andachtsbildern einzigartig ist. Durch ein Ausleihverzeichnis sind wir über Teile ihrer Bibliothek unterrichtet, Teile haben sich in der Sayn-Wittgensteinschen Bibliothek (Berleburg) und in Hamburg erhalten. Im Vordergrund standen bei ihr Andachtsbücher, darunter erneut Übersetzungen aus dem Französischen, so wie wir auch durch die Bestandteile von Elisabeths in Gotha erhaltenem und von Margarethe mit persönlichen Einträgen versehenen Gebetbuch über deren dominikanisch beeinflusstes Frömmigkeitsverhalten informiert sind. Zugleich lässt Margarethes Ausleihverzeichnis weitere Aufschlüsse über die Diffusion ihrer Bücher in andere Adelshäuser Lothringens, Luxemburgs und des Rheinlandes zu; darunter finden sich wieder als Adressaten einige adlige Damen.

An der Familie der Elisabeth von Lothringen, für welche die Sicherung der Fakten, ihrer historischen Wirksamkeit und der deutsch-französischen Literaturbeziehungen bereits in einem 2002 erschienenen Sammelband mit einem integrativen interdisziplinären Ansatz betrieben werden konnte[1], lässt sich geradezu eine Typologie der Relationen zwischen Kunst, Literatur und adligen, fürstlichen Frauen ablesen:

---

[1] Haubrichs, Wolfgang / Herrmann, Hans-Walter (Hg.): *Zwischen Deutschland und Frankreich. Elisabeth von Lothringen, Gräfin von Nassau-Saarbrücken* (Veröffentlichungen der Kommission für Saarländische Landesgeschichte und Volksforschung 34), St. Ingbert 2002. Vgl. jetzt Haubrichs, Wolfgang: „Mahl und Krieg. Die Erzählung der Adelskultur in den Texten und Bildern des Hamburger *Huge Scheppel* der Elisabeth von Lothringen, Gräfin von Nassau-Saarbrücken", in: Catherine Drittenbass / André Schnyder (Hg.): *Eulenspiegel trifft Melusine. Der frühneuhochdeutsche Prosaroman im Licht neuer Forschungen und Methoden* (Chloe, Beihefte zum Daphnis 42), Amsterdam / New York 2010, S. 201-216 (mit 14 Abb.). Die Edition zweier weiterer Prosaromane Elisabeths, die ebenfalls auf französische Chansons de geste zurückgehen, des ‚Herpin' und des ‚Loher und Maller' wird von Bernd Bastert (Bochum) und Ute von Bloh (Potsdam) vorbereitet. Die Faksimile-Ausgabe des ‚Huge Scheppel' von 1905 liegt in einem Nachdruck vor: *Der Huge Scheppel der Gräfin Elisabeth von Nassau-Saarbrücken. Nach Handschrift der Hamburger Stadtbibliothek mit einer Einleitung von Hermann Urtel*, Hamburg 1905, Nachdruck Saarbrücken 2007.

1) Adressaten und Rezipientinnen von Literatur (darunter eines hohen Anteils von Frömmigkeitstexten) sind Elisabeth selbst (Gebetbuch), ihre Tochter Margarethe, aber auch schon die Mutter Margarethe von Lothringen für zumindest eines der französischen Heldenepen.

2) Zugleich entstehen Sammlungen mit weiterer Strahlkraft bei ihrer Tochter Margarethe (darunter eine ebenfalls nach Lothringen zu lokalisierende Versübersetzung samt Prosafassung der ‚Pilgerfahrt des träumenden Mönchs' des französischen Zisterziensers Guillaume de Digulleville)[2] und bei der Verwandten Mechthild von Rottenburg; der Sohn gibt den Auftrag zu Prachthandschriften. Mechthild regt literarische Werke wie die erotische Erzählung ‚Die Mörin' Hermanns von Sachsenheim an.

3) In besonderen Fällen verdichtet sich der literarisch-künstlerische Impetus zur Autorenschaft, wie es bei Elisabeth der Fall ist, wobei besonders zu würdigen ist, dass diese Werke nicht in Zeiten der Muße, sondern während ihrer aktiven Regentschaft entstanden.

Diese Dreiheit des Verhältnisses von Kunst, adliger Frau und Fürstin ist nun kein Einzelfall in Deutschland und schon gar nicht in Europa. Über ganz Europa hinweg lässt sich für das 14. bis 16. Jahrhundert eine besondere Rolle gerade adliger Frauen für die Rezeption, die Entstehung und Verbreitung von Literatur, besonders gerade (aber nicht nur) volkssprachiger Literatur feststellen. Es gibt nun durchaus gehaltvolle Einzelstudien zu den literarisch-künstlerischen Interessen von adligen Frauen, Fürstinnen, Herrscherinnen (manches freilich liegt noch fast völlig im Dunkel) sowie auch durchaus bereits manche Studien zum politischen Wirken speziell von Herrscherinnen. Doch blieb bisher eine zentrale Frage beim monographischen, partikularen Vorgehen unbeantwortet, musste unbeantwortet bleiben. Es ist die Frage nach der wechselseitigen Bedingtheit und Koexistenz von weiblicher Fürstinnen- und Herrscherrolle und literarisch-künstlerischer Interessenbildung. War letztere nur ein individuelles Additum, geboren etwa aus adliger Erziehung und religiöser Betreuung? Spiegeln die literarischen Interessen mentalitätsgeschichtliche Prozesse des späten Mittelalters? Gehorchten sie dynastischen, genealogischen Interessen? War das Rezipieren, Fertigen und Sammeln von Literatur ein Element adliger und fürstlicher Repräsentation? Waren Autorschaft und Aufbau literarischer Zentren Instrumente, die Frauen halfen, einen eigenen Handlungsspielraum im sozialen Gefüge der Höfe, in der Kommunikation der politisch handelnden Oberschichten zu erschließen? Und lassen sich weibliche (aber auch im Gegenpart männliche) Rollenbilder und Verhaltensnormen in der

---

[2] Bömer, Aloys (Hg.): *Die Pilgerfahrt des träumenden Mönchs. Aus der Berleburger Handschrift* (Deutsche Texte des Mittelalters 25), Berlin 1915. Vgl. dazu Haubrichs, Wolfgang: „Die ‚Pilgerfahrt des träumenden Mönchs'. Eine poetische Übersetzung Elisabeths aus dem Französischen?", in: Haubrichs/Herrmann (wie Anm. 1), S. 533-568; Ders.: „Edition und Sprachgeschichte. Zum sprach- und literarhistorischen Sinn einer synoptischen Edition der westrheinfränkischen Prosaübersetzung der *Pilgerfahrt des träumenden Mönchs* (PTM)", in: Michael Stolz (Hg.): *Edition und Sprachgeschichte* (Beihefte zu editio 26), Tübingen 2007, S. 155-186. Demnächst Kablitz, Andreas / Peters, Ursula (Hg.): *Mittelalterliche Textualität als Retextualisierung. Das* Pèlerinage-*Corpus des Guillaume de Déguileville im europäischen Mittelalter*, Heidelberg 2013.

rezipierten, gesammelten, ja teilweise selbst verfassten Literatur auffinden?

Diese korrelierte Gruppe von Problemen und Fragen lässt sich kaum adäquat in Einzelanalysen beantworten, sondern nur mit komparatistischem Ansatz, im Vergleich, im Gespräch der fachlich für den jeweiligen Gegenstand primär kompetenten Vertreter der Disziplinen der Geschichte, Kunstgeschichte und einzelner Philologien. Dieses Gespräch, das so noch nicht geführt wurde, zu ermöglichen, zu beginnen ist der Sinn dieses aus einem Kolloquium hervorgegangenen Bandes.

Der Band gliedert sich nach den obigen Darlegungen in mehrere Themenkreise, deren drei erste sich an der Typologie der Beziehungen von adligen Frauen und Literatur ausrichten:

1) Literatur und Kunst (Handschriftenillustration) für adlige weibliche Adressaten und Rezipienten
2) Adlige Damen als Mäzene und Sammlerinnen
3) Fürstliche Autorinnen (auch für Fürstinnen und Fürsten schreibende Autorinnen).

Die sich komplementär verstehende Sektion

4) Frauenbildung – Frauenbilder – Frauenrollen

geht einmal den Handlungsspielräumen, den Funktionsräumen nach, die sich Herrscherinnen im späten Mittelalter eroberten, ferner den stützenden Bildungszentren, die sich der mentalen Orientierung der Frauen annahmen und thematisiert schließlich die reflektierte Modellierung von Herrscherinnen in den sich im späten Mittelalter vervielfachenden volkssprachigen Romanen, Erzähltexten und Preisreden.

Das Themenfeld „Literatur und Kunst für adlige Frauen" wird zunächst erschlossen durch den lange Jahre den Katalog der deutschsprachigen illustrierten Handschriften des Mittelalters (Bayerische Akademie der Wissenschaften) betreuenden Kunsthistoriker Norbert OTT (München) mit einer Übersicht und Typologie der „illustrierten Andacht", in der er exemplarisch die in großer Anzahl aus dem späten Mittelalter überlieferten bebilderten Gebetbücher, Breviere und Andachtsbücher behandelt und damit zugleich die „Rolle der Frauen für Literatur und Kunst im Mittelalter".

Die Romanistin Angelika RIEGER (Aachen) geht der Darstellung von Petrarcas *Trionfi* auf den Brauttruhen der Paola Gonzaga in Graz nach. Petrarcas 1352-74 entstandene und 1470 erschienene *Trionfi* sind Visionen von sechs allegorischen Triumphzügen der Liebe, der Keuschheit, des Todes, des Ruhmes, der Zeit und der Ewigkeit. Barbara von Brandenburg, Marchesa di Mantova (1423-1481), gab als Mäzenin und gebildete Adlige die Gestaltung der Brauttruhen für ihre ebenso gebildete Tochter Paola Gonzaga vor 1478 bei ihrem Hofmaler Andrea Mantegna in Auftrag.

Kaiser Maximilian I. hatte mit Hilfe von Hofautoren seine eigene Biographie unter dem Signum des Helden eines Artusromans mit Namen ‚Theuerdank' stilisiert überhöht. Das Werk erschien 1517 im Druck. Die Germanistin Martina BACKES (Fribourg) analysiert die bisher nie erörterte Rezeption dieses Schlüsselromans in einer für seine Tochter Margaretha von Österreich 1528 gefertigten französischen Übersetzung. Margaretha, Herzogin von Savoyen, seit 1504 Witwe und von ihrem Vater zur Regentin der Niederlande ernannt, war zugleich eine umsichtige Politikerin und Diplomatin wie auch eine Förderin des an ihrem Hof zu Mecheln sich bis zu ihrem Tode (1530) entfaltenden kulturellen Lebens.

Im zweiten Themenfeld des Bandes stehen weibliche Mäzene und Sammlerinnen aus adliger und fürstlicher Herkunft im Vordergrund.

Eine Zeitgenossin Elisabeths von Nassau-Saarbrücken war Elisabeth von Görlitz, Gattin zuerst Antons von Burgund, dann Johanns, Herzog von Bayern-Straubing, schließlich als Witwe Herzogin von Brabant und Luxemburg, mit starken Verbindungen zu Metz und Trier. Eine von ihr in einem außerordentlich qualitätvollen Atelier (vermutlich in Metz) in Auftrag gegebene, auch sprachlich bisher kaum gewürdigte illustrierte ‚Leben Jesu‘-Handschrift und deren bebilderte Parallelüberlieferung untersucht einleitend der Kunsthistoriker Hans-Walter STORK (Hamburg).

Es wurde schon erwähnt, dass die Tochter der Elisabeth von Nassau-Saarbrücken, Margarethe von Rodemachern, eine kleine Bibliothek aufgebaut hatte. Der Historiker Hans-Walter HERRMANN (Saarbrücken), einer der besten Kenner lothringischer Geschichte, skizziert zum ersten Male aus teilweise bisher unbekannten Quellen den Funktions-, Herrschafts- und Kulturraum dieser gebildeten, zu Klöstern zwischen Trier und Mainz in Verbindung stehenden Adligen, deren personales Netzwerk nicht zuletzt in der gerichteten und umfangreichen Ausleihe von Büchern an Adelsfamilien des Umlands fassbar wird.

Die Germanistin Undine BRÜCKNER (Oxford) behandelt vergleichend Aspekte einer neuen weiblichen Laienfrömmigkeit, wie sie bei der adligen Büchersammlerin Margarethe in ihrem Gebetbuch und in anderen Andachtsbüchern bei der Konstanzer Patrizierin Dorothea vom Hof Ausdruck findet. Deutlich wird hier auch, wie sich durch ein bestimmtes personales Netzwerk, in das z.B. ein Domherr eingebunden wird, auch die Anfertigung von Büchern und ihre künstlerische Ausgestaltung bewerkstelligen lassen, mithin sich die Interferenz von textueller Produktion und sozialer Kommunikation manifestiert.

In eine neue Zeit (16. Jh.), in der sich die zentrale Rolle adliger Frauen in literarischer und sozialer Kommunikation im ‚Salon‘ zu entfalten beginnt, führt die Arbeit der Romanistin Margarete ZIMMERMANN (Berlin) über Mäzenatentum und Salonkultur im Frankreich der Religionskriege und speziell über die Mäzenatenrolle der Claude-Catherine de Clermont-Dampierre, duchesse de Retz, die mit ihrem Mann Albert de Gondi, duc de Retz, den bedeutendsten französischen Salon des 16. Jahrhunderts führte.

Das dritte Themenfeld des Bandes widmet sich den „fürstlichen Autorinnen", wobei gleich zu Beginn ein Sonderfall aus Skandinavien behandelt wird, in dem eine Fürstin nicht eigentlich als Autorin in Erscheinung tritt, sondern als Auftraggeberin von mit ihrem Namen versehenen und mit ihr biographisch-lebensweltlich verknüpften Werken:

Am Anfang versepischer Dichtung in schwedischer Sprache steht die durch eine Königin aus niederdeutschem, rügischem Hause veranlasste Bearbeitung dreier höfischer Romane, der ‚Eufemiavisur‘. Der Germanist und Skandinavist Mathias HERWEG (Karlsruhe) zeigt, wie diese schwedischen Übersetzungen, die thematisch in einem Herrschafts- und Brautwerbungsroman gipfeln, unter dem Patronat der norwegischen Königin Eufemia (1299-1312) als Instrument von nach Schweden reichenden dynastischen Ambitionen, nämlich der Heirat ihrer Tochter Ingeborg mit dem schwedischen Herzog Erik Folkunga dienen.

In diesem zentralen Abschnitt des Bandes wendet sich dann die Germanistin Nine MIEDEMA (Saarbrücken) den Vergegenwärtigungen fürstlichen, politischen Handelns in Sprechakten, in unterschiedlichen Sprecherrollen zu, wie sie sich einmal aus den zahlreich erhaltenen, aber kaum ausgewerteten Briefen der Elisabeth von Nassau Saarbrücken ergeben, zum andern aber in den Schilderungen von Fürstinnen in den Romanen der Autorin aufscheinen. Dem fügt sich eine Behandlung der Darstellung sozialer Geflechte, von Familienbeziehungen und Generationenkonflikten in den Romanen der Elisabeth durch Ingrid BENNEWITZ (Bamberg) gut an.

In dem Beitrag von Brigitte BURRICHTER (Würzburg) steht Anne de France (1461-1522), Tochter Königs Ludwig XI., Regentin für ihren Bruder Charles VIII. und spätere Herzogin von Bourbon, im Mittelpunkt. Sie hat um 1504 für ihre Tochter Susanne ein ‚Lehrbuch' geschrieben. In diesen ‚Enseignements' vermittelt sie neben allgemeinen Verhaltensregeln auch die besonderen Aufgaben einer adligen Frau. Ausgehend von diesem Vermächtnis wird Annes Selbstverständnis als Politikerin, Mäzenin und Autorin erschlossen.

Patricia OSTER (Saarbrücken) geht dem Verhältnis von weiblicher Macht und weiblichem Schreiben am Beispiel der Marguerite de Navarre (1492-1549) nach. Marguerite war als Schwester von Franz I. von Frankreich und Königin von Navarra eine Repräsentantin der Macht in der ersten Phase der absolutistischen Monarchie. Zugleich ist sie aber auch die Autorin einer bedeutenden Novellensammlung, die unter dem Titel ‚L'Heptaméron' bekannt wurde. Wie stellt sich der fiktive Raum des Novellenerzählens im Kraftfeld der Macht dar? Das ‚Heptaméron' bot Marguerite de Navarre die Möglichkeit, sich selbst in ihrer Identität als Königin in der Fiktion zu reflektieren und mit dem freiwilligen Verzicht auf eine ‚Rhetorik der Macht' einen Raum zu schaffen, in dem Normkonflikte, gesellschaftliche Veränderungen und Machtfragen ausphantasiert und ausspekuliert werden können.

Das letzte Themenfeld, in dem es um Frauenbildung, Frauenbilder, Frauenrollen geht, setzt mit der Frage ein, inwieweit die literarischen Interessen und die literarische Produktion adliger Frauen deren Einflussraum zu orientieren, vielleicht zu erweitern vermochten. Die hierfür zentrale Frage des Verhältnisses und Zusammenspiels von Bildung, literarischen Interessen und Herrschaftsfunktionen behandelt exemplarisch die Historikerin Amalie FÖSSEL (Duisburg-Essen) am Beispiel der Frauen aus dem Herrscherhaus der Luxemburger, wobei sie auf ihrer grundlegenden großen Arbeit über die Frau als Herrscherin im mittelalterlichen Reich aufbauen kann.

Eine eminent wichtige Rolle in der Etablierung weiblicher Bildung spielten im deutschsprachigen Raum die stetig wachsenden Frauenklöster des späten Mittelalters. Wie sie, die zu nicht geringem Teil selbst von Nonnen adliger Herkunft mitbestimmt wurden, Literatur produzierten und reproduzierten, Kultur vermittelten, Frömmigkeit und praktische Lehre förderten, diese Fragen sucht der amerikanische Germanist Albrecht CLASSEN (Tucson) zu beantworten.

Am Schluss des Bandes stehen zwei germanistische Arbeiten, die sich der Modellierung von Herrscherinnen in verschiedenen Textsorten widmen. Tomas TOMASEK (Münster) behandelt die Herrscherinnenfiguren im Werk der Elisabeth von Nassau-Saarbrücken, Wolfgang HAUBRICHS (Saarbrücken) das Bild der Fürstin in Preisgedichten und Ehrenreden des 14. Jahrhunderts, wie jener des Peter Suchenwirth auf Kaiserin Margaretha (†1356), der Gattin Ludwigs des Bayern.

Bewusst hat der Band seine Themenfelder in diesem komparatistischen Versuch zu einem außerordentlich komplexen und vielgestaltigen Problemkreis mittels theoriegeleiteter, jedoch zugleich empirisch ‚gesättigter' Reflexionen und ganz besonders mittels exemplarischer Fallstudien bestellt, in denen die je spezifische Durchdringung von künstlerischer, literarischer, mäzenatischer oder auch nur rezeptiver Praxis und Mentalität bei einzelnen Gestalten und die Dependenz von Überlieferungsbeständen (z.B. Bibliotheken, Sammlungen) und vom historischen Kontext deutlich wird. Es versteht sich fast von selbst und hat sich bestätigt, dass sich der gewählte Ansatz einer Untersuchung der Interferenzen von „Herrschaft und Kunst" bei weiblichen Adligen und Fürstinnen des späten Mittelalters und der frühen Neuzeit nur in einer europäischen Entfaltung (hier mit Schwerpunkten in Deutschland und Frankreich) bewähren kann.

Dass dieser Band[3], als würdiger, weiterführender Nachfolger des ersten Elisabeth-Bandes von 2002 zustande kam, ist ganz intensiv neben den zahlreichen Mitarbeiterinnen und Mitarbeitern (Sabine Schu, Ruth Kunz, Peter Gluting, Sabine Narr, Hannah Steurer) der Unterstützung durch das Wissenschaftsministerium und die Staatskanzlei des Saarlandes sowie durch die Union Stiftung Saar zu verdanken. Zugleich danken wir der ‚Kommission für ‚Saarländische Landesgeschichte' und ihrer Vorsitzenden Frau Prof. Dr. Brigitte Kasten für stetige Unterstützung und die Aufnahme in die Reihe der Veröffentlichungen der Kommission, in der schon der erste Elisabeth-Band publiziert wurde.

Saarbrücken, im März 2013

Wolfgang Haubrichs   Patricia Oster

---

[3] Einige Beiträge sind in teilweise anderer Form bereits im Heft 159 „Fürstliche Frauentexte" der LiLi (Zeitschrift für Literaturwissenschaft und Linguistik) veröffentlich worden. Der Band geht im Kern auf ein von der Deutschen Forschungsgemeinschaft gefördertes Saarbrücker Kolloquium (2006) zurück.

GEBETE ZU GOTT UND FRAU VENUS
DIE ROLLE DER FRAUEN FÜR LITERATUR UND KUNST IM MITTELALTER

NORBERT H. OTT

Das Nachdenken über die Gegenstände gerade unserer Fächer ist ein prozesshafter Vorgang, an dessen Ende kaum ein die Ewigkeit überdauerndes Gedankengebäude der auf immer gültigen Wahrheit steht. „Antworten sind immer provisorisch, Fragen können ewig sein", bemerkte schon 1911 Richard Moritz Meyer. So sollen auch im Folgenden in fünf Beispielketten eher Fragen gestellt als letztgültige Antworten gegeben werden dazu, wie Frauen, klösterliche und adelige, was nicht selten identisch ist, im Mittelalter Literatur und Bildkunst – oder besser: das Zusammenspiel beider Medien – zur Identitätsfindung und zur Definition ihrer gesellschaftlichen Rolle nutzten. Es geht erstens um frühe, meist von Klosterfrauen verantwortete Handschriften mit lateinischen Texten – vorwiegend Psalterien – und darin eingefügten Bilderfolgen, die ihrer Beischriften wegen auf einen auch volkssprachlichen Gebrauch schließen lassen und die im Prozess der Emanzipation der Volkssprache hin zu eigenständiger Literarizität eine entscheidende Rolle spielten. Es geht zweitens um Gebet- und Stundenbücher, in die die weiblichen Benutzerinnen oder Auftraggeberinnen sich nicht nur über die Auswahl der Gebetstexte, sondern auch mit Hilfe der ikonographischen Ausstattung einbrachten. Es geht weiter um die Produktion illustrierter Handschriften – meist für den Eigenbedarf – durch weibliche Produzenten – Stichwort ‚Nonnenmalerei' – und um die Funktion solcher Produkte in der Andachtspraxis. Viertens geht es um adelige Damen als Benutzer und Auftraggeber nicht nur geistlicher Bilderhandschriften. Und abschließend geht es um für höfische Damen gefertigte und von ihren benutzte Luxus-Gebrauchsobjekte – Spiegelkapseln, Kämme, Kästchen, Etuis für Schreibtäfelchen – mit aus der Literatur geschöpften Bildthemen. Das alle fünf Beispiele Verbindende ist nicht nur der Bezug auf Frauen als Benutzerinnen, Auftraggeberinnen oder Produzentinnen – auch für profane Objekte oft klösterliche Produzentinnen –, sondern auch der intermediale Bezug dieser Objekte zwischen Literatur und Bildkunst: Gerade in der untrennbaren Verbindung beider Medien, in ihrem wechselseitigen Zusammenwirken, lag wohl ihr Appellcharakter, ihre Verfügbarkeit zur selbstidentifikatorischen Nutzung.

1. Frauen als Vermittler: Volkssprache auf dem Weg zur Literarizität

Am Anfang der Verschriftlichung der lange nur mündlich tradierten und/oder mit reduziertem Literarizitätsanspruch einer kommenden deutschsprachigen Literatur stand das Bild – und standen Frauen, vorwiegend Frauen in Klöstern. Anhand einer Reihe illustrierter lateinischer Handschriften mit volkssprachlichen Einsprengseln lässt sich diese These belegen.[1] Aus der zweiten Hälfte des 12. Jahrhunderts sind zwei für die Chorfrauen des

---

[1]   An anderem Ort habe ich diese Befunde ausführlicher dargestellt. Siehe Ott, Norbert H: „Vermittlungsinstanz Bild. Volkssprachliche Texte auf dem Weg zur Literarizität", in: Wolfgang Haubrichs / Klaus Ridder / Eckart Conrad Lutz (Hg.): *Text und Text in lateinischer und volkssprachlicher Überlieferung des Mittelal-*

Augustinerstifts Seckau in der Steiermark bestimmte lateinische Breviere überliefert, die außer dem lateinischen Grundbestand nicht nur deutsche Textpassagen enthalten, sondern dem Haupttext auch kurze Bilderzyklen voranstellen. Während die eine der beiden in der Grazer Universitätsbibliothek verwahrten Handschriften[2] das Textcorpus mit einem Leben-Jesu-Zyklus aus acht ganzseitigen kolorierten Federzeichnungen (Abb. 1) einleitet,[3] enthält der zweite, etwas jüngere Codex[4] einen mit Tierkreisbildern illustrierten Kalender, in den die *Grazer Monatsregeln* inseriert sind, sowie – und zwar in unmittelbarer Nachbarschaft der deutschsprachigen *Seckauer Mariensequenz* – einen heilsgeschichtlichen Zyklus von fünf Federzeichnungen:[5] Eine Bilderfolge, die die erlösungstheologisch relevanten Ereignisse paradigmatisch vorstellt, wenn auch nicht in chronologischer, sondern in etwas verworren anmutender, wie auch immer zu deutender Folge; sicher war auch eine Kreuzigungsdarstellung geplant oder ist verloren gegangen.

Im lateinischen, vermutlich für ein weibliches Mitglied der Babenberger angefertigten so genannten *Lilienfelder Andachtsbuch*,[6] um 1200, sind zahlreichen der etwa 70 Miniaturen volkssprachliche Zeilen hinzugefügt worden (Abb. 2), zuweilen auch höchst umfängliche Vers-Erläuterungen. Und in dem gegen Ende der siebziger Jahre des 12. Jahrhunderts wohl in Trier geschriebenen und illustrierten Gebetbuch der Hildegard von Bingen[7] haben vermutlich im dritten Jahrzehnt des 13. Jahrhunderts spätere Besitzerinnen manchen Illustrationen neben lateinischen auch knappe deutsche Prosa-Beischriften hinzugefügt.

    ters. Freiburger Kolloquium 2004 (Wolfram-Studien 19), Berlin 2006, S. 191-208, Abb. 32-41.

[2] Graz, Universitätsbibliothek, Cod. 763, 2. Hälfte 12. Jahrhundert. Siehe zu diesen Handschriften Hellgardt, Ernst: „Seckauer Handschriften als Träger frühmittelhochdeutscher Texte", in: Alfred Ebenbauer u.a. (Hg.): *Die mittelalterliche Literatur in der Steiermark: Akten des internationalen Symposions, Schloss Seggau bei Leibnitz 1984* (Jahrbuch für Internationale Germanistik, Reihe A: Kongressberichte 23), Bern / Frankfurt am Main / New York / Paris 1988, S. 103-130.

[3] Auf den Blättern 4ᵛ-9ᵛ, beginnend mit der Geburt Mariens und der Verkündigung an Maria, gefolgt von Christi Geburt, der Anbetung der Könige und der Darstellung im Tempel, endend mit drei Szenen aus der Passion.

[4] Graz, Universitätsbibiothek, Cod. 287, um 1200.

[5] Bl. 1ᵛ-8ʳ ein mit Tierkreisbildern illustrierter Kalender, Bl. 8ᵛ *Seckauer Mariensequenz*, Bl. 9ʳ-12ʳ Federzeichnungszyklus: Gott mit Adam und Eva vor dem Baum der Erkenntnis, Sündenfall, Auferstehung, Himmelfahrt, Christi Geburt.

[6] Wien, Österreichische Nationalbibliothek, Cod. 2739*, um 1200 in Niederösterreich entstanden und von der Forschung mit den Babenbergern in Verbindung gebracht, vielleicht, wie Elisabeth Klemm („Das sogenannte Gebetbuch der Hildegard von Bingen", in: *Jahrbuch der kunsthistorischen Sammlungen in Wien* 74 (1978) S. 29-78, hier S. 74) annimmt, von Leopold VI. in Klosterneuburg „für ein weibliches Mitglied der Familie in Auftrag gegeben". Siehe auch Dies.: „Der Bilderzyklus im Hildegard-Gebetbuch", in: *Hildegard-Gebetbuch. Faksimile-Ausgabe des Codex Latinus Monacensis 935 der Bayerischen Staatsbibliothek. Kommentarband*, Wiesbaden 1987, S. 71-89, sowie Green, Rosalie: „The Vienna and Munich Prayerbooks", in: Jan-Baptist Bedaux (Hg.): *Annus Quadriga Mundi: Opstellen over middeleeuwse kunst opgedragen aan Prof. Dr. Anna Esmeijer* (Clavis. Kunsthistorische Monografieen 8), Utrecht 1989, S. 94-98.

[7] München, Bayerische Staatsbibliothek, Clm 935. Siehe dazu die in Anm. 6 genannte Literatur.

Abb. 1: Seckauer Brevier: Geißelung Christi. Graz, Universitätsbibliothek, cod. 763, Bl. 8ᵛ

Mag eine solche ‚Einspeisung' der Volkssprache in den lateinischen Basis-Text dieser Frauen-Gebetbücher, in denen Bild und Text sich „zu neuer Einheit im vom Bild gesteuertem narrativ-devotionalem Vollzug der Passion oder der Heilsgeschichte im Ganzen"[8]

---

8   Curschmann, Michael: „Wort – Schrift – Bild. Zum Verhältnis von volkssprachlichem Schrifttum und bildender Kunst vom 12. bis zum 16. Jahrhundert", in: Walter Haug (Hg.): *Mittelalter und frühe Neuzeit. Übergänge, Umbrüche und Neuansätze* (Fortuna Vitrea 16), Tübingen 1999, S. 378-470, hier S. 393.

Abb. 2: ›Lilienfelder Andachtsbuch‹: Geißelung Christi. Wien, Österreichische Nationalbibliothek, Cod. 2729*, Bl. 62ᵛ

fügt, zwar nur eine sekundäre Erweiterung der Gebrauchssituation sein, so doch sehr wohl eine kongeniale, denn die auf das Bildmedium applizierte „Volkssprache bezeugt und fixiert gleichsam die vorausgegangene Text-Bild-Kontemplation".⁹ Die Andacht der diese Bücher benutzenden Klosterfrauen bedarf zwar der lateinischen Sprache der Gebetstexte als Legitimationsinstanz, sie vollzieht sich jedoch auch und vor allem auf der Basis der Bildstrecken der Handschriften, und dieser Vorgang findet, ob gesprochen oder

---

⁹ Ebd.

nur ‚gedacht‘, in der Volkssprache statt, wie die Beischriften, auch die nachgetragenen, zeigen. In den Seckauer auch im liturgischen Vollzug genutzten Handschriften der Augustiner-Chorfrauen fallen lateinischer Basistext, deutschsprachige Einsprengsel und die einleitenden Illustrationen im Entstehungsprozess nicht – wie im Hildegard-Gebetbuch – zeitlich auseinander. Offensichtlich hat die ikonographische Akzentuierung des Beginns lateinischer Gebets- und Andachtsbücher mit volkssprachlichen Inseraten programmatischen Charakter: Die dem Textcorpus vorangestellten Bilderzyklen konkretisieren die heilsgeschichtliche Verbindlichkeit des im Text Gebotenen wie umgekehrt die Texte „diese Heilsgeschichte liturgisch vergegenwärtigen“.[10]

Das trifft auch auf ein vermutlich im zweiten Jahrzehnt des 13. Jahrhunderts entstandenes, privates Andachtsbuch[11] zu, dessen einst angenommener Entstehungsort und Auftraggeber-Umkreis zwar heute bestritten wird,[12] sein Gebrauch durch adelige Frauen jedoch außer Zweifel steht: Nicht zuletzt die Femininformen in den Gebetstexten verweisen darauf, dass die Handschrift für eine Frau angefertigt worden war: *Ora et intercede pro me peccatrice* heißt es z.B. in einem an den heiligen Wenzel gerichteten Gebet auf Bl. 149ʳ. Der Hauptteil des Codex enthält fast ausschließlich lateinische Texte, so unter anderem das *Officium parvum Beatae Mariae Virginis* mit Stundengebeten, Mess- und Andachtstexten, dazu weitere Gebete, eine Totenvesper, die Litanei und als Abschluss den kurzen Psalter. Die Handschrift beginnt wie der jüngere Grazer Codex 287 für die Seckauer Chorfrauen mit einem Kalender, dem ein Bilderzyklus von 32 ganzseitigen gerahmten Bildtafeln folgt,[13] die bis auf die zweizonige Eingangsminiatur stets in drei übereinander liegende Re-

---

[10] Ebd., S. 394.

[11] New York, The Morgan Library and Museum, Ms. M. 739.

[12] Nach bisheriger Forschungsmeinung wurde die Handschrift um 1215 in Böhmen, und zwar im Prämonstratenserstift Louka bei Znojmo (Znaim), von der Markgräfin Kunigunde von Mähren (deren Sterbedatum auf Bl. 6ᵛ des Kalenders der Handschrift eingetragen ist) für ihre Nichte Agnes – die heilige Agnes –, Tochter des Přemysliden Ottokar I. von Böhmen, in Auftrag gegeben (siehe Harrsen, Meta: *Cursus Sanctae Mariae*, New York 1937) und spielte, wie Roger S. Wieck (*Painted Prayers. The Book of Hours in Medieval and Renaissance Art*, New York 1998, S. 21) „a key role in her spiritual education“. 2002 hat Michael Stolz („Das Experiment einer volkssprachlichen Bilderhandschrift im mitteleuropäischen Kontext der Zeit nach 1200. New York, Pierpont Morgan Library, M. 739“, in: Václav Bok / Hans-Joachim Behr (Hg.): *Deutsche Literatur des Mittelalters in und über Böhmen. 2. Tagung in České Budějovice/Budweis 2002* (Schriften zur Mediävistik 2), Hamburg 2004, S. 9-45), jedoch mit guten Gründen vermutet, dass die Handschrift in den beiden ersten Jahrzehnten des 13. Jahrhunderts im Umfeld der Herzogsfamilien von Wittelsbach und von Andechs-Meranien entstanden ist, und zwar in einem womöglich in Bamberg ansässigen Schreib- und Mal-Atelier, wie einige Jahre zuvor schon Gude Suckale-Redlefsen („Gebetbuch“, in: Lothar Hennig [Hg.]: *Die Andechs-Meranier in Bamberg. Europäisches Fürstentum im Hochmittelalter* [Ausstellungskatalog], Mainz 1998, S. 373f.) angenommen hatte. Die Situierung des Gebrauchs des Codex im böhmischen und schlesischen Raum bleibt von dieser neuen These aber unberührt, wie zahlreiche Nekrologeinträge zeigen, und es könnte nahe liegen, dass das Buch aus dem primären Entstehungsfeld durch Vermittlung der heiligen Hedwig nach Trebnitz gekommen war und von dort in eines der im 13. Jahrhundert gegründeten Zisterzienserklöster Böhmens und Mährens geriet: Heinrich I. hatte 1203 auf Hedwigs Bitten hin das schlesische Kloster Trebnitz errichtet, das vor allem in der Zeit des Amtsantritts von Heinrichs und Hedwigs Tochter Gertrud als Äbtissin 1232 zahlreiche zisterziensische Neugründungen, so auch das Kloster Oslavany in Mähren, mit Nonnen beschickte.

[13] Bl. 9ʳ-24ᵛ.

Abb. 3: Einzelblatt aus einem Psalter: Anbetung der Könige, Taufe Christi. Detroit, The Detroit Institute of Arts, Acc.No. 2474.73

gister aufgeteilt sind: In insgesamt 96 Einzelszenen aus dem Alten und 40 aus dem Neuen Testament ist darin die biblische Geschichte in Form einer fortlaufenden Bilderreihe vergegenwärtigt. Und wie die Seckauer Breviere durchschießt auch diese nach der Überschrift des ersten Haupttextes unter dem Titel *Cursus Sanctae Mariae* laufende Handschrift die lateinischen Basistexte mit deutschen Texten und Textpartikeln, vor allem zahlreichen, die Verwendung der lateinischen Texte steuernden Rubriken, oft an prominenter Stelle dicht an höchst qualitätvolle historisierte Initialen lateinischer Tradition gesetzt: Der im lateinischen Text und in der ihn einleitenden Bild-Initiale sich ausdrückende Schriftlichkeits-Status teilt sich so unmittelbar auch dem volkssprachlichen Sekundärtext mit.

Noch enger verbindet sich die deutsche Volkssprache mit dem sich im Bildmedium materialisierenden Anspruch lateinischer Buchkultur auf den 32 Bildseiten der Handschrift. In die Rahmen der Miniaturen, zuweilen auch in Spruchbänder innerhalb der Bildfelder eingeschriebene deutsche Beischriften nämlich erläutern die Darstellungen (Abb. 4), sei es im Form bloßer Namensbeischriften, sei es als lakonische Hinweissätze des Typs *hie ist vnser herre geborn* oder *hie chundet der engel den kristen die geburt* (Bl. 20ʳ), sei es als ausführlichere Erläuterungen, die, da der Rahmen nicht ausreichte, oft über den Bildrand hinauslaufen. „So setzt die Volkssprache", hat Michael Curschmann dazu bemerkt,

> im Prinzip das bildlich Vorgestellte zur Andachtspraxis in Beziehung. […] Zugleich versuchte man, über die Spruchbänder das Geschehen zu dramatisieren. […] Stellenweise verbinden sich die marginale *narratio* und der interne Dialog […] zu einer gemeinsamen, kontinuierlich narrativen Aussage.[14]

Von solcherart „Bemühen, über das Bild zugleich Anschluß an die volkssprachliche Vergegenwärtigung des Textes zu gewinnen",[15] profitiert letztlich die Volkssprache, indem sie auf dem Umweg über das Bild am literarischen Status lateinischer Schriftlichkeit teilhat. Die weibliche Benutzerin der Handschrift[16] vergegenwärtigte sich das in den lateinischen Texten exemplarisch und paradigmatisch als Gebet, Psalm oder liturgischer Text Vermittelte als biblische *historia* im Medium der Bildkunst, und zwar – gesprochen oder nur ‚gedacht' – in der Volkssprache. Oder sie nutzte die mit Bild-Initialen verknüpften deutschen Rubriken gleichsam als Merkzeichen zum Auffinden der lateinischen Gebetstexte.

Ob die drei fragmentierten Einzelblätter einer bislang von der Forschung nicht wahrgenommenen, wohl um 1200 im Regensburger Umkreis entstandenen Handschrift[17] auch eine Frau als Adressatin oder Benutzerin hatten, ist nicht festzustellen. Doch sind die erhaltenen Blätter mit ihren zweistöckigen Illustrationen[18] und deutschen Bildbeischriften

---

14 Curschmann: „Wort – Schrift – Bild" (wie Anm. 8), S. 394.

15 Ebd.

16 Ob dies nun Agnes von Böhmen war, wie Meta Harrsen annahm, oder eine andere der Lektüre des lateinischen Psalters mächtige Frau aus dem wittelbachisch–andechsmeranisch–schlesisch–böhmischen Verwandtschafts- und Beziehungsgeflecht, wie Michael Stolz vermutet, ändert die Gebrauchssituation nicht.

17 Detroit, Institute of Arts, Acc. No. 1224.74-76.

18 Das erste der beiden erhaltenen Bildblätter bringt auf der Vorderseite im oberen Register die Anbetung der Könige, unten die Taufe, auf der Verso-Seite Christi Versuchung oben und den Einzug in Jerusalem unten. Das zweite Bildblatt zeigt auf der Vorderseite oben Christi Descensus ad inferos mit der Befreiung der Altväter, unten die Auferstehung mit den drei Frauen am Grab, auf der Rückseite Christi Himmelfahrt als ganzseitige, aber kompositorisch durch den Farbwechsel des Bildrahmens und die horizonta-

Abb. 4: ›Cursus Sanctae Mariae‹: Christi Geburt, Verkündigung an die Hirten, Hl. Drei Könige, Flucht nach Ägypten, Bethlehemitischer Kindermord. New York, The Morgan Library and Museum, MS M. 739, Bl. 20ʳ

(Abb. 3) ähnlich organisiert wie die Bilderfolge des New Yorker *Cursus Sanctae Mariae* und haben, wie im New Yorker Exemplar, zusammen mit einem Kalender[19] vermutlich auch einen lateinischen Psalter eingeleitet. Auffällig ist immerhin, dass jene frühen, von Bilderfolgen mit deutschen Beischriften eingeleiteten und mit deutschen Texten durchschossenen lateinischen Andachtsbücher und Psalterien – die Seckauer Breviere, das *Lilienfelder Andachtsbuch*, das Hildegard-Gebetbuch, der New Yorker *Cursus Sanctae Mariae* – stets für Frauen bestimmt waren und von Frauen benutzt wurden. Man könnte also durchaus die Frage stellen, ob es nicht gerade die lesekundigen Frauen waren – adelige Damen und höherrangige Klosterfrauen –, die mit Handschriften wie diesen durch die über das Bildme-

---

le Zweiteilung der Szene die Doppelstöckigkeit der übrigen Bildseiten reflektierende Darstellung. Wie im New Yorker *Cursus* sind den Miniaturen deutschsprachige Beischriften, hier außerhalb des Rahmens, hinzugefügt: *der valant* heißt es z.B. lakonisch bei der Versuchungsszene.

[19] Erhalten hat sich vom Kalender das Dezemberblatt, das ein Einhorn-Medaillon voranstellt und auf dessen Rückseite die Standfiguren eines heiligen Bischofs und einer weiblichen Heiligen abgebildet sind.

Abb. 5: Bilderfolge zu einem Psalter: Die Tiere besteigen die Arche. Baltimore, The Walters Art Museum, Ms. W 106, Bl. 2ʳ

dium vermittelte Einspeisung der Volkssprache in ein Buch lateinischer Schriftlichkeit der noch immer in der Mündlichkeit verhafteten Volkssprache den Weg zu eigenständiger Literarizität ebneten.

Dieser Befund ist nicht allein auf das deutsche Sprachgebiet beschränkt. Um die Mitte des 13. Jahrhunderts entstand in Nordfrankreich ein kleinformatiger, noch in 58 Blättern erhaltener lateinischer Psalter[20] mit 44 Miniaturen alttestamentlicher Thematik, die von volkssprachlichen Beischriften begleitet sind. Eine ins erste Viertel des 13. Jahrhunderts datierte, ebenfalls nordfranzösische fragmentierte Folge von 48 Miniaturen,[21] ebenfalls mit volkssprachlichen Legenden außerhalb der Bildrahmen, wird wohl ebenfalls einem Psalter vorangestanden haben; über ihre womöglich weiblichen Benutzer können aber nur Vermutungen angestellt werden. Die mit figürlichen Illustrationen und üppigen Bordüren

---

[20] Chicago, The Art Institute, Inv.-Nr. 1915.533. Siehe dazu Noel, William: *The Oxford Bible Pictures. Ms. W. 106 The Walters Art Museum, Baltimore. Musée Marmottan Monet, Paris. Commentary*, Luzern 2004, S. 72f.

[21] Manchester, The John Rylands Library, Ms. French 5, siehe Noel: *The Oxford Bible Pictures* (wie Anm. 20), S. 73-75.

verschwenderisch ausgestattete Psalter-Handschrift des Stockholmer Nationalmuseum[22] aus dem um die Mitte des 13. Jahrhunderts arbeitenden Atelier des Oxforder Buchmalers William de Braile gleicht im Textbestand auffällig dem New Yorker *Cursus Sanctae Mariae*-Manuskript: Auf einen Kalender folgen der Psalter, die Cantica, das Athanasianische Glaubensbekenntnis und die Litanei. Reste des einst wie in New York dazugehörenden, dem Text vorausgehenden Bilderzyklus, ursprünglich wohl etwa 100 ganzseitige Illustrationen, befinden sich heute an anderen Orten.[23] Und wie die Zyklen in New York und Detroit sind auch diese Miniaturen mit volkssprachlichen Beischriften in anglonormannischem Französisch versehen. So steht z.B. über der Illustration (Abb. 5), auf dem die von einem Engel geleiteten Landtiere die Arche besteigen:[24] *ceo est l'arche noe;* darunter wird der Bildinhalt ausführlich erläutert: *de cumanda noe fer un arche a tres astages e ke il meist lens lui e sa feme e sa treis fiz. cham e sam e iafet e lur femmes e de bestes e de volatilie ii e ii.*[25] Wenn wir von der Gebrauchssituation der vergleichbaren lateinisch-deutschen Bilderhandschriften rückschließen, so könnten es auch hier weibliche Benutzerinnen gewesen sein – dem hohen Ausstattungsniveau nach adelige Damen –, die, vergegenwärtigt in der Volkssprache, das nachgerade körperlich Vorgestellte zur lateinisch vermittelten Andachtspraxis in Beziehung setzten. Es ist dies eine Praxis, die die quasi orthodoxe Gültigkeit und Legitimität des Lateins als verbindliche Sprache der Glaubenswahrheit mit dem Erfahrungs- und Emotionsgehalt der Volkssprache verschränkt und dazu der Vermittlungsinstanz des Bildmediums bedarf.

2. Die Frau in der Handschrift: Gebetbücher im Gebrauch von Frauen

Der Psalter war die Standardlektüre zum Erwerb der Lesefähigkeit – auch von Frauen. Und Psalterien[26] wie die erwähnten, bestehend aus einem Kalender, einem bibelgeschichtlichen Bildvorspann, den 150 Psalmen und – neben verschiedenen Gebeten – gewöhnlich der Litanei und der Totenoffizin, sind die Vorläufer der späteren Stundenbücher, der gut 300 Jahre lang beliebtesten und verbreitetsten Buchgattung des Mittelalters und der frühen Neuzeit. Von der Mitte des 13. bis in die Mitte des 16. Jahrhunderts wurden mehr Stundenbücher in Auftrag gegeben und produziert, handschriftlich und später auch im Druck, gekauft und verkauft, geschenkt und vererbt als jeder andere Text, die Bibel eingeschlossen.[27] Denn obgleich Geistliche oder in welcher Funktion auch immer in kirchliche

---

[22] Stockholm, Nationalmuseum, B. 2010. Siehe Cockerell, Sidney C.: *The Work of William de Brailes. An English Illuminator of the Thirteenth Century*, Cambridge 1930, S. 11-15; Morgan, Nigel J.: *Early Gothic Manuscripts 1190–1250. A Survey of Manuscripts Illuminated in the British Isles*, Bd. 4, London 1982, Nr. 68.

[23] 24 Einzelblätter, die Henry Walters 1903 im Pariser Kunsthandel erworben hatte, befinden sich im Walters Art Museum in Baltimore (Ms. W. 106), sieben im Pariser Musée Marmottan Monet (o. Sign.). Faksimile: Noel: *The Oxford Bible Pictures* (wie Anm. 20).

[24] Baltimore: *The Walters Art Museum*, Ms. W. 106, Bl. 2ʳ.

[25] Gott befahl Noah, eine dreistöckige Arche zu bauen, und er brachte da hinein sich selbst, seine Frau und seine drei Söhne Ham, Sem und Jafet nebst ihren Frauen und Tiere und Vögel, je zwei.

[26] Zur Psalterillustration siehe Büttner, Frank O. (Hg.): *The Illuminated Psalter. Studies in the Content, Purpose and Placement of its Images*, Turnhout 2004.

[27] Siehe dazu Wieck: *Painted Prayers* (wie Anm. 12), S. 9. Siehe außerdem zum Stundenbuch: Plotzek, Joachim M.: *Andachtsbücher des Mittelalters aus Privatbesitz* (Ausstellungskatalog Schnütgen-Museum Köln),

Ämter eingebundene Personen Gebetbücher – Breviarien – brauchten und gebrauchten, ist es doch fast ausnahmslos ein Laienpublikum, an das die Stundenbücher sich wendeten: „lay people [...] sought for themselves a book that paralleled the use and function of the Breviary, the book containing the Divine office that the clergy prayed from daily."[28] Das Stundenbuch gewährte – oder garantierte gar –, wie Roger Wieck es ausdrückte, „a direct [...] and potentially uninterrupted access to God, the Virgin Mary, and the saints"[29] – zumal in einer Situation, in der der unmittelbare Zugang des Laien zu Glaubensdingen durch die Instanzen der Amtskirche kontrolliert und eingeschränkt war. Ein großer, wenn nicht der überwiegende Teil dieses Laienpublikums war weiblich, und es waren Frauen, die „a key role in the patronage of Books of Hours throughout their entire history"[30] spielten, so Wieck, einer der besten Kenner der Materie. In den ersten 150 Jahren der Geschichte der Buchgattung war diese Rolle der Frauen essentiell: Man könnte behaupten, dass die Frauen – anfangs Klosterfrauen, später Laien – hauptverantwortlich waren für die spezifische Entwicklung dieser Text und Bild als Informations- und Meditationsmedium vereinenden Buchgattung.

Natürlich konnten die Auftraggeber solcher für den Gebrauch durch Frauen bestimmten Handschriften noch immer Männer sein, wie etwa bei der kurz nach 1235 wohl in Hildesheim entstandenen Luxus-Handschrift,[31] einem Psalterium feratum, also eine durch die liturgische Erweiterung der Psalmen mit Antiphonen, Versikeln, Hymnen, Collectae, Capitula und Orationen zu den Offiziumstexten aller täglichen Gebetsstunden dem Brevier angeglichenen Textsammlung. Emailwappen auf dem Einband legen die Vermutung nahe, dass ein männliches Mitglied der Grafenfamilie von Werdenberg, wohl Hartmann I. von Werdenberg-Sargans, Auftraggeber des Buchs war. Gedient jedoch hat es der Privatandacht einer Frau, wie nicht zuletzt aus der Formulierung im genus femininum *pro me peccatrice* im Gebet zu Ehren Christi auf Bl. 47ʳ zu schließen ist. „Weitere Eigenheiten in Textauswahl und Ausstattung betonen den Charakter" dieser mit 29 ganzseitigen Miniaturen auf Goldgrund in goldenen Rahmen, 27 Zierseiten und neun großen, teils figurierten Initialen überaus prächtig ausgestatteten Handschrift „als ein für die persönliche Andacht einer Frau eingerichtetes Gebetbuch".[32] Die vorangestellte Bilderfolge mit monumentalen Heiligengestalten, etwa dem Christophorus auf Bl. 10ᵛ, denen auf Freiseiten kurze Gebetsanrufungen beigefügt sind, „stellen [...] gleichsam eine Vorstufe (zu den) bebilderten Heiligenmemorien in den späteren Stundenbüchern dar", wie Joachim Plotzek anmerkte. „Desgleichen weist die in deutsch eingetragene Gebetsanweisung zum Kreuzigungsbild

Köln 1987; Bartz, Gabriele / König, Eberhard: „Die Illustration des Totenoffiziums in Stundenbüchern", in: *Im Angesicht des Todes. Liturgie als Sterbe- und Trauerhilfe* (Pietas Liturgica 3/4), St. Ottilien 1987, S. 487-528; Wieck, Roger S.: *Time Sanctified. The Book of Hours in Medieval Art and Life* (Ausstellungskatalog Walters Art Gallery Baltimore), New York / Baltimore 1988.

[28] Ebd., S. 14.
[29] Ebd.
[30] Ebd., S. 17.
[31] Stuttgart, Württembergische Landesbibliothek, Cod. Donaueschingen 309. Siehe dazu Plotzek: *Andachtsbücher* (wie Anm. 27), Kat.-Nr. 3 (mit weiterer Literatur).
[32] Plotzek: *Andachtsbücher* (wie Anm. 27), S. 73f.

Abb. 6: Gebetbuch der Hawisia DuBois: Hawisia und ihre Familie beten die Muttergottes an. New York, The Morgan Library and Museum, MS M. 700, Bl. 3ᵛ

[39^r] darauf hin, daß, ähnlich wie in zahlreichen spätmittelalterlichen Andachtsbüchern, die Verrichtung bestimmter Oratorien in Verbindung mit der Betrachtung gerade dieses Bildes für den Betenden Erlösung von den Sünden bedeuten konnte.“[33] Der Repräsentationsanspruch der Handschrift ist schon daran ablesbar, dass drei spezialisierte Maler für den Miniaturenschmuck verantwortlich sind: Einer für die monumentalen Apostel- und Heiligenbilder, ein zweiter für den Litaneischmuck und die zweistöckigen Miniaturen christologischer Thematik – wie z.B. auf Bl. 42^v/43^r Marientod mit Marienkrönung und Auferstehung der Toten, Jüngstem Gericht mit Deesis und Scheidung der Gerechten und Verdammten –, der besonders durch die statuarischen Figuren und die besonders kleinteilige Faltenbrechung auffällt. Von einer dritten Hand, sicher der qualitätsvollsten, stammen der Christophorus (Bl. 10^v) mit der „kompliziert-bewegten Organisation des Gewands […] in dynamisch fließender und weniger hartbrüchig gezackter Drapierung der Stoffbahnen“[34] als bei den beiden anderen Malern, sowie die beiden ganzseitigen Bilder der Geburt (Bl. 8^v) und der Kreuzigung (39^r).

Schon früh bringen sich die – adeligen – Besitzerinnen und Benutzerinnen selbst ins Bildprogramm ein. Das ein knappes Jahrhundert als das Hildesheimer Psalter-Gebetbuch jüngere, in England, vermutlich in London, entstandene Stundenbuch für Hawisia DuBois[35] enthält zu Beginn zwei Miniaturenpaare solch repräsentativ-identifikatorischen Bezugs der eigenen Person aufs Heilsgeschehen: die Erzengel Gabriel und Michael auf Bl. 1^v und 2^r, angebetet von den Mitgliedern der Familie DuBois – Bote der Verkündigung der eine, Seelenwäger im Jüngsten Gericht der andere –, um Beistand angerufen von den Benutzern des Buchs. Auf Bl. 3^v (Abb. 6) knien links Hawisia DuBois und ein weiteres weibliches Mitglied der Familie, rechts ihr Gatte vor der Jungfrau mit dem Kind. In die Medaillons der Bildrahmenecken sind die Familienwappen der DuBois eingefügt. Die Miniatur korrespondiert mit einer Darstellung des Jüngsten Gerichts und der Auferstehung der Toten auf dem gegenüberliegenden Bl. 4^r. Die Botschaft dieser das Buch einleitenden Bilderfolge ist eindeutig: Verkündigungsengel, Engel des Jüngsten Gerichts, und Maria, angebetet von Hawisia DuBois und ihrer Familie, sollen garantieren, dass die Hoffnung, am Jüngsten Tag zu den Gerechten gezählt zu werden, sich erfüllt, wie die abschließende Gerichtsminiatur mit der Totenauferstehung deutlich macht. Wie eng und direkt der persönliche Bezug des Benutzers auf den Gebrauchshorizont des Stundenbuchs ist, zeigt sich aber nicht nur auf der ikonographischen Ebene, sondern wird auch hervorgehoben dadurch, dass Hawisias Name nicht weniger als vier Mal in die Gebete der Handschrift inseriert ist.

In der die Mariengebete einleitenden Miniatur des gut ein Viertel Jahrhundert älteren Psalter-Gebetbuchs für Jolande, Dame de Coeurres und Vicomtesse de Soissons,[36] mate-

---

[33] Ebd., S. 74.

[34] Ebd. Zum stilistischen Umfeld siehe Kroos, Renate: „Das Psalterium der Mechthild von Anhalt“, in: Ernst Guldan (Hg.): *Beiträge zur Kunstgeschichte. Eine Festgabe für Heinz Rudolf Rosemann*, München / Berlin 1960, S. 75-94, hier S. 79.

[35] New York, The Morgan Library and Museum, MS M. 700, um 1325-1330. Siehe Wieck: *Painted Prayers* (wie Anm. 12), Nr. 5.

[36] New York, The Morgan Library and Museum, MS M. 729, um 1280-1290. Siehe Wieck: *Painted Prayers*

rialisiert sich wie kaum sonst die Funktion eines Andachtsbuches und das Ziel der Andachtspraxis: Jolande, Besitzerin und Benutzerin des Buchs, kniet vor der Altarskulptur der Muttergottes mit dem Jesusknaben (Abb. 7). Sie hat ihr Gebetbuch – dasselbe, in das die Miniatur eingefügt ist, das der Benutzer vor sich hat? – beiseite gelegt und blickt, in Meditation versunken, zur Marienstatue auf, die zum Leben erwacht ist, was selbst das Schoßhündchen am unteren Bildrand bemerkt zu haben scheint: Maria richtet ihren Blick auf Jolande, Jesus reckt ihr die segnende Hand entgegen. Die auf den Gebrauch des Gebetbuchs und auf die darin versammelten Texte – und Bilder – gestützte Andachtspraxis hat die unmittelbare, ja leibliche Gegenwart Mariens und die direkte Kommunikation mit ihr bewirkt. Das Buch hat seine Funktion erfüllt, indem es sich, gleichsam hinter sich selbst verschwindend, überflüssig gemacht hat.

Abb. 7: Gebetbuch der Yolande von Soissons: Yolande betet die Muttergottes an. New York, The Morgan Library and Museum, MS M. 729, Bl. 232ᵛ

(wie Anm. 12), Nr. 1.

Selbstbewusster, den gesellschaftlichen Standort und die politische Macht mit den Mitteln der Kunst deutlicher demonstrierend – wenn man so will: weltlicher –, kommen dann die berühmten, in fürstlichem Auftrag entstandenen Stundenbücher der Spätzeit einher, etwa die herausragenden sechs Heures-Codices[37] für Jean de France, Duc de Berry.[38] Zu fragen ist, ob die in den Anfangsjahren des 15. Jahrhunderts entstandenen *Belles Heures*[39] oder die *Très Riches Heures*[40] des Herzogs je in der Andachtspraxis benutzt wurden oder ob nicht eher die Absicht des Auftraggebers darin aufging, sich als Mäzen von Spitzenwerken der Kunst zu verwirklichen, sozusagen als Kunstkenner seine gesellschaftliche Position demonstrativ vorzuführen. Dies gilt auch für das gut ein halbes Jahrhundert später, um 1477, für eine Frau in Auftrag gegebene, kunsthistorisch nicht weniger bedeutende Stundenbuch der Maria von Burgund,[41] das neben dem üblichen Inhalt von Stundenbüchern – Kalender, Stundengebete zur Jungfrau Maria, Bußpsalmen, Allerheiligenlitanei, Totengebete – noch weitere Texte enthält: die *Sieben Freuden Marias*, zwei längere Mariengebete, einen Abschnitt aus jedem der vier Evangelien, die Marienmesse, kurze Stundengebete zum Leiden Christi und zum Heiligen Geist, 15 kurze Heiligenandachten, sämtlich natürlich in lateinischer Sprache, von deren Kenntnis bei der Erziehung am burgundischen Hof ausgegangen werden darf. An wenigen Stellen jedoch, so am Beginn einiger Abschnitte im Marien-Officium, stehen wie bei den frühen Vorläufern der Stundenbücher volkssprachliche Inserate: kurze Anweisungen in französischer Sprache, die angeben, welche Psalmen für bestimmte Wochentage auszuwählen sind.

Die Ausstattung der Handschrift ist von höchstem Anspruch. Auf den ersten 34 Blättern ist der Text mit Gold- oder Silbertinte auf schwarzem Grund geschrieben. Für die Ausführung der Bildseiten und der Seitenrand-Dekorationen wurden nur Künstler ersten

---

[37] Die erste Zusammenstellung gab Delisle, Léopold: „Les livres d'heures du duc de Berry", in: *Gazette des Beaux-Arts* 29 (1884) S. 97-110, S. 218-292, S. 391-405. Zum Umkreis und zu weiteren Handschriften siehe Thomas, Marcel: *Buchmalerei aus der Zeit des Jean de Berry*, München 1979.

[38] Zu diesem siehe Lehoux, Françoise: *Jehan de France, duc de Berri. Sa vie. Son action politique. 1340-1416*, 4 Bde., Paris 1894-1896; Autrand, Françoise: *Jean de Berry. L'art et le pouvoir*, Paris 2000.

[39] New York, The Metropolitan Museum of Art, The Cloisters, Acc. No. 54.1.1. Siehe dazu Porcher, Jean: *Les Belles Heures de Jean de France, duc de Berry*, Paris 1953; Meiss, Millard / Smith, S.O. Dunlap / Beatson, Elizabeth H.: *French Painting in the Time of Jean de Berry. The Limbourgs and their Contemporaries*, New York / London 1974, vor allem S. 102-142 und S. 331-336; König, Eberhard: *Die Belles Heures des Duc de Berry. Sternstunden der Buchkunst*, Stuttgart 2004. Sämtliche Bildseiten sind farbig reproduziert in: Meiss, Millard / Plummer, John / Beatson, Elizabeth H. (Hg.): *Die Belles Heures des Jean Duc de Berry in The Cloisters New York. Einführung und Bilderläuterungen*, München 1974.

[40] Chantilly, Musée Condé, ms. 65. Siehe dazu Porcher, Jean: *Les Très Riches Heures du duc de Berry*, Paris 1950; Meiss: *French Painting* (wie Anm. 39) S. 143-224 und S. 131-133. Sämtliche Bildseiten sind farbig reproduziert in: Meiss, Millard / Longnon, Jean / Cazelles, Raymond (Hg.): *Die Très Riches Heures des Jean Duc de Berry im Musée Condé Chantilly. Einführung und Bilderläuterungen*, München 1973.

[41] Wien, Österreichische Nationalbibliothek, Cod.1857. Siehe dazu: Unterkircher, Franz: *Burgundisches Brevier. Die schönsten Miniaturen aus dem Stundenbuch der Maria von Burgund*, Graz 1974; siehe auch Unterkircher, Franz / Stummvoll, Josef: *Abendländische Buchmalerei. Miniaturen aus Handschriften der Österreichischen Nationalbibliothek*, Graz / Wien / Köln 1967, S. 234-239; Lieftinck, Gerard Isaac: *Boekverluchters uit de omgeving van Maria van Bourgondie, c. 1475-c. 1485* (Verhandelingen van de Koninkl. Vlaamse Acad. Voor Wetenschappen van Belgie, Kl. D. lett. 66), Brüssel 1969; Lyna, Frédérik: *De Vlaamse miniatuur van 1200 tot 1530*, Brüssel 1933; Pächt, Otto: *The Master of Mary of Burgundy*, London 1948.

Ranges beauftragt, allen voran Liévin van Lathem, von dem unter anderem die Kreuzabnahme 104^v, die Grablegung 111^v und das Pfingstbild 50^v mit dem Typus-Medaillon des die Gesetzestafeln empfangenden Moses darunter stammt. 1454 ist er als Meister der Malergilde von Gent bezeugt,[42] für Herzog Philipp den Guten tätig, seit 1468 im Dienst Karls des Kühnen, dem Vater Marias von Burgund, für den er zusammen mit Nicolas Spierinc,[43] dem zweiten namentlich belegten Maler der Handschrift, von dem auch die Gold- und Silberschrift stammt, 1469 ein Gebetbuch illustrierte. Während van Lathem und seine Werkstattgehilfen ihre Vorliebe für regelmäßiges, flächig aufgelegtes, mit Goldpunkten durchsetztes und von Vögeln, Schnecken und anderem Kleingetier belebtes Blattwerk auf den Seitenrändern demonstrieren, zeichnen sich Spierincs Blattwerkrahmen durch zwar weniger buntfarbige, dafür aber sehr tiefenräumlich aus den Rahmen herauswachsende, ‚naturalistische‘ Akanthusranken aus, wie z.B. auf dem Kreuzigungsbild 99^v. Von Nicolas Spierinc stammt auch die eindrücklichste und im Kontext der Stundenbuch-Ikonographie ungewöhnlichste Miniatur der Handschrift, die alle anderen an künstlerischer Vollendung und Originalität übertrifft: die Miniatur mit der im Gebetbuch lesenden adeligen Dame auf 14^v (Abb. 8), mit der nach dem auf Blatt 13 endenden Kalender der Textteil eingeleitet wird. Darstellungen von betenden Bucheigentümerinnen sind, wie schon erwähnt wurde, keine Seltenheit in Stundenbüchern. Die Art und Weise, wie sich hier die intendierte Benutzerin selbst ins ikonographische Programm einbringt, ist jedoch mehr als außergewöhnlich. Der Bildaufbau folgt denen der übrigen ganzseitigen Miniaturen: Ein Hauptbild wird von einem unten und links breiteren, rechts schmaleren Rahmen umschlossen, der hier jedoch nicht eine mit Rankenwerk, Pflanzen und Tieren belegte Fläche – wie bei van Lathem – oder ein plastischer Rahmen ist, aus dem Ranken herauswachsen – wie sonst bei Spierinc –, sondern ein architektonisches Raumelement, das deutlich zum Hauptbild hinzugehört und – als geöffnetes Fenster – den Blick dorthin freigibt. Dort sitzt Maria mit dem Kind – und zwar nicht, wie in Jolandes de Soisson Psalter-Gebetbuch des 13. Jahrhunderts als Skulptur, sondern leibhaftig – auf einem von vier Engeln mit Leuchtern flankierten Teppich im Chor einer gotischen Kathedrale vor einem Retabel-Altar mit geschlossenen Flügeln. Rechts kniet ein Mann im roten Pluviale, ein Rauchfass schwingend, links eine vornehme Dame im blauen Brokatkleid mit drei Begleiterinnen. Weiter hinten links im Chor liegt ein weißes Windspiel, hinter dem zwei Personen stehen, weitere blicken aus den Fenstern der Oratorien. Der Blick des Betrachters auf diese in einem tiefen Innenraum spielende Szene wird durch den als Fenster mit zwei geöffneten Butzenscheiben-Flügeln materialisierten Bildrahmen gelenkt: die Fensternische eines Wohnraums, der sich direkt zur Kirche hin öffnet. Auf der Fensterbank steht rechts eine Vase mit blauen Lilien – Anspielung auf Maria –, daneben liegen zwei Nelken sowie eine Halskette, eine Perlenbrosche und ein seidenes Tüchlein. Rechts vorne ist ein goldenes

---

[42] Zu Lathem siehe Wolf, Eva: *Das Bild in der spätmittelalterlichen Buchmalerei. Das Sachsenheim-Gebetbuch im Werk Lievin van Lathems* (Studien zur Kunstgeschichte 98), Hildesheim u.a. 1996.

[43] Siehe van der Hoek, Klaas: „De Noordhollandse verluchter Spierinck: Haarlem en/of Beverwijk, ca. 1485-1519“, in: Joseph M. M. Hermans (Hg.): *Middeleeuwse handschriftenkunde in de Nederlanden 1988: Verslag van de Groningse Codicologendagen 28-29 april 1988* (Nijmeegse Codicologische Cahiers 10-12 [1988]), S. 163-182.

Abb. 8: Gebetbuch der Maria von Burgund: Maria im Gebet. Wien, Österreichische Nationalbibliothek, Cod. 1857, Bl. 14ᵛ

Brokatkissen zu sehen; links hat sich eine vornehme Dame in kostbaren Gewändern mit hohem, modischem Spitzhut, ein Hündchen auf dem Schoß, zum Gebet niedergesetzt, das Gebetbuch auf einem grünen Schutztuch aufgeschlagen vor sich.

Zur Identifizierung der dargestellten Personen gibt es nur Indizien. Dass das Gebetbuch für eine Frau bestimmt war, ist unstrittig: Formulierungen wie die im Confiteor der Marienmesse, wo von einer *infelix peccatrix* die Rede ist, belegen dies. Der hohe Qualitäts- und Repräsentationsanspruch der Handschrift und ihrer Miniaturen, die gut belegte Verbindung der Künstler Spierinc und van Lathem mit dem burgundischen Hof in Gent – Spierinc hat sich mit mehreren Miniaturen auf das Kreuzigungstriptychon der Genter Kathedrale bezogen –, die Dienste beider Künstler für den Herzog, lassen kaum einen anderen Schluss zu als den, dass die Handschrift für eine Dame des Hofs in Auftrag gegeben wurde, und ihr späteres Schicksal – sie verblieb in der Hofbibliothek, kam später in den Besitz des Kaisers Matthias I., der 1577-1580 Gouverneur der Niederlande war, sie nach Prag oder Wien mitnahm, von wo aus sie 1727 aus der kaiserlichen Privatbibliothek in die Wiener Hofbibliothek kam – spricht ebenso dafür. Die gängige Deutung der Szene will in der Dame an den Altarstufen im Hauptbild Maria von Burgund sehen, in der Dame im Vordergrund ihre Stiefmutter Margarete von York, deren Hofhaltung sich ebenfalls in Gent befand und die Maria die Handschrift zur lange geplanten und bald bevorstehenden Hochzeit – im April 1477 heiratete sie Maximilian I. – geschenkt habe.[44]

Ich möchte eine andere Deutung vorschlagen. Es ist zweifelhaft, dass die Auftraggeberin und Schenkerin der Handschrift statt ihrer Besitzerin und Benutzerin derart positioniert, ja präpotent ins Bild gerückt wird. Der Blick des Betrachters wird von Maria im Mittelgrund, deren leuchtendblauer Mantel ihn unmittelbar aufsaugt, sofort auf das helle Inkarnat der Dame im Vordergrund gelenkt, einer jugendlichen Person, die außer dem Gewand nichts von der Dame links im Hauptbild unterscheidet. Dargestellt ist, so nehme ich an, beide Male Maria von Burgund: bei der privaten Andacht, wozu ein Stundenbuch ja schließlich diente, mit ihrem Schmuck und ihrem Schoßhündchen im Wohnraum vorne, und in öffentlicher Funktion mit Hofstaat, Windspiel und Publikum im Hauptbild. Das Fenster, das die durchlässige Grenze zwischen Innen und Außen, Wohnraum und Kirche, privat und öffentlich bildet, fungiert gleichsam als Spiegel, der beide Sphären gleichzeitig reflektiert – was, kunsthistorisch gesehen, den Maler des Bildes auf der Höhe seiner Zeit zeigt: Das Spiel mit Fenstern in dieser Doppelfunktion war in der Bildkunst des 15. Jahrhunderts geradezu modisch. Auch in der Miniatur der Kreuzannagelung 43ᵛ (Abb. 9) nutzt der Künstler den Blick aus dem Fenster: Hier steht ein geöffnetes Schmuckkästchen auf der linken Fensterbank, auf der rechten liegt auf einem schwarzen Tuch ein aufgeschlagenes Gebetbuch, dessen Verso-Seite eine Kreuzigungsminiatur schmückt. Zu beiden Seiten des Fensters sind Steinplastiken angebracht: links Abraham, den der Engel daran hindert, seinen Sohn zu töten, rechts Moses mit der ehernen Schlange – alttestamentliche Vorbilder der Kreuzigung sie beide. In der Fensterbrüstung liegt das nämliche Brokatkissen wie auf Blatt 14ᵛ, das nur darauf wartet, der Benutzerin des Gebetbuchs – oder dem Bildbetrachter? – als Armstütze zur meditativen Versenkung in die vor dem Fenster

---

[44] So Unterkircher: *Brevier* (wie Anm. 41), S. 34.

Abb. 9: Gebetbuch der Maria von Burgund: Kreuzannagelung. Wien, Österreichische Nationalbibliothek, Cod. 1857, Bl. 43ᵛ

sich vollziehende Kreuzigung zu dienen. Die Versenkung in die private, persönliche Andacht – und das will die ‚Portrait‘-Miniatur 14^v auch sagen – befähigt Maria, die schließlich auch auf den Namen der Gottesmutter getauft wurde, zu ihrer Rolle als Fürstin, macht diese erst glaubhaft – wobei, und das sollte auch nicht vergessen werden, mit der durch ‚Kunst‘ demonstrierten Repräsentation dieser Privatheit, dieser Intimität, ein hohes Maß an – fürstlichem – Selbstbewusstsein vorgeführt wird. Schließlich handelt es sich ja um eine Angehörige des qua Kunst besonders repräsentationssüchtigen burgundischen Hofes.

Trotz des oft hohen künstlerischen Niveaus spätmittelalterlicher Stundenbücher ist diese Stufe von Elaboriertheit nicht die Regel. Gebet- und Stundenbücher für Frauen, zumal volkssprachliche, konnten zuweilen sehr bescheiden einher kommen. Mit zu den bedeutenderen deutschsprachigen Gebetbuchhandschriften gehört ein wohl im letzten Viertel des 14. Jahrhunderts vermutlich in Prag entstandener Codex[45] mit 27 Miniaturen – davon 24 als dem Text vorausgehender Bilderzyklus vom Leben und Leiden Christi wie in den anfangs erwähnten Psalterien –, die von der Hand eines schwächeren Mitarbeiters der Prager Wenzelswerkstatt, dem so genannten Meister der Paulusbriefe,[46] stammen. Bei der Besitzerin und/oder Auftraggeberin, die sich häufig als Adorantin zu erkennen gibt – *ich arme* heißt es z.B. 62^r, *mir armen* 75^r –, dürfte es sich um eine Dame aus dem Hochadel gehandelt haben, wie die Eingangsminiatur nahe legt, in der die vor Anna Selbdritt kniende Besitzerin sich in einem Mantel mit Hermelinbesatz, der nur Fürsten vorbehalten war, und einem modischen Kruseler darstellen ließ (Abb. 10). Von durchaus intendiertem, wenn auch kaum eingehaltenen Anspruch hingegen ist ein 1495 vom Basler Ratsschreiber Niklaus Meyer zum Pfeil für sich und seine Frau Barbara, geborene zum Luft, geschriebenes Gebetbuch[47] mit einer Wappenseite – dem Allianzwappen der Eheleute –, vier von Ranken bzw. Bordüren umschlossenen Miniaturen, deren Rankenwerk deutlich das Vorbild anspruchsvoller Bordürenmalerei niederländischer Provenienz imitiert, und 46 zweizeiligen Buchmalerinitialen, oft in Gold. Auf der ganzseitigen Miniatur Bl. 4^v gegenüber dem Beginn des Morgengebets *O almechtiger ewiger güttiger gott Ich sagen dir lob vnd danck dz du mir uß diner grundlosen barmhertzikeit dise vergangen nacht mir gesuntheit verlichen hast* (4^r) kniet die Mitbesitzerin Barbara, den Rosenkranz betend, vor einem Altar mit der Erscheinung des Schmerzensmanns; im Schlussstein der Kapelle ist das Wappen der Familie zum Luft zu sehen.

[45] Berlin, Staatsbibliothek zu Berlin – Preußischer Kulturbesitz, Ms. germ. oct. 489; siehe Cermann, Regina, in: Frühmorgen-Voss, Hella / Ott, Norbert H. / Bodemann, Ulrike (Hg.): *Katalog der deutschsprachigen illustrierten Handschriften des Mittelalters* (KDIH), Bd. 5, Lfg. 1/2, München 2002, Nr. 43.1.27. (mit weiterer Literatur).

[46] Siehe zu diesem Kletzl, Otto: „Studien zur böhmischen Buchmalerei“, in: *Marburger Jahrbuch zur Kunstwissenschaft* 7 (1933) S. 1-76, hier S. 68-76; Krása, Josef: *Die Handschriften König Wenzels IV.*, Wien 1971, S. 276, Anm. 343.

[47] Basel, Öffentliche Bibliothek der Universität, Cod. B XI 26, siehe Cermann, Regina, in: *KDIH* (wie Anm. 45), Nr. 43.1.13.

Abb. 10: Gebetbuch aus Prag: Die adelige Besitzerin betet die Muttergottes an. Berlin, Staatsbibliothek – Preußischer Kulturbesitz, Ms. germ. oct. 489, Bl. 1ʳ

Um eine reine Gebrauchshandschrift handelt es sich bei dem nach 1478 in Köln wohl für ein Mitglied der dortigen Kartause Sankt Barbara zusammengestellten Gebetbuch,[48] das drei ganzseitige Miniaturen von verschiedenen Händen ohne besonderen künstlerischen Anspruch enthält sowie zwei eingeklebte Holzschnitte; vier wohl einst ebenfalls eingeklebte Bilder sind verloren. Die Holzschnitte wurden durch zeichnerische Überarbeitung den von Hand gefertigten Illustrationen angeglichen – weshalb man sie bislang auch für Zeichnungen gehalten hat; auch die Bordüren sind, gemaltes Blattwerk imitierend, gedruckt und anschließend koloriert. Nicht nur ihres mystischen Gehalts wegen – Strahlenkranzmadonna (Abb. 11), Christus öffnet sein Herz dem als Lamm dargestellten *discipulus*, Blut-Christi-Brunnen, Kommunionempfang usw. –, sondern auch stilistisch ähneln Illustrationen und überarbeitete Holzschnitte süddeutschen Nonnenarbeiten, so dass anzunehmen ist, dass ihre Produzentin eine – dilettierende – Klosterfrau war.

---

[48] Berlin, Staatsbibliothek zu Berlin – Preußischer Kulturbesitz, Ms. germ. oct. 451, siehe Cermann, Regina, in: *KDIH* (wie Anm. 45), Nr. 43.1.26.

Abb. 11:   Kölner Gebetbuch: Strahlenkranzmadonna. Berlin, Staatsbibliothek – Preußischer Kulturbesitz, Ms. germ. oct. 451, Bl. 227ᵛ

3. ‚Kunst‘ als *opus Dei*. Die Frau als Produzentin von Text und Bild

Das Schreiben und Illustrieren von liturgischen Handschriften und Andachtsbüchern zum meist eigenen Gebrauch wird von den Nonnen mit dem Vollzug der Liturgie verglichen; ihre Kunstfertigkeit dient als *opus Dei*. Ihre Arbeit erhebt keinen Kunstanspruch im früh-neuzeitlichen Sinn, will nicht mit ästhetischen Kategorien gemessen werden, sondern hat nichts als ‚wahr‘ zu sein. Die malenden und schreibenden Nonnen richten ihre Arbeit aus-schließlich darauf, *veri dei domini nostri Ihesu Christi et effigiem et gesta matrisque eius glorissime virginis Marie pulcherrimum specimen mulierum ac sanctorum cum illis in celesto regno*[49] zu dienen, wie der Prior von Maria Laach, Johann Butzbach, 1505 über die Arbeit einer dieser malenden Nonnen, Gertrud Buchel, seit 1507 Äbtissin von Rolandswerth (später Nonnenwerth) schrieb – und er vergleicht diese Arbeit mit der von Veronica, die, da sie ihr Tuch auf Christi Gesicht legte, die erste *vera eikon* schuf, anders als ein heidnisches Idol nicht durch Menschenhand entstanden. Dieser Anspruch führte unter anderem dazu, dass gewisse, in-

---

[49]   Butzbach, Johann: *Libellus de praeclaris picturae professoribus. Mit der Urschrift in Nachbildung der Auflage von 1505*. Otto Pelka (Hg.), Heidelberg 1952, S. 29. Handschrift: Bonn, Universitätsbibliothek, Ms. S. 356, Bl. 131ʳ–138ᵛ.

zwischen schon längst überholte Stilprinzipien sich länger hielten als sonst wo und immer weiter tradiert wurden, wie etwa eine von Gertrud Buchel 1497 gemalte Fleuronnée-Initiale zur Benediktinerregel[50] zeigt, die stilistisch ihrer Entstehungszeit um gut ein Jahrhundert hinterher hinkt.

Abb. 12:   Einzelblatt mit einer Symbolischen Kreuzigung. Eichstätt, St. Walburg, germ. 7

Andererseits entstand in diesem Kontext eine Fülle von stilistisch zwar höchst naiv und zuweilen ungelenk anmutenden Illustrationen, die jedoch durch ihre außergewöhnlich eigenständige ikonographische Erfindung bestechen, häufig mystische Schaubilder in der Tradition von Seuses ‚Exemplar‘ wie z.B. eine symbolische Kreuzigung (Abb. 12) aus

---

[50] Berlin, Staatsbibliothek zu Berlin, Preußischer Kulturbesitz, Ms. germ. quart. 555, 8[r]. Siehe dazu Hamburger, Jeffrey F.: *Nuns as Artists. The Visual Culture of a Medieval Convent*, Berkeley / Los Angeles / London 1997, S. 209f., Abb. 117.

Sankt Walburg in Eichstätt:[51] didaktische Merkbilder, die das Schriftmedium gleichberechtigt ins Bildmedium integrieren und formal, wie z.B. der zweifarbig abgesetzte Rahmen zeigt, hochmittelalterliche Vorbilder, die möglicherweise im Besitz des Klosters waren, imitieren. Die mystische Erfahrung wird, wie es scheint, direkt und ohne den ästhetischen Filter des ‚Kunstanspruchs' ins Bild umgesetzt, wie ein heute im Kölner Schnütgen-Museum aufbewahrtes, einer Handschrift entnommenes Einzelblatt[52] (Abb.13. V) nahe legt. Obwohl handwerklich wie gar künstlerisch äußerst bescheiden, zeugt es doch von einer unmittelbaren Ausdruckskraft, die das Mitleiden am Leiden Christi geradezu körperlich vermittelt.

Abb. 13:   Einzelblatt einer Kreuzigung. Köln, Schnütgen-Museum, Inv.-Nr. M 340

---

[51] Eichstätt, St. Walburg, germ. 7.
[52] Köln, Schnütgen-Museum, Inv.Nr. M. 340.

Manche dieser von Nonnen produzierten Illustrationen weisen über das bloße Ab-Bilden hinaus auf die körpergebundenen Praktiken der Andacht. Ein reich illustriertes rheinisches Gebetbuch der zweiten Hälfte des 15. Jahrhunderts aus der Donaueschinger Bibliothek[53] zeigt auf Bl. 74ʳ den im Gestus der *prostratio* im Garten betenden Christus im Kreise der Jünger. Eine kleine weibliche Figur mit geöffneten Augen, direkt rechts neben Christus, dargestellt als *anima*, als *minnende sele*, imitiert Jesu Gebetshaltung. Christi Gebet in Gethsemane und die dabei praktizierten Körperhaltungen haben Vorbildcharakter für die Nonnen. Die Rekluse Dorothea von Montau (1347-1394), hat, wie ihr Spiritual Johann Marienwerder dokumentiert hat, bei ihrer Meditation entlang der Stationen der Passion Christi auf jeder Meditationsstufe ihre Identifikation mit Christus körperlich ausge-drückt,[54] was Richard Kickhefer veranlasste, von „a kind of Christian yoga"[55] zu sprechen. Die Kreuzigung imitierend, stand sie für Stunden mit ausgebreiteten Armen. Das dreifa-che Gebet Christi in Gethsemane stellte sie ebenfalls körperlich nach:

> Unde in memoriam trine oracionis Domini Ihesu in monte Oliveti tres solebat exercere venias. Primam fecit geniculando manus extendens crucifixe, et hec vocabatur ab ea genuum venia. Secundam fecit geniculando manibus coniunctus et in celum erectis, sicut salvator depingitur orans in monte Oliveti. Terciam fecit procidendo in faciem manibus extensis in modum crucis, et hec nominabatur ab ea venia crucis[56],

berichtet Johannes Marienwerder. Vermittelt ist diese körperliche *imitatio Christi* interes-santerweise über das Bildmedium: Dorothea betet mit zum Himmel erhobenen Händen, *sicut salvator depingitur orans in monte Oliveti* – wie der Erlöser gemalt ist, als er am Ölberg be-tet. Schon der New Yorker *Cursus Sanctae Mariae*[57] widmet auf Bl. 22ᵛ drei separate Szenen in der unteren Bildzeile dem betenden Jesus: kniend mit erhobenen Händen, in der *prostra-tio* und stehend. Die deutschen Inschriften wiederholen diese Dreiphasigkeit: *Hie spricht er sin gebet zu sinem vater. Vnd hie ander weide. Vnd hie criste stunt.*

Texte und Bilder der Gebetbücher sind gleichermaßen Vermittlungsinstanzen der An-dachtspraxis und generieren, vor allen in den Nonnenhandschriften, die körperliche *imita-tio* wie zugleich das in der mystischen Praxis nach-empfundene körperliche Mit-Leiden. Ein Gebetbuch aus dem Oberrheingebiet,[58] von Nonnen aus St. Nikolaus in undis in Straßburg um 1450 zusammengestellt, bezieht auf Bl. 2ᵛ das Gebet am Ölberg unmittelbar auf die mit-leidende und mit-erlebende *anima*, deren Körperhaltung und Gebetsgesten de-nen Christi spiegelbildlich entsprechen. Der Blutregen seines lächelnden Gesichts trifft die *minnende sele* (Abb. 14), den Text eines Gebets aus einem Andachtsbuch für die Dominika-nerinnen von Oetenbach bei Zürich von 1436 unmittelbar materialisierend:

> O milter herre Jesu Criste, als du an dem Öliberg für mich und alle menschen in der groesten not, in dinen andechtigen gebette bluetigen sweis hett geswitzet, der angste und note erman ich dich herre

---

[53] Karlsruhe, Badische Landesbibliothek, Donaueschingen 437, 74ʳ. Siehe dazu Hamburger: *Nuns* (wie Anm. 50), S. 92f.

[54] Hamburger: *Nuns* (wie Anm. 50), S. 90f.

[55] Kieckhefer, Richard: *Unquiet Souls: Fourteenth-Century Saints and Their Religious Milieu*, Chicago 1984, S. 117.

[56] *Vita Dorotheae Montoviensis Magistri Johannis Marienwerder* (Forschungen und Quellen zur Kirchen- und Kul-turgeschichte Ostdeutschlands 1). H. Westphal / A. Triller (Hg.), Köln / Graz 1964, S. 69.

[57] New York, The Morgan Library and Museum, MS M. 739.

[58] Berlin, Staatsbibliothek zu Berlin, Ms. germ. oct. 53.

und bitten dich, das du mir gebest, das ich in der gedechtnusse des selben dines lidens enzúndet und also inbrunstig werde, das ich har inne erwerbe fúr dinen plutigen sweis andehtige traehen, di mir ab waeschen alle min sunde und mich behúten wellest nu und ewenclich vor allem úbel.[59]

Abb. 14: Gebetbuch aus St. Nikolaus in undis in Straßburg: Gebet Christi am Ölberg im Beisein der *anima*. Berlin, Staatsbibliothek – Preußischer Kulturbesitz, Ms. germ. oct. 53, Bl. 2ᵛ

4. Die Frau als Auftraggeberin: Literarisches Interesse als Mittel der Statusdefinition

Natürlich hat es sich auch im Mittelalter bei Frauen, die Literatur und Kunst förderten, produzierten, rezipierten, konsumierten und nutzten, nicht nur um Klosterfrauen gehandelt, die mit Hilfe des Bildmediums ihren Meditationspraktiken nachgingen, nicht nur um fromme Laien, die sich zur Andacht in ihre illustrierten Gebetbücher versenkten oder um Damen des Hochadels, die Prachtcodices mit heiligen Texten und Miniaturen zum Zwekke ständischer Selbststilisierung in Auftrag gaben oder sich schenken ließen. Ihr Interesse richtete sich auch auf profane Texte: Schließlich ist ja schon aus der Frühzeit der deutschsprachigen Ritterliteratur bekannt, dass es *eines richen kúneges barn* war, der ihr Gatte, Heinrich der Löwe, die Quelle des deutschen *Rolandslieds* verdankt.

Die Heidelberger Universitätsbibliothek besitzt acht Bilderhandschriften aus dem 15. Jahrhundert[60] – neuerdings will man als neunten Codex auch den *Ackermann* (Cod. Pal.

---

[59] Hoppeler, Guido: „Ein Erbauungs- und Andachtsbuch aus dem Dominikanerinnenkloster Ötenbach in Zürich vom Jahre 1436", in: *Zeitschrift für Schweizerische Kirchengeschichte* 18 (1924) S. 210-216, hier S. 214. Siehe dazu Hamburger: *Nuns* (wie Anm. 50), S. 92f.

[60] Cod. Pal. germ. 16-18 (dreibändige Bibel), Cod. Pal. germ. 67 (*Sigenot*), Cod. Pal. germ. 142 (*Pontus und Sidonia*), Cod. Pal. germ. 152 (Elisabeth von Nassau-Saarbrücken: *Herpin*), Cod. Pal. germ. 345 (*Lohengrin*

germ. 76) der Werkstatt zuschreiben[61] –, in einem relativ kurzen Zeitraum, zwischen 1470 und 1479, entstanden,[62] deren Illustrationen – mit Ausnahme weniger in zweien davon[63] – der gleichen Hand zuzuweisen sind. Im Layout, im Schriftcharakter, in der Initialornamentik stimmen die Codices deutlich überein, obgleich nur drei – eine dreibändige Bibel – das gleiche Papier aufweisen und vom gleichen Schreiber geschrieben sind, die Zuordnung zu einer wohl organisierten Werkstatt also nicht zu beweisen ist. Vielleicht hat es sich um einen nur losen, je neu aktualisierten Zusammenschluss von fünf Schreibern und einem Hauptillustrator gehandelt, der für die Arbeit an zwei Manuskripten zwei weitere Gehilfen engagierte. In der Schlussschrift der *Sigenot*-Handschrift Cod. Pal. germ. 67 nennt sich auf 102ʳ der Schreiber – *Hie haut ryß Sigenot ein end/ Got vns allen kumer wend. * Lud * Hennfflin –*, weshalb die Handschriftengruppe seit Hans Wegeners Heidelberger Bilderhandschriften-Katalog[64] von 1927 unter dem Notnamen ,Hennfflin-Werkstatt' kursiert, obgleich dieser an den übrigen Codices nicht mitwirkte.

Sieben der acht Manuskripte enthalten an mehreren Stellen das Wappen der Margarethe von Savoyen,[65] die 1453 Ulrich V. von Württemberg geheiratet hatte. Der Umstand, dass diese Wappen nicht etwa im Innendeckel, auf dem Titelblatt oder sonst wo auf freien Stellen der Handschriftenseiten eingetragen, sondern meist in Initialen integriert oder auf Lanzen- und Zeltwimpel aufgemalt sind (Abb. 15), ist ein Beleg dafür, dass sie die Handschriften nicht etwa nur käuflich erworben hat, sondern gezielt anfertigen ließ, die literarischen Interessen, die sich darin spiegeln, also kaum zufällig sind. Es befindet sich kein

---

und *Friedrich von Schwaben*), Cod. Pal. germ. 353 (*Die Heidin*).

[61] Die Schreiberhand ist sehr ähnlich der des Schreibers II (*Friedrich von Schwaben*) von Cod. Pal. germ 345, wenn nicht die gleiche, was Karin Zimmermann (in: Zimmermann, Karin / Glauch, Sonja / Miller, Matthias / Schlechter, Armin: *Die Codices Palatini germanici in der Universitätsbibliothek Heidelberg [Cod. Pal. germ. 1-181].* [Kataloge der Universitätsbibliothek Heidelberg 69], Wiesbaden 2003, S. 202f.) vermuten lässt: „Aufgrund der Schreiberidentität, übereinstimmender Wasserzeichen und ähnlicher Einträge [...] sehr wahrscheinlich im Umfelds der Werkstatt Ludwig Henfflins entstanden". Die Handschrift enthält zwar 1ʳ das Wappen von Savoyen, 1ᵛ die von Württemberg und Savoyen in zwei Schilden, die Illustratorenhand ist aber kaum mit der Haupthand A der Henfflin-Werkstatt identisch. Christian Kiening (*Schwierige Modernität. Der ,Ackermann' des Johannes von Tepl und die Ambiguität historischen Wandels* (MTU 113), Tübingen 1998) vermutet, ihre „eigenwilligen Illustrationen" verwiesen vielmehr „auf ein eher isoliertes Buchunternehmen, gedacht vielleicht nach dem Tode Margarethes (1479) als Trost für den verwitweten Gemahl, Ulrich von Württemberg, der selbst im Folgejahr starb".

[62] Nur eine Handschrift (Cod. Pal. germ. 17, der zweite Band der Bibel) ist datiert: In der Illustration auf 14ʳ ist am Boden die Jahreszahl *1477* zu lesen.

[63] Die Zeichnung auf 23ʳ im ersten Band der Bibel, Cod. Pal. germ. 16, stammt laut Hans Wegener (*Beschreibendes Verzeichnis der deutschen Bilder-Handschriften des späten Mittelalters der Heidelberger Universitäts-Bibliothek*, Leipzig 1927, S. 75) von der der Haupthand A sehr ähnlichen, aber höchst elaborierten Hand B, die 14 im Gegensatz zu den übrigen Illustrationen der Werkstatt ungerahmten und oft weit auf die Blattränder ausgreifenden Zeichnungen auf 1ᵛ, 2ʳ, 2ᵛ, 3ᵛ, 5ᵛ, 6ᵛ, 7ʳ, 8ʳ, 8ᵛ + 9ʳ, 9ᵛ, 10ʳ, 10ᵛ und 11ᵛ in der *Heidin*, Cod. Pal. germ. 353, von der weit anspruchsloseren Hand C.

[64] Wegener: *Verzeichnis* (wie Anm. 63) S. 71-85. Zu den Handschriften der Werkstatt s. auch Werner, Wilfried: *Cimelia Heidelbergensia. 30 illuminierte Handschriften der Universitätsbibliothek Heidelberg*, Wiesbaden 1975, S. 96-99, sowie Mittler, Elmar / Werner, Wilfried: *Mit der Zeit. Die Kurfürsten von der Pfalz und die Heidelberger Handschriften der Bibliotheca Palatina*, Wiesbaden 1986, S. 116-121.

[65] Einige auch das Württemberger Wappen, so etwa Bl. 372ʳ in dritten Band der Bibel, Cod. Pal. germ. 18.

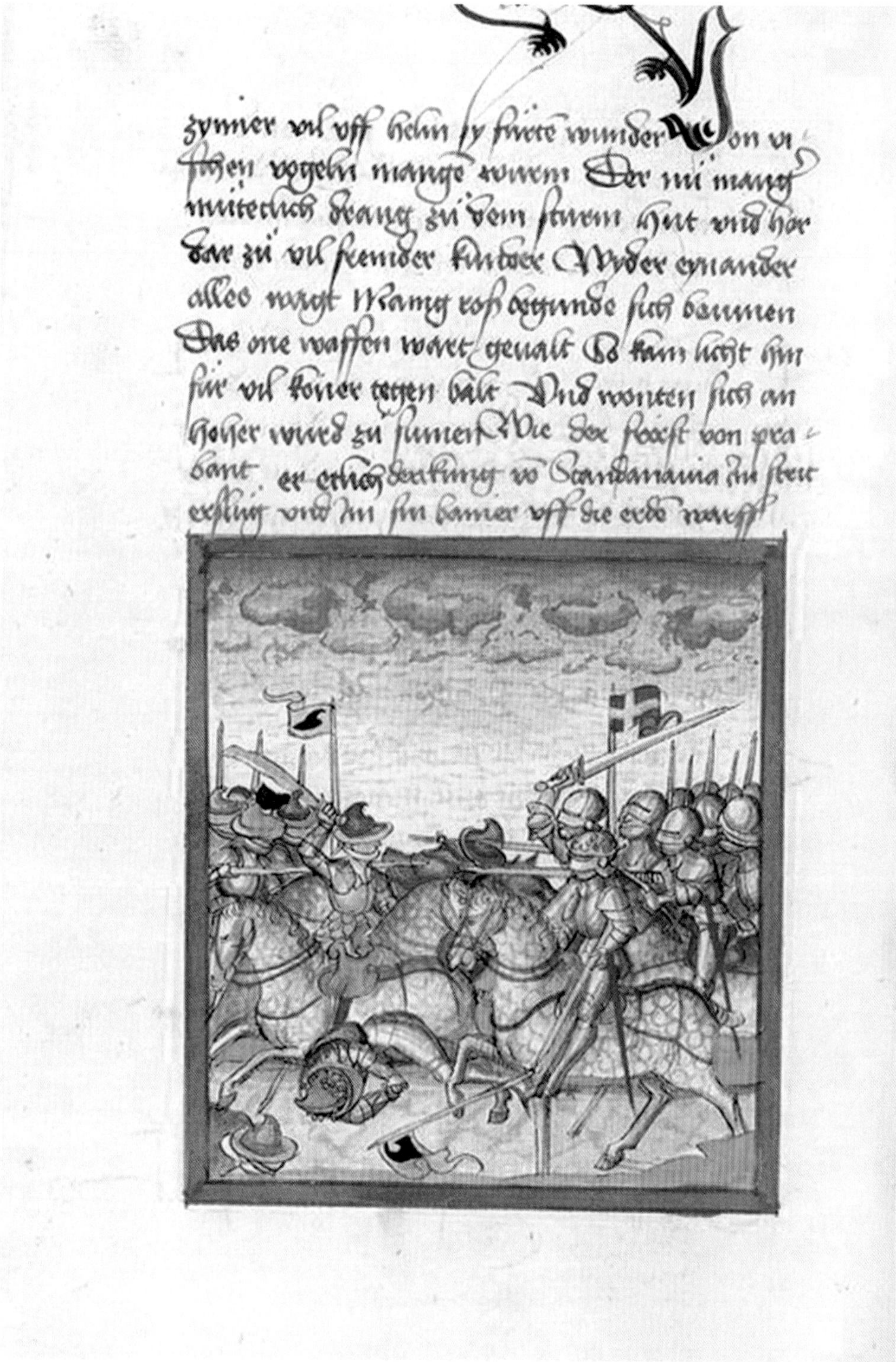

zymmer vil off helm sy friete wunder Von vi
schen vogeln mange stimen Der mit manch
meisterlich dranq zu dem sturm qut vnd hor
det zu vil semder kinder Wyder eynander
alles noxst Manig roß ergunde sich baumen
Das one waffen wartet qewalt Es kam hoxst hin
fur vil koner tetten bald Vnd wonten sich an
hoher wurd zu sunnen Wie der fourst von pra
bant er erstodertkunig vo Scandanavia du sterr
erstlich vnd in sin banier off die erdo warst

Abb. 15: ›Lohengrin‹. Der Fürst von Brabant sticht den König von Scandanavia vom Pferd. Heidelberg,
          Universitätsbibliothek, Cod. Pal. germ. 345, Bl. 122ᵛ

Gebetbuch darunter, wohl aber eine dreibändige deutsche Bibel (Cod. Pal. germ. 16-18), die mit insgesamt 300 kolorierten Federzeichnungen ausgestattet ist. Für eine spätmittelalterliche, mit kolorierten Federzeichnungen illustrierte, deutschsprachige Werkstatthandschrift ist das Anspruchsniveau der Illustrationen relativ hoch: Die Illustrationen sind sorgfältig gerahmt, was für deutschsprachige Handschriften der Zeit keineswegs die Regel ist; die Perspektive ist überwiegend gelungen, ebenso die Wiedergabe menschlicher Figuren, die in tiefenräumlichen Landschaften oder sehr variabel gestalteten, sich oft weit nach hinten erstreckenden Innenräumen miteinander kommunizieren. Margarethe hatte sicher Bilderhandschriften westlicher Produktion im Sinn, als sie ihre Codices in Auftrag gab und den Illustrator aussuchte, der ihre Wünsche, so gut er konnte, sorgfältig erfüllte. Ihr Interesse an auch neuester Literatur ist belegt, schließlich standen sie und der Stuttgarter Hof mit Niklas von Wyle und wohl auch Heinrich Steinhöwel in Kontakt.[66] Dies spiegelt sich auch in der Auswahl der von ihr in Auftrag gegebenen Texte. Zwar ist auch das eher ‚altmodische‘, wenn auch weit ins Druckzeitalter hinein höchst beliebte Dietrichepos *Sigenot* darunter, und zwar in einer höchst bemerkenswert illustrierten Handschrift (Cod. Pal. germ. 67) insofern, als die eigentlich recht gleichförmigen, stereotypen Dialog- und Kampfszenen, auf sämtlichen der 201 beschriebenen Seiten jeweils am Kopf der Seite stehend, beim Durchblättern der Handschrift eine Art Daumenkino-Effekt ergeben. Bei allen anderen Werken aber handelt es sich um neueste Literatur oder neue Bearbeitungen älterer Stoffe: Die zweite Fassung der Versnovelle *Die Heidin* mit 81 Illustrationen im Cod. Pal. germ. 353 diskutiert minnekasuistische Fragestellungen im epischen Handlungsrahmen, experimentiert dabei mit unterschiedlichen Gattungsmerkmalen und nähert sich tendenziell bereits der Romanform an; mit Elisabeths von Nassau-Saarbrücken *Herpin* mit 260 Illustrationen im Cod. Pal. germ. 152 (Abb. 16), einer Übersetzung der französischen Chanson de geste *Lion de Bourges*, wird der Versuch unternommen, den bislang im deutschen Sprachraum folgenlos gebliebenen Prosaroman zu etablieren. Cod. Pal. germ. 345 enthält die vermutlich kurz nach ihrer Entstehung zu einer Handschrift verbundenen Teile *Lohengrin* mit 98 und *Friedrich von Schwaben* mit 109 kolorierten Federzeichnungen: beide Texte charakteristisch für den spätmittelalterlichen Roman insofern, als *fabula* und *historia* eine innige Verbindung eingehen, wobei für den *Lohengrin* die historische Vorbildhaftigkeit als Deutungsangebot fungiert, während der Minneroman *Friedrich von Schwaben* eher zwischen zwar bereits brüchig gewordener Märchenwelt und historischer Konkretisierung unentschieden oszilliert. Die kürzende Bearbeitung der anonymen Fassung B des Prosaromans *Pontus und Sidonia* im Cod. Pal. germ. 142 mit 131 Illustrationen schließlich fügt sich mit ihrer Ritualisierung höfischen Verhaltens nahtlos ein in das von der ‚modernen‘ Prosaliteratur transportierte Ideologiemodell der literarischen Ritterrenaissance des 15. Jahrhunderts.

---

[66] Zu den literarischen Interessen Margarethes siehe Backes, Martina: *Das literarische Leben am kurpfälzischen Hof zu Heidelberg im 15. Jahrhundert. Ein Beitrag zur Gönnerforschung des Spätmittelalters* (Hermaea 68), Tübingen 1992, S. 177-185.

Abb. 16: Elisabeth von Nassau-Saarbrücken, ›Herpin‹: Die Herzogin gibt sich Königin Florie als Frau zu erkennen. Heidelberg, Universitätsbibliothek, Cod. Pal. germ. 152, Bl. 34ᵛ

46

Alle diese Handschriften sind mit Illustrationen ausgestattet, die Anregungen der neuesten französischen Hofkunst verarbeiten. Doch werden die dort meist in akribischer und auch materiell äußerst anspruchsvoller Deckfarbenmalerei ausgeführten Buchmalereien auf die für die spätmittelalterliche deutsche Handschriftenillustration traditionelle kolorierte Federzeichnung appliziert, der hohe Repräsentationsanspruch der Vorbilder also auf ein bescheideneres, ja bisweilen biederes Stilniveau ,heruntergefahren', das jedoch noch immer das Anspruchsniveau der Quelle erkennen lässt. Zudem betonen die Illustrationen, etwa in der Ausstattung der Innenräume oder der Kleidung der Protagonisten, aber auch auf der ikonographischen Ebene durch die Auswahl zeremonieller Handlungen und ritualisierter Begegnungen die Oberflächenphänomene höfischer Formen. Dies trifft sich weitgehend mit dem programmatischen Appellcharakter der in dieser Sammlung vertretenen Texte. Auffällig ist nämlich bei dieser immerhin für eine Adelsbibliothek in Auftrag gegebenen Zusammenstellung der Akzent auf Texten, die gewissermaßen nostalgisch die eigene verklärte Vergangenheit des Adels nacherzählen, andererseits aber in der so genannten ,Volksbuch'-Tradition – auch im Druck – einem neuen Publikum in einer Art „Erfüllung eines sozialen Ergänzungsbedürfnisses [...] Einblick in eine ihm vermeintlich verschlossene, längst nicht mehr existente Welt hochadeliger Lebensformen und Wertvorstellungen"[67] gewähren, etwa mit Elisabeths *Herpin*, durch dessen ,moderne' Form des Prosaromans noch immer die archaischen Verhaltensweisen des Adels hindurchschimmern.

5. Kunst als Zitat: Höfische Luxusobjekte im Gebrauch adeliger Damen

Möglicherweise trifft diese Feststellung auch auf einige derjenigen Objekte zu, die im Folgenden zur Diskussion stehen. Die Wechselwirkung zwischen den Medien Bildkunst und Literatur fand während des Mittelalters nicht nur im Bereich illustrierter Handschriften statt. Zahlreiche Kunstobjekte – Wandfresken, Elfenbeinschnitzereien, Steinskulpturen, Emailarbeiten, Textilien, die zuweilen auch in klösterlichen Werkstätten hergestellt wurden – transportieren Szenenfolgen oder Einzelszenen, die auf einen mündlich oder als literarischer Text tradierten Erzählstoff rekurrieren, andere Werkstücke enthalten Motive, die durchaus der Literatur entnommen sein können, ihrer Allgemeinheit wegen sich jedoch nicht auf konkrete Texte beziehen lassen: höfische Jagd, Turnier, Schachspiel, Minnepaare etwa. Ein Großteil dieser Bildmotive schmückt Gegenstände, die eindeutig zum Gebrauch durch adelige oder patrizische Damen bestimmt waren: Schmuckkästchen, Spiegelkapseln, Etuis für Schreibtäfelchen, Kämme, allesamt Gegenstände höfischen Luxus-Gebrauchs, die, wie bezeugt ist, mitunter von ihren Besitzerinnen auch beim Eintritt in ein Kloster mitgenommen wurden und dort weiter Verwendung fanden. So ist etwa auf der Vorderseite eines lederbezogenen flandrischen Kästchens, um 1400, ein Paar unter einem Baum und ein sich küssendes Liebespaar dargestellt.[68] Ein Paar beim Schachspiel

---

[67] Ebd., S. 183.

[68] London, The British Museum. Siehe dazu Camille, Michael: *The Medieval Art of Love. Objects and Subjects of Desire*, London 1998, S. 97 mit Abb. 82. Siehe zu diesen Objekten auch Müller, Markus: *Minnebilder. Französische Minnedarstellungen des 13. und 14. Jahrhunderts* (Pictura et Posesis 7), Köln / Weimar / Wien 1996; Glanz, Katharina A.: *De arte honeste amandi. Studien zur Ikonographie der höfischen Liebe* (Europäische Hochschulschriften, Reihe 28: Kunstgeschichte 414), Frankfurt am Main u.a. 2005.

schmückt eine französische Spiegelkapsel aus Elfenbein, um die Mitte des 14. Jahrhunderts in einer Pariser Werkstatt gefertigt.[69] Vor der thronenden Frau Minne tanzende und musizierende Paare sind auf einer weiteren französischen Spiegelkapsel aus dem ersten Jahrhundertdrittel dargestellt,[70] ein Minneturnier vor von den Zinnen blickenden Damen auf einer dritten.[71] Die meisten dieser Elfenbeinschnitzereien kommen aus Pariser Werkstätten des 14. Jahrhunderts, die solcherart allgemeinverbindliche Minnemotive zuweilen mit ausgewählten Szenen aus höfischen Romanen zu einer unter dem Stichwort ‚Minne-Aventiure' subsummierten Szenenfolge aneinanderfügten. So kombiniert eine Serie von sieben Elfenbeinkästchen aus der ersten Hälfte des 14. Jahrhunderts[72] der Literatur entnommene Motive mit solchen aus Sage und Mythos: Auf dem Deckel ist ein Minneturnier und/oder die Erstürmung der Minneburg dargestellt; die in vier Felder aufgeteilte Vorderseite zeigt von links nach rechts Aristoteles als Lehrer Alexanders und dann als von Phyllis gerittenen Minnesklaven (Abb. 17), anschließend entweder zwei Pyramus-und-Thisbe-Szenen oder einen sich über zwei Bildfelder erstreckenden Jungbrunnen. Auf der Rückseite sind in den Feldern 1, 3 und 4 Gauvains Abenteuer auf Château-

Abb. 17: Elfenbeinkästchen aus Paris, Vorderseite: Aristoteles als Lehrer Alexanders, Aristoteles von Phyllis geritten, Jungbrunnen. London, Victoria & Albert Museum

---

[69] Cleveland, Museum of Art, J.H. Wade Fund, Inv.-Nr. 1940.1200. Siehe Eikelmann, Renate (Hg.): *The Cleveland Museum of Art. Meisterwerke von 300 bis 1550* (Ausstellungskatalog: Bayerisches Nationalmuseum München), München 2007, Nr. 74.

[70] Paris, Musée du Louvre, MR R 195. Siehe Barnet, Peter (Hg.): *Images in Ivory. Precious Objects of the Gothic Age* (Ausstellungskatalog: The Detroit Institute of Arts), Princeton 1997, Nr. 56.

[71] Richmond, Virginia, Virginia Museum of Fine Arts, The Williams Fund, 69.45. Siehe ebd., Nr. 59.

[72] Baltimore, The Walters Art Museum; Birmingham, Barber Institute of Fine Arts; Florenz, Museo Nazionale Bargello; Krakau, Skarbiec katedralny; London, The British Museum; London, Victoria & Albert Museum; New York, The Metropolitan Museum of Art; siehe Ott, Norbert H.: „Katalog der Tristan-Bildzeugnisse", in: Frühmorgen-Voss, Hella (Hg.): *Text und Illustration im Mittelalter. Aufsätze zu den Wechselbeziehungen zwischen Literatur und bildender Kunst* (MTU 50), München 1975, S. 57-88, hier Nr. 38-44, mit weiterer Literatur.

merveille zu sehen: sein Löwenkampf, das gefährliche Bett, die Begrüßung durch die Jungfrauen. Das zweite Feld – Lancelot überquert die Schwertbrücke – korrespondiert formal durch die gleichermaßen auf beide Protagonisten herabprassenden Pfeile mit der Wunderbett-Szene des dritten Kompartiments. Die Szenen der rechten Schmalseite können variieren: Entweder ist ein Ritter dargestellt, der ein Mädchen vor dem Zugriff eines Wildmanns rettet, oder Galahad, der die Schlüssel zum Schloss der Jungfrauen erhält, oder eine Kombination beider Motive. Auf dem linken Seitenteil schließlich wird eine Einhornjagd mit der Baumgartenszene aus dem *Tristan* kombiniert.

Diese aus dem *Tristan*-Erzählzusammenhang herausgelöste Szene ist die zum Schmuck von Luxus-Artikeln für höfische Damen am häufigsten benutzte literarischen Ursprungs. Gut die Hälfte der mehr als 60 Bildzeugnisse des Tristan-Stoffs fokussiert die ikonographische Interpretation der als Text tradierten Geschichte auf diese einzige Episode: das von Marke und Melot belauschte Rendezvous Tristans und Isoldens im Baumgarten.[73] Die Komposition ist streng symmetrisch gebaut: Links und rechts eines zentral platzierten Baums steht je eine männliche und eine weibliche Figur, unter dem Baum befindet sich die Quelle, in der sich Marke, im Baum versteckt, spiegelt. Allein drei elfenbeinerne Spiegelkapseln mit dem Motiv sind bekannt.[74] Zwei in Leder geprägte Schreibtafel-Etuis[75] bringen die Szene sowie ein fragmentierter Haarteiler aus Norditalien,[76] alle aus dem 14. Jahrhundert, wie auch ein englisches Holzkästchen im Victoria & Albert Museum London,[77] dessen Deckel damit geschmückt ist. Ins erste Viertel des 15. Jahrhunderts werden zwei wohl nach Ostfrankreich zu lokalisierende Kämme aus Buchsbaum datiert,[78] die auf einer Seite ein Minneturnier zeigen, auf der anderen die Tristan-Baumgartenszene (Abb. 18), jeweils mit Spruchbändern in etwas ungelenkem Französisch: Isolde bittet Tristan, auf die Fische in der Quelle – die dort im Wasser sich spiegelnden Lauscher im Baum – zu

---

[73] Gottfried von Straßburg, *Tristan*, v. 14.607-14.906. Zu den Bildzeugnissen der Baumgartenszene siehe Fouquet, Doris: „Die Baumgartenszene des Tristan in der mittelalterlichen Kunst und Literatur", in: *Zeitschrift für deutsche Philologie* 92 (1973) S. 360-370, und vor allem Curschmann, Michael: „Images of Tristan", in: Adrian Stevens / Roy Wisbey (Hg.): *Gottfried von Strassburg and the Medieval Tristan Legend. Papers from an Anglo-North American Symposium*, London 1990, S. 1-17, wieder abgedruckt in Ders.: *Wort – Bild – Text. Studien zur Medialität des Literarischen in Hochmittelalter und früher Neuzeit* (Saecvla Spiritalia 43), Bd. 1, Baden-Baden 2007, S. 227-251.

[74] Paris, Musée de Cluny; Rom, Vatikan, Monumenti, Musei e Gallerie Pontificie (siehe zu diesen beiden Ott (wie Anm. 72), Nr. 45 und 46); Antwerpen, Museum Mayer van den Bergh (siehe de Coo, Jozef: *Museum Mayer van den Bergh. Catalogus 2: Beeldhouwkunst*, Antwerpen 1969, Nr. 2126).

[75] Namur, Musée régional d'art et d'histoire, Frankreich, um 1340, siehe Ott: „Katalog der Tristan-Bildzeugnisse" (wie Anm. 72), Nr. 55; Wrocław, Muzeum Narodowe, Schlesien, 2. Hälfte 14. Jahrhundert, siehe Ott: „Katalog der Tristan-Bildzeugnisse" (wie Anm. 72), Nr. 56.

[76] Turin, Museo civico, Elfenbein, Nordfrankreich oder Norditalien, 2. Hälfte 14. Jahrhundert, siehe Ott: „Katalog der Tristan-Bildzeugnisse" (wie Anm. 72), Nr. 47.

[77] London, Victoria & Albert Museum, England, um 1350; Schachspiel auf der Rückseite, Jagdszenen auf den übrigen Seitenteilen, siehe Ott: „Katalog der Tristan-Bildzeugnisse" (wie Anm. 72), Nr. 48.

[78] Bamberg, Sammlung des Historischen Vereins für Bamberg, Mittelrhein, 1. Hälfte 15. Jahrhundert, siehe Ott: „Katalog der Tristan-Bildzeugnisse" (wie Anm. 72), Nr. 50 (dort fälschlicherweise unter London, The British Museum, aufgeführt); Boston, Museum of Fine Arts, Schweiz oder Frankreich, 1. Viertel 15. Jahrhundert, siehe *The International Style. The Arts in Europe Around 1400* (Ausstellungskatalog: Walter Art Gallery Baltimore), Baltimore 1962, Nr. 102 und Taf. CII.

achten und unverfänglich zu sprechen: *tristram gardee de dire vilane por la pisson de la fonteine*, so Isolde. *Dame ie voroi per ma foi qui fv ave nos monsignor le roi*, antwortet Tristan, worauf Marke nichts anderes übrig bleibt, als auszurufen: *de deu sot il condana qui dementi la dame loial.*[79]

Abb. 18:   Buchsbaumkamm mit der Baumgartenszene aus dem ›Tristan‹. Bamberg, Sammlung des Historischen Vereins

In dieser exemplarischen Geschichte einer Minnelist bündelt sich die Problematik der Tristan-Minne: heimliche Begegnung, gesellschaftliche Bedrohung durch die missgünstige Umwelt, Listanwendung, um der Bedrohung zu entgehen und dennoch zur Liebesvereinigung zu gelangen. Dem Bildmodell, so scheint es, ist eine allegorisierende Lese-

---

[79] Zitiert nach dem Bostoner Exemplar.

Anweisung immanent. Zudem spielt es den literarischen Topos des *locus amoenus* und die bildliche Vorstellung des Liebesgartens ein. Doch hat die Beliebtheit und Durchsetzungskraft der Bildformel vor allem zwei Gründe, einen formalen und einen damit eng verknüpften ikonographischen. Zum einen ist es die exquisite Symmetrie und strenge Frontalität des Motivs, die auf Zeit-Losigkeit und exemplarische Gültigkeit des Dargestellten verweist: Nicht von ungefähr sind fast alle Ereignisse von höchster heilsgeschichtlicher Verbindlichkeit – Kreuzigung, Himmelfahrt, Pfingsten, Jüngstes Gericht – als frontalsymmetrische Darstellungen formuliert. Der zweite, auf dem ersten basierende Grund für die Durchsetzungskraft des Motivs liegt darin, dass es die traditionell ebenfalls frontalsymmetrische Bildformel des Sündenfalls aufruft: ein Baum, flankiert von einer männlichen und einer weiblichen Figur, darunter eine Quelle – der Paradiesesfluss –, im Baum erkennbar ein gekrönter Kopf, die Schlange. Zweifellos hat das zeitgenössische Publikum und haben die adeligen Damen, die mit den damit geschmückten Gegenständen täglich umgingen, beim Anblick der Tristan-Baumgartenszene den vertrauten Sündenfall-Bildtyp assoziiert. Und schon die Übertragung der christlichen Bildformel auf den profanen Stoff, zumal bei Objekten, die dem höfischen Luxus dienten, lässt vermuten, dass die Allusion auf den ursprünglichen Sinngehalt bewusst intendiert war. Dennoch reckte sich der höfischen Dame, wenn sie ihre Spiegelkapsel öffnete, kein klerikaler, vor dem *amor carnalis* warnender Zeigefinger entgegen. Die Anspielung findet auf einer eher spielerisch-ironischen Ebene statt: Zwar wird auch hier ein Sündenfall, der Literatur entnommen, herbeizitiert – nämlich ein Ehebruch –, aber eben ein listenreich verschleierter, gelingt es doch Marke nicht, Tristan und Isolde zu überführen, da ihn beide, sein Spiegelbild in der Quelle erkennend, täuschen können.

Manche Luxusartikel im Gebrauch höfischer Damen verweisen noch deutlicher auf das Minnethema. Auf einer französischen Spiegelkapsel von etwa 1320[80] ist ein berittenes Paar abgebildet: Der Mann fasst der Frau mit der linken Hand unters Kinn. Hinter der Reitergruppe gehen zwei Begleiter, die sich, wie ihre Gestensprache verrät, über diesen Vorgang unterhalten. Ganz vorne im Bild, unter den Reitern, springen zwei Hasen hintereinander her – beliebter ikonographischer Hinweis auf sexuelle Lust –, die mit ihrem ziemlich eindeutigen Verhalten auf das Ziel der amourösen Gesichtsberührung in der Hauptszene anspielen (Abb. 19). Das Berühren des Gesichts als Zeichen erotischen Begehrens ist ein gängiges ikonographisches Signal. Auf dem Malterer-Teppich aus der ersten Hälfte des 14. Jahrhunderts,[81] der vermutlich anlässlich der Hochzeit von Johannes und Anna Malterer entstand, streichelt der bei seinen Büchern sitzende Aristoteles Phyllis' Kinn und Wange, die ihn anschließend – rechts – zum Minnesklaven macht. Ein vermutlich in Basel zu Beginn des 15. Jahrhunderts geschnitztes Lindenholzkästchen[82] bringt auf dem Deckel eine

---

[80] London, Victoria & Albert Museum, siehe Camille: *The Medieval Art of Love* (wie Anm. 68), S. 101f. mit Abb. 86.

[81] Siehe dazu Ott, Norbert H.: „Minne oder amor carnalis? Zur Funktion der Minnesklaven-Darstellungen in mittelalterlicher Kunst", in: Jeffrey Ashcroft / Dietrich Huschenbett / William Henry Jackson (Hg.): *Liebe in der deutschen Literatur des Mittelalters. St. Andrews-Colloquium 1985*, Tübingen 1987, S. 107-125, hier S. 108-110.

[82] Villingen-Schwenningen, Franziskanermuseum. Siehe Camille: *The Medieval Art of Love* (wie Anm. 68),

Abb. 19: Elfenbein-Spiegelkapsel: Der Liebhaber berührt das Gesicht seiner Dame. London, Victoria &
Albert Museum

paradigmatische Weiberlisten-Geschichte, nämlich die Enthauptung des Holofernes. Die
Vorderseite ziert ein musizierendes Paar, die Rückseite ein Liebesgarten mit Brunnen. Auf
der linken Schmalseite erntet eine höfische Dame Phalli von einem Baum (Abb. 20), während auf dem der Phallusernte gegenüberliegenden Seitenteil das gegengeschlechtliche Pendant zu sehen ist: Ein höfischer Kavalier, der einen Baum mit vaginaförmigen Blättern be-
wundert. Noch direkter ist die erotische Anspielung auf dem Deckel eines kleinen französischen Holzkästchens des 14. Jahrhunderts, heute im Pariser Musée de Cluny.[83] Dargestellt ist in einem Vierpass-Medaillon ein im Stehen kopulierendes Paar. Die Frau steht
vorne, hinter ihr der Mann: ein Akt *a tergo* also – die vierte von Albertus Magnus beschriebene und, da sie den männlichen Partner in ein Tier verwandelt, als besonders sündig be-

S. 109f. mit Abb. 95; Ott, Norbert H.: „Zwischen Literatur und Bildkunst. Zum ikonographischen Umkreis der niederländischen Tragezeichen", in: Johan H. Winkelman / Gerhard Wolf (Hg.): *Erotik, aus dem
Dreck gezogen* (Amsterdamer Beiträge zur Germanistik 59), Amsterdam / New York 2004, S. 193-214, hier
S. 205f.
[83] Camille: *The Medieval Art of Love* (wie Anm. 68), S. 146 mit Abb. 133.

zeichnete Position.[84] Doch da das Kästchen, wofür zahlreiche, formal ähnliche Exemplare sprechen, höfischem Gebrauch, etwa der Aufbewahrung von Schmuck, diente, ist wohl kaum an eine Warnung vor verwerflichen Sexualpraktiken im Sinne des Albertus zu denken.

Abb. 20:   Hölzernes Minnekästchen, Seitenteil: Dame pflückt Phalli von Baum. Villingen-Schwenningen, Franziskanermuseum

Vielmehr wird, ironisch gebrochen und spielerisch-beziehungsreich, mit tradierten Formmodellen der christlichen Kunst experimentiert. Besonders das Vierpass-Medaillon, in dem die – frontal-symmetrische – Szene spielt, ist ein beliebtes formales Element christlicher Ikonographie. Für viele der auf den Luxusobjekten im Gebrauch adeliger Damen dargestellten Szenen ist solch beziehungsreiches, doppelbödiges Spiel mit tradierten, auf mehreren Ebenen zu lesenden Bildmustern geradezu Definitionsmerkmal. Auf die Spitze getrieben wird solch souveränes Verfügen über christliche Bildmodelle und deren inhaltliche Umakzentuierung bei gleichzeitig verdecktem Beibehalten ihres ursprünglichen Bedeutungsgehalts bei einem um 1400 wohl in Florenz entstandenem Desco da parto,[85] einem zwölfeckigen Gemälde von ca. 50 Zentimetern Durchmesser (Abb. 21), das eine am Himmel schwebende nackte Venus zeigt, gleich Maria von einer nur dieser vorbehaltenen Mandorla umstrahlt, flankiert von zwei nackten *amores* gleich den Engeln der

---

[84] Siehe zu diesem Themenfeld auch Brundage, James A: *Law, Sex, and Christian Society in Medieval Europe*, Chicago 1987.

[85] Paris, Musée du Louvre, Inv. Nr. R.F. 2089. Siehe dazu Däubler-Hauschke, Claudia: *Geburt und Memoria. Zum italienischen Bildtyp der deschi da parto*, München / Berlin 2003, Nr. 17 (mit weiterer Literatur).

christlichen Ikonographie. Am Boden knien, Venus anbetend, sechs Herren, durch Namensbeischriften sämtlich als aus klassischem, aus biblischem, mythologischem und literarischem Erzählgut stammende Liebhaber zu identifizieren: Achill, Tristan, Lancelot, Samson, Paris und Troilus.[86] Die Vulva der Liebesgöttin sendet goldene Strahlen auf die betenden Minnehelden. Der vielschichtige Anspielungscharakter dieser erotischen Kontrafaktur eines christlichen Bildmodells und der souveräne Umgang des Publikums damit springt vor allem dann ins Auge, wenn man sich vergegenwärtigt, wozu Objekte dieser Art in der Oberschicht italienischer Renaissancestädte benutzt wurden: nämlich als Geschenke für Wöchnerinnen – als Tabletts zum Servieren der Speisen während der Zeit des Wochenbetts.

Abb. 21:   Desco da parto aus Florenz: Sechs Minnehelden beten Frau Venus an. Paris, Musée du Louvre, Inv.-Nr. R.F. 2089

---

86 Die heute nur noch unvollständig erkennbaren Namen waren 1917 noch lesbar, siehe Leprieur, Paul: *Musée national du Louvre. Catalogue de la collection Arconati-Visconti.* Paris 1917, Nr. 8: *ACHIL, TRISTAN, LANCIELOT, SANSON, PA[RIS], TROILOL[US].*

Vermutlich besaß die adelige Dame, der die Speisen auf einem solchen Tablett mit den Venus anbetenden Minnehelden serviert wurden, oder die eine Spiegelkapsel, einen Kamm oder ein Schmuckkästchen mit der Baumgartenszene aus dem Tristan ihr Eigen nannte, auch ein reich illuminiertes Gebetbuch, mit dem sie sich zur Meditation zurückzog. Auch die mittelalterliche Gesellschaft hatte keine eindimensionalen Vorstellungen von Welt. Beide Sphären gehörten auch damals zur gesellschaftlichen und menschlichen Existenz und waren durchaus im Leben zu integrieren.

PETRARCAS *TRIONFI* IM REZEPTIONSDREIECK BARBARA VON BRANDENBURG – ANDREA MANTEGNA – PAOLA GONZAGA

ANGELICA RIEGER

Der Auftakt zu den in der Folge zur Sprache kommenden Ereignissen findet an einem für die damaligen Zeitgenossen schönsten Schauplätze der Welt statt, in der ‚piú bella camera del mondo‘, der ‚Camera degli sposi‘ im *Palazzo Ducale* oder *Castello di San Giorgio* in Mantua[1]. ‚Zwischen Herrschaft und Kunst‘, auf diesem Grat bewegt sich auch dort die Politik des Markgrafenhofs der Gonzaga. Durch Gewalt und Intrigen gelangen sie an die Macht und verstehen es, sie durch eine kluge Heiratspolitik zu konsolidieren. Den Markgrafentitel verleiht der im selben Jahr zum Kaiser gekrönte Siegmund Gianfrancesco I. Gonzaga erst 1433; bei dieser Gelegenheit wird auch die Hochzeit seiner damals zehnjährigen Nichte Barbara von Brandenburg mit seinem Sohn Ludovico besiegelt. Und mit ihnen etablieren die Gonzaga schon eine Generation später in Mantua einen der glänzendsten Renaissance-Höfe Norditaliens und treten – zusammen mit ihren Frauen und Töchtern – als bedeutende Mäzene hervor. Dieses Paar, Barbara von Brandenburg aus dem Hause Hohenzollern (1423-1481) und Ludovico III. Gonzaga, genannt ‚il Turco‘ (1414-1478), zweiter Marchese di Mantova,[2] verkörpert die perfekte Verbindung von Herrschaft und Kunst; zusammen mit einer seiner Töchter wird es hier im Mittelpunkt stehen.

An der Nordwand ihrer ‚Camera degli sposi‘ oder *Camera picta* ist unter der linken Arkade der größte Teil der kinderreichen Familie versammelt: die Eltern, Ludovico und Barbara, und fünf ihrer acht lebensfähigen Kinder, der zweitgeborene Gianfrancesco, Rodolfo, der drittgeborene, und der kleine Ludovico sowie deren Schwestern Paola und Barbara (Abb. 1).

---

[1] Siehe Abb. 1. Zum ikonografischen Programm der *camera degli sposi* siehe besonders Cordaro 1992: zur Datierung S. 11-13, Gesamtdarstellung S. 29; alle Details der „Parete settentrionale o del camino" S. 71-125; zum Portrait Paola Gonzagas S. 92; ich übernehme dessen Identifikation der in diesem Familienportrait dargestellten Personen. Siehe ferner z.B. Malacarne 1997, S. 196-199; und De Nicolò Salmazo 1994, S. 161-179. Es gibt vier weitere idealtypische Darstellungen der erwachsenen Paola Gonzaga, Gräfin von Görz, – jeweils zusammen mit Leonhard von Görz als Stifterehepaar (vgl. z.B. Kollreider 1952, S. 139): (1) Auf dem um 1490 von Simon von Taisten gemalten Tafelbild mit dem Kreuzwunder der heiligen Elisabeth von Thüringen (vgl. *Leonhard und Paola* 2000, S. 69, Abb. 49). Es handelt sich wohl um einen Sühnealtar für einen Eifersuchts-Anfall Leonhards von Görz: Die kaum weniger als das ‚Rosenwunder‘ bekannte ‚Kreuzwunder‘-Legende der heiligen Elisabeth beschreibt, wie sich ein Leprakranker, den sie in ihrem Bett pflegt, in einen Gekreuzigten verwandelt, als ihr Gatte hinzu kommt (vgl. Pörnbacher 1993, S. 21f.). (2) In der Schlosskapelle von Görz, auf den um 1490/96 entstandenen Fresken der *Schutzmantelmadonna*, ebenfalls von Simon von Taisten (vgl. *Leonhard und Paola* 2000, S. 7, Abb. 5 und S. 66, Abb. 44) und (3) des *Tods Mariens mit Stifterpaar* (vgl. *Leonhard und Paola* 2000, S. 67, Abb. 45-46; hier Abb. 13). (4) Postum zusammen mit ihrer als Säugling verstorbenen, auf dem Bild aber als Mädchen dargestellten Tochter auf dem rechten Flügel eines Stifteraltars aus der Werkstatt von Michael Pacher (Tirol, um 1500/1510) – vgl. *Leonhard und Paola* 2000, S. 83, Abb. 69-70; hier Abb. 14.

[2] Zur Genealogie Barbaras von Brandenburg vgl. Hofmann 1881, S. 29. Sie ist die Enkelin Kurfürst Friedrichs VI. von Brandenburg. Zur Chronologie der Gonzaga vgl. Behne 1990, S. 194-200; zur Genealogie Hofmann 1881, S. 30f., sowie http://www.genealogy.euweb.cz/gonzaga/gonzaga2.html (Tag der Einsichtnahme: 6.4.2007).

Abb. 1: Andrea Mantegna, Die Nordwand der Camera degli sposi im Palazzo ducale in Mantua (Detail): Die Familie Gonzaga (1474; Bildquelle: Cordaro 1992, S. 73)

Der Schöpfer des Gruppenbilds ist kein geringerer als Andrea Mantegna (1431-1506). Die weniger reichen als gebildeten Gonzaga holen sich den Künstler 1460 als Hofmaler nach Mantua.[3] Über der Tür in der Westwand signiert der Künstler sein Werk selbstbewusst, widmet es explizit seinen Auftraggebern und datiert den Abschluss der Ausmalung des Raums auf 1474:

ILL. LODOVICO II M.M. / PRINCIPI OPTIMO AC / FIDE INVICTISSIMO / ET ILL. BARBARAE EJUS / CONIVGI MVLIERIVM GLOR. / INCOMPARABILI / SVVS ANDREAS MANTINIA / PATAVVS OPUS HOC TENVE / AD EORV DECVS ASBOLVIT / ANNO MCCCCLXXIIII.[4]

Barbara von Brandenburg ist eine sehr gute Partie für Ludovico Gonzaga, die nicht nur durch ihre hochadlige Herkunft den Glanz des relativ frisch an die Macht gekommenen Adelshauses mehrt, sondern auch in ihre Rolle als ebenbürtige Partnerin ihres Mannes in kulturellen Angelegenheiten und als Förderin der Künste und der humanistischen Bildung ausgezeichnet hineinwächst.[5] Sie kommt gleich nach ihrer Verlobung als Zehnjährige nach

---

[3] Mantegna entschloss sich zwar bereits 1457, das Angebot der Gonzaga anzunehmen, übersiedelte aber erst nach dem Abschluss wichtiger Arbeiten Ende 1459 oder 1460 nach Mantua (vgl. Chambers/Martineau/Signorini 1992, S. 14).

[4] De Nicolò Salmazo 1994, S. 163: „Für den durchlauchtigsten Ludovicus, zweiten Markgraf von Mantua, edelster Fürst und im Glauben unerschütterlich, und für seine durchlauchtigste Gattin, die hochberühmte Barbara, die Ehre aller Frauen, und zu ihrem Ruhm vollendete ihr Andreas Mantegna aus Padua dies zarte Werk im Jahre 1474"; vgl. auch Cordaro 1992, S. 13.

[5] Zu Barbara von Brandenburg vgl. besonders Malacarne 1997; sowie z.B. Walter 1964, Kristeller 1899,

Mantua und erwirbt sich mit ihrer Ausbildung dort – zusammen mit ihrem künftigen Ehemann – unter der Leitung des 1423 für die Erziehung der Kinder der Markgrafen nach Mantua berufenen Humanisten Vittorino da Feltre eine ausgezeichnete Basis, die sie über Jahrzehnte stetig weiter ausbaut. Mantegnas Portrait der Markgräfin in den Vierzigern zeigt zwar keine Schönheit, aber eine in sich ruhende Frau mit überaus wachem Blick (Abb. 2).

Abb. 2: Andrea Mantegna, Die Nordwand der Camera degli sposi im Palazzo ducale in Mantua (Detail): Barbara von Brandenburg (1474; Bildquelle: Cordaro 1992, S. 73)

Der Gestaltung der *Camera picta* durch Mantegna verdanken wir auch ein bei allem Realismus wenig schmeichelhaftes Portrait der dritten Protagonistin des hier zu entwickelnden Rezeptionsdreiecks, der jungen Paola Gonzaga (1463-1496).[6] Es kaschiert geschickt,

---

und Hofmann 1881, mit dem Abdruck von 29 lateinischen Briefen Barbaras von Brandenburg, S. 32-51. Zahlreiche weitere Briefe – die über das Archiv der Gonzaga Eingang in das Stadtarchiv von Mantua fanden und ihr Leben umfassend dokumentieren – belegen die Bildung und die Aktivitäten der Markgräfin von Mantua. Sie ist seit kurzem auch die Protagonistin eines preisgekrönten historischen Briefromans von Marie Ferranti, *La princesse de Mantoue* (2002), dessen Einband der englischen Übersetzung allerdings – eher dem Diktat des Kommerz als dem Anspruch auf historische Genauigkeit folgend – nicht das offizielle Portrait Mantegnas ziert, das an den untersten Rand gedrängt ist, sondern das ihrer im Familienportrait hinter ihr stehenden schönen gleichnamigen Tochter, Barbara Gonzaga. Auch sie hätte zwar das Zeug zur tragischen Protagonistin eines historischen Romans, denn sie feiert unmittelbar nach der Fertigstellung der *Camera picta* im Juli 1474 mit Eberhard V. von Württemberg, genannt ‚im Bart‘, die ob ihrer Prachtentfaltung vielgerühmte und nichtsdestoweniger ausgesprochen unglückliche ‚Uracher Hochzeit‘, aber um sie geht es weder bei Marie Ferranti noch im Folgenden. Ihr Schicksal lässt aber erahnen, welch glänzende Partie Paola Gonzaga ohne ihre Behinderung (vgl. *infra*) hätte machen können.

[6] Zur Biografie Paola Gonzagas vgl. *Leonhard und Paola* 2000, S. 1-205; darin besonders Castri, S. 45-48 sowie Babinger 1956 (insbesondere zu ihrer letzten Lebensphase und zur Datierung ihres Todesjahrs auf

warum die jüngste der Gonzaga-Töchter keinem hochadligen Partner zur Frau gegeben wurde: Sie hatte – wohl eine von Paolas Großmutter Paola Malatesta in die Familie gebrachte Erbkrankheit der Gonzaga – einen kleinen Buckel (Abb. 3).

Abb. 3: Andrea Mantegna, Die Nordwand der Camera degli sposi im Palazzo ducale in Mantua (Detail): Paola Gonzaga (1474; Bildquelle: Cordaro 1992, S. 73)

Stattdessen verheiraten sie ihre Eltern – beim Abschluss des Ehevertrags ist sie dreizehn – als Fünfzehnjährige mit dem zwanzig Jahre älteren, verwitweten und kinderlosen Grafen Leonhard von Görz. Die Braut folgt ihrem Mann nach der kirchlichen Trauung 1478 in Bozen auf Schloss Bruck in Lienz.[7] Zu diesem Anlass gibt ihre Mutter bei ihrem Hofmaler die Gestaltung von zwei Paar Brauttruhen in Auftrag: Ein Paar mit polychromierten und vergoldeten Pastiglia-Reliefs des ‚Trajansurteils‘, auf die ich am Ende kurz eingehe (Abb. 4 und 5), und ein weiteres mit Elfenbeinreliefs von Petrarcas *Trionfi*, die mich hier hauptsächlich interessieren (Abb. 6 und 7).[8]

1496, S. 18f.), Kollreider 1952, und Billo 1934 (insbesondere zur Hochzeit in Bozen).

[7] Zur Görzer Grafenfamilie und zum Leben auf Schloss Bruck vgl. besonders *Leonhard und Paola* 2000, S. 1-205.

[8] Alle Abbildungen der Elfenbeintruhen Paola Gonzagas nach Klischees von Johann Kräftner (Liechtenstein-Museum, Wien) mit freundlicher Genehmigung von Dompfarrer Gottfried Lafer für die Dompfarre Graz. Ihnen beiden möchte ich an dieser Stelle meinen herzlichen Dank für ihre Unterstützung aussprechen.

Abb. 4: Die Pastiglia-Brauttruhen der Paola Gonzaga: Das Trajansurteil, Teil 1 (1476/78; Bildquelle: Ferino-Pagden 2001, S. 6f.)

Andrea Mantegna dürfte die Entwürfe dazu und deren Bildprogramm selbst gestaltet haben.[9] Möglicherweise haben sein Sohn oder Girolamo da Cremona deren Ausführung bzw. deren Überwachung übernommen, aber es ist angesichts ihrer hohen Qualität auch denkbar, dass sie gar nicht in Mantua, sondern in Venedig, dem Zentrum der Elfenbeinkunst im Quattrocento, hergestellt wurden.[10]

Abb. 5: Die Pastiglia-Brauttruhen der Paola Gonzaga: Das Trajansurteil, Teil 2 (1476/78; Bildquelle: Ferino-Pagden 2001, S. 14f.)

---

[9] Samek-Ludovici 1978, S. 162.
[10] Zu Paola Gonzagas Brauttruhen vgl. besonders Ferino-Pagden 2001. Der Zusammenhang zwischen Andrea Mantegna und diesen Truhen wurde erst im Verlauf des 19. Jahrhunderts wiederentdeckt, vgl. (in chronologischer Folge) z.B.: Kollreider 1952, S. 148; Fiocco 1931; Coudenhove-Erthal 1931; Eisler 1905; und Wastler 1880.

Abb. 6: Die Elfenbein-Brauttruhen der Paola Gonzaga mit Petrarcas *Trionfi* 1-3: Liebe, Keuschheit und Tod (1476/78; Klischee: Johann Kräftner)

Abb. 7: Die Elfenbein-Brauttruhen der Paola Gonzaga mit Petrarcas *Trionfi* 4-6: Ruhm, Zeit und Ewigkeit (1476/78; Klischee: Johann Kräftner)

Einmal davon abgesehen, dass allegorische Triumphzüge, und zwar sowohl deren künstlerische Darstellung als auch deren Inszenierung als Kostüm- oder Theaterfest, als Evokationen antiker, vorwiegend militärischer Triumphzüge seit dem Trecento und über die ganze Renaissance hinweg sehr *en vogue* waren,[11] und dass zu Mantegnas profanen Hauptwerken ein *Trionfo di Cesare* gehört,[12] gibt es auch konkrete Hinweise auf dessen besonderes Interesse an den Entwürfen zu Petrarcas *Trionfi*. 1501 entwirft er den Wandschmuck für ein ‚provisorisches Theater im antiken Stil‘ in Mantua, wobei er sechs Bilder aus dem *Trionfo di Cesare* und eben die sechs Triumphzüge Petrarcas verwendet. Sigismondo Cantelmo beschreibt diesen Teil der Malereien in einem Brief an Ercole d'Este so: „Dalle descrizione d'uno spettacolo teatrale [...] risulta che il palcoscènico era decorato con il *Trionfo di Cesare* [...]; il proscenio, con una serie di Trionfi dipinti pure dal Mantegna attingendo al Petrarca".[13]

Und außerdem entsteht in Paola Gonzagas Hochzeitsjahr 1478 in Mantegnas unmittelbarem Umfeld, wenn nicht sogar auf der Basis eines Entwurfes von seiner Hand,[14] ein ganz eigenständiges ikonografisches Programm für den auf den „6 febbraio 1478" datierten venezianischen *Trionfi*-Druck (Abb. 8-12).[15]

Die Darstellungen der *Trionfi* darin weichen, wie die vier folgenden Beispiele zeigen, vom üblichen Bildprogramm, dem die Brauttruhen angehören, wesentlich ab, wenn auch nicht in der – eher seltenen – Zugrichtung von rechts nach links, so doch in zahlreichen Details, wie zum Beispiel im einheitlichen Einsatz von Pferden als Zugtiere der Triumphwagen, wie im Triumph der Liebe und der Keuschheit (Abb. 8-9).

---

[11] Zur Rolle der Triumphzüge in der Festkultur der Renaissance im Allgemeinen und der *Trionfi* Petrarcas im Besonderen vgl. besonders Ortner 1998; sowie z.B. Eisenbichler/Iannucci 1987, Pinelli 1985, Carandente 1963, Schubring 1923 und Weisbach 1919; zur Entwicklung des ikonografischen Programms der *Trionfi* siehe ferner z.B. Stierle 2003, S. 661-709; Samek Ludovici 1978 und Malke 1977 und 1972.

[12] 1967, S. 110-112, Kat. Nr. 63A-63I.

[13] Bellonci/Garavaglia 1967, S. 116-117, Kat. Nr. 90: „Aus der Beschreibung einer Theateraufführung [...] geht hervor, dass die Bühne mit dem Triumph Cäsars dekoriert war [...], die Vorbühne aber mit einer Reihe von ebenfalls von Mantegna gemalten und von Petrarca inspirierten Triumphen". Es wird immer wieder die These geäußert, diese verlorenen Triumphe bildeten die Quelle für das ikonografische Programm des venezianischen Drucks von 1478 (vgl. Samek-Ludovici 1978, S. 162 und Abb. 8-12).

[14] Zu den ausgedehnten Aktivitäten Mantegnas als Illuminator sowie seiner Werkstatt, vgl. besonders Meiss 1957, der jedoch diese *Trionfi*-Ausgabe nicht erwähnt (wohl aber einen früheren Druck aus Padua von 1472, S. 62f. und Abb. 73: Mailand, Biblioteca Trivulziana, Petrarca 2).

[15] Es handelt sich um die Ausgabe: „Francesco Petrarca, *I Trionfi e Sonetti e Canzoni*. Venezia, Theodor de Reynsburch e Reynald de Novimagio, 6 febbraio 1478" (Samek Ludovici 1978, Bd. 1, S. 160). Vgl. Samek Ludovici 1978, Bd. 1, S. 160-162 und Bd. 2, Abb. 67-71; die Reihe der Abbildungen ist auch dort unvollständig: Es sind nur diese fünf *trionfi* abgebildet, der *Trionfo della Morte* (c. 71 bis) fehlt.

Abb. 8: Francesco Petrarca, *I Trionfi e Sonetti e Canzoni*. Venezia, Theodor de Reynsburch e Reynald de Novimagio, 6 febbraio 1478" (Bildquelle: Samek Ludovici 1978, Bd. 2, Abb. 67): Triumph der Liebe

Abb. 9: Francesco Petrarca, *I Trionfi e Sonetti e Canzoni*. Venezia, Theodor de Reynsburch e Reynald de Novimagio, 6 febbraio 1478" (Bildquelle: Samek Ludovici 1978, Bd. 2, Abb. 68): Triumph der Keuschheit

Abb. 10: Francesco Petrarca, *I Trionfi e Sonetti e Canzoni*. Venezia, Theodor de Reynsburch e Reynald de Novimagio, 6 febbraio 1478" (Bildquelle: Samek Ludovici 1978, Bd. 2, Abb. 69): Triumph des Ruhms

Auch im Triumph des Ruhms, sonst von Elefanten gezogen, bäumen sich zwei prächtige Schimmel auf (Abb. 10), und der Triumph der Zeit erhält hier sogar ein ganz eigenes Bildprogramm, auf dem auch das des Triumphs der Ewigkeit aufbaut und das auf Protagonisten ganz verzichtet: Im Triumph der Zeit transportieren die Pferde auf dem Wagen nur die offenen und geschlossenen Bücher der Geschichte und des Schicksals, im zutiefst pessimistischen Triumph der Ewigkeit sind sie tot und die Bücher vom Wagen gestürzt (Abb. 11-12).

Dieser in der Schule ihres Hofmalers so prachtvoll ausgestattete frühe Druck ist zweifelsohne auch in die Hände der Gonzaga gelangt – und damit auch in jene Paola Gonzagas, die ja Mantua erst im Herbst 1478 verlässt. Ob sie allerdings einen Druck oder eine Handschrift der *Trionfi* im Gepäck hatte, geht aus dem Inventar ihres Brautschatzes nicht eindeutig hervor. Da er jedoch mehrheitlich Handschriften enthält, ist anzunehmen, dass es sich eher um eine von mehreren *Trionfi*-Handschriften aus dem Besitz der Gonzaga handelt (s. *infra*).

Abb. 11: Francesco Petrarca, *I Trionfi e Sonetti e Canzoni*. Venezia, Theodor de Reynsburch e Reynald de Novimagio, 6 febbraio 1478" (Bildquelle: Samek Ludovici 1978, Bd. 2, Abb. 70): Triumph der Zeit

Abb. 12: Francesco Petrarca, *I Trionfi e Sonetti e Canzoni*. Venezia, Theodor de Reynsburch e Reynald de Novimagio, 6 febbraio 1478" (Bildquelle: Samek Ludovici 1978, Bd. 2, Abb. 71): Triumph der Ewigkeit

Mantegnas besonderes Interesse an den *Trionfi* ist auch aus kunstgeschichtlicher Perspektive interessant, weil er eine bislang weniger beachtete Facette im Werk des Künstlers beleuchtet, die geeignet ist, jene Theorie Otto Pächts zu belegen, nach der Mantegna dem finanziell gar nicht so attraktiven Ruf als Hofmaler nach Mantua folgt, um sich von der in seinen frühen Jahren in Padua praktizierten sakralen Malerei ab- und antiken, antikisierenden und allegorischen Themen zuzuwenden.[16]

---

[16] Pächt 2002, S. 126: „Er hatte sich entschlossen, einen Ruf an den Hof der Gonzaga in Mantua anzunehmen. Als Hofmaler eines Renaissancefürsten hatte er sich nun in erster Linie den Problemen weltlicher Kunst zuzuwenden und sah wohl in dieser Situation die größte Chance, seinem Antikentraum nachzuhängen".

Der „größte Repräsentant humanistischer Kunst in Oberitalien", wie ihn Pächt nennt,[17] hat dabei sicher genauso wenig an Entwürfe für Brauttruhen gedacht wie er sich träumen ließ, dass diese „rare[n] *Exempla* der Elfenbeinkunst der Renaissance", so Silvia Ferino-Pagden,[18] bald wieder den Weg zurück in einen sakralen Raum finden würden. Denn die inzwischen in Reliquienschreine verwandelten Brauttruhen oder *cassoni* der Paola Gonzaga stehen heute im Grazer Dom rechts und links vor dem Eingang zum Altarraum. Diese Sakralisierung eines profanen Gegenstands ist zwar, wie sich noch zeigen wird, durch die Art des Dekors der Truhen durchaus gerechtfertigt,[19] es ist aber zweifelhaft, ob dessen Bedeutung heute noch vielen Besuchern des Grazer Doms gewärtig ist.

Indessen zeugen die die beiden Truhen schmückenden kunstvollen Elfenbein-Reliefs von der tiefen Vertrautheit der frühen Petrarca-Rezeption – exemplarisch dafür steht hier die Familie und der Hof der Gonzaga im Palazzo Ducale in Mantua – mit Petrarcas *Trionfi*.

Was ich in der Folge zeigen will, ist nicht nur, wie die *Trionfi* auf Paola Gonzagas Brauttruhen und diese später in den Grazer Dom kommen, sondern auch, welches Verständnis des literarischen Werks, das den Elfenbeinreliefs zu Grunde liegt, dieser Weg voraussetzt. Denn gerade was die frühe Rezeption von Petrarcas Werken im medialen Wandel vom geschriebenen Text zur bildlichen Darstellung angeht, werden in der Petrarca-Forschung nach meinem Ermessen bisweilen geradezu gegenwärtige Maßstäbe angesetzt. Es wird von einem verlorenen Wissen um den Text ausgegangen, wie es so zumindest für die Leserinnen und Leser der Renaissance nicht postuliert werden kann.

Ich werde daher in einem ersten Schritt den Weg der Truhen vor ihrer endgültigen Platzierung im Grazer Dom von Barbara von Brandenburg über Andrea Mantegna bis zu Paola Gonzaga verfolgen. In einem zweiten Schritt werde ich das Bildprogramm im Textzusammenhang vorstellen und danach den ersten und am aufwändigsten ins Bild gesetzten der *Trionfi*, den ‚Triumph Amors', einer exemplarischen Analyse unterziehen, bevor ich am Beispiel des Rezeptionsdreiecks Barbara von Brandenburg – Andrea Mantegna – Paola Gonzaga zu einer abschließenden Würdigung der Rezipienten des Quattrocento komme.

---

[17] Ebd., S. 93.

[18] Ferino-Pagden 2001, S. 35. Zur Elfenbeinkunst in der Renaissance vgl. ferner z.B. Theuerkauff 1986; Philippowich 1961, S. 76-96: „Italien"; Pelka 1920, S. 219-234 „(6 B c) Italien" und „Die Renaissance"; und Scherer 1903, S. 3-10: „Die Elfenbeinplastik der Renaissance".

[19] Wobei dieser inhaltliche Aspekt für die Sakralisierung von profanen Kunstgegenständen nicht von Bedeutung ist, sondern allein ihre Kostbarkeit und ihr künstlerischer Wert. Und Elfenbein gilt als besonders kostbar. So werden auch arabische Elfenbeinarbeiten ohne Umstände in Reliquiare umgewandelt (vgl. z.B. das so genannte „Schreibzeug des hl. Leopold", Kotzung 2004, S. 398f., Kat. Nr. 62).

1. Von Mantua bis Graz

Paola Gonzagas Heirat mit Leonhard von Görz fand, nach längerer Verlobungszeit und einigem Hin und Her, im November 1478 in Bozen statt und sie lebte danach mit einigen Unterbrechungen bis zu ihrem Tod 1496 in Lienz.[20] Wie ernst auch sie in der Nachfolge ihrer Mutter ihre Aufgabe als kulturtragende Mäzenin nahm, beweisen einige von ihr und ihrem Mann dort an regionale Künstler in Auftrag gegebene sakrale Werke, die das Paar als Stifterfiguren abbilden. In der frühesten Darstellung kniet sie auf dem um 1490/98 von Simon von Taisten, einem Schüler Michael Pachers, gemalten Fresko des *Marientods* in der Brucker Schlosskapelle (Abb. 13).[21]

Abb. 13: Simon von Taisten, Marientod-Fresko (Detail): Paola Gonzaga und Leonhard von Görz als Stifterfiguren (1490/98; Bildquelle: *Leonhard und Paola* 2000, S. 67, Abb. 46)

Postum ist sie auf dem rechten Flügel eines um 1500/1510 entstandenen Stifteraltars aus der Werkstatt Michael Pachers dargestellt.[22] Neben Paola Gonzaga kniet ihre gleich nach der Geburt verstorbene, auf dem Bild aber als Mädchen dargestellte einzige Tochter, Barbara (Abb. 14).

---

[20] Das Leben des letzten Görzer Grafenpaars dort ist außerordentlich gut dokumentiert, vgl. besonders *Leonhard und Paola* 2000, und es wird ein regelrechter Regionalkult um beide betrieben; so gibt es z.B. sogar zwei nach ihnen benannte Tiroler Käsespezialitäten – den „Conte Görz" und die „Contessa Paola" (http://www.ama-marketing.at/uploads/media/kaese.pdf, S. 43; Tag der Einsichtnahme: 6.4.07).

[21] Vgl. *supra*, Anm. 1, und Abb. 13. Zu Simon von Taisten vgl. besonders Kollreider 1971 sowie Andergassen (2000), Franckenstein 1976 und Frodl 1947.

[22] Wie engmaschig dieses interkulturelle regionale Netz geknüpft war, belegt im Übrigen die Tatsache, dass Mantegnas Einfluss in Pachers Werk unverkennbar ist.

Abb. 14: Flügelaltar aus der Werkstatt Michael Pachers (Detail): Paola Gonzaga und Leonhard von Görz als Stifterfiguren (1500/1510; Bildquelle: *Leonhard und Paola* 2000, S. 83, Abb. 69-70)

Die Altarbilder, die Leonhard von Görz zusammen mit seiner Frau als Stifter abbilden, werfen bei aller Idealisierung – sie zeigen einen dem Anlass entsprechend durchaus höfisch gekleideten Adligen – auch ein etwas anderes Licht auf den Grafen, der vor allem von der italienischen Geschichtsschreibung gerne als brutaler hinterwäldlerischer Barbar geschildert wird (auch wenn er durch seinen Vater als Trinker erblich vorbelastet scheint und seine erhaltenen Rechnungen aus den Lienzer Tavernen in diese Richtung deuten). Die Tatsache, dass er nicht nur zusammen mit seiner Frau als Mäzen in Erscheinung tritt und zulässt, dass Paola Gonzaga Lienz zu einem Miniatur-Renaissancehof macht und die lokale Kunst fördert, sondern auch der Umstand, dass er in einem Altarbild die als Säugling gestorbene einzige Tochter des Paares ins Bildprogramm aufnehmen lässt, deuten immerhin darauf hin, dass Paola Gonzagas Ehemann, wenn schon nicht humanistisch gebildet ist, so doch über eine gewisse höfische Bildung verfügt. Das belegt auch die dreisprachige, je nach Anlass lateinische, italienische und deutsche Korrespondenz, die die Gonzaga vor und nach der Eheschließung mit dem Grafen von Görz führen.[23]

---

[23] Christina Antenhofer (2000, S. 13-15) untersucht in ihrer Studie *Briefe zwischen Süd und Nord: Vielsprachig-*

Paola Gonzagas Brauttruhen sind auf jeden Fall während ihrer Verlobungszeit und vor ihrer Hochzeit 1478, also ab 1476 entstanden.[24] In diesen Truhen überführt sie ihren atemberaubenden Brautschatz von Mantua ins Schloss Bruck nach Lienz, darunter – das geht aus dem bereits angesprochenen Inventar vom 5.11.1478 hervor – auch vierzehn „Bucher": Vergil, Sallust, Cicero und Augustinus' *De civitate Dei* sind ebenso darunter wie Dante und eben Petrarcas *Trionfi*.[25] Diese Auswahl aus ihrem persönlichen Bücherschrank lässt Rückschlüsse auf die Lektüren im Hause Gonzaga zu. Auch Petrarcas *Trionfi* hat Paola sicher schon zu einem früheren Zeitpunkt zur Lektüre von ihrer Mutter bekommen, deren Entscheidung für den Schmuck der Truhen mit den *Trionfi*-Reliefs keine zufällige ist. Es ergibt sich also für das letzte Drittel des Quattrocento eine ununterbrochene Rezeptionskette von Kennern, die von Barbara von Brandenburg über Andrea Mantegna bis hin zu Paola Gonzaga reicht und die frühestens mit ihrem Tod 1495 abbricht.

Nach Paola Gonzagas Tod verweigert Graf Leonhard von Görz die Rückgabe des Brautschatzes an die Gonzaga, und es ist – obwohl er sicher weniger ‚barbarisch' ist als bislang gerne angenommen (vgl. *supra*) – nicht anzunehmen, dass er in profunder Kenntnis der Zusammenhänge zwischen Petrarcas *Trionfi* und den Brauttruhen seiner Frau handelt, als er die kostbaren Truhen in seinem Testament dem Sankt-Georgs-Ritterorden in Millstadt vermacht. Eine Ahnung vom den *Trionfi* innewohnenden und im letzten Bild des zweiten *cassone* deutlich visualisierten Erlösergedanken mag seine Entscheidung aber dennoch mitbestimmt haben.

Seit dem Tod des Grafen im Jahr 1500 befinden sich die Elfenbeintruhen somit in Kirchenbesitz. Von Millstadt gehen sie 1598 an das Jesuitenkolleg Graz und von dort 1617 als Reliquiare in den Dom zu Graz. Diesen wenigen Stationen von ihrer Fertigstellung bis zu ihrem endgültigen Standort verdanken die Truhen ihren ausgezeichneten Erhaltungszustand. Von ihrem fast makellosen, überwiegend floralen, ornamentalen und heraldischen Elfenbeinschmuck sind hier jedoch lediglich die sechs Bildreliefs der Vorderseiten von Interesse.

---

keit und Umgangstöne in der Korrespondenz der Gonzaga mit dem Hause Görz das Thema „anhand eines Corpus von 23 italienischen, 29 deutschen und 30 lateinischen Briefen" (S. 13). Sie zeigt, dass die drei Sprachen subtil im Rahmen einer ‚Politik der Sprache' zum Einsatz kamen, Leonhard von Görz aber wohl des Italienischen selbst nicht mächtig war: „Eine Ausnahme stellt ein italienisches Schreiben der Markgräfin Barbara de Gonzaga, Paulas Mutter, an ihren Schwiegersohn Leonhard von Görz dar (Sigm. 4a. 029.086). Beide kommunizieren in der Regel lateinisch oder deutsch miteinander" (ebd.). Barbara von Brandenburg entschuldigt sich für das Italienische mit dem Fehlen eines deutschen Kanzlers und legt nahe, den Brief vor Ort durch die Leute Leonhards von Görz übersetzen zu lassen – Petrarcas *Trionfi* aus dem Brautschatz seiner Frau wird er also kaum im Original gelesen haben.

[24] Dieser Zeitraum lässt sich noch weiter eingrenzen, wenn man davon ausgeht, dass ihre Ausführung erst nach dem Abschluss des Ehevertrags am 1.7.1476 in Angriff genommen und in jedem Fall vor der Abreise der Braut zu den Hochzeitsfeierlichkeiten 1478 fertiggestellt wurde – wohl in Hektik, denn die zweite Elfenbeintruhe trägt deutliche Spuren einer übereilten Fertigstellung und ihr ornamentaler Schmuck ist weniger kunstvoll und zeitraubend gestaltet (vgl. Ferino-Pagden 2001, S. 39).

[25] Zu Brautschatz und Inventar vgl. Kollreider 1952; unter der Rubrik „Bucher" befindet sich an Position zehn „Item des Patriarchen Poeten Triumph" (Kollreider 1952, S. 148); vgl. ferner Billo 1934 mit dem Abdruck von 14 italienischen Briefen zu Einzelheiten der Eheschließung Paolas.

2. Mantegna liest Petrarca

Diese Bildreliefs halten sich eng an das ihnen zu Grunde liegende, 1352 begonnene und bis zu seinem Tod 1374 immer wieder veränderte und nie ganz abgeschlossene Werk, dem Petrarca ursprünglich den lateinischen Titel *Triumphi* gibt, wie er auch in den ‚Kapitelüberschriften' der sechs allegorischen Triumphzüge das Lateinische beibehält, während er sich bei der Abfassung der Triumphzüge für Terzinen in italienischer Sprache entscheidet.

Die Überlieferungsgeschichte der *Trionfi* ist komplex, das Werk war sehr beliebt und wurde vielfach mit dem *Canzoniere* zusammen gebunden; daneben existieren fast siebzig weitere vollständige Handschriften aus der Zeit vor der Inkunabel von 1470.[26] Nichtsdestoweniger liegt in jedem Fall etwa ein Jahrhundert zwischen der Entstehung des Textes und seiner in den Elfenbeinreliefs der *cassoni* Gestalt gewordenen Rezeption. Diese setzen die sechs vor den Augen des Erzählers vorüberziehenden allegorischen Triumphzüge, in denen jeweils die nachfolgende die vorangehende Allegorie besiegt, plastisch ins Bild. Die sechs Triumphzüge sind exakt in der Reihenfolge des petrarkesken Texts in zwei Dreiergruppen auf Paola Gonzagas *cassoni* abgebildet. Die Reihe wird angeführt von Amor im *Triumphus Cupidinis*, gefolgt von der Keuschheit im *Triumphus Pudicitie* und vom Tod im *Triumphus Mortis*. Ihn besiegt der Ruhm im *Triumphus Fame*, den Ruhm wiederum die Zeit im *Triumphus Temporis* und letztlich bleibt die Ewigkeit im *Triumphus Eternitatis* Herrscherin über sie alle. Petrarcas als imaginierte Seelenreise unter der Führung eines – anonymen – Mentors angelegtes Werk soll Dantes *Divina Commedia* und möglicherweise auch Boccaccios *Amorosa Visione* im Sinne einer ‚intertextuellen Aufhebung' zugleich bewahren und übertreffen.

Der erste Triumphwagen, den das dichterische Ich erblickt, ist der von zahlreichem Gefolge begleitete und von Pferden als Symbol der Sinnlichkeit gezogene Wagen Amors (Abb. 15). Dieses dichterische Ich wird im Bildprogramm eindeutig als Petrarca identifiziert, der als einziger hinter dem Triumphwagen stehend zu Amor aufblickt, während das übrige Gefolge ganz mit sich selbst beschäftigt scheint. Die Gestalt Amors und die Auswahl von dessen auf dem Elfenbeinrelief dargestellter Begleitung wird abschließend Gegenstand meiner exemplarischen Analyse sein (vgl. *infra*).

---

[26] Über die Überlieferungslage vgl. z.B. Carl Appel in Petrarca 1901, S. XVIII: „In Narduccis Verzeichnis der Petrarcamanuskripte aus den Königlichen Bibliotheken Italiens finde ich

Handschriften des Canzoniere und der Triumphe zusammen:	86
Handschriften des Canzoniere allein:	35
Handschriften der Triumphe allein:	67

Diese Statistik ist infolge der leider oft ungenügenden Angaben Narduccis nur eine sehr ungefähre; immerhin erlaubt sie schon ein Urteil über die relativen Zahlenverhältnisse". Zur ikonografischen Tradition der *Trionfi*-Illustrationen vgl. *supra* (wie Anm. 11).

Abb. 15: Elfenbein-Brauttruhe der Paola Gonzaga (Detail): *Triumphus Cupidinis* (1476/78; Klischee: Johann Kräftner)

Amors Gefolgsleute landen alle im Gefängnis der Liebe, mit Ausnahme von Laura, der es – als Repräsentantin der *Pudicitia* und umgeben von einer Schar tugendhafter Frauen – in deren kurzem Triumph gelingt, die Liebenden aus diesem Gefängnis zu befreien und Amor gefangen zu nehmen (Abb. 16). Auf ihrem von Einhörnern als Symbol der Keuschheit gezogenen Triumphwagen führt sie den gefesselten, zu ihren Füßen knienden Amor vor. Lucrezia trägt Amors leeren Köcher und Penelope dessen Flügelpaar.

Abb. 16: Elfenbein-Brauttruhe der Paola Gonzaga (Detail): *Triumphus Pudicitie* (1476/78; Klischee: Johann Kräftner)

Mit Lauras Begegnung mit dem Tod und dessen Triumph, über den sie das dichterische Ich in einer der als zu den gelungensten der ganzen *Trionfi* gehörenden Passage hinwegzutrösten versucht, endet der dritte Triumphzug (Abb. 17). In einem von Ochsen gezogenen und mit Totenköpfen und einem Totentanz geschmückten Wagen zieht der Tod triumphierend über seine Opfer aus allen Gesellschaftsschichten hinweg.

Abb. 17: Elfenbein-Brauttruhe der Paola Gonzaga (Detail): *Triumphus Mortis* (1476/78; Klischee: Johann Kräftner)

Unter ihnen ist auch Laura in der – hier gespiegelten – klassischen Haltung ihrer Grablegung, wie sie zum Beispiel auch im Frontispiz der *Cose volgari di Messer Petrarca* in der Vinegia-Ausgabe von 1501 erscheint (Abb. 18).

Abb. 18: *Le cose volgari di Messer Petrarca*, Vinegia 1501 (Frontispiz): Lauras Grablegung

Aber der Tod findet seinen Meister im Ruhm, der den Toten zu neuem Leben über ihren Tod hinaus verhilft. Im von Elefanten gezogenen Triumphwagen wird die Allegorie des Ruhms – die *fama* – begleitet von einem Gefolge aus Helden der Antike und einer Gruppe von bedeutenden Dichtern und Denkern, die Platon anführt (Abb. 19).

Abb. 19: Elfenbein-Brauttruhe der Paola Gonzaga (Detail): *Triumphus Fame* (1476/78; Klischee: Johann Kräftner)

Doch selbst die *fama* verblasst angesichts der alles vernichtenden Zeit und muss deren von Hirschen als Symbol der Vergänglichkeit gezogenem Triumphwagen weichen (Abb. 20).

Abb. 20: Elfenbein-Brauttruhe der Paola Gonzaga (Detail): *Triumphus Temporis* (1476/78; Klischee: Johann Kräftner)

In ihrem Spiegel erkennt das dichterische Ich die Vergänglichkeit alles Irdischen und fügt sich in den endgültigen Triumph der Ewigkeit, repräsentiert durch den auf dem letzten Triumphwagen thronenden Allmächtigen (Abb. 21).

Abb. 21:   Elfenbein-Brauttruhe der Paola Gonzaga (Detail): *Triumphus Eternitatis* (1476/78; Klischee: Johann Kräftner)

Der Erlösergedanke, der dieser Abfolge der sechs Triumphzüge zu Grunde liegt, wird ihre immense Popularität im Quattrocento mitbedingt haben; als entscheidenden Aspekt für den spektakulären Erfolg der *Trionfi* bis ins Cinquecento kann man aber auch deren reichen ‚anthropologischen Fundus' anführen. Sie sind – für Kenner – eine wahre Fundgrube an für eine gebildete Konversation geeigneten Exempla, die zentrale Erfahrungen der menschlichen Existenz anschaulich machen, und deren einzelne Komponenten sich im Zuge der späteren Rezeption durchaus verselbstständigen können. Hierin liegt mit Sicherheit auch der Schlüssel zu den ‚künstlerischen Freiheiten' bei der Umsetzung des Texts ins Kunsthandwerkliche, wie im Fall zahlreicher Miniaturen, Stiche, Fresken, Bühnenbilder, Tapisserien, *Deschi di parto*, Tarot-Karten und in jüngster Zeit sogar Krawatten[27] – oder eben der Elfenbeinreliefs.

Unkenntnis, mangelndes Verständnis oder gar mit der Zeit zunehmendes Unverständ-

---

[27] Vgl. z.B. die in zwei Etappen entstandenen Triumphzüge in der *Sala dei Trionfi* im Palazzo del Pio in Carpi aus der zweiten Hälfte des 15. und ersten Hälfte des 16. Jahrhunderts mit einem Petrarca-Portrait im *Trionfo della Fama* (ca. 1525); sowie die barocken Wandbilder (1678-1679) Carlo Cignanis im Palazzo del Giardino in Parma. Den ersten bekannten Auftrag für Tapisserien mit Petrarcas *Trionfi* erteilte 1453 Giovanni di Cosimo de'Medici einer niederländischen Manufaktur. Es gilt als gesichert, dass die unter „Mantegnas Tarot" bekannten, um 1460 entstandenen Tarot-Karten auf Petrarcas *Trionfi* basieren – vgl. www.levity.com/alchemy/prink-ma.html (Tag der Einsichtnahme: 6.4.2007). Krawatten mit *trionfi*-Motiven aus einer in der Library of Congress in Washington befindlichen Petrarca-Handschrift werden angeboten unter http://www.loc.gov/shop/index.php?action=cCatalog.showItem&cid=4&scid=29&-iid=3364 (Tag der Einsichtnahme: 6.4.2007).

nis für Petrarcas Werk kann aber meines Erachtens für die Rezipienten des Quattrocento daraus nicht abgeleitet werden.

Bei allen Traditionen und Konventionen, die sowohl die Triumphzug-Ikonografie im Allgemeinen als auch Petrarcas *Trionfi* im Besonderen sowie die Textvorlage mitbestimmen – wie etwa die Art der jeweiligen Zugtiere und die den Allegorien beigegebenen Attribute – und die sich seit den dreißiger Jahren des Quattrocento bereits zu Mantegnas Zeiten etabliert haben, nimmt er sich genügend Freiräume, die er geschickt für den Entwurf seines ganz persönlichen Bildprogramms zu nutzen versteht. Und es ist gerade dieser relativ freie Umgang im Spannungsfeld zwischen ikonografischer Tradition und Petrarcas Textvorlage, der beider profunde Kenntnis voraussetzt, damit das Dargestellte nachvollziehbar bleibt. Darüber hinaus setzt der Entwurf Mantegnas eine genaue Kenntnis der ikonografischen Spielregeln voraus, was die Darstellung mythologischer Figuren, die Attribute des sozialen Ranges oder der Aktivitäten der übrigen Gefolgsleute angeht, ohne die sein Bildprogramm nicht lesbar ist. Genau das möchte ich in der Folge mit einem genaueren Blick auf den *Triumphus Cupidinis* demonstrieren.

Zuvor aber ist noch zu klären, wie Mantegnas Rezeption Petrarcas verläuft. Andrea Mantegna pflegt während seiner Maler-Ausbildung in Padua Kontakte mit bedeutenden humanistischen Zirkeln und erwirbt sich trotz seiner einfachen Herkunft eine beachtliche, von keinem geringeren als Pietro Bembo gepriesene humanistische Bildung. Zum kulturellen Erbe Paduas gehört für ihn auch Petrarca, der seine späten Jahre (1368-1374) überwiegend in Padua und Arquà verbringt. Auch mit der Kunst der Petrarca-Illustration kommt Mantegna bereits in Padua in Berührung: Das Bildprogramm für die *Sala virorum illustrium* im Palazzo Carraresi in Padua entstand zwischen 1372 und 1373 auf Anregung Francesco da Carraras noch in persönlicher Abstimmung mit dem Autor von *De viris illustribus*. Und die Paduaner Petrarca-Portraits – vom Typ ‚mit der Kapuze‘ (im Gegensatz zum Typ ‚mit dem Lorbeerkranz‘)[28] – dürfte Andrea Mantegna in seinem *musée imaginaire* bewahrt haben, als er Padua in Richtung Mantua verließ (vgl. *infra*).

Im Gegensatz zu Padua konzentrieren sich die intellektuellen humanistischen Austauschmöglichkeiten Mantegnas in Mantua, das keine Universität besitzt, auf den Hof der Gonzaga. Und so nimmt er die intellektuelle Herausforderung, Illustrationen zu den *Trionfi* zu gestalten, sicher nicht nur gerne an, sondern gewiss auch zum Anlass für eine erneute Vertiefung der Kenntnis von Petrarcas Werk.[29] Sicher ist, dass in seinem Umkreis oder sogar unter seiner Regie prachtvolle Miniaturen für *Trionfi*-Handschriften und die Vorlagen für die bereits gezeigte venezianische Inkunabel geschaffen werden (vgl. *supra*). Und

---

[28] Vgl. Floriani 1993, S. 73-110: „Ritratti e monumenti del Petrarca a Padova e ad Arquà“. Obwohl die ältesten Portraits heute keine Gnade mehr vor den Augen der Kritiker finden (vgl. z.B. Mardersteig 1974, S. 260-263: „Padova“ und Essling 1902, S. 64), handelt es sich bei Mantegnas Modell um das aus der so genannten *Sala dei Giganti* des um 1500 abgebrannten *Palazzo dei signori Carraresi* gerettete Fragment, das heute im Palazzo vescovile bewahrt wird (Abb. 22, vgl. Floriani 1993, S. 89, Abb. 50; sowie Rieger 2001, S. 116, Abb. 6), sowie um eine sehr ähnliche Darstellung aus der *Casa dei canonici padovani*.

[29] Wie genau Mantegna Petrarcas Werk kennt, geht unter anderem auch daraus hervor, dass ein weiteres, heute verlorenes, aber von einem Dichterfreund beschriebenes Werk ein in den Elfenbeinreliefs nicht aufgenommenes Motiv aus dem *Trionfo d'Amore* darstellt: Das auf Ovids *Metamorphosen* (X, 560-580) zurückgehende Rennen zwischen Atalanta und Hippomenes (Chambers/Martineau/Signorini 1992, S. 19).

obwohl in der Gonzaga-Familie wahrscheinlich mehrere *Trionfi*-Handschriften zirkulieren – erwiesenermaßen besitzt auch Paolas Bruder Francesco eine solche[30] – ist nicht auszuschließen, dass Mantegna für die Entwürfe sowohl zu den Theaterdekors als auch zu den Elfenbeinreliefs genau in jener Handschrift blättert, die Paola Gonzaga später auf Schloss Bruck begleitet.

3. Der Triumph Amors

Mantegnas besonderes Interesse muss dabei dem Triumph Amors oder *Triumphus cupidinis* gegolten haben, um dessen individuelle Ausgestaltung er sich außerordentlich bemüht: „Die Triumph-Idee", so Silvia Ferino-Pagden, „wird hier in zuvor ungekannter Reichhaltigkeit und Üppigkeit zelebriert".[31]

Der erste Triumphwagen wird als längster der sechs *Trionfi* in vier Gesängen von zahlreichen berühmten Liebenden begleitet, von

> [...] innumerabili mortali,
> parte presi in battaglia, e parte occisi,
> parte feriti di pungenti strali[32]

Sie begleiten den Triumphwagen im Relief aber sichtlich durchaus aufrecht und bei guter Gesundheit. In dieser Abweichung setzt sich bereits Mantegnas neue ästhetische Vorstellung vom Renaissancemenschen durch, in das die gramgebeugten und verstümmelten Gestalten aus Petrarcas Auftakt des ersten Gesangs so gar nicht passen würden.

Die in nicht immer ganz streng voneinander zu trennende Kategorien eingeteilte lange Liste berühmter Liebespaare wird von den Großen der Weltgeschichte angeführt, an erster Stelle Cäsar und Cleopatra. Ihnen folgen Liebende aus der griechischen Mythologie und Götterwelt, darunter Venus und Mars gleich zu Beginn, Jupiter ganz am Ende.

Die Darstellung Amors selbst ist konventioneller und entspricht ziemlich exakt Petrarcas Beschreibung:

---

[30] Vgl. Chambers 1992, S. 171-175. Das nach Kardinal Francesco Gonzagas Tod erstellte Inventar seiner Besitztümer verzeichnet eine stattliche Anzahl von Handschriften, darunter drei Petrarca-Handschriften unter den Inventarnummern 760 (*Canzoniere*), 762 und 766 (*Africa*); Petrarcas *Rime* und *Trionfi* enthielt die unter der Inventarnummer 762 geführte Handschrift, bei der es sich wohl um die heute in der British Library unter der Signatur BL, Harley MS 3567 konservierte handelt, „written by Matteo Contugi of Volterra, with interlinear annotations by Bartolomeo Sanvito and miniatures (apart from the first one) doubtfully attributed to Pietro Gundaleri da Cremona. The latter appears to be by the ‚Master of the Vatican Homer‘, i.e. possibly Gaspare of Padua" (Chambers 1992, S. 172). Die Verbreitung illuminierter Petrarca-Handschriften setzt etwa vierzig Jahre nach dem Tod des Dichters (1374) ein und gewinnt erst um 1430/40 an Bedeutung. Es gehört für die gebildeten norditalienischen Adelsfamilien bald zum guten Ton, eine oder mehrere prachtvoll illuminierte Petrarca-Handschriften für ihre Bibliothek bei namhaften Buchmalern in Auftrag zu geben. Daraus wird im Verlauf des 15. Jahrhunderts eine regelrechte Mode, so dass eine Hypothese, ob und wenn ja um welchen der zahlreichen erhaltenen Codices (vgl. *supra* [wie Anm. 26]) es sich bei Paolas Exemplar handeln könnte, allzu gewagt wäre.

[31] Ferino-Pagden 2001, S. 40.

[32] Zitierte Ausgabe: Petrarca 1996, S. 58: TC I, 28-30: „[...] unzählige Sterbliche,/ teils im Kampf gefangen genommen,/ teils ermordet,/ teils von spitzen Pfeilen verletzt" ; Arbeitsübersetzungen der Zitate von der Verfasserin. Für die Übersetzung des gesamten Texts vgl. Petrarca 2002.

Quattro destrier, vie più che neve bianchi,
sovr'un carro di foco un garzon crudo
con arco in man e con saette a'fianchi;
[...]
ma sugli omeri avea sol due grand'ali
di color mille, tuto l'altro ignudo[33]

Der Entwurf Mantegnas ergänzt allerdings Amors Attribute durch eine zum Wurf in die Menge bereite Fackel in dessen erhobener rechter Hand, die neben dem Flammenkranz, der Amor umgibt, für das Feuer steht, das Amor in seinen Gefolgsleuten entzündet; das Material Elfenbein erzwingt dagegen den Verzicht auf die geschilderte Vielfarbigkeit der Flügel.

In dieser Passage kommt dem „vie" (vgl. *supra*, TC I, 22) – „ich sah" – verstärkt durch das vorangehende „mirai, alzando gli occhi" – „den Blick erhebend schaute ich"[34] – besondere Bedeutung zu, denn es charakterisiert den ersten Blick des dichterischen Ich im Text überhaupt als aufwärts in Richtung Amor gerichtet. Diesen Augenblick wählt Mantegna für seine Darstellung des Dichters: Petrarca blickt – in der für die traditionelle Petrarca-Ikonografie neben dem Lorbeerkranz so charakteristischen und aus den Paduaner Portraits, genauer dem gespiegelten ursprünglichen Portrait aus der *Sala dei Giganti* bekannten Kapuze (Abb. 22) – direkt zu Amor auf. Damit steigt in Mantegnas Auffassung der Dichter selbst, den er offensichtlich mit dem dichterischen Ich identifiziert, zur zweitwichtigsten Person in diesem Triumphzug hinter Amor auf.

Abb. 22: Portrait Petrarcas. Fragment aus der *Sala dei Giganti* des Palazzo dei signori Carraresi im Palazzo vescovile (Bildquelle: Floriani 1993, S. 89, Abb. 50)

---

[33] Petrarca 1996, S. 54-57: TC I, 22-24 und 26-27:
Vier Rosse sah ich, weißer als Schnee,
auf einem Feuerwagen einen wilden Knaben,
den Bogen in der Hand und mit Pfeilen an der Hüfte;
[...]
und an den Schultern trug er nur zwei große Flügel
in tausend Farben, sonst war er ganz nackt.
[34] Petrarca 1996, S. 54: TC I, 20.

Eine Identifikation der Gefolgsleute Amors (Abb. 23) auf dem Elfenbeinrelief ist überhaupt nur dort möglich, wo Mantegna ihnen entsprechende Attribute beigegeben hat.

Abb. 23: Elfenbein-Brauttruhe der Paola Gonzaga (Detail): Amors Gefolgsleute im *Triumphus Cupidinis* (1476/78; Klischee: Johann Kräftner), von links nach rechts: Perseus, Herakles, Merkur, Mars, Venus und Sappho mit ihren Dichterkollegen

Dies gilt im Wesentlichen – mit Ausnahme des Petrarca-Portraits – für die Gestalten in der ersten Reihe, die sich mit dem Triumphwagen von rechts nach links bewegen, und mit letzter Sicherheit sogar nur für sechs der neun Figuren; dabei ist Mantegnas Auswahl streng von der Rückwendung der Renaissance zur Antike bestimmt: Sie fällt auf Perseus, Herakles, Merkur, Mars, Venus und Sappho (Abb. 23), auch wenn die griechisch-römische Mischung hier merkwürdig anmuten mag. Ich halte mich dabei – mit Ausnahme von Hermes/Merkur, der bei Petrarca gar nicht vorkommt, – an Petrarcas Namensgebung, der von „Perseo" (TC II, 142), „Ercole" (TC I, 125; TF I 93 und II 16), „Marte" (TC I 151; TF II 2), „Venere" (TC I 151, IV 96 und 107) und „Saffo" (TC IV 25) spricht. Zu ihnen gesellt sich noch „Giove" (TC I 160), der vorne am Wagen angekettete und an den Händen gefesselte Jupiter:

> e di lacciuoli innumerabil carco
> vèn catenato Giove innanzi al carro[35]

Ein besonders interessanter Kunstgriff zur Darstellung der Bewegung des Gefolges ist die abgeschnittene Figur am linken Bildrand, von der nur noch ein Bein und ein Stück wehendes Gewand zu sehen sind, was ein rasches Voranschreiten des Zuges suggeriert. Gleichzeitig aber wenden sich zum Beispiel Mars und Venus – fast in der Mitte des Zuges – einander zu, während sich Sappho sogar zu den ihr nachfolgenden Dichterkollegen umdreht. So entsteht – zusammen mit der den Zug im Hintergrund sowie vor und hinter Amors Triumphwagen begleitenden höfischen Gesellschaft – der Eindruck eines ungezwungenen Defilees, wie es eher der Idealvorstellung derartiger Inszenierungen an den norditalienischen Adelshöfen der Renaissance als Petrarcas Gefangenenzug entspricht.

Auf die Darstellung der immer exotischeren Liebespaare aus dem zweiten Gesang verzichtet Mantegna ebenso wie auf die berühmten Liebespaare der zeitgenössischen Literatur. Am Ende des dritten Gesangs, der im Anblick Lauras gipfelt, sucht das dichterische Ich, selbst von Amor schwer getroffen, im vierten Gesang nach Rückhalt unter seinen

---

[35] TC I, 159-160: „und mit unzähligen Fesseln beladen/ kommt Jupiter angekettet vor dem Wagen daher".

Dichterkollegen der Weltliteratur, angeführt von Orpheus und den Autoren der Antike, gefolgt von seinen italienischen Zeitgenossen und den Troubadours. Von ihnen allen hat Mantegna nur Sappho und ihre Begleiter auserwählt. Wie bereits erwähnt, wendet sie sich rechts am Ende des Zuges musizierend den sie im vierten Gesang begleitenden namenlosen Dichterkollegen zu:

Una giovene greca a paro a paro
coi nobili poeti iva cantando,
et avea un suo stil soave e raro[36]

Die, wie auch bei der griechischen Dichterin selbst, lorbeerumkränzten Häupter weisen Sapphos Begleiter auf dem Relief zwar als dem Schöpfer der *Trionfi* und *poeta laureatus* ebenbürtig aus, erlauben aber keine exakte Identifizierung. Ein weiterer gekrönter Dichter hinter dem Triumphwagen könnte indessen als Dante in Gesellschaft Beatrices gedeutet werden: „ecco Dante e Beatrice" (TC IV, 31) lautet Petrarcas lapidare Vorstellung des Vorbilds und Rivalen.

Der Grund für Mantegnas Entscheidung zugunsten Sapphos könnte zwar durchaus ästhetischer Natur sein, denn sie gibt ihm neben Venus Gelegenheit zur Abbildung einer weiteren schönen Frau in der ersten Reihe. Aber ihr kommen bei Mantegna gleich drei wichtige Aufgaben zu. Die rückgewandte Sappho verkörpert zum einen das Ende des *Triumphus Cupidinis* insgesamt, an dem das dichterische Ich, nun selbst Gefangener im Gefängnis der Liebe, im Blick auf seine Leidensgenossen Trost sucht:

quasi lunga pictura in tempo breve,
che'l pie'va inanzi, e l'occhio torna a dietro[37]

Zum anderen ist sie, voranschreitend, den Blick zurückgewandt, Symbol der Renaissance schlechthin und schließlich, als gebildete Frau im Dialog mit bedeutenden Künstlern, Vorbild für Paola Gonzaga.

Diese ganz persönliche Auswahl der identifizierbaren Gestalten der *Trionfi* wird klar von Mantegnas ästhetischem Konzept als echter Renaissance-Künstler – im Sinne einer Wiedergeburt der Antike – geleitet. Inwiefern sie mit seiner Auftraggeberin abgesprochen war, ist nicht bekannt, es ist aber anzunehmen, dass die Herrin eines der glanzvollsten Renaissancehöfe ihrer Zeit Mantegnas Haltung – und vielleicht auch seine kleinen Extravaganzen – teilte. Über das ästhetische Konzept des Renaissance-Künstlers hinaus macht nämlich Mantegnas ganz eigener Humor aus dem Defilee des Gefolges Amors eine bunte, vom Text des *Trionfo d'Amore* so nicht unbedingt vorgeschriebene Gesellschaft.[38] Das beginnt bei den fröhlich auf den symbolträchtigen Hengsten vor Amors Wagen reitenden Putti – Mantegnas Vorliebe für sie ist ja auch aus der berühmten Lukarne der *Camera picta* bekannt – und endet in der recht eigenwilligen Rückenansicht Merkurs, der in den *Trionfi* selbst wie gesagt gar nicht vorkommt.

---

[36] TC IV, 25-27: „Eine junge Griechin ging paarweise/ singend mit edlen Dichtern/ und sie hatte einen ganz eigenen weichen und seltsamen Stil".

[37] TC IV, 165-166: „welch langes Bild in kurzer Zeit,/ denn der Fuß schreitet vorwärts und das Auge schaut zurück".

[38] Vgl. auch Ferino-Pagden 2001, S. 39.

Abb. 24: Elfenbein-Brauttruhe der Paola Gonzaga (Detail): Amors Gefolgsleute im *Triumphus Cupidinis* (1476/78; Klischee: Johann Kräftner): Merkur

Abb. 25: Andrea Mantegna, *Il Parnasso: Marte e Venere* (Detail): Merkur (1497; Bildquelle: De Nicolò Salmazo 2004, S. 252, Abb. 72).

Bei diesem Merkur handelt es sich sowohl um ein selbstironisches Bildzitat von Mantegnas Merkur-Ikonografie, wie er sie später auch im für Isabella d'Estes *Studiolo* geschaffenen *Parnasso* (1497) weiterentwickelt (Abb. 25), als auch sicher um eine persönliche Anspielung, die wir heute nicht mehr nachvollziehen können.[39] Den Schlüssel dazu liefert sicher die Tatsache, dass es im humanistischen Zirkel der Gonzaga üblich war, einander antike ‚Spitznamen' zu geben. Ebenso wie Ludovico Gonzaga ‚Ercole' genannt wurde – was sicher auch die gleich doppelte Präsenz Herkules' auf den Truhen mitbedingt –, gab es gewiss auch ein Familienmitglied oder einen Freund der Familie namens ‚Mercurio'.

---

[39] Angesichts dieser Figur könnte auch die Eifersucht Leonhards von Görz, die er mit dem Kreuzwunder-Altar (vgl. *supra* [wie Anm. 1]) sühnte, in neuem Licht erscheinen.

Bislang unbeachtet blieb, dass Mantegna, der sich gerne in seinen Werken – wie auch in der zerstörten *Capella ovetari* und auf einem Pilaster der *Camera picta* – selbst portraitierte (Abb. 26-28),[40] auch Paola Gonzaga in Gestalt des keulenschwingenden Herkules im Vordergrund des *Trionfo d'Amore* ein solches Selbstportrait mit auf den Weg gab (Abb. 28).

Abbildung 26: Andrea Mantegna, Capella Ovetari, Chiesa degli Eremitani, Padova: Selbstportrait (ca. 1450-54; Bildquelle: Martineau 1992, S. 325, Abb. 94)

Abbildung 27: Andrea Mantegna, Camera degli Sposi im Palazzo Ducale in Mantua (Detail): Selbstportrait (1474; Bildquelle: Martineau 1992, S. 328, Abb. 95)

Abbildung 28: Andrea Mantegna, Brauttruhen der Paola Gonzaga (Detail): Selbstportrait als Herkules (1476/78; Klischee: Johann Kräftner)

Herkules ist im Übrigen die einzige Figur, die zweimal auf den Truhen dargestellt ist, einmal hier und einmal im Triumph des Ruhms (vgl. *supra*), was sicher auch damit zusammenhängt, dass er der Lieblingsheld von Paolas Vater, des – wie gerade angesprochen – von seinem Lehrmeister Vittorino da Feltre auch ‚Ercole‘ genannten Ludovico Gonzaga war.[41]

---

[40] Abb. 26 und 27; vgl. auch Chambers/Martineau/Signorini: „Mantegna and the Men of Letters" (1992), S. 324-328, hier S. 325, Abb. 94 („Andrea Mantegna, Self-portrait, detail from the *Trial of St James*, fresco, c. 1450-54, formerly Cappella ovetari, Chiesa degli Eremitani, Padua") und S. 328, Abb. 95 („Andrea Mantegna, Self-portrait, c. 1474, fresco, detail from a pilaster in the Camera Picta, Mantua").

[41] Interessant ist hier zusätzlich, wie Mantegna sein Selbstportrait mit dem Herrscherbild verschmilzt: Ludovico Gonzaga als Herrscher über die Familie und Mantegna als Herrscher über die Kunst. Der Schmuck der Truhen birgt bis in die Reliefs hinein auch noch zahlreiche weitere Anspielungen auf die Familie Gonzaga, wie zum Beispiel das Sonnensymbol im Triumph der *Fama* (das Sonnenemblem trug das Motto der Gonzaga, „Per un dixir", vgl. Malacarne 1997, S. 190, Abb. 64).

4. Im Rezeptionsdreieck: Ein Triumph Amors?

Ein abschließender Blick lässt die Protagonisten des Rezeptionsdreiecks, Barbara von Brandenburg, Andrea Mantegna und Paola Gonzaga, in neuem Licht erscheinen:

(1) Mit Bedacht wählt Barbara von Brandenburg die Themen für die Brauttruhen ihrer Tochter:[42] Sie soll die Motive auf den Geschenk-*cassoni* ihrer Schwiegermutter Paola Malatesta anlässlich der Geburt ihres ersten Sohnes – das Opfer Abrahams und das Urteil Salomons – als höchst unpassend empfunden haben und trifft nun eine sorgfältigere Wahl, was sich auch an den beiden eingangs gezeigten, aber bis jetzt hier ausgeklammerten Truhen mit dem Trajansurteil zeigt (vgl. *supra*). Sie sind der Mütterlichkeit gewidmet, einerseits als bleibende Erinnerung an die eigene Mutter, andererseits aber auch als Appell an Paolas bedingungslosen Einsatz als künftige Mutter für ihre eigenen Kinder – auch wenn sie letztlich kinderlos blieb. Es handelt sich um jene Episode aus der Trajanslegende, die auch in der Bildersprache klar eine Mutter – im langen blauen Kleid und mit weißem Kopfschmuck – ins Zentrum rückt, die durch das Ungestüm des kaiserlichen Sprösslings ihren Sohn verloren hat und erreicht, dass ihr Trajan persönlich, selbst wenn er den eigenen Sohn verurteilen muss, Gerechtigkeit gibt.

Die Wahl der *Trionfi* für das zweite Truhenpaar ist weniger offensichtlich und vielschichtiger: Zum einen verweisen sie auf einen gemeinsamen kulturellen Hintergrund und auf gemeinsame Lektüreerfahrungen. Zum anderen haben sie auch einen konkreten politischen Hintergrund: Barbara von Brandenburg weiß ganz genau, dass sie ihre Tochter in eine Vernunftehe zwingt,[43] in der sie Petrarcas allegorische Reihe der *Trionfi* nicht früh genug verinnerlichen kann, wo die Liebe als schwächste Macht zuerst besiegt wird und das einzige, was letztlich zählt, der Erlösergedanke im ‚Triumph der Ewigkeit‘ ist. Ein deutlicher Wink, in welche Richtung der Weg der Tochter in dieser Ehe führen sollte – wären da nicht auch noch der mysteriöse nackte Merkur und der intensive Blick Mantegnas aus dem Triumph Amors...

(2) In der Zusammenarbeit der Mutter mit dem beauftragten Künstler wird diese Wahl – unter Beibehaltung der durch die Auftraggeberin vorgegebenen Akzentuierung – dann wieder auf ein allgemeineres künstlerisches und ästhetisches Niveau gehoben und gleichsam entpersönlicht. Denn Andrea Mantegna bringt seinen ganz eigenen, von den ‚Lehrjahren‘ in Padua geprägten kulturellen Horizont in die Ausführung dieses Auftrags mit ein, als humanistisch gebildeter Kenner Petrarcas und zugleich als Kenner und Mitbe-

---

[42] Zu Wandel und Funktion der Motive für Brauttruhen und *deschi di parto* im 15. Jahrhundert, vgl. Callmann 1979, S. 82: „The introduction of Petrarch's *trionfi* helps to pinpoint the moment of change. [...]. The first documented example of a complete series of triumphs is a manuscript by the *cassone* painter Apollonio di Giovanni dated 1442. It did not take long for *trionfi* to be used on *deschi* and *cassoni* and soon they became very elaborate, with the addition for a rapidly growing entourage, though as little space as possible was given to the depressing triumphs of Death and Time. Here too, the theme is essentially hortatory and only tangentially touches on love and marriage through the triumphs of Love and Chastity".

[43] Zur machtbewussten Heiratspolitik Barbaras von Brandenburg als Mitglied des europäischen Hochadels, auf die hier nicht im Einzelnen eingegangen werden kann, vgl. besonders Severidt 1997 und 1998 sowie z.B. Bell: „The Trauma of an Arranged Marriage" (2002); Nolte: „Gendering Princely Dynasties" (2000); und Walsh: „Verkaufte Töchter" (1992).

gründer der bislang existierenden – wenn auch sehr kurzen und noch nicht besonders ergiebigen – ikonografischen Tradition der *Trionfi* und nicht zuletzt als eigenständiger Künstler, der deren Ins-Bild-Setzung und Ausgestaltung mit seiner ganz eigenen Handschrift zugleich vollendet und – intermedial – aufhebt.

(3) Der ganze Aufwand ist der Mühe natürlich nur wert, wenn sich zur Mäzenin und ihrem Künstler auch eine adäquate Adressatin sowohl für den künstlerischen Gehalt als auch für die Botschaft der Truhen gesellt. Paola Gonzaga ist solch eine ideale Adressatin. Ihre hohe humanistische Bildung, für die auch die in den Truhen mitgeführte Handbibliothek spricht, ist durch ihre erhaltene Korrespondenz mit der Familie absolut erwiesen. Für sie sind die Truhen in jeder Hinsicht ‚lesbar‘. Sie kann die Botschaft beider, der Mutter und des Künstlers, verstehen, weil auch sie sowohl mit der literarischen Vorlage für ihre Truhen als auch mit der *Trionfi*-Tradition vertraut ist. Für sie sind diese Truhen nicht nur Erinnerungsstücke an ihre Jugend in Mantua und Appell an ihre künftigen Aufgaben als Mutter und hochadlige (Ehe-)Frau, ja sogar als Mäzenin unter Mantegnas eindringlichem Blick aus dem *Trionfo d'Amore*. Sie kann den medialen Wandel vom literarischen Werk in die der Antike verpflichteten Bilderwelt der Renaissance nachvollziehen und – zumindest theoretisch – auch weitergeben. Beides als Mutter anhand dieses ‚Anschauungsmaterials‘ an ihre Kinder zu vermitteln, bleibt ihr verwehrt. Ob sie deren Gehalt ihrem Ehemann – für den bei aller Ritterlichkeit kein vergleichbarer humanistischer Bildungshorizont postuliert werden kann – zu vermitteln vermag, ist wie bereits erwähnt nicht gesichert; wenigstens sucht Leonhard von Görtz, auch wenn es ‚nur‘ der Kostbarkeit der Truhen zu verdanken sein mag, zu bewahren, was er nicht versteht. Nicht immer haben nachfolgende Generationen in einem solchen Fall so reagiert.

Mit Paola Gonzagas Tod bricht diese exemplarische kleine Rezeptionskette ab. Sie belegt nichtsdestoweniger, wie die Tradierung von Bildung im Zeichen des medialen Wandels vom Text zum Bild in der Renaissance nicht zuletzt als eine Art Familienunternehmen – hier der Gonzaga –, wenn nicht gar als ‚Frauensache‘ – hier von der Mutter zur Tochter – funktioniert.

Zitierte Literatur

A. Primärtexte

Petrarca, Francesco: *Das lyrische Werk. Canzoniere. Italienisch und Deutsch. Triumphe. Verstreute Gedichte.* Aus dem Italienischen von Karl Förster. Hans Grote (Hg.), Düsseldorf / Zürich 2002 [Nachwort: Hans Grote, S. 709-741].

Petrarca, Francesco: *I Trionfi di Francesco Petrarca. Testo critico.* Carl Appel (Hg.), Halle 1902 [dt.: *Die Triumphe Francesco Petrarcas in kritischem Texte*, Halle 1901].

Petrarca, Francesco: *Trionfi, Rime estravaganti, Codice degli abozzi.* Vinicio Pacca / Laura Paolino (Hg.), Milano 1996.

B. Sekundärliteratur

Andergassen, Leo: „Simon von Taisten – Hofmaler des Grafen Leonhard von Görz", in: *Leonhard und Paola – Ein ungleiches Paar*, Innsbruck / Bozen / Milano 2000, S. 41-44.

Babinger, Franz: „Le estreme vicende di Paola di Gonzaga, ultima Contessa di Gorizia", in: *Studi goriziani* 20 (Juli-Dezember 1956) S. 7-19.

Behne, Axel Jürgen: *Das Archiv der Gonzaga von Mantua im Spätmittelalter*, Marburg 1990.

Bell, Susan Groag: „The Trauma of an Arranged Marriage", in: *Journal of Women's History* 14,3 (2002) S. 162-165.

Bellonci, Maria / Garavaglia, Niny (Hg.): *L'opera completa di Andrea Mantegna*, Milano 1967 (²1979).

Billo, Luisa: „Le nozze di Paola Gonzaga a Bolzano", in: *Studi trentini di scienze storiche* 15,1 (1934) S. 3-22.

Carandente, Giovanni: *I trionfi nel primo rinascimento*, Torino 1963.

Castri, Serenella: „Paola Gonzaga – Eine Charakterisierung. Anmerkungen über ihre Persönlichkeit anhand der Briefsammlung der Gonzaga", in: *Leonhard und Paola – Ein ungleiches Paar*, Innsbruck / Bozen / Milano 2000, S. 45-48.

Chambers, David Sanderson: *A Renaissance Cardinal and His Worldly Goods: The Will and* Inventory *of Francesco Gonzaga (1444-1483)* (Warburg Institute surveys and texts 20), London 1992.

Chambers, David / Martineau, Jane / Signorini, Rodolfo: „Mantegna and the Men of Letters", in: Jane Martineau (Hg.): *Andrea Mantegna*, London 1992, S. 8-30.

Cordaro, Michele: *Mantegna. La Camera degli Sposi*, Milano 1992.

Coudenhove-Erthal, Eduard: *Die Reliquienschreine des Grazer Doms und ihre Beziehung zu Andrea Mantegna* (Kunstdenkmäler der Steiermark 2), Graz 1931.

De Nicolò Salmazo, Alberta: *Andrea Mantegna*, Köln 2004.

Eisenbichler, Konrad / Iannucci, Amilcare A. (Hg.): *Petrarch's „Triumphs". Allegory and Spectacle* (University of Toronto Italian Studies 4), Toronto 1987.

Eisler, Robert: „Die Hochzeitstruhen der letzten Gräfin von Görz", in: *Jahrbuch der K.K. Zentral-Kommission für Erforschung und Erhaltung der Kunst- und historischen Denkmale* (Wien) N.F. 3, 2 (1905) S. 65-176.

Essling, Massena Victor Prince d' / Müntz, Eugène: *Pétrarque, ses études d'art, son influence sur les artistes, ses portraits et ceux de Laure, l'illustration de ses écrits*, Paris 1902.

Ferino-Pagden, Sylvia: *Die Brauttruhen der Paola Gonzaga*, Milano 2001 (Ausstellungskatalog *Die Brauttruhen der Paola Gonzaga und Andrea Mantegna*, Wien, Kunsthistorisches Museum 2001-2002 – FMR 149).

Fiocco, Giuseppe: „[Rezension] Eduard Coudenhove-Erthal, *Die Reliquienschreine des Grazer Doms und ihre Beziehung zu Andrea Mantegna*, Kunstdenkmäler der Steiermark B. II, 1931", in: *Rivista d'Arte* 13 (1931) S. 578-579.

Floriani, Gianni: *Francesco Petrarca. Memorie e cronache padovane*, Padua 1993.

Franckenstein, Joseph: *Simon von Taisten, ein Beitrag zur Kunstgeschichte der Spätgotik im Pustertal*, Innsbruck 1976.

Frodl, Walter: „Ein neues Tafelbild des Malers Simon von Taisten", in: *Veröffentlichungen des Tiroler Landesmuseums Ferdinandeum* 20/25 (1940/45) S. 93-97.

Hofmann, Barbara: „Barbara von Hohenzollern, Markgräfin von Mantua", in: *Jahresbericht des Historischen Vereins für Mittelfranken* 41 (1881) S. 1-51.

Kollreider, Franz: *Die Dreifaltigkeitskapelle in Schloss Bruck bei Lienz* (Christliche Kunststätten 90), Salzburg 1971.

Kollreider, Maria: „Madonna Paola Gonzaga und ihr Brautschatz", in: *Schlern-Schriften* 98 (1952) S. 137-148 und Tafel XVIII.

Kotzung, Hans-Jürgen (Hg.): *Kein Krieg ist heilig. Die Kreuzzüge*, Mainz 2004.

Kristeller, Paul: „Barbara von Brandenburg Markgräfin von Mantua", in: *Hohenzollern-Jahrbuch* 3 (1899) S. 66-85.

Leonhard *und Paola – Ein ungleiches Paar*. In: *Circa 1500. Landesausstellung 2000 Mostra storica. Leonhard und Paola – Ein ungleiches Paar. De ludo globi – Vom Spiel der Welt. An der Grenze des Reiches*, hg. v. Tiroler Landesmuseum Ferdinandeum, Innsbruck – Autonome Provinz Bozen-Südtirol – Autonome Provinz Trient, Milano 2000, S. 1-205 (Ausstellungskatalog Lienz, Schloss Bruck).

Malacarne, Giancarlo: *Barbara Hohenzollern del Brandenburgo. Il Potere e la Vertù / Die Macht und die Tugend*, Mantua 1997.

Malke, Lutz S.: *Die Ausbreitung des verschollenen Urbildzyklus der Petrarcatrionfi durch Cassonipaare in Florenz. Unter Berücksichtigung des Gloriatriumphs*, Berlin 1972.

Malke, Lutz S.: „Contributo alle figurazioni dei *Trionfi* e del *Canzoniere* del Petrarca", in: *Commentari* 28 (1977) S. 236-261.

Mardersteig, Giovanni: „I ritratti del Petrarca e dei suoi amici di Padova", in: *Italia medioevale e umanistica* 17 (1974) S. 251-280.

Martineau, Jane (Hg.): *Andrea Mantegna*, Milano 1992 (Ausstellungskatalog New York – The Metropolitan Museum of Art / London – Royal Academy of Arts 1992).

Meiss, Millard: *Mantegna as Illuminator. An Episode in Renaissance Art, Humanism and Diplomacy*, New York 1957.

Nolte, Cordula: „Gendering Princely Dynasties: Some Notes on Family Structure, Social Networks, and Communication at the Courts of the Margraves of Brandenburg-Ansbach around 1500", in: *Gender & History* 12,3 (3.11.2000) S. 704-721.

Ortner, Alexandra: *Petracas „Trionfi" in Malerei, Dichtung und Festkultur. Untersuchung zur Entstehung und Verbreitung eines florentinischen Bildmotivs auf „cassoni" und „deschi da parto" des 15. Jahrhunderts*, Weimar 1998.

Pächt, Otto: „Andrea Mantegna", in: Ders.: *Venezianische Malerei des 15. Jahrhunderts*, München 2002, S. 93-126.

Pelka, Otto: *Elfenbein*, Berlin 1920.

Philippowich, Eugen von: *Elfenbein. Ein Handbuch für Sammler und Liebhaber* (Bibliothek für Kunst- und Antiquitätenfreunde 17), Braunschweig 1961.

Pinelli, Antonio: „Feste e trionfi: continuità e metamorfosi di un tema", in: Salvatore Settis (Hg.), *Memoria dell'antico nell'arte italiana*, 3 Bde., Bd. 2: *I generi e i temi ritrovati*, Turin 1985, S. 279-350.

Rieger, Angelica: *Petrarca in Graz – die Darstellung der „Trionfi" auf den Brauttruhen der Paola Gonzaga*, Wien 2013 [im Druck].

Rieger, Angelica: „De l'humaniste savant à l'amoureux de Laura: l'image de Pétrarque dans l'iconographie française (XVᵉ et XVIᵉ siècles)", in: Pierre Blanc (Hg.): *Dynamique d'une expansion culturelle: Petrarque en Europe, XIVᵉ au XXᵉ siècle, Actes du congrès international du CEFI, Turin et Chambéry, 11–15 décembre 1995*, Paris 2001, S. 99-126 (siehe auch http://www.angelica-rieger.de/netveroeffent/petrarca.htm).

Samek Ludovici, Sergio: *Francesco Petrarca. I trionfi illustrati nella miniatura da codici precedenti del secolo XIII al secolo XIV*, 2 Bde., Roma 1978, Bd. 1: *Textausgabe und Einleitung*, Bd. 2: *Abbildungen*.

Scherer, Christian: „Die Elfenbeinplastik der Renaissance", in: Ders.: *Elfenbeinplastik seit der Renaissance*, Leipzig 1903, S. 3-10.

Schubring, Paul: *Cassoni. Truhen und Truhenbilder der italienischen Frührenaissance. Ein Beitrag zur Profanmalerei im Quattrocento*, Leipzig ²1923 (Leipzig 1915).

Severidt, Ebba: „Familie und Politik: Barbara von Brandenburg, Markgräfin von Mantua (30. September 1422 – 7. November 1481)", in: *Innsbrucker Historische Studien* 16/17 (1997) S. 213-238.

Severidt, Ebba: *Struktur und Entfaltung von Verwandtschaft im Spätmittelalter: Die Beziehungen der Gonzaga, Markgrafen von Mantua, zu den mit ihnen verwandten deutschen Fürsten (1444-1519)*, Freiburg 1998.

Stierle, Karlheinz, „*Trionfi*: Die Legitimität der Neuzeit", in: Ders.: *Francesco Petrarca. Ein Intellektueller im Europa des 14. Jahrhunderts*, München / Wien 2003, S. 661-709.

Theuerkauff, Christian: *Die Bildwerke in Elfenbein des 16.-19. Jahrhunderts* (Staatliche Museen Preußischer Kulturbesitz, Die Bildwerke der Skulpturengalerie Berlin 2), Berlin 1986.

Walsh, Katherine: „Verkaufte Töchter? Überlegungen zu Aufgabenstellung und Selbstwertgefühl von in die Ferne verheirateten Frauen anhand ihrer Korrespondenz", in: Helmut Swozilek (Hg.): *Archäologie in Gebirgen. Elmar Vonbank zum 70. Geburtstag* (Schriften des Vorarlberger Landesmuseums, Reihe A. Landesgeschichte und Archäologie 5), Bregenz 1992, S. 129-144.

Walter, Ingeborg: „Barbara di Hohenzollern, marchesa di Mantova", in: *Dizionario Biografico degli Italiani*, Bd. 6, Roma 1964, S. 41-42.

Wastler, Josef: „Mantegnas *Triumphe* des Petrarca", in: *Zeitschrift für bildende Kunst* 4 (1880) S. 61-72.

Weisbach, Werner: *Trionfi*, Berlin 1919.

Translaté avec très grande difficulté
Deutsche Literatur am französischsprachigen Hof
Margarethes von Österreich in Malines

Martina Backes

Lass ab, mit hohem Wort das männliche Geschlecht mehr als billig zu rühmen und nichtige Lobsprüche zu häufen; lass ab, wenn Du klug bist, das weibliche Geschlecht mit böswilligen Worten grundlos zu schmälern. Legst Du nämlich beide Geschlechter auf die Waagschale, wird kein Mann dem weiblichen Geschlecht gleichkommen. Willst Du dies aber nicht glauben und scheint Dir solches Urteil zu hart, steht mir nun ein ganz neuer Zeuge zur Seite, dies Büchlein nämlich […].[1]

Der Mann, der mit diesen Zeilen sein neuestes Werk anpries, zählte nicht nur wegen des offenbar gewöhnungsbedürftigen Inhalts des angekündigten Traktats zu den umstrittensten Figuren des beginnenden 16. Jahrhunderts. Heinrich Agrippa von Nettesheim, Mediziner, Philosoph, Jurist und heute vor allem als Vorbildfigur für Goethes Faust noch bekannt, schrieb seine Abhandlung *De nobilitate et praecellentia foeminei sexus / Von Adel und Vorrang des weiblichen Geschlechts* 1509 anlässlich seiner Anstellung an der Universität Dôle. Er widmete das Büchlein, das auf Grund seiner turbulenten Lebensumstände erst zwanzig Jahre später im Druck erscheinen sollte, Margarethe von Österreich, einer Frau, die er ihrer edlen Herkunft, ihres unbestechlichen und tugendhaften Charakters und ihrer ungewöhnlichen Tatkraft wegen wortreich als strahlendes Vorbild an die Spitze zeitgenössischer Fürstinnen erhob, von der er sich als Landesherrin der Universität Dôle jedoch vermutlich vor allem handfeste Protektion und Förderung versprach.[2] Ob Margarethe von Österreich für die überschwänglichen Schmeicheleien seiner Widmungsrede empfänglich war und ob sie – trotz ihres durchaus belegten Interesses an der *Querelle des femmes* – seine lateinisch geschriebene Abhandlung überhaupt zur Kenntnis nahm, ist nicht bekannt.[3]

---

[1] Heinrich Agrippa von Nettesheim: *De nobilitate et praecellentia foeminei sexus / Von Adel und Vorrang des weiblichen Geschlechts*. Otto Schönberger (Hg.), Würzburg 1997, S. 29. – Die Vortragsform des folgenden Beitrags wurde beibehalten und für die Veröffentlichung lediglich um die bibliographischen Hinweise ergänzt.

[2] Der Erstdruck erschien 1529 in Antwerpen (VD 16, A 1178). Er enthält neben der an Margarethe gerichteten Vorrede einen Widmungsbrief an Maximilianus Transsylvanus, der im Dienst ihres Vaters, Kaiser Maximilian, stand, später für Karl V. tätig war und ab 1523 verschiedentlich auch von Margarethe mit diplomatischen Aufgaben betraut wurde. Zum biographischen und literarhistorischen Kontext der Abhandlung siehe die Einleitung von Roland Antonioli in der kritischen Ausgabe: Henri Corneille Agrippa: *De nobilitate et praecellentia foeminei sexus. Edition critique d'après le texte d'Anvers 1529* (Travaux d'humanisme et renaissance 243). Roland Antonioli (Hg.), Genève 1990, S. 7-42.

[3] Eine französische Übersetzung des Textes erschien 1530 anonym bei Martinus de Keysere in Antwerpen, noch im gleichen Jahr auch bei Jehan Pierre in Paris. Bereits nach der Inaugurationsvorlesung 1509 in Dôle hatte ein Freund Agrippa nahegelegt, seine Lobrede für die Fürstin zum besseren Verständnis ins Französische zu übersetzen, siehe den Abdruck der entsprechenden Briefstelle bei Antonioli (wie Anm. 2), S. 11, Anm. 21. In Margarethes Bibliothek lassen sich bislang allerdings weder die lateinische noch die französische Fassung nachweisen. Siehe zur Rekonstruktion ihrer Buchbestände Debae, Marguerite: *La Bibliothèque de Marguerite d'Autriche. Essai de Reconstitution d'après l'inventaire de 1523-1524*, Louvain / Paris 1995. Das Interesse Margarethes an der *Querelle des femmes* belegen nicht nur eine Reihe von Büchern zu diesem Thema in ihrer Bibliothek, sondern auch der verlorene Wandteppich zur *Cité des Dames* Christines de Pizan sowie ihr Auftrag an den Autor Jean Lemaire, eine Schrift mit dem Titel *Palais*

Agrippas Hoffnung, sie würde ihm an der Universität bzw. später an ihrem Hof, wo er kurzzeitig das Amt des Historiographen versah, eine dauerhaft gesicherte Existenz und Zuflucht vor seinen klerikalen Kritikern bieten, erfüllte sich jedenfalls nicht.

Mochten die Preisreden Agrippas aus durchsichtigen Gründen übertrieben sein, so zählt Margarethe von Österreich doch auch im objektiven Rückblick zweifellos zu den politisch wie auch kulturell einflussreichsten Fürstinnen ihrer Zeit, eine Mäzenin zwischen Herrschaft und Kunst par excellence, die sich auf beiden Gebieten einen auch für eine Frau des Hochadels damals ungewöhnlich freien Handlungsspielraum zu erobern wusste. Dabei sah es zu Beginn ihres Lebens ganz und gar nicht danach aus, als würde Margarethe über irgendetwas, geschweige denn über sich selbst, je frei bestimmen können.[4]

Am 10. Januar 1480 wurde Margarethe als zweites Kind des österreichischen Erzherzogs und späteren Kaisers Maximilian und der Maria von Burgund in Brüssel geboren. Als ihre Mutter zwei Jahre später bei einem Reitunfall stirbt, wird Margarethe Opfer der politischen Streitigkeiten, die um die Herrschaft in den burgundischen Niederlanden ausbrechen. Denn der französische König nutzt die Gelegenheit und sichert in diesem Machtvakuum die lukrative Heiratspartie für seinen Sohn, den späteren Karl VIII. Margarethe muss deshalb 1483 ihre Heimat verlassen und wird als Dreijährige nach Frankreich gebracht, wo sie am Hof in Amboise in der Umgebung von Anne de Beaujeu erzogen und auf ihre Aufgabe als künftige Königin von Frankreich vorbereitet wird. Als sie elf Jahre alt ist, ändern sich die politischen Verhältnisse und mit ihnen die Pläne des französischen Königs. Da inzwischen eine Heirat mit Anne de Bretagne vielversprechender erscheint, annulliert Karl VIII. die alte Heiratsabrede und schickt Margarethe zurück in die Niederlande, eine Demütigung, die sie zeitlebens nicht vergessen wird, nicht nur, weil in ihrer Bibliothek ein Buch mit dem Titel *Le malheur de France* die traumatische Erinnerung an dieses Ereignis literarisch festhält.[5] Sie verbringt die nächsten Jahre am Hof ihrer Taufpatin, Margarethe von York, der dritten Gemahlin ihres verstorbenen Großvaters Karls des Kühnen, bis ihr Vater die nächste Ehe für sie aushandelt. 1497 verlässt sie die Niederlande, um in Burgos den spanischen Thronfolger Juan zu heiraten. Doch als Juan bereits wenige Monate nach der Hochzeit stirbt und sie statt des erhofften männlichen Erben ein Mädchen zur Welt bringt, das die Geburt nur wenige Tage überlebt, muss Margarethe wiederum in die Heimat zurückkehren. Noch ein drittes Mal arrangiert Maximilian eine

---

d'honneur féminin zu verfassen. Lemaires Arbeit an diesem Text, der leider verloren zu sein scheint, ist noch Ende 1508 bezeugt. Siehe dazu Becker, Philipp August: *Jean Lemaire, der erste humanistische Dichter Frankreichs*, Straßburg 1893, S. 124f. Zum Bildteppich vgl. Bell, Susan Groag: „Verlorene Wandteppiche und politische Symbolik. Die *Cité des Dames* der Margarethe von Österreich", in: Gisela Bock / Margarete Zimmermann (Hg.): *Die europäische Querelle des Femmes. Geschlechterdebatten seit dem 15. Jahrhundert* (Querelles, Jahrbuch für Frauenforschung 2), Stuttgart / Weimar 1997, S. 39-56.

4 Zur Biographie Margarethes siehe Willard, Charity Cannon: „Margaret of Austria: Regent of the Netherlands", in: Katharina M. Wilson (Hg.): *Women Writers of the Renaissance and Reformation*, Athens 1987, S. 350-362 und Eichberger, Dagmar (Hg.): *Women of Distinction. Margaret of York / Margaret of Austria*, Leuven 2005, S. 26f.

5 Das zwischen 1493 und 1495 entstandene Gedicht eines unbekannten Verfassers ist in einer mit zwei Miniaturen versehenen Pergamenthandschrift aufgezeichnet, die sich heute in Brüssel befindet (Bruxelles, Bibliothèque Royale, ms. 11182). Siehe Debae: *La Bibliothèque* (wie Anm. 3), Nr. 349, S. 482-484.

Ehe, die seinen politischen Plänen dienlich ist, diesmal mit Herzog Philibert von Savoyen, den Margarethe 1501 heiratet. In Savoyen bietet sich für Margarethe zum ersten Mal die Gelegenheit, nicht länger nur Spielball dynastischer Machtinteressen zu sein, sondern selbst politisch aktiv zu werden. Engagiert greift sie in die Auseinandersetzungen mit Philiberts Halbbruder René um die Macht in Savoyen ein und erweist sich, im Gegensatz zu ihrem Ehemann, der sich offenbar allein für höfische Vergnügungen interessiert, als äußerst geschickte Diplomatin, die mit Hilfe klug ausgewählter Berater erfolgreich ihre politischen Interessen durchsetzt. Aber auch ihre Zeit in Savoyen findet ein jähes Ende, als Philibert nach nur dreijähriger Ehe an einer Lungenentzündung stirbt. Voller Trauer kehrt Margarethe in die Heimat zurück, doch ist sie diesmal nicht mehr bereit, weiteren Heiratsprojekten ihres umtriebigen Vaters zuzustimmen. Sie widersetzt sich erfolgreich und entscheidet sich für ein Leben als Witwe. Da die burgundischen Niederlande sie als Tochter Marias von Burgund – anders als den stets fremd gebliebenen Habsburger Maximilian – als legitime Herrscherin des Landes anerkennen, überträgt Maximilian ihr nach dem Tod ihres Bruders die Vormundschaft über ihren Neffen, den späteren Karl V., und setzt sie als Statthalterin und Regentin ein, eine Aufgabe, die sie zunächst im Auftrag Maximilians, später im Auftrag ihres Neffen, bis zu ihrem Tod 1530 äußerst erfolgreich und souverän erfüllt.

Vor allem in dieser Zeit, zwischen 1507 und 1530, weiß sie die Freiräume und Möglichkeiten, die ihr einerseits ihr Status als Witwe, andererseits ihre Rolle als offizielle Statthalterin des Kaisers bieten, zu nutzen, um ihren Hof in Mechelen/Malines, im Herzen der burgundischen Niederlande gelegen, nicht nur zum geographischen und politischen Zentrum, sondern auch und vor allem zu einem kulturellen Mittelpunkt des Landes zu machen.[6] Als eine der bedeutendsten Mäzeninnen ihrer Zeit lässt sie Maler und Bildhauer aus ganz Europa für sich arbeiten, fördert die zeitgenössische Musik und pflegt literarische Interessen. Handschriften und Inkunabeln, die sie aus Spanien und Savoyen mitgebracht hat, werden in Malines der Grundstock einer umfangreichen Büchersammlung, die Margarethe anlegt und die sich – anders als die Bibliothek ihrer Großmutter Margarethe von York – keineswegs nur auf religiöse Schriften beschränkt. Anknüpfend an die bibliophile Tradition ihrer burgundischen Vorfahren, von denen sich zahlreiche wertvolle Erbstücke bald in ihrem Besitz wiederfinden – am berühmtesten zweifellos die Handschrift der *Très Riches Heures* des Jean de Berry –, zeigt Margarethes Büchersammlung ein vielseitiges Profil. Religiöse und didaktische Werke finden sich neben unterschiedlichster Erzählliteratur, alte Chansons de geste, Artus- und Antikenromane neben modernen humanistischen Novellen, Epik neben Lyrik, Vers neben Prosa, Handschriften neben frühen Drucken. 1511

---

6 Siehe zum Folgenden Strelka, Josef: *Der Burgundische Renaissancehof Margarethes von Österreich und seine literarhistorische Bedeutung*, Wien 1957; Ders.: „Die Literatur am Renaissancehof Margarethes von Österreich zu Mecheln", in: Herbert Zeman (Hg.): *Die österreichische Literatur: eine Dokumentation ihrer literarhistorischen Entwicklung*, Bd. 1 und 2: *Ihr Profil von den Anfängen im Mittelalter bis ins 18. Jahrhundert (1050-1750)* (Jahrbuch für österreichische Kulturgeschichte 14/15), Graz 1986, S. 759-766; Eichberger, Dagmar: *Leben mit Kunst, Wirken durch Kunst. Sammelwesen und Hofkunst unter Margarete von Österreich, Regentin der Niederlande* (Burgundica 5), Turnhout 2002 sowie die verschiedenen Beiträge im Ausstellungskatalog Eichberger: *Women of Distinction* (wie Anm. 4).

erwirbt sie aus der Bibliothek des Charles de Croy, prince de Chimay, der zu den bekanntesten Bibliophilen im Umkreis des burgundischen Hofes gehört, auf einen Schlag 78 wertvolle Handschriften und gibt dafür die Summe von 5000 livres aus. Insgesamt umfasste ihre Büchersammlung, die Marguerite Debae vor einigen Jahren auf Grund der überlieferten Inventare und erhaltenen Codizes sorgfältig rekonstruiert hat, am Ende knapp 400 Bände. Unter den erhaltenen Handschriften sind mehrere, die umfangreiche Sammlungen von Gedichten und Liedern enthalten.[7] Ihr Inhalt deutet darauf hin, dass es an Margarethes Hof eine Art literarischen Zirkel gab, oder – vorsichtiger formuliert –, eine höfische Geselligkeit, die sich nicht nur in Tanz und Musik, sondern auch im Sammeln, Schreiben und Austauschen von Gedichten vollzog. Die Diskussion darüber, wie viele dieser Texte aus der Feder Margarethes stammen und ob sie überhaupt selbst als Autorin literarischer Werke, möglicherweise sogar als Komponistin der zugehörigen musikalischen Vertonungen in Frage komme, hält in der Forschung unvermindert an, aber ich gehe an dieser Stelle auf diese umstrittenen Fragen aus Zeitgründen nicht näher ein.[8]

Mich interessiert stattdessen heute vor allem die Frage, ob und inwieweit Margarethes Hof ein Ort war, an dem französische und deutsche Literatur einander begegneten, scheint doch nicht nur die geographische Situierung Malines auf der Sprachgrenze zwischen deutsch- und französischsprachigem Gebiet, sondern vor allem Margarethe selbst aufgrund ihrer Herkunft, ihrer verwandtschaftlichen Beziehungen zu Habsburg und Burgund und ihrer Lebensumstände in besonderer Weise geeignet, französische und deutsche Kultur miteinander zu verbinden. Während die Frage des Kulturaustausches und der die Sprachgrenzen überschreitenden Kontakte für die Bereiche von Bildender Kunst und Musik längst intensiv untersucht wird, hat die Frage der Rezeption deutscher Literatur, nicht nur am Hof von Malines, sondern im französischsprachigen Raum allgemein in der Forschung bislang wenig bis kein Interesse gefunden. Deutsche Literatur in französischen Kontexten ist kein Thema, zu klar und zu gewichtig sind die Einflüsse, die in umgekehrter Richtung verlaufen.[9]

Betrachtet man das erhaltene Inventar von Margarethes Büchersammlung und die Rekonstruktion ihrer Bibliothek, die Marguerite Debae vorgelegt hat, so springt schnell ins Auge, dass die Bibliothek Margarethes überwiegend aus französischsprachigen Werken

---

[7] Siehe dazu *The Chanson Albums of Marguerite of Austria. Mss 228 and 11239 of the Bibliothèque Royale de Belgique, Brussels*. Martin Picker (Hg.), Berkeley / Los Angeles 1965 sowie Taylor, Jane H. M.: „Les Albums poétiques de Marguerite d'Autriche. The dynamics of an Early Renaissance Court", in: *Journal of the Early Book Society for the Study of Manuscripts and Printing History* 4 (2001) S. 150-171.

[8] Siehe dazu zuletzt Müller, Catherine: „Marguerite d'Autriche (1480-1530), Poétesse et Mécène", in: Marcel Faure (Hg.): *Reines et Princesses au Moyen Âge. Actes du cinquième colloque international de Montpellier, Université Paul-Valéry 24-27 novembre 1999* (Les cahiers du Crisima 5), Montpellier 2001, Bd. 2, S. 763-776. Möglicherweise bietet Margarethes Hof ein frühes Beispiel für jene literarische Zusammenarbeit, die in der Forschung für das 17. und 18. Jahrhundert mittlerweile unter dem Stichwort salon writing zunehmend Interesse findet. Vgl. für die spätere Zeit Dejean, Joan E.: *Tender Geographies. Women and the Origins of the Novel in France*, New York 1991.

[9] Siehe dazu Backes, Martina: „Deutsche Literatur des Mittelalters in zeitgenössischen französischen Übersetzungen – Ein (fast) vergessenes Kapitel deutsch-französischen Kulturtransfers", in: *Germanistik in der Schweiz. Online-Zeitschrift der SAGG* 3 (2006) (www.germanistik.unibe.ch/SAGG-Zeitschrift/3_06/).

bestand. Dies verwundert nicht, wenn man bedenkt, dass Margarethe ausschließlich an französischsprachigen Höfen aufgewachsen und erzogen worden ist. Diese Sprache war ihr so vertraut, dass sie auch den umfangreichen Briefwechsel mit ihrem Vater Maximilian stets auf Französisch führte. Ob sie überhaupt Deutschkenntnisse besaß bzw. zumindest Flämisch verstand, ist unklar und eher unwahrscheinlich. Denn ihr Hofpoet und Hofhistoriograph Jean Lemaire de Belges nennt unter den Sprachen, die sie fließend habe sprechen können, neben dem Französischen nur Spanisch. Dieser Feststellung entspricht der Befund, den man anhand ihrer Bücher erheben kann. Neben der großen Zahl französischsprachiger Werke finden sich einige wenige lateinische Schriften (meist religiösen Inhalts) sowie eine geringe Anzahl spanischer Bücher, die sie vermutlich wie etwa die reich illuminierte Handschrift eines spanischen Ritterromans oder einen spanischen *Melusine*-Druck von ihrem Aufenthalt am kastilischen Hof mitgebracht hatte. Flämische Literatur, die sie interessierte, ließ sie sich offenbar ins Französische übersetzen, wie etwa die Vita der heiligen Colette, und so benutzte sie auch für deutschsprachige Literatur französische Übersetzungen, wie etwa die französischen Versionen von Heinrich Seuses *Büchlein der ewigen Weisheit* oder von Sebastian Brants *Narrenschiff*.[10] Während diese Übersetzungen, die übrigens, dies sei nur am Rande bemerkt, nicht von den volkssprachigen, sondern von den jeweiligen gelehrten lateinischen Fassungen der Texte ausgingen, bereits Ende des 15. Jahrhunderts im französischen Raum greifbar und leicht zu erwerben waren, musste Margarethe für andere deutschsprachige Werke erst Übersetzungen in Auftrag geben, und dies sind die Texte, die uns im Folgenden besonders interessieren werden. Dabei geht es mir nicht nur um Fragen des Inhalts und der sprachlichen Vermittlung, sondern ebenso sehr um solche der Funktion und des Gebrauchszusammenhangs, d.h. es geht nicht zuletzt um den Status dieser Werke an Margarethes Hof, der angesichts der deutlich französisch-burgundisch ausgerichteten Büchersammlung alles andere als selbstverständlich war und damit besondere Aufmerksamkeit verdient.

Die erste hier vorzustellende Pergamenthandschrift enthält eine Genealogie Kaiser Karls V., die zwischen 1527 und 1530 für Margarethe, die Tante Karls V., entstand.[11] Als Übersetzer des dreiteiligen Geschichtswerks, das der Tradition habsburgischer Genealogien gemäß mit Noah beginnt und im dritten Buch mit den unmittelbaren Familienmitgliedern und Zeitgenossen Margarethes, ihrem Vater Maximilian, ihrem Bruder Philipp sowie ihrem Neffen, Karl V., endet, nennt sich im Prolog Jean (Jehan) Franco. Franco war ,secrétaire', d.h. Verwaltungsbeamter am Hof Margarethes in Mechelen/Malines und Mitglied des *Conseil privé*. Er gehörte damit zur Gruppe jener *docti et litterati* an den frühneuzeitlichen Höfen, die aufgrund ihrer Ausbildung und ihrer Sprachkompetenz im Verlauf des Spätmittelalters unverzichtbar geworden waren, nicht nur für die zunehmend

---

[10] Das einzige deutschsprachige Buch, das ich in ihrer Bibliothek ermitteln konnte, war ein Band mit dem rätselhaften Titel *Le Monte fia Eluffaures*. Leider ist die Handschrift seit dem Brand der Escurial-Bibliothek 1671 verschollen. Späteren Inventaren zufolge handelte es sich um eine Schrift über die Natur der Tiere und die Jagd, siehe Debae: *La Bibliothèque* (wie Anm. 3), Nr. 127.

[11] Franco, Jean: *La Généalogie de l'empereur Charles Vme de ce nom, de don Fernande, roy d'Ongrie et celle de madite Dame*, Paris, Bibliothèque nationale, ms. fr. 5616. Vgl. die Kurzbeschreibungen bei Debae: *La Bibliothèque* (wie Anm. 3), S. 490-492 und Eichberger: *Women of Distinction* (wie Anm. 4), S. 131f. (mit Abb.).

komplexer gewordene, schriftlich organisierte Verwaltung oder diplomatische Regierungsgeschäfte, sondern auch für literarische Auftragsarbeiten.[12] Nach eigenen Angaben benutzte Franco als Ausgangstext für seine Übersetzung, die er ausdrücklich auf Wunsch Margarethes anlegte, eine bereits vorliegende Kompilation von lateinischen und deutschen historiographischen Schriften. Was genau die Grundlage seiner Genealogie war, ist noch ungeklärt, da die in Paris erhaltene Handschrift bislang allenfalls das Interesse der Kunsthistoriker gefunden hat. Denn die in den südlichen Niederlanden entstandene, reich illuminierte Handschrift ist mit 27 Porträtmedaillons geschmückt, die zum Teil nicht nur qualitätvolle, sondern offenbar auch durchaus realistische Porträts Margarethes und ihrer Familie enthalten. Welch große Bedeutung die Memorierung und schriftliche Fixierung, die bildliche oder narrative Repräsentation der eigenen Genealogie für mittelalterliche Adelsfamilien hatte, ist in der Forschung längst an den verschiedensten Beispielen herausgearbeitet worden.[13] Offenbar war es Margarethe wichtig, neben zahlreichen Universalchroniken und Genealogien der Häuser Burgund und Savoyen, die bereits in ihrer Büchersammlung vorhanden waren, auch eine Genealogie des Hauses Habsburg zu besitzen. Denn die repräsentativ ausgestattete Handschrift dokumentierte nicht nur *la royale et tres anchienne lignee* […] *de la tres clere dame, madame Marguerite*, sondern vor allem *la gloire immortelle* des eigenen Hauses. Dass Margarethe selbst innerhalb dieses Familienstammbaums eine äußerst wichtige Stellung beanspruchte, mag nicht zuletzt die Tatsache belegen, dass sie als einziges weibliches Mitglied des Hauses Habsburg nicht nur namentlich im Text erwähnt, sondern zugleich bildlich in einem der Porträtmedaillons dargestellt wurde.[14]

Neben diesem genealogischen Geschichtsbuch, für das Franco offenbar den stattlichen Lohn von 150 livres erhielt, ist aber vor allem eine französische Übersetzung des *Theuerdank* in Margarethes Bibliothek bemerkenswert, d.h. eine Übertragung jenes autobiogra-

---

[12] Zur Bedeutung dieser Gruppe für die literarische Produktion der Zeit siehe Müller, Jan-Dirk: *Gedechtnus. Literatur und Hofgesellschaft um Maximilian I.* (Forschungen zur Geschichte der älteren deutschen Literatur 2), München 1982. – Ein weiterer literarisch tätiger ‚secretarius‘ am Hof Margarethes war Nikolaus Mengin aus Nancy, der die 1509 von Jean Lemaire für Margarethe verfasste *Légende des Vénitiens* ins Deutsche übersetzte. Auch wenn Mengins deutsche *Venediger Chronica*, die mehrfach als Flugschrift gedruckt wurde, sich wohl kaum an die Fürstin als primäre Rezipientin richtete, fügte er am Ende deutschfranzösische Lobverse ausdrücklich *frawen Margarethen von flanderen zů eeren* hinzu. Siehe die Mikrofiche-Ausgabe des Textes in: Köhler, Hans-Joachim (Hg.): *Flugschriften des frühen 16. Jahrhunderts*, Zug 1978-87, Fiche 1495/3930 sowie zu Mengin den Artikel von Frieder Schanze in: *Die deutsche Literatur des Mittelalters. Verfasserlexikon.* Kurt Ruh (Hg.), Bd. 11, Berlin / New York 2004, Sp. 989-991.

[13] Vgl. etwa die Arbeiten von Melville, Gert: „Vorfahren und Vorgänger. Spätmittelalterliche Genealogien als dynastische Legitimation zur Herrschaft", in: Peter-Johannes Schuler (Hg.): *Die Familie als sozialer und historischer Verband: Untersuchungen zum Spätmittelalter und zur frühen Neuzeit*, Sigmaringen 1987, S. 203-309; Peters, Ursula: *Dynastengeschichte und Verwandtschaftsbilder. Die Adelsfamilie in der volkssprachigen Literatur des Mittelalters*, Tübingen 1999 und Kellner, Beate: *Ursprung und Kontinuität. Studien zum genealogischen Wissen im Mittelalter*, München 2004.

[14] Siehe die Abbildung bei Eichberger: *Women of Distinction* (wie Anm. 4), S. 131. Die angeführten Zitate stammen aus der Vorrede Francos, zitiert nach Debae: *La Bibliothèque* (wie Anm. 3), S. 490. Zur Bedeutung der Genealogie am Hof vgl. auch den über sieben Meter großen Riesenstammbaum des Hauses Habsburg, den Robert Peril 1540 anfertigte, abgebildet bei Eichberger: *Women of Distinction* (wie Anm. 4), S. 80f.

phisch gefärbten allegorischen Werkes ihres Vaters Maximilian, das als der letzte Ritter-roman des deutschen Mittelalters gilt und die Vorstellung von der spezifisch deutschen Ritterromantik des Spätmittelalters in besonderer Weise geprägt hat. Die Übersetzung, die in einer sorgfältig geschriebenen Pergamenthandschrift, offenbar der Widmungshand-schrift für Margarethe, erhalten ist, ist in der Germanistik, auch in der Maximilian-Forschung, bislang völlig unbekannt.[15] Auch dieses Werk, das von Maximilian selbst kon-zipiert, von einem Redaktionsteam überarbeitet und 1517 in Nürnberg unter dem Namen seines Sekretärs Melchior Pfinzing in einer exklusiven Auflage im Druck erschienen war, ließ Margarethe sich 1528 von Jean Franco übersetzen. Trotz seiner Klagen über die an-strengende und langwierige Arbeit fand Franco offenbar Gefallen an seiner Tätigkeit (oder vielleicht eher am fürstlichen Lohn), und er bot Margarethe an, nach dem *Theuer-dank* gewissermaßen als Fortsetzung auch den *Weißkunig*, einen weiteren, allerdings un-vollendet gebliebenen Roman Maximilians, für sie zu übertragen.[16] Ob Margarethe dieses Angebot annahm und die Vollendung der Arbeit wegen ihres plötzlichen Todes 1530 un-terblieb, oder ob der *Weißkunig* für sie ohne Bedeutung war, wissen wir nicht. Die Suche nach einer entsprechenden Handschrift blieb bislang jedenfalls erfolglos.

In der Widmungsvorrede (f. 3r-4v) berichtet Franco unter anderem über die Schwierig-keiten, die sich bei der Übersetzung des *Theuerdank* ergaben. Neben dem toposhaften Be-dauern der eigenen Schwächen und Unzulänglichkeiten als Übersetzer beklagt er vor al-lem die grundsätzliche große Verschiedenheit der beiden Sprachen, die sie wegen ihres germanischen bzw. romanischen Ursprungs gewissermaßen bereits von Natur aus in Wi-derspruch setze. Zweifellos war es für ihn aufgrund seiner gelehrten Ausbildung und der größeren Nähe von Latein und Französisch sehr viel einfacher, die lateinischen Quellen der Genealogie ins Französische zu übertragen als das bayerisch gefärbte Frühneuhoch-deutsch des *Theuerdank*. Probleme bereitete ihm außerdem die Form des Versepos. Der *Theuerdank* war nach Art der höfischen Romane in Reimpaarversen abgefasst, die das Ver-ständnis erschwerten und den Übersetzungsvorgang offenbar verkomplizierten. Franco löste die Verse kurzerhand in französische Erzählprosa auf, ein Verfahren, das bei der Neubearbeitung mittelalterlicher Versromane im französischen Raum bereits eine sehr viel längere und selbstverständlichere Tradition hatte als in Deutschland, wo die Auflö-sung der alten Verse in Prosa und die Entstehung des Prosaromans erst im Verlauf des 15. Jahrhunderts eingesetzt hatte. Dass Margarethe als Auftraggeberin nicht auf der Bei-behaltung der Verse bestand, mag überdies darauf hindeuten, dass es ihr anders als Maxi-milian nicht um die ostentative Anknüpfung an eine alte höfische Tradition ging, die es zu bewahren galt, sondern in erster Linie um die pragmatische Verfügbarkeit des Inhalts. Als letzte der Schwierigkeiten, mit denen er bei der Übersetzung des Textes zu kämpfen hatte,

---

[15] Jean Franco: *Les dangiers rencontrés et en partie les aventures du digne tres renommé et valeureux chevalier Chiermerciant translaté de thios en français*, Paris, Bibliothèque nationale, ms. fr. 24288. Siehe die Kurzbeschreibung der Handschrift bei Debae: *La Bibliothèque* (wie Anm. 3), S. 517-519. Eine umfassende Analyse dieses Werks, das hier nur kurz vorgestellt werden kann, wird Gegenstand eines eigenen Aufsatzes sein.

[16] Franco bezeichnet den *Weißkunig* als „vng autre livre intitulé Blanckenkunig qui vaust en francois blanc Roi traictant des excellens faictz darmes du chevalier Chiermerciant" (f. 4v). Auch Melchior Pfinzing hat-te das Werk bereits als ,blanck Kunig' bezeichnet.

führt Franco schließlich an, das Werk enthalte eine Reihe schwieriger Einzelbegriffe – „pluiseurs termes difficiles a estre translates" (f. 3v) –, zu denen wohl vor allem die allegorischen Namen gehörten, die Maximilian den Figuren seines Romans gegeben hatte. In der Regel meisterte Franco diese Probleme, denn er übersetzte etwa den Namen der weiblichen Hauptfigur *Königin Ehrenreich* mit *La Royne Richedhonneur* oder den Namen *Unfalo*, den einer der Widersacher des Protagonisten trägt, mit *Malheur*. Doch ließ er sich ausgerechnet vom Klang des Namens *Theuerdank*, der zum Ausdruck bringen sollte, dass der Titelheld stets edle Gedanken pflegte, irreleiten und machte ihn zum *chevalier Chiermerciant*.

In der in Deutschland wie in Frankreich im Verlauf des 15. Jahrhunderts engagiert geführten Diskussion, ob Texte dem Sinn oder dem Wortlaut nach zu übersetzen seien, bezieht Franco eindeutig Position und betont, dass er das sehr viel schwierigere „mot à mot" (f. 3v) gewählt habe. Stichproben zeigen, dass er in der Tat – anders als viele seiner zeitgenössischen Kollegen – sehr nah an seinem Ausgangstext geblieben ist und versucht hat, die deutsche Originalfassung so genau wie möglich zu bewahren.[17] Wer die in der deutschen Vorrede genannte „form mass vnd weis der heldenpuecher",[18] in der die Taten Theuerdanks erzählt werden, in der französischen Übersetzung vermisst, da diese mit den Stichwörtern *chevalier* und *courtois* einen vermeintlich anderen, gewissermaßen ‚höfischeren' Kontext entwirft, der sei daran erinnert, dass ‚Heldenbuch' zur Zeit Maximilians kein Gattungsbegriff war, der auf die Heldenepik im Gegensatz zum höfischen Roman eingeschränkt gewesen wäre. Auch das von Maximilian in Auftrag gegebene so genannte *Ambraser Heldenbuch* umfasste ja beide literarischen Gattungen, und so hat Franco auch in dieser Hinsicht die ursprüngliche Konzeption der Figuren in keiner Weise verändert.

Der *Theuerdank* schildert in 118 Kapiteln die mannigfaltigen Abenteuer und *geuerlichkeiten*, die der Titelheld auf seiner Brautfahrt zu bestehen hat. Hintergrund dieser Rahmenhandlung ist die berühmte burgundische Hochzeit Maximilians mit Maria, der Tochter und Erbin Karls des Kühnen. Damit die Leser die solcherart literarisch verschlüsselten, in ‚verporgner weiß' erzählten Ereignisse entziffern und historisch zuordnen konnten, hatte Melchior Pfinzing der deutschen Ausgabe eine ‚Clavis', einen Schlüssel mitgegeben, der die sprechenden Namen der Personen und die hinter den literarischen Episoden stehenden historischen Begebenheiten erläuterte. Allerdings war diese Clavis ausdrücklich nur für eine exklusive Leserschaft bestimmt, dem ‚gemain man' war es nach Pfinzing ‚nit not, den grundt zůuersteen'. Franco hat auch diese Clavis übersetzt, wobei er allerdings die im deutschen Original verwendeten Kürzel, etwa H.C.V.B. für Herzog Carl von Burgund, die den ursprünglichen Exklusivitätsanspruch des Buches noch unterstreichen mochten, auflöste und damit die Erläuterungen auch für nicht Eingeweihte verständlich machte. Erwartungen, Franco würde bei diesen Erklärungen Hinweise auf die engen Verwandtschaftsbeziehungen der Romanfiguren zu seiner Auftraggeberin einflechten oder bei den

---

[17] Die Beteuerung, ‚mot à mot' zu übersetzen, gilt allerdings nicht für syntaktische Strukturen, die Franco durchaus auflöst, wenn er sie in der französischen Fassung ohne Einschränkung der Verständlichkeit nicht nachahmen kann.

[18] *Theuerdank*, Bl. A2r. Zitiert nach dem Nachdruck des Exemplars der Bayerischen Staatsbibliothek München, Nürnberg 1517 (Sign. Rar. 325a), Köln 2003. Dieser Ausgabe sind auch die folgenden Zitate entnommen.

Romangeschehnissen, die in den Niederlanden und Brabant spielen, seine eigene Ortskenntnis ausspielen und die Beschreibungen auf sein in dieser Gegend ansässiges Publikum ausrichten, erfüllen sich nicht. Auch die poetische Inszenierung der Auseinandersetzungen mit der ständischen Opposition in den Niederlanden, mit der der junge Theuerdank zu kämpfen hatte, bleiben unkommentiert trotz der unmittelbaren Aktualität und politischen Brisanz, die solche Stellen am Hof zu Malines zweifellos deutlicher hatten als für das weit entfernte Wiener Publikum. Offenbar nahm Franco die Aufgabe des genauen, wortgetreuen Übersetzens so ernst, dass er auch jegliche erklärenden oder aktualisierenden Zusätze vermied. Er verfolgte damit ein erstaunlich ausgeprägtes philologisches Verständnis von Textübersetzung, das vor allem im Bereich des volkssprachlichen Übersetzens jahrhundertelang keineswegs üblich war, herrschte doch im Mittelalter etwa bei französisch-deutschen Literaturtransfers meist das rhetorisch-poetische Konzept des Neuerzählens bei Übersetzungen vor.[19]

Bleibt abschließend noch nach der Funktion des Textes zu fragen. Für Maximilian war, wie Jan-Dirk Müller in seinen Untersuchungen grundlegend gezeigt hat, die literarische Stilisierung seines Lebens im *Theuerdank* wie auch in seinen anderen literarischen Projekten Teil seiner Sorge um die ‚gedechtnus‘, einer bewusst auf verschiedenen künstlerischen Ebenen initiierten *memoria*.[20] Dass Margarethe, die sich in der oben erwähnten Genealogie als seine Tochter unmittelbar hinter ihm, und damit noch vor ihrem älteren Bruder Philipp, als seine engste noch lebende Nachfahrin darstellen ließ, mit der Übersetzung des *Theuerdank* in die ihr vertraute französische Sprache die persönliche Teilhabe an dieser *memoria* sichern wollte, liegt nahe. Denn indem der *Theuerdank* die Geschichte der burgundischen Hochzeit poetisch verschlüsselt schildert, den gewaltsamen Tod Karls des Kühnen und das drohende Ende des burgundischen Reiches unterschlägt und stattdessen die legitime dynastische Tradition burgundisch-habsburgischer Familienpolitik betont, erzählt der Roman nicht nur die ruhmreiche Geschichte Maximilians, sondern auch die Margarethes, die in vielen ihrer kulturellen Interessen bewusst an die burgundische Tradition ihrer Familie anknüpfte und nicht zuletzt die Zurückweisung des französischen Königs mit einem trotzigen *Vive la Bourgogne* beantwortet hatte. Zweifellos schätzte Margarethe den Roman nicht nur aus kindlicher Pietät oder aufgrund ihres offensichtlichen Faibles für alte Ritterromane, sondern vor allem wegen seiner Bedeutung auch für ihre eigene, burgundisch geprägte *memoria*. Im Hinblick auf die mediale Umsetzung dieser *memoria* erscheint Margarethes Buch jedoch erstaunlicherweise sehr viel traditioneller als das Original. Während Maximilian, der ‚letzte Ritter‘, sich in Nürnberg des modernen Buchdrucks bediente, fixierte man am französisch geprägten Renaissancehof Margarethes den *Theuerdank* noch einmal in einem genuin mittelalterlichen Medium: einer unikalen persönlichen Handschrift. Literarische Wirkung blieb dem Text allerdings an beiden Orten versagt.

---

[19] Siehe Backes, Martina: „‚Ich buwe doch die strazzen / die sie hant gelazzen‘. Überlegungen zu Selbstverständnis und Textkonzept deutscher Bearbeiter französischer Werke im Mittelalter“, in: Joachim Bumke / Ursula Peters (Hg.): *Retextualisierung in der mittelalterlichen Literatur* (Zeitschrift für deutsche Philologie, Sonderheft 124), Berlin 2005, S. 345-355.

[20] Zu Maximilians literarischen Ambitionen siehe vor allem das grundlegende Werk von Müller, Jan-Dirk: *Gedechtnus* (wie Anm. 12).

Eine illuminierte ‚Leben Jesu'-Handschrift aus dem Besitz der Elisabeth von Görlitz († 1451) in Lüttich (UB, Ms. Wittert 71) und deren Parallelüberlieferung in Chantilly (Musée Condé, Ms. 35 [1455])

Hans-Walter Stork

I. Der Text

> Dieses antique literalische wohl conditionierte kunstwerk komt von Trier, es waren viele Liebhaber darzu, und wurde aus Paris, Hamburg und vom Groß Hertzog von Weimar starck deswegen correspondirt./ Nach vieler Mühe glückte es mir durch meinen Freund den Herrn Antiquar Clotten solches an mich zu bekommen./ Wegen seiner Alt Teutschen Sprache ist selbiges um so viel seltener weil man eher 30 lateinisch als ein teutsches antrifft.

Mit dieser Einschätzung zum Lütticher Manuskript eines deutschen Leben-Jesu-Textes und zu dessen Überlieferungssituation hatte Johann Peter Job Hermes, der erste eigentliche Handschriftenbibliothekar der Stadtbibliothek Trier und im Jahre 1815 Schreiber dieser Zeilen, recht – damals schon und bis heute. Handelt es sich doch bei dieser jetzt in der Universitätsbibliothek Lüttich aufbewahrten Handschrift um einen von zwei bisher bekannt gewordenen Textzeugen eines Leben Jesu-Textes in rheinfränkischer, genauer: in Trierer Fassung.[1]

Eine zweite Notiz unterrichtet über die Bestellerin und erste Besitzerin der Handschrift:

> Un des plus beaux et des plus rares mss allemands executé vers 1400 pour l'église de Treves par des artistes des rois de Boheme et des empereurs d'allemagne de la maison de Luxembourg. Porté en Hollande par la dernière heretière du duché de Luxembourg mariée a Jean de Bavière prince-eveque de Liège Mort a La Haye en 1425 d'ou provient ce ms. acheté et vendu par M. Nyhoff. 50 miniatures.

Dieser Eintrag stammt aus der Hand des Lütticher Barons Adrien Wittert (1823-1903), der die Handschrift bei dem bekannten Haager Antiquar Martin Nijhoff (1826-1894) erwarb.

Diesem *Leben-Jesu*-Text in der Lütticher Universitätsbibliothek kann ein zweiter Textzeuge dieser moselfränkisch-trierischen Übersetzung an die Seite gestellt werden. In der Bibliothek des Herzogs von Aumale im heutigen Musée Condé in Chantilly wird seit 1866 ein Manuskript aufbewahrt,[2] dessen Spur man nur bis in dieses Jahr zurückverfolgen kann, als es der Herzog in London bei dem Antiquar und Buchhändler Antoine Bachelin-Deflorenne erwarb. Kurz vor diesem Kauf durch den englischen Kunstbuchbinder

---

[1] Zur Handschrift vgl. die Mikrofiche-Edition: Stork, Hans-Walter: *Betrachtungen zum Leben Jesu. Liège, Bibliothèque générale de l'Université, Ms.Wittert 71* (Codices illuminati medii aevi 22), München 1991.

[2] Zur Handschrift vgl. kurz Meurgey, Jacques: *Les principaux Manuscrits a Peintures du Musée Condé à Chantilly* (Société française de reproductions de manuscrits 14), Paris 1930, S. 74f., Taf. 48-49. – Stork, Hans-Walter: „Zwei illustrierte Texte der ‚Vita Christi' in der Redaktion des Michael de Massa: Lüttich UB ms Wittert 71 und Chantilly, Musée Condé Ms. 1455", in: Koert van der Horst / Johann-Christian Klamt (Hg.): *Masters and Miniatures. Proceedings of the Congress on Medieval Manuscript Illumination in the Northern Netherlands (Utrecht, 10-13 December 1989)*, Dornspijk 1992, S. 287-294. – Die Miniaturen der Handschrift in Chantilly sind bislang hauptsächlich wegen ihrer Ikonographie herangezogen worden, vgl. Kat. *La nativité dans l'art. Catalogue de l'exposition organisée au Musée Curtius*, Liège 1959, Nr. 36. – „La nativité vue par les imagiers", in: *Les dossiers de l'Archéologie* 1976, S. 17-25.

Bedford neu gebunden, gibt es im Codex in Chantilly keine Provenienzeinträge oder Besitzer-Notizen mehr.

Die Lütticher und die Leben-Jesu-Handschrift aus Chantilly übertragen einen der zahlreichen Vita-Christi-Texte des 13. und 14. Jahrhunderts ins Deutsche, nämlich die *Vita domini nostri Jesu Christi* des aus Siena stammenden, aber im Verlauf seines Ordenslebens einige Jahre in Norddeutschland tätigen Augustiner-Eremiten Michael von Massa (1300-1337).[3] Recht verbreitet ist auch der Passionstraktat *Angeli pacis*, der in etwa 40 Abschriften überliefert ist; auch von diesen gibt es eine deutsche Übertragung (München, UB, 4° cod. ms. 488, fol. 1-202. Aus Ingolstadt, datiert 1429).[4]

Seine „Vita Christi" ist dem gegenüber in weniger als einem Dutzend Handschriften überliefert. Sie entstand wohl in den Jahren 1330-1335 in Norddeutschland, wo Michael von Massa ‚vermutlich an Stätten seines Ordens als Lehrer tätig war.‘ Es gab in diesen Jahrzehnten mehrere Niederlassungen der Augustiner in ‚Norddeutschland‘ – wenn man diesen topographischen Begriff weit fasst: in Böddeken, Eberhardsklausen, Neumünster. Bislang kann man mittels urkundlicher Nachweise keine Verbindungen zwischen Michael von Massa und diesen Klöstern festmachen.[5]

Die einzige Handschrift, die – am Anfang und im Explicit – Michael von Massa als Autor nennt: *Incipit devotissimus libellus Michaelis de Massa de vita D. n. J. Chr. secundum textum Evangelistarum,*[6] ist der Leipziger Codex Ms. 800, der aus der Altzeller Klosterbibliothek stammt, eine über 357 Blätter und zehn verschiedene Texte umfassende Sammelhandschrift. Die einzelnen Teile sind zu verschiedenen Zeiten, zwischen 1424 und 1479, geschrieben und später zu einem Konvolut zusammengebunden worden.[7] Die „Vita Christi" stellt den ersten Text dar (fol. 1r-100r).

Von den zahlreichen lateinischen Textzeugen der „Vita Christi" des Michael von Massa seien hier lediglich diejenigen angeführt, die sich zur Abfassungszeit in Bibliotheken der Umgebung von Trier befanden:

[3]   Baier, Walter: *Untersuchungen zu den Passionsbetrachtungen in der Vita Christi des Ludolf von Sachsen. Ein quellenkritischer Beitrag zu Leben und Werk Ludolfs und zur Geschichte der Passionstheologie* (Analecta Cartusiana 44), Salzburg 1977.

[4]   Im Überblick dazu Hans Fromm in: *Verfasserlexikon [²VL]. Die deutsche Literatur des Mittelalters. Verfasserlexikon.* Begründet von Wolfgang Stammler, fortgeführt von Karl Langosch. Zweite, völlig neu bearbeitete Auflage unter Mitarbeit zahlreicher Fachgelehrter. Hg. von Kurt Ruh u.a. Bd. 1-14. Berlin 1978-2008, hier Bd. 6, Berlin 1987, Sp. 503-509.

[5]   Vgl. die relevanten Eintragungen zu den Klöstern bei Kohl, Wilhelm / Persoons, Ernest / Weiler, Anton G. (Hg.): *Monasticon Windeshemense*, Teil 1: *Belgien*, Teil 2: *Deutsches Sprachgebiet*, Teil 3: *Belgien*, Teil 4: *Register* (Archives et Bibliothèques de Belgique. Numéro spécial), Brüssel 1976-1984, passim.

[6]   Baier: *Untersuchungen* (wie Anm. 3), S. 344, Anm. 4.

[7]   Für Auskünfte zum noch unpublizierten Katalogeintrag des Manuskripts danke ich Herrn Dr. Falk Eisermann, seinerzeit Leipzig.

Bernkastel-Kues:	Ms. 100	15. Jh., Anf.	Alter Bestand der Hospitalbibliothek
	Ms 101	15. Jh., Anf.	Cusanusbibliothek[8]
Berlin, SPKB	Ms. lat. fol. 683	1. H. 15. Jh.	aus Trier, St. Maximin
Trier, Stadtbibliothek	Hs. 561/827		Trier, Kartause St. Alban, Beginn 15. Jh.[9]
	Hs. 636/867		Trier, St. Alban, Beginn 15. Jh.[10]
	Hs. 782/1367		Trier, St. Alban, Beginn 15. Jh.[11]
	Hs. 625/1559		Eberhardsklausen, datiert 1425[12]
	Hs. 809/1341		Eberhardsklausen, datiert 1467[13]

Die Aufstellung macht deutlich, dass für den bislang noch anonym gebliebenen Übersetzer, der im Trierer Raum den Michael-von-Massa-Traktat aus dem Lateinischen ins Deutsche übertrug, genügend Handschriften in erreichbarer Nähe von Trier vorhanden waren; übrigens ist – wenn der Überblick nicht trügt – keine der lateinischen Handschriften illustriert.

Doch nochmals zurück zu den Übersetzungen der lateinischen Fassung! Diese rheinfränkisch-trierische Übersetzung ist nicht die einzige und nicht die früheste des Vita-Christi-Traktats. Der lateinische Text[14] wurde ab etwa den 1390er Jahren in verschiedene Volkssprachen übersetzt; um 1400 zuerst im mittelniederländischen Sprachraum; die Editoren um C. C. de Bruin nennen diese Redaktion das „Pseudo-Bonaventura-Ludolfiaanse Leven van Jesus", um auf die benutzen Vorlagen hinzuweisen.[15] Die ältesten dieser Hand-

---

[8]   Zu den Bernkastler Handschriften vgl. Jacob Marx [d. J.]: *Verzeichnis der Handschriften-Sammlung des Hospitals zu Cues bei Bernkastel a./Mosel*, bearbeitet von Dr. theol & phil. J. Marx, Trier 1905.

[9]   Keuffer, Max: *Die Ascetischen Handschriften der Stadtbibliothek zu Trier. Nr. 523-653 des Handschriften-Katalogs*, Trier 1900, S. 26.

[10] Ebd., S. 93-94.

[11] Hier die verkürzte Fassung „Vita Jesu Christi per modum meditationis abbreviata ex libro qui dicitur liber de vita Jesu Christi." – Kentenich, Gottfried: *Die Ascetischen Handschriften der Stadtbibliothek zu Trier. No. 654-804 des Handschriften-Katalogs und Nachträge*, Trier 1910, S. 106.

[12] Keuffer: *Die Ascetischen Handschriften* (wie Anm. 9), S. 82-83.

[13] Becker, Adolf: *Die deutschen Handschriften der Stadtbibliothek zu Trier*, Trier 1911, S. 3. – Bushey, Betty C.: *Die deutschen und niederländischen Handschriften der Stadtbibliothek Trier bis 1600*, Wiesbaden 1996, S. 60-65, zum Leben Jesu S. 61f.

[14] Dazu Geith, Karl-Ernst: „Die lateinische Quelle des ‚Tleven on Heren Ihesu Cristi'", in: Carla Dauven-van Knippenberg / Helmut Birkhan (Hg.): *Sô wold ich in fröiden singen: Festgabe für Anthonius H. Touber zum 65. Geburtstag* (Amsterdamer Beiträge zur älteren Germanistik 43-44), Amsterdam 1995, S. 195-204.

[15] Bruin, Cebus C. de (Hg.): *TLeven ons Heren Ihesu Cristi. Het Pseudo-Bonaventura-Ludolfiaanse Leven van Jezus* (Bibl. Univ. Leid., Cod.Ltk 1984) (Corpus Sacrae Scripturae Neerlandicae Medii Aevi. Miscellanea II), Leiden 1980.

schriften (Amsterdam UB I G 44 und Leiden UB, Cod. Ltk 1984) sind in die Jahre 1406 beziehungsweise 1409 datiert; nach der Leidener Handschrift ist die Edition von de Bruin (1980) entstanden. Die Überlieferung umfasst mehr als 70 Codices, bis in die Zeit um 1500; auch Hamburg besitzt in Cod. theol. 1479 eine Ausfertigung davon, die einmal Clemens Brentano gehört hatte.[16]

Im deutschen Sprachraum existieren ab etwa 1445 Übersetzungen des Michael-von-Massa-Textes: die beiden in diesen Jahren entstandenen moselfränkischen Redaktionen in Lüttich und Chantilly, zwei alemannische (Karlsruhe, Ms. Donaueschingen 436 und Nürnberg, GNM 28441 aus Inzigkofen und 1449 zu datieren) sowie einige schwäbische Codices, die aber, wie auch einige weitere Handschriften, erweiternde beziehungsweise verkürzende Fassungen der ursprünglichen deutschen Übersetzung sind.

Schließlich kommt in den Jahren 1454 bis um 1480 noch eine französische Übersetzung zustande, die den Text für eine kursorische Wochenlektüre in sieben Abschnitte unterteilt; sie ist in acht Prachthandschriften aus dem niederländisch-burgundischen Bereich erhalten.[17] Als mögliches Vorbild dieser französischen Miniaturen für die deutschen Illustrationszyklen sind diese Codices also zeitlich zu spät entstanden.

Dass die beiden Handschriften in Chantilly und Lüttich jeweils Übersetzungen des lateinischen Textes sind, wird in den Codices selbst berichtet (hier zitiert nach Cha, fol. 175v-176r):

> Hier hayt dys boych ende daz man nennet Vita/
> Jhesu in dem latyne. In dudysch das leben Ihesu/
> Want is ertzellet synes lebens wandelunghe bys/
> uff daz ende. Amen.
>
> Dyes boych namet man das leben Jhesu
> Und ist obergesatzt ußer dem latyn der
> heyligen Ewangelien in dudysch uff
> das kortzte Durch mynne und lybbe
> der ungelarten dy daz latyn nycht verstahend un(d)
> dar umb dyckwyl verdrosz hant vyl boycher ober
> lesen den ist in dysem boyche gegeben eyne forme
> wy sy sollent sych selbz von Inwendich erwecken
> in eyner mytlydelicher (-n) betrachtunghe und be/

---

[16] Borchling, Clemens: *Mittelniederdeutsche Handschriften in Norddeutschland und den Niederlanden. 1. Reisebericht* (Nachrichten der kgl. Gesellschaft der Wissenschaften zu Göttingen. Geschäftliche Mittheilungen 2), Göttingen 1898, S. 121f. – Krüger, Nilüfer: *Die theologischen Handschriften der Staats- und Universitätsbibliothek Hamburg 2. Quarthandschriften (Cod. theol. 1252-1750)*, S. 58 (dort noch als verschollen gemeldet, aber aus der Kriegsauslagerung wieder zurück, nicht im Nachtragsband 4 behandelt).

[17] Vgl. dazu Geith, Karl-Ernst: „Un texte méconnu, un texte reconnu: la traduction française de la Vita Jesu Christi de Michael de Massa", in: Jean R. Scheidegger (Hg.): *Le Moyen Âge dans la modernité. Mélanges offerts à Roger Dragonetti* (Nouvelle bibliothèque du moyen âge 39), Paris 1996, S. 237-249. – Zu den von Geith genannten Handschriften mit der französischen Übersetzung kommt hinzu der Codex Krakau, Ms. Czartoryski 2919. Dazu Straub, Richard E. F: *La tradition manuscrite de la „Vie de Jesus-Christ" en sept parties* (Inedita et Rara 15), Montreal 1998. – Plonka-Balus, Katarzyna: „Vita Christi et La Vengeance de Jhesu Crist Notre Seigneur. Remarks on the decoration of a 15th century manuscript in the Czartoryski Library", in: Bert Cardon (Hg.): *„Als ich can". Liber Amicorum in Memory of Professor Dr. Maurits Smeyers* (Corpus of illuminated manuscripts 12; Low Countries Series 9), Leuven 2002, S. 1133-1152.

duytlicher lyblicher klage Jhesu unserm herren
dancken syns lydens und dar tzu groys heyl......
Wer den geyst Jhesu hayt un(d) daz mynneboych
verstayt der weys waz ich han gesayt.

Hatte Karl-Ernst Geith, der sich als Germanist seit langem mit dem Text beschäftigt, zunächst die ab 1452 als Übersetzerin tätige Schwester Regula aus dem badischen Zisterzienserinnenkloster Lichtenthal als Übersetzerin auch dieses Textes vorgeschlagen, musste er seine Ansicht nach der Publikation der Lütticher Handschrift und dem dadurch mitgeteilten festen Datum einer Entstehung der Übersetzung vor 1451 – dem Todesjahr der Bestellerin Elisabeth von Görlitz – revidieren. Vernünftiger Weise wird man die Entstehung der Lütticher Handschrift in die Zeit um 1445 (-1451) setzen; ein genaues Datum fehlt im undatierten Codex. Fester Anhaltspunkt als terminus post quem non ist der Tod der Bestellerin im Jahr 1451.

In seinem zuletzt erschienenen Aufsatz (2000), der den zahlreichen Überlieferungsproblemen der kleinen Textgruppe gewidmet ist, resümiert Geith zum Problem der Regula-Übersetzung:

> Als Übersetzerin muß sie [Regula] [...] ausscheiden. Der wirkliche Übersetzer oder die wirkliche Übersetzerin muß aber eine Person gewesen sein, die alle Kennzeichen der Persönlichkeit von Regula ebenfalls aufwies, d.h. so etwas wie ein Doppelgänger von Regula gewesen sein mußte.[18]

Schwester Regula hat mit anderen Worten eine ihr vorliegende Übersetzung adaptiert; ob die Doppelgänger-Theorie tragfähig ist, muss noch diskutiert werden, was hier aber nicht geleistet werden kann. Die Übersetzungsvorlage muss aus dem Niederdeutschen beziehungsweise Niederländischen gekommen sein, denn auf fol. 2v der Regula-Handschrift steht die Bemerkung: *wa dz wort ottmuotikait stÿt dz haist demuotikait nÿch vnser sprÿch*. Die beiden Handschriften in Lüttich und Chantilly verwenden das Wort durchgängig, was darauf hindeutet, dass der Übersetzer dieser Redaktion aus diesem Sprachraum stammt.

Hartmut Beckers hat in einem ausführlichen Schreiben zur Sprache der Handschriften in Lüttich und Chantilly mitgeteilt:

> Der Sprachstand der beiden Hss. [... ist] nicht einheitlich, sondern weist Mischcharakter auf. Grundsätzlich könnte man sagen: der Lautstand ist im Konsonantismusbereich überwiegend rheinfränkisch, im Vokalismusbereich dagegen eher moselfränkisch. Auch im Bereich der Morphologie und des Wortschatzes stehen neben eher südlichen (rheinfränkischen) Elementen andere eher nördlicherer Prägung. [...] Gerade diese Mischung nördlicherer und südlicherer Kennzeichen paßt durchaus ins allgemeine Bild, das die Schreibsprache deutscher Texte aus dem Trierer Raum während der 2. Hälfte des 15. Jhs. bietet. [...] Da zu vermuten ist, daß die beiden (mutmaßlichen) Trierer Hss. von einer älteren Vorlage abgeschrieben sind, liegt zunächst die Vermutung nahe, daß die fraglichen Codices im moselfränk. Raum entstandene Abschriften einer südlicher beheimateten (am ehesten wohl rheinfränk.) Vorlage seien.

---

[18] Geith, Karl-Ernst: „Lateinische und deutschsprachige Leben-Jesu-Texte. Bilanz und Perspektiven der Forschung", in: *Jahrbuch der Oswald von Wolkenstein-Gesellschaft* 12 (2000) S. 273-289.

II. Zur Ausstattung der Handschriften in Lüttich und Chantilly und zum Bildzyklus

In der lateinischen Ausgangsfassung war der Text unbebildert. Die Übertragungen in die Volkssprachen – ins Deutsche beziehungsweise Französische – weisen dann Illustrationen auf. Von den zwölf bislang bekannten deutschen (moselfränkischen, alemannischen, schwäbischen) Textfassungen sind neun bebildert, beziehungsweise es waren Illustrationen vorgesehen, die dann aber nicht ausgeführt wurden.

moselfrän-kisch	1. Lüttich, UB, Wittert 71	um 1445	40 Miniaturen
	2. Chantilly, Musée Condé, Ms. 35	um 1445	40 Miniaturen
alemannisch:	3. Nürnberg, GNM, Ms. 28441	1449	45 Miniaturen
	4. Karlsruhe, Bad. LB. Lichtenthal 70	um 1450/52	40 Miniaturen
	5. Karlsruhe, Donaue-schingen Ms. 436	um 1460	40 Miniaturen
schwäbisch:	6. Frankfurt, SuUB, Ms. germ. qu. 99	1472-76	89 kolorierte Feder-zeichnungen
	7. Frankfurt, SuUB, Ms. germ. qu. 103	1505	245 kolorierte Fe-derzeichnungen
süddeutsch:	8. Zürich, ZB, C 10 D	1459	Bilder vorgesehen, nicht ausgeführt
	9. St. Gallen, Stiftsbibl., 599	1467	20 Initialen mit Fe-derzeichnungen
	10. Wolfenbüttel, HAB, August. 1, 11	1471	über 200 Feder-zeichnungen

Um die Sonderstellung der Manuskripte in Chantilly und Lüttich hinsichtlich ihrer malerischen Ausstattung besser zu verstehen, müssen wir uns nun vergleichend einem Manuskript zuwenden, das aus dem alemannischen Übersetzungsstrang der „Vita Christi" stammt: eine Handschrift aus dem Augustiner-Chorfrauenstift Inzigkofen, jetzt in Nürnberg (German. Nationalmuseum, Ms. 28441), geschrieben 1449 von der Priorin Anna Jäck oder Jaekin und mit ursprünglich 45 eingeklebten Miniaturen und Holzschnitten.[19] Peter Schmidt hat der Schreiberin und ihrer Handschrift einen Beitrag mit dem bezeichnenden Titel „Kleben statt malen: Handschriftenillumination im Augustiner-Chorherrenstift Inzigkofen"[20] gewidmet, dem hier gefolgt sei.

Im Jahr 1449 stellte Anna Jäkin, Priorin in Inzigkofen, eine Abschrift des Leben-Jesu-Textes fertig, die wie alle anderen Textzeugen auch in 50 Kapitel gegliedert ist, jedes eingeleitet durch eine rubrizierte Überschrift. Anna Jäkin hat von Anfang an vorgehabt, die appellativen Kapitelüberschriften wie etwa „Hie betracht wie Ihesus stat vor Annas ge-

---

[19] Schmidt, Peter: *Gedruckte Bilder in handgeschriebenen Büchern: zum Gebrauch von Druckgraphik im 15. Jahrhundert* (Pictura et poesis 16), Köln 2003.

[20] Schmidt, Peter: „Kleben statt malen: Handschriftenillustration im Augustiner-Chorfrauenstift Inzigkofen", in: Falk Eisermann / Eva Schlotheuber / Volker Honemann (Hg.): *Studien und Texte zur literarischen und materiellen Kultur der Frauenklöster im späten Mittelalter* (Studies in Medieval and Reformation Thought 99), Leiden / Boston 2004, S. 243-283.

bunden" nicht nur *inwendich* – so heißt es ja in der Lütticher Nachschrift – zu betrachten und zu meditieren, sondern auch echte Bilder – Grafiken und Miniaturen – einzubringen. In ihrem Kloster gab es offenbar zu dieser Zeit keine Buchmalerin. Die Priorin musste sich also anders behelfen und sammelte thematisch passende Federzeichnungen und Holzschnitte in passendem Format.

Schmidt hat nachgewiesen, dass Anna Jäkin ihre Szenenfolge aus insgesamt acht verschiedenen gemalten und gedruckten Leben-Jesu-Zyklen zusammenstellte. Erst dann, als sie ihr Bildmaterial beisammen hatte, begann sie mit der Schreibarbeit, nicht ohne die über den Herstellungsprozess so viel verratenden kleinen Fehler, wie etwa auf fol. 44vb, wo sie direkt nach der Überschrift weiter schreiben will – *Do Jos* –, dann aber bemerkt, dass sie für dieses Kapitel über eine Abbildung verfügt, den Platz dafür freilässt und zehn Zeilen darunter erneut mit dem Text ansetzt: *Do Joseph und Maria mit unserm herren Jhesum von Jerusalem hain wollten gan...*

In Inzigkofen gab es übrigens noch ein zweites Exemplar des Textes, Hs. Donaueschingen 436, jetzt in Karlsruhe, das etwa zehn Jahre, nachdem Anna Jäkin mit so viel Mühe ihr Exemplar des „Leben Jesu" geschrieben und illuminiert hatte, fertig bebildert mit kolorierten Federzeichnungen in die Bibliothek kam.[21] Durch dort eingefügte Textkorrekturen wissen wir, dass es von ihr sehr genau mit ihrer eigenen Abschrift verglichen wurde. Die zweite Handschrift weist ebenfalls 40 Miniaturen zu den 50 Textkapiteln auf, wobei die bebilderten Kapitel genau den anderen Ausgaben entsprechen.

Hier muss nun wenigstens kurz von Handschrift Lichtenthal 70 gesprochen werden, die ebenfalls der – um es einmal so zu nennen – ‚40er Bildredaktion' folgt und die bebilderten Kapitel mit in Kästen gesetzten kolorierten Federzeichnungen ausstattet. Diese von Schwester Regula selbst für den Gebrauch im Kloster kompilierte und geschriebene Handschrift ist über Wasserzeichen in die Jahre 1450 bis 1452 datierbar und geht auf einen noch unbekannten ebenfalls deutschen Überlieferungszeugen zurück; aber nicht Regula hat ihn aus dem Lateinischen des Michael von Massa übersetzt, sondern eine noch unbekannte Person, deren Übersetzung sich Schwester Regula bedient.[22]

---

21 Gerhard Stamm in: Felix Heinzer (Hg.): *,Unberechenbare Zinsen'. Bewahrtes Kulturerbe. Katalog zur Ausstellung der vom Land Baden-Württemberg erworbenen Handschriften der Fürstlich Fürstenbergischen Hofbibliothek*, Württembergische Landesbibliothek Stuttgart 1993, Nr. 29, S. 112-113.

22 Zur Handschrift vgl. Heinzer, Felix / Stamm, Gerhard (Hg.): *Die Handschriften von Lichtenthal* (Die Handschriften der Badischen Landesbibliothek in Karlsruhe 11), Wiesbaden 1987, S. 40-42, 175-179. – Siebenmorgen, Harald (Hg.): *Faszination eines Klosters. 750 Jahre Zisterzienserinnen-Abtei Lichtenthal.* Sigmaringen 1995, Kat.-Nr. 87. – Die ausführlichste Untersuchung zur Handschrift bietet die leider unveröffentlichte Magisterarbeit von Barbara Modler: *„Lichtenthal 70". Eine spätmittelalterliche Bilderhandschrift der Badischen Landesbibliothek Karlsruhe [Lichtenthal, um 1450]*, Magisterarbeit Freiburg 1980. – Zum Werk der Schwester Regula siehe Stamm, Gerhard: „Klosterreform und Buchproduktion. Das Werk der Schreib- und Lesemeisterin Regula", in: Siebenmorgen: *Faszination* (wie Anm. 22), S. 63-70 [mit der nach wie vor vertretenen Meinung, dass Regula die Übersetzerin des Textes sei]. – Schmidt: „Kleben statt malen" (wie Anm. 20), S. 264 mit Anm. 47.

Kurz zusammengefasst: Die alemannischen Leben-Jesu-Handschriften weisen, dem ursprünglichen Text folgend, 50 Kapitel auf, von denen 40 bebildert sind. Die Handschriften, alle auf Papier, begegnen ab etwa 1449; es sind sorgfältig redigierte Abschriften entweder von einer Vorlage aus einem anderen Sprachraum beziehungsweise untereinander. Die Ausstattung mit Bildern ist unabdingbar, und im Falle des Jäkin-Manuskripts aus Inzigkofen bringt ihre Schreiberin eine Kollektion von Leben-Jesu-Motiven aus acht verschiedenen Bilder-Folgen zusammen.

Die beiden moselfränkisch-trierischen Codices haben einen anderen, höheren Ausstattungsanspruch. Beide sind sie auf Pergament sehr sorgfältig geschrieben, opulent im Layout und sorgfältig im Miniaturenschmuck. Wenden wir uns zunächst der Handschrift in Lüttich zu! Die schon zu Beginn zitierte Notiz Baron Witterts und andere Hinweise machen eindeutig klar, dass die Auftraggeberin und erste Besitzerin der deutschen Leben-Jesu-Handschrift Elisabeth von Görlitz war, Nichte König Wenzels von Böhmen und Kaiser Sigismunds von Luxemburg und letzte Erbin der Herrschaft Luxemburg. Im Jahre 1441 erreichte es die ‚große Politik‘, dass sie für eine jährliche Leibrente von 7.000 fl. zugunsten des Herzogs von Burgund, den sie zu ihrem Universalerben einsetzte, mit sofortiger Wirkung auf alle Rechte in ihrem Wittum verzichtete. Danach übersiedelte Elisabeth von Görlitz, als ‚die Tote Frau‘ in die luxemburgische Volkstradition eingegangen, nach Trier, wo sie im repräsentativen Luxemburger Hof residierte und dort am 3. August 1451 als *ultima familiae* starb. Sie wurde in der damaligen Franziskanerkirche, der heutigen Jesuiten- beziehungsweise Seminarkirche, beigesetzt; ein sehr qualitätvolles Epitaph aus der Werkstatt des Nikolaus Gerhaert von Leyden in der Südwand des Ostchores, um 1460 zu datieren, blieb erhalten.[23]

Weitere Handschriften aus dem Besitz der Elisabeth von Görlitz sind nicht bekannt, man muss allerdings davon ausgehen, dass sie zumindest noch einige liturgische Codices besaß oder in Auftrag gab, denn im Luxemburger Hof ist eine Hauskapelle bezeugt, wie sie in Trier ja schon in den romanischen Kurien um den Dom[24] oder, nur wenig später (1481), etwa durch die Savigny-Kapelle im Domkreuzgang[25] bezeugt sind.

Die Luxemburger beziehungsweise Budapester Ausstellung zu Kaiser Sigismund, dem Onkel der Elisabeth, zeigt den künstlerischen Background einer illuminierten Prachthandschrift wie der Lütticher. Im moselfränkisch-trierer Dialekt abgefasst und vielleicht in Trier selbst geschrieben, kommen ihre vierzig Illustrationen aus dem Metzer Buchmalerei-Atelier des Henri d'Orquevaulx.

---

[23] Schmid, Gabriele und Wolfgang: „Elisabeth von Görlitz († 1451). Letzte Lebensjahre. Nachlassregelung und Grabdenkmal einer Herzogin von Luxemburg in Trier", in: Michael Embach (Hg.): *Kontinuität und Wandel: 750 Jahre Kirche des Bischöflichen Priesterseminars Trier. Eine Festschrift aus Anlass der feierlichen Wiedereröffnung 1993*, Trier 1994, S. 211-252.

[24] Brandts, Rudolf: „Kapitelshäuser im Domviertel von Trier", in: *Archiv für mittelrheinische Kirchengeschichte* 1 (1949) S. 89-135.

[25] Schmid, Wolfgang: „Der Bischof, die Stadt und der Tod. Kunststiftungen und Jenseitsfürsorge im spätmittelalterlichen Trier", in: Michael Borgolte (Hg.): *Stiftungen und Stiftungswirklichkeiten. Vom Mittelalter bis zur Gegenwart*, Berlin 2000, S. 171-257, hier Kap. II.3.2.: „Das Savigny-Grabmal und die Savigny-Kapelle im Domkreuzgang", S. 227-239. – Tritz, Sylvie: *Die Savigny-Kapelle im Kreuzgang des Trierer Domes als spätmittelalterliches Stiftungsensemble*, Magisterarbeit Trier 2001.

Dieser in den Jahren 1440-1460 in Metz tätige Buchmaler, der ein großes Atelier unterhielt, ist namentlich durch Urkundeneinträge bekannt; er fertigt in seinem Atelier Stundenbücher, aber auch Handschriften klassischer Texte mit umfangreichen Bilderzyklen wie einen französischen Titus Livius (1970 versteigert,[26] jetziger Aufbewahrungsort unbekannt), dann Chroniken wie die des Petrus von Herenthal (Paris, BnF, Ms. lat. 4931A). Die Universitätsbibliothek in Cambridge erhielt im Jahr 2003 als Schenkung ein Konvolut von 35 Einzelblättern aus einer Handschrift der „Pilgrimage de l'âme", die ebenfalls das Atelier des Henri d'Orquevaulx illustriert hat (Ms 1-2003).

Diese Handschriften haben ein hohes Ausstattungsniveau; es sind Pergamentcodices mit deckfarbengehöhten Miniaturen unter reichlicher Verwendung von Blattgold und reichem Randdekor. In der Lütticher Handschrift ist recht kräftiges Pergament verwendet worden, sodass Vorzeichnungen nicht zu erkennen sind. Die Ikonographie der Bildmotive ist konventionell, aber der Miniator schafft es, selten geforderte Szenen mit erzählerischem Detailreichtum auszustatten.

Die Handschrift in Chantilly gibt keine Hinweise auf ihre Herkunft, ihre Besteller oder ihren Aufbewahrungsort, bevor sie ins Schloss von Chantilly kam. Insofern könnte lediglich eine stilistische Analyse der Miniaturen bei der Frage nach dem Atelier weiterhelfen. Um es vorweg zu nehmen: Eine stilistische Zuordnung der Handschrift ist immer noch nicht gelungen,[27] und es scheint, als wären auch keine weiteren Handschriften aus diesem Atelier erhalten geblieben. – Einige Miniaturen aus den Zyklen in Lüttich und Chantilly seien genauer vorgestellt:

---

[26] Sotheby Parke Bernet & Co.: *Catalogue of the Celebrated Library … of the Late Major J. R. Abbey. The Seventh Portion: Forty-three Manuscripts.* 1. December 1970, lot 2876, S. 46-48 und plate 19-21. London 1970.

[27] Bei der Vorbereitung dieses Beitrags konnte ich Abbildungen der Miniaturen der Handschrift Chantilly Dagmar Thoss und Maria Theisen in Wien vorlegen und mit ihnen über die künstlerische Heimat des Manuskripts diskutieren. Auch diese beiden eminenten Kennerinnen der Buchmalerei des 15. Jahrhunderts kennen keine stilistisch vergleichbaren Handschriften.

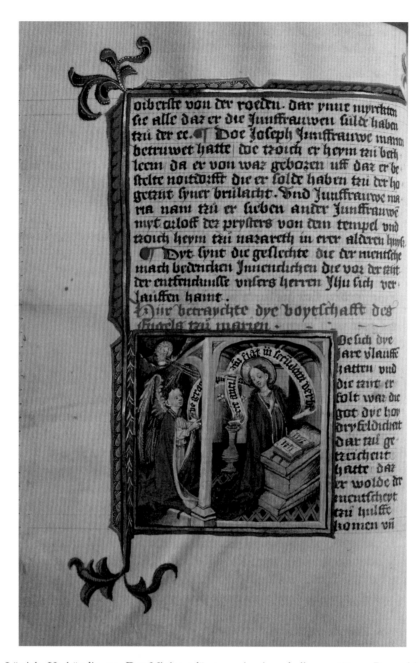

Abb. 1: Hs. Lüttich, Verkündigung. Der Miniator lässt uns in einen balkengestützen Raum hineinsehen, in den von links der Verkündigungsengel eintritt, über ihm Gottvater und der Logosknabe, der, das Kreuz geschultert, auf Strahlen herabkommt, die von Gottes Mund ausgehen. Der Engel spricht zu Maria, was auf dem Schriftband wenigstens teilweise zu lesen ist: *Ave grat(ia) ple(na)*. Maria, aus einem vor ihr liegenden aufgeschlagenen Buch betend, wendet sich leicht zum Engel zurück: *Ecce ancilla domini, fiat mihi secundum verbum...*

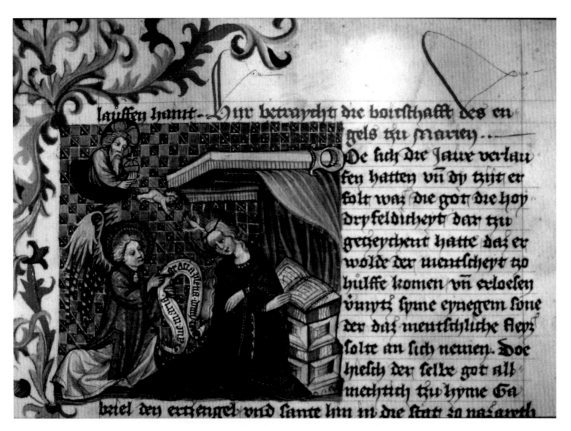

Abb. 2: Der Maler der Handschrift in Chantilly bedient sich der gleichen Bildmotive, aber reduziert und weniger logisch. Der Raum steht ohne verbindende Architektur vor einem Bildhintergrund aus kleinen Kästchen, wie sie in der französischen Buchmalerei seit Jahrzehnten üblich sind. Nur der Engel ist mit einem Schriftband ausgestattet, das Schriftband Mariens fehlt.

Eigentümlich ist der isoliert im Bildfeld stehende goldene Anfangsbuchstabe des unter der Rubrik stehenden Textes; hier ein *D*, das dann noch einmal in der Grundschrift daneben steht.

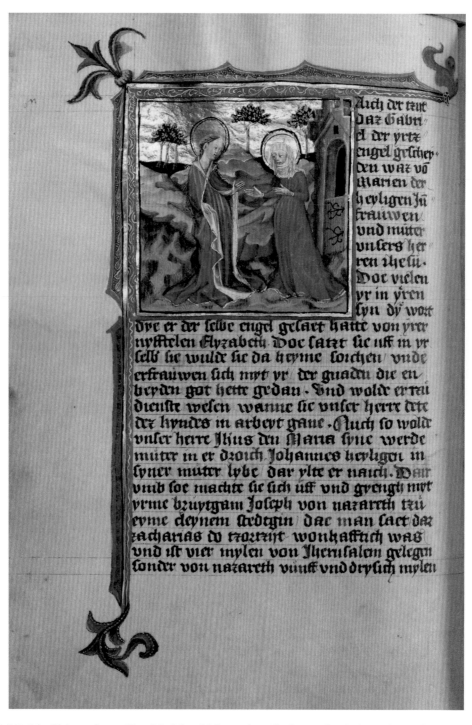

Abb. 3: Lüttich, Heimsuchung. Der Lütticher Maler verlegt die Szene der Heimsuchung dem Wortlaut der Evangelien gemäß vor die Stadt, von der man rechts das Stadttor sieht.

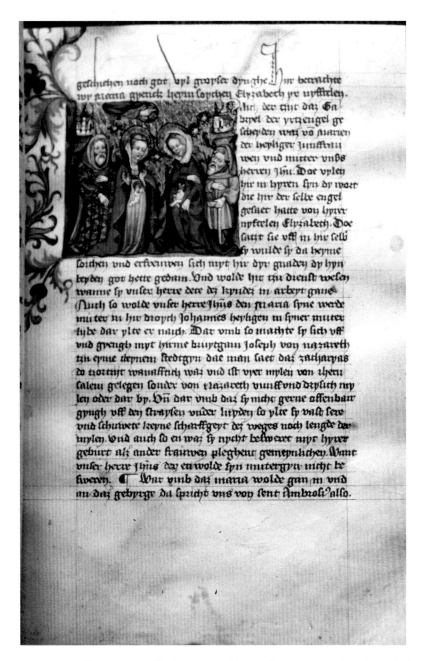

Abb. 4: Der Maler in Chantilly erweitert die Szene sowohl von den Personen her als auch durch ikonographische Einzelheiten. Neben Maria und Elisabeth stehen die Ehemänner, Elisabeths Mann in kostbaren Kleidern, durch gelüsterte Farben auch in der Art der technischen Herstellung herausgehoben. Klein erscheinen im Bildhintergrund die Heimatstädte Betlehem und Nazareth. Der Maler erweitert gegenüber dem Manuskript in Lüttich die Bildaussage durch das Motiv der „Maria gravida" deutlich. Johannes ist zu erkennen, der den nimbierten und im Strahlenkranz liegenden Jesus anbetet.

Abb. 5: Lüttich: der 12jährige Jesus im Tempel. Die Lütticher Bildkomposition zeigt Jesus auf dem erhöhten Sitzplatz des Lehrers, die rechte Hand auf ein Buch gelegt, mit der Linken zu den Schriftgelehrten weisend, die seitlich und vor ihm zu seinen Füßen sitzen. Durch Tracht und Physiognomie sind sie als Juden ausgewiesen. Von links nahen Maria und Joseph.

Auffällig und sonst in der Handschrift nicht vorkommend ist der schwarze Bildhintergrund mit den aufgelegten goldenen Ranken, der ansonsten häufig in der etwas früher zu datierenden Metzer Buchmalerei begegnet (Kuno von Falkenstein).

Abb. 6: Im Manuskript Chantilly ist viel Wert auf die Architektur gelegt. Ein mächtiges Dach mit aufgesetztem Turm überspannt die Szene, der lehrende Jesus sitzt auf einer Synthronon-Architektur. Gleich neun Schriftgelehrte wenden sich ihm zu, einige in Rückenansicht; sie halten Bücher beziehungsweise der links vorne eine Schriftrolle mit ,hebräischen' Schriftzeichen. Maria und Joseph sind *nicht* dargestellt.

Abb. 7: Lichtenthal 70. Ein Blick auf die themengleiche Miniatur der Hs. Lichtenthal 70 zeigt die komplizierten Beziehungen der Bildzyklen der ‚40er Gruppe'. Hier scheint Jesu Sitz aus einer Vorlage ähnlich
Chantilly übernommen zu sein; die halbkreisförmige Bank, jetzt nach vorne verlegt, und das drehbare
Buchpult Jesu gleichen motivlich dem Lütticher Codex. Ikonographisch besonders herausgestellt sind Maria
und Joseph, dieser mit seinem Richtscheit.

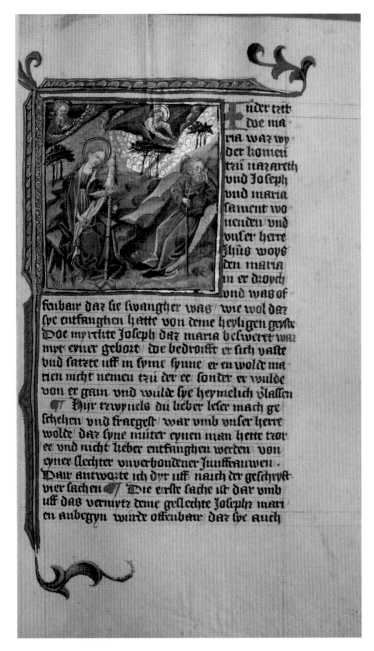

Abb. 8: Lüttich, Jesus bei seinen Eltern. Selten dargestellt und ikonographisch interessant sind die Szenen, wie *Jhesus underdenych waz Marien und Joseph byz an syne drysich Jare*. Hier wird besonders deutlich, dass die beiden Ateliers aus unterschiedlichen Vorlagen schöpfen. Lüttich verlegt die Szene ins Freie. Joseph sinniert, Maria spinnt und wickelt ihr Garn von einem prominent golden dargestellten Spinnrocken auf ein Knäuel auf. Von links kommt Jesus mit Brennholz und einem Krug.

Abb. 9: Chantilly zeigt die Heilige Familie vor einer Hausarchitektur. Maria lehnt auf einer Matte und arbeitet an einem anderen Modell eines Spinnrockens. Von links naht der Jesusknabe mit Eimer und Fässchen; hinter ihm sieht man die eingefasste Wasserquelle, aus der er geschöpft hat.

Auch im Text wird auf diese Szene, diesen Zeitraum Wert gelegt: „Sonder was er gedan oder gewirckt habe in aller der tzijt das en lesit man in keyner geschryfft das doch wol eyn wonder ist tzu sagende. Waz mogen wir doch betrachten, vyl lieber leser, das er gewirckt oder gedan habe" (fol. 62r).

Abb. 10, 11: Lüttich und Chantilly: Abendmahl. Dass die ikonographischen Vorlagen sich unterscheiden, wird auch gut deutlich bei der Abendmahlszene in Lüttich beziehungsweise Chantilly. Die Raumauffassung ist anders, die Tischformen, damit einhergehend die Anordnung der Personen, auch die Teller, Krüge, Messer und Speisen auf dem Abendmahlstisch. Auch hier hat wieder die Erzählrichtung gewechselt, nach links in Lüttich, nach rechts in Chantilly.

Insgesamt hat das Metzer Atelier seine Aufgabe besser gemeistert. Die gekonntere Bildaufteilung geht einher mit einer Malweise, die mehr erzählerische Details aufweist als die doch sehr schematische Komposition in Chantilly.

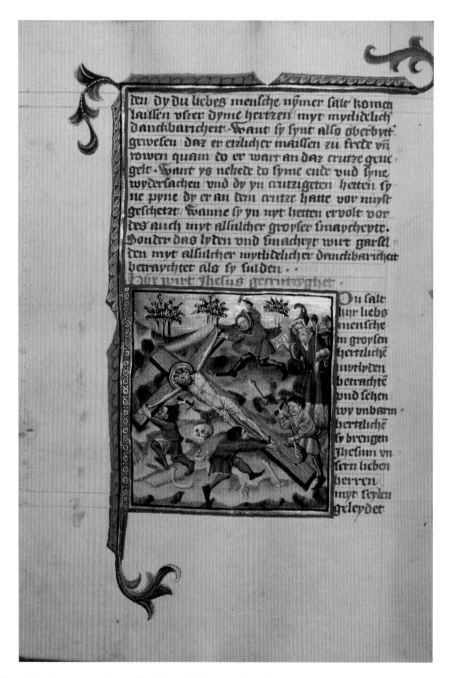

Abb. 12: Lüttich: Kreuzannagelung. Der bis auf den Lendenschurz entkleidete Christus liegt auf dem Kreuz. Vier Henkersknechte sind dabei, ihm Nägel durch Hände und Füße zu treiben. Ihre Gestalten erscheinen zwergenhaft, wie die von Kobolden. Die Füße Christi werden mit Stricken gezogen, um die Qual zu verlängern. Gerippe weisen auf den Ort der Kreuzigung: Golgotha, Schädelstätte. Von rechts naht Pilatus mit der Kreuzesinschrift INRI.

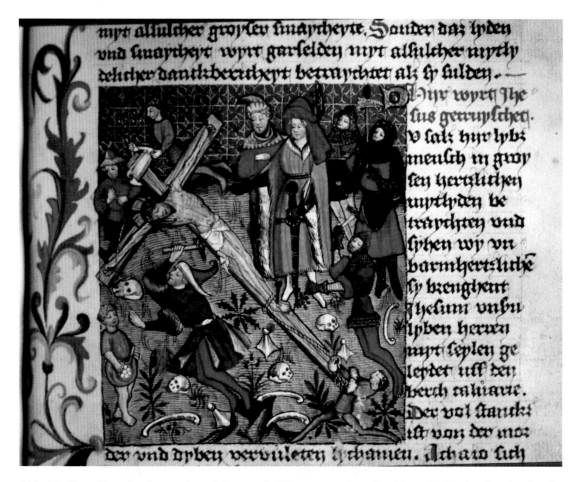

Abb. 13: Chantilly stellt einen anderen Moment der Kreuzannagelung dar: Einer der Henkersknechte hat die Tafel mit der Aufschrift INRI bereits von Pilatus erhalten und hängt sie über Christi Haupt ans Kreuz. Hinter Pilatus als Vollfiguren drei Soldaten in schwerem Harnisch.

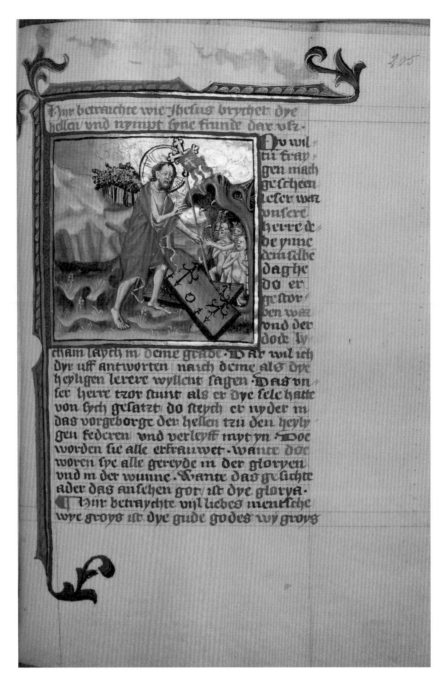

Hyr betrachte wie Jhelus brychet dye
hellen vnd nymyt syne frunte dar vß.

Du wil
tu fray
gen mach
gr schen
leser waz
vnsere
herre de
de pyne
dem selbe
dag he
do er
gr stor
ben waz
vnd der
dock ly
cham layck in deme grade • War wil ich
dyr vff antworten / naich deme als dye
heyligen lerere wyllent sagen • Das vn
ser herre tzor stunt als er dye sele hatte
von sych gelatzt / do steych er nyder in
das vorgeborge der hellen tzu den heyly
gen federen vnd verleyß myt yn • Doe
worden sie alle erfrauwet • Wante doe
woren sye alle gereyde in der gloryen
vnd in der wunne • Wante das gesichte
ader das ansehen got / ist dye glorya •
¶ Hyr betrachte visl liebes mentsche
wye groys ist dye gude godes wy groys

Abb. 14: Lüttich, Höllenfahrt Christi. Wie schon bei den anderen Motivvergleichen gezeigt, stellen auch bei der Höllenfahrt die beiden Maler ihr Thema jeweils anders dar. Lüttich positioniert den auferstandenen Christus mit der Kreuzesfahne bildmittig vor den aufgerissenen Höllenrachen, vor dem die eisenbeschlagenen Holztore liegen. Adam und Eva, Moses und ein König stehen an der Höllenpforte.

Abb. 15: Chantilly verschiebt den Akzent und zeigt die gerade niederstürzenden Höllentore vor einer Festungsarchitektur, auf der fratzenbewehrte Teufel stehen oder aus dem Fenster schauen – ikonographische Parallelen zu Weltgerichtsdarstellungen sind auffallend, besonders zu diesem Motiv bei den (etwa 80 Jahre jüngeren) Fresken in Sillegny bei Metz.[28]

[28] Gemeint sind hier die Fresken zum Jüngsten Gericht in der Dorfkirche von Sillegny, etwa 15 km südlich von Metz, um 1530. Vgl. Hootz, Reinhard: *Handbuch der Kunstdenkmäler im Elsaß und in Lothringen*, München ³1976, S. 249, Abb. 232. – Amiri, Bassir: „Essai d'exégèse de la fresque du Jugement dernier de la chapelle de Sillegny: des saints et leurs images", in: *Annales de l'Est* 52 (2002) S. 119-131.

Der Überblick hat gezeigt, dass die Ausstattung der beiden Leben-Jesu-Handschriften mit ihren jeweils 40 Miniaturen Ateliers anvertraut waren, die malerisch anspruchsvoll waren und selbst vom Text geforderte seltene Motive gekonnt umsetzten. Bei einigen Miniaturen zu gleichen Themen verschiebt sich die Bildintention etwas; ob man deshalb auf zwei unterschiedliche Vorlagen schließen muss, die abgemalt wurden, ist schwer zu beantworten.

Jedenfalls ist deutlich geworden, dass die beiden Handschriften mit ihrem gleichen Text nicht in einem Atelier entstanden sein können. In Motiv- und Raumauffassung sowie im Dekor verschieden, sind die Codices in Lüttich und Chantilly das Werk verschiedener Ateliers. Die für Elisabeth von Görlitz entstandene Prachthandschrift konnte dem Metzer Atelier des Henri d'Orquevaulz zugeschrieben werden. Für die Handschrift Chantilly besteht noch nicht einmal eine Vermutung, wo sie entstanden sein könnte. Bei der Charakterisierung des Malstils helfen auch die Beobachtungen nicht weiter, dass die weit ausladenden Ranken französisch, aber eher der Zeit um 1420, zugehörig sind. Auch die Gewandfalten wirken retardierend, mit dem Repertoire des weichen Stils.

Vielleicht greifen auch hier die in vergleichbaren Fällen oft vorgetragenen Argumente, dass ein Buchmaler, der ein oder zwei Generationen vor dem Illustrationsauftrag ausgebildet wurde, auch um 1445 noch so malt, wie er es um 1420 gelernt hat, vor allem dann, wenn er keinem großen Atelier angehört, in das immer neue Maler kommen, sondern eher auf sich selbst gestellt ist.

Beide Handschriften sind vom Text und von der Bildausstattung fast makellos, mit recht wenigen Schreibfehlern, Korrekturen und Abänderungen. Sie müssen also einer Vorlage gefolgt und von einer gemeinsamen Vorlage abgeschrieben worden sein. Dass die eine Handschrift der anderen als Abschreibevorlage diente, ist indessen eher unwahrscheinlich; dann müssten wohl auch die Bildprogramme enger zusammenstehen.

Wer im Trierer Raum außer der Herzogin Elisabeth von Görlitz konnte sich die Anfertigung einer solchen Prachthandschrift in der Zeit um 1450 leisten, um sich von Text und Bildern gleichermaßen *inwendich erwecken* zu lassen? Wir wissen es nicht, und blanke Vermutungen helfen nicht weiter. So muss die Arbeit an den deutschen Michael-von-Massa-Übersetzungen weitergehen, vielleicht zunächst einmal im energischen Vorantreiben der von Karl-Ernst Geith ja schon seit langem angekündigten Textedition.

Mit kunsthistorischem Instrumentarium müssen sodann die Ausweitungen der Bildzyklen untersucht werden – der hier so genannte ‚40er-Zyklus‘ wird ja erweitert auf circa 90, dann sogar auf über 200 Illustrationen.

Schon jetzt ist allerdings deutlich, dass die Handschriften in Lüttich und Chantilly innerhalb der Text- und Bildtradition aufgrund ihrer gehobenen Ausstattung eine Sonderstellung einnehmen – sie sind *hubsch gemólt* und gut geschrieben.[29]

---

[29] Fasbender, Christoph: „Húbsch gemolt – schlecht geschrieben? Kleine Apologie der Lauber-Handschriften", in: *Zeitschrift für deutsches Altertum* 131 (2002) S. 66-78.

Aus dem Leben einer Bücherfreundin – Margarethe von Rodemachern, Tochter der Elisabeth von Nassau-Saarbrücken

Hans-Walter Herrmann

Margarethe von Rodemachern hat in der deutschen Literaturgeschichte einen Platz am äußersten Rand, sie tat sich nicht als Autorin hervor, sondern war Bücherfreundin, die Bücher sammelte, verlieh, vielleicht auch verschenkte. Die Liebe zum Buch ist wohl schon in jungen Jahren von ihrer literargeschichtlich bekannteren Mutter Elisabeth aus der Seitenlinie Vaudémont des lothringischen Herzogshauses, verehelichte Gräfin von Nassau-Saarbrücken,[1] auf sie übergegangen, von ihr hat sie einige Bände geerbt, andere erworben oder abschreiben lassen.

Der Ort Rodemachern, franz. Rodemack, in älteren deutschsprachigen Quellen auch *Rodenbach* genannt, liegt auf dem linken Moselufer im französischen Departement Moselle etwa 10 Kilometer südlich der heutigen französisch-luxemburgischen Staatsgrenze, die im Spätmittelalter südlich von Thionville/Diedenhofen verlief. Zu Lebzeiten Margarethes gehörte der Ort Rodemachern zum Herzogtum Luxemburg und noch nicht zu Lothringen.

In der Literatur über die Geschichte des Ortes und des sich nach ihm nennenden Adelsgeschlechtes[2] wird ihre Rolle als Bücherfreundin nicht angesprochen.

Adlige Ehefrauen standen im Mittelalter, wenn sie nicht Regentinnen waren, im Schatten ihres Gatten, sie erscheinen in den Quellen meist nur in Angelegenheiten von Mitgift, Wittum, Stiftungen und letztwilligen Verfügungen. Selten werden sie in Verwaltungsakten erwähnt. Briefe, denen sich kulturelle, näherhin literarische Interessen entnehmen lassen, gehören zu den Rarissima. Ihr Leben wurde viel stärker als heute bestimmt durch Handeln oder Unterlassen des Ehemannes im Bereich von Politik, Verwaltung und Finanzgebaren. Gerade zur Erhellung der Lebensumstände Margarethes erscheint es mir unerlässlich, das unstete, unglücklich endende Leben ihres Ehegatten in groben Strichen zu zeichnen, zumal bisher keine ausführliche Biographie Gerhards vorliegt, aber nicht in diesem Aufsatz, sondern in einem angehängten Exkurs. Deutlich erkennbare Lücken in der Biographie beider Ehegatten müssen infolge des Verlustes des Rodemacher'schen Hausarchivs hingenommen werden. Die Familiengeschichte der letzten Generation ist verquickt mit der rivalisierenden Politik der Könige von Frankreich, der Herzöge von Burgund und der nach dem burgundischen Erbe strebenden Habsburger und endete in Trennung und Verarmung beider Ehegatten.

---

1   Zur Mutter vgl. Haubrichs, Wolfgang / Herrmann, Hans-Walter / Sauder, Gerhard (Hg.): *Zwischen Deutschland und Frankreich: Elisabeth von Lothringen, Gräfin von Nassau-Saarbrücken*, St. Ingbert 2002.

2   Atten, Alain: „Rodemack et son château", in: *Cahiers Lorrains* (1979) S. 97-104; Obry, Jean-Pierre: *Rodemack et ses seigneurs jusqu'en 1659*, Metz 1948; Ries, Nicolas: „Rodemack-en-Lorraine", in: *Cahiers Luxembourgeois* 10 fasc. 6 (1933) S. 585-598; Grotkass: „Zur Geschichte der Herren von Rodemachern", in: *Jahrbuch der Gesellschaft für lothringische Geschichte und Altertumskunde* 21 (1909) S. 105-131, reicht nur bis 1427.

Margarethes familiäres Umfeld

Margarethe wurde geboren am 26. April 1426 als letztes Kind des Ehepaares Philipp, Graf von Nassau-Saarbrücken, und Elisabeth von Lothringen-Vaudémont. Sie hatte zwei Brüder, den acht Jahre älteren Philipp (* 12. März 1418) und den drei Jahre älteren Johann (* 4. April 1423).

Im Alter von drei Jahren und zweieinhalb Monaten verlor sie ihren Vater († 2. Juli 1429), sie lebte am Hofe ihrer Mutter vermutlich bis zu ihrer Vermählung, über Kindheit und Ausbildung ist nichts bekannt. Das Leben des Mädchens am Saarbrücker Hof fällt in die Zeit, als die Mutter die Regentschaft führte, zunächst für ihre beiden Söhne, dann nur noch für den jüngeren Johann. Wie viel Margarethe als Kind und Heranwachsende von den Sorgen und Mühen der Mutter um Selbstbehauptung und Durchsetzungsfähigkeit in einer Männerwelt mitbekommen hat, lässt sich nicht sagen. Am ehesten werden ihr Veränderungen im Gebietsstand – Teilung der nassau-saarbrückischen Lande in einen rechtsrheinischen Teil, der dem älteren Bruder Philipp zufiel, und einen linksrheinischen Teil, den der jüngere Johann bekam, – in Erinnerung geblieben sein.

Das Saarbrücker Hofleben in der Regierungszeit Elisabeths hat man sich als karg und kleinräumig vorzustellen. Wir wissen nichts von rauschenden Festen und Pflege der schönen Künste außer den literarischen Interessen der Regentin, an denen Margarethes Bruder Johann teilhatte.[3]

Ins Jahr 1441, in die letzten Monaten der gemeinsam von der Mutter und dem jüngeren Bruder geführten Regierungsgeschäfte, fällt die Vermählung der fünfzehnjährigen Margarethe, – ein Hochzeitsalter, das damals mindestens in adligen Familien nicht unüblich war. Ihre Mutter war bei ihrer Eheschließung wohl auch nicht viel älter gewesen.[4]

Die Mutter der Braut hatte Johann von Rodemachern, den Vater [oder Bruder?] des Bräutigams, als nassau-saarbrückischen Lehensmann persönlich gekannt. In dem jahrelangen Hin und Her um den Besitz der Burg Varsberg hatte sie ihn mehrmals zu Beratung und Aussprache geladen, er war nie gekommen, hatte immer dringende Geschäfte vorgeschützt.[5] Dass Margarethe sich an das Verhalten dieses Rodemachers erinnerte, also an eine Zeit, als sie 6 oder 7 Jahre alt war, halte ich für wenig wahrscheinlich.

Zum Zeitpunkt der Heiratsabreden zwischen Gerhard und Margarethe waren die Eltern des Bräutigams verstorben, Johann von Rodemachern 1439, seine Gattin Irmgard von Bolchen schon drei Jahre zuvor.[6] Sein Lebensalter bei der Hochzeit kann ausgehend vom Hei-

---

3   Johann soll angeblich 1435 eine Abschrift der *Chansons de Hugues Capet* während seines Aufenthaltes in Paris aus der Abtei St. Denis besorgt haben. Der Knabe war damals 12 Jahre alt! Freilich könnte die Besorgung durch Begleitpersonen erfolgt sein. Im letzten Lebensjahr der Mutter ließ er die reich illuminierte Handschrift der *Loher-und-Maller*-Bearbeitung anfertigen (Herrmann, Hans-Walter: „Lebensraum und Wirkungsfeld der Elisabeth von Nassau-Saarbrücken", in: Haubrichs/Herrmann/Sauder (Hg.): *Zwischen Deutschland und Frankreich* [wie Anm. 1], S. 120ff.). Die beiden anderen Handschriften der Elisabeth-Werke in Hamburg und Wolfenbüttel stammen nach dem Stil der Abbildungen aus dem gleichen Umkreis.

4   Herrmann: „Lebensraum" (wie Anm. 3), S. 53 und 60.

5   Vgl die Brieffeditionen Nr. 55, 56, 70, 71, 77, 79, 81, 83 bei Spieß, Karl Heinz: „Die Varsberg-Korrespondenz der Gräfin Elisabeth von Nassau-Saarbrücken aus den Jahren 1432-1434", in: Haubrichs/Herrmann/Sauder (Hg.): *Zwischen Deutschland und Frankreich* (wie Anm. 1), S. 324-364.

6   Zur Genealogie der Rodemachern vgl. die Stammtafel bei Atten, Alain: „Rodemachers letzte Fehde.

ratsjahr (1419) seiner Eltern und der Angabe, dass er einen älteren Bruder und eine ältere Schwester hatte, auf höchstens 20 Jahre angesetzt werden. Über seinen älteren Bruder Johann IV. von Rodemachern ist wenig bekannt, die ältere Schwester Franziska vermählte sich später (20.07.1446) mit dem Grafen Wilhelm von Virneburg,[7] eine jüngere Schwester Margarethe[8] starb bald nach ihrer Heirat mit Graf Wilhelm von Lützelstein/La Petite Pierre.

Die Gründe der Brautmutter für die Gattenwahl sind nicht durchschaubar. Während die Braut väterlicher- und mütterlicherseits traditionsreichen Grafengeschlechtern entstammte, die nach späterer Terminologie ,reichsunmittelbar' waren, kam der Bräutigam aus einer aus dem Ritterstand aufgestiegenen Familie, die zu den Landständen des Herzogtums Luxemburg gehörte. Mehrere ihrer Mitglieder hatten Ämter im Herzogtum Luxemburg bekleidet.[9] Der von Kratzsch verwendete Grafentitel trifft nicht zu.[10]

Margarethes Heiratsvertrag ist nicht erhalten. Als Mitgift wurden vermutlich 6000 fl. vereinbart, aber nicht voll ausgezahlt.[11] Bewittumt wurde Margarethe auf die kleine Herrschaft Richemont/Reichersberg rund 15 km nördlich Metz.[12]

Hintergründe und Streiflichter einer Burgbelagerung", in: *Hémecht* 38 (1936) S. 7-36. Die Angaben bei Möller, Walter: *Stammtafeln westdeutscher Adelsgeschlechter*, Darmstadt 1922, Tafel LVII, bedürfen der Korrektur.

7 Renger, Christian / Mötsch, Johannes: *Inventar des herzoglich arenbergischen Archivs in Edingen/Enghien (Belgien)*, Teil 2, Koblenz 1997, Nr. 577-580. In der Urkunde vom 20.07.1446 wird auch Gerhards Bruder Johann genannt.

8 Zum Jahr 1460 schon als tot erwähnt (Eder-Stein, Irmgard / Lenz, Rüdiger / Rödel, Volker: *Löwenstein-Wertheim-Freudenbergsches Archiv Grafschaft Virneburg. Inventar des Bestands F US 6 im Staatsarchiv Wertheim. Urkundenregesten 1222-1791*, Stuttgart 2000, Nr. 305).

9 Reichert, Winfried: *Landesherrschaft zwischen Reich und Frankreich. Verfassung, Wirtschaft und Territorialpolitik in der Grafschaft Luxemburg von der Mitte des 13. bis zur Mitte des 14. Jahrhunderts*, Teil 2, Trier 1993, S. 629 und 980ff.

10 Kratzsch, Konrad: *Das Gebetbuch der Margarethe von Rodemachern. Eine Bildfolge aus der Pergamenthandschrift Q 59 in der Zentralbibliothek der deutschen Klassik zu Weimar*. 2. Aufl., Wien 1978, S. 34.

11 Der Betrag von 6000 fl. wurde von mir erschlossen, weil 1468 und 1502 aus der Ausstattung herrührende Forderungen in Höhe von 3000 fl. bei Margarethes ältestem Bruder Graf Philipp von Nassau-Weilburg, aber nicht bei dem jüngeren Johann geltend gemacht wurden. Ich nehme an, dass Margarethes Mitgift gleichmäßig von ihren beiden Brüdern aufgebracht werden sollte. Gerhard von Rodemachern trat seine Forderung von 3000 fl. an Philipp von Nassau-Weilburg an den Grafen von Virneburg ab (*Publications de la Section Historique de l'Institut Grand-Ducal de Luxembourg*, im Folgenden zitiert als *Publ. Lux.* 34 [1880] S. 20 Nr. 61). Graf Eberhard von Sayn-Wittgenstein als Ehegatte von Margarethes gleichnamiger Tochter mahnte 1502 den Grafen Philipp von Nassau-Weilburg, dass die Zahlung der 3000 fl. an seine Schwester Margarethe von ihrer Vermählung mit dem von Rodemachern noch ausstehe (HHStA Wiesbaden Best. 131 II/Nr. 537 fol. 5 Samstag nach Exaudi 1502). Auch Margarethes beide Enkelkinder aus der ersten Ehe ihrer Tochter Elisabeth mit Junggraf Friedrich von Mörs, nämlich Bernhard, Graf von Mörs-Saarwerden, und Margarethe, verehelichte Gräfin von Wied, und deren Tochter Anna, beide vertreten durch Wilhelm, Graf zu Wied und zu Mörs, Herr zu Isenburg und Runkel, brachten bei den nassau-saarbrückischen Verwandten ihre Forderung in Erinnerung. Der Graf von Wied bat den Grafen Ludwig von Nassau-Weilburg, ihm die Summe des Hauptgelds „mit sampt allem ufgange" zuzustellen (HHStA Wiesbaden Best. 131 II/Nr. 537 fol. 3 ohne Datum). Anscheinend bestand Dissens, wem diese 3000 fl. zuständen; denn am 29.08.1539 teilten Graf Wilhelm von Sayn-Wittgenstein und Graf Wilhelm von Neuenahr und Mörs dem Grafen Philipp von Nassau-Weilburg mit, dass jetzt die wegen dieses Betrages zwischen ihnen bestehenden Missel beigelegt seien, und mahnten die Zahlung erneut an (ebd., fol. 4).

12 Das ergibt sich aus dem Heiratsvertrag zwischen ihrer Tochter Elisabeth und Junggraf Friedrich von

Die Muttersprache beider Ehegatten war deutsch, Schriftstücke in französischer Sprache sind von beiden nicht überliefert, doch wird man französische Sprachkenntnisse ansetzen dürfen, bei Margarethe von Herkunft und literarischen Interessen der Mutter her, bei Gerhard wegen seiner Besitzungen in frankophonem Gebiet.[13]

Im Vergleich mit den meisten anderen Frauen, die im Kolloquium vorgestellt wurden, stand Margarethe in der adligen Rangfolge einige Stufen tiefer. Über die Ausübung von Herrschaft durch sie kann im Gegensatz zu ihrer Mutter nichts berichtet werden. Ihr Leben wurde dadurch geprägt, dass ihr Gatte, der Familientradition folgend, in dem Kräftespiel zwischen Frankreich und Burgund-Habsburg konsequent eine antiburgundische Einstellung behielt. Sein Verharren auf diesem politischen Kurs führte zu einer Annäherung an die französischen Könige Karl VII. und Ludwig XI., die ihm Wohlwollen und auch Schutz zuteil werden ließen, aber nur in dem Maße, wie es für ihre eigenen politischen Ambitionen günstig erschien. Der Wert der Figur Gerhard im politischen Spiel lag nicht bei seinen Burgen und Besitzungen, sondern in seinem Einfluss in der luxemburgischen Ritterschaft, innerhalb der er Wortführer einer zunächst größeren Gruppe Gleichgesinnter war. Ihre Zahl verringerte sich, weil immer deutlicher erkennbar wurde, dass nach dem Erlöschen der Luxemburger Dynastie im Mannesstamm die Interessen der Ehegatten der weiblichen Nachkommen Kaiser Sigismunds viel mehr auf die Königreiche Böhmen und Ungarn ausgerichtet waren als auf das alte Stammland der luxemburgischen Dynastie im Westen des Reiches. Während der luxemburgische Adel trotz Unzufriedenheit mit der burgundischen Landesverwaltung sich in die neuen Herrschaftsverhältnisse einfügte, beharrte Gerhard auf Opposition, was ihm schwere materielle Nachteile eintrug und letztlich zum Verlust seiner Herrschaft führte.[14]

Über das Verhältnis der Gatten zueinander ist nichts Präzises bekannt. Bei Gerhards konsequent antiburgundischer Einstellung und seinem auch sonst zu beobachtenden umtriebigen Naturell dürften Frustrationen der Ehefrau nicht ausgeblieben sein.

Die Dauer einer Ehe war allezeit ein das Leben einer Frau prägender Faktor. Über die Dauer von Margarethes Ehe, näherhin über das Todesdatum ihres Gatten, finden sich freilich in der Literatur falsche Angaben. In dem Gothaer Gebetbuch Margarethes ist eingetragen:

> Item vff den fridag nest nach unßers heren leichonges dag da starp der edel wolgeboren Gerhart herr zu Rodenmacheren zu Croneborg vnd zu der Nuenborg dem got der almechtig vnd gnedig vnd barmherzig sin wolle myn hußwirt selge da man schreibt dußent vier hondert vnd VIII und fontzig.

Die Eintragung wird von Schenk von Schweinsberg als eigenhändige der Witwe angesehen und ihr daher hohe Zuverlässigkeit zuerkannt. Darauf aufbauend sieht er in dem in den 1480er Jahren seiner Güter für verlustig erklärten Gerhard von Rodemachern nicht den Gatten Margarethes, sondern ihren Sohn.[15]

Mörs.

[13] Vgl. Exkurs: „Gerhard von Rodemachern – Rebell gegen die burgundische Herrschaft im Herzogtum Luxemburg", S. 156-180, hier S. 160.

[14] Vgl. Exkurs.

[15] Schenk von Schweinsberg, Eberhard Freiherr von: „Margarete von Rodemachern, eine deutsche Bücherfreundin in Lothringen", in: Hermann Blumentahl (Hg.): *Aus der Geschichte der Landesbibliothek zu*

Eine Reihe von Quellen belegt, dass Gerhard nicht 1458 verstorben ist. In einem Vertrag vom 22. Februar 1463 zwischen ihm und Graf Vinzens von Mörs über die Heirat seiner Tochter Elisabeth mit dem Junggrafen Friedrich von Mörs wird mehrfach das Ehepaar Gerhard – Margarethe erwähnt. In der Korroboratio heißt es „wir Gerhart und Margrete, heren und frauwe zu Rodenmachern etc. und wir Ermgart, elste dochter zu Rodemachern" und dann mit Bezug auf den mitsiegelnden Grafen Johann von Nassau-Saarbrücken „unse liebe schweger, bruder, ohemen".[16] Am 21. April 1475 gestatteten Bürgermeister und Schöffen von Trier als Provisoren des Jakobspitals Gerhard und seiner Gattin Margarethe den Rückkauf einer Jahresrente.[17] Am 3. Mai 1479 versprachen beide Ehegatten Bernhard IV., Herrn von Bourscheid, der sich für sie gegenüber Emich von Enschringen für die Rückzahlung von geschuldeten 950 rh.fl. verbürgt hatte, Schadloshaltung.[18] Schließlich spricht eine Formulierung Margarethes in einer Urkunde von 1484, dass sie „by unserm elichen gemahel unser libs narung nyt haben oder nit konnen haben", für einen noch lebenden Ehemann[19] und nicht für eine Witwenschaft. Die Bezeichnung Bernhards und Margarethes von Mörs als Enkelkinder stimmt mit dem aus anderen Quellen bekannten Verwandtschaftsgrad überein und spricht gegen einen von Schenk von Schweinsberg angenommenen ‚Gerhard II.'. Die Angabe von Gerhards Todesjahr mit ‚1458' im Gothaer Gebetbuch und in der sich darauf stützenden Literatur muss also korrigiert werden.[20]

Wann ist Gerhard tatsächlich gestorben und wie ist die falsche Angabe seines Todesjahres durch seine Gattin zu erklären?

Der letzte mir bekannte Beleg für Gerhards Agieren ist eine von ihm selbst ausgestellte Urkunde vom ‚Montag dem 6. Tag im März 1485', worin er alle seine Forderungen an den Virneburger wegen der Schäden, die durch dessen Verhalten an den Burgen Rodemachern, Richemont, Neuerburg und Kronenburg entstanden, seinen Enkelkindern Bernhard, Junggraf zu Mörs, und Margarethe von Mörs übertrug.[21] Aus der Tatsache, dass im Jahr 1485 der 6. März nicht auf einen Montag, sondern einen Sonntag fiel, ergibt sich, dass Gerhards Urkunde nicht nach dem heute üblichen Circumcisionsstil (Jahresbeginn 1.

Weimar und ihrer Sammlungen. Festschrift zur Feier ihres 250jährigen Bestehens und zur 175jährigen Wiederkehr ihres Einzuges ins Grüne Schloss (Zeitschrift des Vereins für Thüringische Geschichte und Altertumskunde, Beiheft 23), Jena 1941, S. 127; dies übernimmt auch Kratzsch: Gebetbuch (wie Anm. 10), S. 34.

[16] Ediert bei Keussen, Hermann: Urkundenbuch der Stadt Krefeld und der alten Grafschaft Mörs, Krefeld 1938-1940, Bd. II Nr. 3162, nach drei verschiedenen Abschriften in Berleburg, HStA Düsseldorf und Staatsbibliothek München Sammlung Redinghoven. Das Verwandtschaftsverhältnis Elisabeths zu Gerhard als Tochter – Vater wird auch in anderen Stücken belegt: Keussen: UB Krefeld Nr. 4613, Publ. Lux. 32 (1878) S. 8 Nr. 10, (1463 II/28).

[17] LHA Koblenz Best. 54 R 147.

[18] Decker, François: Regesten des Archivs der Herren von Bourscheid (Veröffentlichungen der Landesarchivverwaltung Rheinland-Pfalz 49), Bd. 1, Koblenz 1989, Reg. Nr. 249.

[19] Vgl. S. 55 unten.

[20] Stammtafeln zur Geschichte der europäischen Staaten, Bd. 1 (1953) Tafel 108 enthielt noch das falsche Todesdatum Gerhards (1458), in der Neuen Folge Bd. VII Tafel 18 (erschienen 1979) wird Gerhards Tod zwischen 1481 und 1487 angesetzt.

[21] Druck in: Publ. Lux. 35 (1881) S. 232-235ff. Nr. 231, Regest bei Keussen: UB Krefeld (wie Anm. 16) Nr. 4010 mit Hinweis auf Original in Berleburg, weitere Überlieferung in LHA Koblenz Best. 54 R 150.

Januar) datiert wurde, sondern nach dem in den Diözesen Metz und Trier üblichen Annuntiationsstil (Jahresbeginn 25. März), der auch im Herzogtum Luxemburg bis 1584 galt. Somit entspricht die Datierung dem 6. März 1486.

Jüngere Erwähnungen Gerhards als lebende Person sind mir nicht bekannt. Die Unrichtigkeit der Eintragung seines Todesdatums durch Margarethe in ihrem Gebetbuch dürfte mit Verschreibung oder Unkenntnis des genauen Todesdatums zu erklären sein. Letzteres halte ich für möglich, weil die beiden Ehegatten zu dieser Zeit vermutlich getrennt gelebt haben. ‚1458' statt ‚1485' ließe sich erklären mit ungewöhnlicher Schreibung der Zahl, indem Margarethe die Zehnerstelle vor die Einerstelle rückte, also *VIII* den Wert von achtzig hat. Als Todestag nennt sie Freitag nach Fronleichnam, das ergäbe im Jahr 1485 den 3. Juni, aber da lebte Gerhard ja noch. Die abweichende Jahreszählung bei Jahresanfang nach Circumcisionsstil und Annuntiationsstil ergibt sich nur für die Zeit zwischen 1. Januar und 24. März, nicht mehr für Fronleichnamstag. Gehen wir davon aus, dass Margarethes Tagesangabe richtig ist, dann kommen wir auf 26. Mai 1486.

Eine Handschrift aus dem Prämonstratenserstift Justemont enthält in einem Nekrolog unter dem 14. August (‚XIX kal. septembris') den Eintrag „Commemoratio Gerardi dni. de Roscei, que dedit nobis domum ecclesiae de Richemont".[22] Das genannte Datum wurde bisher nicht als Todestag Gerhards angesehen, sondern als Termin der von Gerhard mit dem Stift im Jahr 1448 ausgehandelten Messfeiern als Gegenleistung für seinen Verzicht auf das zwischen ihm und dem Stift strittige Patronatsrecht an der Kirche in Richemont.[23]

Ab Ende Juni 1486 liegen Nachrichten vor, dass die Grafen von Mörs-Saarwerden – unklar ob Vinzens oder Bernhard – sich mit Rodemachern befassten. Einer von ihnen schickte zu dieser Zeit den Kellner von Rodemachern zu einer Besprechung mit dem Herrn von Wittgenstein, also Gerhards Schwiegersohn, nach Kölln.[24] Am 17. Juli war er selbst in Rodemachern, wohl um sich vom Stand der Wiederaufbauarbeiten zu informieren. Er wohnte nicht in der Burg, sondern in „Gerhart schomechers huysse".[25] Im Sommer 1487 legte der Kellner von Rodemachern den Grafen von Mörs-Saarwerden Rechnung über Einnahmen und Ausgaben der beiden Herrschaften Rodemachern und Richemont für die Zeit zwischen Johann Bapt. 1486 und Johann Bapt. 1487.[26]

Diese Nachrichten stützen den Zeitpunkt des Ablebens Gerhards um Fronleichnam 1486. Unklar bleibt, wie und wo er seine letzten Lebensjahre verbrachte.[27] In der Narratio

---

[22] Zitiert nach Jacquemin, Emile: *L'Abbaye de Notre Dame de Justemont. Ordre de Prémontré Diocèse de Metz 1124-1792* (Région de Thionville, Etudes historiques Fasc. 10), Metz 1950, S. 7 und 225. Es handelt sich um das so genannte *Manuscrit de Justemont*, das R. P. François Robert bei einem Aufenthalt in Justemont 1767-1771 niederschrieb, es wird heute in der Pfarrgemeinde Vitry-sur-Orne aufbewahrt.

[23] Auszugsweiser Druck der Urkunde bei Jacquemin: *Justemont* (wie Anm. 22), S. 65f.

[24] Keussen: *UB Krefeld* (wie Anm. 16), Nr. 4052.

[25] Rechnung des Kellners Peter über Einnahmen und Ausgaben der Herrschaften Rodemachern und Richemont von Johann Bapt. 1486 bis Johann Bapt. 1487 (*Archives Départementales de Meurthe-et-Moselle*, künftig gekürzt AD M-et-M, B 584 Nr. 37 bis).

[26] Wie Anm. 25. Die Rechnung enthält keine Angaben über Gerhards Tod und Margarethes Aufenthaltsort.

[27] Zwei Regesten im Staatsarchiv Luxemburg A L II A Betzdorf (Inventarfragment 17. Jahrhundert) deu-

einer Urkunde Maximilians vom 15. November 1492 wird gesagt, die Grafen Vinzens und Bernhard von Mörs hätten ihn nach dem Verlust seiner luxemburgischen Lehen in Frankreich aufgesucht.[28] Ein Hinweis im Testament Philipps von Sierck († 08.09.1492) auf die ‚Rodemacher'sche Kammer' lässt daran denken, Gerhard habe gegen Ende seines Lebens bei seinem langjährigen Freund und Kampfgefährten Aufnahme gefunden.

Für Margarethes Biographie ist jedenfalls von erheblicher Bedeutung, dass sie nicht 1458 verwitwete, sondern erst 27 oder 28 Jahre später und dass der in den burgundisch-französischen Konflikt tief verstrickte Gerhard von Rodemachern ihr Ehemann und nicht ihr Sohn war. Trotz relativ großen Besitzes[29] war die finanzielle Situation Gerhards und damit auch die Margarethes angespannt.[30] Die bei vielen Adelsgeschlechtern im Spätmittelalter anzutreffenden Geldnöte waren in der Familie Rodemachern verschärft worden durch das hohe Lösegeld, das Gerhards Vater Johann für die Lösung aus burgundischer Gefangenschaft an den Herrn von Croy zu zahlen hatte, in die er als Parteigänger Herzog Renés I. von Lothringen in der Schlacht von Bulgnéville geraten war. Durch Gerhards umtriebiges Wesen wuchs die Schuldenlast statt verringert zu werden. Mitunter veräußerte er Besitz zur Deckung der Schulden. Nach seinem Tod machten Gläubiger Forderungen geltend gegenüber seinen Erben.[31]

Leibliche Nachkommen

Aus der Ehe gingen nicht zwei Töchter und ein Sohn hervor, wie Kratzsch schreibt,[32] sondern fünf Töchter, zwei geistliche, drei weltlich gebliebene. Die *Europäischen Stammtafeln*[33] nennen nur vier Töchter Anna, Margaretha, Elisabeth und Irmgard. Schenk von Schweinsberg wusste nur von einer geistlichen Tochter, nämlich Franziska, die 1474 verstarb, und konnte sich daher die Datierung des folgenden Eintrags nicht erklären:[34] „Eyn

---

ten auf Aufenthalt in Trier. Ein Testament Gerhards von 1487 wird erwähnt, sodann ein Zertifikat des Dominikanerklosters Trier betreffend Verwahrung einer Brieftruhe 1488.

[28] *Publ. Lux.* 35 (1881) S. 337ff. Nr. 656.

[29] Vgl. die Zusammenstellung im Exkurs.

[30] Aufnahme von Darlehen bzw. Schulden werden häufig erwähnt: 06.08.1462 Aufnahme von 620 rh.fl., 20.06.1463 460 rh.fl., 16.08.1463 205 fl., 06.09.1463 1250 fl., 17.10. 1464 500 rh.fl., 08.05.1465 864 fl. (Würth-Paquet, François-Xavier / Werveke, Nicolas van: „Archives de Clervaux", in: *Publ. Lux.* 36 [1883] Nr. 1142, 1162, 1164, 1168, 1193, 1204), Verschiedene Schuldverschreibungen: 17.10.1464 500 rh.fl., 26.08.1471 2550 fl. und 1770 fl. (Eder-Stein/Lenz/Rödel: *Inventar Virneburg* [wie Anm. 8] I Nr. 329, 383, 434f.). Am 18.12.1479 verbürgte sich Godart von Brandenburg, Herr von Clerf, für Gerhard gegenüber Ännchen von Enschringen wegen einer größeren Summe (*Publ. Lux.* 35 [1881] S. 91 Nr. 249 und 252). 1461 verpfändete Gerhard seinen Anteil an Schüttburg an Friedrich von Brandenburg, Herr zu Clerf, fünf Jahre später verkaufte er ihm seine dortigen Rechte (Kuhn, Heinrich / Koltz, Jean Paul: *Burgen und Schlösser in Lothringen und Luxemburg*, Frankfurt a. M. 1964, S.162f.), vgl. auch Renger/Mötsch: *Arenberg* (wie Anm. 7) 09.06.1441. Gelegentlich werden Schwierigkeiten bei der Rückzahlung aufgenommener Gelder erwähnt.

[31] Ebd., Nr. 488 im Jahr 1489.

[32] Kratzsch: Gebetbuch (wie Anm. 10), S. 34 nennt nur die beiden Töchter Margarethe und Anna und setzte aufgrund der falschen Todesnachricht einen Sohn Gerhard II. an.

[33] Neue Folge Bd. VII (1979) Tafel 48.

[34] Schenk von Schweinsberg: „Margarete von Rodemachern" (wie Anm. 15), S. 128 Anm. 9.

gedechtnuß daß ich myner dochter im kloster zu sant Angneten han ein boich gelie-
hen….. Anni LXXX". Er kannte nicht Irmgard ‚eldeste doichter' zu Rodemachern, sie
entschied sich schon früh zum Klosterleben und verzichtete am 19. März 1463 bei ihrer
Aufnahme in das Trierer Augustinerinnenkloster St. Agnes nach Empfang ihrer Ausstattung mit 300 rh.fl. auf alle Ansprüche an den Nachlass ihrer Eltern.[35] Sie starb als letzte
der Familie Rodemachern im Jahr 1510. Fünf Jahre später (1515) quittierte die Priorin des
St. Agnetenklosters dem Grafen Dietrich von Manderscheid die Zahlung von 100 fl., die
gemäß einem Vertrag sechs Jahre lang nach dem Tode Irmgards dem Kloster zu zahlen
waren.[36]

Übrigens scheint das Trierer Agnetenkloster in der zweiten Hälfte des 15. Jahrhunderts
bei der luxemburgischen Ritterschaft eine bevorzugte Aufnahmestätte ihrer zu geistlichem
Leben bestimmten Töchter gewesen zu sein. Ungefähr zeitgleich mit den beiden Rodemacher Töchtern lebten dort auch Katharina und Margaretha von Busleiden,[37] Elisabeth von
Kriechingen[38] und Katharina von Holenfels, sie hinterließ tagebuchartige Aufzeichnungen
in einer heute in der Hamburger SUB aufbewahrten Handschrift.[39]

Elisabeth war in erster Ehe vermählt mit Junggraf Friedrich von Mörs. Laut Erbvertrag
vom 22. Februar 1463, dessen Wortlaut auf Ausstellung nach dem Vollzug der Ehe
schließen lässt,[40] erhielt sie als Mitgift ‚slos, stat, lant und herlicheit' Bolchen/Boulay (Dép.
Moselle) mit allem Zubehör. Für den Fall, dass Gerhard keine männlichen Nachkommen
hinterlassen würde, sollten Elisabeth und ihre mit Junggraf Friedrich gezeugten Kinder
sämtliche Burgen, erbliche Herrschaften und Güter mit allem Zubehör, die Gerhard am
Tage der Ausstellung dieses Vertrages besitzt, und alle Pfandschaften erben. Seine beiden
weltlichen Töchter werden mit 8000 fl. ausgestattet, die aber nicht auf Rodemachern und
Neuerburg verlegt werden sollen. Weitere Töchter des Ehepaares sollen in ‚beslossen
clostern tun leben' und jeweils 50 rh.fl. Leibzucht erhalten. Die älteste Tochter Irmgard
verzichtete auf alle Ansprüche an das elterliche Erbe. Aus der Ehe Elisabeths mit Junggraf
Friedrich sind zwei Kinder bekannt, der Sohn Bernhard von Mörs, gestorben 1501 ohne
leibliche Nachkommen, und Margaretha (†1505), vermählt mit Graf Wilhelm von Wied.
Elisabeth heiratete 1472 in zweiter Ehe Diebold III. von Hohengeroldseck,[41] das Todesdatum ihres ersten Gatten wurde mir nicht bekannt, dürfte aber vor dem 28. Juli 1470 liegen.[42] Sie verkaufte Besitz im März 1503 oder 1504[43] als „née de Rodemack, contesse de

[35] LHA Koblenz Best. 54 R 137.

[36] Eder-Stein/Lenz/Rödel: *Inventar Virneburg* (wie Anm. 8) I Nr. 580.

[37] 1475 VI/10 (*Publ. Lux.* 34 [1880] S. 143 Nr. 600).

[38] Ihr Vater setzte ihr am 20.03.1470 eine Jahrgülte von 15 rh.fl. aus (*Publ. Lux.* 34 [1880] S. 48 Nr. 194).

[39] Knoblich, Isabel: „Trierer Handschriften in Hamburg", in: *Kurtrierisches Jahrbuch* (2003) S. 95-113.

[40] „…das Frederich. junggrave zu Moers und zu Sarwerden… die wolgeborn Elssbeth von Rodemachern…
zu einer eliger gemahel und betgenossen entfangen und genomen hat" (LHA Koblenz Best. 54 R 137).

[41] Heiratsvertrag vom 18.08.1472 (Keussen: *UB Krefeld* [wie Anm. 16], Nr. 3600 mit Hinweis auf das Berleburger Archiv).

[42] An diesem Tag belehnte Elisabeth einen Johann *Monych* mit einem Haus in der *stat* Bolchen (AD M-et-M
B 584 Nr. 70), woraus ich schließe, dass ihr Gatte schon verstorben war.

[43] Datum der Urkunde 1503 Montag nach Mittfasten, aber unklar welcher Datierungsstil verwandt wurde,
Annuntiationsstil oder Weihnachtsstil.

Morße et dame de Geroltzeck vefue".[44] Ihr Todesdatum ist noch zu ermitteln. Sie hatte aus zweiter Ehe einen Sohn und eine Tochter, der Sohn war 1503 schon tot.[45]

Für Anna, meist ‚Entgen' (= Ännchen) genannt, vereinbarte ihr Vater am 3. Oktober 1466 mit Ludwig I. von der Mark, Herrn zu Neufchâteau (*Welschenuweburg*), Rochefort und Agrimont, dem Bruder Eberhards von der Mark, eine Heirat mit dessen Sohn Ludwig II., Herrn von Herbeumont (heute belgische Provinz Luxemburg) und eine Mitgift in Höhe von 10.500 fl., für die Gerhard seine Herrschaft Useldingen als Pfand stellen sollte.[46] Die Hochzeit fand vor dem 11. November 1468 statt.[47] Annas Todestag wird im Weimarer Gebetbuch, wo sie ‚frouwe zu Herbemont' tituliert wird, und damit übereinstimmend in Gotha II mit Urbanstag 1479 angegeben.[48] Der Ehemann starb erst 1525, der aus dieser Ehe hervorgegangene Sohn Ludwig III. († nach 1544), vermählt mit Elisabeth von Österreich, einer unehelichen Tochter Maximilians, hinterließ keine Nachkommen.[49] Die Tochter Luise wurde vermählt mit Philipp von Eppstein, Herr von Königstein.[50]

Die Vermählung der Tochter Margarethe mit Eberhard von Sayn, Graf zu Wittgenstein, wurde am 15. März 1473 in einer Eheberedung beurkundet, die von Graf Philipp von Nassau-Saarbrücken, Raugraf Engelbert, Ludwig und Eberhard von der Mark, Eberhard von Eppstein, Herr zu Königstein, Wilhelm von Mailberg, Herr zu Ouren, und Wirich von Püttlingen mitbesiegelt wurde.[51] Eberhard starb 1494,[52] Margarethe 1509, sie hinterließen den Sohn Wilhelm I. von Sayn-Wittgenstein (†1570). Im Juli 1487 erwähnte Zahlungsansprüche Eberhards und Margarethes dürften aus der nicht voll ausgezahlten Mitgift resultiert haben.[53]

Das Ehepaar Gerhard – Margarethe hatte keine legitimen Söhne. Auf die Einführung eines ‚Gerhard II.' durch Schenk von Schweinsberg habe ich bereits hingewiesen.[54] Fridolin Weber-Krebs[55] spricht von einem Sohn Bernhard und stützt sich dabei auf eine Formulierung Gerhards in seiner Urkunde vom 6. März 1486 ‚grave Bernhart, unserem lieben soene vnd enckelen als vnsen rechten erben'. Sowohl durch die Titulierung *Graf* als auch durch den Bezug auf den Heiratsvertrag zwischen Elisabeth von Rodemachern und Jung-

---

44 AD M-et-M B 584 Nr. 27 und 91.

45 Gegenseitige Ansprüche auf Bolchen wurden 1519 zwischen Herzog Anton von Lothringen und Gangolf von Hohengeroldseck geklärt (AD M-et-M B 584 Nr. 97-100). Weber-Krebs, Fridolin: *Die Markgrafen von Baden im Herzogtum Luxemburg (1487-1797)*, Trier 2007, S. 263, spricht vom frühen Tod der Eltern des Bernhard und der Margarethe von Mörs. Ihm ist also nicht bekannt, dass beider Mutter Elisabeth noch 1503 lebte.

46 Würth-Paquet/Werveke: „Archives de Clervaux" (wie Anm. 30), Nr. 1232 und 1262.

47 Zu diesem Zeitpunkt verfügte Annas Gatte über die Höfe Amel und Thommen, die ihm Gerhard von Rodemachern überschrieben hatte (Eder-Stein/Lenz/Rödel: *Inventar Virneburg* [wie Anm. 8], I Nr. 349). Heiratsverschreibung vom 03.10.1467 (Keussen: *UB Krefeld* [wie Anm. 16], Nr. 3374).

48 Schenk von Schweinsberg: „Margarete von Rodemachern" (wie Anm. 15), S. 127.

49 Europäische Stammtafeln Neue Folge Bd. VI (1978) Tafel 18.

50 Eder-Stein/Lenz/Rödel: *Inventar Virneburg* (wie Anm. 8), I Nr. 426.

51 Keussen: *UB Krefeld* (wie Anm. 16), Nr. 3648.

52 Ebd., Nr. 4416, 5197.

53 Eder-Stein/Lenz/Rödel: *Virneburg Inventar* (wie Anm. 8), I Nr. 471.

54 Vgl. Anm. 15.

55 Weber-Krebs: *Markgrafen* (wie Anm. 45), S. 263f. und 280.

graf Friedrich von Mörs ergibt sich, dass der Enkelsohn Bernhard von Mörs gemeint ist.

Ein Johann ‚Brant, Bastard' von Rodemachern, der 1471 in ein Dienstverhältnis zu Graf Johann III. von Nassau-Saarbrücken trat,[56] war vielleicht ein illegitimer Sohn Gerhards.

Über die Verbindungen Margarethes zur elterlichen Familie Nassau-Saarbrücken ist wenig bekannt. Hans von Rittenhofen, vertrauter Berater ihrer Mutter,[57] war Mitsiegler des Heiratsvertrags der Franziska von Rodemachern, der älteren Schwester Gerhards, mit Wilhelm Graf von Virneburg, Herr zu Falkenstein, vom 20. Juli 1446.[58]

Im Jahre 1450 weilte die Mutter mit kleinem Gefolge zu Besuch in Rodemachern.[59] Margarethes Ehemann stand in Verbindung mit seinem Schwager Johann.[60] Beide kämpften in der Mainzer Stiftsfehde (1462) auf der Seite Adolfs von Nassau gegen Dieter von Isenburg und Kurfürst Friedrich von der Pfalz.[61] Im Februar 1463 siegelte Johann den Heiratsvertrag zwischen seiner Nichte Elisabeth von Rodemachern und Friedrich Junggraf von Mörs.[62]

Mobilität

Die Quellen erlauben nicht, ein Itinerar Margarethes zu erstellen. Wir wissen nicht, welche Burg ihres Gatten als ihr bevorzugter Aufenthaltsort anzusehen ist. Nachdem Kronenburg als Mitgift für Gerhards Schwester Franziska, Bolchen und Useldingen als Mitgift für die eigene Tochter Elisabeth aus Rodemacher'schem Besitz ausgeschieden waren, ist vorrangig an die Stammburg Rodemachern und an Richemont, auf das Margarethe ja bewittumt war, zu denken. Die Eintragung beider Ehegatten in das Mitgliederverzeichnis der St. Michaelsbruderschaft von Volkrange/Volkringen, ganz nahe bei Richemont gelegen, lassen vermuten, dass das Paar sich dort öfter aufgehalten hat.

In Anbetracht der kulturellen und geistlichen Ausstrahlung der von Richemont nur etwa 15 Kilometer entfernten Großstadt Metz[63] darf man annehmen, dass sie von Marga-

---

[56] LA Saarbrücken Best. N-Sbr. II Nr. 1857.

[57] Er starb vor 31.12.1466 (Herrmann: „Lebensraum" [wie Anm. 3], S. 147f.)

[58] Gerhard verschrieb seiner Schwester als Mitgift 8000 fl. auf die Herrschaft Kronenburg in der Eifel. Drei Tage später quittieren die Eheleute Wilhelm und Franziska die Verschreibung von 7000 fl. auf Kronenburg und 1000 fl. auf die Höfe Ammel und Thommen. Franziska verzichtete auf alle Ansprüche an das Erbe ihrer Eltern Johann von Rodemachern und Irmgard von Bolchen (Renger/Mötsch: *Arenberg* [wie Anm. 7], Bd. 2 Nr. 577-580, *Publ. Lux.* 29 [1874] S. 59f. Nr. 113f.).

[59] „Als min gnedige frauwe was zu Bucherbach umb Martini als sy quam von Rodemachern mit 11 pferden" (Bucherbacher Rechnung 1450, LA SB Best. Nassau-Saarbrücken II Nr. 3033 S. 62 und 79).

[60] Johann an Georg am 30.04.1446 unter Nennung des Abtes von Wadgassen und der von Thedingen (LA SB Best. N-Sbr. II Nr. 4630 fol. 11). Eine Tagleistung (= Schlichtungstermin) mit Gerhard konnte Johann nicht wahrnehmen, weil er ‚nit einheymisch' war, betr. vielleicht Leute zu *Comme* (24.05. und 29.08.1447 ebd., Nr. 3127 fol 3-4). Am 22.02.1449 bat Gerhard Johann um Rat betreffend den ‚herrn' von Mainz und den Abschied von Koblenz (ebd., 3127 fol. 5).

[61] Gerhard stellte 100 Gewappnete gegen ein Jahresgehalt von 5000 rh.fl. (LA Saarbrücken Best. N-Sbr. II Nr. 6285 vom 29. März 1462).

[62] Ehevertrag vom 22. Februar 1463 (Druck in Keussen: *UB Krefeld* [wie Anm. 16], Nr. 3162).

[63] Vgl. dazu Haubrichs, Wolfgang: „Das Bibliotheksverzeichnis eines Metzer Patriziers aus dem 16. Jahrhundert als Zeugnis doppelter Kulturkompetenz", in: Roland Marti (Hg.): *Grenzkultur – Mischkultur?*,

rethe öfter aufgesucht wurde. Schriftliche Belege dafür konnte ich bisher nicht finden.

Einzelnachrichten deuten einen relativ weit gespannten Aktionsraum Margarethes an. Da sind Beziehungen nach Trier zum Agnetenkloster, in dem zwei ihrer Töchter lebten, und zu den Grauen Schwestern. Nach Fritz Arens stand Margarethe seit 1466 in Beziehung zum ‚Mainzer Großen Konvent', damit sind Beginen gemeint, die im Lorscher Hof lebten – daher auch ‚clusenern in dem Lorser Hoeffe' genannt wurden[64] – und sich seit dem Anfang des 15. Jahrhunderts nach der Regel des Heiligen Franziskus ausrichteten. Auch Stiftungen an das Mainzer Karmeliterkloster sind überliefert. Sie ließ dort ein Sakramentshäuschen aus Stein errichten, schenkte einen goldenen Kelch mit wertvollen Steinen (drei grünen Smaragden, vier blauen Saphiren und vier großen Rubinen und einem kleinen sowie einem dreiseitigen Diamant), außerdem ein silbernes Kreuz, das ebenfalls mit wertvollen Steinen geziert war.[65]

Verbindungen zum Niederrhein bestanden mindestens seit der Vermählung ihrer Tochter Elisabeth mit dem Junggrafen Friedrich von Mörs im Frühjahr 1463. Ihre genaue topographische Angabe über den Wohnort eines Heilkundigen in Köln[66] lässt an eine persönliche Bekanntschaft denken, die bei einem Besuch Margarethes bei ihrer nach Mörs verheirateten Tochter entstanden sein könnte.

Ihre Schenkungen an drei Kirchen bei Montmédy[67] sprechen für zeitweiligen Aufenthalt im romanischen Teil des Herzogtums Luxemburg, in dem auch die kleine Herrschaft Chassepierre lag.

Solche Einzelnachrichten lassen einen Lebensraum Margarethes erkennen, der mit den Orten Montmédy – Köln – Mainz – Saarbrücken – Metz umrissen werden kann.

Die Exponierung Gerhards in der so genannten *Böhmischen Partei*[68] brachte gewiss Unruhe auch in das Leben seiner Gattin. Die bisher bekannt gewordenen Quellen enthalten dazu keine direkten Angaben. Die frühen 1440er Jahre, also die ersten Ehejahre, könnten durch den burgundischen Griff nach Luxemburg, insbesondere die Besetzung der Städte Luxemburg und Diedenhofen, in deren Umkreis ja Rodemachern und Margarethes Witwensitz Richemont lagen, beeinträchtigt worden sein. Relative Sicherheit dürfte in den späten 1450er Jahren der Gerhard zugesicherte Schutz des französischen Königs (*garde*) geboten haben. Ein ruhig-friedlicher Abschnitt im Leben des Ehepaares dürfte die Zeit zwischen der Aussöhnung mit den Burgunderherzögen Philipp und Karl (1466/67) und der Neubelebung einer ‚böhmischen' Nachfolge (1477/78) gewesen sein. In dieser Zeit dürfte auch die Bilderkassette zu Margarethes Gebetbuch entstanden sein.[69] Die darauf

---

Saarbrücken 2000, S. 49-92.

[64] Vgl. dazu Neumann, Eva G.: *Rheinisches Beginen- und Begardenwesen* (Mainzer Abhandlungen zur mittleren und neueren Geschichte 4), Meisenheim/Glan 1960.

[65] Quelle ist vermutlich die Millendonksche Chronik V fol. 226, 232 StadtA Frankfurt Karm. Bücher 47 (zitiert nach Arens, Fritz Viktor: *Die Inschriften der Stadt Mainz von frühmittelalterlicher Zeit bis 1650* [Die deutschen Inschriften 2], Stuttgart 1958, S. 485).

[66] Gotha I fol. 170 verso: „Item Melothenwasser fynth man zcu Collen in meister Heinrichs hus zum Regenbogen, dytz ist gud vor das heupt."

[67] Vgl. S. 59

[68] Vgl. dazu ausführlich den Exkurs.

[69] Vgl. S. 51f.

folgenden sechs Jahre bis zur Einnahme der Burgen Rodemachern und Richemont erachte ich als die unruhigsten und schlimmsten in Margarethes Leben. Es ist unklar, wie lange sie sich damals in Rodemachern oder Richemont aufgehalten hat, während der Belagerung beider Burgen von Mai bis Anfang Juli 1483 jedenfalls nicht. Ihr Gatte war nach Ancerville im westlichen Teil des Herzogtums Bar ausgewichen. Ob sie ihn dorthin begleitete, ist nicht bekannt. Mögliche Fluchtorte für sie können gewesen sein Montmédy, das anscheinend nicht in die Kämpfe im Sommer 1483 einbezogen war, oder das damals von ihrer Tochter Elisabeth und deren zweiten Gatten verwaltete Bolchen oder das Trierer Agnetenkloster, wo ihre Tochter Irmgard lebte. Aufgrund der guten Beziehungen zu Dompropst Philipp von Sierck kann auch an eine seiner Besitzungen gedacht werden, vielleicht sein Haus in Trier oder Burg Montclair in der Saarschleife oder Forbach. Oder setzte sie sich schon damals ab nach Mainz?

Auffällig, aber von mir nicht begründbar ist, dass Gerhard in den verschiedenen Verträgen aus den späten 1470er und den 1480er Jahren nie die materielle Sicherung Margarethes anspricht. Üblich wäre gewesen, dass sie zu Belastungen ihres Wittumsgutes ihre Zustimmung gegeben hätte. Die Zerstörung ihres Wittumssitzes Richemont im Sommer 1483 hätte verlangt, dass ihr nun eine andere Burg als Witwensitz angewiesen worden wäre.

Soll man darin Zeichen einer Entfremdung der Ehegatten sehen? Eine Vereinbarung Gerhards im März 1484, also dreiviertel Jahr nach der Einnahme von Rodemachern und Richemont, mit Claudius von Neufchâtel (*Welschenneuerburg*)[70] zeigt, dass nicht der gesamte Rodemacher'sche Besitz konfisziert worden war, aber auch in diesem Vertrag wird nichts über den Unterhalt Margarethes gesagt. In der Not half ihr älterer Bruder Philipp II. von Nassau-Weilburg. In einem Revers vom 2. Dezember 1484 erwähnt sie, dass sie sich um „hilfflichen bistant zu ihrem bruder Philipp gefugt habe, weil sie in unfalle und zu verderpnis kommen, deshalben von by unserm elichen gemahel unser libs narung nyt haben oder nit konnen haben", ihr Bruder ihr daher eine Leibrente in Höhe von 200 fl. jährlich auf das Erzstift Mainz verschrieben habe.[71] Daraus folgere ich, dass sie zu dieser Zeit getrennt von ihrem Ehegatten in bescheidenen Verhältnissen lebte. Für einen eingeschränkten Lebensstil spricht auch, dass sie zum Zeitpunkt der Ausstellung des Reverses keine eigene Siegelstampille besaß und daher zwei Verwandte, die Grafen Otto von Henneberg[72] und Johann von Isenburg-Büdingen[73], um Besiegelung bat. Der Revers trägt leider keinen Ausstellungsort, die beiden Mitsiegler lassen an Rhein-Main-Dreieck oder Wetterau denken, vielleicht auch Mainz selbst. Die Schenkungen an Mainzer Konvente[74] müssen vor der krisenhaften Zuspitzung der Rebellion ihres Gatten gegen Maria von Burgund

[70] Abkommen vom 02.03.1484 (LHA Koblenz 54 R 149).

[71] Atten: „Letzte Fehde" (wie Anm. 6), S. 35 Anm. 48, HHStA Wiesbaden 130 II Nr. 90.

[72] Otto (* 1437 † 1502) war ein Neffe Margarethes, jüngerer Sohn ihrer Stiefschwester Johanna aus der ersten Ehe ihres Vaters mit Graf Anna von Hohenlohe, Isenburg, *Stammtafeln*, Bd. 1 Tafel 76 bezeichnet sie fälschlich als Tochter Graf Johanns I. von Nassau-Weilburg. Sie hatte 1422 den Grafen Georg von Henneberg (* 1395 † 25.07.1465) geheiratet, sie starb am 1. Februar 1481 (Isenburg, a.a.O. Tafel 108). Kontakte Margarethes mit dieser Stiefschwester kann ich nicht belegen, doch lässt die Mitsieglerschaft Ottos auf Kontakte schließen.

[73] Genauer Verwandtschaftsgrad ist noch zu klären.

[74] Vgl. S. 54 oben.

und Maximilian von Habsburg erfolgt sein, also mindestens vor 1479/80; denn sie passen nicht zu der Bedürftigkeit, die aus dem Revers von 1484 spricht. Es fehlen alle Nachrichten über die Verbindung zwischen den beiden Ehegatten in ihren letzten Lebensjahren, auch das Lebensende Gerhards ist, wie schon angesprochen, unklar.

Über Margarethe zuteil gewordene materielle Hilfe durch ihre leiblichen Nachkommen, weder von Tochter Elisabeth, in zweiter Ehe vermählt mit Diebold II. von Hohengeroldseck, noch von Margarethe, verehelichte von Sayn-Wittgenstein, noch von den beiden Mörser Enkeln konnte ich bisher keine Belege finden. Margarethe starb am 5. Mai 1490, sie wurde im Mainzer Karmeliterkloster beigesetzt. Auch hier fehlen Nachrichten über Beginn und Intensität der Verbindung zum Kloster.[75]

Zu den offenen Fragen, die sich beim derzeitigen Forschungsstand aus ihrem Lebenslauf ergeben, gehört auch die nach dem Auftraggeber des qualitätvollen Grabmals in der Mainzer Karmeliterkirche, wo es noch am alten Platz an der nördlichen Chorwand steht. Die fast lebensgroß im Halbrelief dargestellte Frauenfigur blickt, einen Rosenkranz in den gefalteten Händen haltend, zum Altar. Bemerkenswert erscheint mir, dass von den vier Wappenschilden des Grabsteines keines das von Rodemachern zeigt, sondern oben links einen Löwen in mit Schindeln belegtem Feld (= Nassau, Wappen ihres Vaters), links einen Löwen in mit Kreuzen bestreutem Feld (= Saarbrücken, Wappen der Großmutter väterlicherseits) jeweils seitlich eines mit Maßwerk verzierten Kielbogens angebracht, links unten Lothringen (= Wappen ihrer Mutter) rechts unten Luxemburg (= Wappen der Urgroßmutter Marie von Luxemburg, Gattin Heinrichs von Joinville, Mutter der Margarethe von Joinville, verehelichte von Lothringen-Vaudémont, Mutter der Gräfin Elisabeth von Nassau-Saarbrücken).[76] Das Fehlen des Rodemacher'schen Wappens kann damit erklärt werden, dass infolge der Konfiskation der Herrschaft Rodemachern durch Maximilian von Habsburg dort alle Rechte der Familie Rodemachern, auch die Margarethes erloschen waren. Die vorzügliche Plastik wird von Klingelschmitt dem Schöpfer des Strohhut-Denkmals von 1485 im St. Stephanskreuzgang zugeschrieben, also dem ‚magister Valentinus'. Dem widerspricht Otto Schmitt, er sieht eine große Ähnlichkeit zu dem Grabstein des Engelbrecht von Eppstein (†1494) in der protestantischen Pfarrkirche zu Eppstein, der von Hans von Düren geschaffen wurde.[77] In diesem Zusammenhang ist darauf zu verweisen, dass Margarethes Enkeltochter Luise von der Mark, Tochter der Anna von Rodemachern (†1479), mit Philipp von Eppstein vermählt war.

Die Grabinschrift lautet: „Anno d(omi)ni. M.CCCC.XC. uff den funften dag des maii starp de wolgeborn Margreth graeuine zu naßaw vnd sarbrucke(n), frauwe zu rodenbach der got barmhertzig si. a(men)."[78]

---

[75] Die Staatsarchive in Darmstadt und Würzburg und das Stadtarchiv Mainz antworteten auf meine Nachfragen nach Schenkungen, Stiftungen, Jahrgedächtnissen etc. mit Fehlanzeigen.

[76] Bei der Beschreibung sind rechts und links vom Beschauer her gesehen, zum Grabstein vgl. Arens: *Inschriften Stadt Mainz* (wie Anm. 65), S. 971.

[77] Ebd., S. 484f.

[78] *Genealogia oder Stammregister der durchläuchtigen hoch – und wohlgeborenen Fürsten, Grafen und Herren des uhralten hochlöblichen Hauses Nassau samt etlichen konterfeitlichen Epitaphien kolligirt, gerissen und beschrieben durch Henrich Dorsen* (Veröffentlichungen der Kommission für Saarländische Landesgeschichte und Volksforschung

Zum geistlichen Leben Margarethes

Verbindungen zu geistlichen Personen

Margarethes ‚beichtvater zu den unßer liebe frouwen brüder' ist Empfänger eines gewirkten Kissenbezugs mit Wappen, er könnte der ULF-Münsterabtei in Luxemburg angehört haben.

Ein Ph(ilipp), Kaplan zu Bolchen, erscheint in Margarethes Liste ausgeliehener Bücher,[79] er ist nicht identisch mit Gerhards Kaplan Laurent, der gleichzeitig Stiftsherr von St. Salvator in Metz war.[80]

Verbindungen zu kirchlichen Gemeinschaften

Besondere Beachtung verdient Margarethes Verbindung zu dem Agnetenkloster in Trier, in das ihre beiden Töchter Irmgard und Franziska eingetreten waren. In einer kurz zuvor vollzogenen Reform war es der Windsheimer Kongregation angeschlossen und der Aufsicht des Propstes des Augustinerchorherrenstiftes Eberhardsklausen unterstellt worden. Daraus ergibt sich eine Verbindung zu der von den Niederlanden ausgegangenen geistlichen Erneuerungsbewegung der Devotio Moderna, die im Gegensatz zu der verschlungenen und lebensfremden Spekulation der spätscholastischen Theologie den einfachen Weg zu Gott mittels der im Alltag bewährten Tugend suchte. Man wollte ein Gott verbundenes Leben außerhalb der traditionellen Orden führen. Der neuen Richtung von Frömmigkeit gab Geert Grote aus Deventer (1340-84) eine geistliche Ordnung. Daraus entstanden die Gemeinschaften der Brüder und Schwestern vom gemeinsamen Leben und die Reformbewegung der Windsheimer Kongregation auf der Basis der Augustinerregel. Die der neuen Richtung zugewandten geistlichen Männer und Frauen hatten ein reserviertes Verhältnis zur Mystik. Sie erstrebten keine mystische Vereinigung, sondern den liebend betrachteten Nachvollzug des Lebens Christi und der Leiden und Freuden seiner Mutter.

Wesenszüge der Devotio Moderna sind der Verzicht auf den Bettel – im Gegensatz zu den älteren Bettelorden –, die Wertung der Handarbeit als Hilfe zur Tugend und Belesenheit im religiösen Schrifttum, aus der sich die Neigung zur Führung geistlicher Tagebücher mit eingefügten Lesefrüchten aus erbaulicher Lektüre und die Abfassung von Briefen, die zu geistlichem Leben anregen sollten, ergab. Die Wertschätzung von Büchern äußerte sich auch in Abschreib- und Einbandarbeiten.

Margarethe pflegte Beziehungen zu den Grauschwestern von St. Nikolaus in Trier (= Franziskanertertiarinnen) und zu dem Karmeliterkloster und dem großen Beginenhaus (*Alter Konvent*) in Mainz.

Die Verbindung zu dem Priorat Marienthal in Luxemburg scheint nur oberflächlich gewesen zu sein.[81] Dass keine Beziehungen zu dem nur wenige Kilometer von Rodema-

---

IX), Saarbrücken 1983, S. 209-211.

[79] Vgl. S. 140.

[80] *Histoire Générale de Metz par des Religieux Bénédictins de la Congrégation de Saint Vannes.* Metz / Nancy 1769-1790, Bd. VI, preuves 9, Publ. Lux. 32 (1878) S. 8 Nr. 10 z. J. 1462.

[81] Gerhard von Rodemachern verlegte am 20.01.1465 eine von seinem Ahnherr Peter von Kronenburg dem Kloster auf Mertzig verschriebene Rente auf die Herrschaft Useldingen (*Publ. Lux.* 32 [1878] S. 25

chern entfernten Kloster Rettel belegt sind, kann mit den dortigen instabilen Verhältnissen erklärt werden.[82]

Verbindungen zu Pfarreien

Nachdem Gerhard von Rodemachern das Patronatrecht der Kirche St. Gorgonius und Katharina in Richemont dem Prämonstratenserstift Justemont 1448 überlassen hatte,[83] besaß die Familie nur noch Anteil am Patronatsrecht in der Pfarrei St. Remigius in Sufftgen, das sie gemeinsam mit dem Metzer Domkapitel ausübte.[84]

Das Patronatsrecht an der St. Nikolaus-Kirche in Rodemachern gehörte der Abtei Echternach.[85]

Kapellen in den beiden Rodemacher'schen Hauptburgen Rodemachern und Richemont kann ich nicht belegen, doch dürften solche vorhanden gewesen sein.

Das Ehepaar Gerhard – Margarethe war Mitglied in der Michaelsbruderschaft der Pfarrei Volcrange/Volkringen[86] südlich Diedenhofen unweit der Burg Richemont, auf die Margarethe bewittumt war.

Gotha I fol. 117 und 118 enthält Notizen über Schenkungen: Eine Altardecke und ein blaues Kissen kamen nach St. Quintin und in ,uns pare zu sant Heilre' – Schenk von Schweinsberg sieht darin St. Hilarius – und in die Kirche St. Christoph. Hilarius- und Quintinuspatrozinien sind in unserem Untersuchungsbereich relativ selten.[87] Ihre Nennung in derselben Eintragung berechtigt zur Vermutung, dass die beschenkten Kirchen nah beieinander lagen. Tatsächlich lassen sich drei Kirchen mit diesen Patrozinien im Rodemacher'schen Einflussbereich um Montmédy nachweisen, nämlich Thonnelle mit Hilarius-Patrozinium[88] 5 km[89] nördlich Montmédy im Landekanat Juvigny, die östlich an-

---

Nr. 95).

[82] Die letzten Benediktiner übergaben unter Einschaltung des lothringischen Herzogspaares das Kloster an die Karthäuser von Marienfloss, diese siedelten in den 1440er Jahre über nach Rettel, damit Marienfloss in ein Kollegiatstift umgewandelt werden konnte.

[83] Jacquemin: *Justemont* (wie Anm. 22), S. 64f., Dorvaux, Nicolas: *Les Anciens Pouillés du Diocèse de Metz*. Nancy 1902, S. 13, 53, 103, 164.

[84] Dorvaux: Pouillés Metz (wie Anm. 83), S. 510.

[85] Ebd., S. 53, 103, 510f.

[86] Dass es sich um dieses Volcrange handelt und nicht um Wolkrange bei Arlon ergibt sich aus der Nennung der zur Pfarrei gehörenden Filialorte in AD M-et-B 584 Nr. 37 bis, zur Pfarrei vgl. Dorvaux: *Pouillés Metz* (wie Anm. 84) S. 15, 53, 103, 163, 505, 515.

[87] Im benachbarten Landkapitel Perl und im Burdekanat Trier sind sie weder bei Pfarrkirchen noch bei Kapellen nachgewiesen (vgl. Pauly, Ferdinand: *Siedlung und Pfarrorganisation im alten Erzbistum Trier. Das Landkapitel Perl und die rechts der Mosel gelegenen Pfarreien des Landkapitels Remich. Das Burdekanat Trier* [Veröffentlichungen des Bistumsarchivs Trier 16], Trier 1968). Im westlich von Rodemachern gelegenen Landkapitel Arlon hatte die Pfarrkirche in Habergy das Doppelpatrozinium Hilarius und Agricius (Müller, Hartmut: *Die wallonischen Dekanate des Erzbitums Trier. Untersuchungen zur Pfarr- und Siedlungsgeschichte*, phil. Diss. Saarbrücken / Marburg 1966, S. 368-371). In der Stadt Metz gab es zwei dem Heiligen Hilarius geweihte Kirchen St. Hilaire-le-Grand und St. Hilaire-le-Petit und in der Ferrutiuskirche eine Hilariuskapelle.

[88] Müller: *wallonischen Dekanate* (wie Anm. 87), S. 98.

[89] Entfernungsangabe jeweils Luftlinie.

135

grenzende Pfarrei Montquintin mit dem Quintinus-Patrozinium im Landekanat Longuyon[90] und 6 km südlich von Montmédy Iré-le-Sec mit Christophoruspatrozinium im Landdekanat Juvigny.[91]

Hinweise auf von Margarethe besonders geschätzte Heilige werfen Licht auf ihre persönliche Frömmigkeit. In Gotha I werden genannt: Antonius (Gebet), Dorothea von Caesarea,[92] die zu den *virgines capitales* zählt, manchmal auch zu den Nothelfern, und Christophorus. Je eine Vita der Heiligen Agnes und der Heiligen Katharina fand sich in Margarethes Bücherbestand. Das Weimarer Gebetbuch enthält eine Betrachtung über Veronika und eine größere Anzahl bildlicher Darstellungen von Heiligen. Kratzsch hat sie namentlich zusammengestellt und teilweise abgebildet:[93] die vier Evangelisten, Johannes den Täufer, die zwölf Apostel (Judas ohne Zusatz Thadäus), die vier Kirchenväter (Gregor, Hieronymus, Augustin, Ambrosius), Zehntausend Märtyrer, Johannes (welcher?), die im Spätmittelalter stärker verehrten Heiligen Franziskus, Antonius von Padua, Klara, Apollonia, Dorothea, Anna, einige, die im lothringisch-luxemburgischen Grenzgebiet häufig verehrt wurden, nämlich Stephan (Patron der Metzer Kathedrale), Nikolaus[94] und Wendalinus,[95] und schließlich einige, deren Kult hierzulande relativ selten belegt und ist und die daher für Margarethes ganz persönliche Frömmigkeit aussagekräftig sein könnten: Cornelius,[96] Rupprecht,[97] Odilia.[98] Drei Heilige verlangen besondere Beachtung, einmal die erst etwa zwei Generationen vor Entstehung des Weimarer Gebetbuches kanonisierte Birgitta, die aber schon im Trierer Festkalender mit dem Jahrestag 01.02. aufgenommen ist, dann *Ludwig* zu identifizieren mit König Ludwig IX. von Frankreich, kanonisiert 1297, für die Diözese Trier ist sein Festtag (21.08.) nur im *Liber precum* (15. Jahrhundert) belegt.[99] Seine Aufnahme in Margarethes Gebetbuch ist mit der schon von Wolfgang Haubrichs bei Margarethes Mutter angesprochenen Ansippung[100] an das regierende französische Kö-

---

90 Müller: *wallonischen Dekanate* (wie Anm. 87), S. 162-165.

91 Ebd., S. 135f.

92 Märtyrerin unter Diokletian, Festtag 6. Februar, stärkere Verehrung im 14.-16. Jahrhundert.

93 Kratzsch: *Gebetbuch* (wie Anm. 10) S. 42f.

94 Primäres Wallfahrtszentrum in Lothringen war St. Nicolas-de-Port, sekundär für die deutschsprachigen Teile Lothringens Münster bei Finstingen/Fénétrange, Nikolauspatrozinium hatten auch die Pfarrkirche Rodemachern und die Kapelle neben der Saarbrücker Burg, Vorgängerbau der späteren Schlosskirche.

95 Starke Verehrung im 15. Jahrhundert, Kultzentrum war St. Wendel (Saar), vgl. Selzer, Alois: *St. Wendelin. Leben und Verehrung eines alemannisch-fränkischen Volksheiligen*, Mödling bei Wien 1962.

96 Festtag 14.09., Verehrungsschwerpunkt am Niederrhein, erscheint in einigen Trierer Kalendaren des 15. Jahrhunderts (Miesges, Peter: *Der Trierer Festkalender. Seine Entwicklung und seine Verwendung zu Urkundendatierungen. Ein Beitrag zur Heortologie und Chronologie des Mittelalters* [Trierisches Archiv, Ergänzungsheft XV], Trier 1915).

97 Es ist noch zu klären anhand des Bildes, ob Ruppert von Salzburg oder Ruppert von Bingen gemeint ist (Salzburg: Festtage 27.03. und 24.09., Verehrungsschwerpunkt Salzburg, aber auch Worms und Speyer, erscheint nicht bei Miesges: *Trierer Festkalender* [wie Anm. 96]).

98 Festtag 13.12., Verehrungsschwerpunkt im Elsass, angerufen bei Augenkrankheiten, Patronin der Pfarrkirche in Dillingen an der Saar.

99 Stadtbibl. Trier Nr. 498/1605 fol. 2-12 verso, sonst üblich 25.08. und Translation 08.05.

100 Haubrichs, Wolfgang: „„Die Kraft von *frankrichs wappen*'. Königsgeschichte und genealogische Motivik in den Prosahistorien der Elisabeth von Lothringen und Nassau-Saarbrücken", in: *Der Deutschunterricht* 43 (1991) S. 4-17.

nigshaus erklärbar. Margarethes Ururgroßmutter Marie von Blois war nämlich eine Enkelin Karls von Valois, eines Sohnes König Philipps III. und Enkels König Ludwigs des Heiligen, und schließlich Peter von Luxemburg, von dem avinionesischen Papst Clemens VII. am 10.02.1384 zum Bischof von Metz ernannt, später Kardinal, aber schon am 02.07.1387 verstorben. Er entstammte der Seitenlinie Luxemburg-Ligny, nicht der zur Kaiserwürde gelangten Hauptlinie und hatte keine direkten Beziehungen zum Herzogtum Luxemburg. Erst im Jahre 1527 kam es zu seiner Seligsprechung, in die Trierer Festkalender wurde er anscheinend nicht aufgenommen.[101]

Margarethe als Bücherfreundin

Für eine schöpferische literarische Tätigkeit Margarethes, weder als Übersetzerin noch als Schriftstellerin, fanden sich bisher keine Hinweise, sie wurde nur als Sammlerin von Büchern bekannt.

Ihren literarischen Neigungen und der Pflege von Kontakten mit Personen gleicher Interessen konnte sie nur in dem Maße nachgehen, wie dies die politischen und militärischen Aktivitäten ihres Gatten zuließen.[102] Sie äußerten sich einerseits in einer lang anhaltenden Verbindung zu den Nachkommen der Luxemburger Dynastie, Anlehnung an die französischen Könige Karl VII. und Ludwig XI. und Unterstützung der im Lande Luxemburg stehenden französischen Truppen, andererseits im Konspirieren und Agieren gegen die Burgunderherzöge, gegen Maximilian von Habsburg als Sachwalter des burgundischen Erbes, gegen deren Statthalter im Herzogtum Luxemburg und ihre Parteigänger. Aus Gerhards Agieren und den Reaktionen seiner Gegner ergaben sich für Margarethe manchmal Phasen, in denen sie ihren Neigungen nachgehen konnte, aber auch Phasen, vornehmlich seit den ausgehenden 1470er Jahren, in denen ein Verweilen in den Burgen Rodemachern und Richemont, auf Letztere war sie ja bewittumt, gefährlich gewesen sein dürfte und sie daher an weniger gefährdete Orten auswich. Bestimmen lassen sie sich beim bisherigen Forschungsstand nicht. Ich denke an Montmédy und an Trierer oder Mainzer Konvente. So könnten schon 1443/44, also bald nach ihrer Vermählung, die Massierung burgundischer Truppen zwischen Diedenhofen und Luxemburg und Gerhards bekannte oppositionelle Einstellung ein vorübergehendes Ausweichen veranlasst haben. Als relativ ruhig betrachte ich die Zeit zwischen der Aussöhnung mit den Burgunderherzögen 1466/67 und der Neuformierung der ‚böhmischen Partei' nach dem Tode Karls des Kühnen 1477/78 und der Erneuerung der Ansprüche der Nachkommen der Luxemburger Dynastie in weiblicher Linie auf ihr Stammland. Von da an eskalierte der Konflikt zwischen Gerhard und der neuen Verwaltung unter Maximilian von Habsburg und endete in der Eroberung von Richemont und Rodemachern und ihrer Konfiskation wegen Felonie und Rebellion.

Ihre Liebe zum Buch wird in ihrem dritten Lebensjahrzehnt fassbar, als sie von dem

---

[101] Der römische Gegenpapst ernannte Thilmann Vuss von Bettemburg, ebenfalls aus luxemburgischem Adel, zum Bischof von Metz. Biographien beider von Henri Tribout de Morembert in: *Biographie Nationale du Pays de Luxembourg* 10 (1960) S. 285-309 und 21 (1975) S. 51-80.

[102] Vgl. dazu den Exkurs.

von ihrer Mutter übersetzten Ritterroman *Loher und Maller* mindestens zwei Abschriften anfertigen ließ, die aber beide nicht erhalten blieben.[103] Aufschlussreiche Quelle für ihren Bücherbesitz ist eine kleine Liste, die sie auf einem freien Blatt am Ende ihres heute in Gotha verwahrten Gebetbuches eingetragen hat.[104] Sie gibt nicht nur Hinweise auf ihren Bücherbesitz, sondern wirft auch Licht auf literarisch interessierte Frauen und Männer in ihrem Umfeld.

Ihr derzeit rekonstruierbarer Buchbestand (vgl. Anhang) ist auf dreierlei Weise zustande gekommen: durch Auftragsarbeiten, durch Erbe aus dem Nachlass von Mutter und Bruder und durch Kauf oder Tausch.

Schenk von Schweinsberg hat bereits dargelegt, dass einige Bücher aus dem Besitz Elisabeths an ihre Tochter Margarethe übergegangen sind, Elisabeth kann sie noch zu Lebzeiten der Tochter geschenkt haben oder sie sind ihr nach dem Tod der Mutter (17. Januar 1456) bei einer Aufteilung von deren Fahrhabe zugefallen.

Thematisch bietet sich eine breite Palette von Gebet- und Andachtsbüchern über erbauliche Schriften, Heiligenviten, Kräuterbuch, Themen der adligen Welt wie Spiegelbuch und ein Buch ,von den geslechte'.[105] Hinsichtlich der von ihrer Mutter übersetzten Ritterromane wissen wir nur, dass Margarethe zwei Abschriften von *Loher und Maller* in Auftrag gegeben hatte.[106] Der Besitz von Abschriften der drei anderen Romane *Herpin*, *Sybille* und *Hug Scheppel* ist wahrscheinlich, aber bisher nicht nachgewiesen.

Bekannt in der Geschichte der spätmittelalterlichen Buchmalerei wurde Margarethe durch ein von ihr in Auftrag gegebenes Gebetbuch,[107] bestehend aus 297 Pergamentblättern, 39 Tafeln aus dem Leben Jesu, 39 Bilder weiblicher und männlicher Heiliger und einem Bild von ihr selbst als Frontispiz. Einem Teil der Bilder sind Wappen beigefügt. Alle Blätter im Format 140 x 185 mm sind in eine Holzkassette eingebettet. Vornehmlich diese Art der Komposition von Text und Bild veranlasste Schenk von Schweinsberg zu dem Urteil: „Durch den Bilderteil reiht sich Margarethe unter die großen Bücherfreundinnen des XV. Jahrhunderts ein. Ich kann kein zweites Buch nennen, das eine vorgebundene Bilderkassette hätte, [...] sie muss auf einen besonderen Wunsch der Bestellerin zurückgehen".[108]

Die Entstehung des Bandes wird von Schenk von Schweinsberg und ihm folgend von Kratzsch zwischen 1458 dem „Todesjahr Gerharts I." und dem Jahre 1479, in dem „Gerhart II. mit der Reichsacht belegt wurde" datiert.[109] Dieser Ansatz, der von einem fal-

---

[103] Stork, Hans-Walter: „Die handschriftliche Überlieferung der Werke Elisabeths von Nassau-Saarbrücken und die malerische Ausstattung der Handschriften", in: Haubrichs/Herrmann/Sauder (Hg.): *Zwischen Deutschland und Frankreich* (wie Anm. 1), S. 592ff.

[104] Sie wurde von Schenk von Schweinsberg („Margarete von Rodemachern" [wie Anm. 15], S. 128) erstmals veröffentlicht, vgl. auch Haubrichs, Wolfgang: „Die ,Pilgerfahrt des Träumenden Mönchs'. Eine poetische Übersetzung Elisabeths aus dem Französischen?", in: Haubrichs/Herrmann/Sauder (Hg.): *Zwischen Deutschland und Frankreich* (wie Anm. 1), S. 533-537.

[105] Vermutlich ein genealogisch-heraldisches Werk.

[106] Vgl. S. 72, MargRod I 1 und I 2.

[107] Zentralbibliothek der deutschen Klassik, Weimar, Pergamenthandschrift Q 59.

[108] Schenk von Schweinsberg: „Magarete von Rodemachern" (wie Anm. 15), S. 135.

[109] Ebd., S. 144.

schen Todesdatum[110] von Margarethes Ehegatten ausgeht, kann nicht aufrecht erhalten werden. Eine genauere Datierung ermöglichen vier Wappen, die neben ein Morgengebet gestellt sind. Von oben nach unten sind es die Wappen von Rodemachern, Nassau-Saarbrücken, Lothringen und Mörs-Saarwerden. Den Datierungsanhaltspunkt gibt das letzte Wappen, insofern als eine Verbindung der Familien Rodemachern und Mörs-Saarwerden erst durch die Heirat von Margarethes Tochter Elisabeth mit Junggraf Friedrich von Mörs-Saarwerden im Februar 1463 entstand. Da Elisabeth nach einigen Jahren verwitwete, vermutlich 1470, und 1472 eine Zweitehe mit Diebold von Hohengeroldseck einging, halte ich eine Entstehungszeit ab Frühjahr 1463 und bis 1470/72 für wahrscheinlich, obwohl durch die beiden Enkelkinder Bernhard und Margarethe von Mörs-Saarwerden die familiäre Bindung fortbestand.

Literarisch interessierte Personen in Margarethes Umfeld[111]

Von besonderer Aussagekraft ist die kleine Ausleiheliste im Gothaer Gebetbuch,[112] sie ist aber nicht die einzige Quelle. Hinweise auf literarisch interessierte Personen in Margarethes Bekanntenkreis finden sich auch an anderer Stelle bzw. können wahrscheinlich gemacht werden. Die in der Liste eingetragenen Personen lassen sich nur teilweise identifizieren. Ob ihre Eintragung in zeitlicher Abfolge erfolgte, bleibt offen, manchmal sind Daten genannt, in anderen Fällen lassen sie sich erschließen.

Der erste Eintrag ‚mynem broder' enthält nicht den Vornamen und lässt daher offen, ob der in den rechtsrheinischen nassauischen Landen, vornehmlich in Weilburg lebende Philipp oder der jüngere meist in Saarbrücken residierende Johann gemeint ist. Eindeutig ist dann der zweite Eintrag: ‚mynen broder Johan'. Die Verbindung zu ihm ist spätestens mit seinem Tode (1472) abgerissen, bald darauf wohl auch zum Saarbrücker Hof; denn Margarethes Schwägerin verheiratete sich wieder und lebte fortan in Wernigerode im Harz. Die von Margarethes älterem Bruder Philipp übernommene vormundschaftliche Regierung über seinen Neffen Johann Ludwig wurde durchweg von Beamten geführt.

Die Identifizierung des ‚Fied' genannten Entleihers ist mir nicht gelungen. An ähnlich lautenden Namen habe ich gefunden:

- Raulin von Viel, Herr zu Monheim, Mitglied der böhmischen Partei,[113] also politischer Gesinnungsgenosse Gerhards,
- Phile von der Wynreben, Ehefrau von Johann von Britten,[114]
- Otto de Veyhe, Schöffe zu Cattenom, verheiratet mit Katharina von Schiffeldingen, belegt für 25. Mai 1449.[115]

Ein ‚Bentschyr' von ‚Feihe', Herr zu ‚Heming', Parteigänger von Burgund-Habsburg[116]

---

[110] Vgl. S. 48f.

[111] Vgl. dazu auch Haubrichs: „Pilgerfahrt" (wie Anm. 104), S. 537f.

[112] Ediert bei Schenk von Schweinsberg: „Margarete von Rodemachern" (wie Anm. 15), S. 128.

[113] *Publ. Lux.* 28 (1873) S. 188 (Liste I).

[114] Betrifft Anteil an Einkünften in *Andeven* (*Publ. Lux.* 31 [1876] S. 60 Nr. 100).

[115] Würth-Paquet/Werveke: „Archives de Clervaux" (wie Anm. 30), Nr. 961.

[116] *Publ. Lux.* 28 (1873), S. 188 (Liste II).

scheidet aus, einmal weil er politischer Kontrahent Gerhards von Rodemachern war und zum andern weil die Diphtongierung von *i* zu *ei* in dieser Zeit im mosselländischen Bereich noch nicht erfolgt war. Dagegen könnte *Fied* volkssprachliche Form von Vitus sein.[117]

Die Ausleihe an „Ph. mein capellan von Bolchen"[118] sollte vor März 1463 angesetzt werden, weil Bolchen als Mitgift von Margarethes Tochter Elisabeth bei ihrer Heirat mit Junggraf Friedrich von Mörs[119] aus Rodemacher'schem Besitz ausschied.

Die ‚frawe von Berpperch' bzw. Perperg, die mit zwei Ausleihen eingetragen ist, gehörte zu der bekannten luxemburgischen Adelsfamilie von Berberg, deren Name auch unter den Varianten Berbourg, Beaurepaire und Beaurepart begegnet. Wahrscheinlich handelt es sich um die dritte und letzte Gattin Erhards von Gymnich, Herr zu Berberg, der zwischen 1415 und 7. Januar 1448 urkundlich belegt ist.[120] Er und sein Bruder Wynnemar von Gymnich, Herr zu Düdelingen, gehörten wie Gerhard von Rodemachern zur Ganerbenschaft der Burg Larochette. Beide hatten sich mit Margarethes Vater Graf Philipp von Nassau-Saarbrücken um die Teilhabe an Burg und Grafschaft Homburg gestritten,[121] aber das war fast zwei Jahrzehnte vor Margarethes Geburt gewesen. In erster Ehe war er verheiratet mit Lisa, der Tochter Huards, Herr von Autel, Mitherr von Larochette,[122] in zweiter Ehe mit Maria von Meisenburg.[123] Der Name seiner dritten Frau erscheint in den Quellen in unterschiedlicher Form: 1448 ohne Monats- und Tagesangabe als ‚Gudila von Baderkop', Witwe Erhards von Gymnich, ‚domina in Berburg', am 2. und 23. Februar 1449 als ‚Gudel de Baderko, Dame de Berpurch', Witwe Erhards,[124] am 26. August 1458 als ‚Bonne de Bacourt', Witwe und Frau zu Berbourg,[125] am 28. Juni 1463 als ‚Bonne de Baudricourt',[126] Witwe, am 4. Juni und 16. Juli 1466 als ‚Guyte de Baudrecourt', Witwe Erhards von Gymnich[127] und am 14. Mai 1471 als ‚Guedde von Badercort', Witwe.[128] Die unterschiedliche Form des Vornamens erklärt sich durch die wechselnde deutsche und

---

117 Freundliche Hinweise von Herrn Kollegen Haubrichs.

118 Ausgeliehen war das *boche vo(n) den geslechte*.

119 Vgl. Anm. 40.

120 Chartes de la Famille de Reinach, déposées aux Archives du Grand-Duché de Luxembourg (*Publ. Lux.* 33 [1877], Nr. 1001, 1132, 1149, 1155, 1191, 1212, 1215, 1238f., 1325, 1371, 1395, 1410, 1499, 1573, *Publ. Lux.* 28 [1873] S. 26 Nr. 44 und 29 [1874], S. 77 Nr. 176).

121 Erhard von Gymnich hatte 1416 seine Ansprüche zurückziehen müssen, den Schlussstrich zog erst 1463 der Nacherbe Wynnemars von Gymnich Johann von Bolchen, Herr zu Zolver, indem er auf alle Ansprüche an die Grafschaft Homburg förmlich verzichtete (Herrmann, Hans-Walter: „Beiträge zur Geschichte der Grafen von Homburg", in: *Mitteilungen des Historischen Vereins der Pfalz* 77 [1979] S. 65-71).

122 Urkunde von 1408 (Chartes de la Famille Reinach [wie Anm. 120], Nr. 1132), sie verstarb vor dem 26.05.1426 (ebd., Nr. 805f.).

123 Als seine Gattin erstmals nachgewiesen am 06.10.1429 (Würth-Paquet/Werveke: „Archives de Clervaux" [wie Anm. 30], Nr. 823), auch für sie war es die zweite Ehe, ihr erster Mann war der 1424 und 1425 belegbare Friedrich von Brandenburg, Herr von Clervaux (Chartes de la Famille Reinach [wie Anm. 120], Nr. 794, 798 und 801).

124 *Publ. Lux.* 29 (1874) S. 86f. Nr. 206 und 209.

125 Chartes de la Famille Reinach (wie Anm. 120), Nr. 1742, *Publ. Lux.* 31 (1876) S. 21 Nr. 33.

126 *Bonne* ist die französische Form von *Guda, Gudel, Gudila* und Varianten.

127 *Publ. Lux.* 32 (1877) S. 45 Nr. 172, Chartes de la Famille Reinach (wie Anm. 120), Nr. 1834 und 1885, *Publ. Lux.* 32 (1877) S. 10 Nr. 19 und S. 54 Nr. 188.

128 Würth-Paquet/Werveke: „Archives de Clervaux" (wie Anm. 30), Nr. 1269.

französische Urkundensprache, der Herkunftsname dagegen wirft die Frage nach der Identifizierung auf, denn in unserem Untersuchungsraum lebte damals ein Adelsgeschlecht von Bacourt und eines von Baudricourt.

In der Herrschaft Berberg folgte nach dem Tode Erhards von Gymnich Johann von Bolchen, Herr von Soleuvre, Berberg und Düdelingen,[129] insofern war seine Ehefrau Gyte/Bonne von Bolchen, belegt 10. Mai 1471 und 20. Juni 1481,[130] auch Frau von Berberg. Ihre Tochter Guta war die Gattin des Claudius von Neuchâtel, Herr von Fay und Berberg.[131] An diese Dame ist weniger zu denken, weil ihr Ehemann als von Maximilian eingesetzter Gouverneur in Luxemburg in politischem Gegensatz zu Gerhard von Rodemachern stand.[132] Auch ‚an myner frawe von Berpperch sustre‘ lieh Margarethe ein Buch aus. Es könnte ‚Marguerite de Bockort‘ (Bacourt), Ehefrau Johanns V. von Kriechingen, die zwischen 23. März 1448 und 29. Oktober 1482 belegt ist[133], gewesen sein. Interessant erscheint mir, dass sie auf Burg und Vorburg Püttlingen im Köllertal bewittumt war,[134] einen Ort, der nur 3 km von der nassau-saarbrückischen Burg Bucherbach im Köllertal, zeitweiligem Witwensitz von Margarethes Mutter, entfernt lag.

Ein weiterer Entleiher war ‚Winrich von Puttlingen‘, er wird unter den Vornamensvarianten *Wirich/Weyrich* erwähnt zwischen 15. November 1446 und 29. Mai 1491, zeitweise mit dem Zusatz Herr von Siedelingen.[135] Seine Frau *Enchgin* von Kaldenborn wird 1484 genannt,[136] 1494 als Witwe mit den Kindern Marie, Bernhard, Wilhelm, Wirich, Margarethe[137], eine Tochter Anna war 1488 mit Wygand von Neumagen vermählt.[138] Wirich erscheint öfter zusammen mit seinem Bruder Wilhelm († 05.06.1484), der vermählt war mit Katharina von Eppelborn (LK Neunkirchen/Saar). Beider Schwester Agnes war verehelicht mit Johann Krone von *Wisperch*.[139] Sie gehörten einer im frühen 14. Jahrhundert entstandenen Nebenlinie des Hauses Rodemachern an, begründet durch Tilmann († 1357), Sohn Gilles II. (= Egidius) von Rodemachern. Das namengebende Püttlingen

---

[129] Belegt am 20.02.1449, 20.12.1450 und 16.07.1466 (*Publ. Lux.* 29 [1874] S. 87 Nr. 208, S. 99 Nr. 255, Chartes de la Famille Reinach [wie Anm. 120], Nr. 1885).

[130] wie Anm. 131.

[131] Beide sind belegt für 1469 III/20, 1472 V/10 und 1481 VI/20 (Eder-Stein/Lenz/Rödel: *Inventar Virneburg* [wie Anm. 8], I Nr. 386 und 438 *Publ. Lux.* 34 [1880] S. 36 Nr. 131).

[132] Vgl. Exkurs S.89ff.

[133] Chartes de la Famille Reinach (wie Anm. 120), Nr. 1592, 1596, 1618, 1619 (*Publ. Lux* 29 [1874] S. 96f. Nr. 245), 1664f., 1759, 1858, 1907, 1926, 2737, *Publ. Lux.* 34 (1880) S. 35 Nr. 128 zum 13.03.1469, S. 48 Nr. 194 zum 20.03.1470 und S. 63 Nr. 247 (*Baucourt*), S. 70 Nr. 285 zum 04.12.1471 (*Marguerite de Bockart*) und S. 71 Nr. 290 zum 18.12.1471 (*Bokart*).

[134] Reinach (wie Anm. 120), Nr. 1575 zum 30.01.1447 und auf Jahrgülten aus Püttlingen, Reisweiler und Roden.

[135] Ebd., Nr. 1885, 2106, *Publ. Lux.* 31 (1876) S. 93 Nr. 160 zum 24.02.1462, 32 (1877), S. 9 Nr. 13, 34 (1880) S. 43 Nr. 167 zum 09.09.1469, 35 (1881) S. 295 Nr. 498, S. 310 Nr. 567.

[136] *Publ. Lux.* 35 (1881) S. 211 Nr. 164. Würth-Paquet/Werveke: „Archives de Clervaux" (wie Anm. 30) Nr. 1158 zum 27.04.1463 und Nr. 1307 zum 11.04.1476.

[137] *Publ. Lux.* 35 (1881) S. 356 Nr. 713f., Maria war Religiose in Heilig Geist/Luxemburg.

[138] Ebd., 35 (1881) S. 265 Nr. 368.

[139] *Publ. Lux.* 29 (1874) S. 68 Nr. 129 und Chartes de la Famille Reinach (wie Anm. 120), Nr. 1572.

liegt im Canton Cattenom (Kattenhofen),[140] ist also nicht identisch mit Püttlingen im Köllertal. Wirichs Charakterisierung durch Schenk von Schweinsberg als ‚Gutsnachbar' wird den Standes- und Abhängigkeitsverhältnissen nicht gerecht. Mit der Konfiskation Rodemacherns wurde 1483 auch Püttlingen eingezogen.[141]

Es ist wohl berechtigt, den Kreis literarisch interessierter Frauen und Männer um Margarethe in Beziehung zu setzen zu den politischen Gesinnungsgenossen und Gegnern ihres Mannes. Langezeit eng verbunden in der Ablehnung Burgunds war die Familie von Sierck. Dompropst Philipp von Sierck erscheint als einer der führenden Köpfe der so genannten *Böhmischen Partei* und als treuer Weggefährte Gerhards. Obwohl Geistlicher, verwaltete er die Grafschaft Montclair an der Saar und die Saarbrücken unmittelbar benachbarte Herrschaft Forbach bis zu seinem Tod (1492). Von seiner Nichte Adelheid, Gräfin zu Leiningen-Rixingen (Ehegatte Hermann) ist ein knappes Schreiben an Margarethes Bruder Graf Johann III. von Nassau-Saarbrücken aus dem Jahr 1466 bekannt, in dem sie die Rückgabe eines von ihr an Johanns Kaplan Bruder Lienhard ausgeliehenen Buches anmahnt.[142] Eine Tochter Adelheids und Graf Emichs IV. von Leiningen, mit Namen Margarethe heiratete ca. 1440 Wirich VI. von Dhaun, Herrn zu Oberstein und Falkenstein (* zwischen 1415 und 1420 † 1501). Er wird zu dem Kreis literarisch interessierter Männer und Frauen um die pfälzischen Kurfürsten Friedrich den Siegreichen (Amtszeiten 1449-1476) und Philipp (Amtszeiten 1476-1508) gezählt und gilt als Vermittler mittelniederländischer und altfranzösischer Literatur an den Heidelberger Hof und als einer derjenigen, die maßgeblich zur Entstehung des Heidelberger Corpus des deutschen Prosa-Lancelot beigetragen haben. Eine direkte Verbindung Wirichs von Dhaun zu Margarethe von Rodemachern kann ich nicht belegen. Mit ihrem Ehegatten dürfte er bekannt gewesen sein; denn beide unterstützten in der Mainzer Stiftsfehde Adolf von Nassau gegen Dietrich von Isenburg.[143] Bekanntschaft bestand auch mit Margarethes Bruder Graf Johann III. von Nassau-Saarbrücken, für dessen literarische Interessen ja die Besorgung einer *Hug-Scheppel*-Vorlage aus der Abtei St. Denis für seine Mutter und die Anfertigung der so genannten Prachthandschriften von drei ihrer Romanübertragungen sprechen. Wirich gehörte 1452 zu den Schlichtern eines Streites Johanns mit Herzog Stephan von Pfalz-Zweibrücken.[144] Vierzehn Jahre später bemühte er sich um den Ausgleich Johanns mit Graf Friedrich von

---

[140] Sie umfasste Anteile an den Dörfern Beiern, Gandern, Ewringen und Hagen, alle in der Nähe von Rodemachern.

[141] *Reichsland Elsaß-Lothringen* Bd. 3, S. 850; Dictionnaire des châteaux de France sous la direction d'Yvan Christ: Choux, Jacques: *Lorraine: Meurthe-et-Moselle, Meuse, Moselle, Vosges*, Paris 1978, S. 188f.; Didderich, E.: „Puttelange-les-Rodemack", in: *Cahiers luxembourgeois* (1932) S. 695-709.

[142] Herrmann: „Lebensraum" (wie Anm. 3), S. 117.

[143] Beckers, Hartmut: „Der püecher haubet, die von der Tafelrunde wunder sagen. Wirich von Stein und die Verbreitung des Prosa-Lancelot im 15. Jahrhundert", in: Werner Schröder (Hg.): Schweinfurter Lancelot-Kolloquium 1984 (Wolfram-Studien 9), Berlin 1986, S. 17-45, die dortige Zählung als ‚Wirich IV.' ist zu berichtigen, dort auch Hinweise auf Wirichs Bücherbesitz, zur Mainzer Stiftsfehde vgl. Gerlich, Alois, in: *Hessisches Jahrbuch für Landesgeschichte* 6 (1956) S. 25-76, vgl. auch Brandt, Peter: „Die Forbacher Linie Dhaun-Oberstein", in: *Mitteilungen des Vereins für Heimatkunde im Landkreis Birkenfeld* 26 (1963) S. 2-15.

[144] 1452 VI/15 LA SB Best. N-Sbr. II Nr. 5865.

Zweibrücken-Bitsch.[145] Es darf angenommen werden, dass Wirich die literarische Komponente des Saarbrücker Hoflebens nicht unbekannt war. Seine Schwestern Elsa und Ännchen standen im Schriftwechsel mit Margarethes Mutter, erhalten blieben jedoch nur Schreiben über Besitzstandswahrung und Güterverwaltung.[146] Wirichs literarisches Œuvre gilt leider als verschollen. Aus seinem Bücherbesitz sind nur drei Bände bekannt, darunter ein altfranzösischer *Lancelot en prose*.

Wirichs Sohn Melchior (1451-1517) war vermählt mit Irmgard, Tochter Wilhelms von Virneburg und Franziskas von Rodemachern († 27.02.1483), der Schwester Gerhards und Schwägerin Margarethes.[147] Irmgards jüngere Schwester Mechthild von Virneburg war seit 1470 vermählt mit Kuno von Manderscheid, der den Anstoß zur Blankenheim-Manderscheid'schen Schlossbibliothek gab, die knapp 100 Handschriften umfasste[148], darunter auch eine *Loher und Maller*-Übertragung Elisabeths von Nassau-Saarbrücken,[149] zusammen in einem Band mit Rudolf von Ems *Willehalm von Orles*[150] und der *Klage Belials* des Jacobus von Theramo.[151] Bemerkenswert erscheint mir, dass die Texte dieser Handschrift als südrheinfränkisch bezeichnet werden, also dem Sprachgebiet entstammen, in dem Margarethes Mutter Elisabeth von Lothringen-Vaudémont seit ihrer Vermählung mit Philipp von Nassau-Saarbrücken lebte und Margarethe selbst aufgewachsen war.

Das Verhältnis Gerhards von Rodemachern zu Kuno von Manderscheid war 1469/70 belastet.[152] Die Familie Virneburg lag lange Zeit politisch auf der gleichen Linie wie

---

[145] Weitere Kontakte Wirichs zu Graf Johann belegen Schreiben von 1463, wonach er zu einem Treffen (*tag*) nicht kommen könne (LA SB Best. N-Sbr. II Nr. 2320 S. 219), und 1466 III/26 (ebd., Nr. 1601), auch Schreiben Johanns vom 18.12.1464 an Wirich betreffend Tagleistung.

[146] Herrmann: „Lebensraum" (wie Anm. 3) S. 73, 93f., 98, 114, 140.

[147] Eheberedung am 21.05.1456 (Renger-Mötsch: *Arenberg* (wie Anm. 7) Nr. 1360, Möller: *Stammtafeln* [wie Anm. 6], Tafel XXIII), vgl. auch Neu, Peter: *Geschichte und Struktur der Eifelterritorien des Hauses Manderscheid, vornehmlich im 15. und 16. Jahrhundert*, Bonn 1972, S. 88.

[148] Beckers, Hartmut: „Handschriften mittelalterlicher deutscher Literatur aus der ehemaligen Schlossbibliothek Blankenheim", in: *Die Manderscheider. Eine Eifeler Adelsfamilie. Herrschaft – Wirtschaft – Kultur. Katalog zur Ausstellung Blankenheim, Gildehaus – Manderscheid, Kurhaus*, Köln 1990, S. 57-82, hier vornehmlich S. 62ff.

[149] Ebd., S. 71 Nr. 18 (Historisches Archiv der Stadt Köln W 337).

[150] Ein im Auftrag Konrads von Winterstetten († 1243) entstandener Minneroman, Verfasser bezeichnet sich selbst als Ministeriale der Grafen von Montfort, bekannt sind 19 Handschriften und 14 Fragmente (Ott, Norbert H.: „Rudolf von Ems", in: *Lexikon des Mittelalters* VII [1995], Spalte 1083f.).

[151] Übersetzung des *Liber Belial seu processus Luciferi contra Christum*, verfasst 1382 von dem Kanonisten *Jacobus Palladini de Theramo* (1349-1417), das Werk stellt eine scholastische Argumentation für die Überwindung der teuflischen Gewalt durch Christus dar. Das ins Deutsche und andere Sprachen übersetzte Werk wird zur ,Populär- bzw. Vulgärliteratur des römisch-kanonischen Prozeßrechts' gezählt, daher stärker verbreitet, 1559-1596 indiziert (Rupprich, Hans: *Die deutsche Literatur vom Spätmittelalter bis zum Barock*, 1. Teil: *Das ausgehende Mittelalter, Humanismus und Renaissance 1370-1520*, München 1970, S. 372; Zapp, Hartmut: „J. de Theranno", in: *Lexikon des Mittelalters* V [1991], Spalte 261).

[152] Im März 1469 stand Streit an wegen ausstehender Zahlungen. Ein Schlichtungsversuch des Herzogs von Jülich, der aus Manderscheider Sicht eher dem Rodemacher zuneigte, zeitigte keinen Erfolg. Am 19.04.1469 warb Gerhard Helfer an in seiner Fehde gegen Junggraf Kuno von Manderscheid, im August einigte man sich (Würth-Paquet/Werveke: „Archives de Clervaux" [wie Anm. 30], Nr. 1255 und 1258, Neu: *Eifelterritorien* [wie Anm. 147], S. 59-61, 66). Schon im folgenden Jahr (1470) musste Markgraf Rudolf von Baden, damals Gouverneur des Herzogtumes Luxemburg, in einem neuen Konflikt zwischen

Gerhard von Rodemachern, erst im Katastrophenjahr 1483 kam es zu Verstimmungen.[153]

Wahrscheinlich, wenn auch bisher nicht belegt, sind ‚literarische Gespräche' zwischen Margarethes Bruder Graf Johann und ‚le bon roi René', Herzog von Anjou, Bar und Lothringen, der selbst schriftstellerisch tätig war.[154] Graf Johann wurde 1455 in den von René gestifteten ‚Orden des zunehmenden Mondes (*Croissant*)' aufgenommen und war als Mitglied zur Teilnahme an den Ordenskapiteln, die in der Regel in Angers an der Loire stattfanden, verpflichtet. Es sollte mich wundern, wenn bei Begegnungen beider nicht gelegentlich über Literatur gesprochen worden wäre.[155]

Ausklammern aus dem Kreis der Bücherfreunde um Margarethe möchte ich Elisabeth von Görlitz,[156] die langjährige Pfandherrin des Herzogtums Luxemburg. Ihr Verhältnis zu Gerhard von Rodemachern war schlecht. Ihre Kontakte mit Gräfinwitwe Elisabeth von Nassau-Saarbrücken[157] liegen vor Margarethes Vermählung.

Margarethe gehörte also zu einem Kreis literarisch interessierter Frauen und Männer unterschiedlicher sozialer Stellung, Mitglieder aus Grafenhäusern, Angehörige des niederen Adels, zwei Burgkapläne, dazu namentlich nicht nennbare Mitglieder von Konventen, von denen St. Agnes in Trier aufgrund seiner Ausrichtung nach der Devotio moderna Schrift- und Buchkultur besonders gepflegt haben könnte und Beziehung zu Eberhardsklausen unterhielt, dessen Buchproduktion jüngst in das Interesse der Forschung gerückt wurde.[158]

Die zunehmende Isolierung ihres Ehegatten Gerhard und die gegen ihn geführten militärischen Aktionen in den ausgehenden 1470er Jahren lassen vermuten, dass dadurch Margarethes literarische Verbindungen gestört, vielleicht sogar abgebrochen wurden. Spätestens 1483 dürften sie ganz zum Erliegen gekommen sein. Damit verbunden ist die Frage nach dem Schicksal ihrer kleinen Bibliothek. Möglich ist sowohl Weitergabe an die Töchter oder an befreundete Konvente, als auch an die Mitnahme nach Mainz zumal ja 20 oder 30 Bände, darunter solche kleineren Formats kein schwer handhabbares Umzugsgut darstellten.

Kuno Graf von Manderscheid-Blankenheim und Gerhard von Rodemachern vermitteln (LHA Koblenz Best. 54 R 140).

[153] Vgl. Exkurs.

[154] Z.B. *René d'Anjou, Vom liebentbrannten Herzen*, eingeleitet und erläutert von Franz Unterkircher (Hg.), Graz 1975.

[155] Herrmann: „Lebensraum" (wie Anm. 3), S. 118f.

[156] Zu Handschriften in ihrem Besitz vgl. Haubrichs: „Bibliotheksverzeichnis" (wie Anm. 63), S. 55f.

[157] Um 1435 Aufenthalt (Besuch?) in Saarbrücken, 1440 Anschreiben wegen Aufhaltens von [Kauf]leuten, (Herrmann: „Lebensraum" [wie Anm. 3], S. 101, 143).

[158] Ein Eberhardsklausener Arzneibuch aus dem 15. Jahrhundert (Stadtbibliothek Trier Hs. 1025/1944, Marco Brösch, Volker Henn und Silvia Schmidt [Hg.] unter Mitwirkung von Claudia von Behren und Karina Wiench [Klausener Studien 1], Trier 2005; Heydrich, Kurt / Staccioli, Giuliano: *Die lateinischen Handschriften aus dem Augustinerchorherrenstift Eberhardsklausen in der Stadtbibliothek Trier*, Teil 1, Wiesbaden 2007).

Forschungsaufgaben

Die Forschungsaufgabe *Margarethe von Rodemachern* sollte vornehmlich ausgerichtet werden auf Erweiterung der Kenntnisse über den ehemals ihr gehörenden Bücherbestand, seine Herkunft und seinen Verbleib. Dabei sollten auch Inkunabeln berücksichtigt werden. In einem Anhang zu diesem Aufsatz habe ich die bisher bekannt gewordenen Schriften aus ihrem Besitz zusammengestellt. Weitere Nachforschungen sollten in vier Richtungen geführt werden:

1) über Nachlässe ihrer leiblichen Nachkommen
2) über Nachlässe von Seitenverwandten
3) über Bibliotheken der Klöster, mit denen sie in Verbindung stand
4) über die Sammlungen des Bibliophilen Zacharias Conrad von Uffenbach

Zu 1)

An ihre Tochter Margarethe, verehelichte Gräfin von Sayn-Wittgenstein, kam eine Handschrift der *Pilgerfahrt des träumenden Mönchs*, in der Ausleiheliste *Weller* genannt, heute noch in Berleburg.[159]

Bücherbesitz ihrer Töchter Anna, verehelichte von der Mark, und Elisabeth und der Enkel aus deren beiden Ehen mit Friedrich von Mörs-Saarwerden[160] und Diebold von Hohengeroldseck konnte bisher nicht nachgewiesen werden.

Zu 2)

Margarethes älterer Bruder Philipp war zweimal vermählt, in erster Ehe mit Margaretha von Loon-Heinsberg († 1446), in zweiter Ehe mit Veronika von Sayn-Wittgenstein († 1511). Über seinen Bücherbesitz und den seiner Nachkommen wurde bisher nichts bekannt. Zu recherchieren wäre in der nassauischen Bibliothek in Wiesbaden und in den Luxemburger Bibliotheken, vornehmlich der großherzoglichen in Schloss Berg.

Die von dem jüngeren Bruder Johann III. († 25. Juli 1472) in Auftrag gegebenen Prachthandschriften der *Chanson-de-geste*-Übertragungen seiner Mutter Elisabeth werden heute in Hamburg SUB und Wolfenbüttel verwahrt. Der genaue Weg, den sie dorthin genommen haben, bedarf noch der Klärung. Graf Johanns Tochter aus erster Ehe wurde am 19. Oktober 1472 in Saarbrücken vermählt mit Herzog Wilhelm von Jülich. Am folgenden Tag brachte ihre Stiefmutter Elisabeth geborene Gräfin von Württemberg einen Sohn zur Welt, der auf den Namen Johann Ludwig getauft wurde. Schon im folgenden Jahr vermählte sie sich mit Graf Heinrich dem Älteren von Stolberg-Wernigerode, sie starb 1505 unter Hinterlassung zweier Söhne Heinrich und Bodo. Hinsichtlich der Verteilung eines Büchernachlasses des Grafen Johann, der eine engere Beziehung zur literarischen Arbeit seiner Mutter hatte, sehe ich drei Möglichkeiten

---

[159] Schenk von Schweinsberg: „Margarete von Rodemachern" (wie Anm. 15), S. 130f. weist auch auf eine rheinfränkische Prosafassung des *Weller* in Hamburg hin cod. Germ. 18, Vorbesitzer Uffenbach und Wolf.

[160] Margarethe von Mörs-Saarwerden heiratete einen Grafen von Wied-Runkel, die Fürstlich Wied'sche Rentkammer erstattete auf meine Anfrage nach älteren Handschriftenbeständen Fehlanzeige.

- Bücher kamen an seinen älteren Bruder Philipp, der die Vormundschaft über den posthum geborenen Johann Ludwig übernahm,
- seine zweite Gemahlin nahm Bände mit nach Wernigerode,
- seine Schwester Margarethe konnte sich aus dem Nachlass des Bruders Stücke, die vielleicht noch von der Mutter stammten, auswählen, soweit sie sie nicht schon unmittelbar nach dem Tod der Mutter (†1456) erhalten hatte.

Schließlich ist nach Herkunft und Verbleib der Vorlagen für die frühen Straßburger Drucke[161] zu fragen. Für den ersten *Huge Scheppel*-Druck (1. Auflage 1500) lieferte der früher in nassau-saarbrückischen Diensten stehende Conrad Heindörfer die Vorlage. Die Herkunft der Manuskripte für die Erstdrucke von *Loher und Maller* und *Herpin*, beide 1514, ist bisher nicht geklärt. Könnte Margarethes Enkeltochter aus der zweiten Ehe ihrer Tochter Elisabeth mit Diebold von Hohengeroldseck, die ja im Oberrheingebiet ansässig waren, Leihgeberin oder Vermittlerin gewesen sein?

Offen bleibt die Frage nach dem Verbleib von Handschriften in Saarbrücken. Ein Inventar der dortigen Burg von 1554 erwähnt eine *Liberey*, spezifiziert aber nicht deren Inhalt.[162] Graf Johann IV. († 1574), der Urenkel Elisabeths von Lothringen-Vaudémont, hatte eine kleine Bibliothek in der Burg Homburg zusammengetragen. Unter den rund 100 Titeln in deutscher, lateinischer und französischer Sprache ist kein einziger einschlägig in unserem Interesse.[163]

Zu 3) Klöster in Verbindung zur Familie Rodemachern

Aus der Bibliothek des Trierer Agnetenklosters[164] liegen in der Hamburger SUB fünf Handschriften[165] und zwei Inkunabeln mit beigebundener Handschrift.[166] In unserem Zusammenhang erscheint mir besonders interessant, dass sie aus der Sammlung Uffenbach (1683-1734) stammen, über die auch andere Handschriften aus dem Besitz des Hauses Nassau-Saarbrücken nach Hamburg kamen.[167]

Über das Schicksal der Bibliotheken der Trierer grauen Schwestern hinter den Dominikanern, der Karmeliter und des großen Beginenkonvents zu Mainz (später Franziskanertertiarerinnen) ist noch zu recherchieren.

Zu 4) Sammlung Uffenbach

Ein Teil der bekannten Elisabeth-Handschriften befanden sich früher im Besitz des Frankfurter Juristen und Bibliophilen Zacharias Conrad von Uffenbach (1683-1734). Da-

---

[161] Vgl. dazu Sauder, Gerhard: „Die Rezeption der Prosaromane Elisabeths von Nassau-Saarbrücken: Vom Volksbuch bis zur Romantik", in: Haubrichs/Herrmann/Sauder (Hg.): *Zwischen Deutschland und Frankreich* (wie Anm. 1), S. 569-590, hier S. 572ff.

[162] LA SB Best. N-Sbr. II Nr. 4706.

[163] Hoppstäder, Kurt: „Ein Inventar der Burg Homburg von 1575", in: *Geschichte und Landschaft* Nr. 61 (Okt. 1965), Heimatbeilage der Saarbrücker Zeitung.

[164] Knoblich, Isabel: „Trierer Handschriften in Hamburg", in: *Kurtrierisches Jahrbuch* (2003), S. 95-114.

[165] Ms. theol. 1045, 2059, 2064, 2065, 2192.

[166] AC III 16.

[167] Brandis, Tilo: *Die Codices in scrinio der Staats- und Universitätsbibliothek Hamburg*, Hamburg 1972, S. 42f.

her sollten Nachforschungen über Bücher Margarethes und ihrer Mutter Elisabeth erweitert werden um Provenienzuntersuchungen aller zeitweise im Besitz Uffenbachs nachweisbarer Bücher.[168] Schon Schenk von Schweinsberg regte an, dass „die rheinfränkischen Handschriften, die aus Uffenbachs Besitz nach Hamburg gekommen sind, alle auf einen etwaigen Zusammenhang mit Saarbrücken nachgeprüft werden sollten"[169] und nannte einige ihm ,verdächtig' erscheinende Codices.[170] Eine systematische Überprüfung hat meines Wissens noch nicht stattgefunden, vielleicht kann das in den beiden letzten Jahrzehnten gewachsene Interesse am literarischen Schaffen Elisabeths von Nassau-Saarbrücken dazu beitragen.

Bei der Suche sollte auf die heraldische Ausschmückung der Codices geachtet werden. Margarethe ließ in manchen ihrer Bücher Wappen anbringen, dabei erscheint das eigene in drei Varianten:

- das Wappen der Familie bzw. Herrschaft Rodemachern: Schild fünfmal geteilt von Gold und Blau (Weimarer Gebetbuch, abgebildet bei Kratzsch)
- ihr persönliches Wappen Variante 1: Schild gespalten, vorne das Rodemacher'sche Wappen wie vorstehend beschrieben, hinten ein goldener Löwe in mit goldenen Schindeln besetzten blauem Feld (= Nassau), Weimarer Gebetbuch Frontispiz (S. 31), abgebildet bei Kratzsch,
- persönliches Wappen Variante 2: Schild gespalten vorne das Rodemacher'sche Wappen, hinten geteilt, oben goldener Löwe in blauem Feld (= Nassau), unten silberner Löwe in blauem Feld (= Saarbrücken), Weimarer Gebetbuch, am Anfang des Gebetsteiles in großes O eingefügt und S. 21 bei Kreuzabnahme vor der links unten knienden Beterin, ebenfalls bei Kratzsch Tafel 28 abgebildet.

Margarethe von Rodemachern gehört nicht zu den literarisch kreativen Frauen ihrer Zeit. Die leider nur schmale Quellenbasis eröffnet aber einen kleinen Ausblick auf ihre Aktivitäten zur Wahrung und Weitergabe des literarischen Erbes ihrer Mutter und zu einem Standesgrenzen überschreitenden Austausch literarischer Interessen zwischen Adligen und Geistlichen. Aus der Schilderung solcher Tätigkeit ergibt sich ein kleiner Beitrag zur Kulturgeschichte des lothringisch-luxemburgischen Grenzgebietes im ausgehenden Mittelalter.[171]

---

[168] Uffenbach-Kataloge: *Bibliotheca Uffenbachiana Universalis sive catalogis librarum*, Frankfurt am Main, 2 Bde., 1729-1730; *Catalogus manuscriptorum codicum Bibliothecae Uffenbachianae*, Frankfurt am Main 1747; zur Person vgl. Franke, Konrad: „Zacharias Conrad von Uffenbach als Handschriftensammler. Ein Beitrag zur Kulturgeschichte des 18. Jahrhunderts", in: *Archiv für Geschichte des Buchwesens* 45 (1965) S. 1235-1338.

[169] Schenk von Schweinsberg: „Margarete von Rodemachern" (wie Anm. 15), S. 131.

[170] Hamburg SUB Cod. ms. 90 b in scrinio fol. Wappenbuch, Cod. ms. theol. 1084 fol. Seelentrost, Cod. ms. 9 in scrinio fol. die 14 Alten.

[171] Hier sei noch einmal auf den Überblick von Wolfgang Haubrichs: „Bibliotheksverzeichnis" (wie Anm. 63) verwiesen.

VERSUCH EINER REKONSTRUKTION DES BUCHBESTANDES DER MARGARETHE VON RODEMACHERN

Fiktive Signaturen:

MargRod – Buchbestand der Margarethe von Rodemachern

    I.   von ihr in Auftrag gegebene Schriften
   II. von ihrer Mutter Elisabeth von Nassau-Saarbrücken ererbt
 III. unbekannte Erwerbsart

Die Angaben zu den einzelnen Bänden sind nach folgendem Schema gegliedert:

    a) heutiger Aufbewahrungsort mit gültiger Signatur
    b) Titel und Inhalt
    c) Umfang und Ausstattung
    d) Entstehungszeit
    e) Ausleihe und/oder Weitergabe
    f) Literaturhinweise

Gruppe I : Von ihr in Auftrag gegebene Schriften

MargRod I 1

    a) unbekannt
    b) *Loher und Maller*
    c) unbekannt
    d) geschrieben im Auftrag Margarethes, vollendet am 15. Januar 1450, Datierung nach Explizit in UB Heidelberg cod. 1012
    e) unbekannt
    f) Stork, Hans-Walter: „Die handschriftliche Überlieferung der Werke Elisabeths von Nassau-Saarbrücken und die malerische Ausstattung der Handschriften", in: Haubrichs/Herrmann/Sauder (Hg.): Zwischen *Deutschland und Frankreich* (wie Anm. 1), S. 591ff.

MargRod I 2

    a) unbekannt
    b) *Loher und Maller*
    c) unbekannt
    d) angefertigt von Johann von Binsfeld im Auftrag Margarethes, fertiggestellt am 12.01.1458
    e) unbekannt
    f) wie MargRod I 1; den Band aus der Manderscheid-Blankenheimischen Bibliothek (Historisches Archiv der Stadt Köln W 337, Anm. 147f.) möchte ich hier nicht einordnen, weil nicht belegt ist, dass er von Margarethe in Auftrag gegeben wurde oder früher einmal in ihrem Besitz war.

MargRod I 3

a) Weimar Q 59

b) Gebetbuch mit Bilderfolge in Kassette. Totenverzeichnis der Häuser Nassau und Rodemachern und verwandter Geschlechter, beginnt mit Graf Philipp von Nassau-Saarbrücken († 1429) und endet 1509 mit Margarethe von Rodemachern, Gräfin zu Wittgenstein, 1490 Todestag von Margarethe von Nassau-Saarbrücken, verh. Rodemachern eingetragen. Das beigegebene Kalendar soll nach Kratzsch dem Trierer Festkalender entsprechen mit Anklängen an den von Utrecht, was er leider nicht belegt. Es folgen sieben Bußpsalmen, Seelenvesper, Totenvigilie, Bl. 102-123 Brief über die Witwenschaft (sogenannte Trostbrief), Betrachtungen und Gebete, Bl. 166 Betrachtung über Veronika, Bl. 264 Andachtsspruch (kürzere Fassung in Gotha II Bl. 139)

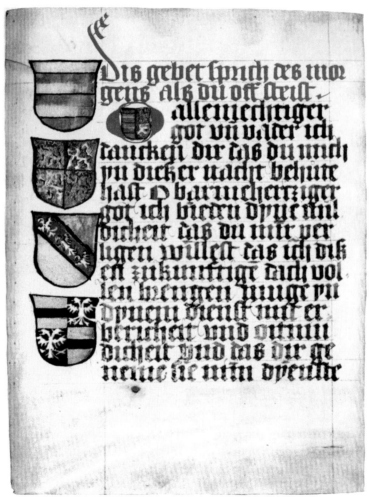

Abb. 1: Morgengebet aus Margarethes Gebetbuch mit Wappenreihe von Vorfahren: von oben nach unten: Vaudémont, Nassau-Saarbrücken, Lothringen, Mörs-Saarwerden (Weimar Q 59)

c) 297 Blatt, Pergament, 34 farbige Tafeln mit 11 Bildern aus dem Leben Jesu (Passi-on), 3 Marienleben, 19 Darstellungen von Heiligen, zusammen mit den Textblät-tern in Holzkassette, angefertigt von einem mittelrheinischen Maler, der Verbin-dung zu einer niederländischen Werkstatt gehabt haben soll. Die Identifizierung der im Gebetbuch enthaltenen Wappen durch Schenk von Schweinsberg bedarf einer kritischen Überprüfung (Fürstenberg, Habsburg)

Abb. 2: Kreuzabnahme aus Margarethes Gebetbuch, in der linken unteren Ecke Margarethe kniend auf Gebetpult, rechts davor schräg gestellt ihr Wappenschild (Weimar Q 59)

d) Schenk von Schweinsberg setzte die Entstehung ins Jahr 1458 und begründete sie mit dem falschen Todesjahr 1458 Gerhards von Rodemachern, die Datierung wurde von Kratzsch übernommen. Stork datiert ‚um 1460'. Eine Einengung der Datierung ergibt sich aus dem Mörser Wappen, dessen Auftreten in dem Pro-gramm der Familienwappen erst nach der Heirat von Margarethes Tochter Elisa-beth mit dem Junggrafen Friedrich von Mörs im Frühjahr 1463 plausibel ist. Friedrich ist vermutlich 1470 gestorben. Eigenhändige Eintragungen Margarethes,

Nachträge von Todesdaten bis 1505 durch ihre Tochter Margarethe von Rodemachern, Gräfin von Wittgenstein (†1509)

    e) Im Besitz der Familie von Sayn-Wittgenstein, 1770 von der damals Herzogl. Bi-
bliothek in Weimar angekauft.

    f) Schenk von Schweinsberg: „Margarete von Rodemachern (wie Anm. 15), S. 136-
152; Stork (wie MargRod I 1) S. 592 und 602.

II. von Mutter ererbt

MargRod II 1

    a) SUB Hamburg Cod. Theol. 2061

    b) Gebetbuch, enthält nach den 7 Tageshoren gegliedert Psalmen, andere Gebete
und Teile der Messliturgie, deutsch mit wenigen lateinischen Einsprengseln, auf
den letzten Blättern von anderer Hand Gebet vor und nach dem Empfang des Sa-
kraments, keine kalligraphische Ausgestaltung, keine Illustrationen, Wappen Margarethes, Hinweis Elisabeth von Lothringen, Frau zu Nassau-Saarbrücken ‚ist diß
buchlein gewest‘.

    c) 120 Blatt, Verwendung einer Pergamenturkunde vom 20.07.1414 als Einbanddek-
ke.

    d) unbekannt

    e) unbekannt

    f) *Der Huge Scheppel der Gräfin Elisabeth von Nassau-Saarbrücken nach der Handschrift der
Hamburger Stadtbibliothek mit einer Einleitung von Hermann Urtel.* Hamburg 1905, S. 5,
Nachdruck mit einer Einführung von Wolfgang Haubrichs, Saarbrücken 2007
(Saarbrücker Wiederdrucke hg. von Hans Jochen Ruland und Alexandra Raetzer);
Herrmann: „Lebensraum“ (wie Anm. 3), S. 109.

MargRod II 2

    a) Gotha I (= Chart B 237) Bl. 2-118, früher mit Gotha II (= MargRod III 5) ver-
bunden, dann getrennt.

    b) Andachtsbuch, asketisch-mystische Sammelhandschrift, Inhalt in einem vor-
angestellten Verzeichnis aufgeführt, enthält 46 kürzere oder längere Abschnitte,
Zahlenspiele, auch Texte der deutschen Mystik u.a. von Meister Ekkehard, Gebete, Spruchsammlungen, Parallelüberlieferung in Hamburg 1082, Heidelberg Cpg
28, beide 2. Viertel 15. Jahrhunderts, und Stadtarchiv Köln GB 2 O 136 v. J.
1436?), Untersuchung gegenseitiger Abhängigkeiten steht noch aus. Blatt 113 verso – 118 persönliche Eintragungen Margarethes, die Vermutung der Eintragungen
von anderer Hand entfallen nach besserer Kenntnis der Zahl der Töchter Margarethes.

    c) 117 Blatt in stark beschädigtem blauem Pappeumschlag, auf fol.3 verso Wappen
Margarethes.

    d) Der Band ist am Schluss datiert auf Dienstag vor dem Kilianstag 1429 (5. Juli),
drei Tage nach dem Tode des Grafen Philipp von Nassau-Saarbrücken, Schenk
von Schweinsberg („Margarete von Rodemachern [wie Anm. 15], S. 120) denkt an

eine Anfertigung des Bandes auf Anregung von Elisabeths Kaplan und eine Über-
reichung an die von der Beisetzung des Gatten in Klarenthal bei Wiesbaden nach
Saarbrücken zurückkehrende Witwe. Ich hege Zweifel an einer kurzfristigen Er-
stellung des Bandes zwischen der Nachricht vom Tod des Grafen Philipp und der
Rückkehr seiner jungen Witwe und möchte eine Datierung ‚bald nach Juli 1429‘
vorschlagen. Zusammenfügung mit Gotha II nach Schenk von Schweinsberg
(ebd., S. 122f.) vielleicht erst nach Margarethes Tod.

e) Geschenk des Gothaer Gymnasialprofessors Fried. Jacobs an die herzoglich go-
thaische Bibliothek

f) Schenk von Schweinsberg: „Margarete von Rodemachern" (wie Anm. 15), S.117-
123; Stork (wie MargRod I 1), S. 99f.; freundliche Mitteilung von Dr. Falk Eisermann, UB Leipzig, aus DFG-Repertoire-Beschreibung.

MargRod II 3

a) Fürstl. Wittgenstein'sche Bibliothek Berleburg RT 2/4 (früher A 1292)

b) *weller mit den reymen – Pilgerfahrt des träumenden Mönchs*

c) unbekannt

d) 1430-1450

e) ausgeliehen an Frau von Berberg

f) Haubrichs, Wolfgang: „Die Pilgerfahrt des träumenden Mönchs. Eine poetische
Übersetzung Elisabeths aus dem Französischen?", in: Hau-
brichs/Herrmann/Sauder (Hg.): *Zwischen Deutschland und Frankreich* (wie Anm. 1),
S. 533-568; Ders.: „Bibliotheksverzeichnis" (wie Anm. 63), S. 57 und 75; Stork
(wie MargRod I 1), S. 600. Edition: *Die Pilgerfahrt des träumenden Mönchs. Aus der Berleburger Handschrift* (Deutsche Texte des Mittelalters XXV). Aloys Bömer (Hg.),
Berlin 1915.

III. unbekannte Erwerbsart

MargRod III 1

a) Fürstl. Wittgenstein'sche Bibliothek, Berleburg Hs. RT 2/2 (früher A 170)

b) Sammelband mit vier Traktaten
   - *Boch der tafelen der cristenheit* = Dietrich von Delft, „Tafel von dem christli-
     chen Glauben und Leben". Es gibt einen ‚Sommer-‘ und einen ‚Winter-
     band‘, die hier genannte Handschrift enthält nur den Sommerband.
   - Praktika des Aristoteles,
   - mehrere Kapitel über Lehenrecht aus dem Sachsenspiegel
   - persönliche Eintragungen Margarethes

c) Abschrift um 1460

d) Wappen der Margarethe von Rodemachern

e) ausgeliehen an Frau von Berberg

f) Schenk von Schweinsberg: „Margarete von Rodemachern" (wie Anm. 15),
S. 132f.; Stork (wie MargRod I 1), S. 600f.

MargRod III 2

a) Hamburg SUB Codex 9 in scrinio? (nach Vermutung Schenks von Schweinsberg); eventuell aber Stadtbibl. Trier Hs 1119/ 1330 in 4 o.

b) *Buch von den 24 Alten* (Ottos von Passau)

c) 2. Hälfte 15. Jahrhundert

d) –

e) ausgeliehen an Margarethes Bruder Graf Johann III. von Nassau-Saarbrücken und an Winrich von Püttlingen

f) Schenk von Schweinsberg: „Margarete von Rodemachern" (wie Anm. 15), S. 134.

MargRod III 3

a) unbekannt

b) *sant katrine leben von Sineß* – Leben der Heiligen Katharina von Siena

c) unbekannt

d) unbekannt

e) über das Trierer Agnetenkloster (Augustinerinnen) an die grauen Schwestern im Franziskaner-Minoriten-Nonnenkloster St. Nikolaus (zu *sant angnet gelassen und daz sie es den grawen sustern hinder der predigern lennen solden von mynen wegen*)

f) Haubrichs: Bücherverzeichnis (wie MargRod II 3), S. 74 Anm. 96; Schenk von Schweinsberg: „Margarete von Rodemachern" (wie Anm. 15), S. 129ff.

MargRod III 4

a) unbekannt

b) *der heilgen junffer leben sant angnete* – Leben der heiligen Agnes

c) unbekannt

d) unbekannt

e) ausgeliehen an die Schwester der Frau von Berberg

MargRod III 5

a) Gotha II Chart. B 237 fol. 119-170, früher mit Gotha I verbunden, dann getrennt

b) Betrachtungen, Exempel, Gebete, auch aus dem Gedankenkreis der Mystik, größeres weltliches Gedicht, eine Tierfabel, dazu medizinisch-hygienische Anweisungen von der Besitzerin, und *Spiegelbuch*, Randbemerkungen Margarethes

c) verschiedene Handschriften, unterschiedliche Tinte und unterschiedliche Wasserzeichen, also nachträglich gebildeter Sammelband um 1460, aber vor 1472

d) –

e) Da der Band die Ermahnung enthält ‚myn son gedenck, daß du hast Lust und freude gehabt in dem leben din‘ und weil das Spiegelbuch einen jungen Ritter in Zwiesprache mit einem Geistlichen und mit Christus selbst auch im Bilde zeigt, sei nach Ansicht Schenks von Schweinsberg der Band eher ‚im Besitz eines Edelmannes als einer Gutsherrin zu erwarten‘. Er denkt an ein ‚brüderliches Erbe‘, also dass Margarethe den Band 1472 nach dem Tode ihres Bruders Graf Johann III.

von Nassau-Saarbrücken erworben haben könnte. MargRod II 2 u. MargRod III 5 kamen als Geschenk von Emil Jacobs in die Herzoglich-Gothaische Bibliothek.

f) Schenk von Schweinsberg: „Margarete von Rodemachern" (wie Anm. 15), S.122f.; freundliche Mitteilung von Dr. Falk Eisermann, UB Leipzig; Johannes Bolte: „Das Spiegelbuch, ein illustriertes Erbauungsbuch des 15. Jahrhunderts" in: *Sitzungsberichte der Preußischen Akademie der Wissenschaften phil.-hist. Klasse* (1932) S. 729-732, die dort gegebene Datierung ‚Ende des XV. Jhs.' ist nach Schenk von Schweinsberg („Margarete von Rodemachern" [wie Anm. 15], S. 123 Anm. 6) zu spät angesetzt.

MargRod III 6

a) Fürstl. Wittgensteinsche Bibliothek Berleburg Hs. A 167

b) deutsche Handschrift des *Speculum humanae salvationis*, angebunden ein Passionale von anderer Hand

c) –

d) –

e) –

f) Schenk von Schweinsberg („Margarete von Rodemachern" [wie Anm. 15], S. 135) hält Herkunft aus Rodemacher'schem Bücherbestand für möglich. Text entspricht der Nummer 228 bei Lutz und Perdrizet Hs Landesbibliothek Darmstadt Nr. 2278, Raum für Illustrationen gelassen, aber nicht ausgefüllt. Dort neben der Hamburger auch eine 2. Prosaversion der *Pilgerschaft*.

MargRod III 7

a) unbekannt

b) *boche von den geslechte*, bisher nicht näher identifiziert. Es könnte sich um einen Band mit genealogischem oder heraldischem Inhalt (also ‚Wappenbuch') gehandelt haben. Dem Hinweis Schenks von Schweinsberg auf das *Marienleben* des Walther von Rheinau wurde meines Wissens nicht nachgegangen.

c) unbekannt

d) unbekannt

e) ausgeliehen an den Kaplan von Bolchen

f) Schenk von Schweinsberg: „Magrarete von Rodemachern" (wie Anm. 15), S. 129.

MargRod III 8

a) unbekannt

b) Kräuterbuch – *eyn boich ... von kußtlichen kreudern und wasser zu machen.*

c) unbekannt

d) vor 1480

e) 1480 an ihre Tochter im Agnetenkloster Trier ausgeliehen. Die Zweifel Schenks von Schweinsberg an der Richtigkeit der Jahreszahl sind hinfällig, weil ihm die erst 1510 verstorbene Tochter Irmgard, Nonne in St. Agnes, Trier nicht bekannt war.

f) Schenk von Schweinsberg: „Margarete von Rodemachern" (wie Anm. 15), S. 128 Anm. 9.

MargRod III 9 – 19

a) unbekannt

b) *Die 11 kleinen bocherlin*. Schenk von Schweinsberg: „Ein Gothaer Bändchen habe ich im Verdacht, dass es zu den Elfen gehört. Die Indizien reichen aber nicht aus." Leider machte er keine näheren Angaben.

c) unbekannt

d) unbekannt

e) unbekannt

f) Schenk von Schweinsberg: „Margarete von Rodemachern" (wie Anm. 15), S. 135.

Konkordanz zwischen den Signaturen der bekannten erhaltenen Handschriften und den von mir gegebenen fiktiven Signaturen

<u>Berleburg Fürstlich Wittgensteinsche Bibiliothek</u>

Hs. RT 2/2 (früher A 170)	MargRod II 1
Hs. RT 2/4 (früher A 1292)	MargRod II 3
Hs. A 167	MargRod III 6

<u>Gotha</u>

Chart B 237	MargRod II 2 und MargRod III 5

<u>Hamburg Stadt- und Universitätsbibliothek</u>

Cod. theol. 2061	MargRod III 1
Cod. 9 in scrinio	MargRod III 2

<u>Weimar Zentralbibliothek der deutschen Klassik</u>

Q 59	MargRod I 3

Gerhard von Rodemachern –
Rebell gegen die burgundische Herrschaft im Herzogtum Luxemburg

Exkurs

Die Lebensläufe Gerhards von Rodemachern und seiner Ehefrau Margarethe sind verwoben in die politischen und militärischen Auseinandersetzungen von vier europäischen Dynastien um die Herrschaft im Herzogtum Luxemburg. Der Schwerpunkt der Interessen der Luxemburger hatte sich mit dem Erwerb der Königreiche Böhmen und Ungarn in den mittelosteuropäischen Raum verlagert, die Kaiser und Könige aus dieser Familie und deren Nachkommen in weiblicher Linie wollten ihr Stammland im Westen des Reiches nicht ohne Kompensation preisgeben. Für die Herzöge von Burgund war das Herzogtum Luxemburg ein wichtiger Baustein in der von ihnen angestrebten Landbrücke zwischen ihren Herrschaftsbereichen an Saône und Doubs einerseits, Ärmelkanal und Zuidersee andererseits. Die französischen Könige versuchten das Entstehen eines neuburgundischen Reiches zwischen Regnum und Imperium zu vereiteln, die Habsburger suchten dagegen durch Heirat große Teile der von den Burgunderherzögen in vier Generationen erheirateten, erkauften und eroberten Ländermasse ihrer Hausmacht einzufügen.

Zu Beginn der 1440er Jahre waren der nördliche und der südliche burgundische Besitzkomplex noch durch die Herzogtümer Bar, Lothringen und Luxemburg, das Kurfürstentum Trier und die Hochstifte Lüttich, Metz, Toul und Verdun voneinander getrennt. Das Herzogtum Luxemburg, größer als das heutige gleichnamige Großherzogtum, befand sich im Pfandbesitz der Elisabeth von Görlitz.[1]

Die Lösung des Herzogtums Luxemburgs aus einem Herrschaftsbereich und seine Einfügung in einen anderen bedurfte der Zustimmung der luxemburgischen Stände, innerhalb derer die Ritterschaft der größte und einflussreichste Stand war. Sie war nie eines Sinnes, sondern in Interessengruppen gespalten, meist in zwei Blöcke: Auf der einen Seite diejenigen, die sich zu ihren ‚natürlichen Erbherren' (*sgrs. proprietaires et heretiers*) – den Luxemburgern und ihren Nachkommen in weiblicher Linie – hielten, auf der anderen die Anhänger der Pfandherren (*sgrs. gaigiers*), zunächst Elisabeth von Görlitz, dann die Burgunderherzöge und schließlich deren (Erb-)Nachfolger aus dem Hause Habsburg. Innerhalb der luxemburgischen Ritterschaft tat sich Gerhard von Rodemachern hervor als langjähriger Parteigänger der luxemburgischen Dynastie und ihrer Erbnachfolger, zeitgenössisch ausgedrückt als Führer der ‚böhmischen Partei' – *party du roy de Bahaigne*, also als Gegner von Burgund und Habsburg, was fast zwangsläufig dazu führte, den Schutz der französischen Könige anzustreben.

Ein Überblick über seinen Besitz soll der Schilderung seiner Verwicklungen in die Auseinandersetzungen um das Herzogtum Luxemburg und seiner Rebellion gegen Maximilian von Habsburg vorangestellt werden.

---

[1]   Eine neuere Zusammenfassung der Ambitionen auf das Herzogtum Luxemburg bei Weber-Krebs, Fridolin: *Die Markgrafen von Baden im Herzogtum Luxemburg (1487-1797)*, Trier 2007, vornehmlich S. 71-136.

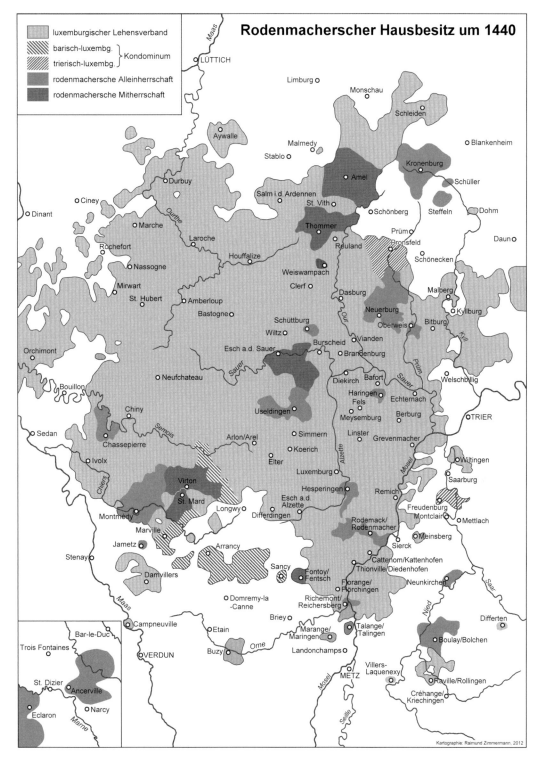

Rodenmacherscher Hausbesitz um 1440

Legend:
- luxemburgischer Lehensverband
- barisch-luxembg. ⎱ Kondominum
- trierisch-luxembg. ⎰
- rodenmachersche Alleinherrschaft
- rodenmachersche Mitherrschaft

Maas
LÜTTICH
Limburg
Monschau
Schleiden
Aywalle
Malmedy
Stablo
Blankenheim
Kronenburg
Amel
Schüller
Durbuy
Salm i.d. Ardennen
St. Vith
Schönberg
Steffeln
Dohm
Ciney
Dinant
Marche
Thommer
Prüm
Pronsfeld
Daun
Ourthe
Laroche
Reuland
Rochefort
Houffalize
Schönecken
Nassogne
Weiswampach
Malberg
Mirwart
Clerf
Dasburg
Kyllburg
St. Hubert
Amberloup
Neuerburg
Bastogne
Schüttburg
Oberweis
Bitburg
Wiltz
Kyll
Esch a.d. Sauer
Burscheid
Vianden
Sauer
Brandenburg
Neufchateau
Diekirch
Bafort
Welschbillig
Orchimont
Haringen
Fels
Echternach
Useldingen
Berburg
Bouillon
Meysemburg
TRIER
Chiny
Simmern
Linster
Sedan
Semois
Arlon/Arel
Koerich
Grevenmacher
Chassepierre
Elter
Wiltingen
Ivolx
Luxemburg
Saarburg
Chiers
Virton
Hesperingen
Remich
St. Mard
Esch a.d.
Alzette
Freudenburg
Montmedy
Longwy
Differdingen
Montclair
Mettlach
Marville
Rodemack/
Rodenmacher
Jametz
Arrancy
Meinsberg
Stenay
Sierck
Cattenom/Kattenhofen
Damvillers
Sancy
Thionville/Diedenhofen
Maas
Fontoy/
Fentsch
Florange/
Flörchingen
Neunkirchen
Domremy-la
-Canne
Richemont/
Reichersberg
Saar
Differten
Campneuville
Briey
Marange/
Maringen
Talange/
Talingen
Boulay/Bolchen
Etain
Orne
Landonchamps
Nied
Buzy
Villers-
Laquenexy
Raville/Rollingen
METZ
Créhange/
Kriechingen
Mosel
Seille

Inset:
Bar-le-Duc
Trois Fontaines
St. Dizier
Ancerville
Narcy
Eclaron
Marne
VERDUN

Kartographie: Raimund Zimmermann, 2012

Abb. 3: Rodermacherscher Hausbesitz um 1440

Territoriale Besitzgrundlage

Der Rodemacher'sche Besitz[2] war zeitweise unter mehrere männliche Familienmitglieder aufgeteilt gewesen, unter Gerhards Vater Johann III. (* vor 1408 † 1439) wieder zusammengeführt worden. Er umfasste in den 1440er Jahren die Herrschaft Rodemachern mit sieben Meiereien und den von ihr abhängigen kleinen Lehensherrschaften Preisch, Talange/Talingen und Ladonchamps.[3] Burg und Dorf Rodemachern waren 1430 in einer Fehde mit der Stadt Metz niedergebrannt, aber bald wieder aufgebaut worden.[4] Die Burg galt seitdem als einer der stärksten Wehrbauten zwischen Metz und Luxemburg.[5] Weiterhin gehörten der Familie die kleinen Herrschaften Richemont/Reichersberg, Fontoy/Fentsch, Hesperingen, Esch an der Alzette,[6] Kronenburg[7] und Neuerburg sowie Anteile an den Ganerbenburgen Esch an der Sauer,[8] Larochette[9] und Chassepierre.[10] Aus der um 1400 angefallenen Grancey'schen Erbschaft stammten Ancerville/Anselville im westlich der Maas gelegenen Teil des Herzogtumes Bar und Éclaron,[11] aus der Heirat Johanns III. mit der Bolchener Erbtochter Irmgard die Herrschaften Boulay/Bolchen[12] und Useldingen.[13]

---

[2]   Vgl. dazu auch die Angaben bei Weber-Krebs: *Markgrafen* (wie Anm. 1), S. 260-269. Die Auflistung der territorialen und administrativen Zugehörigkeit der Orte im Herzogtum Luxemburg und der Grafschaft Chiny, wie sie Paul Wynants in einem Erläuterungsheft zum Atlas Meuse-Moselle gibt (Wynants, Paul: *Le pays duché de Luxembourg et comté de Chiny vers 1525* [Répertoires Meuse-Moselle X], Namur 1983), kann nicht unverändert in die letzten Jahrzehnte des 15. Jahrhunderts zurückprojiziert werden, weil infolge von Erbgängen und Konfiskationen Veränderungen eingetreten waren; dennoch ist sie nützlich für eine Erstinformation.

[3]   *Das Reichsland Elsass-Lothringen*, 3. Theil: *Ortsbeschreibung*, Strassburg 1901-1903, S. 908; Wynants, Paul: *Influence de quelques grandes Maisons en avril 1518* (Répertoires Meuse-Moselle XII), Namur 1985, S. 26.

[4]   *Chronique de Philippe de Vigneulles*. Charles Bruneau (Hg.), Metz 1929, Bd. 2, S. 213f.

[5]   Beschreibung bei Atten, Alain: „Rodemack et son Château", in: *Cahiers Lorrains* (1979) S. 99; Plan bei Atten, Alain: „Rodemachers letzte Fehde. Hintergründe und Streiflichter einer Burgbelagerung 21.5.-8.7.1483", in: *Hémecht. Zeitschrift für Luxemburger Geschichte* 38 (1986) S. 7-36.

[6]   Keussen, Hermann: *Urkundenbuch der Stadt Krefeld und der alten Grafschaft Mörs*, Krefeld 1938-1940, Bd. III, Nr. 4439.

[7]   Gerhard verschrieb seiner Schwester Franziska (*Frantzoise*) bei ihrer Vermählung mit Graf Wilhelm von Virneburg Herrschaft und Burg Kronenburg anstelle von 7000 fl. Heiratsgut (diesbezügliche Mitteilung an die Mannen und Burgmannen LHA Koblenz Best. 29 G); vgl. auch Neu, Peter: *Geschichte und Struktur der Eifelterritorien des Hauses Manderscheid, vornehmlich im 15. und 16. Jahrhundert*, Bonn 1972, S. 93ff.

[8]   Lehen der Markgrafschaft Arlon (Lehensverzeichnis vom Februar 1480, ediert in: *Publications de la Section Historique de l'Institut Grand-Ducal de Luxembourg* [im Folgenden gekürzt *Publ. Lux.*] 35 [1881] S. 126ff.), Burgfrieden vom März 1452 zwischen Rodemachern, Simon von Finstingen und Johanna von Sirk (*Publ. Lux.* 29 [1874] S. 100 Nr. 263, 30 [1875] S. 19 Nr. 24 und 25), Eder-Stein, Irmgard / Lenz, Rüdiger / Rödel, Volker: *Löwenstein-Wertheim-Freudenbergsches Archiv Grafschaft Virneburg, Inventar des Bestandes F US 6 im Staatsarchiv Wertheim, Urkundenregesten 1222-1791*, Stuttgart 2000, Bd. I Nr. 242 und 398, erwähnt auch 1456 I/11 (*Publ. Lux.* 30 [1875] S. 135 Nr. 178), Vergleich mit Virneburg vom 23.01.1467 (LHA Koblenz Best. 34 [Virneburg]).

[9]   *Publ. Lux.* 30 (1875) S. 107 Nr. 128 Urkunde von 06.01.1455.

[10] Belgien, Prov. Luxembourg, 1463 an Ludwig von der Mark verpfändet (Wynants: *Influence* [wie Anm. 3], S. 9).

[11] Dép. Haute-Marne, Cant. St. Dizier, Atten: „Letzte Fehde" (wie Anm. 5), S. 7.

[12] *Reichsland Elsaß-Lothringen* (wie Anm. 3), Bd. 3, S. 118f.

[13] Kuhn, Heinrich / Koltz, Jean Paul: *Burgen und Schlösser in Lothringen und Luxemburg*. Frankfurt a.M. 1964,

Der um die jeweilige Burg gelegene Herrschaftsbereich umfasste selten mehr als ein knappes Dutzend Dörfer. Stadtähnlichen Charakter hatte nur Bolchen,[14] als Burgflecken können Rodemachern selbst und Montmédy angesprochen werden. Der Rechtsnatur nach waren es vornehmlich Lehen. Der Herzog von Luxemburg war der vornehmlichste Lehnsherr, aber nicht der einzige. Auch zu dem Herzog von Lothringen,[15] dem Kurfürsten von Trier,[16] dem Herzog von Bar,[17] dem Bischof von Metz,[18] dem Abt von Prüm,[19] dem Graf von Jülich,[20] dem Graf von Nassau-Vianden,[21] dem Graf von Nassau-Saarbrücken[22] und den Herren von Fénétrange/Finstingen[23] bestanden Lehensverhältnis-

---

S. 166f.; Wynants: *Influence* (wie Anm. 3), S. 50f.

[14] Herrmann, Hans-Walter: „Städte im Einzugsbereich der Saar bis 1400", in: *Publ. Lux.* 108 (1992) S. 277f.

[15] Jahrgülte von 70 fl. auf das Geleit zu Sierck (Eder-Stein/Lenz/Rödel: *Inventar Virneburg* [wie Anm. 8], I Nr. 629).

[16] Belehnung durch Kurfürst Jakob am 24.08.1440 (LHA Koblenz Best. 54 R 133) und durch Kurfürst Johann im Jahr 1460 (ebd., 54 R 136) mit den zu den Herrschaften Bolchen und Useldingen gehörigen Lehen: Jahrgülte von 100 fl. auf das Siegelamt zu Trier, wegen der Herrschaft Bolchen allein Güter, Zinsen, Renten und Gülten im Dorfe Gehnkirchen mit dem dazugehörigen Wald und 60 Morgen Ackerland, wegen der Herrschaft Useldingen allein die Dörfer Wys-Wolfsfelt, Alsdorf und was die Herren von Useldingen zwischen Echternach und Bitburg besaßen: 25 Hofstätten zu Byrmengen, den Hof zu Ammel mit Zubehör, ausgenommen den Stock zu Borne an dem Wolfsberge. Bernhard von Mörs spezifiziert die von seinem Ahnherrn Gerhard überkommenen trierischen Lehen: Wegen der Herrschaft Rodemachern das Dorf Niederrentgen, das Kirchgeld an der Laurentiuspfarrei Trier mit Gütern und Zehnten auf dem Dommelberg außerhalb Trier, das halbe Dorf zu Kirrich, welches Cuno von dem Tallas sel. von der Herrschaft Rodemachern zu Lehen trug, und alle Güter, die Johansen ca. 2 Meilen um Trier in dem Dorfe Wiltingen und Umgegend besaß und welche afterverlehnt waren. Vgl. auch Lehensbrief und Lehensrevers vom 23.06.1489 (*Publ. Lux.* 31 [1885] S. 281 Nr. 451f.).

[17] Tincry (Canton Delme), Herrschaft Chassepierre (Belgien) 1333 erworben, Ancerville-en-Barrois, Arrond. Bar-le-Duc (Atten: „Rodemack" [wie Anm. 5], S. 97). Im Herbst 1439 bevollmächtigte Gerhard den Henri d'Arguières stellvertretend für ihn in der Burg Bar die Belehnung mit Ancerville zu empfangen (*Archives départementales de Meurthe-et-Moselle* [im Folgenden gekürzt: AD M-et-M] B 496 Nr. 16). Die Gründe für die Weigerung der Rodemacher'schen Leute in Ancerville im April 1442, den Bellis von Bar einzulassen (AD M-et-M B 496 Nr. 20), vermag ich nicht einzuordnen.

[18] Gehnkirchen/Guenkirchen, Cant. Boulay, 1457 für 100 Pfd. Metzer Pfennige dem Bistum zu Lehen aufgetragen (Revers Gerhards vom 20.01.1462, Marichal, Paul: *Cartulaire de l'Evêché de Metz* (Mettensia V), Paris 1906-08, Bd. II, S. 108, *Reichsland Elsaß-Lothringen* [wie Anm. 3], Bd. 3, S. 330).

[19] 1474 IV/23 belehnt Abt Johann von Prüm Franziska von Rodemachern mit dem Dorf Trittenheim (LHA Koblenz Best. 34 [Virneburg] Nr. 143). Der Lehenrichter der Abtei Prüm entscheidet am 17.04.1474, dass das Dorf Trittenheim der Franziska von Rodemachern, Witwe zu Virneburg, und nicht Gerhard von Rodemachern zustehe (ebd., Nr. 145 und 148).

[20] 200 fl. jährlich, erwähnt in Vergleich mit Virneburg vom 23.01.1467 (LHA Koblenz Best. 34 [Virneburg], Gerhard, Herzog von Jülich-Berg, bestätigt Urkunden, wonach Gerhard von Rodemachern von seinen Eltern Einkünfte von 75 Malter Hafer auf Kalteherberg hat (*Publ. Lux.* 29 [1874] S. 72 Nr. 150).

[21] Urkunde vom 06.10.1473 betr. Neuerburg, Hof Trittenheim u.a. (LHA Koblenz Best. 54 R 141). Die Lehenstücke werden genannt in einem Lehenbrief des Grafen Johann von Nassau-Vianden-Dietz für Bernhard von Mörs vom 16.12.1489 (Keussen: *UB Krefeld* [wie Anm. 6], Bd. III Nr. 4235, *Publ. Lux.* 35 [1881] S. 287 Nr. 461).

[22] Lehensverhältnis zur Zeit der Regentin Elisabeth erwähnt, eventuell Anteil an Warsberg. Der Empfang der Lehen wird am 24.12.1433 angemahnt (Varsberg-Korrespondenz in: Haubrichs, Wolfgang / Herrmann, Hans-Walter / Sauder, Gerhard [Hg.]: *Zwischen Deutschland und Frankreich Elisabeth von Lothringen, Gräfin von Nassau-Saarbrücken*, St. Ingbert 2002, S. 361 Nr. 81), das Lehensobjekt wird dort nicht genannt.

se. Auf einem Wappenblatt in Schloss Berleburg sollen auch die Wappen des Königs von Böhmen, des Herzog von Brabant und des Grafen von Flandern als Rodemacher'sche Lehnsherren abgebildet gewesen sein.[24] Das böhmische Wappen lässt sich mit der böhmischen Königswürde einiger Mitglieder der Luxemburger Dynastie erklären, die von Brabant und Flandern vielleicht mit dem zeitweisen Lehensverhältnis zu Herzog Karl dem Kühnen von Burgund.[25] Der Allodialbesitz war gering: Besitz in der Prévoté Bastogne,[26] Stadthäuser in Luxemburg[27] und Ivoix[28] und weiterer Streubesitz. Herkunft und Umfang der Rechte in Montmédy und umliegenden Dörfern, u.a. in dem durch seine spätgotische Wallfahrtskirche bekannten Avioth[29] bedürfen noch näherer Untersuchung. Schon Gilles (Egidius) von Rodemachern ist 1384-1427 bezeugt als luxemburgischer Prévôt in Montmédy, sein Bruder oder Neffe Johann von Rodemachern hielt sich dort zeitweise auf.[30] Am 15.09.1450 werden ‚officiers' des Herrn von Rodemachern, ‚Gouverneur' von Montmédy, erwähnt.[31] Schenkungen Margarethes an Kirchen im Umkreis von Montmédy[32] lassen vermuten, dass auch sie sich zuweilen dort aufhielt.

Patronatsrechte besaß das Ehepaar nur an den Kirchen von Zoufftgen/Sufftgen und Volkrange/Volkringen. Ertragreich werden die Einnahmen aus Moselzöllen eingeschätzt.[33]

Gerhards Besitzungen bildeten nicht einen zusammenhängenden Herrschaftsbereich, sondern zeigen eine ausgeprägte Streulage in germanophonem und frankophonem Gebiet.

---

[23] *Reichsland Elsaß-Lothringen* (wie Anm. 3), Bd. 3, S. 118. Am Samstag vor St. Lucientag (ohne Jahr) beschwert sich Simon, Herr von Finstingen, bei dem Grafen Vinzent von Mörs-Saarwerden, weil dieser Bolchen von dem Herzog von Österreich und Burgund zu Lehen genommen habe, während die bisherigen Herren von Bolchen, zuletzt Gerhard von Rodemachern, von Finstingen belehnt worden waren (AD M-et-M B 496 Nr. 23 und B 690 Nr. 128). Der Graf von Mörs-Saarwerden trat auf anstelle seiner Enkel Bernhard und Margarethe, Kinder Elisabeths von Rodemachern, die in erster Ehe mit Junggraf Friedrich von Mörs-Saarwerden verheiratet gewesen war.

[24] Schenk von Schweinsberg, Eberhard: „Margarete von Rodemachern, eine deutsche Bücherfreundin in Lothringen", in: *Aus der Geschichte der Landesbibliothek zu Weimar und ihrer Sammlungen. Festschrift zur Feier ihres 250jährigen Bestehens und zur 175 jährigen Wiederkehr ihres Einzuges ins grüne Schloß* (Zeitschrift des Vereins für Thüringische Geschichte und Altertumskunde, Beiheft 23), Jena 1941, S. 142f.

[25] Zur zeitweisen Annäherung Gerhards an Burgund vgl. S. 168.

[26] Würth-Paquet, François-Xavier / Werveke, Nicolas van: *Archives de Clervaux*, in: *Publ. Lux.* 36 (1883) Nr. 1257 Urkunde von Juli 1469.

[27] *Publ. Lux.* 30 (1875) S. 22 Nr. 27.

[28] Eberhard (!) von Rodemachern verpachtet (*accensié*) ein Haus bei der Stiftskirche in Ivoix an den Edelknecht Jacomin von Sappoigne (*Publ. Lux* 29 (1874) S. 99 Nr. 254).

[29] Burnand, Marie-Claire: *La Lorraine gothique*, Paris 1989, S. 54.

[30] Laufer, Wolfgang: „Die ‚Recevresse' von Avioth bei Montmédy. Kunst und Recht in einer altluxemburgischen ‚ville neuve'", in: Werner Besch / Klaus Fehn / Dietrich Höroldt u.a. (Hg.): *Die Stadt in der europäischen Geschichte. Festschrift Edith Ennen*, Bonn 1972, S. 425-437, hier S. 436; siehe auch Brief Johanns an Elisabeth von Nassau-Saarbrücken vom 06.09.1433 in „Varsberg-Korrespondenz" (wie Anm. 22), S. 349f. Nr. 71.

[31] *Publ. Lux.* 29 (1874) S. 99 Nr. 254.

[32] Vgl. Hauptartikel S. 131.

[33] Grotkass: „Zur Geschichte der Herren von Rodemachern", in: *Jahrbuch der Gesellschaft für lothringische Geschichte und Altertumskunde* 23,2 (1909) S. 113, Eder-Stein/Lenz/Rödel: *Inventar Virneburg* (wie Anm. 8), Bd. 1, Nr. 629.

Teile waren als Lehen an Geschlechter des niederen Adels ausgegeben.[34] Gerhard konnte zwar einiges hinzu erwerben,[35] größer waren aber die Abgänge durch die Ausstattung weiblicher Familienmitglieder. Seiner Schwester Franziska überließ er anstelle von 7000 fl. Aussteuer die Herrschaft Kronenburg bei ihrer Eheschließung mit Graf Wilhelm von Virneburg, behielt sich aber dort ein Burghaus und das Öffnungsrecht vor und verpflichtete sich, zur Bauunterhaltung beizutragen.[36] Bolchen und Useldingen gingen als Mitgift an seine Tochter Elisabeth bei ihrer Heirat mit Junggraf Friedrich von Mörs.

Einige Verkäufe wurden aufgrund seiner angespannten Finanzlage notwendig, z.B. Schüttburg im Clerftal,[37] Eclaron[38] und Ancerville.[39]

Gerhard als engagierter Gegner Burgunds

Wenn Konrad Kratzsch schreibt, Gerhard sei recht bald und zwangsläufig in die zahlreichen und verworrenen Händel der Feudalherren jener Zeit verstrickt worden,[40] dann ergibt sich daraus, dass er das Leitmotiv für Gerhards Handeln und für sein schließliches Scheitern nicht erkannt hat, nämlich die konsequente Ablehnung einer Einbeziehung des Herzogtums Luxemburg in den burgundisch-habsburgischen Machtbereich. Gerhard war kein auf Frieden und Ausgleich bedachter Mensch. Wie viele seiner Standesgenossen griff er gerne zum Schwert, um seinen Ansprüchen Nachdruck zu verleihen,[41] betätigte sich

---

[34] Z.B. Preisch und Heringen im südlichen Luxemburg: *Publ. Lux.* 30 (1875) S. 135 Nr. 177; Setzich/Soeterich und Trintingen: Decker, François: *Regesten des Archivs der Herren von Bourscheid*, Koblenz 1989, Bd. 1, Nr. 279; *Publ. Lux.* 29 (1874) S. 4 Nr. 5, S. 89f. Nr. 228.

[35] Anteil an Burg und Dorf Roussy/Rüttgen/*Ruttich* und anderen Teilen der Herrschaft Roussy.

[36] Vereinbarung zwischen Gerhard von Rodemachern und Wilhelm von Virneburg von 25.03.1460 (Eder-Stein/Lenz/Rödel: *Inventar Virneburg* [wie Anm. 8], I Nr. 305), ähnlich LHA Koblenz Best. 54 R 135 vom 04.04.1460, Vergleich in derselben Angelegenheit von 21.05.1461 vermittelt u.a. von Philipp von Sierck (Ausfertigung in LHA Koblenz Best. 34 Virneburg; vgl. auch Neu: *Eifelterritorien* [wie Anm. 7], S. 87). 1000 fl. verschrieb er ihr auf die beiden Höfe in Ammel und Thommen bei St. Vith (heute Belgien) (*Publ. Lux.* 29 [1874] S. 59f. Nr. 113f., Eder-Stein/Lenz/Rödel: *Inventar Virneburg* [wie Anm. 8], I Nr. 349).

[37] 1467 an den bisherigen Lehensträger Friedrich von Brandenburg verkauft: *Publ. Lux.* 34 (1881) S. 72 Nr. 129 zum Jahr 1461; Kuhn/Koltz: *Burgen* (wie Anm. 13), S. 162f.

[38] Verkauft 1451 an Anton von Lothringen-Vaudémont, Onkel von Gerhards Gattin Margarethe für 6000 alte fl. (AD M-et-M B 496 Nr. 23).

[39] Verkauf (oder Verpfändung?) wird von Gerhard am 01.01.1466 beiläufig erwähnt (AD M-et-M B 437 fol. 132).

[40] Kratzsch, Konrad: Das *Gebetbuch der Margarethe von Rodemachern. Eine Bildfolge aus der Pergamenthandschrift Q 59 in der Zentralbibliothek der deutschen Klassik zu Weimar*. 2. Aufl., Wien 1978, S. 34.

[41] Am 23.06.1465 nahm er ‚Hamel dit de Soyge' mit 2 Edelknechten und 4 Pferden in seinen Dienst. Im März 1466 verbündete er sich mit Arnold von der Fels gegen Herzog René I. von Lothringen-Bar (LHA Koblenz Best. 54 R Nr. 138). 1467 Helfer des Elekten Ruprecht von Köln gegen die Brüder Johann und Friedrich von Sombreff (Nr. 783). Im März 1469 entspann sich eine Fehde zwischen Gerhard und Kuno von Manderscheid wegen ausstehender Zahlungen. Der als Schlichter angerufene Herzog von Jülich, der aus Manderscheider Sicht eher dem Rodemacher zuneigte, versuchte zunächst vergeblich eine Beilegung. Am 19.04.1469 nahm Gerhard Johann, ältesten Sohn von Hondelingen, an zum Helfer gegen den Grafen von Mörs und Cuno, Junggraf von Manderscheid (Würth-Paquet/Werveke: „Archives de Clervaux" [wie Anm. 26], Nr. 1255) und am 13.07.1469 Friedrich, Herrn von Clervaux (ebd., Nr. 1258). Erst Ende August 1469 einigte man sich, die Zahlung erfolgte in den kommenden Jahren (Neu: *Eifelterri-*

zuweilen auch als Söldnerführer;[42] aber die Zahl der bekannt gewordenen Fehden zur Mehrung und Durchsetzung persönlicher Macht ist nicht größer als bei seinen Standesgenossen.

Leitlinie seines Verhaltens und Grund seines Scheiterns war seine antiburgundische Einstellung. Die Motivation lassen die Quellen nicht deutlich erkennen. Familientradition war gewiss eine Komponente. Er dürfte acht oder neun Jahre alt gewesen sein, als sein Vater in der Schlacht von Bulgnéville (1431) in burgundische Gefangenschaft geriet und erst nach Jahren gegen Zahlung eines hohen Lösegeldes wieder frei kam.[43]

Gerhard erscheint in der luxemburgischen Politik in den frühen 1440er Jahren bald nach dem Tod seines Vaters (1439), gerade am Anfang seines dritten Lebensjahrzehntes stehend, zu der Zeit, als Herzog Philipp von Burgund einen neuen Anlauf nahm, um Elisabeth von Görlitz ihr Pfandrecht auf das Herzogtum Luxemburg abzukaufen.[44] Im Jahre 1427 war ein solcher Verkauf nicht zustande gekommen. Kaiser Sigismund als Senior der Luxemburger Dynastie hatte damals zugestimmt, aber nicht die luxemburgischen Stände. Sie sahen darin einen Verstoß gegen Elisabeths früheres Versprechen, ihre Rechte an Luxemburg nicht in fremde Hände zu geben. Als Wortführer gegen den Verkauf waren damals der ‚alte Rodemacheren‘ (Gerhards Vater) und ‚die von Arenberch‘ aufgetreten.[45] Der anschließend zustande gekommene Ausgleich zwischen Elisabeth und den Ständen war von der Stadt Luxemburg und den von Rodemachern mehrmals gebrochen worden. An der Vertreibung Elisabeths 1435/36 aus der Stadt Luxemburg[46] war Gerhards Vater mindestens indirekt beteiligt gewesen.

Da nach Kaiser Sigmunds Tod († 1437) sein Schwiegersohn und Nachfolger in der römischen und böhmischen Königswürde Albrecht II.(† 27. Okt. 1439), nun ‚Erbherr‘ von Luxemburg, sich vergeblich um die Einlösung des Pfandes Luxemburg bemühte, nahm die Görlitzerin in ihren Finanznöten im Herbst 1441 wieder Verhandlungen mit dem

torien [wie Anm. 7], S. 59-61, 66). 1470 stand ein Streit an mit Kuno, Graf von Blankenheim, der durch Markgraf Rudolf von Baden, als Gouverneur des Herzogtums Luxemburg und der Grafschaft Chiny beigelegt wurde (LHA Koblenz Best. 54 R 140; der Grund des Streites ist im Regest nicht angegeben).

[42] Z.B. 1462 im Dienste des Mainzer Erzbischofs Adolf von Nassau gegen Dieter und Ludwig von Isenburg und Kurfürst Friedrich von der Pfalz, er führte dem Mainzer 100 Gewappnete zu gegen das Versprechen der Zahlung von 5000 rh. fl. (HStA Wiesbaden Abt. 121 Rodemachern Urk. von 1462 III/29). Forderungen aus dieser Waffenhilfe standen noch nach dem Tod Gerhards an (Herrmann, Hans-Walter: *Geschichte der Grafschaft Saarwerden*, Saarbrücken 1957ff., Bd.1 Reg. Nr. 1471).

[43] Bossuat, André: „Les prisonniers de guerre au XVᵉ siècle: Le rançon de Jean, seigneur de Rodemack“, in: *Annales de l'Est* 2 (1951) S. 145-162; Hinweis auf erzählende Quellen bei Atten: „Letzte Fehde“ (wie Anm. 5), S. 29; Poull, Georges: „La bataille de Bulgnéville. Ses prisonniers et ses morts“, in: *Les cahiers d'Histoire de biographie et de généalogie* Fasc. I, S. 23. Aus der Varsberg-Korrespondenz der Elisabeth von Nassau-Saarbrücken ergibt sich, dass Johann von Rodemachern nicht die ganze Zeit über in Haft gehalten wurde (vgl. Anm. 22), immer vorausgesetzt, dass der in der Korrespondenz genannte Johann von Rodemachern der Vater Gerhards und nicht sein älterer (sonst schlecht belegter) Bruder ist.

[44] Miller, Ignaz: *Jakob von Sierck 1398/99-1456* (Quellen und Abhandlungen zur mittelrheinischen Kirchengeschichte 45), Mainz 1983, S. 80-113.

[45] Schreiben der Elisabeth von Görlitz an die Gesandten des Herzogs von Burgund, ohne Datum, vom Herausgeber ‚circa 1449‘ datiert, nennt speziell den alten Rodemacher.

[46] *Publ. Lux.* 29 (1874) S. 84ff. Nr. 203, französische Übersetzung ediert bei Miller: *Jakob von Sierck* (wie Anm. 41), S. 326ff.; Weber-Krebs: *Markgrafen* (wie Anm. 1), S. 79-86.

Burgunderherzog auf und trat ihm ihre Pfandrechte am Herzogtum ab.[47] Die wirtschaftliche Leistungsfähigkeit Luxemburgs und der mit ihm verbundenen Grafschaft Chiny reichte bei weitem nicht an die von Flandern und Brabant, aber beide waren ein Baustein in der von den Burgunderherzögen angestrebten Landbrücke von ihren Besitzungen an Saône, Doubs und Yonne zu denen zwischen Ärmelkanal und Mündungsgebiet von Schelde, Maas und Rhein. Vielleicht zur Beschwichtigung der Stände titulierte Herzog Philipp die Görlitzerin als seine Tante[48], um sich dadurch an die luxemburgische Dynastie ‚anzusippen'. Eine Blutsverwandtschaft bestand aber nicht.[49] Die Stände fühlten sich den direkten Nachkommen Kaiser Sigmunds enger verbunden als der Görlitzerin und knüpften Verbindung an mit Herzog Wilhelm III. von Sachsen, dem Schwiegersohn König Albrechts. Er legte eine rund 800 Mann starke Truppe in die Stadt Luxemburg[50] und ließ Diedenhofen als zweitgrößte Stadt des Herzogtums durch den Herzog von Gleichen besetzen.[51] Daraufhin zögerte die Görlitzerin die Vertragsbestimmungen zu erfüllen.

Im Herbst 1443 reagierte der Burgunder mit der Besetzung der Städte Montmédy, Ivois, Marville und Arlon, während Luxemburg und Diedenhofen ihm keinen Einlass gewährten. Er quartierte sich zusammen mit Elisabeth von Görlitz in Flörchingen/Florange bei Diedenhofen ein, sein Heer unter dem Kommando des Bastards von Burgund lagerte bei Kattenhofen/Cattenom. Mitte Oktober verließ er Flörchingen und begab sich nach Yvois, seine Armee rückte vor bis Esch-sur-Alzette[52]. Mit einer handstreichartigen Einnahme der Stadt Luxemburg in der Nacht vom 22./23. November 1443[53] schuf der Burgunder ein *fait accompli*.

In den anschließenden Verhandlungen[54] zwischen Elisabeth von Görlitz, Philipp von Burgund und Wilhelm von Sachsen wurde unter Vermittlung des Trierer Kurfürsten Jakob von Sierck, der zeitweise selbst Interesse an einem Erwerb des Herzogtums gezeigt hatte,[55] vereinbart, dass Elisabeth auf das Herzogtum Luxemburg und die mit ihm verbundene Grafschaft Chiny verzichten solle gegen einmalige Zahlung von 22.000 fl. und einer lebenslänglichen Rente von 4000 fl. jährlich. Wilhelm von Sachsen und seine Gattin Anna, die Tochter des inzwischen verstorbenen König Albrechts II. († 1442) und Enkelin Kaiser Sigmunds, sollen Philipp Luxemburg und Chiny für 120.000 ungarische fl. überlassen unter Vorbehalt des Rückkaufrechtes für Annas knapp vierjährigen, also minderjährigen Bruder Ladislaus (* 1440).[56] Die von Zeitgenossen unterschiedlich gewertete Stellung

47 Vertrag von Hesdin 4. Oktober 1441.
48 Z.B. *Publ. Lux.* 28 (1873) S. 81 Nr. 150 und S. 94 Nr. 184, ebd., 30 (1875) S. 16, 26.
49 Elisabeth war in erster Ehe mit Anton von Burgund, Herzog von Brabant, dem Bruder von Philipps Vater, vermählt gewesen. Insofern trifft die Verwandschaftsbezeichnung ‚Tante' in etwa zu.
50 Vielleicht gehört in diese Zeit eine Nachricht der Cron. Zantfliet hg. von Martène / Durand Bd. V S. 448: „Domicello de Rodemake qui Epternacum oppidum in eius despectum conflagraverat."
51 *Philippe von Vigneulles* (wie Anm. 4), Bd. II S. 376f.
52 *Publ. Lux.* 28 (1873) S. 133 Nr. 233.
53 Zusammenstellung der einschlägigen Quellen in *Publ. Lux.* 29 (1874) S. 165-172. Zur Verteidigung Luxemburgs gegen den Herzog von Sachsen siehe AD Côte d'Or B 11882.
54 Dabei fungierte Wilhelm, Herr von Finstingen, als Dolmetscher.
55 Miller: *Jacob von Sierck* (wie Anm. 44), S. 37; Weber-Krebs: *Markgrafen* (wie Anm. 1), S. 84ff.
56 *Publ. Lux.* 29 (1874) S. 8 Nr. 12.

Philipps spiegelt sich in der Wortwahl zur Kennzeichnung seines neuen Status, die einen nennen ihn „dominus et princeps earundem patriarum [Lutzenburgensem et de Chiny]"[57], andere nur ‚mamburnus et gubernator'.

Das Engagement des damals wenig mehr als zwanzig Jahre alten Gerhard von Rodemachern spricht der burgundische Chronist Olivier de la Marche an:

> Et le plus de resistance que trouva le duc au pays avec les deux villes dessus dites [Luxemburg und Diedenhofen] fut le Damoiseau de Rodemac, qui est un grand seigneur en icelle marche. Celui tenait fort bien pour les Saxons et estait mauvais Bourguignon en courage, mais il garda sa maison et fit petite guerre; car il escouait qui en aurait du meilleur.[58]

Dem entsprach, dass Herzog Philipp Gerhard von der allgemeinen Amnestie, die er im Vertrag von Hesperingen (1443) gewährte, ausschloss.[59] Maßnahmen der burgundischen Truppen gegen die in ihrem Operationsgebiet um Florange, Diedenhofen, Cattenom und Esch gelegenen Rodemacher'schen Besitzungen, u.a. die Burgen Rodemachern und Richemont, sind nicht bekannt.

Die burgundische Ausdehnung im westlichen Reichsgebiet stand in Konkurrenz zu den Ambitionen des französischen Königs Karls VII., seinen Einfluss in die Gebiete östlich der Maas auszudehnen. Erfolge solcher Politik waren die Durchsetzung einer Schirmherrschaft über die Reichsstädte Toul und Verdun, über Epinal[60] und über die Abtei Gorze.[61] Versuche Karls VII., im Zusammengehen mit seinem Schwager René von Anjou, Herzog von Bar und Lothringen, seine Schirmherrschaft auch auf die Stadt Metz auszudehnen, brachten nicht das gewünschte Ergebnis.[62] Karl hatte Söldnerhaufen (*Armagnaken*), die nach Beendigung der jahrzehntelangen englisch-französischen Streitigkeiten beschäftigungslos geworden waren, um Metz zusammengezogen. Vermutungen kamen auf, er wolle mit ihrer Hilfe die Burgunder aus dem Herzogtum Luxemburg verdrängen. Auf Anraten des Trierer Kurfürsten soll davon Abstand genommen worden sein.[63] Ihr Abzug unter dem Befehl des Dauphin Ludwig durchs südliche Lothringen zum Kampf gegen die Eidgenossen brachte vorübergehende Entspannung. Nach ihrer Niederlage bei St. Jakob an der Birs (26.08.1444) kehrte ein Teil nach Lothringen zurück und drangsalierte die Bewohner der kleineren Territorien.[64] Elisabeth von Nassau-Saarbrücken und ihr Sohn Johann erbaten den Schutz des französischen Königs,[65] deutlich sichtbar zu machen durch

[57] Druck *Publ. Lux.* 28 (1873) S. 179-187.

[58] Zitiert nach *Publ. Lux.* 28 (1873) S. 119.

[59] Weber-Krebs: *Markgrafen* (wie Anm. 1), S. 96.

[60] Duhamel, Léopold: *Négociations de Charles VII et de Louis XI avec les évêques de Metz pour la châtellenie d'Epinal*, Paris 1867.

[61] Reimann, Norbert: „Beiträge zur Geschichte des Klosters Gorze im Spätmittelalter", in: *Mitteilungen zur Geschichte des Benediktinerordens* 80 (1970) S. 337-389.

[62] Marot, Pierre: „L'Expédition de Charles VII à Metz", in: *Bibliothèque de l'École des Chartes* 102 (1941) S. 109-155, teilweise differierend von Zeller, Gaston: *La Réunion de Metz à la France*, Strassburg 1926.

[63] Deutsche Reichstagsakten unter Kaiser Friedrich III., 3. Abteilung 1442-1445, Göttingen 1963, S. 706f.

[64] Zur Beeinträchtigung der Saargegend vgl. Herrmann, Hans-Walter: „Lebensraum und Wirkungsfeld der Elisabeth von Nassau-Saarbrücken", in: Haubrichs/Herrmann/Sauder (Hg.): *Zwischen Deutschland und Frankreich* (wie Anm. 21), S.107 und Hoppstädter, Kurt / Herrmann, Hans-Walter: *Geschichtliche Landeskunde des Saarlandes*, Bd. 2, Saarbrücken 1977, S. 478.

[65] Herrmann: „Lebensraum" (wie Anm. 64), S. 107f.

Anbringen der königlichen Hoheitszeichen. Von den Rodemacher'schen Besitzungen wurde nach Berichten Metzer Chronisten mindestens Talange im näheren Umkreis von Metz betroffen.[66] Reaktionen Gerhards sind nicht bekannt.

Wenn auch König Karls Ziele gegenüber der Stadt Metz sich nicht verwirklichen ließen, so förderte doch sein Auftreten im Westen des Reiches sein Ansehen, eine Folge war der Abschluss eines Bündnis- und Handelsvertrages mit den Kurfürsten von Trier, Köln und Pfalz (13. Februar 1445).[67] In diese Zeit (1443/45) möchte ich die Anfänge einer Annäherung Gerhards an die französischen Könige setzen, die zusammen mit der Ablehnung von Burgund-Habsburg Grundlinie seines politischen Verhaltens wurde.

Der als kursächsischer Vertreter zum Kurfürstentag in Trier im Frühjahr 1445 entsandte Kanzler Heinrich Engelhard berichtete seinem Herrn über die schlechte Stimmung im Herzogtum Luxemburg infolge der starken Belastung durch den Burgunderherzog. Die Ritterschaft wolle bei den ‚rechten Erben' bleiben. Der Wirt, bei dem er in Trier logierte, habe sich geäußert, dass der von Rodemachern und der von Brandenburg,[68] wenn sie Unterstützung bekämen, Burg und Stadt Luxemburg in sächsische Hände bringen würden.[69] Doch blieb es vorerst ruhig im Lande Luxemburg.

Der Tod der Elisabeth von Görlitz († 1451), die sich nach Trier zurückgezogen hatte, aktualisierte wieder die Streitfrage ‚Pfandherr' oder ‚Erbherr'. Nachdem der im Herbst 1451 kurz aufgekommene Gedanke, Anna, die Tochter Herzog Friedrichs von Sachsen, solle bei einer Vermählung mit Herzog Philipps einzigem Sohn Karl das Herzogtum Luxemburg und die Grafschaft Chiny als Mitgift in die Ehe einbringen[70] kaum Chancen auf Realisierung hatte, ließ Herzog Philipp von Burgund sich am 25. Oktober 1451 von den Ständen als Pfandherr anerkennen. Gerhard von Rodemachern blieb dieser Ständeversammlung fern.[71]

Bald darauf wurde von Wien aus die Huldigung der luxemburgischen Stände an den jungen Ladislaus als ‚natürlichen Erbherren' vorbereitet. Boten wurden losgeschickt, um Ritterschaft, Prälaten und Städte nach Luxemburg zu laden, wo sie gegenüber zwei Bevollmächtigten sich zu „eyd, huld und gehorsamkeit" für Ladislaus verpflichten sollten.[72] Nachdem der burgundische Statthalter in Luxemburg Boten abgefangen und Luxemburg als vorgesehenen Versammlungsort gesperrt hatte, luden die Bevollmächtigten die Stände zu einer Zusammenkunft am 21. Februar 1453 nach Trier.[73] Das Ergebnis war eine Ver-

---

[66] Marot: „L'Expédition" (wie Anm. 62), S. 124f.

[67] *Reichstagsakten* (wie Anm. 63) S. 693-699.

[68] Gemeint ist Friedrich von Brandenburg, der öfter in Verbindung mit Gerhard von Rodemachern auftrat.

[69] Bericht vom 23. Februar 1445 aus Mainz: Rodemacher und Brandenburg „die solten mit hulfe uwer gnaden gunnern in und ußen Luczemburg beide sloß und stadt in geheim gar balde an uwer gnaden hende bringen" (*Reichstagsakten* [wie Anm. 63], S. 722f.).

[70] Projekt der beiderseitig Beauftragten vom 26.09.1451 (Druck in *Publ. Lux.* 30 [1875] S. 5 Nr. 10).

[71] Namentliche Liste der anwesenden Adligen in *Publ. Lux.* 30 (1875) S. 13f. Nr. 15.

[72] Druck eines Ladungsschreibens an Gerhard, Herrn zu Wiltz, vom 20.12.1452 in: *Publ. Lux.* 30 (1875) S. 26f. Nr. 43, ähnlich ebd., S. 28 Nr. 46.

[73] Schreiben der Bevollmächtigten an den luxemburgischen Erbmarschall Johann von Rollingen vom 07.02.1453 (Druck, ebd., S. 30f. Nr. 49).

schärfung der Gegensätze, Anton von Croy als burgundischer Statthalter und Wichart von Polheim als Statthalter des inzwischen siebenjährigen Ladislaus agierten gegeneinander, die Spannungen drohten zum bewaffneten Konflikt zu eskalieren.[74] Ein sächsisch-böhmisches Truppenkontingent unter dem Befehl Herzog Wilhelms von Braunschweig besetzte Diedenhofen, Houffalize, Salm und einige andere Orte, konnte aber nur Dieden-hofen gegenüber dem burgundischen Statthalter behaupten.[75]

Im Namen von Ladislaus wurde beteuert, „das wir die lande selbs behalten vnnd euch von vns vnd vnser crone zu Beheim nicht scheiden wullen, auch vns als euwers erbhern halten".[76]

Ladislaus selbst empfing die kurtrierischen Lehen[77] und belehnte Vasallen des Herzog-tums Luxemburg.[78] Am 8. September 1453 wurde durch Vermittlung des Trierer Kurfür-sten in Diedenhofen ein Waffenstillstand bis zum nächsten Pfingstfest auf der Basis des status quo geschlossen. Diedenhofen, die zweitgrößte Stadt im Herzogtum, wurde durch Einzug einer kurtrierischen Garnison neutralisiert.[79] Der Waffenstillstand wurde mehrfach verlängert.[80] Im Herbst 1455 zeichnete sich dank der Vermittlung Herzog Ludwigs von Bayern-Landshut eine Einigung derart ab, dass Ladislaus Luxemburg dem Burgunder ge-gen Aufrechnung beiderseitig aufgelaufener Geldforderungen überlassen solle.[81] Der fran-zösische König versuchte die Festsetzung des Burgunders in Luxemburg dadurch infrage zu stellen, dass er eine Heirat seiner Tochter Margarethe mit dem jungen Ladislaus vor-schlug. Die am französischen Hof schon laufenden Verhandlungen wurden auf die Nach-richt vom plötzlichen Todes des jungen Ladislaus († 23.11.1457) abgebrochen. Dennoch erreichte die böhmische Delegation, dass König Karl VII. sich schon in den ersten Januar-tagen zu einer Schutzherrschaft (garde) über das Herzogtum Luxemburg bereit erklärte[82] und damit die burgundische Festsetzung in Luxemburg bremste. Die im französischen Königreich ausgebildete Verfassungsinstitution der garde bezog sich primär auf den Schutz kirchlicher Institutionen und ihres Besitzes, wurde aber im Spätmittelalter allgemein zur Erweiterung königlicher Zugriffsmöglichkeiten ausgebaut. Die spezielle Anordnung, Gerhards Burgen Rodemachern, Hesperingen, Richemont, Bolchen, Neuerburg, Kronen-burg, Esch, Montmédy und Chassepierre zu besetzen und dort französische Hoheitszei-chen anzubringen,[83] brachte eine gewisse Sicherheit gegenüber von Burgund initiierten Aktionen gegen Gerhard. Dass er in den Genuss dieser ‚königlichen Gnade' kam, könnte aus französischer Sicht mit seinem Einfluss im luxemburgischen Adel und daraus folgend

---

74 Bericht Oswalds von Entzingen und Dr. Balthasars von *Motschidel* an König Ladislaus vom 01.03.1453 (ebd., S. 33 Nr. 56).

75 Erzählende Quellen ebd., S. 31f.

76 Urkunde vom 13.05.1453 (ebd., S. 34f. Nr. 59), Miller: *Jacob von Sierck* (wie Anm. 44), S. 248.

77 *Publ. Lux.* 30 (1875) S. 117 Nr. 143f.

78 Z.B. *Publ. Lux.* 30 (1875) S. 107 Nr. 127, S. 112 Nr. 134, S. 115f. Nr. 141, S. 118 Nr. 148.

79 Miller: *Jacob von Sierck* (wie Anm. 44) S. 241 und *Publ. Lux* 30 (1876) S. 39-42.

80 Zuletzt am 16.10.1454 (*Publ. Lux.* 30 [1875] S. 101 Nr. 103).

81 Vertrag vom 1.10.1455, ediert ebd., 30 (1875) S. 126-133 Nr. 168.

82 Anweisung König Karls vom 08.01.1458, Drucke in: *Publ. Lux.* 31 (1876) S. 6ff. Nr. 7 und S. 10ff. Nr. 10.

83 *Publ. Lux.* 31 (1876) S. 6-8, 10-12, 24-27.

seiner Nützlichkeit für die französischen Interessen gedeutet werden. Möglich ist auch, dass er der an den französischen Hof entsandten ‚böhmischen' Delegation angehörte und selbst um die Gewährung der *garde* gebeten hatte. In dieser Zeit dürfte eine Liste[84] über die politische Ausrichtung von 129 Mitgliedern der luxemburgischen Ritterschaft entstanden sein. Sie ist unterteilt in vier Gruppen:

1) diejenigen, die ihren ‚Erbherren', also der Luxemburger Dynastie und ihren Nachkommen, gehorsam geblieben sind, an zweiter Stelle der 25 Namen hinter dem Trierer Dompropst Philipp von Sierck steht Gerhard von Rodemachern,
2) die offen zur Gegenpartei (= Burgund) Haltenden (22 Namen),
3) diejenigen, die nach dem Tode von Ladislaus sich gegenüber Burgund gehorsam gezeigt haben (12 Namen), also die Seiten wechselten,
4) die nicht durch Fehdebriefe Partei bezogen haben, aber in der Huld des Burgunderherzogs blieben (70 Namen).

Die Liste lässt nicht nur die Stärkeverhältnisse der einzelnen Gruppen erkennen, sondern zeigt mit Gruppe 3, wie die ‚Böhmische Partei' nach Ladislaus' Tod geschrumpft war, so dass nur noch ein Fünftel der genannten Adligen deutlich erkennbar zur Luxemburger Dynastie stand.

Nach dem Tode des jungen Ladislaus trat Herzog Wilhelm von Sachsen namens seiner Frau Anna als Vertreter der Interessen der luxemburgischen Dynastie auf. Er bestätigte in ihrem Namen im Dezember 1458 die Rechte und Privilegien folgender Personen, die wir als die führenden Köpfe der ‚böhmischen Partei' ansehen dürfen: Gerhard von Rodemachern, Dompropst Philipp von Sierck, Herr von Montclair, Friedrich von Brandenburg, Herr von Clervaux, Gerhard, Herr von Wiltz, Adam von Dalstein, Herr zu Meisenburg, und der Stadt Diedenhofen.[85] König Karl VII. konnte in seiner auf Schwächung der burgundischen Stellung in Luxemburg ausgerichteten Politik einen Erfolg verbuchen, als Wilhelm von Sachsen der französischen Krone den Verkauf des Wiedereinlösungsrechtes am verpfändeten Herzogtum Luxemburg zum Preis von 50.000 *écus d'or* zusagte.[86] Er unterrichtete davon am 17. April 1459 die ihm treu gebliebenen luxemburgischen Adligen und die Stadt Diedenhofen und forderte sie auf, dem König von Frankreich zu huldigen.[87] König Karl VII. bestätigte zwei Tage später (21.04.1459) Gerhard von Rodemachern, Philipp von Sierck, Friedrich von Brandenburg, Franz von Orne, Jean de Sommais und anderen Adligen ihre Privilegien in Anbetracht der ihm erwiesenen Treue.[88]

Das Verhältnis Frankreich – Burgund blieb gespannt und barg die Gefahr eines Waffenganges, solange König Karl VII. lebte. Bis zu seinem Tod († 22. Juli 1461) waren von der Verkaufssumme für das Herzogtum Luxemburg erst 10.000 fl. gezahlt.

---

[84] Ein Datierungsansatz der Liste ergibt sich daraus, dass sie erst nach dem Tod von Ladislaus († 1457) erstellt wurde. Sie ist veröffentlicht in *Publ. Lux.* 31 (1876) S. 187-190.

[85] *Publ. Lux.* 31 (1876) S. 23 Nr. 41.

[86] Vertrag von 1459 III/20 (*Publ. Lux.* 31 [1876] S. 40-45 Nr. 58). Am 31.05.1450 wurde die Zahlung von 10.000 écu quittiert (ebd., S. 50f. Nr. 67).

[87] Ebd., S. 47 Nr. 61.

[88] 1459 IV/21: „considerantes legalitatem, fidelitatem et bonam oboedientiam" (ebd., S. 49 Nr. 63 und Clervaux [wie Anm. 26], Nr. 1084).

Die Politik des Burgunderherzogs war darauf angelegt, das Herzogtum Luxemburg so-lange zu behalten, bis ihm die für den Kauf des Pfandrechtes gezahlte Summe zurücker-stattet sei. Zur Festigung seiner Position in Luxemburg lud er die Stände nach Ivoix und ließ sich von ihnen als Pfandherr anerkennen und Treue geloben. Im Herbst 1461 bestä-tigte er die Privilegien des Adels und setzte die bald nach Besetzung der Stadt Luxemburg durch seine Truppen widerrufenen Privilegien wieder in Kraft, auch die Stadt Dieden-hofen nahm er im August 1461 in Gnaden wieder auf.

Der Thronwechsel in Frankreich brachte zunächst eine Verbesserung des politischen Klimas. König Ludwig XI. ließ eine gewisse Dankbarkeit gegenüber dem Burgunderher-zog erkennen, weil er ihn zu Zeiten der Differenzen mit seinem Vater Karl VII. in seinen Landen aufgenommen hatte.[89] Der ,böhmischen Partei' innerhalb der luxemburgischen Ritterschaft wurde die Basis andauernder oppositioneller Haltung entzogen, als Ludwig XI. 1462 zugunsten Philipps von Burgund auf die von ihm erworbenen Ansprüche Wil-helms von Sachsen auf Einlösung des Pfandes Luxemburg verzichtete. Auf diese Weise wurde der Burgunderherzog „verum legitimum et indubitatum proprietarium dominum" des Herzogtums Luxemburg.[90] In nüchterner realpolitischer Einschätzung gab Gerhard von Rodemachern jetzt seine antiburgundische Haltung auf und erschien zu Ständever-sammlungen.[91] Dem sich anbahnenden Ausgleich entspricht die Anordnung Herzog Philipps vom 27. Februar 1466, Gerhard von Rodemachern die auf die herzoglichen *do-maines* in Luxemburg angewiesenen Gülten und Einkünfte auszuzahlen.[92] Folgerichtig empfing er von Philipps Nachfolger Karl dem Kühnen am 12. Dezember 1467 in Mar-che-en-Famenne die luxemburgischen Lehen.[93] Zu seiner Einsicht dürfte die burgunder-freundliche Haltung der benachbarten Landesherren beigetragen haben. Die Herzöge Jo-hann und Nikolaus von Lothringen, der Kurfürst von Trier, der Herzog von Pfalz-Zweibrücken, Bischof Georg von Metz (1459-1484)[94] standen in einem guten Verhältnis zu Philipp dem Guten und Karl dem Kühnen, wenn auch aus unterschiedlicher Motivati-on und in unterschiedlicher Intensität. Die freie Reichsstadt Metz hatte den Burgunder-herzögen längere Zeit zurückhaltend gegenüber gestanden, kein Bündnis mit ihnen ge-schlossen, in den 1470er Jahren aber sich ihnen in zunehmendem Maße angenähert und wurde schließlich eine Art burgundischer Etappe.[95]

---

[89] *Publ. Lux.* 31 (1876) S. 6-8, 10-12, 24-27.

[90] Einschlägige Quellen in *Publ. Lux.* 31 (1876) S. 101f., 106-111, 120ff., 124-127.

[91] Mitglied des luxemburgischen Rittergerichtes am 19.05.1466 (*Publ. Lux.* 32 [1878] S. 49 Nr. 168 und 170) und am 16.07.1466 (Würth-Paquet, François-Xavier: „Chartes de la Famille de Reinach", in: *Publ. Lux.* 33 (1879) Nr. 1885).

[92] *Publ. Lux.* 32 (1878) S. 40 Nr. 115.

[93] *Publ. Lux.* 34 (1880) S. 13 Nr. 36, auch erwähnt in Narratio der Urkunde Maximilians von 15.11.1492 (Druck in *Publ. Lux.* 31 [1885] S. 337f. Nr. 656).

[94] Schneider, Jean: „Un conseiller des Ducs de Bourgogne; Georges de Bade, Évêque de Metz (1459-1484)", in: *Cinq-centième anniversaire de la bataille de Nancy (1477). Actes du colloque organisé par l'Institut de re-cherche régionale en Sciences sociales, humaines et économiques de l'Université de Nancy II*, Nancy 1979, S. 305-338.

[95] Heckmann, Dieter: *André Voey de Ryneck. Leben und Werk eines Patriziers im spätmittelalterlichen Metz*, Diss. Saarbrücken 1986, S. 92-106; Ders.: „Metz und der franko-burgundische Konflikt in Oberlothringen (1440-1500)", in: *Rheinische Vierteljahresblätter* 51 (1987) S. 122f.

Es ist nicht zu erkennen, wann Gerhard wieder auf eine antiburgundische Linie einschwenkte. Ich fand bisher keine Belege für seinen Anschluss an die nach der burgundischen Annektion des Herzogtums Lothringen gebildete Koalition zwischen König Ludwig XI., Herzog René II. von Lothringen, der Niederen Einung und den Eidgenossen. Über sein Verhalten nach der Besetzung des Herzogtums Lothringen durch burgundische Truppen und der anschließenden Rückeroberung, die mit Karls des Kühnen Niederlage und Tod vor Nancy am 5. Januar 1477 endete, fand ich bisher keine Hinweise.[96] Gerhards Burgen Rodemachern und Richemont lagen nahe der großen Nord-Süd-Verbindung zwischen den *pays delá* und den *pays deça*, die Herzog Karl in seinen letzten Lebensjahren benutzt hatte.[97] Von ihnen aus hätte der burgundische Nachschub je nach Parteinahme empfindlich gestört oder gesichert werden können.

Im Mai 1475 berichtete der burgundische Statthalter in Luxemburg, Claudius von Neufchâtel, Karl dem Kühnen, er habe den Adel zur Verteidigung des Landes aufgefordert, aber einige hätten sich verweigert. Vasallen, die ihren Verpflichtungen nicht nachkamen, ließ Claudius auf herzogliche Anweisung festnehmen.[98] Im folgenden Jahr (1476) waren zur Sicherung der burgundischen Verbindungswege Besatzungen nach Sierck, Weiler-Bettnach und Gorze gelegt worden. Kaspar von Rollingen/Raville war aufgetragen worden, die für den Nachschub wichtigen Straßen im Abschnitt Luxemburg – Diedenhofen – Metz freizuhalten. Gestört wurde er dabei im Herbst 1476 durch den auf lothringischer Seite stehenden Grafen Simon von Zweibrücken-Bitsch. Auch in den mir bekannten Nachrichten über das Vorgehen gegen burgundische Besatzungen in lothringischen Orten und gegen burgundische Parteigänger nach dem Tod Karls des Kühnen finden sich weder direkte noch indirekte Hinweise auf den Rodemacher.[99]

Karls des Kühnen Tod warf die Frage auf nach Erhalt oder Zerfall der in vier Generationen zusammengetragenen burgundischen Ländermasse beiderseits der Grenze von Regnum und Imperium. Seine Tochter Maria beauftragte schon im Februar 1477 Claudius von Neufchâtel, die Huldigung der luxemburgischen Stände entgegenzunehmen und ihnen ihre Freiheiten und Privilegien zu bestätigen.[100] Das schon von ihrem Vater erwogene Projekt ihrer Vermählung mit Erzherzog Maximilian von Österreich, dem Sohn Kaiser Friedrichs III., wurde zügig zum Abschluss gebracht und am 18. August 1477 Hochzeit

---

[96] Hier sei nur die für unseren Betrachtungsraum wichtigste Arbeit zitiert: Schneider, Jean: „La Guerre Bourguignonne entre Sarre et Moselle (1475-1477)", in: *Annuaire de la Société d'Histoire et d'Archéologie Lorraine* 77 (1987) S. 95-121; dort auch die ältere einschlägige Literatur.

[97] Nach dem Scheitern der Verhandlungen mit Kaiser Friedrich III. in Trier ritt er am 25. November 1473 nach Königsmachern und fuhr von dort mit dem Schiff auf der Mosel nach Diedenhofen. Zwischen dem 2. und 4. April 1474 zog er von Nomény über Diedenhofen nach Luxemburg und hielt sich dort vom 5. bis 22. Juni auf. Im September 1475 wählte er die weiter westlich verlaufende Straße von Arlon über Esch – Differdingen – Soleuvre – Bassompierre nach Gorze (Schneider, Jean: „La Guerre Bourguignonne entre Sarre et Moselle" [wie Anm. 96]).

[98] Namen werden nicht genannt (*Publ. Lux.* 34 [1880] S. 142 Nr. 593 und S. 146f. Nr. 620).

[99] Erwähnt werden die Aktionen des Grafen Simon von Zweibrücken-Bitsch, die Rückeroberung von Falkenberg/Faulquemont durch Walter von Thann, die Besetzung von Sierck durch den früheren lothringischen *prévot* Konrad Kretzer, das Vorgehen gegen den burgunderfreundlichen Rudolf Beyer von Boppard (*Publ. Lux.* 34 [1880] S. 179 Nr. 752 und S. 185 Nr. 789, ebd., 35 [1881] S. 11 Nr. 11).

[100] *Publ. Lux.* 35 (1881) S. 13 Nr. 18.

gefeiert, – ein politisch geschickter Schachzug, der sowohl den habsburgischen Einfluss im Westen des Reiches stärkte als auch die Stellung der burgundischen Erbtochter festigte. Die Neuvermählten waren gefordert, außenpolitisch die Versuche der Gegner Karls des Kühnen, Stücke aus seinem Erbe heraus zu brechen, abzuwehren und innenpolitisch die sich stellenweise in bewaffnetem Aufruhr äußernde Unzufriedenheit mit der burgundischen Verwaltung einzudämmen.

Der sich als Sieger betrachtende Lothringerherzog ließ die südwestlichen Teile des Herzogtums Luxemburg besetzen[101] und beauftragte schon am 21. Januar 1477, also gerade drei Wochen nach seinem Sieg vor Nancy, den von ihm neu ernannten Gouverneur von Marville[102] Wautrin de Nettancourt, den Treueid der Adligen, Beamten und Gemeinden des Herzogtums Luxemburg und der Grafschaft Chiny entgegenzunehmen.[103] In einer am 24. Januar 1478 in Zürich erreichten Übereinkunft musste er sich jedoch mit den luxemburgischen Orten Virton, Damvillers und Chauvency und dem luxemburgischen Anteil an Marville begnügen und zugestehen, dass die Orte nach fünf Jahren von Burgund mit 25.000 rh. fl. rückgekauft werden könnten.[104]

Neuformierung der ‚böhmischen Partei'

König Ludwig XI. ließ in der ihm eigenen Verbindung geschickter Diplomatie mit militärischer Gewalt das in seinem Königreich gelegene Herzogtum Burgund besetzen, schickte Truppen in die Grafschaft Flandern und unter dem Kommando Karls von Amboise in den südwestlichen Teil des Herzogtums Luxemburg, gab dem Böhmenkönig Vladislaw II. Anstöße, sich als Nachkommen der Luxemburger Dynastie aufzuspielen und warb dafür in der luxemburgischen Ritterschaft.[105] Vladislaw war ein Sohn König Kasimir Andreas II. von Polen, seine Mutter Elisabeth, eine Tochter König Albrechts II. und Enkelin Kaiser Sigismunds. Er war im April 1473 zum König von Böhmen gewählt worden, konnte sich aber erst 1478 gegen Matthias Corvinus durchsetzen.

Statthalter Claudius von Neufchâtel berichtete am 21. April 1477 Kaiser Friedrich III. über die Opposition gegen Burgund.[106] Einige Adlige hätten dem König von Böhmen, also Vladislaw, geschrieben, er solle dem König von Frankreich oder dem Herzog von Lothringen oder einem von ihnen Vollmacht geben, das Land Luxemburg eventuell mit Gewalt an

---

[101] Anweisung an den Bastard von Kalabrien (*Publ. Lux.* 35 [1881] S. 9f.).

[102] Die kleine Stadt (heute Dép. Meuse, Cant. Montmédy) war ein lothringisch-luxemburgisches Kondominium. Vgl. Aimond, Charles: *Histoire de Marville. Terre commune aux Duchés de Luxembourg et Bar-Lorraine*, Luxembourg 1958 (*Publ. Lux.* 76 [1958] S. 51).

[103] „Par quoy de droit et comme seigneur et prince conquerant nous sont escheues et doyvent appartenir plusieurs dez pays, terres, seigneuries, villes, chasteaulx et forteresses qu'il [Charles duc de Bourgogne] tenoit et occupoit en son vivant et entre autres le duché de Luxembourg et le conté de Chiny" (Schneider, Jean: *Lorraine et Bourgogne 1473-1478. Choix de documents*, Nancy 1982, Nr. 81).

[104] Ebd., Nr. 102, vgl. auch Y. Lanhers: „Note sur la prévoté de Virton pendant l'occupation barroise (1478-1519)", in: *Le Pays Gaumais* 36/37 (1975/76) S. 201-222.

[105] Werveke, Nicolas van : „Der letzte Versuch der Herzöge von Sachsen zur Erwerbung des Luxemburger Landes", in: *Ons Hémecht* 4 (1898) S. 131-148 und 195-211.

[106] *Publ. Lux.* 35 (1881) S. 23 Nr. 48.

sich zubringen.[107] Maria und Maximilian warnten den Statthalter, den Erfindungen ihrer Gegner zu glauben.[108] Am 18. September 1477 wurde ein Waffenstillstand zwischen Ludwig XI. und Maximilian geschlossen.[109]

Die Luxemburger Stände waren auch jetzt uneins. Für die Interessen Marias engagierten sich Johann Beyer von Boppard und Andreas von Haraucourt, Herr von Brandenburg.[110] Der luxemburgische Marschall Wilhelm von Rollingen/Raville verteidigte mit Erfolg die luxemburgischen Positionen zwischen Mosel und Nied, also im näheren Umkreis von Rodemachers Burgen.[111]

Über die Neuformierung einer antiburgundische Opposition, wiederum als ,böhmische Partei' bezeichnet, berichtete ausführlich der Straßburger Kundschafter Hans Schaub,[112] nachdem er am 8. April 1478 Gerhard, den er „sweher"[113] Dieboltz von Geroldseck nennt, in Rodemachern aufgesucht und dort Gleichgesinnte angetroffen hatte, darunter auch Gerhards Schwiegersohn Ludwig von der Mark, Herr zu ,Herbermont', und dessen Vater.[114] Aus burgundisch-habsburgischer Sicht galten sie als Rebellen.[115] Der Junker von Rodemachern und sein ,anhang hant sich bitz har gehalten uff des kuniges von Beheim sit, als eim erbherren des landes von Lutzelburg'. Da der König von Böhmen ihnen ,uff diese zit nit hülf oder schirm düt', habe Gerhard den Johann von Befort zum König von Frankreich geschickt, um Hilfe gegen die Burgundischen einzuwerben.

Auf burgundischer Seite stehend nennt Schaub die Städte Luxemburg und Diedenhofen und ,andere stette und sloß', von der Ritterschaft die Herren von Manderscheid, Virneburg, *Summeroff*, Fels, Burscheid, Eltern, Hürden ,und ander ritter und knecht'. Die im Land herrschende Unsicherheit kennzeichnet seine Bemerkung über Bernhard von Orley, der von Luxemburg aus mit 200 oder 300 Pferden täglich ausritte und ,was in be-

---

[107] Druck in *Publ. Lux.* 35 (1881) S. 23f. Nr. 48.

[108] Schreiben vom 30.11.1477 (Druck bei Münch, Ernst: *Die Fürstinnen des Hauses Burgund-Oesterreich in den Niederlanden*, 1. Abteilung: *Margarethe von York, Maria von Burgund*, Leipzig 1832, Bd. 2, S. 554-557).

[109] *Publ. Lux.* 35 (1881) S. 36f. Nr. 85.

[110] Schneider: *Lorraine et Bourgogne* (wie Anm. 103) Nr. 81 A note 3, Schneider: „Georges de Bade" (wie Anm. 94) S. 328f.

[111] Schneider: „Georges de Bade" (wie Anm. 94) S. 330.

[112] Bericht vom 19.04.1478 ediert von Mone in *Zeitschrift für die Geschichte des Oberrheins* 16 (1864) S. 74ff.

[113] ,sweher' (mhd.) kann Schwiegervater, Schwiegersohn und Schwager bedeuten. Tatsächlich Schwiegersohn, zweiter Gatte der Elisabeth von Rodemachern.

[114] Namentlich nennt er: Philipp von Sierck, Dompropst zu Trier, Ludwig von der Mark, Herr zu Rochefort und Neufchâteau (,welschen Nuwenburg'), Erhard von der Mark, Graf zu Monraguy, die beiden Herren von Finstingen, Ludwig von der Mark, Herr zu Herbermont, Jakob, Herr zu Reineck und Bruch, Heinrich Vogt zu Hunolstein, Johann, Herr zu Kriechingen, Johann, Herr zu Befort, Damm von Malberg, Herr zu Ouren, Wilhelm, Herr zu Püttlingen, Dietrich von Eltern/Autel, Herr zu Hollenfels, Gerhard, Herr zu Wiltz, Godehart Herr zu Vels, Bernhard, Herr zu Burschyt, Karl von Monerial, Herr zu Molburg/Malberg, Dietrich von Brandenburg, Herr zu Stoltzenberg und zu Asenbruch, Johann, Herr zu Schiveltz, Johann und Wilhelm von Moburg, Herren zu Summeray, Heinrich von Hunwil, Herr zu Mommayl, Schiltz, Herr zu Körich, Wirich von Püttlingen, Gerhard von Kempenich, Jerge Vogt. Atten zählt zur ,böhmischen Partei' auch die Herren von Falkenstein und Bettingen, allerdings nicht als sehr aktiv, eher als Mitläufer. Angaben anderer Quellen zur Opposition gegen Maria und Maximilian: *Publ. Lux.* 35 (1881) S. 41 Nr. 100, Jean d'Auteil bis Spätjahr 1478 (vgl. Anm. 122).

[115] Vgl. Anm. 124.

gegent, dem nemen su, was er hat, er sij frunde oder vigent'. Wenn sie dem Rodemachern etwas ,abegebrechen' könnten, täten sie es. Schaubs Bericht lässt sich zwar eine Führungsrolle Gerhards in der böhmischen Partei entnehmen, aber eine doch abwartende Haltung: ,Der Rodemacher sitzt noch still und will noch *nit anfahen*.'

Über die französischen Truppen schreibt Schaub, dass sie mit ungefähr 3000 Pferden im Gebiet von Gorze und im Barer Land ständen, öfter bis Diedenhofen vorstießen und nähmen, was sie bekommen könnten. Ihr Angriff auf das ,stettel Ibesch'[116] im Land Luxemburg sei misslungen.[117] Atten berichtet, Philipp von Sierck, Wilhelm von der Mark und Gerhard von Rodemachern agierten zusammen mit dem französischen Kommandeur Karl von Amboise.[118]

Der Waffenstillstand wurde am 11. Juli 1478 erneuert und sollte gelten für ,tous les pays, terres et seigneuries et subjectz d'une part et d'autre'. ,Grenzwächter' (*Conservateurs des marches*) sollen in allen strittigen Fragen konsultiert werden, für den Grenzverlauf im Bereich des Herzogtumes Luxemburg wurde von französischer Seite der Herr von Baudricourt bestellt, von burgundisch-habsburgischer Seite Claudius von Neufchâtel.[119] Er berichtete Maximilian, dass es ihm gelungen sei, die Herren von Rodenmachern und Befort zum Aufgeben ihrer Opposition zu veranlassen[120] – eine Aussage von nur ephemerer Geltung.

Im April 1479 ließ Ludwig XI. wieder militärische Operationen anlaufen. Während sein Haupttheer gegen Hennegau und Flandern vordrang, rückten kleinere Verbände in die südwestlichen Teile des Herzogtums Luxemburg ein.[121]

Nachdem die französische und lothringische Besatzung in Virton nach kürzerer Belagerung durch ein burgundisches Heer unter Philipp von Croy, Graf von Chimay[122], dem ,Eber der Ardennen', und dem Marschall vom Luxemburg am 27. Juni 1479 zur Kapitulation und Räumung der Stadt gezwungen[123] und die französische Hauptarmee am 7. August 1479 bei Guinegate geschlagen worden war, wurde ein Vorgehen gegen Gerhard und seine Anhänger geplant.

Die Niederlage von Guingate hatte jedoch weder den französischen Gegner nachhaltig geschwächt noch zum Zerfall der ,böhmischen Partei' geführt. So wird eine Belohnung des Andreas von Haracourt in einer Urkunde vom 10. November 1479 begründet mit den Diensten, die er den Burgunderherzögen Karl und Philipp und der Erbtochter Maria geleistet habe „a l'encontre de noz rebelles et desobeissans subgectz de Lucembourg et ceulx

---

[116] Mone (wie Anm. 112) sieht darin ,wahrscheinlich' Esch südlich von Luxemburg, richtig ist aber Ivois.

[117] Bericht des Strassburger Boten Hetzel, der in Metz war, vom 10. Juni 1478, ediert bei Mone (wie Anm. 112) S. 77.

[118] Atten: „Letzte Fehde" (wie Anm. 5), S. 9 und 29 Anm. 9.

[119] Druck bei Münch: *Fürstinnen* (wie Anm. 108), Bd. 2, S. 574 -585.

[120] Maximilian an Claude am 09.09.1478: „que vous avez fait de reduire à notre obeissance les sires de Rodemacher et de Belfort" (*Publ. Lux.* 35 [1881] S. 59f Nr. 165).

[121] Atten: „Letzte Fehde" (wie Anm. 5), S. 9 und S. 29 Anm. 9.

[122] Über ihn und das Verhältnis seiner Familie zu Burgund-Habsburg vgl. Paravicini, Werner: „Moers, Croy, Burgund. Eine Studie über den Niedergang des Hauses Mörs in der zweiten Hälfte des 15. Jahrhunderts", in: *Annalen des Historischen Vereins für den Niederrhein* 179 (1978) S. 9-111.

[123] Münch (wie Anm. 108), Bd. 1, S. 254f.

qui ont tenu et tiennent la party du roy de Bahaigne".[124] Gegen Pfingsten 1480 fiel der Herr von Chaumont, Gouverneur der Champagne, wieder ins Herzogtum Luxemburg ein, eroberte Virton und besetzte Ivois. Am 21. August 1480 wurde der Waffenstillstand erneuert bzw. verlängert.[125]

Maximilians Vorgehen gegen Gerhard von Rodemachern

Obwohl im Herzogtum Luxemburg wie in anderen burgundischen Provinzen die Unzufriedenheit mit dem Regentenpaar Maria – Maximilian wuchs infolge von Steuerdruck und energischer Durchsetzung von Verwaltungsmaßnahmen bei gleichzeitig als unzureichend empfundener Beteiligung der Landstände, verlor die ,böhmische Partei' Anhänger.[126] Ein ,harter Kern' blieb bestehen und artikulierte seine Abneigung gegen Maximilian, indem man ihn bewusst ,Herzog von Österreich' titulierte und somit geflissentlich seine tatsächliche Stellung als Herr über den größeren Teil des burgundischen Erbes und als faktischer Inhaber des Herzogtumes Luxemburg negierte. Die Adelsopposition sollte weiter geschwächt[127] und drastisch gegen den Rodemacher vorgegangen werden. Gerhard wurde seiner Lehen für verlustig erklärt, ein Teil seiner Besitzungen konfisziert und Maximilian ergebenen Adligen zugesprochen, was sich aber nicht in allen Fällen leicht realisieren ließ. Deshalb wollte Maximilian durch persönliches Erscheinen seinen Anordnungen Nachdruck verleihen. Im September 1480 hielten er und Maria feierlichen Einzug in die Stadt Luxemburg, nahmen die Huldigung der Stände entgegen und bestätigten Freiheiten und Privilegien.[128] Ihr Besuch sollte demonstrieren, dass sie nicht länger gewillt waren, im südlichsten Teil ihrer ,niederen Lande' französische Übergriffe[129] und Rebellion der ,böhmischen' Partei zu dulden. Bei der geplanten Ausschaltung des Rodemachers sollte der im August erneuerte Waffenstillstand mit König Ludwig XI.[130] eventuelle französische Hilfsaktionen zugunsten Gerhards ausschließen. Der von Maria und Maximilian ernannte neue Statthalter im Herzogtum Philipp von Croy, Graf von Chimay, sollte Richemont und Esch an der Sauer einnehmen, zu deren Ganerbschaft Gerhard gehörte. Ein von der Stadt Luxemburg zu stellendes Kontingent sollte Rodemachern erobern. Doch der Erfolg blieb zunächst aus. Maximilian selbst rekognoszierte am 19. Oktober 1480 die Lage vor Rode-

---

[124] Schneider: *Lorraine et Bourgogne* (wie Anm. 103), Nr. 89 note 2.

[125] Druck in *Publ. Lux.* 35 (1881) S. 123-126.

[126] So erklärte Jean d'Autel, Herr von Birtringen, am 06.09.1478, dass er bisher auf der Seite des Königs von Böhmen gestanden und den Herzog von Österreich und die Tocher des Herzogs von Burgund nicht anerkannt, nun aber die Seite gewechselt habe (*Publ. Lux.* 35 [1881] S. 58f. Nr. 163).

[127] Beauftragung Gerhards, Herr von Wiltz, mit der Burghut am 24.19.1479 (*Publ. Lux.* 35 [1881] S. 87 Nr. 242). Etwa gleichzeitig wurde die Herrschaft Pittingen dem Johann von Kriechingen entzogen und dem Grafen Friedrich von Zweibrücken-Bitsch übertragen (,,le tout appartenans à un nommé Jehan de Creanges et à nous avenuz et echeuz par droict de confiscation au moyen de ce que le dit Jehan devroit notre léal subgect et vassal s'est distraict de notre obéissance et a prins le partye des Behaignons à nous contraire et ennemis", Druck in *Publ. Lux.* 35 [1881] S. 88ff. Nr. 247).

[128] Druck, Münch: *Fürstinnen* (wie Anm. 108), Bd. 2, S. 559-561 Urkunde vom Oktober 1480.

[129] Gegen Pfingsten 1480 hatte der Gouverneur der Champagne bei einem Vorstoß ins Herzogtum die Städte Virton und Ivois besetzt.

[130] Druck in *Publ. Lux.* 35 (1881) S. 123-126.

machern. Pulvermangel soll den Abbruch der Belagerung veranlasst haben.[131] Anfang November verließ Maximilian Luxemburg und zog nach Brüssel. Die Strafexpedition gegen den Rodemacher hatte nicht viel gebracht, nur die nördlich von Rodemachern gelegene Burg Hesperingen, sozusagen ein ‚Vorwerk', war durch die Luxemburger Bürgerschaft zerstört worden.[132]

Wenige Wochen danach, am 25. Januar 1481, schloss Gerhard mit seinem Neffen Georg von Virneburg ein gegen Maximilian gerichtetes Bündnis,[133] – ein Zeichen, dass er sich immer noch nicht mit den neuen Machtverhältnissen im Herzogtum Luxemburg abgefunden hatte. Er bestellte ihn zu seinem Feldhauptmann in seiner ‚feden und vintschafft' mit Maximilian und dem Lande Luxemburg, übergab ihm die Burgen und Herrschaften Rodemachern, Richemont und Neuerburg als Stützpunkte mit der Maßgabe, von dort aus die ‚wiederweer' gegen das Land Luxemburg zu tun, aber sie nur zur Verteidigung von Gerhards Interessen, nicht aber zur Verfolgung anderer Ziele zu gebrauchen. Kosten und Beute sollten hälftig geteilt werden.

Gerhards Verhältnis zur Familie Virneburg, in die seine Schwester Franziska eingeheiratet hatte, war in der Vergangenheit nicht frei gewesen von Belastungen.[134] Die Virneburger hatten bisher lange nicht so deutlich wie Rodemachern in der Opposition zu Burgund – Habsburg gestanden. Passagen im Übergabevertrag lassen vermuten, dass finanzielle Erwägungen in nicht geringem Maße mitspielten, nämlich Tilgung von Schulden Gerhards bei dem Virneburger.[135] Es bleibt offen, inwieweit Gerhard wusste oder ahnte, dass der Virneburger die Rodemacher'schen Burgen nicht nur gegen Maximilian verteidigen, sondern auch als Ausgangs- und Stützpunkte eigener Raubzüge nutzen würde.

Maximilian wertete das Bündnis als feindlichen Akt und als Verstoß gegen lehenrechtliche Verpflichtungen, entzog Gerhard im Sommer und Herbst 1481 einen Teil seiner Lehen „par droit de guerre et confiscation" und übertrug sie Claudius von Neufchâtel,[136] der

---

131 Die von Weber-Krebs: *Markgrafen* (wie Anm. 1), S. 171 geäusserte Vermutung „einer ernsthaften Unterhaltung Maximilians mit Gerhard", weil er sich der Gefolgschaft dieses Vasallen nicht sicher gewesen sei, halte ich für wenig wahrscheinlich.

132 Atten: „Letzte Fehde" (wie Anm. 5), S. 12 und S. 30 Anm. 16, *Publ. Lux.* 35 (1881) S. 105f. Nr. 308.

133 LHA Koblenz Best. 34: „Das er den krig uff und in allen mynen slossen intgane myne viande hanthaben und furen soll und myne und syner ruther heubtman syn....Ich han als heruff dene obgen. mynen maich all myner slosse geweldich gemacht und yme die ingegeben, die fede in maissen vorgemelt yn mynentwegen daryn und uss zu hanthaben, sich auch daryn by mir und sust inthalten biss an die zyt ych yn vorgemelt ussgelaicht gelt gutlich widdergegeben bezalet oder vermoget han."

134 Z.B. Streitigkeiten im August 1463 (Eder-Stein/Lenz/Rödel: *Inventar Virneburg* [wie Anm. 8], I Nr. 329).

135 „...ich han als heruff dene obgen. mynen maich all myner slosse geweldich gemacht und yme die ingegeben, die fede in maissen vorgemelt yn mynentwegen daryn und uss zu handhaben, sich auch daryn by mir und sust inthalten biss an die zyt ych yn ir vorgemelt ussgelaicht gelt gutlich widdergegeben bezalt oder vernoget han" (Druck in *Publ. Lux.* 35 [1881] S. 232ff. Nr. 231).

136 Am 16.06.1481: „toutes les places, terres et seigneuries que tient en notre dit pays de Luxembourg le seigneur de Rodemach, mouvans et appartenans d'ancienneté de la seigneurie de Souleuvre, appartenant audit seigneur du Fay et avec ce tout ce que ung nommé Jacot de Reyneck a et lui peut appartenir en notre dit pays de Luxembourg le tout à nous appartenant par droit de confiscation parce que le dit seigneur de Rodemach et Jacot de Reyneck sont noz ennemis et tiennent parti à nous contraire" (edité in *Publ. Lux.* 35 [1881] S. 136 Nr. 368) am 1. Oktober 1481 dann Dorf und Herrschaft Steinheim (?) in der Propstei Echternach „villaige, terre et seignourie de Steynhem....... nagaires appartenans au seigneur

wieder das Statthalteramt innehatte. Schenk von Schweinsberg[137] und Kratzsch[138] sprechen von einer ‚Verhängung der Reichsacht', was aber nicht zutrifft; denn sie war ein dem Kaiser vorbehaltenes Rechtsmittel und zog eine Einschaltung des Reichshofgerichtes nach sich,[139] während es sich bei dem Vorgehen Maximilians um eine Maßnahme auf Grund lehenherrlicher Rechte handelte und die betreffenden Lehen nicht Reichslehen, sondern luxemburgische Lehen waren.

Der Tod Marias von Burgund am 27. März 1482 bewirkte eine Schwächung von Maximilians Stellung in den burgundischen Landen. Laut Heiratsvertrag sollte seine Regierungsbefugnis mit dem Tod seiner Gattin enden. Da der Vertrag aber keine Bestimmungen enthielt, wer bei Marias Tod die vormundschaftliche Regierung für ihre eventuell noch unmündigen Kinder übernehmen sollte, Maximilian diese aber anstrebte, musste er die Zustimmung der Stände der einzelnen Provinzen einholen.[140] Die Luxemburger Stände erkannten ihn als vormundschaftlichen Regenten an, – ein Zeichen, dass die ‚böhmische Partei' an Gewicht und Einfluss verloren hatte. Der Rodemacher und der Virneburger jedoch verharrten in Opposition, hielten zehn oder zwölf Burgen und Orte besetzt, fanden aber angesichts des bedauerlichen Zustandes des Landes (*foulé et détruit*) kaum Unterstützung beim luxemburgischen Adel.[141] Die Luxemburger Bürgerschaft ließ sich von Maximilian zu einem neuen Zug gegen Rodemachern gewinnen. Als ihre Vorhut am 29. Mai 1482 bei Gandern geschlagen wurde, beschränkte sie sich auf die völlige Zerstörung der Burg Hesperingen und kehrte danach in die Stadt zurück.

Zu diesem Zeitpunkt war Maximilian wegen der Haltung der Stände in den anderen Provinzen, wegen des Aufmarschs französischer Truppen an der Grenze zu Flandern und wegen des Sturzes des Bischofs von Lüttich durch Wilhelm von der Mark mit französischer Hilfe viel gelegen an einer Ruhigstellung des aufsässigen Rodermachers und Virneburgers und damit des Luxemburger Landes.[142] Daher veranlasste er den Trierer Kurfürsten Johann, einen für die Rebellen günstigen Frieden auszuhandeln, der am 13. August 1482 beurkundet wurde. Dem Grafen von Virneburg und dem Herrn von Rodemachern sollten alle eingezogenen Burgen, Renten und Gefälle zurückgegeben, die Gefangenen von beiden Seiten frei gelassen werden. Gerhard sollte bis zum nächsten Remigiustag die luxemburgischen Lehen empfangen. Der Virneburger und Gerhard sollten ihren Lehnspflichten gegen Maximilian und gegen den König von Frankreich nachkommen, bei Konflikten zwischen diesen beiden Lehnsherren neutral bleiben. Maximilian sollte 4000 fl. an Georg von Virneburg und weitere 6000 fl. für Schäden, die Gerhard entstanden waren, zahlen. Bemerkenswert ist, dass zu dieser Zeit der Virneburger die Rodemacher'schen Burgen inne hatte und dass die 6000 fl. Entschädigung aus Forderungen Gerhards an Ma-

---

de Rodemach et à nous echeues et avenues par droit de confiscation parce que le dit seigneur de Rodomach a tousiours tenu comme encores fait, le party à nous contraire" (Druck ebd., S. 139 Nr. 380).

[137] Schenk von Schweinsberg: „Margarete von Rodemachern" (wie Anm. 24), S. 127.

[138] Kratzsch: *Gebetbuch* (wie Anm. 40), S. 34.

[139] Im Jahr 1481 war Maximilian noch nicht König, sondern sein Vater Friedrich III.

[140] Wiesflecker, Hermann: *Kaiser Maximilian I. Das Reich, Österreich und Europa an der Wende zur Neuzeit*, Bd. 1, München 1971, S. 162f.

[141] Würth-Paquet in: *Publ. Lux.* 35 (1881) S. 149.

[142] Wiesflecker: *Kaiser Maximilian I.* (wie Anm. 140), S. 164f.

ximilian dem Virneburger zufließen sollten.[143] Hier wird also die finanzielle Komponente im Verhältnis zwischen Rodemachern und Virneburg noch deutlicher. Gerhard stimmte der Einigung zu.

Damit war das zwischen ihm und dem Virneburger im Januar 1481 geschlossene Bündnis, soweit es sich gegen Maximilian richtete, durch die vom Trierer Kurfürsten vermittelte Übereinkunft überholt; aber die Nutzung der Rodemacher'schen Burgen durch den Virneburger galt weiterhin.

Gerhard begab sich, vermutlich nach der vom Trierer Kurfürsten vermittelten Übereinkunft, in seine kleine Herrschaft Ancerville im westlichen Teil des Herzogtums Bar. Dort erfuhr er von seinem in Rodemachern gebliebenen Rentmeister, dass der Virneburger ihn von der Verteilung der Beute (*brantschatze*) ausgeschlossen und sie in Köln, Trier, Metz und anderen Orten verzehrt habe.

Im März 1486 schrieb Gerhard rückblickend: Durch Vermittlung des Kurfürsten von Trier sei er mit dem ‚Herrn von Österreich' und dem Land von Luxemburg ausgesöhnt worden und habe den Vertrag vom 18. August 1482 gewissenhaft gehalten, Georg von Virneburg aber habe ihn übertreten und gebrochen, nicht nur das Land Luxemburg, sondern auch Lothringen, Bar, das Stift Verdun und die Stadt Metz aus Gerhards Herrschaften angegriffen und geschädigt alles ohne Gerhards Wissen und Willen und so sei er, Gerhard, durch Georgs ungebührliches und schnödes Handeln um seinen Besitz gebracht worden.[144]

Über den Ablauf der nun folgenden Ereignisse bis zum Juli 1483 sind bisher keine zeitgenössischen Quellen bekannt geworden, die näheren Aufschluss über die Motivation des Verhaltens des Virneburgers und des Rodemachers geben. Auch retrospektive Aussagen, jeweils in der Narratio einer Urkunde Gerhards vom 6. März 1486[145] und einer Urkunde Maximilians von 15. November 1492, bringen keine volle Klarheit. Aus der Sicht Maximilians habe Gerhard den Treueid (*serment de fidelité*), den er in der Stadt Marche mit anderen Adligen des Herzogtums Luxemburg und der Grafschaft Chiny Herzog Karl dem Kühnen geleistet hatte, gebrochen, dann sich dem Gehorsam gegenüber Maria von Burgund entzogen, Partei für den König von Böhmen ergriffen, Krieg gegen das Land Luxemburg geführt und mit König Ludwig XI. von Frankreich alliiert. Maximilian und sein Sohn Philipp hätten dennoch ihm auf Ansuchen seiner Freunde Rebellion und Ungehorsam verziehen, Gerhard habe auf die Evangelien und bei seiner Ehre gelobt, künftig ein loyaler Lehensmann und Diener zu sein, aber dessen ungeachtet habe er erneut Partei für den König von Frankreich ergriffen, ihn in seine Burgen Rodemachern, Neuerburg, Hesperingen und Richemont aufgenommen und sie seinem Neffen Georg von Virneburg überlassen, der daraus Krieg gegen das Land Luxemburg und andere geführt habe, bis sie in die

---

[143] Druck der Urkunde vom 18.08.1482 für Gerhard in *Publ. Lux.* 35 (1881) S. 156 Nr. 22, ausführliches Regest der Urkunde vom 18.08.1482 für Georg von Virneburg in Eder-Stein/Lenz/Rödel: *Inventar Virneburg* (wie Anm. 8), I Nr. 445.

[144] „und uns so unverschult zu alden dagen zu solichen grossen unverwintlichern verderplichen schaden und armoit bracht und uns damit in ellende gedrongen." Druck in *Publ. Lux.* 35 (1881) S. 232ff. Nr. 231, LHA Koblenz Best. 54 R 150.

[145] Wie Anm. 142.

Hände Maximilians zurückgeführt und anderen gegeben wurden.[146]

Maximilian und seine Ratgeber dürften Gerhard auch nach der Vermittlung eines Ausgleichs durch den Trierer Kurfürsten im August 1482 misstraut haben, jedenfalls betrieben sie auf diplomatischem Weg Gerhards Isolierung. Sein alter Freund und langjähriger Anhänger der ‚böhmischen Partei‘, der Trierer Dompropst Philipp von Sierck, konnte durch eine vom Trierer Kurfürsten vermittelte Aussöhnung mit Maximilian vom 21. März 1483 in dem sich anbahnenden Waffengang neutralisiert werden.[147] Ein etwaiges Eingreifen Herzog Renés II. von Lothringen-Bar konnte Maximilian durch einen am 1. Mai 1483 auf sechs Jahre befristeten Waffenstillstand ausschließen.[148]

Die Leitung der Strafexpedition lag in Händen des Grafen Engelbert von Nassau-Vianden, er begann am 9. Mai die Belagerung von Neuerburg. In den nächsten Wochen wurden Bundesgenossen angeworben. Statthalter Claudius schloss mit den Räten des Herzogs von Lothringen und den Dreizehner der Stadt Metz am 18. Mai ein Bündnis,[149] nachdem dort die burgundisch-habsburgisch gesinnte Gruppe in der städtischen Führungsschicht die Oberhand gegenüber der frankophilen Gruppe gewonnen hatte.[150] Am 22. Mai bestellte Maximilian Gerhards Schwiegersohn Ludwig von der Mark, Herrn von Herbemont, der früher zur böhmischen Partei gehört hatte, zum Propst von Ivoix.[151] Somit stand auch er nicht mehr auf Seiten seines Schwiegervaters. Bemerkenswert ist aber, dass in dem Vertrag vom 18. Mai 1483 nicht Gerhard als Gegner genannt ist, sondern Graf Georg von Virneburg und seine Helfer.[152] Auch die Metzer Chronisten, die über den Feldzug berichten, nennen nicht Gerhard als Gegner, sondern den Virneburger.[153] Das entspricht in etwa der Schilderung Gerhards, dass er sich nach Ancerville zurückgezogen und die Burgen dem Virneburger überlassen habe. Die Verteidigung von Rodemachern leitete Wilhelm von Virneburg, ein Bruder Georgs, die von Richemont Dietrich von Stein, beide Domherren in Trier. Von wo aus der als Feldhauptmann agierende Georg von Virneburg das Kommando führte, wurde mir nicht bekannt. Gerhard von Rodemachern hielt sich vermutlich in Ancerville auf.

Den Einsatz der verschiedenen Truppenkontingente und den Verlauf der Belagerung schildert ausführlich Alain Atten.[154] Am 21. Mai wurde die Belagerung von Rodemachern

---

[146] Druck in *Publ. Lux.* 35 (1881) S. 337ff. Nr. 656.

[147] Ausgleich „in solche fehde vnd fyandtschafft zuschen beyden teilen“. Philipp soll seine Lehen vom Herzogtum Luxemburg empfangen und wieder in Besitz und Genuss aller seiner dort gelegenen Güter und Gülten gesetzt werden (Druck ebd., S. 170f. Nr. 56).

[148] Druck ebd., S. 172f. Nr. 61.

[149] Druck ebd., S. 175ff. Nr. 65.

[150] Heckmann: *André Voey* (wie Anm. 95), S. 117ff.

[151] Revers Ludwigs vom 9. Juli 1483 (*Publ. Lux.* 35 (1881) S. 181f. Nr. 77).

[152] ‚Par George conte de Vernembourg ses gens serviteurs aidans et complices yssans et rentrans ès places et maisons de Nuefchaistel, Rodemach et Richemont par ses exploits violens comme contre propres ennmis sans cause ni tittres suffisans ne honorables.‘

[153] Zusammenstellung der erzählenden Quellen in *Publ. Lux.* 35 (1881) S. 180f., *Chronique de Philippe de Vigneulles*. Charles Bruneau (Hg.), Bd. III, Metz 1932, S. 100f.

[154] Atten: „Letzte Fehde“ (wie Anm. 5), S. 32 Anm. 26; Zusammenastellung der einschlägigen Quellen in: *Publ. Lux.* 235 (1881) S. 179-181. Ort und Burg Rodemachern waren eingeschlossen von lothringischen und barischen Truppen und einem mit Geschütz ausgerüsteten Kontingent der Stadt Luxemburg. Die

und Richemont begonnen. Am 4. Juli 1483 schlossen Statthalter Claudius, Graf Friedrich von Zweibrücken-Bitsch, eine größere Anzahl Adliger[155] und die Städte Luxemburg, Arlon und Diedenhofen ein Bündnis mit den ‚Lorrains et Barrois‘ – bemerkenswert diese sehr allgemeine Bezeichnung – und der Stadt Metz zur Eroberung der beiden belagerten Burgen und über die Aufnahme eines zweckgebundenen Darlehens von 2000 fl. Ort und Burg Rodemachern wurden eingeschlossen von lothringischen und barischen Truppen und einem mit Geschütz ausgerüsteten Kontingent der Stadt Luxemburg. Die Luxemburger Ritterschaft, ein Aufgebot der Prévôté Diedenhofen und das Kontingent der Reichsstadt Metz belagerten Richemont. Die Beteiligung der Stadt Metz und des Herzogs von Lothringen und Bar an der Aktion gegen die Rodemacher'schen Burgen deutet eher auf die Aushebung von Nestern eines Raubrittertums hin als auf Unterstützung Maximilians bei der Bestrafung eines der Felonie bezichtigten Vasallen.

Am 5. Juli bot Wilhelm von Virneburg die Kapitulation von Rodemachern an, am folgenden Tag Wilhelm von Stein die von Richemont. Nachdem Richemont und Rodemachern gefallen waren, brach der Graf von Nassau-Vianden die Belagerung von Neuerburg ab.

Die Bedingungen zur Kapitulation waren am 6. Juli 1483 durch Hermann Boos von Waldeck als Marschall des Kurstiftes Trier, Otto von Dietz, trierischen Rat, und Friedrich von Gentersberg, Diener Herzog Ludwigs von Pfalz-Zweibrücken, wohl als Vermittler formuliert worden.[156] Die Metzer Bürgerschaft ließ Richemont schleifen,[157] auch Rodemachern sollte entfestigt werden, doch dazu kam es nicht. Es behielt seine Befestigungen bis ins 18. Jahrhundert.

Georg von Virneburg konnte fliehen. Gerhard von Rodemachern hatte, wie schon ge-

---

Luxemburger Ritterschaft, ein Aufgebot der Prévoté Diedenhofen und das Kontingent der Reichsstadt Metz belagerten Richemont.

[155] Im Einzelnen sind genannt ‚Justicier des nobles‘ Bernhard von Orley, Herr von Linster, André von Haraucourt, Herr von Brandenburg, Kaspar von Rollingen, Herr von Septfontaines, Gerhard, Herr von Wiltz, Richard von Merode, Herr von Houffalize, Gerhard von Pallant, Herr von Reuland, Dietrich von Auteil (Elster), Herr von Hollenfels, Bernhard, Herr von Burscheidt, Jean von Ville, Herr von Montquentin, Louis von Chivery, Herr von Grange, Bernhard, Herr von Wiltz, Johann von Dommartin, Herr von Blengi, Hauptmann der Bürgerschaft von Luxemburg, Gerhard, Herr von Öttingen, Jean, Herr von Villemont, Johann von Pütlingen, die Brüder Johann, Bernhard und Hile von Hondlange, Heinrich der Junge von Warsberg, Henry de Glaba, Kuno von Schwartzenburg, die beiden Räte Jean de Villers und Gile von Busleiden und Henry Höchelin, Sekretär des Herzogs von Österreich und Luxemburg.

[156] Die Edlen, Reisigen und Fußknechte in der Burg Rodemachern ziehen ohne Harnisch in Kleidern mit weißen Stöcken ab und übergeben die Feste dem Erzherzog von Österreich, dem Herzog Ludwig und der Stadt Metz. – Pferde und Harnisch erhalten sie zurück, sobald sie die Fürsten darum bitten. Die Reisigen und Fußknechte schwören dem Grafen von Nassau-Vianden Urfehde und können dann nach Hause ziehen. Graf Wilhelm von Virneburg mit fünf Edlen und Reisigen der Besatzung bleibt gefangen, bis die Gefangenen der Fürsten losgegeben sind. Vierzehn Adlige, teilweise mit Knechten, sind namentlich aufgeführt. Die abziehende Besatzung erhält vier Tagereisen weit freies Geleit. Die Burg *Richersberg* übergibt sich zu denselben Bedingungen. Die Bürger zu Rodemachern schwören den Fürsten Gehorsam und bleiben dann weiter unbelästigt (Druck bei Atten: „Letzte Fehde" [wie Anm. 5], S. 27f., LHA Koblenz Regest im Findbuch 54 R).

[157] Tabouillot: „Liste der Beutestücke" in *Histoire de Metz*, Bd. VI Preuves, Metz 1769ff. S. 281 und 284.

sagt, an den Kämpfen nicht teilgenommen. Maximilian belehnte bald nach Abschluss des Feldzuges seinen Statthalter Claudius von Neufchâtel mit einem Teil der Rodemacher'schen Güter.[158]

Der Narratio der schon erwähnten Urkunde Maximilians vom 15. November 1492 ist zu entnehmen, dass Gerhard nach der Einnahme seiner Burgen sich eine Zeitlang in ‚Frankreich' aufgehalten hat, wo ihn sein Enkel Junggraf Bernhard von Mörs und dessen anderer Großvater Graf Vinzens von Mörs aufsuchten.[159]

Durch ein Abkommen vom 2. März 1484 sicherte er sich seinen Lebensunterhalt, indem er Claudius von Neufchâtel seine Herrschaften und Burgen Montmédy, Saint Mart und Esch an der Alzette gegen eine lebenslängliche Rente abtrat.[160] Es ist nicht ersichtlich, ob Gerhard bis zu diesem Zeitpunkt tatsächlich noch im Besitz dieser Burgen und Herrschaften war oder ob er Claudius von Neufchâtel nur seine Ansprüche darauf gegen die genannte Abfindung überließ.

Im Frühjahr 1486 übertrug er seinen Enkelkindern, dem Junggrafen Bernhard von Mörs und dessen Schwester Margarethe, seine Rechte an den Burgen Rodemachern, Richemont, Neuerburg und Cronenburg unter Bezugnahme auf den Heiratsvertrag zwischen seiner Tochter Elisabeth und Junggraf Friedrich von Mörs vom 22. Februar 1463 und erklärte sein Einverständnis zu dem Vertrag des Claudius von Neufchâtel mit seinem Enkel Graf Bernhard von Mörs wegen der Herrschaften Rodemachern, Richemont und Hesperingen.[161] In den betreffenden Urkunden werden die Ausstellungsorte nicht genannt, sodass unklar bleibt, wo sich Gerhard in seinen letzten Lebensjahren aufgehalten hat.

Für Fridolin Weber-Krebs ist das Erlöschen der Familie Rodemachern im Mannesstamm „eines der spektakulärsten Kapitel der luxemburgischen Adelsgeschichte."[162] Gerhard von Rodemachern war gewiss eine der agilsten Persönlichkeiten in der luxemburgischen Ritterschaft zu Zeiten des Überganges des Herzogtumes an Burgund und Habsburg. Doch sollte man ihn nicht überbewerten. Weder seine ständische Qualität noch seine faktische Macht erlaubten ihm, den Gang der Ereignisse zu bestimmen. Er war nicht Reichsstand, also auch kein Landesherr, sondern Mitglied der luxemburgischen Landstände, wenn auch ein zeitweise sehr einflussreiches. Leitlinie seines Verhaltens war die Ablehnung der Einbeziehung des Herzogtums Luxemburg in die burgundische Ländermasse. Daher wird Weber-Krebs ihm nicht gerecht, wenn er vom häufigen Wechsel der Fronten spricht.[163] Gerhard stand auf der Seite der ‚Erbherren' und deren Verbündeten, nämlich der französischen Könige Karl VII. und Ludwig XI., und damit gegen Bur-

---

[158] Belehnungsurkunde vom 8. Januar 1483 Bruxelles, muss aber wohl Annuntiationsstil sein, LHA Koblenz Best. 54 Neuerburg.

[159] „se sont tacitement tirez en France et ensuivant le mauvais trayn et vestige du dit feu seigneur de Rodemach illecque ont secrètement pratiqué par devers le roy de France la delivrance de la personne de Charles d'Egmont alors illecque détenu prisonnier" (Druck in *Publ. Lux.* 35 [1881] S. 337ff. Nr. 656).

[160] LHA Koblenz Best. 54 R 149.

[161] Keussen: *UB Krefeld* (wie Anm. 6), Nr. 4010 mit Hinweis auf Original in Berleburg Nr. 1131 (hat ein Kurzregest zu 23. April 1485, Neu: *Eifelterritorien* [wie Anm. 7], S. 90 hat das Datum 1486, wahrscheinlich hat Keussen nicht den Trierer Stil beachtet).

[162] Weber-Krebs: *Markgrafen* (wie Anm. 1), S. 97.

[163] Ebd., S. 260.

gund als ‚Pfandherr' und gegen Maximilian von Habsburg als Sachwalter des burgundischen Erbes. Gerhard ist nicht nur gescheitert, weil ihm die materiellen Mittel zu einer erfolgreichen Kriegführung gegen Maximilian fehlten, sondern auch die realpolitische Einsicht, bei Zurückhaltung Frankreichs und der Nachkommen der Luxemburger Dynastie und der Mehrheit der luxemburgischen Ritterschaft dauerhaft trotzen zu können. Seine antiburgundisch-antihabsburgische Haltung überstieg trotz der Einbindung in die Interessenlage großer europäischer Dynastien nicht den innerterritorialen Rahmen. Wenn Weber-Krebs schreibt, Gerhard habe „zusammen mit seinen Verbündeten dem Kaiser den Krieg erklärt",[164] dann ist dies schlicht falsch. Gerhard hat weder gegen Kaiser Friedrich III. (Amtszeit 1452-1493) noch gegen einen deutschen König gekämpft; denn Maximilian wurde erst am 9. April 1486 zum König gewählt und da stand Gerhard am Lebensende. Zu Zeiten von Gerhards bewaffneter Opposition war Maximilian Herzog von Österreich und Regent bzw. Mitregent in den von ihm verwalteten Teilen des burgundischen Erbes und noch nicht König oder gar Kaiser.

Auch war über Gerhard nicht die Reichsacht verhängt, sondern nur die Konfiskation seiner luxemburgischen Lehen, – nicht seines gesamten Besitzes. Das war die übliche Reaktion eines Lehnsherrn gegen einen der Verletzung der aus dem Lehnsverhältnis herrührenden Treuepflicht (Felonie) bezichtigten Vasallen, im anstehenden Fall Maximilians in seiner Eigenschaft als Regent des Herzogtumes Luxemburg und der Grafschaft Chiny.

Die vorstehende Schilderung des bewegten Lebens Gerhards von Rodemachern soll veranschaulichen, wie dadurch seine Gattin Margarethe in ihren literarischen und bibliophilen Interessen beeinträchtigt wurde und sie in ihren letzten Lebensjahrzehnten aus materiellen Gründen vermutlich nicht weiter pflegen konnte. Inwieweit Gerhard selbst Margarethes Liebe zum Buch teilte, seine Frau bei Erwerb oder Herstellung von Handschriften unterstützte, ist bei dem derzeitigen Kenntnisstand der Überlieferung gänzlich offen.

---

[164] Ebd., S. 249.

Verschriftlichte Laienfrömmigkeit:
Die Andachts- und Gebetshandschriften der Margarethe von Rodemachern und der Dorothea von Hof

Undine Brückner

Das private deutschsprachige Gebetbuch war bis zur Mitte des 15. Jahrhunderts im oberdeutschen und süddeutschen Raum die am meisten verbreitete Form des Gebetbuchs, während im Norden Deutschlands das Stundenbuch vorherrschte. Private deutsche Gebetbücher, zunächst hauptsächlich von Nonnen benutzt und in Konventen geschrieben, fanden jedoch bei weltlichen Laien so großen Anklang, dass sie am Ende des 15. Jahrhunderts von diesen gleichermaßen genutzt und geschrieben wurden.[1] Die Individualität, die jeder Schreiber seinem Gebetbuch verleihen konnte, wird in der folgenden Aussage einer Nonne deutlich: „Item die heiligen sten nicht als sye ab dem colender noch ein ander sten. ich hab sy geschriben als ichs mocht gehaben".[2] Die eigenständige Zusammenstellung von Heiligen entgegen deren üblicher liturgischer Ordnung ist nicht nur Textarbeit, sondern folgt persönlichen Bedürfnissen der Andacht und Frömmigkeitspraxis.

Sowohl Margarethe von Rodemachern (1426-1490), Tochter der Elisabeth von Nassau-Saarbrücken und Ehefrau des Herrn zu Rodemachern, als auch die Kaufmannstochter und patrizische Ehefrau Dorothea von Hof (1458-1501), geborene Ehinger aus Konstanz, verfassten Andachts- und Gebetshandschriften und sind somit Teil der Tradition des weiblichen geistlichen Schrifttums des fünfzehnten Jahrhunderts. Als Mitglied der adligen höfischen Gesellschaft trägt die eine Gebete, ihren Besitz betreffende Listen und Rezepte in ein bestehendes Buch ein, die andere, aus dem Milieu der städtischen Elite stammend, kompiliert aus mehr als vierzig Quellentexten des 14. und 15. Jahrhunderts ein 800-seitiges moral-didaktisches geistliches Erbauungsbuch. Ziel dieses Beitrages ist es nicht nur zu untersuchen, welcher Art die literarischen Produkte beider Frauen sind, sondern auch, ob und in welcher Weise ihr sozialer Status Einfluss auf ihren Buchbesitz und auf ihr religiöses Schrifttum hatte, insbesondere weil, von ihrer sozialen Ausgangsposition betrachtet, die Kaufmannstochter als Verfasserin eines komplexen Erbauungsbuches, die Grafentochter als Aufzeichnerin geistlicher Kurztexte und medizinischer Ratschläge erscheint.

Dieser Beitrag versteht sich als Fortsetzung der Studien von Eberhard Schenk zu Schweinsberg[3], Wolfgang Haubrichs[4] und Hans-Walter Stork[5], die sich verschiedenen As-

---

[1] Lentes, Thomas: „Prayer Books", in: Franz Josef Arlinghaus (Hg.): *Transforming the Medieval World. Uses of Pragmatic Literacy in the Middle Ages, A CD-ROM and Book* (Utrecht studies in medieval literacy 6), Turnhout 2006, S. 239-258, hier S. 251f.

[2] Lentes: „Prayer Books" (wie Anm. 1), S. 250.

[3] Schenk zu Schweinsberg, Eberhard: „Margarete von Rodemachern, eine deutsche Bücherfreundin in Lothringen", in: *Zeitschrift des Vereins für Thüringische Geschichte, Beiheft* 23 (1941) S. 117-152.

[4] Haubrichs, Wolfgang: „Die ‚Pilgerfahrt des träumenden Mönchs'. Eine poetische Übersetzung Elisabeths aus dem Französischen?", in: Wolfgang Haubrichs / Hans-Walter Herrmann / Gerhard Sauder (Hg.): *Zwischen Deutschland und Frankreich. Elisabeth von Lothringen, Gräfin von Nassau-Saarbrücken* (Veröffentlichun-

pekten des Buchbesitzes der Margarethe von Rodemachern widmeten. Er versucht diese, auf der Basis der neuen Handschriftenbeschreibung von Falk Eisermann des *Codex Gotha*, Forschungsbibliothek, Chart. B 237,[6] der im Zentrum der Ausführungen stehen soll, um die Darstellung zu ergänzen, wie und warum sich Margarethe von Rodemachern einen Platz in der „spätmittelalterlichen Literatur- und Kulturgeschichte" verdient hat.[7] Die Untersuchung der Frömmigkeit Margarethes bietet sich an, weil sich die direkten Zeugnisse ihres religiösen Lebens in Form von eigenhändig geschriebenen Notizen sowohl in Erbauungsbüchern finden, als auch selbst geistlicher Natur sind.

Wenn von Laienfrömmigkeit die Rede ist, so geschieht das meist in Verbindung mit dem geistlichen Leben der Frauenkonvente und ihrer Bibliotheken. Der von Frauen beim Eintritt ins Kloster mitgebrachte Buchbesitz ist in den vergangenen Jahren intensiv untersucht worden.[8] Parallel zum Interesse an der Schriftkultur geistlicher Laien hat sich die Forschung verstärkt mit der weltlichen Laienfrömmigkeit und insbesondere mit den Formen weiblicher Frömmigkeit beschäftigt. Neben den Studien Berndt Hamms und Christoph Burgers ist hier die interdisziplinäre Studie Annette Kern-Stählers der realen und mentalen Innenräume hervorzuheben, in denen englische weltliche Laienfrauen lebten, und in die sie sich, sowohl durch architektonische Grenzen als auch durch auf Texten und Bildern basierenden spirituellen Frömmigkeitsübungen zurückziehen konnten.[9] Kern-

gen der Kommission für Saarländische Landesgeschichte und Volksforschung 34), St. Ingbert 2002, S. 533-568.

[5] Stork, Hans-Walter: „Die handschriftliche Überlieferung der Werke Elisabeths von Nassau-Saarbrücken und die malerische Ausstattung der Handschriften", in: Wolfgang Haubrichs / Hans-Walter Herrmann / Gerhard Sauder (Hg.): *Zwischen Deutschland und Frankreich. Elisabeth von Lothringen, Gräfin von Nassau-Saarbrücken* (Veröffentlichungen der Kommission für Saarländische Landesgeschichte und Volksforschung 34), St. Ingbert 2002, S. 591-606.

[6] Beschreibung der Handschrift in: *Die Handschriften der Forschungsbibliothek Gotha*, Bd. 2: *Die deutschsprachigen Handschriften des Mittelalters*. Bearbeitet von Falk Eisermann. Herrn Dr. Falk Eisermann, Handschriftenzentrum der Universitätsbibliothek Leipzig, danke ich für die Überlassung eines Manuskripts der Handschriftenbeschreibung. Die zitierten Seitenzahlen beziehen sich auf die Seiten des Manuskripts.

[7] Haubrichs: „Pilgerfahrt" (wie Anm. 4), S. 533.

[8] Für die Dominikanerinnen: Schneider, Karin: „Die Bibliothek des Katharinenklosters in Nürnberg und die städtische Gesellschaft", in: Bernd Möller (Hg.): *Studien zum städtischen Bildungswesen des späten Mittelalters und der frühen Neuzeit: Bericht über Kolloquien der Kommission zur Erforschung der Kultur des Spätmittelalters 1978 bis 1981* (Abhandlungen der Akademie der Wissenschaften zu Göttingen, Philologisch-Historische Klasse, Folge 3 137), Göttingen 1983, S. 70-82; Williams-Krapp, Werner: „Die Bedeutung der reformierten Klöster des Predigerordens für das literarische Leben in Nürnberg im 15. Jahrhundert", in: Falk Eisermann (Hg.): *Die literarische und materielle Kultur der Frauenklöster im späten Mittelalter: Ergebnisse eines Arbeitsgesprächs in der Herzog-August-Bibliothek Wolfenbüttel, 24.-26. Febr. 1999* (Studies in medieval and reformation thought 99), Leiden 2004, S. 311-329; Thali, Johanna: *Beten – Schreiben – Lesen. Literarisches Leben und Marienspiritualität im Kloster Engelthal* (Bibliotheca Germanica 42), Tübingen 2003; Fechter, Werner: *Deutsche Handschriften des 15. und 16. Jahrhunderts aus der Bibliothek des ehemaligen Augustinerchorfrauenstifts Inzigkofen* (Arbeiten zur Landeskunde Hohenzollerns 15), Sigmaringen 1997.

[9] Burger, Christoph: „Direkte Zuwendung zu den ‚Laien' und Rückgriff auf Vermittler in spätmittelalterlicher katechetischer Literatur", in: Berndt Hamm / Thomas Lentes (Hg.): *Spätmittelalterliche Frömmigkeit zwischen Ideal und Praxis* (Spätmittelalter und Reformation, Neue Reihe 15), Tübingen 2001, S. 85-109; Kern-Stähler, Annette: *A room of one's own: Reale und mentale Innenräume weiblicher Selbstbestimmung im spätmittelalterlichen England* (Tradition-Reform-Innovation 3), Frankfurt am Main / Berlin / Bern 2002.

Stählers Ansatz nähert sich der weltlichen Laienfrömmigkeit durch deren Einfluss auf verschiedene lebens-praktische Ebenen an, wie der Gestaltung des Kircheninnenraums und der Schaffung privater Andachtsräume im eigenen Haus, und betrachtet die textuelle Ebene nicht als isoliertes, sondern als integriertes Element. Die verschriftlichte Frömmigkeit der Margarethe von Rodemachern und der Dorothea von Hof soll deshalb hier auch nur als ein Aspekt ihrer Frömmigkeitspraxis betrachtet werden, die durch andere Elemente wie Stiftungen, Totengedenken und Buchbesitz unterstützt werden.

Die Überlieferungssituation zeigt, dass sich schreibende Frauen, die geistliche Texte durch Kopieren, Exzerpieren oder durch göttliche Inspiration produzierten, hauptsächlich in religiösen Institutionen finden lassen. So hielt die *Devotio moderna*-Bewegung ihre Mitglieder aktiv zur Niederschrift spiritueller Texte in persönlichen Rapiarien an, und auch die vom Dominikanerorden ausgehenden Reformbestrebungen machten eine Vervielfältigung didaktischer, dem Tugendstreben gewidmeter Texte für geistliche und weltliche Laien nötig.[10]

Indizien, die uns einen Einblick in das geistliche Leben weltlicher Laien verschaffen, gründen sich oft auf deren Bücherbesitz, der gelegentlich in Klosterbibliotheken erhalten blieb, wenn diejenige, die sich für ein Leben im Kloster entschied, ihre Bücher entweder selbst stiftete oder an dort lebende Verwandte vermachte. Das intensive literarische Interesse der Laien am Kopieren von Texten und Büchern für den eigenen Gebrauch bezeugen erhaltene Privatbibliotheken wie die der Katharina Tucher. Die fast 60-jährige Witwe eines wohlhabenden Tuchfärbers trat nach 1440 als Laienschwester (wegen ihres fortgeschrittenen Alters nicht als Nonne) in das Nürnberger Katharinenkloster ein und brachte mindestens 26 geistliche Handschriften mit.[11] Als Witwe in der Welt fand ihre Frömmigkeit zum einen Ausdruck in Form ihrer aufgezeichneten Offenbarungen,[12] zum anderen im Kopieren von geistlichen Handschriften für ihren persönlichen Gebrauch. Die Aufzeichnungen spiritueller Erfahrungen durch Mystikerinnen sind dem Sammeln von Lesefrüchten oder dem Kopieren spezifischer erbauungspraktischer Texte natürlich nicht vergleichbar, da Dokumente persönlich erfahrenen visionären Inhalts als Zeugnis und Vorbild spirituell Fortgeschrittener gelten, während das ‚Blümen‘ und das Abschreiben als eher rationale Formen der Wissensaneignung zur Annäherung an Gott dienen.[13]

Die am schwersten einzuschätzende Art der weltlichen Laienfrömmigkeit ist jedoch diejenige, welche sich weder in großen erinnerungswürdigen Stiftungen äußerte, noch im

---

[10] Siehe Bollmann, Anne: „,Being a Woman on my Own‘: Alijt Bake (1415-1455) as a Reformer of the Inner Self“, in: Anneke B. Mulder-Bakker (Hg.): *Seeing and Knowing: Women and Learning in Medieval Europe 1200-1550* (Medieval Women 11), Turnhout 2004, S. 67-96; Van Engen, John: „Friar Johannes Nyder on Laypeople Living as religious in the world“, in: Franz J. Felten / Stephanie Haarländer (Hg.): *Vita religiosa im Mittelalter: Festschrift für Kaspar Elm zum 70. Geburtstag* (Berliner historische Studien 31), Berlin 1999, S. 583-615.

[11] Williams, Ulla / Williams-Krapp, Werner: *Die ,Offenbarungen‘ der Katharina Tucher* (Untersuchungen zur deutschen Literaturgeschichte 98), Tübingen 1998, S. 14.

[12] Ebd., S. 21.

[13] Müller, Jan-Dirk: „Auctor – Actor – Author. Einige Anmerkungen zum Verständnis vom Autor in lateinischen Schriften des frühen und hohen Mittelalters“, in: Felix Philipp Ingold / Werner Wunderlich (Hg.): *Der Autor im Dialog. Beiträge zu Autorität und Autorschaft*, St. Gallen 1995, S. 17-31.

Entschluss zum geistlichen Leben hinter Klostermauern gipfelte. Die verheiratete Schererin († 1409)[14] und die verwitwete Dorothea von Montau (†1394)[15] stellen Sonderfälle weltlicher Laienfrömmigkeit dar. Im Falle der seligen Schererin sind es die Auditionen einer ‚armen hantwerg frowen‘, die Gnadenerlebnisse mit alltagsweltlichen und realgeschichtlichen Details verbinden. Wieder sind es mystische Erlebnisse als Ausdruck persönlicher Frömmigkeit, die sich – trotz weltlichen Laienstandes – deutlich von anderen Frömmigkeitspraktiken abheben.

Im Kontrast zu visionären Texten, die oft der Zensur und der Kanonisationsaufbereitung unterworfene[16] Kollaborationsprodukte des Beichtvaters/Sekretärs und der Begnadeten sind, erlauben Abschreibeprodukte, obwohl sie weniger originär sind und kaum Aufmerksamkeit auf sich ziehen, doch direkteren Einblick in die aktive Frömmigkeitspraxis der Aufzeichner[in].[17] Wenn Hans Fromm dem Schreiber im volkssprachlichen Bereich zugesteht, oft der einzig wirkliche Garant der Schriftkultur zu sein, lohnt es sich, zwei Vertreterinnen und ihren schriftlichen Frömmigkeitsprodukten Aufmerksamkeit zu schenken.[18] Brandis, der ungefähr 18.000 Handschriften des späten 15. und frühen 16. Jahrhunderts auf Anzeichen von Veränderungen in der Buchproduktion untersuchte, stellte einen Aufschwung in der Produktion handgeschriebener Gebetbücher fest, die etwa 30% seines Untersuchungskorpus ausmachten.[19] Lentes, der den Begriff *Gebetbuch* nicht auf das Stundenbuch und geschriebene Gebete reduziert sehen möchte, bezieht auch die Texte mit ein, die zur Andacht anleiten und/oder die thematische Grundlage dafür anbieten. Diese Gebetbücher sind in ihrer Produktion und Form so vielfältig wie ihre ‚Autoren‘, nämlich die Leser, die zu Schreibern werden.[20]

Die Art der weltlichen Laienfrömmigkeit, der in diesem Beitrag nachgegangen werden soll, sucht sich deutlich von mystischem Erleben abzusetzen. Vielmehr sollen die schriftlichen Zeugnisse der weltlichen Alltagsfrömmigkeit zweier verheirateter Frauen im späten 15. Jahrhundert im Mittelpunkt stehen, wobei die Schreibtätigkeit der Margarethe von Rodemachern und der Dorothea von Hof verglichen und auf Spuren ihrer individuellen Religiosität untersucht werden sollen. Zunächst werden die Frauen und ihr Buchbesitz beziehungsweise ihre schriftlichen Erzeugnisse und deren Inhalt vorgestellt. Die litera-

---

[14] Schiewer, Hans-Jochen: „Auditionen und Visionen einer Begine. Die ‚selige Schererin‘, Johannes Mulberg und der Basler Beginenstreit; mit einem Textabdruck", in: Timothy Jackson (Hg.): *Die Vermittlung geistlicher Inhalte im deutschen Mittelalter: internationales Symposium, Roscrea 1994*, Tübingen 1996, S. 289-317.

[15] Triller, Anneliese: „Marienwerder, Johannes", in: *Verfasserlexikon* 6 (1987), Sp. 56-61.

[16] Vgl. Coakley, John W.: *Women, Men and Spiritual Power. Female Saints and Their Male Collaborators*, New York 2006; Peters, Ursula: *Religiöse Erfahrung als literarisches Faktum: zur Vorgeschichte und Genese frauenmystischer Texte des 13. und 14. Jahrhunderts* (Hermaea, N.F 56), Tübingen 1988.

[17] Vgl. Brandis, Thilo: „Die Handschrift zwischen Mittelalter und Neuzeit. Versuch einer Typologie", in: *Gutenberg-Jahrbuch* 72 (1997) S. 27-57; Reiter, Eric H.: „The reader as author of the user-produced manuscript: reading and rewriting popular Latin theology in the late Middle Ages", in: *Viator* 27 (1996) S. 151-169, hier S. 153.

[18] Fromm, Hans: „Volkssprache und Schriftkultur", in: Peter Ganz (Hg.): *The Role of the Book in Medieval Culture, Proceedings of the Oxford International Symposium 26. September-1. October 1982* (Bibliologia. Elementa ad librorum studia pertinentia 3 1), Turnhout 1986, S. 99-108, hier S. 103.

[19] Brandis: „Die Handschrift" (wie Anm. 17), S. 49f.

[20] Lentes: „Prayer Books" (wie Anm. 1), S. 242f., S. 252.

risch-konzeptionellen und formal-inhaltlichen Unterschiede, die sich in den Handschriften beider Frauen durch persönliche, textuelle und schreibtechnische Elemente widerspiegeln, bilden in einem zweiten Schritt dann die Grundlage zur Analyse der individuellen Schreibmotivation als Indikator der jeweiligen persönlichen Frömmigkeitspraxis.

Die Vorstellung der Margarethe von Rodemachern (1426-1490), Tochter der Gräfin Elisabeth von Nassau-Saarbrücken, die 1441 Gerhard, Herrn zu Rodemachern, heiratete, darf hier mit dem Verweis auf Hans-Walter Herrmanns ausführliche Aufarbeitung der Familiengeschichte in diesem Band auf wenige Daten beschränkt bleiben.[21] Margarethe hatte Andachts- und Gebetbücher von ihrer Mutter geerbt (Gotha, Forschungsbibliothek, Chart. B 237 I; Hamburg, Staatsbibliothek, theol. 2061), und sie hatte sich ein illustriertes Gebetbuch anfertigen lassen (Weimar, Herzogin Anna Amalia Bibliothek, Q 59). Basierend auf ihrer Ausleihliste in der Gothaer Handschrift stellt Haubrichs fest, dass man bei Margarethe von Rodemachern von einem Buchbesitz von 28 und eventuell mehr Büchern ausgehen kann.[22] Die von Margarethe gemachten Eintragungen, die Gegenstand meiner Betrachtungen sein werden, befinden sich im ersten, auf 1429 datierten, und dem zweiten, vermutlich um 1470 entstandenen Teil der dreiteiligen Gothaer Handschrift. Im Folgenden sollen der erste und zweite Teil von Gotha, Forschungsbibliothek, Chart. B 237 nach der von Schenk zu Schweinsberg eingeführten Bezeichnung kurz Gotha I und Gotha II genannt werden.[23]

Dorothea von Hof, geborene Ehinger, wurde aufgrund ihrer einzigartigen literarischen Tätigkeit als Vergleichsperson für die Diskussion der verschriftlichten weltlichen Frömmigkeitspraxis ausgewählt. Sie lebte von 1458-1501 in Konstanz.[24] Ihr Vater, Heinrich Ehinger, war ein wohlhabender Kaufmann und in der Konstanzer Kommunalverwaltung als Spitalpfleger, Stadtsäckler, Oberbaumeister und Richter zu Petershausen aktiv.[25] Fünfzehnjährig heiratet Dorothea Ehinger den Patrizier Jörg von Hof, der Ratsmitglied und später Bürgermeister von Konstanz wurde.[26] Dorotheas Mutter, Margaretha Ehinger geborene von Kappel, war nach heutigem Forschungsstand, im Gegensatz zur Übersetzungstätigkeit der Mutter Margarethes, Elisabeth von Nassau-Saarbrücken, nicht selbst literarisch tätig. Sie ist der Forschung jedoch als Auftraggeberin und Buchbesitzerin gut bekannt. Ihr gehörten eine doppelbändige Historienbibel aus der Werkstatt Diebold Laubers,[27] ein deutsches, von Hans Sattler illuminiertes Gebetbuch[28] und eine prächtig illus-

[21] Vgl. Herrmann, Hans-Walter: „Aus dem Leben einer Bücherfreundin – Margarethe von Rodemachern, Tochter der Elisabeth von Nassau-Saarbrücken", in diesem Band S. 121-155.

[22] Vgl. Haubrichs: „Pilgerfahrt" (wie Anm. 4), S. 534; Stork: „Die handschriftliche Überlieferung" (wie Anm. 5), S. 602f.

[23] Schenk zu Schweinsberg: „Margarethe von Rodemachern" (wie Anm. 3), S. 118f.

[24] Fechter, Werner: *Dorothea von Hof: Neues zu ihrer Biographie und zur Rezeption deutscher geistlicher Literatur im spätmittelalterlichen Konstanz, unveröffentlicht.* Privatbesitz N. F. Palmer, [in Vorbereitung].

[25] Müller, Johannes: „Die Ehinger von Konstanz", in: *Zeitschrift für Geschichte des Oberrheins* N.F. 20 (1905) S. 19-40.

[26] Fechter: *Dorothea von Hof* (wie Anm. 24), S. 5f.

[27] St. Gallen, Kantonsbibliothek, Vadianische Sammlung, Cod. 343c und 343d; Historienbibel.

[28] Einsiedeln, Stiftsbibliothek, Cod. 283 Gebetbuch (1482); Cermann, Regina: *Katalog der deutschsprachigen illustrierten Handschriften des Mittelalters (KdiH)*, Bd. 5, Lieferung 1/2, Nr. 43.1.55, München 2002. Das *Allge-*

trierte Handschrift des *Exemplars* Heinrich Seuses zusammen mit Kurztexten wie „Christus und die minnende Seele".[29] Zwei weitere Handschriften, von denen bisher angenommen wurde, dass auch sie Margarethe Ehinger gehörten – ein professionell illustriertes deutsches Gebetbuch[30] und ein deutsches Erbauungsbuch – wurden von ihrer Tochter Dorothea 1482 und 1483 geschrieben. Ersteres verblieb vermutlich im Dominikanerinnenkloster St. Katharina St. Gallen,[31] Letzteres, das *Bůch der götlichen Liebe und Summe der Tugend* gelangte über Dorotheas Nichte Anna Ottilia Ehinger in das Klarissenkloster nach Villingen.[32] Trotz Dorotheas intensiver und extensiver Arbeit mit zahlreichen Quellentexten ist es nicht möglich, ihr den kurzzeitigen Besitz von mehr als den beiden von ihr geschriebenen Büchern nachzuweisen. Auch die ihrer Mutter, Margarethe Ehinger, gehörenden vier Handschriften lassen sich zu keiner Zeit als Dorotheas Eigentum identifizieren. Im Vergleich zu dem wenigstens teilweise nachvollziehbaren Buchtransfer von Elisabeth von Nassau-Saarbrücken zu Margarethe von Rodemachern beruht die einzige Verbindung zwischen dem Buchbesitz der Margarethe Ehinger und ihrer Tochter Dorothea von Hof auf textverwandtschaftlichen Beziehungen zwischen zwei Handschriften (Einsiedeln, Stiftsbibliothek, Cod. 710 und 752) und auf der Arbeit des Amateur-Illuminators Hans Sattler, der sowohl das *Bůch der götlichen Liebe* mit einem Frontispiz versehen, als auch das Gebetbuch ihrer Mutter illuminiert hat.[33] Es ist jenes *Bůch der götlichen Liebe* (1482) der Dorothea von Hof,[34] das im Weiteren als Vergleichsgegenstand zur Gothaer Handschrift der Margarethe von Rodemachern dienen soll.

Der Vergleich der literarischen Tätigkeit einer Grafentochter und einer Patrizierin mag auf den ersten Blick befremdlich erscheinen. Der Unterschied in der gesellschaftlichen Stellung beider Familien wird jedoch vom bedeutenden Buchbesitz der Familie Ehinger relativiert. Saurma-Jeltsch stellte fest, dass sich nur zwei Handschriften aus der Werkstatt Diebold Laubers im Besitz von Bürgern befanden; eine dieser beiden ist die Historienbibel der Familie Ehinger.[35]

---

meine Lexikon der bildenden Künstler 29 (1935) S. 487 bezeichnet Johannes Sattler als Künstler des Einsiedler Cod. 283. Zu Sattler siehe Maurer, Helmut: *Das Bistum Konstanz*, Teil 1: *Das Stift St. Stephan in Konstanz* (Germania sacra 15), Berlin / New York 1981, S. 288.

[29] Einsiedeln, Stiftsbibliothek, Cod. 710 (1482), jetzt digitalisiert (http://www.e-codices.ch/bibliotheken/ sbe/sbe_de.htm); Beschreibung: Lang, Odo: *Die mittelalterlichen Handschriften der Stiftsbibliothek Einsiedeln 501-1318*, Bd. 2, Basel 2009. Zu „Christus und die minnende Seele": Banz, Romuald: *Christus und die minnende Seele. Untersuchungen und Texte* (Germanistische Abhandlungen 29), Breslau 1908.

[30] St. Gallen, Stiftsbibliothek, Cod. 479. Scarpatetti, Beat M. von: *Katalog der datierten Handschriften in der Schweiz in lateinischer Schrift vom Anfang des Mittelalters bis 1550*, Bd. 3, Zürich 1991, S. 39.

[31] Scarpatetti: *Katalog* (wie Anm. 30), S. 39; Vogler, Katharina: *Geschichte des Dominikanerinnen-Klosters St. Katharina St. Gallen 1228-1607*, Freiburg 1938, S. 255.

[32] Einsiedeln, Stiftsbibliothek, Cod. 752, *Bůch der götlichen liebe*, f. 357v-358r; Müller: „Die Ehinger" (wie Anm. 25), S. 28.

[33] Einsiedeln, Stiftsbibliothek, Cod. 283.

[34] Der Titel meiner Dissertation zum Thema lautet: *Dorothea von Hof: ‚Das Bůch der götlichen liebe und summe der tugent'. A study of a Konstanz lay woman's compilation of German spiritual texts from the 14th and 15th centuries*, Oxford 2009.

[35] Saurma-Jeltsch, Lieselotte E.: *Spätformen mittelalterlicher Buchherstellung: Bilderhandschriften aus der Werkstatt Diebold Laubers in Hagenau*, 2 Bde., Wiesbaden 2001, S. 147, S. 165f.

Bevor ich die Art und Weise der Aufzeichnungen Margarethes und Dorotheas in den von ihnen be- beziehungsweise geschriebenen Büchern vergleiche, möchte ich kurz auf den Inhalt beider Handschriften eingehen, der für die Interpretation ihrer indiyviduellen Frömmigkeitspraxis von wesentlicher Bedeutung ist. So enthält Gotha I aszetisch-mystische Texte, die sich in Form von Traktaten, Predigten, Anleitungen und Dicta dem tugendhaften Leben widmen.[36] Behandelt werden die Themen der Sünde, Gnade, Jungfräulichkeit und der Gottessuche, die zur Vervollkommnung des Menschen führen sollen. Eine thematische Struktur lässt sich bei der Anordnung der 46 Textstücke in Gotha I nicht nachweisen. Die Eitrgungen der Margarethe von Rodemachern in diesem ältesten Teil der Handschrift sind sowohl privater als auch geistlicher Natur. Die älteste datierte Aufzeichnung Margarethes in Gotha I notiert den Tod ihres Ehemannes Gerhard im Jahr 1458 (f. 3v).

> Item uff den fridag nest na unßers heren leichomes dag, da starp der edel wolgeboren gerhort herre zu rodenmacheren, zu croneborg und zu darnvenborg, dem got der almechtig gnedig und barmherczig sin wille, myn hůswirt selgen, da man schreibe düßent vierhondert und viii und fonftzig.[37]

Die Forschungen Herrmanns haben jedoch ergeben, dass Gerhard von Rodemachern noch bis in die frühen achtziger Jahre des fünfzehnten Jahrhunderts urkundete und es sich bei Margarethes Eintragung wohl um einen Schreibfehler („58‘ anstatt „85‘?) handeln muss.[38] Diese ungesicherte Datierung zieht wiederum die bisherige Datierung (1458) in Zweifel, zu der Margarethe die Handschrift Gotha I „frühestens‘ besessen haben kann.[39] Der von ihr verzeichnete Tod ihrer Tochter Anna auf f. 2r für das Jahr 1479 ist verifizierbar; ob der erste oder auch zweite Eintrag jedoch zum Zeitpunkt der Todesfälle oder später gemacht wurden, ist nicht gesichert. Der älteste Eintrag wäre demnach die Bücherliste, die das Entleihen der *Vierundzwanzig Alten* Ottos von Passau an ihren Bruder Johann auf 1466 datiert.[40] Die Lokalisierung des Eintrags zu Annas Tod auf dem Folio vor dem zu Gerhard von Rodemachern muss keine Chronologie (die wahre? 1479 vor ca. 1485) reflektieren, denn sein Name wurde bewusst unter dem Wappen der Rodemachern auf f. 3v platziert. Diese prominente Position der Sterbedaten am Beginn der Handschrift und die damit verbundene Fürbitte für die Verstorbenen, denen Gott „gnedig vnd barmherczig‘ sein möge, wirken wie Widmungen des Buches zum Seelenheil der Lebenden und der To-

---

[36] Eisermann stellte zahlreiche Übereinstimmungen mit Hamburg, SUB, Cod. theol. 1082, Heidelberg, UB, cpg 28 und Köln, HistArch, GB 2° 136 fest. Mit diesen Handschriften, nicht jedoch mit Gotha, F B, Chart. B 237, stimmen zum Teil auch Freiburg, UB, Hs. 63 und Mainz, StB, Hs. I 51 überein. Eisermann: *Handschriften* (wie Anm. 6), S. 3.

[37] Zitierte Texte werden mit folgenden Ausnahmen handschriftengetreu wiedergegeben: *u* und *i* werden vokalisch, *v* und *j* konsonantisch verwendet, Abkürzungen werden ohne Kennzeichnung aufgelöst und moderne Interpunktion eingesetzt.

[38] Herrmann: „Aus dem Leben" (wie Anm. 21), S. 126; Schenk zu Schweinsberg: „Margarethe von Rodemachern" (wie Anm. 3), S. 126f.

[39] Schenk zu Schweinsberg: „Margarethe von Rodemachern" (wie Anm. 3), S. 126; Eisermann: *Handschriften* (wie Anm. 6), S. 1.

[40] Haubrichs: „Pilgerfahrt" (wie Anm. 4), S. 534 enthält die vollständige Ausleihliste, auch Schenk zu Schweinsberg: „Margarethe von Rodemachern" (wie Anm. 3), S. 127.

ten.[41] Die geistlichen Texte, die Margarethe auf den leer gebliebenen Seiten am Ende von Gotha I eingetragen hat, befinden sich auf f. 113v-116r und umfassen ein Versgebet an den heiligen Antonius, ein aufgrund des Textverlustes nicht näher definierbares Gebet, eine Lehre des heiligen Pauls über die Werke des Glauben sowie weitere Gebete und Lehren zur heiligen Dorothea, Apollonia und zu Christus. Diesen geistlichen Texten folgen persönliche Notizen in Form von Listen gespendeten Hausrats und verliehener Bücher auf f. 117v mit Unterbrechung durch ein vor einem Kreuz zu sprechendes Gebet (f. 118r/v).[42] Der überwiegende Teil der Eintragungen Margarethes befindet sich jedoch in Gotha II zwischen f. 132v-149r und von 168v-170v. Gotha II ist eine Miszellenhandschrift, die von mehreren Schreibern geschriebene Betrachtungen, Exempel, Gebete und das *Spiegelbuch* enthält.[43]

Auch das *Bůch der götlichen Liebe* der Dorothea von Hof kann weist sowohl persönliche als auch geistliche Eintragungen auf. In ihrem Kolophon berichtet die Schreiberin über sich selbst:

> Do man zalt von der geburt unseres heren jesu christi tussent fier hundert und im drů und achtzigosten jar, am sant silvestern tag[44] han ich dorathe von hőf dis bůch usgeschriben, und bin da vor zeherpst an sant frennen tag im zway und achtzigosten jar alt gesin fier und zwaintzig jar.[45]

Dorothea berichtet weiterhin von ihrer nunmehr neunjährigen Ehe mit ihrem Mann Jörg und von einer Pilgerreise zur Einsiedler Engelweihe im Jahr 1477, wo sie Kleider und Schmuck spendete.[46]

Den privaten Todesnachrichten ähnlich, die nicht nur Namen und Daten festhalten, sondern indirekt auch Margarethes gehobene gesellschaftliche Stellung und ihren Ehestand beziehungsweise ihre Mutterschaft kundtun, macht auch Dorotheas Kolophon Aussagen zum Familienstand. Sie stellt sich unter dem Namen ihres Ehemannes als 24-jährige Schreiberin vor und stellt damit eine direkte verfasser-bedingte Verbindung zu ihren geistlichen Aufzeichnungen her, die bei Margarethe völlig fehlt. Dorotheas ‚geistliche Aufzeichnungen' konstituieren eine umfangreiche, selbst-konzipierte und strukturierte Moral- und Christenlehre in Form einer Kompilation. Das unikal überlieferte *Bůch der götlichen Liebe* enthält Exzerpte aus den deutschen Werken Seuses und Marquards von Lindau, Ot-

---

41 Im Zusammenhang mit der Koinzidenz zwischen dem Ableben des Grafen von Nassau-Saarbrücken, dem Ehemann der Elisabeth am 2.7.1429 und der Fertigstellung von Gotha I drei Tage später, legt Schenk zu Schweinsberg nahe, dass die Handschrift schon „kurz vor dem zu erwartenden Tod" des Grafen geschrieben worden war. Schenk zu Schweinsberg: „Margarethe von Rodemachern" (wie Anm. 3), S. 21; Eisermann: *Handschriften* (wie Anm. 6), S. 1.

42 Vgl. Schenk zu Schweinsberg: „Magarethe von Rodemachern" (wie Anm. 3), S. 127. Eisermann: *Handschriften* (wie Anm. 6), S. 10.

43 Eisermann: *Handschriften* (wie Anm. 6), S. 1, S. 11. Schenk zu Schweinsberg: „Magarethe von Rodemachern" (wie Anm. 3), S. 123.

44 In der spätmittelalterlichen Diözese Konstanz galt der 31. Dezember 1482 als bereits zum neuen Jahr gehörig, also 1483. Gruber, Eugen: „Vergessene Konstanzer Liturgie?", in: *Ephemerides Liturgicae* 70 (1956) S. 229-237.

45 *Bůch der götlichen liebe* (wie Anm. 32), f. 357r.

46 Brückner, Undine: „Kleidung, Verkleidung und Autorschaft: ‚Verhüllung' und ‚Zierde' bei Dorothea von Hof", in: Burkhard Hasebrink u.a. (Hg.): *Innenräume in der Literatur des deutschen Mittelalters: 19. Anglodeutsches Colloquium*, Tübingen 2008, S. 157-178.

tos von Passau *Die vierundzwanzig Alten*, dem *Buch der Tugenden*, Johannes Niders *Die vierundzwanzig goldenen Harfen* und mehr als 30 anderen deutschsprachigen geistlichen Werken – Quellentexte also, die man, mit Ausnahme vom Traktat „Schwester Katrei" und Albrecht von Eybs *Ehebüchlein*, als konventionelle oder ‚normative' geistliche Literatur des 14. und 15. Jahrhunderts bezeichnen könnte.[47]

Im Vergleich mit den verschiedenartigen Textsammlungen in Gotha I und II, in der die Texte sukzessiv aneinandergereiht sind, ist Dorotheas Werk eine integrative Kompilation, die Textstücke ihrer Quellen zu kontinuierlicher Prosa formt. Hierbei sind weder Übergänge zwischen Exzerpten aus dem gleichen Werk noch Übergänge zwischen verschiedenen Werken gekennzeichnet. Auch die Autoren der Quellen bleiben ungenannt. In 49 von 53 Kapiteln wird je ein bestimmtes Thema vorgestellt, dessen positive und negative Aspekte erklärt und begründet und anschließend mit Dicta der Kirchenväter und anderer ekklesiastischer Autoritäten belegt werden. Die vier letzten Kapitel bilden narrative Texte mystischen Inhalts, die durch kürzendes Edieren bearbeitet wurden. Die Gesamtstruktur beinhaltet die drei christlichen Tugenden, die vier Kardinaltugenden, je neun Tugend- und Lasterkapitel sowie Verhaltensmaßregeln unter anderem für Beichte, Reue und Buße und für den Rückzug aus der Welt. Das Werk verfügt über eine 20-seitige Vorrede und ein detailliertes Inhaltsverzeichnis mit Folioangaben, die ebenfalls von Dorothea geschrieben wurden.

Wir haben es also mit zwei schreibenden Frauen zu tun, die sich für geistliche Texte interessierten.[48] Die gemeinsamen Interessen manifestieren sich konkret am Werk des Franziskaners Otto von Passau *Die vierundzwanzig Alten* (1383).[49] So taucht es nicht nur in Margarethes Bücherverzeichnis auf, sondern stellt auch eines der Hauptquellenwerke für Dorotheas Kompilation dar.[50] Es kann also als gesichert gelten, dass beide Frauen das Werk des Franziskaners kannten und gelesen hatten. Die literarischen Produkte Margarethes und Dorotheas sind jedoch sehr verschieden.

Schon äußerlich lässt die Art und Weise sowohl persönlicher als auch geistlicher Aufzeichnungen erkennen, dass jede Schreiberin eigene religiös motivierte Ziele verfolgte. Margarethes Eintragungen erscheinen zunächst planlos, direkt und unstrukturiert. Als sie die Todesnachrichten auf bereits teilweise beschriebene Seiten einträgt, rückt sie ihren Text aus Platzgründen dicht an die älteren Eintragungen, wie z.B. das Inhaltsverzeichnis, heran. Auch das Allianzwappen, das sich unter dem Inhaltsverzeichnis befindet, ragt in den ‚neuen' Text hinein. Margarethes Schrift ist im Vergleich zu der des Schreibers unverhältnismäßig groß und macht einen ungeübten informellen Eindruck.

---

[47] Vgl. Simon, Otto: *Überlieferung und Handschriftenverhältnis des Traktates „Schwester Katrei". Ein Beitrag zur Geschichte der deutschen Mystik*, Halle 1906. Albrecht von Eyb, „Ob einem manne sey zunemen ein eelichs weyb oder nicht". *Mit einer Einführung zum Neudruck* (Texte zur Forschung 36). Helmut Weinacht (Hg.), Darmstadt 1982.

[48] Teilweise wurden in der professionellen Kompilation von Gotha I Texte verwendet, die auch Dorothea benutzte: St. Georgener Predigten, der (pseudo?-)eckhartsche Traktat „Von Abgescheidenheit", Auszüge aus den Predigten Meister Eckharts.

[49] Schnyder, André: „Otto von Passau OFM", in: *Verfasserlexikon* 7 (1989) Sp. 229-234.

[50] Gotha, FB, Chart. B 237 I, f. 118v. Haubrichs: „Pilgerfahrt" (wie Anm. 4), S. 534, Fechter: *Dorothea von Hof* (wie Anm. 24), S. 68f.

O anttongiß du werder heilant,
der dü herre bist genant,
ein bichter und ein martlere
dorch bitterlichen din leben swere.
ich bieden dich dorch din gleüben rich,
daz du biedeste gotes frünt vor mich
amen

Ein Reimgebet auf Antonius (vgl. Abb. 1), das als Prosa aufgeschrieben wurde, bestätigt, dass es Margarethe mehr darum ging, den vorhandenen Schriftraum optimal zu nutzen, als die Versform beizubehalten.[51] Sowohl ihre ganzseitigen geistlichen Eintragungen wie auch ihre Vergabe- und Ausleihlisten, welche die gesamte Schriftfläche nutzen, ohne innere oder äußere Ränder zu lassen, folgen dieser notizhaften Arbeitsweise.

Im Vergleich dazu wirkt Dorotheas Kolophon (vgl. Abb. 2) wenigstens im oberen Teil planvoll angelegt und ausgeführt. Der untere Teil, der vielleicht nicht vorbedacht war, zeigt eine ähnliche Aversion gegen ungenutzten Raum, wie die von Margarethe gefüllten Seiten.[52] Dorotheas kompilierter geistlicher Haupttext hält sich dagegen an ein strenges Layout für die Schriftfläche und die Zeilenzahl; ihre Schrift wirkt gleichmäßiger und geübter als Margarethes. Natürlich ist zu beachten, dass Dorothea den Vorteil besaß, das Papier vor dem Binden beschreiben zu können, während Margarethe in bereits geheftete Bücher schrieb.

Die formellen und thematischen Aufzeichnungsdifferenzen der Dorothea von Hof und der Margarethe von Rodemachern erklären sich hauptsächlich aus der individuellen Funktion und Konzeption ihrer Erbauungsbücher. Margarethes geistliche Einträge in Gotha I lassen trotz ihrer Unmittelbarkeit darauf schließen, dass sie großen Wert auf Gebete zu bestimmten Heiligen legte. So wird der heilige Antonius um seine Fürsprache gebeten, während Paulus über die zentrale Stellung des christlichen Glaubens im Leben des Menschen lehrt. Das Gebet an die Jungfrau Dorothea, deren Kranz aus Rosen und mit Blüten gefüllter Korb als Lohn für ihr Leiden dargestellt werden, enthält den folgenden Satz: „ich, ein arme dinerin din, roffen diße bilde an in din ere uff daz myn gebeit [Textverlust]".[53] Die auf der Versoseite folgende Lehre erwähnt ebenfalls die Anbetung und Ehrung des Bildes der Heiligen:

ir lieben kinde ir sollent diß wollen verstan und des einen ganczen gläüben han were diese jonffraüwe und ir bilde ereit, ader in sinem huße gemalent hait, so ein freüwe eins kindes geneßen ader in arbeiden gait und roffent sie an santa doredeia mit ganczer begerden ires herczen, sie wirt mit freuden entponden an zwibel mit an schauwen ires kindes bilde mineclich auch sale man in dem huße sicher wessen daz ir keines des gehen dodes sal ersterben, auch an mag der figant mit keiner leist geschaden was in dem huße ist an sele, an leip ader an erren, ader an gütte eiß seii alleß in der reinnen ionffrauwen sannte doredia gnoden amen.[54]

51 Frau Cornelia Hopf, Leiterin der Handschriftenabteilung der Forschungsbibliothek Gotha, danke ich für die Genehmigung Bilder der Handschrift Gotha, FB, Chart. B. 237 veröffentlichen zu dürfen.
52 P. Odo Lang, Stiftsbibliothekar der Benediktinerabtei Einsiedeln gilt mein besonderer Dank für die Genehmigung, Einsiedeln, StiftsB, Cod. 752 fotografieren und die Bilder im Rahmen meiner Forschung veröffentlichen zu dürfen.
53 Gotha I, f. 115r.
54 Gotha I, f. 115v.

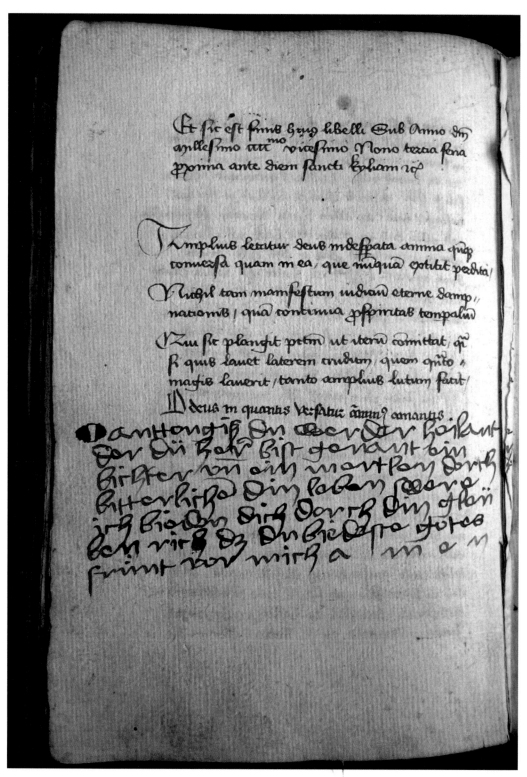

Abb. 1

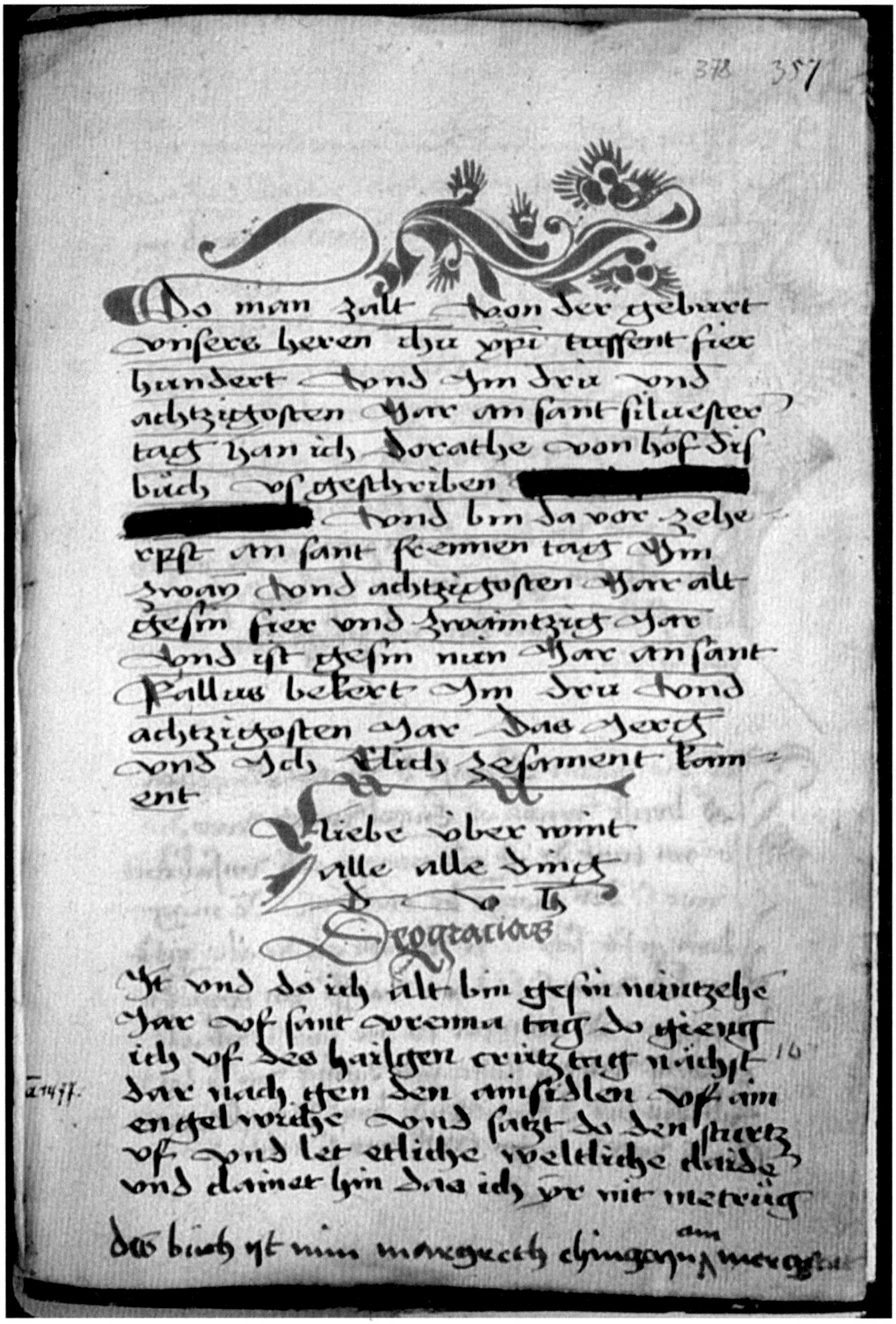

Do man zalt von der geburt
unsers heren thu ypi tussent fier
hundert vnd Jm dru vnd
achtzigosten yar an sant siluester
tag han ich dorathe von hof dis
buch vf geschriben ▬▬▬▬▬
▬▬▬▬▬ vnd bin da vor zehe
erst an sant steemen tag Jm
zwan vnd achtzigosten yar alt
gesin fier vnd zwaintzig yar
vnd ist gesin nun yar an sant
Pallws beleet Jm dru vnd
achtzigosten yar das gerch
vnd Jch Etlich sesment kom
ent

Liebe ober wint
alle alle ding
D o h
Deogracias

Jt vnd do ich alt bin gesin nüntzehe
yar vf sant vrema tag do gieng
ich vf des hailgen crüiz tag naichst 10
dar nach ten den amsidlon vf am
engel weihe vnd satzt do den statz
vf vnd let etliche weltliche ding
vnd dainet hin das ich vr mit meting

das buch yt nun margreeth chingayn merogtn

ā1477.

Abb. 2

192

Der Text lehrt, dass die Anrufung der heiligen Dorothea und die Verehrung ihres Bildes während und nach der Entbindung eines Kindes nicht nur Hilfe verspricht, sondern zusätzlich auch alle Hausbewohner sowohl gegen einen plötzlichen Tod als auch Geist, Körper und Hausrat gegen die Anfeindungen des Teufels schützt.[55] Lentes betont, dass Gebetbücher, neben ihrer Benutzung in privater und öffentlicher Andacht, auch zur Andacht vor Bildern dienten, die wie Lebewesen behandelt wurden, und die, als Heilige, eine mediale Stellung zwischen Himmel und Erde einnahmen und als Vermittler galten.[56] Es folgt eine Kurzdarstellung der heiligen Apollonia auf f. 116r, der als Bekennerin die Zähne ausgeschlagen wurden. Deshalb bittet Apollonia Christus darum, jedem das Zahnweh zu nehmen, der ihn in ihrem Namen anruft oder ihren Namen bei sich trägt.[57] Die nächsten beiden kurzen Gebete richten sich an Christus. Sie thematisieren sein Leiden am Kreuz und die Erlösungskraft seines Blutes, und bitten um seinen Schutz. Diese Lehren und Gebete zielen auf den Schutz des Individuums in den unterschiedlichsten alltäglichen Situationen. Bemerkenswert ist hier, dass nicht nur Texte Erwähnung finden, die gelesen, gebetet oder bei sich getragen werden sollen, sondern dass auch gemalte Darstellungen bei der Frömmigkeitspraxis eine Rolle spielen.[58] Der Eintrag: ,Item in dießem boch seint xxiv heilgen' in Margarethes Spendenliste könnte darauf hinweisen, dass sich in der Gothaer Handschrift Heiligendarstellungen befunden haben. Ihr Verlust mag darin begründet liegen, dass Seiten aus der Handschrift entfernt wurden, unter anderem die untere Hälfte des Folios, dessen Text sich auf Dorotheas Bild bezieht (f. 115).[59] Die Funktion des Andachtsbuches Gotha I wäre somit um die Ebene des Schauens und Vergegenwärtigens der Heiligen bereichert, die dem Betenden direkten visuellen Zugang zu dem Heiligen geboten hätten, mit dem er sich in direkter verbaler Kommunikation befand. Margarethes Weimarer Gebetbuch mag mit seiner vorgebundenen Bildkassette als Vergleichsbeispiel dazu dienen, dass sich dort Text und Bilder eher ergänzen, als dass die Miniaturen dem Text als Illustrationen untergeordnet wären.[60]

Texte der Art, wie sie von Margarethe notiert wurden, finden sich in der ursprünglichen Komposition von Gotha I nicht. Ihre Entscheidung hier, eine Anzahl individuell ausgewählter Texte einzufügen, bringt ihre persönliche Frömmigkeit dahingehend zum Ausdruck, dass die bereits vorhandenen, eher moral-didaktischen Texte ihre devoten Ansprü-

[55] Vgl. „Dorothea, hl. Jungfrau und Märtyrerin", in: *Lexikon für Theologie und Kirche* 3 (1995) Sp. 346–347.

[56] Lentes: „Prayer Books" (wie Anm. 1), S. 248.

[57] Nach dem *Handwörterbuch des deutschen Aberglaubens* 1 (1927), Sp. 551f. war Apollonia im 15. Jahrhundert eine sehr populäre Heilige, die sowohl für Zähne als auch für den Kopf zuständig war. Vgl. „Apollonia, hl. Jungfrau und Märtyrerin", in: *Lexikon für Theologie und Kirche* 1 (1993) Sp. 830.

[58] Siehe Hamburger, Jeffrey F.: *Nuns as Artists. The Visual Culture of a Medieval Convent* (California studies in the history of art 37), Berkeley 1997; Frühmorgen-Voss, Hella: *Text und Illustration im Mittelalter: Aufsätze zu den Wechselbeziehungen zwischen Literatur und bildender Kunst* (Münchener Texte und Untersuchungen zur deutschen Literatur des Mittelalters 50), München 1975.

[59] Eisermann: *Handschriften* (wie Anm. 6), S. 1; Blattverlust: nach f. 113, untere Hälfte von f. 115, nach f. 117, f. 154, f. 154a.

[60] Kratzsch Konrad: *Das Gebetbuch der Margarethe von Rodemachern: Eine Bildfolge aus der Pergamenthandschrift Q 59 in der Zentralbibliothek der Deutschen Klassik zu Weimar.* 2. Aufl., Berlin 1978, S. 41f. Stork: „Die handschriftliche Überlieferung (wie Anm. 5), S. 603f.

che nach affektiver Andacht nicht zu befriedigen vermochten.

Die von Margarethe auf f. 117v verzeichneten Spenden aus ihrem Hausrat, beispielsweise Sitzkissen für bestimmte Konvente und Kirchen („sant heilren" [Hilarien], „sant cristofloß"), heben den Gedenkaspekt ihrer Frömmigkeit dadurch hervor, dass alle Kissen mit dem Wappen der von Rodemachern versehen waren, zwei von ihnen auch mit dem Wappen derer von Nassau-Saarbrücken.[61] In ihrer Verfügung spezifiziert sie, dass der Priester während der Messe auf dem Kissen sitzen soll. Diese Instruktion zeigt, dass bei namentlich oder bildlich für Gott und die Mitmenschen identifizierbaren Stiftungen auch auf die räumliche Nähe zum Altar und damit zum Allerheiligsten, dem Leib Christi, Wert gelegt wurde.[62] Auch das Gebetbuch Weimar Q 59 enthält Instanzen persönlichen und familiären Gedenkens an die Lebenden und die Toten. In der vorgebundenen Bildkassette finden sich Miniaturen, auf denen Margarethe vier Mal kniend als Betende mit dunklem Mantel und weißem Gebende dargestellt ist.[63] Das Blatt, das mit ‚Margarethe van nassauwe. frauwe zu Rodemachern' überschrieben ist, zeigt, wie sie Christus von einem Engel anempfohlen wird. Das geöffnete Gebetbuch auf dem Prie Dieu, der Gebetsgestus und die Familienwappen im Hintergrund verbinden sich zum Wunsch, am Heilsgeschehen teilzuhaben.[64] Diese Wappen wurden im Bildteil der Handschrift Miniaturen des Marienlebens und der Passionsgeschichte zugeordnet.[65] So erscheinen Margarethes betende Gestalt und ihr Wappen als Zeugen in der Darstellung der Kreuzabnahme.

Zusätzlich zu den Sitzkissen, die an die Fürbitte für den Spender erinnern sollte, vergabte Margarethe auch die Vita der Katharina von Siena an den Klarissenkonvent St. Agnes in Trier (wo ihre Tochter lebte), mit der Bestimmung, das Buch dann an die Franziskanerterziarinnen weiterzuleiten.[66] Laien und Konventualen waren einander also auch durch den Literaturaustausch verbunden.[67] Auch Margarethes Bücherleihliste bezeugt ihr Interesse an geistlichen Werken und reflektiert in größerem Rahmen, was ihre Textauswahl im Kleinen bereits erkennen ließ: *Das Buch der Tafeln von dem christlichen Leben und*

---

[61] Gotha I, f. 117v-118r. Stork: „Die handschriftliche Überlieferung" (wie Anm. 5), S. 602f.

[62] Jaritz, Gerhard: „Religiöse Stiftungen als Indikator der Entwicklung materieller Kultur im Mittelalter", in: Gerhard Jaritz (Hg.): *Materielle Kultur und religiöse Stiftung im Mittelalter: internationales Round-table-Gespräch, Krems an der Donau, 26. September 1988* (Österreichische Akademie der Wissenschaften, Philosophisch-Historische Klasse 554 / Veröffentlichungen des Instituts für Mittelalterliche Realienkunde Österreichs 12), Wien 1990, S. 13-35. Zum Einfluss weiblichen Spendenverhaltens auf religiöse Gemeinschaften siehe Spies, Martina: „Stiftungen für Beginengemeinschaften in Frankfurt am Main – ein Austausch zwischen Beginen und Bürgerschaft", in: Martina Wehrli-Johns (Hg.): *Fromme Frauen oder Ketzerinnen? Leben und Verfolgung der Beginen im Mittelalter* (Herder-Spektrum 4692), Freiburg im Breisgau / Basel / Wien 1998, S. 139-167.

[63] Kratzsch: *Das Gebetbuch* (wie Anm. 60), S. 44.

[64] Ebd., Bildteil, erste Abbildung, die Weimar, HAAB, Q59, f. 31v reproduziert.

[65] Ebd., Abb. 28.

[66] Haubrichs: „Pilgerfahrt" (wie Anm. 4), S. 534. Schenk zu Schweinsberg: „Margarethe von Rodemachern" (wie Anm. 3), S. 127.

[67] Für das pro-Reform-Argument vgl. Williams-Krapp: „Die Bedeutung" (wie Anm. 8), das pro-Laien-Argument vgl. Thali, Johanna: *Beten – Schreiben – Lesen. Literarisches Leben und Marienspiritualität im Kloster Engelthal* (Bibliotheca Germanica 42), Tübingen / Basel 2003.

Glauben des Dirc van Delft[68]; das *Speculum humanae salvationis*, und die *vitae* der Katharina von Siena und der heiligen Agnes.[69] Zusätzlich verzeichnet die Liste auch, dass Margarethe ‚dem großen koffent zu mentze ii bocherlin nyder lenche schreft‘, also zwei Bücher in niederländischer Sprache, gegeben hat.[70]

Selbst mit diesen Aufzeichnungen ist Margarethes Textarbeit noch nicht erschöpft, denn auch in Gotha II finden sich Eintragungen unterschiedlichster Art. Auf f. 132v bis 134r begegnen asketische Kurztexte über die Allmacht der göttlichen Gnade. Beichtähnliche Bekenntnisse, die in Ich-Form der Gnadenlehre folgen, um sicherzustellen, nicht in Todsünden, sondern in einem Zustand der Gnade zu sein, lässt wieder die bereits in Gotha I anklingende Besorgnis um Schutz und Seelenheil erkennen. Die darauf folgenden zehn Mariengrüße schließen sich an die strophischen Mariengrüße der Originalsammlung an.

Außerdem wurden von Margarethe neun Textstücke mit Überschriften und vier mit Unterschriften versehen, die sich zwischen f. 138r-149r befinden (vgl. Abb. 3).[71] Die Überschriften können in drei Kategorien gegliedert werden. Sie beziehen sich entweder mit Hinweisen wie: „was du an dem mandage bedencken salt" (f. 142v) oder „wan dü zu dem sacrment wilt gan, so spreche diß gebet her av" (f. 141v) auf bestimmte Anlässe, oder sie weisen auf den Inhalt der Gebete oder Meditationen hin: „von der hailgen drivaldicheit" (f. 138r) oder „von sant cristtofloß, dem notheilffer" (f. 149r). Eine weitere Kategorie kommentiert die besondere Qualität des Gebetes: „her na folget ein inich gebeit zu gotde" (f. 139r) oder „ein güt gebeit" (f. 140r).

Unterschriften oder Zusätze unter Gebeten teilen sich in Gebetsaufforderungen wie „bit vor ale gleubige sellen" (f. 142r) oder Gebetsabschlüsse wie „alwegen amen" (f. 138r), „spriche graczias" (f. 139r) oder „gloria in excellcus" (f. 140v). Eine an Gott gerichtete Fürbitte für die Seelen der Eltern und Freunde wurde von Margarethe mit dem Zusatz versehen: „und ale die sich mir befolen hant und vor die ich scholdig bin zu bieden" (f. 138r) und zeigt damit ein Verantwortungsgefühl für die Seelen derer außerhalb ihres engsten Familienkreises.

Margarethes Überschriften, Unterschriften und Zusätze zu geistlichen Texten können als Indikator einer Leserrezeption angesehen werden, die beweist, dass Margarethe diese Texte gelesen hatte und sie nun, auf einfachste Weise, für ihr eigenes zukünftiges Lesen und/oder für andere Leser aufbereitete. Hier bestätigt sich der Eindruck, dass Margarethe persönliches Gebetsmaterial zusammentrug, dieses in die vorgegebene Form der Handschriften einpasste und Gotha I und II dahingehend individualisierte, ihrem ‚Geschmack‘ zu entsprechen und ihrer Frömmigkeitsausübung besser dienen zu können. Die Frage, wie

---

68 Mr Dirc van Delf: *Tafel van den kersten ghelove*. Ludovicus Maria Franciscus Daniëls O.P. (Hg.), Antwerpen 1937-1939.

69 Haubrichs: „Pilgerfahrt" (wie Anm. 4), S. 534.

70 Schenk zu Schweinsberg: „Margarethe von Rodemachern" (wie Anm. 3), S. 127 liest *ii* auf f. 118r als elf Bücher. Margarethe verwendet in ihren Eintragungen durchgängig römische Zahlen bei Aufzählungen oder bei Häufigkeitsangaben zu sprechender Gebete, deshalb sind hier wohl eher zwei und nicht elf Bücher gemeint.

71 Vgl. Eisermann: *Handschriften* (wie Anm. 6), S. 11.

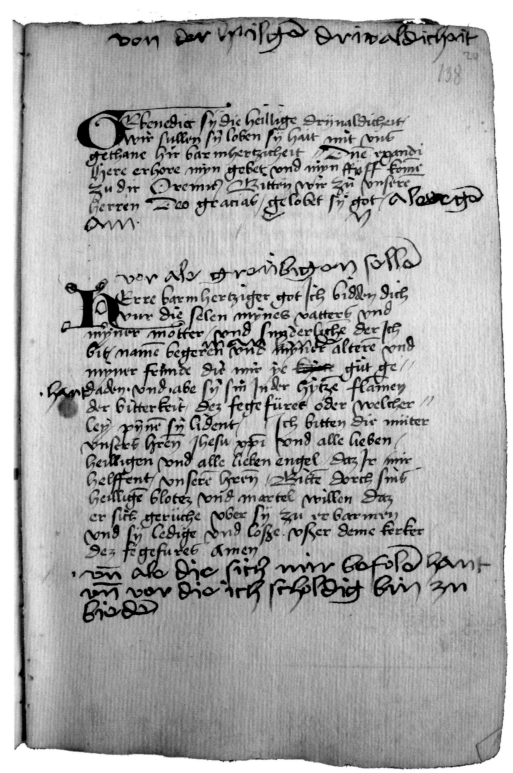

Abb. 3

stark ihre Frömmigkeitspraxis im Leben verankert war, mögen ihre letzten Eintragungen in Gotha II zeigen. Hier verbinden ihre Aufzeichnungen (f. 168v-170v) Gebete, Ratschläge zur Körperpflege und medizinische Rezepte zu lebensregel-artigen Texten, mit dem Ziel, dass der Mensch „lange gesont bleibe" (vgl. Abb. 4).[72] Die körperliche und die geistliche Gesundheit werden als eine Einheit betrachtet und behandelt:

> Item des morgenß so gesegen dich und bede din poter noster und dinen gläüben, und befelle dich in die hode und schirme der heilgen driveldigheit und in die hode der reinen jonfferwen maria vnd auch dinen engel, dem du befollen bist. Und du uff steist so dowe dich an mit fliß und balde und keime din heubet wol und weiße din heinde rein mit halpe wasser und mit enwinchet wines und reip din czienne wole mit weißer wollen doch, und ye uber echt dag so reip din czenne mit salcze ader ander polfer daz dir din czien rein mach, daz ist dir gesont und vast got. Ye du das uff stiest so czeichen dich mit dem czeichen des heilgen cruczes vnd czeichen dich mit dem rietol des heilgen cruczes jhesus nasreneüs rexe judearem myesere meye.[73]

Das *Buch der götlichen liebe* der Dorothea von Hof ermöglicht hingegen keine direkte Einsicht in ihre persönliche Frömmigkeit. Außer einer Abneigung mystisch-spekulativem Gedankengut gegenüber, die in ihrer Kompilationstechnik von Seuses *Büchlein der ewigen Weisheit* zu Tage tritt, bleibt sie den Quellentexten gegenüber neutral. Ihr Werk ist, im Vergleich zu den mannigfaltigen aus Blumen, Händen und Kreuzen bestehenden Nota-Zeichen[74] in Gotha I und II, ohne jegliche Marginalien geblieben und enthält zu wenige Korrekturen, um als Erstschrift zu gelten. Das *Buch der götlichen liebe* ist in einer fast fehlerlosen perfektionierten Abschrift erhalten (vgl. Abb. 5). Zu einer Zeit, die bereits deutlich durch den Buchdruck beeinflusst war, zeigt Dorotheas Tugendsumme keine formalen Unterschiede zu einer universitären Publikation ihrer Zeit, und sie weist zudem eine gliederungstechnisch ,bessere' und benutzerfreundlichere Struktur auf als die Mehrzahl ihrer vierzig Quellen.[75]

Dorotheas Werk enthält keine Gebete, erwähnt die Jungfrau Maria kaum und beruft sich äußerst selten auf weibliche Heilige. Die konzeptionelle Strenge ihres Werkes ist darauf zurückzuführen, dass Dorothea einen gewissen autoritativen Status für das *Buch der götlichen liebe* anstrebte. Die Umsetzung ihres Konzepts orientiert sich an der Nachahmung männlicher Autorschaft, insbesondere an der Struktur gedruckter theologischer und wissenschaftlicher Standardtexte. Der Buchtyp der handgeschriebenen *summae* ist am Ende des fünfzehnten Jahrhunderts kaum noch anzutreffen, denn deutschsprachige theologische und wissenschaftliche Standardwerke erschienen um 1480 im Druck.[76] Das Abschreiben aus religiöser Motivation hatte zwar nichts mit der ,industriellen' Buchproduktion zu tun, lässt aber die Unterschiede zwischen individuellen, der Frömmigkeit dienenden persönlichen Aufzeichnungen im Notizbuchformat und Standardwerken, wie der Bibel, die kaum noch abgeschrieben wurde, deutlich erkennen.[77]

---

[72] Gotha II, f. 169r.

[73] Gotha II, f. 169r.

[74] Eisermann: *Handschriften* (wie Anm. 6), S. 3, S. 11.

[75] Palmer, Nigel F.: „Kapitel und Buch. Zu den Gliederungsprinzipien mittelalterlicher Bücher", in: *Frühmittelalterliche Studien* 23 (1989) S. 43-88.

[76] Brandis: „Die Handschrift" (wie Anm. 17), S. 31.

[77] Ebd., S. 37.

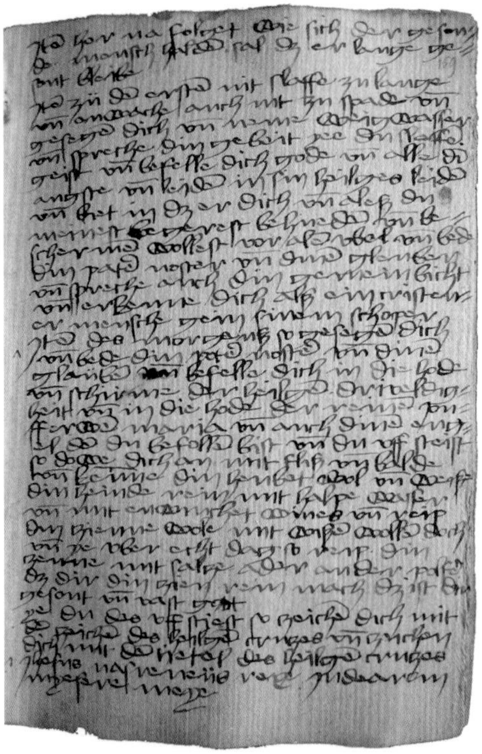

Abb. 4

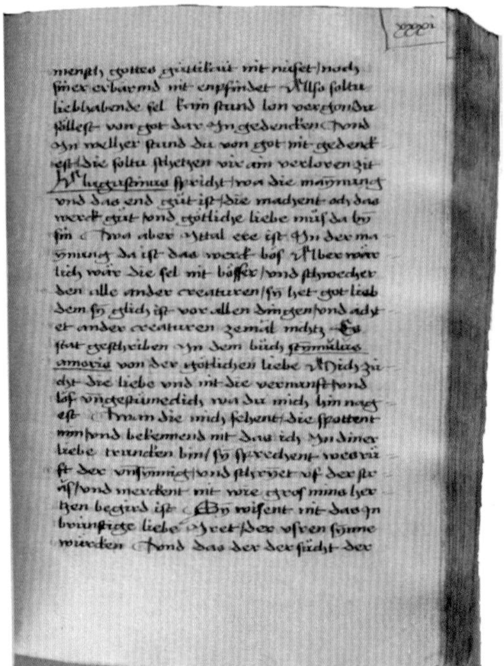

Abb. 5

Was Dorothea von Hof zur Produktion ihres Werkes motivierte, beschreibt sie in der Vorrede des *Bůch der götlichen liebe* folgendermaßen:

> Dar um so bit ich alle die, die dis bůch lessend oder vor in hörent lessen, das sy mir min lutri gůtte maynung nit in bösses wellent keren; won ich disse nachgänden lere us vil bücher han zů samen gelesen und us gezögen und zesament gesetzt, nach dem besten so ich kund: tugent und unntugenden wider ain andren, und sust vil ander leren und under wissung in waz trübsal der mensch sy, das er doch etwas trostes dar in vinde.[78]

Dorothea konzipierte also ein allgemein-gültiges Erbauungsbuch, von dem sie erwartete, dass es anderen Christen auf ihrem Weg zu Gott ebenso nützlich sein würde wie dessen Kompilation ihr selbst als Seelgerät diente.[79] Sollte diese Absicht mehr als nur ein Topos sein, ließe sich die ‚Persönlichkeitslosigkeit‘ des Werkes aus der Antizipation verschiedener Leser ableiten. Das Tugendstreben, das in Dorotheas Erklärung ihrer Kompilationsmethode anklingt und sich in ihrer Editionstätigkeit mystisch-spekulativem Material gegenüber bestätigt, ist bei Margarethe von Rodemachern eher impliziert als ausgesprochen.

Margarethes Beiträge zu Gotha I und II folgen keinem vorbedachten Konzept, sondern passen sich der bereits bestehenden Struktur der Erbauungsbücher an beziehungsweise leiten sich von deren Inhalten ab, indem sie sie so ergänzen und vervollständigen, dass sie Margarethes geistlichen Bedürfnissen entsprechen. Zu einer Zeit, in der persönliche geistliche Notizen genau die Form besitzen, der sich Margarethe bediente (flüchtig aufgezeichnete Texte unterschiedlichsten Inhalts), gewährt sie dem Leser von Gotha I und II Einblick in ihre Alltagsfrömmigkeit. Diese sucht sich nicht nur an den ererbten Tugendlehren und aszetischen Texten zu orientieren, sondern vermisste Gebete (und Bilder?) als Kommunikationsmittel mit der Gemeinschaft der Heiligen. Im Gegensatz dazu wirkt der Text des *Bůchs der götlichen liebe* und dessen Struktur eher ‚unpersönlich‘ und gerade dies ist es, was Dorotheas *summa* zu einer Zeit ‚individuell‘ macht, als theologische und wissenschaftliche *summae* gedruckt wurden und persönliche Aufzeichnungen die Form von Arbeits- und Notizbüchern besaßen.[80]

Die literarischen Tätigkeiten der Margarethe von Rodemachern, deren Zeugnisse in Gotha I und II erhalten sind, erstrecken sich also von Aufzeichnungen, die ihr weltliches Leben in familiären Todesnachrichten, Sachspenden und einer Buchleihliste widerspiegeln, bis zu Eintragungen von didaktischen Kurztraktaten, Gebeten, Gebetsanweisungen zu bestehenden Gebeten und Ratschlägen zur täglichen Frömmigkeits- und Gesundheitspraxis. Obwohl es den Anschein haben mag, dass Margarethes weltliche Eintragungen in Gotha I nur deshalb aufgezeichnet wurden, weil freie Seiten zur Verfügung standen, so reflektieren diese weltlichen Notizen auch ein durchgängig geistliches Element. Der Verstorbenen sollte gedacht und für ihr Seelenheil gebetet werden, ihre textuelle Präsenz

---

[78] *Bůch der götlichen liebe* (wie Anm. 32), f. 3r/v.

[79] Dorotheas Werk wurde von ihrer Nichte Anna Ottilia, zu diesem Zeitpunkt Klarisse in Villingen, ähnlich genutzt, wie Margarethe es mit Gotha I getan hatte. Anna Ottilia verzeichnete ihr eigenes Eintreten ins Kloster im Alter von acht Jahren (1509), den Tod ihrer Mutter (1513), das Datum ihrer Profess (1515) und schließt daran medizinische Rezepte zur Anwendung von Angelikawurzel an. *Bůch der götlichen liebe* (wie Anm. 32), f. 357v.

[80] Brandis: „Die Handschrift" (wie Anm. 17), S. 49f.

in einem oft benutzten Buch verkörpert die christliche Gemeinschaft der Lebenden und der Toten mit Christus und allen Heiligen. Ihre Sachspenden, unter denen sich auch Bücher befinden, sind geistlichen Institutionen zugeeignet, und ein bedeutender Teil ihrer Leihbibliothek bestand aus geistlichen Werken. Der literarische Ausdruck der Frömmigkeitspraxis der Margarethe von Rodemachern umfasste also das Lesen geistlicher Texte, das Abschreiben solcher Texte und deren lesetechnische Aufbereitung. Besonders Gotha I vereint den persönlich-weltlichen mit dem übergreifenden und grundlegenden geistlichen Aspekt der literarischen Zeugnisse der Margarethe von Rodemachern.

Sowohl Margarethe als auch Dorothea waren zum Zeitpunkt ihrer literarischen Tätigkeit verheiratete Frauen.[81] Beide leisteten Stiftungen an geistliche Institutionen – Margarethe unter anderem an das Augustinerinnenkloster St. Agnes in Trier[82] und Dorothea an die Dominikanerinnen zu St. Katharina in St. Gallen.[83] Das Lesen und anschließende Schreiben geistlicher Texte verbindet sie im äußeren Ausdruck einer verschriftlichten persönlichen Frömmigkeit. Obwohl ihre ‚Werke‘ und deren Inhalt sehr verschieden sind, lässt sich feststellen, dass sich beide nicht nur um ihr eigenes Seelenheil sorgten, sondern auch um das der Familie, Freunde, Schutzbefohlener und potentieller Leser ihrer Schreibarbeiten. Dorotheas *Bůch der götlichen liebe* ist ein ambitioniertes Produkt mit kohärentem Text und eigener Struktur, dessen Leistung in der Exzerpierung und Kompilation zahlreicher Quellentexte unterschiedlichster Form begründet liegt. Das strukturierte Konzept des *Bůch der götlichen liebe* lässt sich aus Dorotheas Intention ableiten, wie ein Berufsschreiber zu arbeiten. Inhaltlich ist ihr Werk weder geschlechtsspezifisch geprägt noch scheint es persönliche Präferenzen der Verfasserin widerzuspiegeln.

Die ungeplant angelegten Aufzeichnungen Margarethes jedoch stellen keinen Versuch dar ,so gut wie möglich‘ zu schreiben, sondern konzentrieren sich darauf, die Texte zur eigenen Nutzung zu bewahren. Dieses Notieren suchte den vorhandenen Schriftraum optimal, und das bedeutet maximal, zu nutzen. Margarethe passt ihre schriftlichen Äußerungen nicht nur inhaltlich, sondern auch situativ vorgegebenen Texten an; sie schreibt dort, wo die Handschrift es platztechnisch erlaubt. Inhaltlich ergänzt sie das, was ihr an geeignetem geistlichen Material fehlt, kommentiert, instruiert und bereitet bestehendes Material rezeptiv auf. Während die eine ein völlig neues Erbauungsbuch verfasst, arbeitet die andere ein bestehendes Erbauungsbuch nach ihren Vorstellungen um.

Außer der offenkundigen Tatsache, dass Dorothea sehr belesen gewesen sein muss, um ein Buch aus mehr als 40 Quellentexten zu kompilieren, und dem geübten Eindruck des früh-erlernten Schreibens, den ihre Handschrift macht, ist über ihre Ausbildung nichts bekannt. Margarethes Handschrift lässt vermuten, dass sie nicht über Dorotheas Schreiberfahrung verfügte.

---

[81] Geistliche und weltliche rollen-gebundene Arbeiten und mangelnde geistliche Erfahrung halten Frauen jüngeren Alters von schriftlichen Tätigkeiten ab. Vgl. Mulder-Bakker, Anneke B.: „The Metamorphosis of Woman: Transmission of Knowledge and the Problems of Gender“, in: Anneke B. Mulder-Bakker / Pauline Stafford (Hg.): *Gendering the Middle Ages* (Gender and History 12/3), Oxford 2000, S. 642-664.

[82] Schenk zu Schweinsberg: „Margarethe von Rodemachern“ (wie Anm. 3), S. 134.

[83] Fechter: *Dorothea von Hof* (wie Anm. 24), S. 3f. Vgl. Wil, Dominikanerinnen Kloster St. Katharina, Klosterarchiv, Cod. 87, Klosterchronik, St. Katharina St. Gallen (unveröffentlicht), f. 60v, 71v, 77v, 89r.

Trotz des Fehlens eines Bücherverzeichnisses in der Ehinger/von Hof-Familie[84] haben sich ebenso viele ihrer Handschriften erhalten wie aus der Privatbibliothek der Familie von Rodemachern.[85] Beide Familien besaßen sowohl Andachtsbücher einfachster Ausstattung als auch kostbare, künstlerisch aufwendig gestaltete, illustrierte und illuminierte Handschriften. Im Vergleich mit dem anfänglichen Beispiel der Katharina Tucher, die mindestens 26 Bücher besaß, erscheint es sinnlos, hier eine Parallele zwischen gesellschaftlichem Stand und der Existenz einer Privatbibliothek ziehen zu wollen. Die Kaufkraft, die jeweils anvisierte Ausstattung der Handschriften und vor allem der persönliche spirituelle Bedarf wird entscheidenden Einfluss auf die Zusammensetzung einer geistlichen Privatbibliothek genommen haben, wofür besonders Margarethes Weimarer Gebetbuch als Beispiel angeführt werden kann.

Margarethe von Rodemachern und Dorothea von Hof verbindet die Transformation von Leserin zu Schreiberin geistlicher Texte. Das überlieferte Ausmaß der rezeptiven Textarbeit ist bei Margarethe von Rodemachern, wenn Gotha I und II als exemplarisch gelten dürfen, im Vergleich mit Dorotheas *Bůch* vergleichsweise gering. Die Form ihrer geistlich-literarischen Tätigkeit entsprach jedoch eher der populären verschriftlichten Frömmigkeit der über Generationen fortgeführten Bücher als Dorotheas ambitionierte Tugendsumme, die bisher in der von weiblichen weltlichen Laien produzierten spätmittelalterlichen deutschen Literatur noch ihresgleichen sucht.[86]

---

[84] Einsiedeln, Stiftsb., Codd. 283 (Gebetbuch), 710, 752 (Erbauungsbücher); St. Gallen, Stiftsb., Cod. 479 (Gebetbuch); St. Gallen, Kantonsbibliothek, Vadianische Sammlung, Codd. 343c/d (Historienbibel).

[85] Gotha, FB, Chart. B 237 I, II (Andachtsbücher); Weimar, HAAB, Q 59, Hamburg, SB theol. 2061 (Gebetbücher); Berleburg, FS-WB, RT 2/2 (*Das Buch der Tafeln von dem christlichen Leben und Glauben* des Dirc van Delft) und RT 2/4 (*Die Pilgerfahrt des träumenden Mönchs*).

[86] Brandis: „Die Handschrift" (wie Anm. 17), S. 49f.; Lentes: „Prayer Books" (wie Anm. 1), S. 249f.

IM KABINETT DER DYCTINNA:
MÄZENATENTUM UND SALONKULTUR IM FRANKREICH DER RELIGIONSKRIEGE

MARGARETE ZIMMERMANN

1. Das Zeitalter der Autorinnen und Mäzeninnen

Kurz vor ihrem Tod, am Ende des Jahres 1940 und inmitten eines die Existenz Europas bedrohenden Weltkriegs, verfasst Virginia Woolf einen Essay über Madame de Sévigné und entwirft an dessen Ende die nachfolgende Utopie *en miniature*:

> Hier ist der Garten, den Europa durch viele Jahrhunderte hindurch bestellt hat; den so viele Generationen mit ihrem Blut getränkt haben; hier ist er endlich fruchtbar geworden und trägt Blumen. Und die Blumen sind nicht jene seltenen und einzelstehenden Gewächse – große Männer mit ihren Gedichten und ihren Eroberungen. Die Blumen in diesem Garten sind eine ganze Gesellschaft erwachsener Männer und Frauen, die von Not und Kampf entlastet sind; die in Eintracht zusammen wachsen, jedes etwas beitragend, was dem anderen mangelt.[1]

Ausgehend von einem utopischen „Wunschort"[2] in Gestalt eines ‚fruchtbaren', Blumen bestückten Gartens entwickelt sie die Vorstellung eines konfliktfreien, ‚einträchtigen' Umgangs der Geschlechter und schließlich jene einer Gesellschaft von Männern und Frauen, die den Zwängen der Alltagsrealität enthoben sind und deren Stimmen sich in der Konversation mischen: „Die Stimmen klingen ineinander; da im Garten reden sie alle zusammen im Jahr 1678."[3] Über diese Metapher erinnert Virginia Woolf an die europäische Salonkultur und an ihr vorrangiges Medium – die menschliche Stimme.[4] Zwei Fragen stellen sich bei der Betrachtung dieser utopischen Miniatur: Besitzt dieser ‚Garten', der Salon als Lustort der Konversation, der hier eindeutig mit der französischen Klassik verbunden wird, eine Vorgeschichte, hat er Vorläufer? Und: Wie ist es um jene Personen bestellt, die diese ‚Gärten' entstehen lassen und damit eine weitgehende Entlastung ‚von Not und Kampf' überhaupt erst ermöglichen?

Diese Fragen führen uns in das ‚Kabinett der Dyctinna' („le cabinet de Dyctinne"[5]) – den Salon der Claude-Catherine de Clermont, Herzogin von Retz, die nicht nur eine der einflussreichsten *salonnières* seit etwa 1570 ist, sondern zugleich eine bedeutende Mäzenin. ‚Dyctinna' (‚Netzstellerin') ist einer ihrer Salonnamen und verweist auf den Beinamen der Jagdgöttin Diana/Artemis; zugleich bezieht sich dieser Name wortspielerisch auf den Gleichklang von ‚rets' (Netze) und Retz. Von einem eigenständigen literarischen Werk kann man in ihrem Falle allerdings kaum sprechen. Sie unterscheidet sich damit von jenen

---

[1] Woolf, Virginia: „Madame de Sévigné", in: Dies.: *Der Tod des Falters. Essays*. Deutsch von Hannelore Faden und Joachim A. Frank, Frankfurt am Main 1997, S. 50-57, hier S. 54f.

[2] Die Unterscheidung von utopischen Wunschräumen und Wunschzeiten findet sich in: Doren, Alfred: „Wunschräume und Wunschzeiten", in: Fritz Saxl (Hg.): *Vorträge der Bibliothek Warburg 1924/25*, Berlin 1927, S. 158-205.

[3] Woolf, Virginia: „Madame de Sévigné" (wie Anm. 1), S. 55.

[4] Vgl. hierzu Bung, Stephanie: „Von der *chambre bleue* zum *cabinet vert*: Der französische Salon des sechzehnten Jahrhunderts", in: Susanne Thiemann / Judith Klinger (Hg.): *Geschlechtervariationen. Gender-Konzepte im Übergang zur Neuzeit*, Potsdam 2006, S. 215-223.

[5] Zu diesem Begriff siehe die Ausführungen in Kapitel 5.

Autorinnen[6] und Intellektuellen, bei denen das schriftstellerische und das mäzenatische Wirken eine Einheit bilden, wie etwa bei Marguerite de Navarre[7] und Marguerite de Valois[8]. In beiden Fällen steht jedoch neben einem (relativ) klar konturierten literarischen Werk ein vielfältiges Handeln als Mäzenin und kultureller Mittlerin, über das wir allerdings sehr viel weniger wissen. Anders verhält es sich mit den *salonnières* der Frühen Neuzeit. Sie agieren innerhalb eines zwar zur Außenwelt geöffneten, aber zugleich ‚häuslichen', privaten Raums und hinterlassen, abgesehen von Gebrauchs- und Gelegenheitstexten, kein nennenswertes literarisches Werk. Vielmehr sind sie in erster Linie als Mittlerinnen, als Agentinnen des Intermediären tätig: *zwischen* Höfen und Akademien, Wissenschaftlern und interessierten Laien, europäischen und französischen Humanisten, Neutönern und Traditionalisten.

Für das Frankreich des 16. Jahrhunderts sind mehrere solcher *salonnières* nachgewiesen, die sich mit großem Geschick in den realen und symbolischen Räumen des Kulturtransfers bewegen und auf deren Bedeutung bereits die ältere Forschung der ersten Hälfte des 20. Jahrhunderts verwiesen hat.[9] In diesem Zusammenhang wird immer wieder an drei Persönlichkeiten beziehungsweise Paare und an drei verschiedene, von diesen repräsentierte Formen der Soziabilität erinnert: Antoinette de Loynes und Jean de Morel, die gemeinsam in der ersten Jahrhunderthälfte in Paris in der rue Pavée mit ihren vier Kindern einen humanistischen ‚Familien-Salon' unterhalten.[10] Sein Fortleben bis an das Ende des Jahrhunderts gewährleistet die älteste Tochter Camille de Morel. Als zweites wären das Mutter-Tochter-Paar Madeleine und Catherine des Roches, die Dames des Roches, und ihr Salon im Poitiers der achtziger Jahre des 16. Jahrhunderts zu nennen; und schließlich Claude-Catherine de Clermont, Herzogin von Retz. Sie steht im Mittelpunkt eines Salons,

---

[6] Zur Kontroverse um die Autorschaft vor allem adliger Intellektueller der Frühen Neuzeit vgl. Antoine Vialas auf Marie de Sévigné bezogenen Beitrag, „Un jeu d'images: amateur, mondaine, écrivain?", in: *Europe* (Januar-Februar 1996) S. 57-56; generell zu der Salonliteratur des 17. Jahrhunderts vgl. die Diskussion in DeJean, Joan: *Tender Geographies. Women and the Origins of the Novel in France* (Gender and culture), Philadelphia 1991; hier vor allem S. 94ff.

[7] Zu dieser Autorin siehe den Beitrag von Patricia Oster in diesem Band („Marguerite de Navarre zwischen Herrschaft und Kunst", S. 295-311); zu einer Beschreibung der mäzenatischen und Kultur vermittelnden Tätigkeiten im engeren Sinne vgl. Grewe, Andrea: „Margarete von Navarra und der Hof von Nérac", in: Gesa Stedman / Margarete Zimmermann (Hg.): *Höfe – Salons – Akademien. Kulturtransfer und Gender im Europa der Frühen Neuzeit*, Hildesheim 2007, S. 19-41; ferner: Stephenson, Barbara: *The Power and Patronage of Marguerite de Navarre*, Aldershot 2004.

[8] Vgl. hierzu Viennot, Eliane: *Marguerite de Valois. Histoire d'une femme, histoire d'un mythe*, Paris 1993; Droz, Eugénie: *La Reine Marguerite de Navarre et la vie littéraire à la cour de Nérac (1579-1582)*, Bordeaux 1964.

[9] Hier wären vor allem die Studien von Diller, Georges: *Les Dames des Roches. Études sur la vie littéraire à Poitiers à la fin du XVIᵉ siècle*, Genf 1936; Keating, L. Clark: *Studies on the Literary Salon in France, 1550-1615*, Cambridge 1941, zu nennen.

[10] Siehe dazu Ford, Philip: „An Early French Renaissance Salon: The Morel Household", in: *Renaissance and Reformation* 28,1 (Winter 2004) S. 9-20; sowie Zimmermann, Margarete: „Europäische Netzwerke und Kulturtransfer im Familien-Salon des Jean de Morel und der Antoinette de Loynes", in: Claudia Nolde / Claudia Opitz (Hg.): *Grenzüberschreitende Familienbeziehungen: Akteure und Medien des Kulturtransfers in Spätmittelalter und Früher Neuzeit*, Köln / Weimar / Wien 2008, S. 157-175. – Ein Überblick über die wichtigsten französischen Salons des 16. Jahrhunderts findet sich bei Zimmermann, Margarete: *Salon der Autorinnen. Französische „dames de lettres" vom Mittelalter bis zum 17. Jahrhundert*, Berlin 2005, S. 113-123.

dessen zweite Zentralfigur ihr Gemahl Albert de Gondi ist und dessen Mitglieder sich in einem Stadthotel in Paris sowie in ihrem außerhalb von Paris gelegenen Schloss von Noisy-le-Sec versammeln. In seiner konkreten Räumlichkeit ist dieser Salon heute nicht mehr erfahrbar, sondern nur noch virtuell rekonstruierbar als ein Echoraum, auf den zahlreiche, überwiegend paratextuelle Huldigungen der *salonnière* und Albert de Gondis verweisen, sowie über ein Album mit Gedichten. Um diesen Salon als Ort multiplen mäzenatischen Wirkens wird es nach einigen forschungsgeschichtlichen Überlegungen gehen.

2. Zum aktuellen Stand der Mäzeninnenforschung

Zwar gibt es spätestens seit dem ausgehenden 19. Jahrhundert ein Interesse an Mäzeninnen, unter anderem belegt durch die Studie des Bibliophilen Ernest Quentin-Bauchart zu *Les femmes bibliophiles de France: XVIᵉ, XVIIᵉ & XVIIIᵉ siècles*.[11] Doch bleibt es hier wie auch später meist bei der Reihung, bestenfalls der vertiefenden Darstellung großer ‚Einzelfälle‘ und Einzelleistungen. Lediglich im Falle der Maria von Medici geraten seit den letzten Jahren die Zusammenhänge zwischen Kunstpatronage und politischer Herrschaft in den Blick.[12] Es fehlen jedoch übergreifende Studien zu den Handlungsräumen von Mäzeninnen. Eine Ausnahme sind die Arbeiten der Historikerin Sharon Kettering.[13] Sie arbeitet überzeugend heraus, dass es eine intensive mäzenatische Tätigkeit französischer adliger Frauen der Frühen Neuzeit gab, allerdings „hidden behind institutional powerlessness"[14]. Kettering präzisiert:

> French noblewomen [...] exercised a considerable amount of patronage power. The patron-client ties and networks dominating noble society were informal, fluid, non institutional, and well suited to the exercise of indirect power through personal relationships by women.[15]

Sie zeigt das breite Spektrum weiblichen Mäzenatentums auf: Es umfasst „domestic patronage",[16] also ein Mäzenatentum im Kontext des umfangreichen adligen ‚Hauses‘ und Haushaltes, die im 16. Jahrhundert häufig mehrere hundert Personen umfassten. Neben einer solchen „distribution of household places",[17] die der Ausgangspunkt für eine Karriere an anderen Höfen sein konnte,[18] weist Kettering nach, dass die Übergänge von einem ‚domestic patronage‘ zu einem „cultural patronage"[19] oft gleitend waren, denn oft gehörten auch zahlreiche Literaten, Musiker oder Künstler in diversen Ämtern zu einem Adelshof. Da Sharon Kettering jedoch Historikerin ist, bleibt die Funktion von Literatur und

---

[11] Erstveröffentlichung Paris 1886; ND Genf 1993.

[12] Abzulesen an dem Sammelband von Bassani-Pacht, Paola / Crépin-Leblond, Thierry / Sainte Fare Garnot, Nicolas / Solinas, Francesco (Hg.): *Marie de Médicis. Un gouvernement par les arts*, Alessandria 2004.

[13] Siehe hierzu Sharon Ketterings Aufsatz „The Patronage Power of Early Modern French Noblewomen", in: *The Historical Journal* 32,4 (1989) S. 817-841 sowie ihr Buch *Patronage in Sixteenth- and Seventeenth-Century France*, Aldershot 2002.

[14] Kettering, Sharon: „The Patronage Power" (wie Anm. 13), S. 818.

[15] Ebd.

[16] Ebd.

[17] Ebd., S. 819.

[18] Vgl. hierzu ebd., S. 829: „Serving in a royal or great noble household headed by a woman was often the first step in a successful career for male members of the household."

[19] Ebd., S. 832.

Kunst generell nur schwach akzentuiert.

Einzelne Sammelbände, wie der von Roswitha Böhm und mir herausgegebene zu den *Französischen Frauen der Frühen Neuzeit. Dichterinnen – Mäzeninnen – Malerinnen*[20] oder der im gleichen Jahr erschienene Band *Royaume de fémynie. Pouvoirs, contraintes, espaces de liberté des femmes, de la Renaissance à la Fronde*[21] setzen bereits andere Akzente, indem sie auf die Notwendigkeit einer Einbeziehung mäzenatischer Aktivitäten in die Literaturgeschichte der Frühen Neuzeit hinweisen. Des Weiteren unterstreicht der Sammelband *Höfe – Salons – Akademien. Kulturtransfer und Gender im Europa der Frühen Neuzeit*[22] die Rolle von Frauen in den verschiedensten Bereichen des Kulturtransfers sowie jene der Orte dieser Prozesse.

Im Gefolge dieser Erweiterungen des thematischen Spektrums und der methodischen Zugriffe markiert der 2007 von Kathleen Wilson-Chevalier herausgegebene Band *Patronnes et mécènes à la Renaissance* eine eindeutige Zäsur für die Erforschung weiblichen Mäzenatentums. Er bricht mit älteren Darstellungen, die das diesbezügliche Wirken von Frauen schweigend übergehen und auf diese Weise suggerieren, das salische Gesetz gelte auch im Bereich der Kunst- und Literaturförderung: „Les arts et les lettres sont des signes; et une telle cécité [im Hinblick auf weibliches Mäzenatentum, M.Z.] porte en filigrane la conviction qu'au royaume de la loi salique, femmes et pouvoir s'entr'excluent."[23] Die vierundzwanzig kunst-, buch- und literaturgeschichtlichen Beiträge dieses Sammelbandes dokumentieren in einer bis dahin unbekannten Vielfalt und Präzision die Möglichkeiten weiblichen Mäzenatentums und schaffen einen Horizont, vor dem das mäzenatische Handeln einzelner deutlicher hervortritt.

Nach dem Nachweis vielfältiger Aktivitäten von Mäzeninnen in der Frühen Neuzeit, die bereits über die zahlreichen Studien erbracht worden sind, geht es im Folgenden zunächst um die Beschreibung der verschiedenen Felder mäzenatischen Wirkens und um die der (möglichen) Differenzqualität weiblichen Mäzenatentums in dieser Epoche. Zwar steht erneut ein exemplarischer Einzelfall im Mittelpunkt, doch Vernetzung und Netzwerkbildung geraten ebenfalls in den Blick, auch wenn wir zu deren realem Funktionieren kaum mehr als Hypothesen formulieren können. Ausgegangen wird des Weiteren von der Vorstellung des Salons als einer sozialen Institution mit kultur- und wissensvermittelnden Funktionen, als eines Ortes des ‚domestic patronage‘, aus dem sich politisches und kulturelles Mäzenatentum sowie Stiftertum entwickeln und in dem sich die Förderung von Künsten und Wissenschaften wie auch die Beförderung von Karrieren vollziehen.

---

[20] Zimmermann, Margarete / Böhm, Roswitha (Hg.): *Französische Frauen der Frühen Neuzeit: Dichterinnen – Mäzeninnen – Malerinnen*, Darmstadt 1999; Neuauflage als Piper-Taschenbuch, München 2008.

[21] Wilson-Chevalier, Kathleen / Viennot, Éliane (Hg.): *Royaume de fémynie: pouvoirs, contraintes, espaces de liberté des femmes, de la Renaissance à la Fronde* (Colloques, congrès et conférences sur la Renaissance 16), Paris 1999.

[22] Stedmann/Zimmermann (Hg.): *Höfe – Salons – Akademien* (wie Anm. 7).

[23] Wilson-Chevalier, Kathleen: „Introduction: Les espaces des patronnes et mécènes", in: Dies. (Hg.): *Patronnes et mécènes à la Renaissance* (L'école du genre, Nouvelles recherches 2), Saint-Étienne 2007, S. 7-43, hier S. 7.

3. Der Salon des 16. Jahrhunderts – ein Phantombild?

Obwohl in der Forschung Konsens darüber besteht, dass das Lexem *Salon* erst um 1660 in die französischen Sprache eingeht und erst seit dem frühen 19. Jahrhundert in der heutigen Bedeutung verwendet wird, stellt sich die Frage, ob es legitim ist, für das 16. Jahrhundert bereits mit der Vorstellung von salonartigen Institutionen – die sich *cabinet* oder *galerie* nennen – zu arbeiten. Bedeutet dies nicht, sich in den Fallstricken schlimmster historischer Anachronismen zu verfangen? Der französische Literaturhistoriker Emmanuel Buron behauptet eben dies und geht so weit, von einem „mythe du salon de la maréchale de Retz"[24] zu sprechen. Angesichts dieser Kontroverse, die in einem noch zu präzisierenden Zusammenhang mit jener um die Existenz von Louise Labé zu stehen scheint,[25] erscheint es hilfreich, Burons wichtigste Argumente auf ihre Tragfähigkeit zu befragen.

Zuallererst haben wir es mit einem Definitionsproblem zu tun. Buron geht von einer eher allgemeinen Vorstellung von ‚Salon' aus, die der Geschichtlichkeit dieser Form von Soziabilität nicht gerecht wird:

> Par ce terme [salon], on désigne généralement une institution privée qui organise la rencontre des écrivains et d'une élite sociale, en l'occurrence aristocratique et courtisane. Ces rencontres doivent être formalisées: il faut qu'il y ait des réunions, sinon périodiques, du moins fréquentes et régulières; qu'elles rassemblent une assistance nombreuse, et relativement stable, en un lieu lui aussi régulier.[26]

Ein solcher Definitionsversuch greift entschieden zu kurz und ist zudem anachronistisch. Die Formen des dort stattfindenden Austausches – oder des Kulturtransfers[27] – werden von Buron zudem sogleich auf die Literatur begrenzt. Im Unterschied dazu zeichnet sich diese Form der Geselligkeit und der Interaktion jedoch gerade durch eine Vielzahl von Praktiken des Kulturtransfers aus,[28] die auch wissenschaftliche und politische Themen sowie Verhaltensmodelle und kulturelle Praktiken wie die der Konversation beinhalten.

Des Weiteren vernachlässigt diese summarische Definition vier gewichtige Faktoren, deren Berücksichtigung für ein adäquates Verständnis des Salons unabdingbar scheint:

- die Einbettung des räumlichen und sozialen Phänomens Salon in die übergeordnet soziale Einheit, die das Haus[29] – *oikos* – sowie die mit diesem verbundene Personengruppe darstellt;
- die Zentralität einer Frau, einer Mäzenin und/oder *salonnière*, in den Salons des 16./17. Jahrhunderts und die dort praktizierte Gemischtgeschlechtlichkeit als konstituierende

---

[24] Buron, Emmanuel: „Le mythe du salon de la maréchale de Retz. Éléments pour une sociologie à la cour des derniers Valois", in: Isabelle de Conihout / Jean-François Maillard / Guy Poirier (Hg.): *Henri III mécène des arts, des sciences et des lettres*, Paris 2006, S. 305-315.

[25] Ihr Auslöser ist die Studie von Huchon, Mireille: *Louise Labé. Une créature de papier*. Genf 2006. Die einzelnen Stellungnahmen innerhalb dieser *Querelle* sind nachzulesen auf der Homepage der SIEFAR, unter ‚Louise attaquée'.

[26] Buron: „Le mythe du salon" (wie Anm. 24), S. 306f.

[27] Siehe hierzu Stedman/Zimmermann (Hg.): *Höfe – Salons – Akademien* (wie Anm. 7).

[28] Dieser Begriff verweist auf eine breite Palette kultureller Praktiken.

[29] Ich habe dies – die Verbindung der Sozialform des Salons mit der Vorstellung von ‚Haus' als sozialgeschichtlicher Kategorie – unter dem Begriff *familia* in seiner alteuropäischen Bedeutung – in meinem *Salon der Autorinnen* (wie Anm. 10) ausgeführt.

Elemente der Salonkultur;
- die Vorherrschaft einer mündlichen, ‚stimmlichen' Kultur;
- die Historisierung des Phänomens anstelle einer ‚gusseisern'-zeitlosen Definition ‚des' Salons.

Im Übrigen scheint es schwierig bis unmöglich, ein Phänomen wie den Salon, das auf ein umfassendes kulturelles und soziales Phänomen, einen *fait social total* (Marcel Mauss), verweist, ausschließlich aus literaturwissenschaftlicher Perspektive zu betrachten. So zeigt uns die Architekturgeschichte,[30] dass ‚cabinet' keineswegs ausschließlich „une petite pièce où le maître des lieux peut s'isoler"[31] bezeichnet. Vielmehr gibt es im 16./17. Jahrhundert zwei verschiedene Arten von *cabinet*: Der Begriff bezieht sich sowohl auf kleine, intime Räume als auch auf Orte einer größeren Geselligkeit („les petits, secrets, et les grands, plus sociaux"[32]), in denen sich Gruppen von zwölf bis fünfzehn Personen aufhalten können. Deshalb fällt es schwer, sich mit Emmanuel Buron das Kabinett der Herzogin von Retz als ein kleines Gemach vorzustellen, als „un gynécée aristocratique et studieux",[33] in dem einige Damen aus dem Gefolge der Herzogin mit dieser geradezu ‚eingeschlossen' („enfermées"[34]) gewesen sein sollen. Hinzu kommt, laut dem nach dem Tod der Herzogin erstellten Inventar, dass sich in diesem Kabinett zweihundertfünfundzwanzig kleine Gemälde befunden haben („la quantité de deux cents vingt cinq petits tableaux, d'un pied en carré ou environ"[35]). Auch dies macht die Vorstellung von einem winzigen Raum höchst unwahrscheinlich. Vielmehr legen es dieses Detail wie auch die Grundrisse von Schlössern des 16./17. Jahrhunderts nahe, sich das *cabinet* des 16. Jahrhunderts wie auch eben den Salon der Maréchale de Retz, als einen größeren Raum vorzustellen, der sich für verschiedene Formen des Austausches eignet.[36]

Ein anderes von Buron diskutiertes und eng mit jenem des Salons verbundenes Problem ist folgendes: Weshalb wird eine im Umkreis der Maréchale de Retz entstandene Gedichtsammlung als ein Album bezeichnet? Handelt es sich nicht vielmehr um einen schlichten „recueil de dédicace",[37] um die einem Adligen zugeeignete, im Umkreis von dessen Hof entstandene Sammlung von (Gelegenheits-)Gedichten? Buron entscheidet diese Frage zugunsten des ‚recueil de dédicace' und bestreitet den Albumcharakter jenes Ensembles von Gedichten, die in der Handschrift BnF, ms.fr. 25455, versammelt sind

---

[30] Ich verweise hier auf das Standardwerk von Girouard, Mark: *La vie dans les châteaux français*, Paris 2001, und hier vor allem auf die Kapitel „Les espaces privés" (S. 111-128) und „La curieuse histoire du salon" (S. 129-147).

[31] Buron: „Le mythe du salon" (wie Anm. 24), S. 309.

[32] Girouard: *La vie dans les châteaux français* (wie Anm. 30), S. 118.

[33] Buron: „Le mythe du salon" (wie Anm. 24), S. 310.

[34] Ebd.

[35] Wildenstein, Georges: „Pasithée Maréchale de Retz et ses collections", in: *Gazette des Beaux-Arts* (octobre 1958) S. 209-218, hier S. 215.

[36] Des Weiteren käme kein Literaturhistoriker auf die Idee, sich die Salons des 16./17. Jahrhunderts als Orte vorzustellen, an denen die Ständeschranken aufgehoben wären, wie dies Buron seinen Gegnern vorwirft (vgl. Buron: „Le mythe du salon" [wie Anm. 24], S. 313).

[37] Vgl. ebd., S. 310.

und die seit kurzem in einer kritischen Edition vorliegen.[38] Hier ist es jedoch unabdingbar, die Arbeiten von Marie-Ange Delen[39] und anderer einzubeziehen, um dieses Textphänomen und nicht zuletzt seine genderbedingte Differenzqualität[40] präziser zu beschreiben. Angesichts dieser Kontroversen und Forschungslage werden im Folgenden die Bezeichnungen *Salon/cabinet* beibehalten und es wird von dem *Album* der Herzogin von Retz die Rede sein.

4. Die Anfänge der Salonkultur in Frankreich: Räume, Personen, Quellen

Auch wenn sich in einer Perspektive der *longue durée* salonartige Formationen bereits in den mittelalterlichen Adelshöfen einer Alienor von Aquitanien oder der *Trobairitz* ausmachen lassen,[41] so begegnen wir erst im Frankreich des 16. Jahrhunderts Frühformen des Salons im modernen Verständnis dieses Begriffs.[42]

Spätestens seit dieser Epoche existieren in Frankreich adlige und bürgerliche Salons, Räume der intellektuellen und kulturellen Geselligkeit, mit Teilnehmern beiderlei Geschlechts, die sich um eine Dame (*salonnière*) versammeln. Im 16. Jahrhundert bezeichnet man diese allerdings noch nicht als Salon, sondern als *sale*. In bürgerlichen Wohnhäusern ist dies der große Empfangsraum mit Kamin zu ebener Erde. In Adelspalästen spricht man auch von *cabinet* und meint damit ein kleineres, oft besonders sorgfältig möbliertes, elegant dekoriertes Gemach. Räume dieser Art gehören in den Schlössern und Stadtpalästen des 16. Jahrhunderts zu den „espaces privés"[43] und sind im Gegensatz zu den großen Repräsentationsräumen Orte des Rückzugs, zu denen lediglich ein begrenzter Personenkreis Zutritt hat. Das *cabinet* stellt eine Kleinform der spätmittelalterlichen Galerie dar, einen meist mit Gemälden ausgestatteten offenen Verbindungsraum, der später durch die geschlossene Galerie ersetzt wird. Zugleich ist sie, als Ort der intellektuellen oder musischen Beschäftigung oder der freundschaftlichen Konversation, eine Nachfahrin der spätmittelalterlichen *estude*, eines Studier- und Arbeitszimmers. Zwar bleibt die Einrichtung großer Galerien den Papst- oder Adelspalästen vorbehalten, doch ab Mitte des 16. Jahrhunderts verfügt jede herrschaftliche Behausung zumindest über ein *cabinet*, meist mit einem kleinen Bett ausgestattet und mit einer Garderobe verbunden. Seine Dekoration

---

[38] *Catherine de Clermont, maréchale de Retz: Album de poésies* (Textes de la Renaissance 87). Colette H. Winn / François Rouget (Hg.), Paris 2004.

[39] Vgl. Delen, Marie-Ange: „Livres d'amitié", in: Société Royale des Bibliophiles et Iconophiles de Belgique (Hg.): *Le livre au féminin*, Brüssel 1996, S. 98-105, sowie: Delen, Marie-Ange: „Frauenalben als Quelle. Frauen und Adelskultur im 16. Jahrhundert", in: Wolfgang Klose (Hg.): *Stammbücher des 16. Jahrhunderts. [Vorträge, gehalten anläßlich eines Arbeitsgespräches vom 18. bis 20. Juni 1986 in der Herzog-August-Bibliothek]* (Wolfenbütteler Forschungen 42), Wiesbaden 1989, S. 75-96.

[40] Vgl. Delen: „Livres d'amitié" (wie Anm. 39), S. 100.

[41] Vgl. hierzu Zimmermann: *Salon der Autorinnen* (wie Anm. 10), S. 34.

[42] Vermutlich kommen wichtige Impulse hierzu aus Italien; jedoch sind die Frühformen der italienischen Salonkultur bislang kaum erforscht.

[43] Girouard: *La vie dans les châteaux français* (wie Anm. 30), S. 113ff. Je nach der Position einer Galerie innerhalb der Gesamtarchitektur ist diese „un lieu plus ou moins privée" (S. 112). Girouard präzisiert weiterhin, dass im Gegensatz zum Kabinett die Galerie wohlhabenderen adligen Besitzern vorbehalten ist. Gleichwohl dienen beide dazu, individuellen Geschmack und Interessen auszudrücken (S. 113f.).

spiegelt die Interessen, zuweilen die Seelenlage des Eigentümers wider, ähnlich wie sein Bildprogramm – z.B. die Neun Musen, Szenen aus Ovids *Metamorphosen* oder historische Porträts –, das oft eine belehrende Funktion hat.

Der Einfachheit halber wird im Folgenden trotzdem von Salons die Rede sein. Frauen profitieren in besonderem Maße von dieser halböffentlichen Geselligkeits- und Konversationskultur, denn als *salonnière* oder als deren Freundinnen brauchen sie nicht den geschützten Innenraum eines Hauses zu verlassen. Sie können sich dort in der Konversation und in fremden Sprachen üben, eigene Werke zur Diskussion stellen, sich über literarische, philosophische oder naturwissenschaftliche Themen informieren und sich an Debatten der Gelehrtenwelt beteiligen. Oft erhalten Frauen auf diese Weise den Anschluss an internationale Entwicklungen oder sie vermitteln als *salonnières* selbst zwischen verschiedenen Kulturen. Im Frankreich des 16. Jahrhunderts dürfte es sowohl in der Provinz als auch in Paris eine größere Zahl solcher Salons gegeben haben.[44] Nur wenige von ihnen sind heute allerdings noch namentlich bekannt, aber es ist anzunehmen, dass sich ihre Zahl in den kommenden Jahren vergrößern wird, da sich die Forschung zunehmend für dieses Phänomen interessiert.[45]

Wenn wir Mündlichkeit als ein konstituierendes Element des Salons betrachten – „Salons sind flüchtige Gebilde. Gespräche und Gelächter, laute und leise Stimmen verfliegen im Moment ihres Entstehens"[46] – dann stellt sich, und für das 16. Jahrhundert um so dringlicher, die Frage nach der Überlieferung. Die wichtigsten Quellen für die frühneuzeitliche Salonforschung sind Testamente und Nachlassdokumente, die Briefe reisender Humanisten, zeitgenössische Widmungstexte sowie Salon-Alben, das heißt: Gedichtsammlungen, die auf ein Autoren-Kollektiv zurückgehen und in die Spuren des Soziotops ‚Salon' eingeschrieben sind. Zudem erschließen sich die Aktivitäten über Salongattungen wie Portrait, Epigramm, Rätsel oder Feenmärchen.[47]

5. ‚Le cabinet de Dyctinne': der Salon der Claude-Catherine de Clermont und des Albert de Gondi

Die Zentralfigur des bedeutendsten adligen Salons des 16. Jahrhunderts, des ‚cabinet de Dyctinne', Claude-Catherine de Clermont, Herzogin von Retz, ist Gegenstand zahlreicher Panegyrika und Widmungsgedichte. Ihr Name erscheint aber auch im Kontext zeitgenössischer Schriften der *Querelle des Femmes*, wie in dem folgenden Auszug aus Marie de Romieus *Brief discours* (1581),[48] die ihr als erster in einer Aufzählung zehn herausragender

---

[44] Siehe hierzu auch den Schwerpunkt *Salons* in der Zeitschrift *Renaissance and Reformation/Renaissance et Réforme* 28,1 (Winter 2004).

[45] Ein Anzeichen hierfür ist z.B. der ‚Fund' von Rouget, François: „Marguerite de Berry et sa Cour en Savoie d'après un album de vers manuscrits", in: *Revue d'histoire littéraire de la France* 106,1 (2006) S. 3-16.

[46] Hahn, Barbara: *Die Jüdin Pallas Athene. Auch eine Theorie der Moderne*, Berlin 2002, S. 76.

[47] Vgl. hierzu Baader, Renate: „*Dames de lettres". Autorinnen des preziösen, hocharistokratischen und ‚modernen' Salons (1649-1698): Mlle de Scudéry, Mlle de Montpensier, Mme d'Aulnoy* (Romanistische Abhandlungen 5), Stuttgart 1986.

[48] Zu dieser Autorin siehe Zimmermann: *Salon der Autorinnen* (wie Anm. 10), S. 219f.

Frauengestalten der Gegenwart[49] huldigt:

> Vien donc, sœur des neuf sœurs et quatrieme Charite,
> Ma comtesse de Retz, vien, que tu sois escrite
> La premiere en mes vers: le Grec t'est familier,
> De ta bouche ressort un parler singulier
> Qui contente les Rois et leur Cour magnifique;
> Le Latin t'est commun et la langue italique;
> Mais par sur tout encor le François te congnoist,
> Pour son enfant t'avoue, honore et te reçoit [...]
> Tu ravis les esprits des hommes mieux disans,
> Tant en prose et en vers tu sçais charmer nos sens.[50]

Marie de Romieu, eine jüngere Schriftstellerin aus der Provinz, apostrophiert die Herzogin von Retz hier zunächst als eine ‚Schwester' der Neun Musen sowie als vierte Charite und damit Göttin der Anmut;[51] sie unterstreicht dann die Vertrautheit mit der griechischen und der lateinischen, aber auch der italienischen Sprache und zugleich die rhetorische Brillanz der Herzogin. Belegt in anderen Quellen ist ihr Auftritt als lateinisch- und griechischsprechende Übersetzerin, die 1573 bei einem Besuch des polnischen Botschafters zwischen diesem und Heinrich III., Karl IX. und der Königin Katharina von Medici vermittelt. Immer wieder gerühmt wird die außergewöhnliche Bildung[52] der Herzogin von Retz, deren Interessen von der Moralphilosophie bis zur Lyrik, dem Gesang und der Musik reichen und die des Weiteren eine große Kunstliebhaberin gewesen sein dürfte.[53] Sie ist eine regelmäßige Besucherin und Rednerin in der 1573 von Heinrich III. ins Leben gerufenen *Académie du Palais* und hatte bereits einige Jahre zuvor als Mäzenin die Gründung der *Académie de Poésie et de Musique* durch den Dichter Jean-Antoine de Baïf unterstützt.[54]

---

[49] Siehe hierzu La Charité, Claude: „La décade feminine de Marie de Romieu", in: Isabelle Bronard-Arends (Hg.): *Lectrices d'Ancien Régime*, Rennes 2003, S. 317-331.

[50] Romieu, Marie de: „Brief discours", in: Dies.: *Les premières œuvres poétiques*. André Winandy (Hg.), Genf / Paris 1972, S. 20f.

[51] Gewöhnlich spricht man von den drei Chariten oder Grazien Euphrosyne, Thalia, Aglaya. In Homers *Iliade* ist außerdem von Pasithea als einer der Chariten die Rede; Pasithea ist einer der Salon-Namen der Herzogin von Retz.

[52] Vgl. hierzu Corbinelli, Jean: *Histoire généalogique de la maison de Gondi*, 2 Bde., Paris 1705, S. 214ff. Siehe ferner: Rouget, François: „Catherine de Clermont, maréchale de Retz", in: Éliane Viennot (Hg.): *Dictionnaire des Femmes Écrivains*, www.siefar.org/DictionnaireSIEFAR/SFRetz.html, abgerufen am 1.2.2008.

[53] Siehe hierzu Wildenstein: „Pasithée maréchale de Retz" (wie Anm. 35).

[54] Bei der Darstellung der Lebenszusammenhänge stütze ich mich auf den biographischen Artikel von Rouget: „Catherine de Clermont" (wie Anm. 52).

Abb. 1:   Claude-Catherine de Clermont, Herzogin von Retz

Wer ist diese vielseitig begabte und kulturell in zahlreichen Bereichen aktive Frau, der Marie de Romieu, aber auch zahlreiche andere Zeitgenossen[55] in derart überschwänglicher Weise huldigen? Claude-Catherine de Clermont-Dampierre (1543-1603), Herzogin von Retz, neben deren Bildung immer wieder auch ihre Schönheit und ihr Reichtum gerühmt werden, entstammt den alten Adelsgeschlechtern der Dampierre und der Vivonne und ist Hofdame der Königin Katharina von Medici. In zweiter Ehe heiratet sie 1565 den bedeutend älteren Albert de Gondi (1522-1602), Herzog von Retz, Marquis de Belle-Isle et des Iles-d'Hyères, einen italienischen Bankier aus einem alten, in Florenz ansässigen Patriziergeschlecht, ein Günstling Karls IX. und Katharinas von Medici. Über Gondis Mutter Marie de Pierrevive, Vertraute der Katharina von Medici, Erzieherin von deren Kindern und *salonnière* in Lyon, bestehen enge Verbindungen zum dortigen Petrarkismus. Insgesamt kann auf Grund der Herkunft Albert de Gondis und seiner Verbindung mit Claude-Catherine de Clermont von einem intensiven Kulturtransfer zwischen Italien und Frankreich ausgegangen werden.

---

[55] Hier sei nur ein einziges weiteres Beispiel genannt: die Eloge in dem der Herzogin von Retz zugeeigneten *Querelle des Femmes*-Traktat von Alexandre de Pont-Aymery: *Paradoxe apologétique, où il est fidellement demontré que la Femme est beaucoup plus parfaicte que l'Homme en toute action de vertu*, Paris 1594, dort S. 3-6 und S. 157-160.

Abb. 2:   Albert de Gondi, Herzog von Retz

Letztere wird über die Schaffung eines Raums der literarisch-künstlerischen Gesellig-keit, aber vermutlich auch der politischen Kontroversen, zu einer zentralen kulturellen Mittlerfigur im Frankreich der zweiten Hälfte des 16. Jahrhunderts. Wir befinden uns in diesen Jahrzehnten – dies sei hier lediglich am Rande bemerkt – in einer Zeit der innenpo-litischen Krise: Frankreich ist gespalten in die beiden konfessionellen Lager der Hugenot-ten und der Katholiken, und diese politischen Spannungen finden auch ihren Eingang in den Salon der beiden Retz.[56] Claude-Catherine steht auf der Seite der Katholiken, ist je-doch keine Parteigängerin der radikalen katholischen Liga unter dem Herzog von Guise, gegen deren Übergriffe sie ihre Ländereien aktiv und an der Spitze ihrer Söldner vertei-digt.[57] Bislang wurde überwiegend ihre Bedeutung als Literatur- und Kunst-Mäzenin be-tont.

Aber erst aus dem Zusammenspiel von Mäzenin und *salonnière*, die beide auf den ver-schiedensten Gebieten der Kunst und Philosophie, vermutlich auch der Politik, aktiv sind, entsteht eine angemessenere Vorstellung von dieser *femme forte* des späten 16. Jahrhun-derts.

---

[56] Siehe dazu Zimmermann, Margarete: „Échos de la guerre et de la paix dans *L'Album de poésies* de Catheri-ne de Clermont, maréchale de Retz", in: Claude La Charité (Hg.): *Femmes, rhétorique et éloquence sous l'Ancien Régime*, Montréal 2012.

[57] Vgl. hierzu Dufournaud, Nicole: *Rôles et pouvoirs des femmes au XVIᵉ siècle dans la France de l'Ouest*, Diss. EHESS, Paris 2007, S. 325.

6. Portrait einer *salonnière*

Nähert man sich dieser Figur von einem Gegenwartsstandpunkt, so führt eine erste Spur zu ihrem Salon und den beiden Orten, an denen dieser stattfand – und die heute nicht mehr existieren. Was bleibt, sind historische Baubeschreibungen eines Schlosses in der Provinz sowie Gedichte, die diese Orte evozieren. Die Jahrzehnte von 1570-1600 sind die Blütezeit des Salons der Herzogin von Retz, die dort versehen mit den Namensmasken – ihren Salon-Namen – ‚Pasithée‘, ‚Dyctinne‘ oder ‚Minerve‘ auftritt, und zwar an zwei Orten: Im Winter ist es in Paris der Stadtpalast, das *Hôtel* der Dampierre im Faubourg Saint-Honoré, an der Kreuzung der heutigen Rue de Castiglione und der Rue de Saint-Honoré; im Sommer verlagert die Gruppe um Claude-Catherine ihren Treffpunkt auf das Schloss von Noisy-le-Sec, nordöstlich von Paris und in der Nähe von Versailles gelegen.

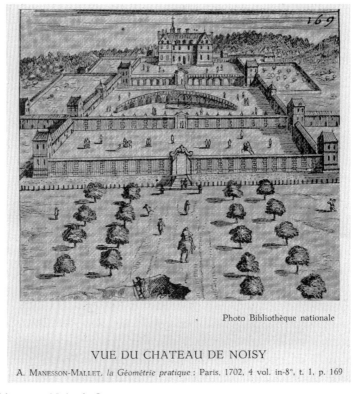

Photo Bibliothèque nationale

VUE DU CHATEAU DE NOISY

A. Manesson-Mallet, *la Géométrie pratique* ; Paris, 1702, 4 vol. in-8°, t. 1, p. 169

Abb. 3:   Das Schloss von Noisy-le-Sec

Das anonyme, in Alexandrinern abgefasste Langgedicht „Le séjour de Dyctinne et des Muses“ (‚Der Aufenthaltsort der Dyctinna und der Musen‘) vermittelt eine Vorstellung von diesen Orten und der sie dominierenden Figur. Es steht nahezu im Zentrum jener Sammlung von Gedichten, deren Entstehungskontext der Salon der Retz ist und die zum Teil als eine Art poetisches Tagebuch der dort versammelten Gruppe gelesen werden kann. Zudem trägt es deutliche Spuren seiner Entstehungszeit, der Religionskriege, die ab 1572 Frankreich in einen Zustand des permanenten Bürgerkriegs versetzen. Angesichts

214

dieser Verhältnisse seien die Musen – „ces filles de mémoire"[58] – heimatlos geworden, denn:

> Les boys et les rochers, leur ancienne demeure,
> N'ont plus rien que dangers, et les murs à ceste heure
> Regorgent en tous lieux d'un nombre de guerriers,
> De sorte que les boys, les rochers, et les viles,
> Mal seures sous l'effroy de noz guerres civiles,
> Voyent par tout flestrir la gloire des Lauriers.[59]

An dieser für die französische Literatur desaströsen Situation habe allein „la seule Dyctinne",[60] die einzigartige Dyctinna, etwas geändert, denn sie habe den Musen nicht nur Asyl gewährt, sondern ihnen ein ‚himmlisches Paradies', „un Paradis des Cieux"[61] geschaffen, zunächst mit dem sommerlichen Lustort („la maison de plaisance"[62]) und ‚glücklichen Aufenthaltsort' („séiour heureux"[63]) von Noisy:

> Là dans le riche enclos d'un superbe edifice
> Dans le parc umbrageux, et la route propice
> Des valons escartez, des boys et des ruisseaux
> Sur les fleurs du Parterre aux sources des fontaines,
> Et pres du bel email des coutaux et des plaines
> Leurs Deitez ont eu mile plaisirs nouveaux.[64]

Über dieses seit 1589 von Gondi und den Seinen bewohnte und unmittelbar zuvor erbaute Gebäude haben wir präzise architektonische Informationen: Wir wissen, dass es sich um ein Schloss im italienischen Stil mit großzügigen Gartenanlagen handelt, dass es über zwei Pavillons mit zwei Brunnen verfügt, ferner über eine riesige, mit einer Neptun- und einer Thetits-Figur geschmückte Grotte – und dass es in unmittelbarer Nähe zu dieser Grotte einen Salon besonderer Art gibt:

> un salon octogone de vingt pieds de diamètre, qui était voûté en dôme et qui avait dix-sept à dix-huit pieds de haut; on entrait dans ce salon par quatre portiques de onze pieds de haut. [...] Il y avait dans les quatre pans coupés de ce salon des niches de rocailles et de coquilles dans lesquels on voyait des figures de Tritons et de Sirènes faite de petites coquillages [...].[65]

Ob sich dort die Musenfreunde um die Herzogin von Retz versammeln, sei dahingestellt; es kam hier lediglich darauf an, eine Vorstellung von der barocken Extravaganz der als Salon zur Verfügung stehenden Orte zu vermitteln.

Der zweite Zufluchtsort der Musen und ihres Entourage ist urbaner Natur, und die folgenden Verse sind die einzige heute überlieferte Textstelle, die eine präzisere Vorstellung des städtischen Salons der Herzogin von Retz vermittelt. Dort heißt es, die Musen verfüg-

---

[58] Anonymus: *Le séiour de Dyctinne et des Muses*, in: Catherine de Clermont: *Album de poésies* (wie Anm. 38), S. 116-121, hier S. 117, v. 25.

[59] Ebd., v. 19-24.

[60] Ebd., S. 118, v. 30.

[61] Ebd., v. 30.

[62] Ebd., v. 34.

[63] Ebd., v. 35.

[64] Ebd., v. 37-42.

[65] Marquet, Adrien: „Notice sur le château et sur le couvent des cordeliers de Noisy-le-Roi", in: *Archives du département Seine-et-Oise* XVI (1867) S. 367.

ten zusätzlich über

> [...] un Sejour que tout le monde adore,
> C'est l'hostel de Dampierre à l'escart d'un beau lieu,
> Où l'air, la solitude, et la douce caresse,
> Le bon œil qu'elles sont d'une telle Déesse,
> Fait de ceste maison la retraite d'un Dieu.[66]

Wird die Gesamtheit dieses ‚Hauses' in der Stadt – des Hôtel Dampierre – bereits als ein Ort der Abgeschiedenheit und der Zuflucht Apolls und der Musen[67] bezeichnet, so gibt es noch einen anderen Hinweis, jetzt auf den Salon der Herzogin von Retz: „un beau cabinet enrichy de verdure/ Cabinet de Dyctinne, où lors qu'elle demeure/ Rien n'y peut estre qui ne soit plus qu'humaine."[68] Ob die Präzisierung ‚enrichy de verdure' auf Blumenschmuck verweist, wie wir sie aus der späteren *chambre bleue* der Marquise de Rambouillet kennen oder, so Emmanuel Buron, sich auf die Art der Wanddekoration bezieht,[69] sei dahingestellt. Entscheidend ist die Verengung der Räume und die Evokation eines inneren Bereichs als Ort der Begegnung einer Gruppe von Männern und Frauen, die nicht nur Mitglieder des ‚Hauses' der beiden Retz sind, sondern zu dem kleineren Kreis jener gehören, die dort einen intellektuellen Austausch auf den verschiedensten Ebenen praktizieren.

Wir können lediglich anhand einiger Namen, Anspielungen sowie auf der Grundlage eines fragmentarischen Wissens über Künstler und Kunstwerke aus dem Umkreis dieses Salons in Umrissen einige Formen des Mäzenaten- und Stiftertums rekonstruieren. So berichten die lokalen Archive, dass die beiden Retz eine Franziskanerkirche und ein Kloster in unmittelbarer Nähe des Schlosses von Noisy stiften.[70] Das weltliche Mäzenatentum der beiden umfasst bildende Kunst, Musik und Literatur. Auf Mäzenatentum im Bereich der Kunst verweisen die im Jahre 1602 nach dem Tod Albert de Gondis auf Veranlassung der Herzogin erstellten Inventarlisten. Über diese lässt sich umrisshaft die Existenz einer bedeutenden Gemäldesammlung erkennen; sie enthält neben Portraits von Michelangelo und Clouet überwiegend Gemälde der Schule von Fontainebleau.[71]

Des Weiteren gibt es vereinzelte Hinweise auf den ebenfalls von dieser Malerschule beeinflussten Email-Künstler Jean de Court (aktiv um 1555-um 1583)[72] und dessen Tochter (oder Nichte) Suzanne de Court, die beide auf die Herstellung von Gebrauchsgegenständen mit mythologischen oder biblischen Motiven spezialisiert waren. In Jean de Courts

---

[66] Anonymus: *Le séiour de Dyctinne et des Muses*, in: Catherine de Clermont: *Album de poésies* (wie Anm. 38), v. 43-48.

[67] Ebd., v. 49: „Bien que tout le logis soit consacré aux Muses [...]."

[68] Ebd., S. 118f., v. 52-54.

[69] Buron: „Le mythe du salon" (wie Anm. 24), S. 309.

[70] Siehe dazu Marquet: „Notice..." (wie Anm. 65), S. 370ff.

[71] Die einzige Publikation hierzu ist Wildenstein: „Pasithée" (wie Anm. 35) mit der dort abgedruckten Inventarliste von 1602 (S. 212-217). – Sowohl die Nennung Michelangelos als auch die der École de Fontainebleau (mit ihren beiden wichtigsten Künstlern, den Italienern Primaticcio und Rosso Fiorentino) sind Indizien eines Kulturtransfers zwischen Frankreich und Italien.

[72] Siehe hierzu Gorris, Rosanna: „‚Je veux chanter d'amour la tempeste et l'orage': Desportes et les imitations d'Arioste", in: Jean Balsamo (Hg.): *Philippe Desportes (1546-1606). Un poète presque parfait entre Renaissance et Classicisme*, Paris 2000, S. 172-212, hier S. 185. Diese Hinweise wie auch die heute verfügbaren Informationen zu diesen Künstlern sind allerdings sehr unergiebig.

Werk fällt die Häufigkeit des Minerva-Motivs auf, so zum Beispiel in der Darstellung der Marguerite de France als Minerva (Email-Bild, Limoges, 1555). Eines der bekanntesten Werke von Suzanne de Court wiederum ist ein um 1600 entstandener großer Teller mit dem biblischen Motiv der klugen und törichten Jungfrauen; hier werden, im Gegensatz zu der um 1635 entstandenen Gestaltung desselben Motivs von Abraham Bosse, die klugen Jungfrauen nicht nur mit gefüllten Ölkännchen, sondern zusätzlich mit allen Attributen der Gelehrsamkeit und Kunstfertigkeit ausgestattet (Globus, Lineal, Zirkel, Winkel, Musikinstrumenten) – als wollten sie die Ankunft von Jesus Christus mit Hilfe der Mathematik und der Astronomie exakt berechnen.[73] Diese genderakzentuierten Kunstwerke fügen sich in diskursive Kontexte des Salons der Claude-Catherine de Clermont ein, da dort die Bezüge auf Minerva wie auch auf Themen der *Querelle des Femmes* häufig sind.

Abb. 4:   Suzanne de Court, Die klugen und die törichten Jungfrauen, (Schale, 50,8 cm, Limoges 1600)

---

[73] Heute im *Musée national de la Renaissance* im Château d'Ecouen (Val-d'Oise).

Dank einer Studie von Jeanice Brooks[74] ist das musikalische Mäzenatentum des „couple brillant"[75] sehr viel präziser erforscht. Die selbst Laute spielende Herzogin fördert mit ihrem Mann die Verbreitung italienischer Musik und trägt dazu bei, dass der *air de cour*, die höfische Arie, sich als Musikgattung mit präzisen Stilmerkmalen endgültig durchsetzt. Ferner erfahren wir, dass insgesamt vier Musiksammlungen von Guillaume Costeley, Orlando di Lasso und Adrian Le Roy jeweils Albert de Gondi, Claude-Catherine de Clermont oder beiden Mäzenen gewidmet sind.[76]

Welche Netzwerke, welche Beziehungsgeflechte haben in diesem Salon existiert, wie haben sie funktioniert? Für das 16. Jahrhundert ist zuallererst wichtig, sich von der Vorstellung einer Opposition zwischen Salon und königlichem Hof zu lösen, wie sie für das 17. Jahrhundert gilt. Der Salon der Dyctinna ist vielmehr gut vernetzt, zunächst mit der *Académie du Palais*, deren aktives Mitglied die Herzogin ist und deren Mitbegründer Jean-Antoine de Baïf, zudem ein aktiver Mittler zwischen Frankreich und Italien, ihren Salon besucht; ähnliches gilt für Amadis Jamin, ebenfalls Mitglied der *Académie du Palais*; er widmet der Herzogin von Retz die Gedichtsammlung *Artémis* (1575). Auch eine andere Salongängerin, die Mäzenin, Stifterin und Übersetzerin von Tassos *Aminta*, Henriette de Clèves, Herzogin von Nevers, gehört der Akademie an. Ebenfalls eng sind die Beziehungen zum Hof von Heinrich III. und Katharina von Medici. Dichte Beziehungsgeflechte existieren des Weiteren vermutlich auch zwischen den einzelnen Salons, denn die *salonnières* Marguerite de Valois und Madeleine de l'Aubespine frequentieren den Retz'schen Salon. Wie diese Netzwerke im Einzelnen funktioniert haben, wissen wir nicht, können jedoch vermuten, dass auf diese Weise dichte Netze der Informationsvermittlung und des Austausches entstehen und dass der Kulturtransfer zwischen Frankreich und Italien – in Form von Imitation und Übersetzung[77] – ein besonders günstiges Umfeld erhält.

---

74 Jeanice Brooks: „La comtesse de Retz et l'air de cour des années 1570", in: Jean-Michel Vaccaro (Hg.): *Le concert des voix et des instruments à la Renaissance*, Paris 1995, S. 299-316. – Die folgenden Ausführungen stützen sich auf diesen Aufsatz.

75 Brooks: „La comtesse de Retz" (wie Anm. 74), S. 302.

76 Es handelt sich um Guillaume Costeleys *Musique* (1570), beiden Mäzenen zugeeignet, dann um Orlando di Lassos Albert de Gondi gewidmete *Mellange* (1570) und schließlich um Adrian Le Roys Sammlungen *Livre d'airs de cour mis sur le luth* (1571) und *A briefe and plaine Instruction to set all Musicke of eight tunes in Tableture for the Lute* (1574). Beide sind der Herzogin von Retz zugeeignet.

77 Hier spielt Ariosts *Orlando Furioso* eine zentrale Rolle; siehe hierzu Gorris, Rosanna: „„Je veux chanter d'amour"" (wie Anm. 72).

Abb. 5:   Marguerite de Valois

7. Zwei Bücher aus dem Umfeld des *Cabinet de Dyctinne*

Albert de Gondi und seiner Gemahlin werden neben zahlreichen Einzelgedichten insgesamt vier längere Schriften zugeeignet: Gondi ist der Widmungsträger von Estienne du Tronchets *Lettres missives et familières* (1569) und von Jacques Gohorys *Le trezieme livre d'Amadis de Gaule* (1571), während der Herzogin Pontaymerys bereits erwähnte *Querelle*-Schrift, der *Paradoxe apologétique* (1594), sowie die zweite Ausgabe von Pontus de Tyards *Solitaire premier ou dialogue de la Fureur poétique* (1575?) dediziert werden.

Darüber hinaus gibt es jedoch zwei Handschriften, die noch unmittelbarer auf den Salon verweisen. Die erste ist ein heute in Privatbesitz befindliches Emblembuch in der Nachfolge Alciatis, vermutlich um 1575/76 in Lyon entstanden und Ausdruck des „seconde vague du pétrarquisme [...] aux alentours de l'année 1570".[78] Die zweite ist das heute in der Bibliothèque nationale in Paris aufbewahrte Album (Ms. fr. 25455) und vereint die schönsten Huldigungen auf diesen Salon, vor allem aber auf die *salonnière* Claude-Catherine de Clermont. Es ist ein einzigartiges Dokument aus der Frühgeschichte des europäischen Salons und enthält rund einhundertsiebzig Gedichte in französischer, lateinischer und italienischer Sprache. Alben dieser Art können geradezu als eine Repräsentation dieser Form der Gruppenbildung und des Salons aufgefasst werden. Eben aus diesem

---

[78] Lavaud, Jacques: „Note sur un recueil manuscrit d'emblèmes composé pour la Maréchale de Retz", in: *Humanisme et Renaissance* IV (1937) S. 421-425, Zitat S. 421.

Grund wird hier für die Verwendung des Begriffs *Salon-Album* plädiert anstelle der bislang verwendeten Bezeichnungen *album amicorum* oder *album de poésies*. Wir wissen in diesem Falle allerdings weder, wer dieses Album wohl um 1573 zusammengestellt hat, noch weshalb die zu Beginn in klarer Kalligraphie abgeschriebenen Gedichte am Ende von weniger geübter Hand, hastig und mit verblassender Tinte niedergeschrieben wurden. Aus heutiger Sicht erscheint dieses Album wie der poetische Spiegel eines utopischen Raums des Friedens, der Freundschaft – und eines einzigartigen Mäzenatentums.

Zum Teil handelt es sich um Gelegenheitsgedichte, Klagen über die Abwesenheit oder die Erkrankung der Maréchale, über Petitessen wie den Verlust eines Spiegels, zum Teil um chronikartige Erinnerungspoeme über gesellige Höhepunkte, über gemeinsame Ausflüge und Maskeraden. Andere Texte wiederum, wie das vermutlich von Marguerite de Valois verfasste *Sonett auf Mademoiselle de Thorigny*,[79] sind Freundschaftsgedichte unter Frauen. Die Mehrzahl jedoch sind Elogen auf Claude-Catherine de Clermont, ihre Schönheit, Intellektualität und Großzügigkeit. Mit Ausnahme eines einzigen sind alle diese Gedichte anonym, und nur einige wenige sind mit Sicherheit Dichtern wie Antoine du Baïf, Philippe Desportes, Amadis Jamyn oder Étienne Jodelle zuzuschreiben. Doch wer sind die anderen Verfasser? Von wem stammt zum Beispiel das italienische Gedicht, ein Feuerwerk des Witzes und der Phantasie, die Klage eines abgewiesenen Liebhabers, der sich als „Türke oder Skythe oder Mohr", als „Wolf, Bär, Tiger oder Panther" maskiert und der eine aberwitzig-skurrile Litanei von Mitteln des Liebeszaubers abspult?[80] Wem gehören die vielen unterschiedlichen Hände, in denen die Gedichte dieses Albums geschrieben wurden? – Brechen wir an dieser Stelle die notwendigerweise extrem knappe Vorstellung des Salon-Albums der Herzogin von Retz ab, das sich des Weiteren durch diverse Zeitbezüge (Religionskriege, Friedenssehnsucht) auszeichnet.

8. Resümierende Thesen – und offene Fragen

Roberto Simanowski schlägt, ausgehend von europäischen Salons des 19./20. Jahrhunderts, die folgende Definition vor:

> Gemischtgeschlechtlichkeit, Zentrierung auf eine Salonnière, Periodizität des Zusammentretens in einem zur Halböffentlichkeit erweiterten Privathaus, Gespräch als wichtigstes Handlungsmoment, Durchlässigkeit bei den Teilnehmerstrukturen, tendenzieller Verzicht auf Handlungsziele jenseits der Geselligkeit. Ein wichtiger Aspekt des Salons [...] ist seine Internationalität.[81]

Dieser Kriterienkatalog lässt sich, leicht modifiziert und erweitert um andere Merkmale, auf die früheren Beispiele dieser Form von Soziabilität übertragen. Wir hatten die Salons im Frankreich des 16. Jahrhunderts zunächst hergeleitet aus der Sozialform des ‚alteuropäischen Hauses' und die ‚cabinets' des 16. Jahrhunderts beschrieben als Orte des Kulturtransfers und damit der Zirkulation von literarischen Modellen, von Wissen und Kultur-

---

[79] Anonymus (-a?): „Sonnet à Mademoiselle de Torigny", in: Catherine de Clermont: *Album de poésies* (wie Anm. 38), S. 69f.

[80] Anonymus, Nr. XCVI, in: Catherine de Clermont: *Album de poésies* (wie Anm. 38), S. 135-141, hier S. 135.

[81] Roberto Simanowski: „Einleitung. Der Salon als dreifache Vermittlungsinstanz", in: Roberto Simanowski / Horst Turk / Thomas Schmidt (Hg.): *Europa – ein Salon? Beiträge zur Internationalität des literarischen Salons*, Göttingen 1999, S. 8-39, hier S. 10f.

praktiken. Günstige Ausgangsbedingungen entstehen durch eine enge Anbindung an die Zentren des Buchdrucks (Paris, Lyon, Poitiers) sowie – dies gilt in besonderem Maße für den Salon der Herzogin von Retz – durch die (relative) Durchlässigkeit der Soziotope Salon, Hof und Akademie. Freundschaftsbeziehungen, überregionale bzw. internationale Vernetzungen sowie Interkulturalität in Form von Mehrsprachigkeit und Teilhabe an verschiedenen Kulturen erweitern den jeweiligen Horizont, wobei es auch innerhalb ein- und desselben Jahrhunderts gerade hinsichtlich des ‚Öffnungsgrads' eines Salons erhebliche Unterschiede gibt. Dies verdeutlicht die Gegenüberstellung des zum (protestantischen) Europa weit geöffneten ‚Familiensalons' von Jean de Morel und Antoinette de Loynes mit dem der Herzogin von Retz, für den vor allem der Austausch mit Italien zählt. Die wichtigsten Medien des Transfers sind hierbei die Konversation sowie die Übersetzung und *imitatio* italienischer Modelle (Petrarca, Ariost). Netzwerke entstehen zum einen auf der Grundlage familiärer Beziehungen zu Italien, zum andern auf jener der Beziehungen der als ‚Neun Musen' in den Gedichten auftretenden Freundinnen und hier vor allem über das feminine ‚Dreieck' der Herzogin von Retz, der Marguerite de Valois und der Henriette de Nevers.

Ähnlich dürfte auch das Mäzenatentum (Architektur, Philosophie, Musik, Malerei und Literatur) im Umkreis dieses Salons funktioniert haben, bei dem erneut die starke Ausrichtung an Italien auffiel. Wir nehmen dieses multiple Mäzenatentum heute allerdings nur noch als Fragment, nicht mehr in seiner ursprünglichen Einheit wahr. Ferner treten der Herzog und die Herzogin von Retz als Stifterpaar auf, das sich mit dem Franziskanerkloster in unmittelbarer Nähe zum Schloss von Noisy einen Ort der Memoria schafft. Wie die beiden Retz als Mäzen- bzw. als Stifterpaar im Einzelnen agieren, bleibt allerdings unklar; lediglich für den Bereich der Musik gibt es einige Hinweise.

Beide sind jedoch die Zentralfiguren des im Salon der ‚Dyctinna' entstandenen Salon-Albums, auch wenn der weibliche Part hier eindeutig die Hauptrolle als Objekt der Huldigung, als Adressatin panegyrischer Gedichte und (gezügelter) erotischer Phantasien innehat. Vielstimmigkeit und Mehrsprachigkeit, die Beteiligung von Männern und Frauen, die Gruppierung um die Zentralfigur einer *salonnière*, eine Vielfalt literarischer (hier: lyrischer) Kleingattungen und Themen, thematische Diversität, ein großer Anteil an aktualitätsbezogener Gelegenheitsdichtung, eine aleatorisch wirkende Anordnung: Dies sind einige Merkmale des Salon-Albums der Herzogin von Retz, die sich auch auf andere Vertreter dieser Gattung übertragen lassen und dazu beitragen, diesen Texttypus in seiner Eigenschaft als schriftliche Repräsentation der in einem Salon/*cabinet* praktizierten Formen der Kommunikation und Geselligkeit präziser zu erfassen. In Sammlungen dieser Art und in der sich dort vollziehenden Umwandlung der flüchtigen Mündlichkeit der Konversation in Schrift und Schriftlichkeit liegt ein Schlüssel zur Salonkultur der Frühen Neuzeit.

Weibliches Mäzenatentum zwischen dynastischer Bestimmung, politischem Kalkül und höfischer Memoria

Mathias Herweg

1. Dynastinnen als kulturelle Vermittlerinnen. Einleitende Betrachtungen

Die Tatsache, dass Fürstinnen und adlige Damen als Mäzeninnen aktiv und kontinuierlich am literarisch-kulturellen Leben des Mittelalters partizipierten, ist bekannt und vielfach belegt.[1] Selbst wo sich im Zuge des Aufstiegs höfisch-laikaler Gattungen und des ihnen eingeschriebenen neuen literarischen Frauenbildes die Grenzen zwischen sozialhistorischer Realität und fiktionalem Spiel, das sich als Frauendienst inszeniert und stilisiert, verwischen und die Reklamation weiblicher Gönnerschaft zum Topos wird,[2] setzt dies die reale Relevanz adliger Leserinnen, Hörerinnen, Sammlerinnen oder Initiatorinnen von Literatur und Teilhaberinnen an literarischen oder in der Literatur verhandelten Diskursen voraus.[3] Es stellt sich angesichts der bildungs- und kulturhistorischen Prämissen sogar die Frage, ob die Zahl *bezeugter* weiblicher Mäzenate ihre *tatsächliche* Frequenz und damit die Gewichtsverteilung zwischen Mäzenen und Mäzeninnen im Mittelalter glaubwürdig widerspiegelt.[4]

Diese Aspekte, ihre Bedingungsfaktoren und Folgen für eine Sozialgeschichte mittelalterlicher Literatur wurden in der mediävistischen Publikums- und Gönnerforschung immer wieder erörtert und müssen in dergestalt globaler Perspektive hier nicht weiter vertieft werden. Das Interesse dieses Beitrags gilt einem spezifischeren Phänomen innerhalb des skizzierten Befundes und einem hierfür besonders markanten Einzelfall. Bevor dieser paradigmatisch ins Zentrum rückt, sind indes einige allgemeine Aspekte zu umreißen, die den Einzelfall als Erscheinung über ihn hinaus wirksamer Dispositionen erst sinnvoll einzuordnen erlauben.

Viele, zeitlich und räumlich breit gestreute Einzelfälle belegen, dass Mäzeninnen über ihren *kontinuitätswahrenden* Beitrag zum literarischen Leben und zur literarischen Produktion hinaus immer wieder auch Anstoß gaben, die Pfade der Tradition, des Eingebürgerten und Bekannten zu verlassen, literarisch neue Felder zu erschließen und neue Traditionen zu eröffnen. Im 12. Jahrhundert sind es Namen wie Adeliza-Aelis von Brabant (die zweite

---

[1] Vgl. Bumke, Joachim: *Mäzene im Mittelalter. Die Gönner und Auftraggeber der höfischen Literatur in Deutschland 1150-1300*, München 1979, S. 231-247 (Kap. 5). Wieder in: Bumke, Joachim (Hg.): *Literarisches Mäzenatentum* (Wege der Forschung 598), Darmstadt 1982, S. 371-404.

[2] Vgl. hierzu im Überblick einschlägiger (deutscher) Belege Bumke: *Mäzene* (wie Anm. 1), S. 241ff.

[3] Vgl. Fechter, Werner: *Das Publikum der mittelhochdeutschen Dichtung*, Heidelberg 1935, passim; Bumke: *Mäzene* (wie Anm. 1), besonders S. 242-244.

[4] Es ist ja denkbar, dass mitunter die wahren Interessentinnen und Inspiratorinnen hinter explizit genannten, für die Dichter prestigeträchtigeren Männern (wie deren Gatten) zurücktreten, vielleicht auch bewusst sich ‚versteckten‘, um etwa angesichts bestimmter Stoffe und Sujets nicht ,aus der Rolle zu fallen‘. Bezeichnend immerhin auch, dass wichtige Gönnerkataloge, so besonders der berühmte sechste Leich des Tannhäuser, keine Gönnerinnen nennen, obgleich in den erfassten Zeiträumen nicht wenige anderweitig belegt sind.

Gemahlin Heinrichs I. von England), Alienor von Poitou mit ihren Töchtern Marie von Champagne, Alice von Blois und Mathilde von Sachsen (letztere die Gemahlin Herzog Heinrichs des Löwen) sowie Margarethe von Kleve, die mit der Entstehung traditions- und gattungsbegründender Werke in zwar nicht immer präzise zu klärender, doch der Sache nach gesicherter Verbindung stehen. Die erste französische Fassung der später in allen Volkssprachen verbreiteten Brandanlegende, das erste französische Bestiarium, nordfranzösische Trouvèrelyrik, das Artusepos (Magister Wace) und der Artusroman (Chrétien de Troyes), am griechisch-spätantiken Schema orientierte historisierende Epik (Gautier d'Arras), die deutsche *Chanson de geste* (das *Rolandslied* des Pfaffen Konrad) und der höfische Antikenroman (Benoît de Ste-Maure, Heinrich von Veldeke) verdanken ihre Einbürgerung und ihren Aufstieg maßgeblich einer der genannten Fürstinnen.[5]

> Die Innovationsanstöße bleiben im übrigen schon hier, wie die Umsetzungen der jeweiligen Vorbilder zeigen, meist nicht auf die Einführung neuer Stoffe und Gattungen beschränkt, sondern implizieren auch klare, ihrerseits traditionsstiftende Form- und Stilentscheidungen. Daß dies mit der Frühphase höfischer Literatur nicht endete (und daher auch nicht durch sie allein erklärt werden kann), belegt noch um 1230 Reinbots von Durne Romanlegende vom Heiligen Georg: In der Auftraggebernotiz ist noch unabgestuft das Herzogspaar Otto II. und Agnes von Baiern genannt. Die für den Werkstatus folgenreiche Stilvorgabe aber, gegen höfischen Usus auf ,unnützen' rhetorisch-poetischen Ornat zu verzichten, nimmt allein auf Agnes Bezug, eine Enkelin Heinrichs des Löwen: ,si [von Beiern diu herzogin] hât ez mir verboten gar' (v.54f.).[6]

Zumindest in einigen der vorgenannten Fälle – und damit ist nun das oben angedeutete ,spezifischere Phänomen' unmittelbar avisiert – geht der literarische Innovationsimpuls mit einer kulturpolitischen Vermittlerrolle der Mäzenin zwischen verschiedenen Sprach- und Kulturräumen einher. Für das Spätmittelalter genügt es, ergänzend zu den oben Genannten auf Eleonore von Schottland, Herzogin von Tirol († 1480), und Elisabeth von Lothringen, Gräfin von Nassau-Saarbrücken († 1456), hinzuweisen, deren Biographien und literarisches Wirken in den vergangenen Jahrzehnten großes (und methodisch facettenreiches) Interesse auf sich gezogen haben.[7] Gerade die aus dem zweisprachigen Kul-

---

[5] Vgl. Bumke: *Mäzene* (wie Anm. 1), S. 234-238. Nur hingewiesen sei hier ergänzend auf die ältere, von Bumke (S. 244) mit Sympathie aufgegriffene These, nach der auch bei Etablierung des romanischen Minnekonzepts und Minnesangtypus im rheinisch-staufischen Kreis eine auswärtige Dynastin eine Rolle spielte, nämlich die seit 1156 mit Friedrich I. verheiratete Kaiserin Beatrix von Burgund. Diese Annahme gewinnt dadurch an Überzeugungskraft, dass Beatrix als Gönnerin französischer Dichter (so Gautiers d'Arras) sicher bezeugt ist.

[6] Reinbot von Durne: *Der Heilige Georg*. Carl von Kraus (Hg.), Heidelberg 1907.

[7] Zu Eleonore vgl. Steinhoff, Hans-Hugo, in: ²*Verfasserlexikon* 2 (1980) Sp. 470-473, sowie Hahn, Reinhard: *,Von frantzosischer zungen in teütsch'. Das literarische Leben am Innsbrucker Hof des späteren 15. Jahrhunderts und der Prosaroman ,Pontus und Sidonia (A)'* (Mikrokosmos 27), Frankfurt/Main u.a. 1990; zu Elisabeth, ihrer historischen und literarhistorischen Rolle und ihren dynastischen Beziehungen vgl. zuletzt umfassend Haubrichs, Wolfgang / Herrmann, Hans-Walter / Sauder, Gerhard (Hg.): *Zwischen Deutschland und Frankreich. Elisabeth von Lothringen, Gräfin von Nassau-Saarbrücken* (Veröffentlichungen der Kommission für Saarländische Landesgeschichte und Volksforschung 34), St. Ingbert 2002; dazu auch Steinhoff, Hans-Hugo, in: ²*Verfasserlexikon* 2 (1980) Sp. 482-488; Haubrichs, Wolfgang: „Die Kraft von franckrichs wappen. Königsgeschichte und genealogische Motivik in den Prosahistorien der Elisabeth von Lothringen und Nassau-Saarbrücken", in: *Der Deutschunterricht* 43 (1991) S. 4-19. Auf vereinzelte Zweifel an der unmittelbaren Autorschaft beider (vgl. namentlich Hahn, S. 73-85 und 141-158, sowie Spieß, Karl-Heinz: „Zum Ge-

turmilieu Lothringens in den deutschen Westen verheiratete, von Haus aus hochgebildete Saarbrücker Gräfin war zur Vermittlerin ihrer Heimatkultur an dem neuen Lebens- und Wirkensort prädestiniert, und sie kam dieser Bestimmung nicht nur als Mäzenin, sondern auch selbst schreibend nach. Zwar schließt sich der von ihr verantwortete Erzählzyklus, eine Bearbeitung von vier französischen Chansonepen, an bereits bestehende deutsche Stoff- und Formvorbilder an. Gleichwohl aber setzt er eine zweifach fundierende Zäsur: Erstmals sind hier die Texte in dem für die romanische Gattung konstitutiven Zykluszusammenhang belassen, was auch ihre Rezeptionsweise veränderte; und wenn sie auch nicht die ersten sind, so eröffnen sie doch immerhin die nun nicht mehr abreißende *Kontinuität* des deutschen Prosaromans, der fortan kaum mehr mit dem Vers konkurrierte. Von einer regelrechten Form- und Gattungs*tradition* deutscher Romanprosa wird man also erst mit und seit Elisabeth sprechen dürfen.

Die genannten Beispiele stehen für Akte von Kulturtransfer im elementarsten Sinn: Organe, ja Medien des Transfers sind die adligen Damen selbst, die Richtungen laufen in unseren Fällen vom anglonormannischen England nach Frankreich *vice versa*, von England an den sächsischen Welfenhof, vom lotharingisch geprägten Niederrhein ins ostmitteldeutsche Thüringen,[8] später von Lothringen an die Saar – und im Vorgriff auf den nachfolgend anzuzeigenden Fall aus dem norddeutschen in den skandinavischen Raum. Der sich hier abzeichnende, offenbar korrelierende Doppelbefund *infra*kultureller Innovation und *inter*kultureller Vermittlung lässt sich durchaus deuten und deutend begründen, und es sei dies hier in der gebotenen Kürze und rein funktional, d.h. ohne weitergehende Ambitionen sozialhistorischer, standes- oder rollensoziologischer Art, zumindest mit Blick auf drei Aspekte getan.[9]

(1) Adlige Mädchen genossen im Regelfall – im Gegensatz zur ritterlich-militärisch akzentuierten Ausbildung der gleichaltrigen *juncherren*[10] – eine auf (kunst-)handwerkliche Fertigkeiten sowie auf intellektuelle, musische und religiöse Kompetenzen angelegte Erziehung. Von (in diesem Fall explizit religiös-erbaulichen) „buchere[n], [...] die vrowen phlegen zu lesene", ist im Sachsenspiegel in der zeitüblichen ständischen Semantik des Wortes

---

brauch von Literatur im spätmittelalterlichen Adel", in: Ingrid Kasten / Werner Paravicini / René Pérennec (Hg.): *Kultureller Austausch und Literaturgeschichte im Mittelalter: Kolloquium im Deutschen Historischen Institut Paris 16.-18.3.1995* (Beihefte der Francia 43), Sigmaringen 1998, S. 85-101, besonders S. 98ff.) muss hier nicht eingegangen werden, da sie für unsere Fragestellung ohne Bedeutung sind. Auch setzten sie sich nicht durch.

8 Nämlich bei Veldeke; vgl. Bumke: *Mäzene* (wie Anm. 1), S. 238. Die verwickelte Entstehungsgeschichte von Veldekes *Eneas* ist überhaupt ein Paradebeispiel für den Stellenwert dynastischer Hochzeiten und Ehen bei der Einbürgerung und dem (hier sogar dem Autorwillen entgleitenden) Transfer literarischer Sujets, Gattungen und Werke. Vermerkt sei an dieser Stelle auch, dass schon hinter Veldekes niederrheinischem *Servatius* (und dessen Transfer nach Oberdeutschland?) eine hochadlige Interessentin stand (Gräfin Agnes von Loon).

9 Da die Begründungen Phänomene ausgesprochener *longue durée* betreffen, erklärt sich damit auch die weitgehende Konstanz des zu begründenden Befundes in der Vormoderne.

10 Dies natürlich nur, sofern diese nicht zu Geistlichen bestimmt waren oder, seit dem 13. Jahrhundert zunehmend, universitäre Bildungswege einschlugen. Zum Bildungsstand des spätmittelalterlichen Adels vgl. Spieß: „Zum Gebrauch von Literatur" (wie Anm. 7), der allerdings, von zwei wohl zu skeptisch bewerteten Ausnahmen abgesehen (vgl. in genannter Anm.), Frauen völlig ausgeblendet lässt.

vrouwe die Rede,[11] wobei die Lesekompetenz fast als Selbstverständlichkeit adlig-weiblicher Existenz erscheint. Schreibfähigkeit und Grundkenntnisse in Fremdsprachen traten, wie aus anderen, nicht nur literarischen Quellen zu erfahren ist, häufig hinzu. Aus dieser rollen- und *gender*spezifisch unterschiedlichen Persönlichkeitsformung resultiert ein tendenzielles Bildungsgefälle zwischen den Geschlechtern,[12] und ‚Bildungsgefälle' lässt sich hier durchaus auch als Geschmacks- und Anspruchsgefälle verstehen, was eine tendenziell größere Empfänglichkeit sowie Urteilskompetenz adliger Frauen auch für Neues impliziert. Ohne Zweifel stellt dieses Gefälle einen Tatbestand dar, der literarhistorisch, und zwar rezeptions- wie produktionsästhetisch, von hoher Relevanz und Brisanz ist. Für das Phänomen der Gönnerschaft – als Lieferant zentraler Produktionsvorgaben und erste Rezeptionsinstanz steht der Mäzen ja gewissermaßen im Schnittpunkt des produktions- und rezeptionstheoretischen Zugriffs – gilt dies in besonderem Maße.

(2) Im Erwachsenenalter dann wird männlich bestimmte Macht- und Allianzpolitik zu einem der Lebensgesetze, die weibliche Adelsbiographien (mit-)bestimmen, sofern sie sich nicht im Kloster erfüllen.[13] Während, vielmehr: weil die Sukzessions- und Erbgesetze dabei fast überall die generationenübergreifende *stabilitas loci* im Mannesstamm festschrieben, waren Adelstöchter (in mit dem ständischen Status wachsender Wahrscheinlichkeit) gezwungen, ihren Heimat-, Sprach- und Kulturraum dauerhaft zu verlassen, um innerhalb

---

[11] *Sachsenspiegel (Landrecht).* Claus Frhr. von Schwerin (Hg.), Stuttgart 1974, I, 24, §3, S. 34.

[12] Vgl. in knapper Bilanz Bumke: *Mäzene* (wie Anm. 1), S. 242f.; zu Wandlungen im Spätmittelalter (gestützt vor allem auf romanische Texte aus dem Traktatbereich) vgl. Thoss, Dagmar: „Frauenerziehung im späten Mittelalter", in: *Frau und spätmittelalterlicher Alltag. Internationaler Kongreß Krems an der Donau 1984* (Sitzungsberichte der Österreichischen Akademie der Wissenschaften, Philosophisch-Historische Klasse 473 / Veröffentlichungen des Instituts für Mittelalterliche Realienkunde Österreichs 9), Wien 1986, S. 301-324.

[13] Die Feststellung kann und soll nicht darüber hinwegtäuschen, dass die jüngere historische Forschung zu einem vielschichtigeren und oft differenzierteren Bild adliger Heiratspraxis gelangt ist, als es das pessimistische Schlagwort von den ‚verkauften Töchtern' und ‚einsamen Bräuten' noch generell abdecken kann; vgl. dazu den Forschungsaufriss von Rogge, Jörg: „Nur verkaufte Töchter? Überlegungen zu Aufgaben, Quellen, Methoden und Perspektiven einer Sozial- und Kulturgeschichte hochadeliger Frauen und Fürstinnen im deutschen Reich während des späten Mittelalters und am Beginn der Neuzeit", in: Cordula Nolte u.a. (Hg.): *Principes: Dynastien und Höfe im späten Mittelalter. Interdisziplinäre Tagung des Lehrstuhls für allgemeine Geschichte des Mittelalters und Historische Hilfswissenschaften in Greifswald in Verbindung mit der Residenzen-Kommission der Akademie der Wissenschaften zu Göttingen vom 15.-18. Juni 2000* (Residenzforschung 14), Stuttgart 2002, S. 235-276, hier besonders 240-243; weiterhin Seibt, Ferdinand: „Staatsheiraten im Spätmittelalter", in: Gisela Völger / Karin von Welck (Hg.): *Die Braut: Geliebt, verkauft, getauscht, geraubt. Zur Rolle der Frau im Kulturvergleich. Zweibändige Materialiensammlung zu einer Ausstellung des Rautenstrauch-Joest-Museums für Völkerkunde in der Josef-Haubrich-Kunsthalle Köln vom 26. Juli bis 13. Oktober 1985* (Ethnologica N.F. 11), Köln 1985, S. 280-285 (exemplarische Aperçus namentlich aus dem Haus Luxemburg); Opitz, Claudia: „Vom Familienzwist zum sozialen Konflikt. Über adelige Eheschließungspraktiken im Hoch- und Spätmittelalter", in: Ursula Becher / Jörn Rüsen (Hg.): *Weiblichkeit in geschichtlicher Perspektive: Fallstudien und Reflexionen zu Grundproblemen der historischen Frauenforschung*, Frankfurt/Main 1988, S. 116-149, hier 125-135; Walsh, Katherine: „Verkaufte Töchter? Überlegungen zu Aufgabenstellung und Selbstwertgefühl von in die Ferne verheirateten Frauen anhand ihrer Korrespondenz", in: *Jahrbuch des Vorarlberger Landesmuseumsvereins* 135 (1991) S. 129-144; Spieß, Karl-Heinz: „Unterwegs zu einem fremden Ehemann. Brautfahrt und Ehe in europäischen Fürstenhäusern des Spätmittelalters", in: Irene Erfen / Karl-Heinz Spieß (Hg.): *Fremdheit und Reisen im Mittelalter*, Stuttgart 1997, S. 17-36, besonders S. 34f.

des grenzüberschreitenden Netzwerks kognatisch verflochtener Dynastien ihren Platz einzunehmen.[14] Dass dieser Platz selten frei gewählt war, dass der Betroffenen im Vorfeld meist nur der Part des Trumpfs in der Hand männlichen Familien- und Herrschaftskalküls zukam, ist nachgerade ein Gemeinplatz. Wichtig scheint mir aber auch der damit zusammenhängende, in seinen kultur- und mentalitätsgeschichtlichen Folgen bislang kaum erfasste, geschweige denn systematisch ausgelotete, Begleiteffekt: *Eben weil* es bei überregional arrangierten Fürstenehen strukturbedingt stets der weibliche Part ist, dem die Reise ins Neue, mitunter herausfordernd Fremde auferlegt war, bringt dieser auch immer schon einen kulturellen Wissens- und Erfahrungsschatz mit, der dem neuen Umfeld fremd ist, so wie er sich gleichzeitig einen neuen erwirbt, den die frühere Heimat nicht kennt. Die vielzitierten ‚verkauften Töchter‘, die Opfer höherer Politik und maskuliner Allianzdiplomatie, entwickeln damit fast zwangsläufig eine Art kulturelle Doppelkompetenz (wobei hier von bereits sehr jung, also ohne vorausgehende heimische Sozialisation und Bildung in die Fremde Geschickten[15] einerseits, schon sprachlich im neuen Ambiente nie heimisch Werdenden andererseits[16] abzusehen ist).

Mit diesem Befund scheinen mir die oben festgestellten literarhistorischen Pionier- und Vermittlerleistungen gerade von Mäzen*innen* ursächlich zusammenzuhängen. Dazu kommt ein Weiteres: In der Situation des aufgenötigten oder als Bestimmung erfahrenen Orts- und Rollenwechsels bietet die Literatur (neben und vor anderen Künsten) den Betroffenen einen potentiell wirksamen und offenbar vielfach als willkommen empfundenen Rückhalt: Sie stellt probate Mittel bereit, die alten Erfahrungen mit den neuen Herausforderungen zur Deckung zu bringen, das Eigene in der Fremde zu bewahren, bedrohte Bin-

---

[14] Opitz: „Familienzwist“ (wie Anm. 13) umriss plastisch die Folgen solcher ‚Patrilokalität‘: „[Sie] garantierte den Knaben und jungen Männern den gewohnten psycho-sozialen Hintergrund, den die Mädchen einbüßten… So hatten Mißgeschicke und Schicksalsschläge, wie der Tod der Verlobten, weit weniger Einfluß auf die Lebensumstände junger Männer als auf die der Mädchen und jungen Frauen. Ihr soziales Prestige, ihr persönliches Umfeld, ihre Lebensgestaltung hingen allein an einer ehelichen Verbindung, während jene der Familie, der sie entstammten, bruchlos zugehörig blieben“ (S. 128). Vgl. auch Walsh: „Verkaufte Töchter“ (wie Anm. 13), S. 131f., und Spieß: „Unterwegs“ (wie Anm. 13), S. 32ff. und passim (hier mit besonderem Akzent auf Fremdheit und Fremdheitserfahrungen der ‚verschickten Bräute‘).

[15] Vgl. zu dieser Abgrenzung schon Spieß: „Unterwegs“ (wie Anm. 13), S. 19f. – Selbst wo frühe Eheabsprachen, ja sogar schon *per procuram* geschlossene Ehen existieren, ist die frühe Ausfahrt aber keineswegs die Regel; oft bleibt die Braut noch lange in der eigenen Familie. Ein Beispiel (viele andere liefert die oben, Anm. 13, genannte Literatur) bietet für die Zeit um 1300 die Tochter Rudolfs von Habsburg, Guta (geboren 1271), die nach dem Tod Přzemysl Ottokars II. in der Schlacht von Dürnkrut (1278) in Absprache zwischen dessen Witwe Kunigunde und Rudolf als Siebenjährige dem (immerhin gleichaltrigen) Sohn Ottokars, Wenzel II., anverlobt wurde. 1281 wurde sie mit ihm vermählt, erst 1285 aber fand die Hochzeit in Eger statt und erst zwei weitere Jahre später, 1287, ließ sie der Vater mit österreichischem Gefolge nach Prag übersiedeln. Ihre prägende Bildung und Sozialisation hatte Guta trotz früher Verheiratung also zu Hause erfahren. Als wohl maßgebliche Mäzenin nahm sie später inhaltlich signifikanten Einfluss auf den *Willhelm von Wenden*-Roman des deutschen Hofdichters Ulrich von Etzenbach; hierzu vgl. Herweg, Mathias: *Wege zur Verbindlichkeit. Studien zum deutschen Roman um 1300* (Imagines medii aevi 25), Wiesbaden 2010, Kap. 5.3.

[16] Vgl. Walsh: „Verkaufte Töchter“ (wie Anm. 13), die in den „Komponenten Sprache und Sprachbeherrschung“ die entscheidenden Kriterien echter Teilnahme und Mitbestimmung der fremden Braut in ihrem neuen Lebensumfeld sieht (S. 132).

dungen zu erhalten, das eigene Schicksal zu objektivieren und seine Chancen und Möglichkeiten zu antizipieren.[17] Im Idealfall vermag sie die aufgegebene Heimat sogar als kulturelle Mitgift im neuen Umfeld zu verwurzeln. Dies alles bleibt im Einzelfall zweifelsohne hypothetisch, denn natürlich verraten die Prolog- und Epilogzuschreibungen über derartige Motivationen nichts, ganz zu schweigen von unanfechtbaren urkundlichen Belegen. Doch gerade die Häufigkeit der Koppelung von Gattungs- und Formzäsuren, die oft regelrechte Gattungs- und Formimporte aus der Herkunftswelt sind, mit weiblichem Mäzenatentum lässt sich durch die angestellten Überlegungen historisch plausibel erklären.

(3) Schon in unmittelbarer Überleitung zur ,Protagonistin' dieser Studie ist ein letzter, nun dezidiert auf die politische Situation und Rolle der Fürstin – und hier vorrangig der Fürstengattin, nicht der zeitweilig tatsächlichen Regentin (etwa als Witwe und Vormund noch nicht herrschaftsfähiger Kinder) – bezogener Aspekt weiblichen Mäzenatentums anzusprechen, der größere, doch mitunter auch fragwürdigere Aufmerksamkeit gefunden hat als der zuletzt verhandelte:[18] Kunst und Literatur schaffen oder erweitern auch Spielräume der Partizipation an gesellschaftlicher Öffentlichkeit und Kommunikation, und zumal mittelalterliches Mäzenatentum erschöpft sich nie im zweckfreien *l'art pour l'art*, sondern konkretisiert diese Spielräume im Sinne spezifischer, auf die Rolle und das Umfeld des Gönners bezogener Funktionen. Weibliche Auftragskunst unterscheidet sich hierin von männlicher nicht prinzipiell, erweitert aber das Funktionsspektrum um *gender*-spezifische Motive. So geht es, vereinfacht und ohne Anspruch auf Vollständigkeit, adligen Mäzenen geschlechtsindifferent etwa darum, qua Kunstförderung ihrem Hof zeitgemäßen Glanz (und damit Identität nach innen und Strahlkraft nach außen) zu verleihen, edle Herkunft und herrschaftlichen Status zu demonstrieren, Selbst- und Machtverständnis zu reflektieren, publizistische und memoriale Felder zu besetzen. Auf die Mäze*in* bezogen, kann zu diesem Spektrum das Bestreben hinzutreten, objektive Beschränkungen direkter Teilhabe an der höfisch-politischen Kommunikation[19] durch Optionen indirekter Partizipation, etwa auf dem Weg der Belehrung, Kritik, Meinungs- und Willensbildung durch und mittels Literatur, wettzumachen. Die Spezifika des mittelalterlichen Literaturbetriebs, zumal seine konstitutive Öffentlichkeit und die Funktionseinheit höfischer Unterhaltung und gesellschaftlicher (Selbst-)Verständigung, kamen diesem Bestreben fraglos entgegen.

---

[17] Fürstliche Frauen spielen denn auch nicht selten bedeutsame Rollen in epischen Texten, hinter denen Mäzeninnen stehen; der bereits erwähnte *Wilhelm von Wenden* mit der auf Guta von Böhmen bezogenen Fürstengattin und Idealregentin Bene (vgl. Anm. 15; dazu noch einmal unten im Ausblick) ist nur ein besonders markantes Beispiel hierfür.

[18] Vgl. z.B. Burchert, Bernhard: *Die Anfänge des Prosaromans in Deutschland. Die Prosaerzählungen der Elisabeth von Nassau-Saarbrücken* (Europäische Hochschulschriften, Reihe 1 962), Frankfurt am Main / Bern / New York. 1987; Kästner, Hannes: „,Pontus und Sidonia' in Innsbruck. Appell und Apologie im Hofroman des 15. Jahrhunderts", in: *Jahrbuch der Oswald von Wolkenstein-Gesellschaft* 2 (1982/83) S. 99-128; Morrison, Susan S.: „Women Writers and Women Rulers: Rhetorical and Political Empowerment in the Fifteenth Century", in: *Women in German Yearbook. Feminist Studies in German Literature and Culture* 9 (1993) S. 25-48. Hierzu auch unten, Anm. 68.

[19] Vgl. grundlegend Kintzinger, Martin: „Die zwei Frauen des Königs. Zum politischen Handlungsspielraum von Fürstinnen im europäischen Spätmittelalter", in: Jan Hirschbiegel / Werner Paravicini (Hg.): *Das Frauenzimmer. Die Frau bei Hofe in Spätmittelalter und Früher Neuzeit*, Stuttgart 2000, S. 377-398.

Es mag nicht wenige Persönlichkeiten geben, an denen die im Vorfeld avisierten Annahmen und Folgerungen unter besonderer Gewichtung des zuletzt angedeuteten Zusammenspiels zwischen dynastisch-politischen Ambitionen und künstlerischer Aktivität einer angemessenen Probe aufs Exempel unterzogen werden könnten; schon die Zahl der eingangs relativ willkürlich herausgegriffenen Namen legt dies nahe. Ohne Zweifel aber stellt die nun in den Blick zu nehmende Fürstin und Fürstengattin ein besonders markantes Beispiel dar, das überdies auch den Vorzug hat, zumindest in der deutschen Mediävistik noch nicht allzu bekannt, dazu kaum erforscht zu sein.

2. ,Ein Jammer, daß sie nicht länger leben und mehr Bücher schreiben lassen durfte': Königin Eufemia von Norwegen und die Eufemiavisor

Aus niederdeutschem Adel stammend, steht Königin Eufemia von Norwegen (1299-1312) am Beginn einer literarhistorischen Ära: Die durch sie veranlasste altschwedische Bearbeitung dreier höfischer Romane, die als *Eufemiavisor*[20] bekannt wurde, eröffnet nicht nur eine Gattung, sondern die höfisch-laikale Literatur in schwedischer Sprache überhaupt. Dass Eufemia, *deutsche* Gemahlin eines *norwegischen* Königs, ausgerechnet als Auftraggeberin *altschwedischer* Dichtung in die Literaturgeschichte einging, in ihrer Person und Leistung also drei (und bezieht man auch die überwiegend *französischen* Quellen ein, sogar vier) Sprach- und Kulturräume miteinander verband, prädestiniert sie nicht nur zur Kronzeugin für das oben umrissene Anliegen. Es wirft zugleich ein bezeichnendes Licht auf die intensiven Binnenbeziehungen im Nord- und Ostseeraum des beginnenden 14. Jahrhunderts, die sich auf nahezu allen Ebenen, vor allem politisch-dynastisch, wirtschaftlich, kulturell und kriegerisch, entfalteten und – zumal unter dem Schirm der Hanse – mit weitreichenden und fruchtbaren Außenkontakten einhergingen. Hier liegt denn auch der notwendige Bedingungsrahmen für Eufemias Werk und seine weit über ihren Tod hinaus anhaltende Wirksamkeit, denn beide setzen ja voraus, dass kontinental-europäische Hofkultur nach Norden ausstrahlte und dort neue Pflanz- und Wirkungsstätten fand. Dass aber – und wie – gerade Eufemia diesen Rahmen gefüllt hat, erklärt sich aus diesen allgemeinen Prämissen allein noch nicht. Hier sind offenkundig spezifische Zeitereignisse am Zuge, in die sie involviert war und in denen sie Chancen und Möglichkeiten informeller Partizipation zu gewinnen trachtete. Die Abfassung der *Visor*-Texte füllt denn auch ziemlich exakt das Jahrzehnt eines familiär-dynastischen Konflikts in Eufemias unmittelbarem Umfeld, vor dem erst das Gesamtkonzept wie auch die Auswahl und Behandlung der Vorlagen ihre bestechende Logik und Kohärenz erhalten. Doch dazu später.

---

[20] Vgl. orientierend Weber, Gerd Wolfgang: „Eufemiavisor", in: *Lexikon des Mittelalters* 4 (1989) Sp. 77; Holm, Gösta: „Eufemiavisorna", in: *Medieval Scandinavia. An Encyclopedia*, Phillip Pulsiano (Hg.), New York / London 1993, S. 171-173.

2.1. Lebensbezüge und Auftragswerk

Eufemias Geburtsdatum ist nicht überliefert. Auf die Zeit um 1280 deutet eher vage ihre Heirat im Jahr 1299 hin.[21] Zu diesem Zeitpunkt sind zwei ihrer Schwestern bereits seit über einem Jahrzehnt (1284/88) als verheiratet bezeugt, so dass man Eufemia selbst gemeinhin für die jüngste Tochter des Herzogs Wizlaw II. von Rügen aus dessen Ehe mit der Welfin Agnes von Braunschweig-Lüneburg hält. Sie ist damit die leibliche Schwester des späteren Herzogs Wizlav III., in dem die germanistische Forschung mitunter den gleichnamigen Minnesänger des *Codex Manesse* vermutet hat. Auch wenn diese Identität kaum zu erhärten ist und heute nur noch wenig Anklang findet,[22] so ist der letzte männliche Spross der Dynastie sicher als Adressat mittelhochdeutscher Sangsprüche (des Goldener und Frauenlobs nämlich) belegt. Beide Geschwister, Eufemia wie Wizlav, dürfen also als literarisch-kulturpolitisch versiert und engagiert gelten, was Rückschlüsse auf die Wertschätzung literarischer Bildung schon im Elternhaus und auf ihre Erziehung zulässt. Ihren Namen verdankt Eufemia der Großmutter väterlicherseits, und auch ihre eigene Enkelin sollte ihn wieder tragen – Indiz für eine bewusst gepflegte kognatische *memoria* in ihrer Familie.[23]

Schon mit den wenigen hier umrissenen Daten ist der Boden des genealogisch Gesicherten ausgemessen, wo nicht verlassen. Denn tatsächlich erweisen sich Eufemias Herkunftsverhältnisse „to this day hopelessly entangled in conflicting reports."[24] Schon im 14. Jahrhundert wird Wizlaw II. auch als ihr Großvater genannt und alternativ eine Vaterschaft Günthers I. von Arnstein-Lindow-Ruppin († 1284!) ins Spiel gebracht. Dies scheidet mit Sicherheit aus – sachlich-chronologische und quellenkritische Befunde sprechen übereinstimmend dagegen.[25] Das älteste urkundliche Zeugnis über Eufemia (signifikanterweise aus dem Umkreis der Hanse) spricht 1299 von der bevorstehenden Ankunft norwegischer Emissäre in Stralsund, um die (hier namenlose) „filiam principis Rujanorum"

---

[21] Vgl. eingehend Scheil, Ursula: *Zur Genealogie der einheimischen Fürsten von Rügen*, Köln / Graz 1962, S. 120-129.

[22] Vgl. zum Dichter Wizlaw Wachinger, Burghart, in: ²*Verfasserlexikon* 10 (1999) Sp. 1292-1298 (skeptisch hinsichtlich der Gleichsetzung mit dem Dynasten); zu den beiden Herzögen Wizlaw II. und Wizlaw III., dem Vater bzw. Bruder Eufemias, vgl. Schmidt, Roderich, in: *Lexikon des Mittelalters* 9 (1998) Sp. 282f.

[23] Hierzu vgl. im Fortgang. Der Name Eufemia begegnet im Umfeld des rügischen Fürstenhauses noch mehrfach, so bei zwei Nichten Eufemias von Norwegen (1. der Tochter ihrer Schwester Margarete und Herzog Bogislaws IV. von Pommern, um 1285-1330, Gemahlin König Christofs von Dänemark; 2. der Tochter ihres Bruders Wizlav III. aus dessen erster oder zweiter Ehe, geboren um 1311, 1313 verlobt mit dem Schweden Magnus Birgersson; hierzu minuziös Scheil: *Genealogie* [wie Anm. 21], S. 110 bzw. 131-133 und passim). In die rügische Haustradition eingebracht hatte ihn die Großmutter der Königin, Tochter Swantopolks von Pomerellen und Gemahlin Jaromars II. von Rügen (um 1220-70; vgl. Scheil: *Genealogie* [wie Anm. 21], S. 50-53); von ihr aus fand er auch Eingang in andere westslawische Dynastien (so Polen und Masowien).

[24] Layher, William: *Queen Eufemia's Legacy. Middle Low German Literary Culture, Royal Patronage, and the First Old Swedish Epic (1301)*, Diss. Harvard 1999 (Mikrofilm), S. vii.

[25] Vgl. Scheil: *Genealogie* (wie Anm. 21), S. 123f., Layher: *Queen Eufemia's Legacy* (wie Anm. 24), S. ix; dagegen Würth, Stefanie: „Eufemia", in: Fritz Paul (Hg.): *Arbeiten zur Skandinavistik. 13. Arbeitstagung der Deutschsprachigen Skandinavistik, 29.7.-3.8.1997 in Lysebu (Oslo)* (Texte und Untersuchungen zur Germanistik und Skandinavistik 45), Frankfurt/Main 2000, S. 269-281, hier 277.

zur Hochzeit nach Norwegen zu geleiten.[26] Und auch in Wizlaws Osloer Testament von 1302 (er starb hier während eines Besuchs bei Tochter und Schwiegersohn) ist ausdrücklich von der „domina regina norwegiae filia mea predelicta" die Rede.[27] Da jede begriffliche Differenzierung gegenüber den beiden gesichert leiblichen Töchtern Wizlaws vermieden ist, muss Eufemia der gleiche Status zukommen wie diesen.

Die weiteren Lebensstationen sind rasch resümiert: Im Frühjahr 1299 heiratete Eufemia Hákon Magnusson, zu dieser Zeit noch Herzog, der aber als Hákon V. (1299-1319) schon im August seinem Bruder auf den norwegischen Königsthron folgte und eine äußerst energische und machtbewußte Herrschaft begann.[28] 1301 kam die einzige Tochter Ingeborg zur Welt, 1302 wurde sie aus politischem Kalkül dem schwedischen Herzog Erik Magnusson (Bruder König Birgers von Schweden) verlobt – erst ein Jahrzehnt später sollten die beiden heiraten. Am 1. Mai 1312, kurz vor diesem Ereignis, starb Eufemia.

Welchen persönlichen Einfluss Eufemia in den 13 Jahren gemeinsamer Ehe auf ihren Gemahl hatte, welche politische und dynastische Rolle sie spielte oder spielen durfte, wie stark sie aktiv oder passiv in die ihr familiäres Umfeld betreffenden Konflikte und Konstellationen involviert war, ist wie bei so vielen mittelalterlichen Fürstengemahlinnen[29] im Konkreten schwer zu sagen. Das (für die Zeit Hákons V. immerhin nicht dürftige) Quellenmaterial schweigt darüber weitgehend. Ein abschriftlich erhaltener Brief Hákons vom 22. Juni 1300 bildet das wohl einzige von Eufemia durch Unterschrift und Siegel mitverantwortete Schriftstück. Man hat zu Recht bilanziert: „Eufemia left almost no trace in the historical records of the late 13th and early 14th century[, and] to a certain extent we know more about the origins of her epics than we do about their patron."[30] Dieser Befund ist zwar misslich, was die Erhärtung bestimmter Intentionen hinter ihrem Mäzenat angeht, spricht aber im Umkehrschluss keineswegs für politische Interesse- oder Bedeutungslosigkeit. Bei allen Defiziten fehlt es auch nicht ganz an Hinweisen auf die auch ‚politische' Eufemia,[31] wobei bei deren Gewichtung stets einzukalkulieren ist, dass die *informellen* Prozesse politisch-dynastischer Meinungs- und Willensbildung, die in jeder nicht auf Distanz praktizierten Fürstenehe a priori vorausgesetzt werden dürfen, in historiographischen Quellen zwangsläufig wenig Niederschlag finden. Die Bereiche vor und neben den offiziösen und halboffiziösen Spiel- und Entscheidungsfeldern sind deren Autoren meist unzugänglich, und wie es zu bestimmten Entscheidungen kam, interessiert sie oft auch

---

[26] *Hanserecesse. Die Recesse und andere Akten der Hansetage von 1256-1430.* Carl Koppmann (Hg.), 8 Bde., Leipzig 1870-1897 (ND Hildesheim 1975), Bd. 1, S. 42.

[27] Zit. nach Layher: *Queen Eufemia's Legacy* (wie Anm. 24), S. viii (Originalzitat im Genitiv).

[28] Hákons durch „eine autoritäre Königsideologie mit starkem Durchsetzungswillen gegenüber Kirche und Aristokratie" geprägte Regierung markiert den „Höhepunkt der staatl[ichen] Entwicklung Norwegens", so Bagge, Sverre, in: *Lexikon des Mittelalters* 4 (1989) Sp. 1868f.

[29] Vgl. den Beitrag von Hans-Walter Herrmann in diesem Band, S. 121-155; übergreifend auch Kintzinger: „Die zwei Frauen des Königs" (wie Anm. 19).

[30] Layher: *Queen Eufemia's Legacy* (wie Anm. 24), S. ix und vii.

[31] Würth: „Eufemia" (wie Anm. 25), S. 277, weist auf (leider nicht näher nachgewiesene) Fälle hin, in denen die Königin zum Teil erfolgreich versucht habe, politische Entscheidungen ihres Gemahls zu beeinflussen; sie nennt dabei konkret einen Friedensschluss mit der der rügischen Dynastie traditionell eng verbundenen Krone Dänemarks im Jahr 1300.

nicht. Ein gewisser politischer ‚Resonanzboden' für die Bewertung der literarischen Aktivitäten Eufemias zeichnet sich also, trotz der relativen Stille im Quellenwald, durchaus ab.

In den Jahren nach 1301, nach der Geburt und Verlobung ihrer Tochter also, gab Eufemia den Impuls für ihr großangelegtes Übersetzungswerk. Die Zielsprache war die des (seit 1302) prospektiven Schwiegersohns, die Vorlagen stammten aus Frankreich und Deutschland, sekundär auch aus Norwegen, wo (anders als in Schweden) bereits eine längere Tradition höfischer Epik nach französisch-anglonormannischen Vorlagen existierte.[32] Statt der in Norwegen üblichen Prosa aber gab Eufemia der schwedischen Epik den ihr aus der Heimat vertrauten Vers mit auf den Weg – ein instruktiver Fall von Kulturtransfer im oben bezeichneten Sinn. Die Trias der *Eufemiavisor* vereinigt Bearbeitungen des *Yvain* Chrétiens (unter Beiziehung der norwegischen *Ivens saga* und des *Iwein* Hartmanns),[33] des französischen *Floires et Blancheflor* (unter Beiziehung der norwegischen *Flóres saga*)[34] sowie des deutschen Brautwerbungsepos *Herzog Friedrich von der Normandie*, das restlos verloren ist, so dass der schwedischen Version auch hoher Wert für die deutsche Literaturgeschichte zukommt.[35]

2.2. Mäzenatentum und *memoria* – Mäzenatentum als *memoria*

Bis auf eine singuläre dänische Bearbeitung enthalten alle 17 Handschriften, die einzelne oder (der Regelfall) alle drei dieser Texte überliefern und deren zeitliche Streuung von einem Fragment um 1350 bis ins Jahr 1509 reicht,[36] Epiloge mit Zuschreibungspassagen, die die Initiative Eufemias stark akzentuieren. Die Stellen lauten:

- *Herra Ivan*: „Königin Eufemia, das sollt ihr mir glauben, ließ dieses Buch aus dem Französischen in unsere Sprache übersetzen. Gott gewähre der edlen Fürstin, die mit sei-

---

[32] Warum nicht generell norwegische Vorlagen gewählt und übersetzt wurden, lässt sich nur vermuten, dies aber recht plausibel: 1. Für die offensichtlich gewünschten *höfischen*, auch künstlerisch-ästhetisch anspruchsvollen Dichtungen konnten die prosaischen, gegenüber den Vorlagen entrhetorisierten und auf die *summa facti* reduzierten Saga-Versionen kein Maßstab sein; 2. die Vers-zu-Vers-Übertragung machte die Doppelaufgabe aus Übersetzung *und* Umarbeitung verzichtbar; 3. der höfische Reimvers und die beiden deutschen Vorlagen (neben den französischen) sind eben jene kulturelle Mitgift Eufemias, von der oben die Rede war; in Schweden, wo – anders als in Norwegen – noch keine Alternativtradition existierte, konnte sie beiden eine neue Heimat schaffen. Die Wahl des Schwedischen als Zielsprache an sich ist damit funktional sicher noch nicht erschöpfend geklärt; hierfür sei auf die folgenden Abschnitte verwiesen.

[33] *Herr Ivan. Kritisk upplaga.* Erik Noreen (Hg.) (Samlingar utg. av Svenska Fornskriftsällskapet 50), Uppsala 1931.

[34] *Flores och Blanzeflor. Kritisk upplaga.* Emil Olson (Hg.) (Samlingar utg. av Svenska Fornskriftsällskapet 46), Lund 1921.

[35] *Hertig Fredrik av Normandie. Kritisk upplaga på grundval av Codex Verelianus.* Erik Noreen (Hg.) (Samlingar utg. av Svenska Fornskriftsällskapet, 49), Uppsala 1927. Neuedition mit Übersetzung und Kommentardie in Würzburg als Dissertation entstand: Bambeck, Florian: *Herzog Friedrich von der Normandie. Der altschwedische Ritterroman ‚Hertig Fredrik av Normandie'. Text, Übersetzung, Untersuchungen* (Imagines medii aevi 24), Wiesbaden 2010. Herrn Bambeck danke ich für stets fruchtbaren Austausch über diesen Text und sein Umfeld.

[36] Vgl. Holm: „Eufemiavisorna" (wie Anm. 20), S. 173, und die detaillierten Handschriftenbeschreibungen bei Layher: *Queen Eufemia's Legacy* (wie Anm. 24), S. 277-302 (Anhang).

nem Beistand 13 Jahre Königin über Norwegen war, seine Gnade."[37]

- *Hertig Fredrik*: „Nun ist das Buch abermals in Reime gesetzt worden, erst neulich und in kurzer Zeit, von deutscher in die schwedische Sprache, so daß es Alte und Junge verstehen [können]. Königin Eufemia ließ es in diese Sprache übersetzen. Möge Gott im Himmel mit den Engeln ihrer Seele ewige Gnade gewähren für alles Ehrenvolle, das sie für Gott und die Welt tat, solange sie hier war. Es war ein großer Schaden, daß sie nicht länger leben durfte, während ihre Angehörigen zurückblieben."[38]

- *Flores ok Blanzeflor*: „Königin Eufemia ließ dieses Buch in Reime setzen in der Zeit kurz vor ihrem Tod. Gott gebe ihrer Seele Gnade und Frieden."[39]

Der Wortlaut dieser Epiloge, die sichtlich zugleich postume Nekrologe sind, stellt vor einige historisch und philologisch so heikle wie brisante Fragen. Dass sie erst sekundär an zuvor bereits abgeschlossene Werke angehängt wurden, ist für die chronologisch ersten sicher, während der Dichter beim letzten auch vom Tod seiner Auftraggeberin überrascht worden sein und den Nachruf unmittelbar angeschlossen haben kann. Die Forschung geht aus verschiedensten Gründen, die hier nicht näher darzulegen sind,[40] insgesamt von einer relativ engen zeitlichen Nachbarschaft aller drei Epiloge zu den jeweils zugehörigen Texten aus.[41] Dass die Zuschreibungen rein topisch und in der Sache fiktiv seien, Eufemia mit der Genese der Trias also gar nichts zu tun habe, wird damit höchst unwahrscheinlich – darauf ist noch zurückzukommen. Fraglich bleibt gleichwohl, wie konkret sich die behauptete Verbindung zwischen ihr und dem unter ihrem Namen überlieferten Corpus darstellte. Zwei sachlich und funktional unterschiedene, gleichwohl miteinander vereinbare Modelle lassen sich dafür aus den Epilogangaben entwickeln. Ich will sie kurz vorstellen und kommentieren:

(1) Die Epiloge sprechen eindeutig von *Akten literarischen Mäzenatentums*. Solange das Gegenteil nicht erwiesen ist, hat dies als Tatbestand zu gelten. Die Initiative zum ‚Export‘ des höfischen Romans nach Schweden und die wohlkalkulierte Textauswahl gingen demnach im Grundsatz von Eufemia aus. Gleichwohl steckt hinter diesem Mäzenatentum den politisch-literarischen Indizien nach wohl mehr als die ‚einsame‘ Entscheidung einer ambi-

---

[37] „Eufemia drøtning, thet maghin ij tro,/ laet thaessa bokena vaenda swo/ aff valske tungo ok a vart maal -/ gudh nadhe the aedhla frugho sial -,/ ther drøtning ower Norghe var/ met gudz miskund thraettan aar" (6435ff.).

[38] „Nw aer hon annan tiidh giordh til rima/ nylikae jnnan stuntan tima/ aff thyzko och j swaenskae thungo,/ thet forstanda gamble och vngae./ Hona loth waendae a thetta mall/ Eufemiae drøtning, henne sial/ giffui gudh j himmerike/ med aenglom nadher aewerdhelika/ for alle the dygd och aere/ hon giorde maedhen hon war haere/ til gudh och werldhen badhae;/ thy war off stor skadhae/ at hon matte ey lenger liffuae,/ naer wenir och frender bliffuae" (3283ff.).

[39] „Thesse bok loot vaenda til rima/ Eufemia drøtning ij then tima/ litith før aen hon do./ Gudh gifui henna siaell nadher ok ro [,/ swa ok them, ther haenne giørdhe,/ ok allom them, ther bokena hørdhe!]" (2183ff.).

[40] Vgl. die Dokumentation bei Layher: *Queen Eufemia's Legacy* (wie Anm. 24), S. 199-222; dazu künftig auch der Forschungsbericht im Rahmen der *Fredrik*-Edition Bambecks (wie Anm. 35).

[41] Vgl. in Auseinandersetzung mit der Gegenmeinung Layher: *Queen Eufemia's Legacy* (wie Anm. 24), S. 211f.; den *Fredrik*-Epilog glaubt Layher sogar noch zu Lebzeiten Eufemias verfasst und postum nur um die Todesnachricht ergänzt.

tionierten Dynastin. Schon die Sprachenvielfalt der Ausgangstexte setzt ein intellektuelles und institutionelles Rückgrat voraus,[42] das vielleicht nicht nur die Realisierung verantwortete, sondern auch ursächlich an dem Projekt (mit-)interessiert war. Die nötigen Voraussetzungen für diese Annahme sind an einem Hof, dessen Bildungsniveau seit mehr als einem halben Jahrhundert (seit der Zeit Hákons IV. nämlich) konstant hoch stand, fraglos gegeben – Eufemias Gemahl selbst sprach Latein und Französisch, konnte in seiner Muttersprache auch schreiben,[43] was wiederum Rückschlüsse auf Erzieher, Berater und Kanzleiangehörige, ja auf die höfische Atmosphäre insgesamt zulässt. Eine wie immer geartete Beteiligung Osloer Hof- und Kanzleikreise an Eufemias Initiative stünde auch dem Wortlaut der Epiloge nicht entgegen, wobei es keinen großen Unterschied macht, ob dann Eufemia selbst den entscheidenden Erstimpuls gab oder ob Dritte für ihre Ziele und Absichten sich auf die ihrigen berufen durften, weil sie wussten, dass sie sie teilte.[44] Die *Eufemiavisor* tragen ihren Namen in beiden Fällen zu Recht – eine so kostspielige, auch logistisch anspruchsvolle und wohl von Beginn an auf längere Dauer (schließlich fast ein Jahrzehnt) angelegte Schöpfung ist ohne solche Schirmherrschaft ohnehin schwer vorstellbar.

(2) Die Behauptung des Mäzenatentums in den Epilogen erfolgt postum, aber (wie zu sehen war) zeitnah. Dies lässt die Vermutung zu, dass sie nicht nur faktitiv-beglaubigende, sondern auch religiös-heilsvergewissernde, vor allem aber *dynastisch-memoriale Zielsetzungen* verfolgte. Der sprachlichen, überlieferungsge-schichtlichen und historisch-kontextuellen Befundlage nach sind diese Intentionen eher am schwedischen als am norwegischen Hof plausibel zu verorten: Ingeborg und Erik, Tochter und Schwiegersohn Eufemias, heirateten 1312, nur Wochen nach Eufemias Tod;[45] aus ihrer Ehe ging 1317 (nach dem im Vorjahr geborenen Sohn Magnus) eine Tochter hervor, die den Namen Eufemia erhielt – ein nicht zu unterschätzender Akt memorialer Reverenz an die Mutter und Schwiegermutter der Eltern.[46] In diesem familiären und politischen Umfeld hat ein Gedenken, wie es sich in den zitierten Schlussversen (auf die gesamten Dichtungen zurückstrahlend) ausdrückt, seinen überzeugendsten ,Sitz im Leben', und hier könnten die apokryphen Verse auch frühzeitig der durch Eufemia einst veranlassten und namentlich Erik zugedachten Werktrias angefügt worden sein.[47] Die Orte der Mäzenschaft und der darauf bezogenen *memoria*

---

[42] Einen Übersetzer zumindest glaubt man aus diesem isolieren zu können: den westschwedischen, seit 1288 aber am norwegischen Hof exilierten Aristokraten Peter Algotsson, der in Paris studiert hatte, sprachlich hochbegabt und durch viele Diplomatenreisen wohl auch geübt war. Vgl. zuletzt Layher: *Queen Eufemia's Legacy* (wie Anm. 24), S. 243-247; Weber: „Eufemiavisor" (wie Anm. 20), Sp. 77.

[43] Vgl. Würth: „Eufemia" (wie Anm. 25), S. 277.

[44] Vgl. jetzt Mertens, Volker: „Die ,Eufemiavisor' als Zeugnis deutsch-skandinavischer Kulturkontakte", in: *Jahrbuch der Oswald von Wolkenstein-Gesellschaft* 16 (2006/07) S. 159-178; wegen der Sprachvielfalt der Ausgangstexte denkt Mertens sogar an eine je nach Vorlage unterschiedlich zusammengesetzte ,Übersetzerwerkstatt' im Kontext der Kanzlei(en).

[45] Das Fest ist in höfischem Prunk in der um 1320 entstandenen *Erikschronik* beschrieben: *Erikskrönikan. Enligt Cod. Holm. D2* (Samlingar utg. av Svenska Fornskriftsällskapet 68). Rolf Pipping (Hg.), ND Uppsala / Stockholm 1963, v. 3488-3623.

[46] Zur weiterreichenden ,Haustradition' des Namens vgl. oben, Anm. 23.

[47] Vgl. Sawicki, Stan: *Die Eufemiavisor. Stilstudien zur nordischen Reimliteratur des Mittelalters*, Lund 1939, S. 216:

fallen mithin auseinander: die Initiative der Dichtung liegt in Norwegen, die der *gedechtnus* in Schweden.[48]

Dagegen erscheint es mir ganz ausgeschlossen, dass Erik und Ingeborg den Topos weiblicher Gönnerschaft nur (im Wortsinn) kontrafaktisch bemühten, um der verstorbenen Königinmutter ein spezifischeres Andenken zu verschaffen, dass sie gar selbst erst die *Eufemiavisor* initiierten. Glaubwürdig nämlich konnte eine so dezidiert und exklusiv auf die literarhistorische Rolle der Verstorbenen kapriziierte *memoria* so kurz nach ihrem Tod gerade als *memoria* – die ja auf wissende Familien- und Hofkreise zielt! – nur sein, wenn der unterstellte Tatbestand im Kern auch realistisch war, wenn also Eufemia die literarischen Verdienste wirklich (und bekanntermaßen) erworben hatte, die man ihr zumaß. Alle *späteren* text- und überlieferungsgeschichtlichen Evidenzen verlieren für diese Frage zwar an unmittelbarer Zeugniskraft, zeigen aber aufs deutlichste, wie fest und nachhaltig die Erinnerung an Eufemias historische Existenz mit ihrem nie angezweifelten literarischen Ruhm verknüpft blieb. Die ursprünglich (im Sinn Genettes[49]) paratextuellen Epiloge fehlen in keinem einzigen der über zwei Jahrhunderte gestreuten, in drei Stemmagruppen verzweigten Überlieferungszeugen. In markantem Gestus erweitert eine späte *Hertig Fredrik*-Handschrift (F) den ihrigen sogar, indem der Schreiber[50] sein Bedauern über Eufemias frühen Tod mit ihrem dadurch jäh beendeten Mäzenat begründet: Es sei „ein großer Schaden, daß sie nicht länger leben und noch mehr Bücher schreiben lassen konnte.“[51]

2.3. Mäzenatentum und Politik: Fiktion und Geschichte

Eine weitere von den Epilogen und ihrer Überlieferung aufgeworfene Frage betrifft die Datierung der drei *Visor*-Texte. Sie führt unmittelbar schon auf das Anschlussgebiet möglicher außerliterarischer Funktionen hin. Nach langen, insgesamt wenig ergiebigen Forschungsquerelen neigt man heute überwiegend dazu, den Angaben der Handschriften Vertrauen zu schenken, wo sie widerspruchsfrei zusammengehen. Die absolute Datierung des *Ivan* lautet dabei stets auf 1303, die des *Flores* erwähntermaßen auf die Zeit kurz vor Eufemias Tod, also gegen Ende 1311/Anfang 1312.

Nur für den *Hertig Fredrik*, den in jeder Hinsicht bedeutsamsten der drei Texte, weichen

---

Erik sei „sicherlich der Veranlasser der den Gedichten nachträglich beigefügten Eufemiazeilen gewesen, in denen er nach Sitte der Zeit die literarischen Verdienste seiner Schwiegermutter verewigen ließ.“ – Die norwegische Dynastie als denkbare Alternative memorialen Gedenkens erlosch bereits 1319 mit Hákons V. Tod. Dagegen bestieg Eriks und Ingeborgs Sohn Magnus fast zeitgleich (Erik selbst war 1318 gestorben, sein Dauerrivale Birger nach Dänemark geflohen) auch den *schwedischen* Thron; er vereinigte so nach dem Tod des Großvaters in Personalunion die Kronen beider skandinavischen Reiche. Die Regentschaft für den zu dieser Zeit vierjährigen Knaben führte Ingeborg.

[48] Vielleicht auch, dem jüngsten Vorschlag von Volker Mertens folgend (wie Anm. 44), in einer konzertierten Aktion der schwedischen und norwegischen Höfe bzw. Kanzleien.

[49] Vgl. Genette, Gérard: *Palimpseste. Die Literatur auf zweiter Stufe.* (Aesthetica, N.F. 683), Frankfurt/Main 1993, S. 11f. und passim.

[50] Er lässt sich als geistlicher Bücherfreund sogar identifizieren, vgl. Layher: *Queen Eufemia's Legacy* (wie Anm. 24), S. 212, Anm. 118.

[51] „Thy war thet off stor skade/ ath hon motte ey laenger liffue/ oc fflere bøøker latha scriffua" (F 3216-18).

die Angaben der wichtigsten Textzeugen stark voneinander ab: Im Angebot sind Ende 1300 (A), Anfang 1301 (G) und Anfang 1308 (B). Aus diesen Indizien hat man die kontroversesten Schlüsse gezogen und die unterschiedlichsten Entstehungshypothesen abgeleitet, mit der für den kritischen Beobachter einzig sicheren Erkenntnis, dass rein textkritische Wege hier an ihre Grenzen stoßen. Berücksichtigt man, dass die übereinstimmende Reihung der Trias in den Sammelhandschriften – *Ivan, Fredrik, Flores* – auch ein zentrales Indiz für die relative Chronologie sein könnte, berücksichtigt man ferner die außerliterarisch-politischen Textbezüge, so ist 1308 die in jeder Hinsicht wahrscheinlichste Option. Im Jahr 1308 nämlich gipfelte jene ehediplomatische Krise, die sich zwischen das Verlöbnis und den letztendlichen Ehebund Ingeborgs mit Erik von Schweden drängt, weil der Brautvater Hákon die ursprünglich erwünschte Verbindung inzwischen aus verändertem politischem Kalkül offen hintertrieb. In dieser Krise sieht die Forschung mehrheitlich den zeitaktuellen Impuls (vielleicht auch nur den Auslöser für die spezifische Erscheinungsform) des literarischen Mäzenatentums Eufemias – und es besteht kein Grund, an der Berechtigung dieses Konsenses zu zweifeln, vielmehr lässt er sich noch bedeutend unterfüttern, was im Fortgang geschehen soll.

Es genügt hier, die Ereignisse in aller Kürze zu resümieren; sie sind anderweitig schon detaillierter erfasst und kommentiert.[52] Am Beginn steht 1302 die Verlobung der gerade einjährigen Ingeborg, zu deren Gunsten Hákon kurz zuvor in seinem Reich die weibliche Thronfolge eingeführt hatte, da er mit einem männlichen Erben wohl nicht mehr zu rechnen wagte. Noch im gleichen Jahr, zu Weihnachten, weilt Erik in Oslo. Dann aber kommt es zum politischen, zeitweise sogar militärisch eskalierenden Bruch, dessen wechselvolle Hintergründe – innerschwedische Konflikte und altererbte Rivalitäten zwischen den drei skandinavischen Königreichen – hier nicht nachzuzeichnen sind. Als Erik 1307 auf baldige Heirat mit der ihm Anverlobten drängt, weist Hákon das Ansinnen zurück, ein weiteres Treffen im Folgejahr bleibt ebenfalls ergebnislos. Nur Monate später macht Hákon in unmissverständlichem Affront gegen Erik dessen Neffen Magnus Birgersson, dem Sohn des Schwedenkönigs, Zusagen auf Ingeborg – ein formeller Bruch des schon bestehenden Verlöbnisses. In der Folge sucht auch Erik politisch-dynastisch neue Bindungen, und zwar in Dänemark, Norwegens traditioneller Rivalin. Erst 1311 finden Hákon und Erik zu einer dauerhaften Versöhnung. Das Verlöbnis wird erneuert, ein Jahr darauf schließlich die Hochzeit gefeiert. Eufemia hatte dieses Ende stets ersehnt, es wohl auch nach Kräften gefördert – die um 1320 im Umfeld des schwedischen Hofes (und Ingeborgs) verfasste *Erikschronik* nennt ihr Verhältnis zu dem Mann, der erst postum ihr Schwiegersohn wurde, schlicht ‚mütterlich‘.[53]

Die durch die Handschriften überlieferten Werkdatierungen fügen sich nahtlos in dieses historische Tableau: 1302 die Verlobung Ingeborgs mit Erik – kurz zuvor Eufemias Auftrag für den *Ivan*, dessen politisch-rechtliche Signifikanz seit Volker Mertens' Laudine-

52 Vgl. Lütjens, August: *Herzog Friedrich von der Normandie. Ein Beitrag zur Geschichte der deutschen und schwedischen Literatur des Mittelalters* (Münchener Archiv für Philologie des Mittelalters und der Renaissance 2), München o.J. [1912], S. 24f.; mit klarerem Blick für die Beweggründe Eriks bzw. Hákons in dem Konflikt auch Würth: „Eufemia" (wie Anm. 25), S. 277f.

53 Pipping: *Erikskrönikan* (wie Anm. 45), v. 2243.

Studie keiner näheren Begründung mehr bedarf.[54] Das didaktisch plausible Warnexempel wird so zum aktualisierten Plädoyer für pflichtbewusste Landesherrschaft und Ehe-*triuwe*, und der Feststellung Würths ist wenig hinzuzufügen, dass dieses Werk „thematisch […] hervorragend als Geschenk für einen frischverlobten Ehemann" taugte[55] – zumal für einen von der ehrgeizig-umtriebigen Natur Eriks. Dass für ein solches Geschenk die Sprache des Beschenkten und Adressaten gewählt wurde, ist kaum überraschend. Doch für den durch die Zuspitzungen der Folgejahre bedingten Konzeptionswandel des *Visor*-Unternehmens, der anzunehmen und im Fortgang zu begründen ist, wurde es zur entscheidenden Voraussetzung, dass diese Sprache der norwegischen so nahe stand, dass sie *grosso modo* auch am Hof Hákons (und damit auf der nun mitangesprochenen Seite) verstanden werden konnte.[56] – Im Herbst 1311 schließlich die Lösung der Krise, die Versöhnung zwischen Werber und Brautvater und die erneuerte Verlobung – parallel dazu der Auftrag zum *Flores*, der Geschichte zweier edler Liebender, die sich nach starrem väterlichem Widerstand, nach langem und wechselvollem Parcours von Prüfungen und Hindernissen endlich vereinen dürfen.[57]

Und dazwischen nun *Hertig Fredrik* – entstanden 1308, in jenem Jahr, in dem der Konflikt seine dramatischste, aus Sicht Eufemias wohl auch gefährlichste Wendung nahm. Da der Stoff weniger bekannt ist als der der beiden anderen Texte, werde ich ihn kurz resümieren, bevor ich seiner aktuellen Signifikanz nachgehe: Der Held, ein Normannenherzog Fredrik, ist ein den Tafelrundern ebenbürtiger Ritter, dies aber als Landesfürst in (partiell) authentischer Geographie, nicht als *chevalier errant* in arthurischer Phantasiewelt. Der Name ist in normannischen Dynastien (sieht man vom angesippten Staufer Friedrich II. einmal ab) nicht belegt, aber für Hörer, die nicht zugleich Genealogen oder Historiker sind, zweifellos ein Realitätssignal. Friedrich zieht zunächst von seiner Burg Karllawint, gelegen bei Rouen an der Seine, auf Aventiure aus, steht einem Zwergenkönig gegen eine Adelsrevolte bei und stellt die Ordnung in dessen Land wieder her (diese Sequenz dominiert den ersten Handlungsteil). Auf einem Turnier erhält er Kunde von der schönen Königstochter Floria in Irland und ihrem gefährlichen Vater. Der Fortgang ist erwartbar eine Werbefahrt, die nach Hindernissen zum glücklichen Ende führt: Hochzeit des Herzogs mit der Königstochter, Versöhnung mit dem Vater. Die sich anschließende Herrschaft Fredriks

---

[54] Vgl. Mertens, Volker: *Laudine. Soziale Problematik im Iwein Hartmanns von Aue* (Zeitschrift für deutsche Philologie, Beihefte 3), Berlin 1978. Mertens bezieht sich zwar speziell auf Hartmanns Text, doch trifft der Tenor seiner Deutung durchaus den Stoff insgesamt.

[55] Würth: „Eufemia" (wie Anm. 25), S. 278.

[56] Die für den *Ivan* intendiert gewählte Sprache konnte mithin in den Folgetexten beibehalten, gleichwohl neben Erik nachträglich auch der gebildete Gemahl Eufemias und sein Umfeld in ihren Appellhorizont einbezogen werden; dass überdies die für den kulturstiftenden Transferakt günstige Ausgangslage (das Fehlen einer schon etablierten Tradition höfischer Epik in Schweden) und mögliche memoriale Ambitionen in grenzüberschreitend-,panskandinavischer' Perspektive für das Schwedische und gegen das Norwegische sprachen, wurde bereits angedeutet. Die Frage, warum eine norwegische Königin deutscher Herkunft Mäzenin schwedischsprachiger Dichtung wurde, lässt sich damit m.E. ebenso schlüssig klären wie weiter oben (Anm. 32) jene, warum sie dafür auf kontinentale, nicht auf (in zwei Fällen existierende) norwegische Vorlagen zurückgriff.

[57] Vgl. Würth: „Eufemia" (wie Anm. 25), S. 280.

steht im Zeichen der Kardinaltugenden *pietas*, *iustitia* und *pax* und verbürgt dauerhaftes Landeswohl.

Soweit die Fiktion. Setzt man für Irland Norwegen, für die Normandie Schweden ein, so spiegelt sich in der Handlung des zweiten Teils präzise die Konstellation Hákon, Erik, Ingeborg wider – was jedem, der das Werk zwischen 1308 und 1312 in Schweden oder Norwegen zur Kenntnis nahm, aufgefallen sein muss. Der Schluss antizipiert dabei offenbar – in 1308 noch völlig unentschiedener Lage! – den aus Sicht der Auftraggeberin und der hinter ihr stehenden Hofkreise dringend erwünschten, ja prospektiv geforderten Ausgang: Der ständisch unterlegene Fredrik erweist sich durch Klugheit und Augenmaß „seinem königlichen Widersacher als ebenbürtig und wird schließlich auch von diesem als Schwiegersohn akzeptiert."[58] Das literarische Modell reflektiert so fiktiv verschlüsselt die Erwartungen und Appelle der Auftraggeberin an beide Konfliktträger, die im Analogschluss zu pragmatischer Konzessionsbereitschaft und politischer Klugheit ermahnt werden. Da Eufemias direkter politisch-dynastischer Handlungsspielraum ihrem Geschlecht und ihrer Rolle nach begrenzt war, da zugleich Literatur im höfischen Leben des Mittelalters stets als Medium gesellschaftlicher Relevanz wahrgenommen wurde und ihren Platz in der Öffentlichkeit fand, bot sich der ‚kulturpolitische' Ausweg dafür offenkundig an.

2.4. Funktionale Aspekte jenseits Antizipation und Widerspiegelung: Der literarische Herrschaftsdiskurs

Es wäre nun aber Dichtung nicht Dichtung, wenn sie sich nur im begleitend-narrativen Mitvollzug oder in der Vorwegnahme erwünschter Realitäten erschöpfte. Der Mehrwert der poetischen *narratio* liegt, natürlich, in der gefällig-unterhaltsamen ‚Verpackung' des didaktisch-exemplarischen Impulses, doch mehr noch in dessen „integrale[r] Subjektivierung [...] mittels der Produktion von er-lebbaren Applikations-Vorgaben."[59] Den drei Texten (und Stoffen), die Eufemia – ich denke dabei das oben angedeutete mögliche Hinterfeld unausgesprochen stets mit – zur Trilogie vereinte, sind über ihre frappanten Bezüge auf den dynastischen Entstehungskontext hinaus historisierende, standespädagogische und politisch diskursive Akzente gemein, die sich vor allem an den Themen Liebe (begriffen stets und exklusiv als Basis dynastisch-herrschaftlicher Ehe), Kampf (begriffen auch als Krieg) und herrschaftlich-dynastische Kontinuität entfalten.

Im *Ivan* hat dies, wie erwähnt, schon stoffliche Gründe, und es bestimmen eher die Auswahl und Neuakzentuierung der durch die Vorlagen bereitgestellten Züge als markante Neuerungen sein diskursives Profil. Schon bei Chrétien tritt der spätere Löwenritter

---

[58] Würth: „Eufemia" (wie Anm. 25), S. 274. – Inwiefern und in welchem Ausmaß die bemerkenswerten ‚antizipierenden Parallelen' zur realdynastischen Situation und zu ihrem erwünschten Ausgang substanzielle Veränderungen an den Stoffvorgaben nötig machten bzw. nahelegten, ist mangels Vorlage naturgemäß nicht mehr zu klären. Weitläufige Kürzungen und Auslassungen nicht zweckdienlicher Passagen sind immerhin wahrscheinlich, wenn man den Versumfang des *Fredrik* mit der Durchschnittverszahl deutscher Romane des fortgeschrittenen 13. Jahrhunderts (hier wäre die verlorene Vorlage am ehesten einzuordnen) vergleicht.

[59] Vgl. Link, Jürgen / Link-Heer, Ursula: „Diskurs / Interdiskurs und Literaturanalyse", in: *Zeitschrift für Literaturwissenschaft und Linguistik* 20 (1990) S. 88-100, hier S. 92.

sein Quellenabenteuer nicht (nur) als mutig-ehrbewusster Rächer seines Verwandten Ka-logrenant an, sondern in Reaktion auf den ehrrührigen Vorwurf trunkener Prahlerei (der natürlich von Keie/Keyae, dem notorischen Schandmaul des Artushofs, ausgeht). Dieses Motiv übernimmt und verschärft der schwedische Text, unter anderem indem er als Kontrastfiguren Parzival und Dietrich von Bern neu einführt (vgl. 550ff.). Unüberlegte Reden und ein Entschluss vor allem in eigener Sache begründen also letztlich den Initialauszug und setzen früh irritierend-zwielichtige Signale um den Protagonisten. Die gleichen Mängel – übersteigerter Ehrgeiz und selbstbezogene Unbedingtheit – verschulden später auch Ivans zäsurierenden Bruch mit Laudine/Landewan. Der krisenhafte Weg wird durch stofflich geringfügige Modifikationen der Vorlage(n), wozu auch die konzeptionelle Entschärfung des im *Yvain* verstörend komplexen Minnecasus gehört, im Ergebnis dezidierter auf den Lern- und Läuterungsprozess Ivans hin perspektiviert, worin der Löwenritter sich seiner mangelnden Eignung als Ehemann und Landesherr bewusst wird und qua Erwerb der nötigen *zuht* und Selbstkontrolle zur Herrschaftsfähigkeit gelangt, die ihm beim Herrschaftsantritt noch fehlte – die Beherrschung anderer setzt ja, nach mittelalterlichem Verständnis, Selbstbeherrschung zwingend voraus. Die Impulsgeberin dieses Selbsterfahrungs- und Selbstkorrekturprozesses ist dabei signifikanterweise die politisch versierte, selbstbewusste Königsgattin (die im Übrigen fast nie namentlich, stets nur als ‚Königin‘ oder ‚Herrin‘ auftritt): Der Stoff arbeitet der königlichen Auftraggeberin hier förmlich in die Hände.

Beim *Flores* sind die herrschaftsdiskursiven Implikationen der Stoffadaptation weniger klar zu fixieren, hier überwiegt vielleicht wirklich der zeitaktuelle Modell- und der überzeitliche Unterhaltungswert. Doch ist zumindest der Ausblick wieder dezidiert von politischer Exemplarität bestimmt, denn in seinem Erbreich verwirklicht auch der einstige Heide Flores idealtypisch das Modell eines *rex pius, iustus et pacificus*, was ihm nicht nur himmlisches Heil einbringt, sondern auch die Aussicht auf ein langes Nachleben auf Erden: Drei Söhne gehen aus seiner Ehe hervor, die dynastische Kontinuität scheint über das Romanende hin auf lange Dauer garantiert. Hier wird der auch in Fürstenspiegeln, etwa im *Königsspiegel* Hákons IV. (1217-63), konstitutive Zusammenhang zwischen herrscherlicher Idoneität und göttlicher Providenz, zwischen Herrscherprofil und Landeswohl unmittelbar greifbar.

Während nun von *Ivan* und *Flores* auch in Norwegen bereits (Prosa-)Bearbeitungen vorlagen und dem Eufemiakreis als ergänzende Quellen dienten, die Wahl hier also von einer schon vorliegenden Rezeptionstradition beeinflusst gewesen sein wird, sind der Stoff und die Vorlage für *Hertig Fredrik* offensichtlich völlig ‚frei‘ gewählt.[60] Es mag sein, dass Eufemia selbst die deutsche Quelle nach Oslo mitbrachte oder dorthin bestellt hat – vielleicht unter Einschaltung ihres kunstsinnigen Bruders Wizlav III. oder über andere in ihre Heimat führende Kanäle. Wie dem auch sei: Für Eufemias Funktionsabsichten scheint der Friedrich-Roman dieser Sonderstellung zufolge nicht nur chronologisch die zentrale Position einzunehmen. Die herrschaftsdiskursiven Aspekte sind hier besonders dicht gesät,

---

[60] Die vor allem in der Frühphase der Forschung erwogene norwegische Zwischenstufe, eher ein Produkt nationalpatriotischer Wünsche als philologisch-historischer Indizien, gilt längst als Chimäre.

und dies über das schon durch die Gattungstradition dafür prädestinierte fürstliche Brautwerbungsszenario hinaus.[61] Die Zwergenhandlung des ersten Teils spielt zwar – Reminiszenz an den Artusroman? – in fabulösem Milieu, ist aber hochpolitisch semantisiert. Sie könnte sich, umgebettet in die Welt der Menschen oder zumindest eines orientalischen Mirabilienvolkes,[62] kaum verändert auch in einer zeitgenössischen Chronik finden. Friedrich begründet hier, nachdem er die politisch-feudale Ordnung durch Unerbittlichkeit im Krieg und Mäßigung im Frieden wiederhergestellt hat, eine „ideal society in miniature."[63] Aus Irland bringt er dann nicht nur eine ständisch überlegene Gattin, sondern (ethisch nicht einwandfrei, doch politisch zweifellos klug) auch den Staatsschatz mit heim und baut auf Basis beider ‚Erwerbe' eine lange, sowohl religiös als auch pragmatisch fundierte Herrschaft auf.

Man hat *Hertig Fredrik* angesichts dieser Umstände treffend „a sort of King's Mirror" genannt.[64] An anderem Ort[65] habe ich selbst zu zeigen versucht, wie sehr der Text seiner ganzen Struktur nach nicht mehr der nur phantomhaft erinnerten Artusidealität verhaftet ist (Artus selbst ist laut Prolog schon tot), sondern dem in der deutschen Epik seit Rudolf von Ems gepflegten, um 1300 kulminierenden Typus des fürstlichen ‚Herrschaftsromans' nahe steht; seine vieldiskutierte verlorene Vorlage sah und sehe ich, der Sach- und Indizienlage nach natürlich hypothetisch, in unmittelbarer Nachfolge des *Wilhelm von Orlens* Rudolfs von Ems (1235/40), dem als Text wie als Typenmodell seit Mitte des 13. Jahrhunderts in Deutschland durchschlagender Erfolg beschieden war. Die fünf Hauptargumente für die neue, gewissermaßen post-arthurische Lesart des *Fredrik*-Romans können hier nur als Schlagworte wiederholt werden:

1. die religiöse Rahmung: Prolog wie Epilog betonen die Gottesnähe und Glaubensstärke des Helden und profilieren ihn als *rex Christianus*;
2. das politisch-herrschaftliche Szenario der Zwergensequenz mit beispielhafter Konfliktregulation und nachfolgender ‚guter Regierung';
3. die flexibel-pragmatische Ausgestaltung der Herrschertugenden Friedrichs im Sinne ei-

---

[61] „Das Schema der Brautwerbung [...] eröffnet grundsätzlich einen politisch bedeutsamen, herrscherlichen Handlungsraum", habe gar „implizit politische[n] Charakter", so Ortmann, Christa / Ragotzky, Hedda: „Brautwerbungsschema, Reichsherrschaft und staufische Politik. Zur politischen Bezeichnungsfähigkeit literarischer Strukturmuster am Beispiel des ‚König Rother'", in: *Zeitschrift für deutsche Philologie* 112 (1993) S. 321-343, hier S. 324f. Die Werbefahrt nämlich akzentuiert und aktiviert (oder problematisiert, mit Blick auf Fälle wie Marke und Gunther) unfehlbar zentrale Herrscherqualitäten des Bewerbers und demonstriert (oder hinterfragt) das Funktionieren des von ihm geführten Verbands, wobei der Rats- und Botentopik eine wichtige Signalfunktion zukommt.

[62] Vgl. Grippia im *Herzog Ernst*, die Brahmanen- oder Candacis-Welt im *Alexander* und dergleichen. Bei Ottokar von Steiermark findet sich sogar eine vergleichbare Zwergenepisode; hierzu und zu ähnlichen Grenzüberschreitungen vgl. Herweg: *Wege zur Verbindlichkeit* (wie Anm. 15), Kap. 2.1.

[63] Holm: „Eufemiavisorna" (wie Anm. 20), S. 172.

[64] Ebd.; ganz ähnlich Würth: „Eufemia" (wie Anm. 25), S. 279: Anfang und Schluss des *Hertig Fredrik* seien „eine Art Fürstenspiegel".

[65] Vortrag im Rahmen der germanistisch-skandinavistischen Tagung der Oswald von Wolkenstein-Gesellschaft 2005 in Brixen; der Beitrag ist unter dem Titel „*Hertig Fredrik av Normandie*: Ein Modell postarthurischer Epik im Spannungsfeld deutsch-schwedischer Literatur" im *Jahrbuch der Oswald von Wolkenstein-Gesellschaft* 16 (2006/07) S. 139-157 erschienen; vgl. auch Anm. 44.

ner politischen Situationsethik anstelle der starren Normethik des ('klassischen') Artus-romans. Hier ist vor allem auf die Rolle der List (als legitimer Bestandteil fürstlicher *prudentia*) zu verweisen;

4. die rein politische Dimension der Werbungs- und Liebeshandlung, die jeder höfisch-verfeinerten Minneideologie hohnspricht, freizügige Sexualität impliziert und funktional auf eine mit Nachkommen gesegnete Herrschaftsehe hinausläuft;

5. die um die Nordsee gelagerte Realgeographie und ihre zeitaktuellen Prämissen (Hanse-raum!).

2.5. Folgerungen und Ausblicke

Auch wenn damit die politisch-herrschaftsdiskursive Substanz der *narratio* unter den drei *Visor*-Texten im *Hertig Fredrik* am facettenreichsten aufscheint, vertritt der Roman doch nur in markanterer Weise das (wie zu zeigen war) allen dreien eingeschriebene Referenz-phänomen. Dabei greifen sie alle, im Ansatz auch *Herra Ivan*, gerade *nicht* mehr auf die fragwürdige Überzeugungskraft überzeitlich-ahistorischer Tugendideale wie etwa den 'gu-ten König Artus' zurück,[66] sondern auf historisch-lebensweltlich applizierbare(re), in ge-wisser Weise pragmatisch 'gemischte' Heldentypen. Das ehedem direkt imitationstaugliche Vorbild wird darüber zum impliziten Appell, sein Handeln wird kritisch auf außerliterari-sche Situationen beziehbar und danach bewertbar. Und genau dies wird auch Eufemias Kalkül gewesen sein, als sie, emotional und politisch zwischen Gemahl und Wunsch-Schwiegersohn stehend, mit hypothetisch tatkräftigem Rückhalt in Kanzleikreisen die drei Teile ihres Auftragswerks auswählte und mit bestimmten Bearbeitungsvorgaben verband: Hákon, Erik und sein Umfeld sollten Orientierungs- (eben nicht schlicht Imitations-!)Modelle aus einer literarisch-imaginären, doch von politisch-historischen und topogra-phischen Wirklichkeitseffekten durchsetzten 'Vergangenheit' erhalten, die das Nützliche des Reflexionsimpulses mit der angenehm-gefälligen Hülle höfischen Zeitvertreibs ver-banden. Ob dieser kulturpolitische Impuls mangelnde direkte Einflusschancen zu kom-pensieren versuchte, ob er gar zum letztendlichen (und von Eufemia nicht mehr erlebten) Ausweg aus der verfahrenen Lage beizutragen vermochte, ist bei allem Spekulationspoten-tial, das diesen Fragen innewohnt, aufgrund der Quellenlage nicht mehr zu entscheiden.

Eines immerhin scheint klar: Mit dieser 'kulturpolitischen' Art des Verfolgs dynasti-scher Ziele steht Eufemia unter den Königinnen, Fürstinnen und adligen Damen ihrer Epoche nicht isoliert da. In die illustre Reihe fürstlicher Dichterinnen und Auftraggeber-

---

[66] In diesem Punkt ist *Ivan*, der einzige Artusroman der Gruppe, natürlich von besonderer Brisanz. Schon der Prolog setzt sich hier von Chrétien und Hartmann, der Haupt- und Nebenvorlage also, ab, indem er nicht deren ahistorisch-passives Artusbild übernimmt, sondern (vermittelt über die norwegische *Ivens Sa-ga*) den Artus der Chronistik und Geschichtsepik: Der im *Ivan*-Prolog profilierte Artus ist nicht der auf Wahrung der *costume* bedachte *primus inter pares* einer mythischen Runde, sondern der machtvolle Befreier Englands von rechtlosem Tribut, der Kämpfer wider Rom und der ebenbürtige Genosse Karls des Gro-ßen: „Wo Heiden mit Christen kämpften, war keiner herausstechender zu dieser Zeit. Beide Fürsten, von denen ich spreche, haben so gerecht gehandelt, daß ihr Lob über alle Welt reicht, wo auch immer Herren und Fürsten Hof halten" (v. 17-22). Damit ist allemal ein anderer Artustyp erinnert als der, den um 1250/1300 ein deutschsprachiges Publikum im Kopf haben musste!

innen, denen die Forschung – im Grundsatz berechtigt – ähnlich inspirierte Rollen im Literaturbetrieb bescheinigt hat, gehört im skandinavischen Raum fast zeitgleich Agnes von Dänemark († 1304), Gattin des durch Rumslant von Sachsen beklagten Königs Erik Glipping und wohl auch Rumslants Gönnerin,[67] im deutschen Guta von Habsburg-Böhmen († 1297), Auftraggeberin des *Wilhelm von Wenden* des Prager Hofdichters Ulrich von Etzenbach, der die Bedingungen weiblicher Herrschaft in mehreren Krisen- und Bewährungsszenarien geradezu experimentell ausspekuliert. Die Protagonistin heißt hier erwähntermaßen ‚Bene‘, verdeutscht ‚Guta‘ (ein panegyrischer Exkurs des Dichters macht diese Projektion auch explizit). Später treten Elisabeth von Nassau-Saarbrücken und Eleonore von Schottland-Tirol – auch sie bereits weiter oben genannt – in Eufemias Nachfolge. Gerade der Blick auf Elisabeth drängt sich vom Schluss her noch einmal auf: Beide Fürstinnen, Eufemia wie Elisabeth, waren Fremde in jener Sprache, in der sie, die eine per Auftrag, die andere direkt, ihr Anliegen realisierten. Und beide eröffneten mit dieser Leistung fortwirkende literarische Gattungs- und Formtraditionen. Beider ständisch-dynastische Einflusschancen waren durch Rolle und Geschlecht beschränkt (die Elisabeths zumindest in ihrer Witwenschaft weniger als die Eufemias), und beide verstanden und nutzten das literarische Surrogat eher exemplarisch-didaktisch als forciert politisch.

Man hat, gerade hinsichtlich Elisabeths, die legitime Frage nach literarischen Funktions- und Wirkungsintentionen nicht selten im Zeichen einer methodisch naiven Engführung literarischer, biographischer und historischer Befundbruchstücke ins Unverbindliche, ja Hypertrophe getrieben.[68] Dieser durch die Parameter der in den 1970er Jahren dominanten sozialhistorischen Methode begünstigte Irrweg sollte und durfte hier nicht neubeschritten werden. Historische ‚Schlüsselromane‘, bloße Erziehungsprogramme, gar unmittelbar politische Akte sind die Eufemia-Texte sowenig wie jene der Elisabeth – dafür hätten im aristokratisch-höfischen Kommunikationsmilieu andere, geeignetere Gattungsmodelle und Inszenierungstypen (wie zum Beispiel Chroniken, Lehrgedichte, Fürstenspiegel) zur Verfügung gestanden, und dafür hätte sich auch die Vermitteltheit des Appells, die Implizitheit der Lehre verboten. Den literarischen wie den historischen Wert der *Eufemiavisor* und den Rang ihrer Mäzenin macht vielmehr gerade die konstitutive Verbindung der in ihnen zusammenlaufenden multiplen Wirkungsbezüge aus: standesadäquat-gehobene, dabei bewusst lebensweltlich rückgebundene (statt evasiv-fiktionale) Unterhaltung, exemplarische, doch als Reflexionsappell dargebotene politisch-fürstliche Verhaltenslehre, vielleicht schon bei der Mäzenin auch Ambitionen auf eine eigenständige memoriale Existenz,[69] schließlich der subtile Zeitkommentar über den Familienzwist im Hause Hákons V.

Im Dienst dieser Wirkungsabsichten nicht allein kulturfördernd, sondern auch (im ein-

---

[67] Vgl. Layher: *Queen Eufemia's Legacy* (wie Anm. 24), S. 25f.

[68] Vgl. oben, Anm. 18; zur Kritik namentlich an Burchert vgl. Haubrichs, Wolfgang: „Kurze Forschungsgeschichte zum literarischen Werk Elisabeths", in: Haubrichs/Herrmann/Sauder (Hg.): *Zwischen Deutschland und Frankreich* (wie Anm. 7), S. 30f.

[69] Ob schon für Eufemia der Aspekt eigener Memoria eine Rolle spielte, muss offen bleiben, wenn man die Epiloge sämtlich erst postum entstanden sieht; erst hier nämlich tritt ihr Name mit den Texten in Verbindung. Vgl. aber oben, Anm. 41.

leitend umrissenen Sinn) kulturvermittelnd initiativ geworden zu sein, ist Eufemias großes Verdienst, das ihr die Nachwelt mit jahrhundertelanger *memoria* gedankt hat. Nur das aktuelle Primäranliegen Eufemias hat die Rezeptions- und Überlieferungsgeschichte früh aus den Augen verloren, weil es sich mit ihrem Tod und Ingeborg-Eriks endlicher Hochzeit erübrigte. Alle anderen angezeigten Intentionen aber wirkten fort – in einigen Abschriften scheint sogar der Aspekt spezifisch *weiblicher* Literaturpolitik ‚federführend‘ gewirkt zu haben.[70] Mit diesen Wirkungsbezügen blieb auch das Bewusstsein für die damit verbundene historisierende, quasi ‚trans-fiktionale‘ Faktur des Zyklus langfristig präsent, der, so heterogen er sich stofflich, gattungstypologisch und den Stil- und Sprachtraditionen nach darstellt, konzeptionell und funktional doch zu einem bruchlos geschlossenen Ganzen gestaltet wurde. Anders lassen sich die Überlieferungsbefunde noch rund zweihundert Jahre später kaum erklären: Keine fiktionalen Romane, sondern ein weites Spektrum historisch-chronistischer, geographisch-enzyklopädischer, medizinisch-diätetischer und religiös-didaktischer Literatur in lateinischer, schwedischer und mittelniederdeutscher Sprache, in Vers und Prosa, säumt und umgibt den *Visor*-Zyklus in allen zehn Sammelhandschriften, die ihn als ganzen oder partiell enthalten.[71] Dazu kommen Epen des Antiken-, Dietrich- und Karlskreises, die im Verständnis der Zeit auch nicht Fiktion, sondern im Kern Vorzeitwissen und *historia* boten. Märchenhaft-Phantastisches oder einfach nur ‚Belletristisches‘ sucht man in der *Visor*-Überlieferung vergebens. Offenbar hat es auch der spätmittelalterliche Rezipient, hier ganz im Einklang mit der einstigen Gönnerin, neben diesen Texten nicht erwartet.[72]

---

[70] Zwei Handschriften, die mit den *Eufemiavisor* mehrere Chroniken und Legenden überliefern, haben nachweislich adlige Frauen als Auftraggeberinnen: *Fru Elins bok* (Cod. Holm. D3) und *Fru Märetas bok* (Cod. Holm. D4a), beide um 1488. William Layher spricht vorsichtig von einem Indiz weiblicher Kulturpolitik auch hier; vielleicht stehe sogar die ‚politische‘ Geste einer Fürstin hinter den Aufträgen (brieflich; mit herzlichem Dank für den Hinweis).

[71] Vgl. Layhers Aufstellung (wie Anm. 24), S. 277ff.

[72] Bemerkenswert ist in dieser Hinsicht auch, dass der Zusammenhang der *Visor*-Trias in den Sammelhandschriften unverbindlich wird: Immer wieder schieben sich Chroniken, Legenden oder pragmatische Gebrauchstexte zwischen sie. Als paradigmatisch sowohl für die Überlieferungsvielfalt als auch für den fehlenden Binnenzusammenhang der episch-fiktiven Teile – und damit als Hinweis auch auf das wohl fehlende Ranggefälle – sei (Layher: *Queen Eufemia's Legacy* [wie Anm. 24], S. 285f.) nur der Inhalt der Sammelhandschrift Cod. Holm. D3 (*Fru Elins bok*, um 1488) skizziert: *Herr Ivan* (paginiert [nicht foliiert!] 3-168), *Karl Magnus und seine 12 Paladine* (169-212), *Erikschronik* (213-346), *Flores* (347-407), *Valentin und Namelos* (ein weiteres Epos des Karlskreises, Prosa; 407-461), *Hertig Fredrik* (461-542), *Tungalus* (Prosalegende, 543-558), *Lilla Rimkrönikan* (559-571), *Prosaiska Krönikan* (572-591), zwei didaktisch-pragmatische Texte (591-626), zwei Annalegenden (627-635) sowie eine Marienlegende (636-641). – Allen Diskussionsteilnehmern und Gesprächspartnern der Saarbrücker Tagung danke ich an dieser Stelle herzlich für Hinweise und Anregungen, die in die Druckfassung eingeflossen sind.

EINE FÜRSTIN SPRICHT
DIE ERZÄHLUNGEN UND BRIEFE ELISABETHS VON NASSAU-SAARBRÜCKEN

NINE MIEDEMA

1. Einleitung

Im Zentrum der vorliegenden Überlegungen stehen die Prosa-Erzählungen der Elisabeth von Nassau-Saarbrücken – Texte, denen erst in den letzten Jahrzehnten allmählich mehr Aufmerksamkeit geschenkt worden ist.[1] Es darf als symptommatisch für das Desinteresse weiter Bereiche der germanistischen Forschung für Elisabeth von Nassau-Saarbrücken gelten, dass sie in Sammelbänden wie *Women as Protagonists and Poets* oder auch in Claudia Spanilys Studie *Autorschaft und Geschlechterrolle. Möglichkeiten weiblichen Literatentums im Mittelalter* gar nicht erst erwähnt wird.[2] Dass dagegen Ursula Liebertz-Grün im Lexikon *Deutsche Literatur von Frauen* festschreibt, Elisabeths *Huge Scheppel* sei „in einem munteren Plauderton erzählt",[3] beweist weniger die angeblich geringe literarisch-ästhetische Qualität der Erzählungen (die ohnehin kein ausschlaggebendes Argument gegen die wissenschaftliche Beschäftigung mit Texten in ihrem historischen Kontext sein sollte) als vielmehr die erheblichen Defizite, die die wissenschaftlichen Analysen der Poetik solcher Erzählungen bisher aufweisen.[4] Zu Recht wurde jüngst etwa die „Untersuchung des spezifischen

1   Siehe insbesondere der folgende Sammelband, der der Forschung entscheidende neue Impulse verlieh: Haubrichs; Wolfgang / Herrmann, Hans-Walter / Sauder, Gerhard (Hg.): *Zwischen Deutschland und Frankreich. Elisabeth von Lothringen, Gräfin von Nassau-Saarbrücken* (Veröffentlichungen der Kommission für Saarländische Landesgeschichte und Volksforschung e.V. 34), St. Ingbert 2002. Als die wichtigsten früheren Forschungsbeiträge zu Elisabeths Prosaerzählungen sind zu nennen: Müller, Jan-Dirk: „Held und Gemeinschaftserfahrung. Aspekte der Gattungstransformation im frühen deutschen Prosaroman am Beispiel des *Hug Schapler*", in: *Daphnis* 9 (1980) S. 393-426; Ders.: „Gattungstransformation und Anfänge des literarischen Marktes. Versuch einer Theorie des frühen deutschen Prosaromans", in: Vorstand der Vereinigung der deutschen Hochschulgermanisten (Hg.): *Textsorten und literarische Gattungen. Dokumentation des Germanistentages in Hamburg vom 1. bis 4. April 1979*, Berlin 1983, S. 432-449; Ders.: „Volksbuch / Prosaroman im 15./16. Jahrhundert. Perspektiven der Forschung", in: *Internationales Archiv für Sozialgeschichte der deutschen Literatur*, 1. Sonderheft: *Forschungsreferate* (1985) S. 1-128; Ders.: „Späte Chanson de geste-Rezeption und Landesgeschichte. Zu den Übersetzungen der Elisabeth von Nassau-Saarbrücken", in: *Wolfram-Studien* 11 (1989) S. 206-226; Gaebel, Ulrike: *Chansons de geste in Deutschland. Tradition und Destruktion in Elisabeths von Nassau-Saarbrücken Prosaadaptationen*, Diss. FU Berlin 1999 (im Netz unter den digitalen Dissertationen der FU Berlin zugänglich: http://deposit.ddb.de/cgi-bin/dokserv?idn=96365 9863); Bloh, Ute von: *Ausgerenkte Ordnung. Vier Prosaepen aus dem Umkreis der Gräfin Elisabeth von Nassau-Saarbrücken: Herzog Herpin, Loher und Maller, Huge Scheppel, Königin Sibille* (Münchener Texte und Untersuchungen zur deutschen Literatur des Mittelalters 119), Tübingen 2002.
2   Classen, Albrecht (Hg.): *Women as Protagonists and Poets in the German Middle Ages. An Anthology of Feminist Approaches to Middle High German Literature* (Göppinger Arbeiten zur Germanistik 528), Göppingen 1991; Spanily, Claudia: *Autorschaft und Geschlechterrolle. Möglichkeiten weiblichen Literatentums im Mittelalter* (Tradition – Reform – Innovation 5), Frankfurt am Main / Berlin / Bern u.a. 2002.
3   Liebertz-Grün, Ursula: „Höfische Autorinnen", in: Gisela Brinker-Gabler (Hg.): *Deutsche Literatur von Frauen*, Bd. 1: *Vom Mittelalter bis zum Ende des 18. Jahrhunderts*, München 1988, S. 39-64, hier S. 58.
4   Vgl. bereits Müller: „Volksbuch / Prosaroman" (wie Anm. 1), S. 15-25, S. 29, S. 50-61, zum auch heute noch nicht gelösten Problem, dass die „besonderen Kunstregeln" (ebd., S. 16), die für eine Gattung des

Sprachstils dieser Texte" von Wolfgang Haubrichs als ein Forschungsdesiderat bezeichnet.[5]

Im vorliegenden Beitrag wird der Weg zu einer (Teil-)Beschreibung dieses „spezifischen Sprachstils" über die Untersuchung der in den literarischen Werken Elisabeths von Nassau-Saarbrücken enthaltenen Dialoge gewählt. Auf die Dialoge in der klassisch-höfischen Großepik konzentriert sich ein in Münster initiiertes Forschungsprojekt, das Synergieeffekte zwischen sprach- und literaturwissenschaftlichen Herangehensweisen anstrebt.[6] Zu den ersten Ergebnissen des Projektes und damit zum methodischen Hintergrund für die nachfolgenden Ausführungen kurz einige Hinweise.

In der Literaturwissenschaft wird häufig darauf verwiesen, dass die Verwendung der Figurenrede in Epen und Romanen der ‚Belebung' eines Textes diene,[7] der Text werde durch sie abwechslungsreicher. Durch die (fingierte) Unmittelbarkeit und Alltagsnähe[8] der

---

frühneuhochdeutschen Prosaromans konstitutiv sein könnten, dessen „Abkehr von der rhetorischen Inszenierung höfischer Epen [...] weder Form- noch Anspruchslosigkeit zur Folge" hatte (ebd., S. 53), nicht systematisch und vergleichend untersucht sind. Es liegen allerdings Untersuchungen zu einzelnen Werken vor: Roloff, Hans-Gert: *Stilstudien zur Prosa des 15. Jahrhunderts. Die ‚Melusine' des Thüring von Ringoltingen* (Literatur und Leben NF 12), Köln / Wien 1970; Knapp, Gerhard Peter: *Hystoria Troyana. Ein frühneuhochdeutscher Prosaroman. Textedition und Einführung in den Text*, Diss. Berlin 1970; Brandstetter, Alois: *Prosaauflösung. Studien zur Rezeption der höfischen Epik im frühneuhochdeutschen Prosaroman*, Frankfurt am Main 1971 (zu *Tristrant und Isalde*, *Wilhelm von Österreich* und *Wigoleis vom Rade*); Melzer, Helmuth: *Trivialisierungstendenzen im Volksbuch. Ein Vergleich der Volksbücher ‚Tristrant und Isalde', ‚Wigoleis' und ‚Wilhelm von Österreich' mit den mittelhochdeutschen Epen* (Deutsche Volksbücher in Faksimiledrucken B3), Hildesheim / New York 1972; Straub, Veronika: *Entstehung und Entwicklung des frühneuhochdeutschen Prosaromans. Studien zur Prosaauflösung ‚Wilhelm von Österreich'* (Amsterdamer Publikationen zur Sprache und Literatur 16), Amsterdam 1974; Deifuß, Holger: *Hystoria von dem wirdigen ritter sant Wilhelm. Kritische Edition und Untersuchung einer frühneuhochdeutschen Prosaauflösung* (Germanistische Arbeiten zu Sprache und Kulturgeschichte 45), Frankfurt am Main u.a. 2005.

5   Haubrichs, Wolfgang: „Kurze Forschungsgeschichte zum literarischen Werk Elisabeths", in: Haubrichs/Herrmann/Sauder (Hg.): *Zwischen Deutschland und Frankreich* (wie Anm. 1), S. 17-38, hier S. 23. Haubrichs bezieht sich hier ausschließlich auf den Sprachstil der Werke Elisabeths, jedoch fehlt gerade eine übergreifende Darstellung zum Stil der Prosaromane.

6   Eine erste Tagung fand vom 16.-18. Juni 2005 in Münster statt; deren Ergebnisse wurden unter folgendem Titel publiziert: Miedema, Nine / Hundsnurscher, Franz (Hg.): *Formen und Funktionen von Redeszenen in der mittelhochdeutschen Großepik* (Beiträge zur Dialogforschung 36), Tübingen 2007; siehe dort insbesondere die „Einleitung", S. 1-17. Die Beiträge der zweiten Tagung (Bremen, 7.-9. März 2007) sind unter folgendem Titel veröffentlicht worden: Unzeitig, Monika / Miedema, Nina / Hundsnurscher, Franz (Hg.): *Redeszenen in der mittelalterlichen Großepik: komparatistische Perspektiven* (Historische Dialogforschung 1), Berlin 2011.

7   Siehe stellvertretend für andere z.B. Steinhoff, Hans-Hugo: „Dialog", in: Günter Schweickle / Irmgard Schweickle (Hg.): *Metzler Literatur Lexikon. Begriffe und Definitionen*, Stuttgart ²1990, S. 97f., hier S. 97.

8   Zu den grundsätzlichen Schwierigkeiten der Rekonstruktion der Alltagssprache aufgrund (auch mittelalterlicher) literarischer Texte siehe Betten, Anne: „Analyse literarischer Dialoge", in: Gerd Fritz / Franz Hundsnurscher (Hg.): *Handbuch der Dialoganalyse*, Tübingen 1994, S. 533-538; Bumke, Joachim: „Höfische Kultur. Versuch einer kritischen Bestandsaufnahme", in: *Beiträge zur Geschichte der deutschen Sprache und Literatur* 114 (1992) S. 414-492, hier S. 479 mit Anm. 231; Hess-Lüttich, Ernest W. B.: „Gesprächsformen in der Literatur", in: Klaus Brinker u.a. (Hg.): *Text- und Gesprächslinguistik. Ein internationales Handbuch zeitgenössischer Forschung / Linguistics of Text and Conversation. An International Handbook of Contemporary Research* (Handbücher zur Sprach- und Kommunikationswissenschaft 16.2), Bd. 2, Berlin / New York 2001, S. 1619-1632, hier S. 1619-1621 (jeweils mit weiterführender Literatur).

Wiedergabe direkter, mündlicher Rede gewinnen die Ereignisse an (scheinbarer) Authentizität; dadurch, dass Erzählzeit und erzählte Zeit im Dialog nahezu zusammenfallen, können Redeszenen darüber hinaus den Eindruck eines beschleunigten Erzähltempos vermitteln.[9]

Ebenfalls seit langem erkannt ist die Funktion der direkten Rede zur Charakterisierung der handelnden Figuren,[10] sowohl zu ihrer generellen Charakterisierung (auch im Sinne etwa ihres Standes, ihres Alters oder ihres Geschlechtes)[11] als auch zur Darstellung ihrer punktuellen Gemütsverfassung. Dabei zeigen bereits die mittelalterlichen Texte Ansätze einer Dialogizität im engeren Sinne:[12] Durch die Möglichkeit der Pluralisierung von Sinnpositionen in einem textinternen Dialog, vertreten durch mehrere handelnde Figuren, wird der textexterne Rezipient des Textes zur Reflexion über die Richtigkeit der dargestellten Standpunkte aufgefordert.

Zu erwähnen ist des Weiteren, dass die direkte Figurenrede nicht zuletzt auch der Charakterisierung des Erzählers dient – auf den ersten Blick scheint der Erzähler hinter die sprechenden Figuren zurückzutreten, er bleibt jedoch lenkend anwesend (z.B. durch die Gestaltung der *inquit*-Formeln, die auf der einen Seite die Gelenkstelle zwischen den intradiegetischen Figuren und dem Erzähler, auf der anderen Seite zwischen Autor und textexternem Publikum bilden),[13] und umgekehrt können die intradiegetischen Figuren durch längere Berichte in ihren Dialogbeiträgen Funktionen des Erzählers übernehmen.[14] Die Untersuchung der Gestaltung von Dialogszenen liefert damit einen wesentlichen Beitrag zur Reflexion über die Kategorien ‚Autor' und ‚Erzähler' sowie ‚Fiktion', ‚Wirklichkeit' und ‚Wahrheit'. So bietet die Untersuchung von Redeszenen die Möglichkeit, das Bewusstsein für die Bedingungen literarischer Kommunikation insgesamt zu schärfen. In Ansätzen zeichnet sich, weiterführend, ab, dass die Gestaltung der Redeszenen nicht nur

---

[9] Das Verhältnis von Erzähltempo und Redeszenen ist allerdings komplex: Die indirekte, zusammenfassende Wiedergabe eines Dialoges seitens des Erzählers steigert das Erzähltempo gegenüber der vollständigen Wiedergabe des Gesprächs, und nicht selten haben Redeszenen eher retardierende als den Handlungsverlauf beschleunigende Funktionen. Maria E. Müller hat beschrieben, dass die spezifische Stilform der Stichomythie, die durch ihren schnellen Sprecherwechsel augenscheinlich ein Höchstmaß an Erzähltempo generiert, den Verlauf der Handlung inhaltlich häufig „auf der Stelle" treten lässt. Siehe Müller, Maria E.: „Vers gegen Vers. Stichomythien und verwandte Formen des schnellen Sprecherwechsels in der mittelhochdeutschen Epik", in: Miedema/Hundsnurscher (Hg.): *Formen und Funktionen von Redeszenen* (wie Anm. 6), S. 117-137, hier S. 129.

[10] Vgl. etwa Nalewski, H.: „Dialog", in: Claus Träger (Hg.): *Wörterbuch der Literaturwissenschaft*, Leipzig 1986, S. 103f., hier S. 104.

[11] Für die mittelalterlichen Texte gilt allerdings, dass gerade im Bereich der für die Stände, Altersgruppen und Gender postulierten Differenzen im Sprechverhalten kaum genauere Untersuchungen vorliegen; siehe hierzu die „Einleitung", in: Miedema/Hundsnurscher (Hg.): *Formen und Funktionen von Redeszenen* (wie Anm. 6), S. 16 (mit weiterer Literatur).

[12] Zur Dialogizität vgl. grundlegend Lachmann, Renate (Hg.): *Dialogizität* (Theorie und Geschichte der Literatur und der schönen Künste A1), München 1982.

[13] Siehe Hundsnurscher, Franz: „Das literarisch-stilistische Potential der *inquit*-Formel", in: Miedema/Hundsnurscher (Hg.): *Formen und Funktionen von Redeszenen* (wie Anm. 6), S. 103-115.

[14] Vgl. z.B. die im folgenden Sammelband zusammengetragenen Ergebnisse: Haferland; Harald / Mecklenburg, Michael (Hg.): *Erzählungen in Erzählungen. Phänomene der Narration in Mittelalter und Früher Neuzeit* (Forschungen zur Geschichte der älteren deutschen Literatur 19), München 1996.

autor-, sondern auch gattungsspezifische Differenzen zwischen einzelnen Erzählungen präziser zu beschreiben erlaubt.[15]

Ein weiterer Aspekt, den insbesondere die sprachwissenschaftliche Sprechakttheorie ins Bewusstsein gerufen hat, ist darüber hinaus die Tatsache, dass jedes Sprechen ein Handeln ist; funktional betrachtet ist das Sprechen lediglich *eine* (durch *inquit*-Formeln markierte) Form des Handelns unter anderen. Entscheidend ist nicht nur, welche Informationen von den sprechenden Figuren im Text weitergegeben werden (und an wen), sondern auch, welche Arten von Sprachhandlungen diese vollziehen: So akzentuieren z.B. die Direktiva nicht zuletzt soziale Verhältnisse; insbesondere kommissive Sprechakte dagegen (wie Versprechen, Eide, Gelöbnisse) und in Ansätzen auch Expressiva (wie Verfluchungen) verpflichten die Protagonisten zu zukünftigem Handeln und sind damit unmittelbar handlungsauslösend, handlungsfunktional. Erste Untersuchungen der Dialoggrammatik auch mittelalterlicher Texte[16] beweisen, dass einige der mittelalterlichen Autoren, allen voran Wolfram von Eschenbach, ein sehr feines Gespür für die Möglichkeiten der Gesprächsführung besaßen, für die Chancen, bestimmte Handlungsziele nur durch geschicktes Lenken eines Dialogs zu erreichen. Die Idealvorstellung von der höfischen Kultur als einer Gesprächskultur,[17] als einer Kultur, die zur Konfliktlösung nicht mehr ausschließlich auf die Kraft der Waffen, sondern gerade auch auf die Macht des Wortes setzte, wird insbesondere in den klassisch-höfischen Texten sehr deutlich erkennbar. Die Untersuchung von Redeszenen liefert damit sowohl für den Bereich der Poetik und Narratologie als auch für die Kultur- und Mentalitätsgeschichte des Mittelalters wichtiges Material.

Die mediävistischen Untersuchungen auf diesem Gebiet gehen allerdings bisher von den Verstexten insbesondere des Hochmittelalters aus; systematische Untersuchungen zu den Formen und Funktionen der Redeszenen in den Prosaerzählungen des späten Mittelalters fehlen bisher vollständig. Mehr als Bausteine zu einer solchen Untersuchung kann der vorliegende Beitrag aufgrund dieser Forschungslage nicht liefern.

---

[15] Siehe etwa Philipowski, Katharina: „Strophisches und stichisches Sprechen. Medientheoretische Überlegungen zur Figurenrede in höfischer Epik und Heldenepik", in: Miedema/Hundsnurscher (Hg.): *Formen und Funktionen von Redeszenen* (wie Anm. 6), S. 43-72 und Hagby, Maryvonne: „Die Dialoge im *Leben der Yolanda von Vianden.* Inhaltliche, funktionale und gattungsgeschichtliche Überlegungen", in: Miedema/Hundsnurscher (Hg.): *Formen und Funktionen von Redeszenen* (wie Anm. 6), S. 73-87.

[16] Siehe insbesondere Schlieben-Lange, Brigitte: „*Ai las – que planhs*? Ein Versuch zur historischen Gesprächsanalyse am Flamenca-Roman", in: *Romanische Zeitschrift für Literaturgeschichte* (1979) S. 1-30; Hess-Lüttich, Ernest W.B.: *Kommunikation als ästhetisches Problem* (Kodikas, Code: Supplement 10), Tübingen 1984 (mit Kapitel zum *Helmbrecht* Wernhers des Gartenaere); Neuendorff, Dagmar: „Das Gespräch zwischen Parzival und Trevrizent im IX. Buch von Wolframs *Parzival.* Eine diskursanalytische Untersuchung", in: Leena Kahlas-Tarkka (Hg.): *Neophilologica Fennica* (Mémoires de la Société Néo-Philologique de Helsinki 45), Helsinki 1987, S. 267-294; Weigand, Edda: „Historische Sprachpragmatik am Beispiel: Gesprächsstrukturen im *Nibelungenlied*", in: *Zeitschrift für deutsches Altertum* 117 (1988) S. 159-173; Weydt, Harald: „Falken und Tauben im *Nibelungenlied.* Wie lässt man es zum Kampf kommen, wenn man keine Macht hat?", in: Miedema/Hundsnurscher (Hg.): *Formen und Funktionen von Redeszenen* (wie Anm. 6), S. 223-245.

[17] Vgl. Bumke: „Höfische Kultur" (wie Anm. 8), S. 478: Die höfische Kultur wurde „von den Betroffenen selbst in erster Linie als Sprachkultur begriffen".

2. Elisabeth von Nassau-Saarbrücken

Als Elisabeth von Nassau-Saarbrücken ihre deutschen Bearbeitungen französischer Vorlagen schrieb, war es in Deutschland keinesfalls selbstverständlich, weltliche Erzähltexte in Prosa zu verfassen. Es gibt nur wenige deutschsprachige Vorläufer (wie den wohl vor 1250 entstandenen Prosa-*Lanzelot* und Hans Mairs *Buch von Troja*, 1391), und angenommen wird, dass Elisabeth ihre Übersetzungen ohne Kenntnis dieser Texte verfasste.[18] Möglicherweise war die Entscheidung für die Form der Prosa weniger ihrem angeblich geringen literarischen Talent[19] geschuldet als vielmehr der Tatsache, dass sich in Elisabeths Heimat Frankreich seit dem 13. Jahrhundert neben Verserzählungen zunehmend auch Prosabearbeitungen älterer Erzählstoffe finden ließen;[20] sie entschied sich somit möglicherweise für die zu ihrer Zeit in Frankreich modernere literarische Gestaltung der von ihr übersetzten Werke.[21]

Als erster Fragekomplex ist zu untersuchen, wie Elisabeth ihre Prosadialoge gestaltet hat, und insbesondere, welche Rollen die weiblichen Protagonistinnen in diesen Dialogen übernehmen. Zu fragen ist auch, inwiefern der verbale Handlungsspielraum, der ihnen zugeteilt wird, von demjenigen abweicht, den die französischen Fassungen vorgaben.

Elisabeth hinterließ jedoch nicht nur literarisches Schrifttum: Seit 1429 übernahm sie bekanntlich die Funktion als „Regentin und Vormünderin ihrer beiden Söhne Philipp und

---

18 Hans Hugo Steinhoff brachte dies auf die Formel, der deutsche Prosaroman sei sich in dieser Zeit „seiner selbst noch kaum bewußt" (Steinhoff, Hans Hugo: „Elisabeth von Nassau-Saarbrücken", in: Kurt Ruh u.a. [Hg.]: *Die deutsche Literatur des Mittelalters. Verfasserlexikon*. 2. Aufl., Bd. 2, Berlin / New York 1980, Sp. 482-488, hier Sp. 488).

19 Insbesondere Liepe, Wolfgang: *Elisabeth von Nassau-Saarbrücken. Entstehung und Anfänge des Prosaromans in Deutschland*, Halle a.d. Saale 1920, prägte dieses Urteil; vgl. auch die provozierende Bemerkung, „[m]öglicherweise war sie einfach nicht fähig, Verse zu schreiben", bei Haug, Walter: „Die ‚Königin Sibille' der Elisabeth von Nassau-Saarbrücken und das Problem des Bösen im postarthurischen Roman", in: Haubrichs/Herrmann/Sauder (Hg.): *Zwischen Deutschland und Frankreich* (wie Anm. 1), S. 477-493, hier S. 479.

20 Doutrepont, Georges: *Les mises en prose des épopées et des romans chevaleresques du XIV͏ᵉ au XVI͏ᵉ siècle* (Académie royale de Belgique, Classe des Lettres et des Sciences morales et politiques, Mémoires 40), Brüssel 1939, S. 3. Siehe auch Suard, François: „La Chanson de geste en France", in: Régis Boyer u.a. (Hg.): *L'Épopée* (Typologie des sources du Moyen Âge occidental 49), Turnhout 1988, S. 57-82, erneut abgedruckt in: Suard, François (Hg.): *Chanson de geste et tradition épique en France au Moyen Âge*, Caen 1994, S. 73-91 (zitiert wird nach dieser zuletzt genannten Ausgabe, siehe dort insbesondere S. 73); Buschinger, Danielle: „Pouvoir politique et pouvoir culturel. Elisabeth von Nassau-Saarbrücken", in: Dies. (Hg.): *Cours princières et châteaux. Pouvoir et culture du IX͏ᵉ au XIII͏ᵉ siècle en France du Nord, en Angleterre et en Allemagne. Actes du Colloque de Soissons (28-30 Septembre 1987)* (WODAN 21), Greifswald 1993, S. 45-58. Im Bereich speziell der Chanson de geste finden sich die Prosabearbeitungen allerdings erst seit der zweiten Hälfte des 15. Jahrhunderts, während gleichzeitig noch neue Versfassungen entstanden, siehe Suard: „La Chanson de geste", S. 83, und Ders.: „L'épopée française tardive (XIV͏ᵉ-XV͏ᵉ s.)", in: Jean-Marie d'Heur / Nicoletta Cherubini (Hg.): *Études de philologie romane et d'histoire littéraire, offertes à Jules Horrent à l'occasion de son soixantième anniversaire*, Lüttich 1980, S. 449-460, erneut abgedruckt in: Suard (Hg.): *Chanson de geste et tradition épique en France au Moyen Âge*, S. 243-254, insbesondere S. 243f.

21 Zum Verhältnis von Tradition und Innovation bei Elisabeth siehe auch Gaebel: *Chansons de geste* (wie Anm. 1), S. 34-42.

Johann"[22] und führte als (stellvertretende) Herrscherin eine umfangreiche Korrespondenz, die zum Teil erhalten geblieben ist. Hans-Walter Herrmann veröffentlichte 2002 eine Liste von Situationen, in denen Elisabeth politisch handelte, indem sie z.B. zu Konfliktlösungen beitrug;[23] zu betonen sind dabei die besondere Wichtigkeit der Gemeinschaftserfahrung in politischen Konstellationen sowie die „Politik des friedlichen Ausgleichs", die aus Elisabeths Briefen hervorgehen.[24]

Die Briefe sind Gebrauchstexte, die sich auf Elisabeths Alltagsrealität beziehen; sie bieten Beispiele für den Sprachduktus der Prosa, die in dieser Zeit als einer Fürstin angemessen angesehen wurde. Trotz dieser Realitätsnähe folgen sie, fiktional-literarischen Texten vergleichbar, einem spezifischen Regelsystem für Form und Aufbau.[25] Wenn sich, wie von Jan-Dirk Müller und Wolfgang Haubrichs betont, das Geschichts- und Gesellschaftsbild der Dynastie derer von Nassau-Saarbrücken in den literarischen Texten widerspiegelt,[26] erscheint es gerechtfertigt, auf dieser Basis nach einem spezifischen Aspekt des Zusammenhangs von Herrschaft und Kunst zu fragen: nach der Wechselwirkung von Realität (wie in den Briefen wiedergegeben) und Kunst (in Gestalt der Erzählungen).[27]

Der zweite Fragekomplex befasst sich dementsprechend damit, ob sich Übereinstimmungen zwischen den Sprechweisen der literarischen Fürstinnen in Elisabeths Erzählungen und der realen Fürstin, als die sie selbst in ihren Briefen auftrat, feststellen lassen.[28]

---

[22] Haubrichs: „Kurze Forschungsgeschichte" (wie Anm. 5), S. 38.

[23] Herrmann, Hans-Walter: „Lebensraum und Wirkungsfeld der Elisabeth von Nassau-Saarbrücken", in: Haubrichs/Herrmann/Sauder (Hg.): *Zwischen Deutschland und Frankreich* (wie Anm. 1), S. 49-153, hier S. 82-84; vgl. das Verzeichnis auf S. 125-145.

[24] Ebd., S. 84. Vgl. für die Erzähltexte von Bloh: *Ausgerenkte Ordnung* (wie Anm. 1), S. 336-354.

[25] Siehe Worstbrock, Franz Josef: „Die Anfänge der mittelalterlichen Ars dictandi", in: *Frühmittelalterliche Studien* 23 (1989) S. 1-42; Ders.: „Die Frühzeit der Ars dictandi in Frankreich", in: Hagen Keller u.a. (Hg.): *Pragmatische Schriftlichkeit im Mittelalter. Erscheinungsformen und Entwicklungsstufen* (Münstersche Mittelalter-Schriften 65), München 1992, S. 131-156; Moos, Peter von: „Zwischen Schriftlichkeit und Mündlichkeit: Dialogische Interaktion im lateinischen Hochmittelalter", in: *Frühmittelalterliche Studien* 25 (1991) S. 300-314, hier S. 308 (mit weiterer Literatur). Die Regeln der *ars dictandi* werden in Elisabeths Korrespondenz relativ streng gehandhabt, anders als in mittelalterlichen Privatbriefen (zu diesen siehe z.B. Steinhausen, Georg: *Deutsche Privatbriefe des Mittelalters*, Bd. 1: *Fürsten, Magnaten, Edle und Ritter* [Denkmäler der deutschen Kulturgeschichte, erste Abt.: Briefe 1.1], Berlin 1899; Beer, Mathias: „Ehealltag im späten Mittelalter. Eine Fallstudie zur Rekonstruktion historischer Erfahrungen und Lebensweisen anhand privater Briefe", in: *Zeitschrift für württembergische Landesgeschichte* 53 [1994] S. 101-123; *In Liebe und Zorn. Briefe aus dem Mittelalter*. Ausgewählt, übertragen und eingeleitet von Klaus Arnold, Ostfildern 2003).

[26] Müller: „Späte Chanson de geste-Rezeption" (wie Anm. 1); Haubrichs: „Kurze Forschungsgeschichte" (wie Anm. 5), S. 35.

[27] Der literarische Diskurs und die historische Realität seien damit nicht als zwei getrennte (und im Einzelnen genau bestimmbare) Größen aufgefasst. Jedoch erscheint unumstritten, dass die Varsberg-Korrespondenz nicht vordergründig zu literarischen Zwecken verfasst wurde und die *Königin Sibille* nicht vordergründig der Beschreibung alltäglicher Realität diente: Auf einer übergeordneten Ebene erheben gerade auch die Erzählungen Wirklichkeitsanspruch (von Bloh: *Ausgerenkte Ordnung* [wie Anm. 1], S. 125-143).

[28] Es ist beim Vergleich der Briefe und der Dialoge in den Erzähltexten darauf hinzuweisen, dass Briefe keine Dialoge im engeren Sinne sind. Von einigen Wissenschaftlern werden sie als „eine Form schriftlicher Kommunikation zwischen räumlich getrennten Kommunikationspartnern" definiert, als „Ersatz für das direkte Gespräch", als „Briefgespräch[.]" (Wand-Wittkowski, Christine: *Briefe im Mittelalter. Der*

Untersucht wird somit, inwiefern der politische Alltag, in dem Elisabeth agierte, auf den literarischen Bereich einwirkte. Es handelt sich bei dem, was im Folgenden darzustellen ist, um *work in progress*, das insbesondere in der Wahl der zu besprechenden Werke eingeschränkt werden muss: Als Beispiele werden von Elisabeths vier Erzählungen vor allem die *Königin Sibille* und der *Huge Scheppel* untersucht, mit Ausblick auf den *Herpin*, da sich hier die Quellenproblematik nicht in der gleichen Schärfe stellt wie für *Loher und Maller*. Für das Briefcorpus ist insbesondere die 2002 herausgegebene Varsberg-Korrespondenz zu besprechen, die wenig früher entstand als die literarischen Werke.[29]

Eine letzte Vorbemerkung: Die Authentizität sowohl der Briefe als auch der Erzählungen wird, da Autographe fehlen, gelegentlich in Zweifel gezogen,[30] jedoch ist diese Problematik für die vorliegenden Untersuchungen nicht von entscheidender Wichtigkeit: Zu betrachten sind die in den Texten dargestellten Möglichkeiten weiblichen Sprechens und

---

deutschsprachige Brief als weltliche und religiöse Literatur, Herne 2000, S. 62-74, hier S. 22 und S. 23; auch Klaus Arnold interpretiert Briefe als Form des Gesprächs, siehe Arnold: *In Liebe und Zorn* [wie Anm. 25], S. 8; ähnlich Philipowski: „Stropisches und stichisches Sprechen" [wie Anm. 15], S. 64-69). Siehe zum Verständnis des Briefes als Medium des Gesprächs kritisch Hess-Lüttich: „Gesprächsformen" (wie Anm. 8), S. 1623; von Moos: „Zwischen Schriftlichkeit und Mündlichkeit" (wie Anm. 25), S. 305, S. 307; Worstbrock: „Anfänge" (wie Anm. 25), insbesondere S. 22: „Brief ist nicht Rede"; Bloh, Ute von: „Information – Appell – Dokument. Die Briefe in den Heldenepen der Elisabeth von Nassau-Saarbrücken", in: *Zeitschrift für Literaturwissenschaft und Linguistik* 89 (1993) S. 24-49, hier S. 47. Zwei Aspekte fließen bei der Kritik zusammen: Erstens gab es bereits im Mittelalter ein deutliches Bewusstsein dafür, dass der Sprachduktus der Briefe programmatisch anders sei bzw. sein sollte als die gesprochene Rede. Zweitens haben Briefe im Wesentlichen monologischen Charakter bzw. nehmen, sprachwissenschaftlich genauer beschrieben, die Gestalt von Halbdialogen an; wenn jedoch auf frühere Briefe direkt Bezug genommen wird, wird auch der Dialog im engeren Sinn sichtbar. Dreher, Peter: *Enclosed Letters in Middle High German Narratives*, Diss. University of California, Riverside 1979, spricht für solche Fälle von „Letter dialogues" (S. IX u.ö.).

29 *Loher und Maller* entstand im Jahr 1437, jedoch ist dieser Text wohl nicht das erste Übersetzungswerk Elisabeths. Die Reihenfolge der Entstehung der Erzählungen ist wahrscheinlich: *Herpin – Sibille – Loher und Maller – Huge Scheppel*, während die Inhalte der Texte (genealogisch gesehen, auf die Karlssippe bezogen) in folgender Reihenfolge zu lesen wären: *Loher und Maller – Sibille – Huge Scheppel – Herpin* (Steinhoff: Elisabeth" [wie Anm. 18], Sp. 483; von Bloh: *Ausgerenkte Ordnung* [wie Anm. 1], S. 92-99). Die Varsberg-Briefe entstanden zwischen 1432 und 1434.

30 Vgl. zusammenfassend von Bloh: *Ausgerenkte Ordnung* (wie Anm. 1), S. 29-99; Herrmann: „Lebensraum" (wie Anm. 23), S. 97f., S. 115-118; Herold, Jürgen: „Quellenkundlicher und historischer Kommentar zur Varsberg-Korrespondenz", in: Haubrichs/Herrmann/Sauder (Hg.): *Zwischen Deutschland und Frankreich* (wie Anm. 1), S. 201-254, hier S. 251. Dass Elisabeth nicht über ausreichende Deutschkenntnisse verfügt hätte, um solche Texte zu verfassen, halte ich für sehr unwahrscheinlich; ihr Hinweis, sie hätte auf einen deutschkundigen Schreiber warten müssen, bevor sie einen Brief auf Deutsch hätte beantworten können (Spieß, Karl-Heinz: „Zum Gebrauch von Literatur im spätmittelalterlichen Adel", in: Ingrid Kasten u.a. [Hg.]: *Kultureller Austausch und Literaturgeschichte im Mittelalter / Transferts culturels et histoire littéraire au Moyen Âge* ... [Beihefte der Francia 43], Sigmaringen 1998, S. 85-101, hier S. 100), könnte als Verzögerungstaktik zu interpretieren sein, vgl. Janich, Nina: „Individuelle Züge in spätmittelalterlichen Briefen am Beispiel der Elisabeth von Nassau-Saarbrücken", in: Haubrichs/Herrmann/Sauder (Hg.): *Zwischen Deutschland und Frankreich* (wie Anm. 1), S. 389-410, hier S. 403, S. 409.

Sprachhandelns, unabhängig davon, wer diese formulierte. Zu vermuten ist allerdings, dass diese von einer weiblichen Autorin anders dargestellt würden als von einem männlichen Autor (hierauf wird am Schluss der Ausführungen zurückzukommen sein).[31]

3. Die Erzählungen Elisabeths – die Protagonistinnen als ‚unselbstständige Frauenfiguren'?

Elisabeths Quellen, vier französische Chansons de geste, sind in Laissen gedichtet und verwenden somit in einer variablen Anzahl von Versen jeweils den gleichen Reimklang. Elisabeth unternahm keinerlei Versuch, diese Reimklänge zu übernehmen (auch nicht in Form von Reimprosa),[32] sondern setzte die Verse in allen vier Erzählungen in relativ schnörkellose Prosa um, die sich, so legt der Vergleich mit den mutmaßlichen Quellen nahe, bezüglich des Erzählverlaufs nicht maßgeblich von den Vorlagen entfernt.[33] Wolfgang Liepe sprach 1920 davon, im *Herpin*, dem wohl ersten von Elisabeth übersetzten

---

[31] Der Unterschied zwischen biologischem Sex und kulturgeschichtlich geprägtem Gender darf dabei nicht außer Betracht gelassen werden: Elisabeth agierte in ihrem politischen Alltag in vielen Fällen als Stellvertreterin für ihre Söhne und damit in einer sonst für das weibliche Gender unüblichen Rolle (vgl. Stiller, Frauke: *„Die unschuldig verfolgte und später rehabilitierte Ehefrau". Untersuchung zur Frau im 15. Jahrhundert am Beispiel der Crescentia- und Sibillen-Erzählungen*, Diss. Humboldt-Universität Berlin 2000, im Netz unter den digitalen Dissertationen der Humboldt-Universität zugänglich [http://edoc.hu-berlin.de/dissertationen/stiller-frauke-2001-07-20/HTML/index.html, 04.12.2008], S. 12f.; ich folge Judith Butlers radikalerer Infragestellung der Kategorie Sex nicht). Gaebels Zweifel, ob „Geschlecht und geschlechtsspezifische Lebenserfahrung signifikant in den Text eingeschrieben seien" (Gaebel: *Chansons de geste* [wie Anm. 1], S. 29), teile ich nicht, auch wenn mir ihre Warnung davor, den mittelalterlichen und frühneuzeitlichen Autorinnen „emanzipatorische[.] Ambitionen" (ebd., S. 30) zu unterstellen, berechtigt erscheint. Dass gerade Elisabeths Briefe auch Kennzeichen aufweisen, die mit dem weiblichen Geschlecht in Verbindung zu bringen sind, wird unten (vgl. Anm. 80) besprochen. – Zu einer anderen weiblichen Regentin, die im späten 14. Jahrhundert einen erheblichen Einflussbereich entwickelte und aus deren Korrespondenz über 180 an sie gerichtete Briefe erhalten geblieben sind, siehe Sternberg, Brigitte: „Die Briefsammlung der Mechtild von Geldern (um 1320-1384)", in: Uwe Ludwig / Thomas Schilp (Hg.): *Mittelalter an Rhein und Maas. Beiträge zur Geschichte des Niederrheins* (Studien zur Geschichte und Kultur Nordwesteuropas 8), Münster 2004, S. 107-123.

[32] Nur gelegentlich finden sich in Elisabeths Texten explizite Hinweise darauf, dass die Vorlagen gereimt waren, vgl. z.B. *Historie von Herzog Herpin. Übertragen aus dem Französischen von Elisabeth von Nassau-Saarbrücken. Heidelberg, Universitätsbibliothek, Cod. Pal. Germ. 152. Farbmikrofiche-Edition. Literarhistorische Einführung und Beschreibung der Handschrift von Ute von Bloh* (Codices illuminati medii aevi 17), München 1990, S. 31; Steinhoff: „Elisabeth" (wie Anm. 18), Sp. 487f.

[33] Der genaue Wortlaut der Vorlagen, die Elisabeth benutzt haben könnte, ist allerdings schwer zu ermitteln, da keine der erhaltenen französischen Handschriften ihr vorgelegen haben kann. Im Folgenden sei auf einige Unterschiede zwischen den erhaltenen französischen Fassungen und Elisabeths Bearbeitungen eingegangen, im Bewusstsein des grundsätzlich vorhandenen Problems, dass es „kaum möglich [ist], *zuverlässig* zu beurteilen, wie sie mit ihren Vorlagen verfuhr" (*Huge Scheppel / Königin Sibille. Übertragen aus dem Französischen von Elisabeth von Nassau-Saarbrücken. Hamburg, Staats- und Universitätsbibliothek, Cod. 12 in scrinio. Farbmikrofiche-Edition* [Codices illuminati medii aevi 26]. Einführung zum Text und Beschreibung der Handschrift von Jan-Dirk Müller, München 1993, S. 13; Hervorhebung N.M.). Die Handschriften, nach deren Fassungen sich die Interpretationen im Folgenden richten, wurden für Elisabeths Sohn Johann III. angefertigt; vermutet wird, dass diese eine Bearbeitung der ersten Fassung Elisabeths darstellen, ohne dass diese erste Fassung heute noch rekonstruierbar ist (ebd. S. 15, mit weiterer Literatur).

Werk, folge sie insbesondere im ersten Teil ihrer Quelle „sklavisch eng",[34] und auch Hans Hugo Steinhoff vermerkt im *Verfasserlexikon*, die Übersetzung halte sich „bis in die Syntax hinein eng an die Vorlage";[35] dieses wird häufig zu Unrecht generalisierend auf alle vier Übersetzungen übertragen, womit oft gleichzeitig auch Elisabeths schöpferische Leistung abgewertet wird.[36] Im vorliegenden Beitrag soll keineswegs der enge Zusammenhang zwischen Quelle und Übersetzung in Frage gestellt werden, jedoch erscheint es berechtigt, nicht nur diesen Zusammenhang zu betonen, sondern gerade die eventuellen Differenzen genauer zu analysieren: Welche Freiheiten erlaubte sich Elisabeth bei allem Respekt vor den Vorlagen, und zwar jenseits der bereits seit längerem bekannten dezenteren Gestaltung der Sexualhandlungen?[37] Es wird dabei, wie häufig im Bereich der Untersuchung weiblicher Spielräume im Mittelalter, um Nuancen gehen.[38] Denn dass Elisabeths Frauengestalten „männerfixiert, unselbständig und etwas dümmlich" seien, wie Ursula Liebertz-Grün noch im Jahr 1985 vermerkte,[39] ist zwar eine im Rahmen feministischer Debatten verständliche Einschätzung, überzeugt jedoch in historischer Perspektive kaum;[40] betrachtet man insbesondere die *Königin Sibille* und den *Huge Scheppel* näher, so zeigt sich im Gegenteil vielmehr, dass die dargestellten Protagonistinnen den ihnen zugemessenen Raum, auch wenn dieser zeitgebunden eingeschränkt gewesen sein mag, zu nutzen wissen.[41]

---

34 Liepe: *Elisabeth* (wie Anm. 19), S. 119.

35 Steinhoff: „Elisabeth" (wie Anm. 18), Sp. 484; vgl. Sp. 487.

36 Liepe: *Elisabeth* (wie Anm. 19) bezeichnet Elisabeth als eine „brave Übersetzerin", siehe S. 119. Jüngste Forschungsergebnisse weisen aufgrund der neu aufgefundenen Fragmente der französischen Fassung des *Loher und Maller* aus, dass Elisabeth gerade bei diesem Text stark in die Vorlagen eingriff (Haubrichs: „Kurze Forschungsgeschichte [wie Anm. 5], S. 20f., Anm. 21, mit weiterer Literatur).

37 Siehe dazu Liepe: *Elisabeth* (wie Anm. 19), S. 120f.; Steinhoff: „Elisabeth" (wie Anm. 18), Sp. 487.

38 George Dubys Bezeichnung der Frau im Mittelalter als eine „Frau ohne Stimme" (so der deutsche Titel einer Sammlung seiner Aufsätze, siehe Duby, George: *Die Frau ohne Stimme. Liebe und Ehe im Mittelalter*, Berlin 1988) erweist sich als ein wirkmächtiges Vorurteil. Liebertz-Grün, Ursula: „Autorinnen im Umkreis der Höfe", in: Hiltrud Gnüg / Renate Möhrmann (Hg.): *Frauen-Literatur-Geschichte. Schreibende Frauen vom Mittelalter bis zur Gegenwart*, Stuttgart 1985, S. 16-34, hier S. 33, bezeichnet das „Frauenbild" Elisabeths (ausschließlich) anhand ihrer Erzählungen als „wenig aufgeklärt – oder im heutigen Sprachgebrauch schlichtweg als repressiv". Vgl. differenzierter zur Position von Frauen im Mittelalter in Realität und Literatur Ennen, Elisabeth: *Frauen im Mittelalter*, München 1984; Kellermann-Haaf, Petra: *Frau und Politik im Mittelalter. Untersuchungen zur politischen Rolle der Frau in den höfischen Romanen des 12., 13. und 14. Jahrhunderts* (Göppinger Arbeiten zur Germanistik 456), Göppingen 1986; Bennewitz-Behr, Ingrid: „Melusines Schwestern. Beobachtungen zu den Frauenfiguren im Prosaroman des 15. und 16. Jahrhunderts", in: Norbert Oellers (Hg.): *Germanistik und Deutschunterricht im Zeitalter der Technologie. Selbstbestimmung und Anpassung. Vorträge des Germanistentages Berlin 1987*, Bd. 1: *Das Selbstverständnis der Germanistik. Aktuelle Diskussionen*, Tübingen 1988, S. 291-300.

39 Liebertz-Grün: „Autorinnen" (wie Anm. 38), S. 33; siehe kritisch dazu Stiller: *Die unschuldig verfolgte* (wie Anm. 31), S. 169f., und Gaebel: *Chansons de geste* (wie Anm. 1), S. 29f.

40 Zur Entwicklung der feministischen Forschungsansätze im Bereich der Mediävistik siehe zuletzt Stiller: *Die unschuldig verfolgte* (wie Anm. 31), S. 8-24, insbesondere S. 10.

41 Damit sei nicht postuliert, wie unter anderem von Morrison, Susan Signe: „Women Writers and Women Rulers: Rhetorical and Political Empowerment in the Fifteenth Century", in: *Women in German Yearbook* 9 (1993) S. 25-48, angegeben, in Elisabeths Werken sei der Geschlechterkampf ein zentrales Thema, wobei die Frauen aufrichtiger sprächen als die Männer, so dass ihnen Gehör verschafft werden sollte; vielmehr geht es darum, denjenigen kleinen Abweichungen im Sprechen der Figuren nachzuspüren, die Indizien

Ein Beispiel dafür ist der prekären Situation zu entnehmen, in der Königin Sibille, Gattin des Königs Karl, fälschlich der Untreue bezichtigt wird:[42] Sie soll mit einem Zwerg geschlafen haben, obwohl sich dieser lediglich ohne ihr Wissen und ohne sie zu berühren in ihr Bett geschlichen hat. Als Sibille den Zwerg entdeckt, kommt es zu einem vielleicht zunächst überraschenden Gewaltausbruch – die Königin zeigt hier eine gewisse Verwandtschaft mit den sehr schlagkräftigen Protagonistinnen der so genannten deutschen ‚Spielmannsepik‘,[43] im deutlichen Kontrast zu den Damen der klassisch-höfischen Epen:[44]

> Als er bij sye qwame/ da erwachete sij zü stünt/ Sij sach her vnd dar/ vnd gesach nyeman me bij ir jn der kamer/ dan den getwerg/
> – Getwerg sprach die konnigynne wie gedorst dü so kün sin/ das du her jnne zu mir jn myn kammer gedarst gene
> – Ffrouwe sprach der getwerg kerent uwer gnade zu mir/ dan wirt myr uwer liebe nit schin/ so muß ich darvmb sterben.
> [VIII] – Lyebe ffrouwe sprach der getwerg/ jr lassent mich dan bij üch slaffen vnd nement mich nakkent in uwer arme/ so müß ich sterben/
> Als die konnigynne den twerg gehort/ da begonde ir von grosseme zorn alles ir blüt zü gryssen/ Sij hube vff ire fust/ vnd traff den twerg als eben an synen mont/ das sye yme dry zene vsslüg/ Da mit sprang sij vß dem bette/ vnd wolde den getwerg me geslagen han/ Aber er entlieff ir [...].

---

dafür liefern, dass Elisabeth als Fürstin einen anderen Blick auf die Protagonistinnen ihrer Vorlagen hatte als andere (männliche) Bearbeiter der gleichen Stoffe. Vgl. zu Morrison, die sich im Rahmen der Werke Elisabeths ausschließlich mit dem *Huge Scheppel* und der *Königin Sibille* auseinandersetzt, kritisch Gaebel: *Chansons de geste* (wie Anm. 1), S. 31f.

[42] Die ebenfalls ausgesprochen diffizile Szene im *Huge Scheppel*, in der die Königin und ihre Tochter, beide in Liebe für Huge entbrannt, gleichzeitig Anspruch auf eine Heirat mit ihm erheben, welche von Elisabeth mit großer Sensibilität dahingehend verändert wurde, dass (im Kontrast zur französischen Fassung) eine gewisse Ebenbürtigkeit der beiden Damen entsteht und insbesondere die Königin nicht der Lächerlichkeit preisgegeben wird (fol. 21va-vb; vgl. auch Liepe: *Elisabeth* [wie Anm. 19], S. 237, und von Bloh: *Ausgerenkte Ordnung* [wie Anm. 1], S. 218f.), verdiente ebenfalls eine genauere komparatistische Untersuchung; da diese weniger die herrscherlichen Pflichten und Qualitäten der Damen als vielmehr ihr emotionales Verhalten betrifft, sei es allerdings bevorzugt, die Beschuldigung der Königin in der *Sibille* näher zu besprechen.

[43] Vgl. die Handgreiflichkeiten der Bride im *Orendel*. Hans Steinger (Hg.) (Altdeutsche Textbibliothek 36), Halle a.d. Saale 1935, v. 1632-1639 und (ebenfalls gegen die sexuelle Begierde eines Zwerges gerichtet) v. 2476f.; siehe hierzu Böckenholt, Hans-Joachim: *Untersuchungen zum Bild der Frau in den mittelhochdeutschen ‚Spielmannsdichtungen‘. Ein Beitrag zur Bestimmung des literarhistorischen Standortes der Epen ‚König Rother‘, ‚Salmen und Morolf‘, ‚St. Oswald‘ und ‚Orendel‘*, Diss. Münster 1971, S. 170-186; Kellermann-Haaf: *Frau und Politik* (wie Anm. 38), S. 38-42. Vergleichsmaterial aus realhistorischem Zusammenhang bietet Beer: „Ehealltag" (wie Anm. 25), S. 117f. – Bastert, Bernd: „Ir herren machent Frieden‘. Gewaltdarstellung und Konfliktbewältigungsstrategien in den Saarbrücker Chanson de geste-Bearbeitungen", in: Haubrichs/Herrmann/Sauder (Hg.): *Zwischen Deutschland und Frankreich* (wie Anm. 1), S. 459-475, blendet in seiner Darstellung des „auf Gewaltvermeidung orientierten Konfliktmanagements" in Elisabeths Texten (S. 466) die Gewalt seitens weiblicher Figuren aus.

[44] Zitiert nach: *Der Roman von der Königin Sibille, in drei Prosafassungen des 14. und 15. Jahrhunderts* (Veröffentlichungen aus der Staats- und Universitätsbibliothek Hamburg 10). Mit Benutzung der nachgelassenen Materialien von Fritz Burg. Hermann Tiemann (Hg.), Hamburg 1977, S. 121. Vgl. auch das Faksimile der Handschrift (wie Anm. 33).

Mit ihrem Redebeitrag reagiert die Königin, nachdem sie festgestellt hat, dass niemand im Raum ist, der ihr helfen könnte oder der für ihre missliche Lage erkennbar verantwortlich wäre, situationsadäquat: Sie spricht den Zwerg direkt an, duzt ihn, um die soziale Differenz zu verdeutlichen,[45] und benennt das ungebührliche Verhalten, das er ihr gegenüber zeigt, mit Entrüstung und Abscheu.[46] Der Zwerg dagegen antwortet (trotz seines höflichen Ihrzens) in formal wie inhaltlich unverschämter, beleidigender und völlig unangemessener Direktheit und Dreistigkeit: Er befiehlt der Königin geradezu, sie solle mit ihm schlafen („keret uwer gnade zu mir"). Dieser Redebeitrag des Zwerges zeigt, dass eine weitere verbale Auseinandersetzung sinnlos und eine friedliche Konfliktlösung unmöglich ist, da sich beide Figuren offensichtlich auf völlig unterschiedlichen Gesprächsebenen bewegen – der Faustschlag der Königin, der jedem Gedanken an eine körperliche Vereinigung eine Ende setzen soll, ist eine vor dem Hintergrund der klassisch-höfischen Romane überraschende Beendigung des Gespräches, sie erweist sich jedoch in der Logik der Chanson de geste als die einzig Mögliche.[47]

---

45   Zu den Anredeformen in mittelhochdeutschen Texten siehe Ehrismann, Gustav: „Duzen und ihrzen im Mittelalter", in: *Zeitschrift für deutsche Wortforschung* 1 (1901) S. 118-140, 2 (1902) S. 118-159, 4 (1903) S. 210-248, 5 (1903) S. 127-220; Bernhardt, Ernst: „Über *du* und *ir* bei Wolfram von Eschenbach, Hartmann von Aue, Gottfried von Straßburg, und über *tu* und *vos* in den entsprechenden altfranzösischen Gedichten", in: *Zeitschrift für deutsche Philologie* 33 (1901) S. 368-390; Straub: *Entstehung und Entwicklung* (wie Anm. 4), S. 141-145; Besch, Werner: *Duzen, Siezen, Titulieren. Zur Anrede im Deutschen heute und gestern* (Kleine Reihe V & R 4009), Göttingen 1996, ²1998. – Die Asymmetrie zwischen der Königin und dem Zwerg wird bereits durch die Schilderung des Äußeren der beiden Figuren hervorgehoben (vgl. S. 118 vs. S. 118f. und erneut S. 124, wo der Vergleich zu einem Kontrast zwischen ‚düffel' und ‚engel' gesteigert wird; dazu Stiller: *Die unschuldig verfolgte* [wie Anm. 31], S. 136f.). Ohne näher auf die sprachliche Gestalt der Äußerungen einzugehen, gibt Stiller (ebd. S. 139) an, „die Art und Weise, wie die Königin dem Zwerg verdeutlicht, wer die Normen setzt und wie sie funktionieren", definiere sie „als Herrscherin".

46   Die ordnungsgefährdende Kombination des sozial *und* sexuell inakzeptablen, unhöfischen Begehrens des Zwerges beschreiben Stiller: *Die unschuldig verfolgte* (wie Anm. 31), S. 138, und von Bloh: *Ausgerenkte Ordnung* (wie Anm. 1), S. 157, Anm. 36, S. 230 (es könnte als eine Form der ‚monströsen Werbung' interpretiert werden, vgl. von Bloh: *Ausgerenkte Ordnung* [wie Anm. 1], S. 233-239). Innerhalb der höfischen Ordnung kann dieses Begehren von der Königin abgewehrt werden; außerhalb dieser Ordnung gelingt es ihr zwar, sich mit Gottes Hilfe der Bedrohung durch Marckair zu entziehen, nicht aber, diese im eigentlichen Sinne abzuwehren (Stiller: *Die unschuldig verfolgte* [wie Anm. 31], S. 139; von Bloh: *Ausgerenkte Ordnung* [wie Anm. 1], S. 229f.). Die gesellschaftlichen Konsequenzen für die Königin durch die Anschuldigungen des Zwerges (des „Böse[n] [...] in Person", Haug: „Die Königin Sibille" [wie Anm. 19], S. 485) sind dessen ungeachtet schwerwiegend; Haug (ebd.) sieht darin „die Ohnmacht der höfischidealen Welt gegenüber dem Bösen". – Die Entrüstung und der Abscheu der Königin werden durch die Form ihrer Äußerung sichtbar, die weniger eine W-Frage als vielmehr ein Ausruf ist: „wie gedorst dü [...]".

47   Da der verbale Ausdruck des Begehrens des Zwerges bereits Bestandteil eines Dialoges ist, bedeutet dies nicht, dass die Königin „kein Gespräch mit dem Zwerg [beginnt], in dem sie die Unmöglichkeit eines solchen Begehrens diskutiert" (Stiller: *Die unschuldig verfolgte* [wie Anm. 31], S. 139), sondern vielmehr, dass sie das bereits begonnene Gespräch, das ausschließlich die für sie inakzeptable Situation thematisieren soll, nicht fortsetzt und nicht in eine neue Richtung lenken lässt. Sie erweist sich damit erneut als die das Gespräch lenkende Sprecherin. – Inwiefern der Ausbruch des (berechtigten) Zorns der Königin als eine „Entlastung vom Leiden an der sozialen Determinierung der Körper und den Ausschlüssen, die diese produziert" (ebd.), zu verstehen ist, sei dahingestellt.

Es bedarf kaum einer Diskussion, dass dieses (verbale und non-verbale) Verhalten der Königin aus der Vorlage übernommen wurde,[48] und dass Elisabeth dies nicht etwa als Vorbild für die Erziehung ihrer Tochter Margarethe von Rodemachern neu erfunden hat – auffällig ist jedoch, dass Elisabeth, die (wie erwähnt) an anderen Stellen durchaus dazu neigt, ihre Fassung des Textes dezenter zu gestalten als die Vorlagen, auf den Faustschlag der Königin nicht hat verzichten wollen.[49]

Aussagekräftiger sind jedoch diejenigen Textpassagen, die Elisabeths *Eingriffe* in die vermuteten Quellen demonstrieren. Im folgenden Fall nahm Elisabeth, soweit anhand der erhaltenen französischen Fassungen erkennbar ist, eine wohl signifikante Änderung vor. Nachdem das erste Eindringen des Zwerges in die Schlafkammer der Königin ein Geheimnis geblieben ist, wartet der Zwerg wenige Tage später, bis Karl zur Messe gegangen ist, und legt sich dann erneut zur Königin, die dieses Mal nicht aufwacht. Der König kehrt zurück und glaubt, die beiden *in flagranti* entdeckt zu haben. Er holt Zeugen, die das folgende Gespräch mit anhören:[50]

Da rieff ir der konnyg zü | *60* v a |

<1> – Ffrouwe leget uch widder nyder bij üvern büben/ Jch wonde nechten ich hette das fromeste wip/ das leben mochte. Aber jr hant myn hertze bedrübet/ und hant myn kron versmehet/
Dannoch enwyste die konnygynne nit/ das der twerg bij jr lag/ Sij sprach

<2> – Herre so mir der got/ der alle ding geschaffen hait, ich engedet noch nye widder üch/ vnd en wil es ouch nummer gedün/ solde ich wol dar vmb sterben/

<3> – Jr hant es gedan, sprach der konnig/ des enkünet ir nit geleucken/ Dann der twerg hat in dieser nacht synen willen mit üch gehabt/
Aller erste gesach die konnigynne den twerg bij ir lygende/ Da hube sij ir fust vff und slug den twerg in sin antlitz/ das er da von entwachte/ Als der twerg entwachte/ vnd den konnig vor yme stende gesach/ da stunde er balde vff vnd viel vor dem konnige vff sin knywe/ vnd sprach

<4> – Lieber herre erbarmet uch myn/ vnd horent myn wort vmb goddes willen/ So mir der got der alle ding geschaffen hat/ die konnigynne hieß mich nechten zu ir komen/ da jr zu metten gingen/ Da hieß sye mich bij sy ligen. Lieber herre/ das was mir sere swere/ Aber ich engedorst es ir nit versagen.

<5> [XI] Du stinckender getwerg sprach der konnig/ du vngestalt hesselich creature wie gedorste du kommen/ by eyn solich schone figure/ Du solt vor war din wert dar an nemen.

<6> – Herre sprach der twerg/ jr sollent eyn rechter richter syn/ Man findet geschrieben das gewalt kein recht en ist. Herre ich en were by sye nit komen vmb keyn gut/ dann die dorecht frouwe drug mich selber jn yre bette/

<7> – Herre sprach die konnigynne/ so mir die muder die vnser[n] erloser drug/ ffindent jr an der zijt/ so ich nü kindes sol geligen/ das es ist/ als der twerg sagt/ so sollent ir mich verbornen.

---

48   Die französische Prosafassung, die ebenso wie der altspanische Text davon spricht, dass die Königin dem Zwerg durch ihren Faustschlag mehrere Zähne ausschlägt (Tiemann: *Der Roman von der Königin Sibille* [wie Anm. 44], S. 35, S. 194), legt nahe, dass auch die französische Laissen-Fassung dieses Element enthielt. Vgl. von Bloh: *Ausgerenkte Ordnung* (wie Anm. 1), S. 225 mit Anm. 281. Komik scheint mir, anders als in den anderen von von Bloh besprochenen Beispielen, hier kaum intendiert.

49   Es ist möglicherweise bedeutsam, dass die französische Prosafassung nicht nur von der verbalen Äußerung des Begehrens des Zwerges berichtet, sondern außerdem angibt, dass dieser „se voulut de rechief efforcier de baisier la dame" (Tiemann: *Der Roman von der Königin Sibille* [wie Anm. 44], S. 194): Möglicherweise enthielt auch Elisabeths Vorlage, die französische Laissen-Fassung, diesen Hinweis auf die körperliche Gewalt des Zwerges. Er fehlt allerdings im spanischen Text (ebd. S. 35).

50   Tiemann: *Der Roman von der Königin Sibille* (wie Anm. 44), S. 122-124. Um der leichteren Zitierfähigkeit willen werden die Redebeiträge in spitzen Klammern durchgezählt.

<8> – Ffrouwe sprach der konnig/ jr hant mich sere bedrübet/ Es en wart nye keyn bedrubter man/ dann ich nü bin. Jr enkünet des dinges nit geleucken/ dann alle myn ritterschafft hat es gesehen. | 60 v b | Jch wil uch dun sleuffen/ vnd dar nach in eyn fuwer werffen /

Als die konnigynne das gehort da viel sij nyeder in amacht/ vnd da sije widder zu ir selber qwam/ da viele sy dem konnige vmb sin beyn/ vnd kuste ym sin fuß/ vnd sprach

<9> – Herre vmb des willen/ der den doit leyt vmb vnsern willen erbarmet uch uber mich armes vnseliges mensch/ dan ich han der übeldat nit gedan/ der ir mich zyhent/ Vff den dot den ich lyden sal vnd muß/ jch han nit gewist/ das der falsche schalcke by mir gelegen hatt/ Er hat sich an myn wyssen vnd willen jn diß bette gelacht/ Edeler konnig bedenckent die sache jch wolte ee sterben/ dan ich eyme solichem duffel von liebde ein gert wart zu rete/

<10> – Ffrouwe sprach der konnig jr kunent viel klaffens/ Aber jr enkünent des dinges nit geleucken/.

Im ersten Redebeitrag <1> spricht Karl seine Frau direkt an, jedoch hat seine Beschimpfung insbesondere die Funktion, aufgrund der (vermeintlichen) Untreue der Königin vor Zeugen Anklage gegen sie zu erheben.[51] Er verweist in seinem somit an zwei Adressaten(kreise) gerichteten Beitrag sowohl auf sein persönliches als auch auf das öffentliche Leid, das die Königin seiner Ansicht nach verursacht hat („jr hant myn hertze bedrübet/ und hant myn kron versmehet", <1>). Die Königin beteuert ihre Treue <2> und ruft dabei Gott als Zeuge an, ohne (wie nur im Erzählerkommentar wiedergegeben wird) zu verstehen, was den König zu seiner Aufforderung veranlasst hat, sie möge sich wieder zu ihrem „büben" <1> legen. Der König verweist auf den Zwerg und wiederholt den Vorwurf, die Königin sei der Untreue schuldig: Der Augenschein spricht, wie er deutlich formuliert, eindeutig gegen sie („des enkünet ir nit geleucken", <3>). Nonverbal wiederholt Sibille, als sie den Zwerg neben sich entdeckt, ihre frühere Verweigerung einer weiteren verbalen Auseinandersetzung mit dem Zwerg und inszeniert dadurch vor den Zeugen die soziale Differenz zwischen sich und dem angeblichen Liebhaber sowie ihre Ablehnung seines sexuellen Begehrens, ohne damit allerdings andere als den Zwerg überzeugen zu können.

Mit dem nachfolgenden Redebeitrag <4>, der von der nonverbalen Supplikationsgeste des Kniens begleitet wird,[52] erteilt der Zwerg sich selbst das Rederecht und verstößt damit gegen das *present speaker selects next speaker*-Prinzip. Er steigert im Vergleich zu Sibilles Sätzen die Intensität seiner Anrede (vgl. das zweifache „Lieber herre" in <4>), fordert vom König die Tugend der Barmherzigkeit[53] und skizziert zur Begründung einen Tathergang, von dem Sibille und der textexterne Rezipient zwar wissen, dass er nicht der Wahrheit entspricht, der sich jedoch mit dem Augenschein besser verträgt als die nonverbalen Re-

---

[51] Das Bestreben, Öffentlichkeit herzustellen, äußert sich auch im *inquit*-Verb, das die Lautstärke des Redebeitrags hervorhebt („rieff [...] zü").

[52] Siehe Althoff, Gerd: *Spielregeln der Politik im Mittelalter. Kommunikation in Frieden und Fehde*, Darmstadt 1997, S. 98-125; Ders.: *Die Macht der Rituale. Symbolik und Herrschaft im Mittelalter*, Darmstadt 2003, S. 119-125.

[53] Der Zwerg verwendet in <4> mehrfach direkte Imperative („erbarmet"), („horent"), während Sibille Karl gegenüber jede Form imperativischer Konstruktionen vermieden hatte (vgl. jedoch unten, Anm. 59). – In der Berufung des Zwerges auf Gott als Zeuge finden sich teilweise identische Formulierungen wie bei Sibille („So mir der got der alle ding geschaffen hat" in <4>, vgl. „so mir der got/ der alle ding geschaffen hait" in <2>).

aktionen der Königin. Er leugnet die Tat nicht, spricht sich selbst jedoch von jeder Initiative frei (und damit von einem bedeutenden Teil der Schuld).[54]

Es ist auffällig und wohl insbesondere durch die berechnend eingesetzte nonverbale Geste begründet, dass Karl den Dialog vom Zwerg lenken lässt: Statt seine Auseinandersetzung mit der Königin fortzusetzen, antwortet er auf den Zwerg und zeigt damit eine weniger konsequente normsetzende Gesprächsführung als zuvor Sibille. Karl beschimpft und beschuldigt den Zwerg <5>;[55] der Beschuldigte äußert sich erneut in relativ unvermittelt direktiver Form[56] und spricht sich ein zweites Mal mit dem Hinweis darauf, dass die Königin selbst ihn in ihr Bett getragen habe, von der Schuld oder zumindest von der Initiative frei <6>.[57] Nicht ohne Geschick appelliert er an die Tugend der Gerechtigkeit und kritisiert indirekt die körperliche Gewalt seitens der Königin: „jr sollent eyn rechter richter syn/ Man findet geschrieben das gewalt kein recht en ist" <6>.

Auch Sibille greift daraufhin in das Gespräch ein, obwohl der König sie nicht angesprochen hat <7>, und verstößt damit ebenfalls gegen das *present speaker selects next speaker*-Prinzip. Sie beruft sich nunmehr auf Maria als Zeugin, „die vnser[n] erloser drug" <7>,

---

[54] Der Zwerg riskiert, indem er seine Lügen erzählt, in seinem Bestreben, „die frouwe vmb yre ere [zu] brengen" (Tiemann: *Der Roman von der Königin Sibille* [wie Anm. 44], S. 122), selbst den Tod. Es entbehrt nicht einer gewissen dramatischen Ironie, dass der Zwerg eingeschlafen war, während er neben der schlafenden Sibille im Bett lag und angestrengt darüber nachdachte, wie er sie entehren könnte. Dieser Hinweis ist im altspanischen Text ebenso enthalten, während in der französischen Prosafassung lediglich gesagt wird, der Zwerg „s'endormy" (ebd., S. 36, S. 195).

[55] Er verwendet dabei zum Teil die gleichen Wendungen zum Ausdruck seiner Entrüstung und seines Abscheus wie zuvor Sibille (vgl. „wie gedorste du […]" in <5> und oben, Anm. 46), seine Anrede ist jedoch gegenüber derjenigen der Sibille gesteigert („Du stinckender getwerg" vs. „Getwerg"). Im Gegensatz zu Sibille benennt er einen Teilaspekt der Unangemessenheit des (vermeintlichen) sexuellen Verhältnisses zwischen der Königin und dem Zwerg, indem er auf ihre stark differierenden körperlichen Merkmale hinweist („du vngestalt hesselich creature" / „eyn solich schone figure", <5>), die als Ausdruck ihrer sozialen Differenzen zu interpretieren sind.

[56] Die imperativische Konstruktion wird in diesem Fall mithilfe des Modalverbs *suln* gebildet: „jr *sollent* eyn rechter richter syn", <6>. Während Sibille ihre Distanz zum Zwerg durch nonverbales Verhalten zum Ausdruck brachte, distanziert sich der Zwerg sprachlich von Sibille, indem er bereits in <4> darauf hingewiesen hat, dass es ihm zuwider gewesen sei, von ihr in ihr Bett getragen zu werden, und indem er sie in <6> nunmehr explizit als „dorecht frouwe" beschimpft. Dass er bei seinem inszenierten Widerwillen nicht hätte einschlafen dürfen, sondern das Bett hätte verlassen können, bevor der König zurückkam, ist eine Ungereimtheit, die den intradiegetischen Figuren nicht auffällt.

[57] Erneut wissen nur der Erzähler, der Zwerg, Sibille und der textexterne Rezipient, dass der Zwerg lügt; erneut zeigt sich damit die Schwierigkeit einer Wahrheitsfindung, wenn von den Beschuldigten verschiedene Positionen vertreten werden. Vgl. Haug: *Elisabeth* (wie Anm. 19), S. 485, zum Problem, dass der „merkwürdig blind[e]" König das Böse, da es sich „höfisch gibt", nicht erkennt; die Lügen des Zwerges werden im Verlauf des Textes nirgends aufgedeckt (ebd., S. 490). Das Motiv der Bedrohung der höfischen Welt von innen ist freilich vor dem Hintergrund der von Haug selbst skizzierten Tatsache, dass die *Sibille* zu den „Verräterepen" (ebd. S., 482) gehört, wenig erstaunlich und ließe sich gut mit anderen Chansons de geste, etwa dem *Rolandslied*, vergleichen. Es ergibt sich daraus, wie von Haug dargestellt, zwar ein gewisser Kontrast mit der Artusepik, dieser ist jedoch nicht als eine erst im 15. Jahrhundert belegbare Reaktion auf eine „problematisch gewordene[.] Gesellschaftsidee" (ebd., S. 491), als eine „neue Moral" (ebd., S. 493) zu werten.

und verweist parallelisierend auf ihren eigenen schwangeren Zustand;[58] lasse sich ihre Schuld beweisen, so sei sie bereit, (zu ergänzen ist wohl: zum Schutz des Kindes erst *nach der Geburt*) die Todesstrafe auf sich zu nehmen. Erneut gibt der König die Dialogführung aus der Hand, dieses Mal ohne dass dafür eine Reaktion erzwingende ‚symbolische‘ Handlungen notwendig wären, und richtet sich nun direkt an seine Gattin <8>. Er äußert seine persönliche Trauer, die er durch den Hinweis auf die Zeugen auch hier zur reichspolitischen Angelegenheit erhebt, und meint (die Möglichkeit, dass der Augenschein trügt, außer Betracht lassend), was alle gesehen hätten, könne sie nicht leugnen. Nach seiner Androhung des unmittelbaren Vollzugs der Todesstrafe wird die Königin ohnmächtig, erholt sich jedoch und fordert Barmherzigkeit ein <9>, ihrerseits jetzt ebenfalls unter nonverbalen Supplikationsgesten und im imperativischen Sprachduktus.[59] Erneut ergreift sie die Initiative im Dialog; es zeigt sich eine deutliche Diskrepanz zwischen ihren verbalen wie nonverbalen Unterwerfungsgesten einerseits und ihrer dennoch dominanten Gesprächsführung andererseits. Der König wiederholt nur, sie könne die Tat nicht leugnen, er beruft sich somit weiterhin auf den Augenschein <10>.

Die Redebeiträge der Königin weisen auch in dieser Szene ein ausgeprägt situationsangemessenes, hier jedoch radikal anderes Sprechverhalten auf als im zuerst zitierten Textbeispiel, bei dem sie unter vier Augen mit dem Zwerg sprach: Mit Bestimmtheit und unter Einberufung der Heiligen als Zeugen und Fürbitter weist die Königin jede Schuld von sich, wobei sie ihrer durch die Anklage grundsätzlich prekär gewordenen Situation erst in zweiter Instanz, als deutlich wird, dass der König ihr nicht glaubt, sowohl verbal durch die Bitten um Mitleid und Barmherzigkeit als auch nonverbal durch die Supplikationsgeste gerecht wird (vgl. <9> gegenüber <2>). In Elisabeths Text gibt es in dieser Szene eine gewisse verbale Ebenbürtigkeit des Zwerges und der Königin: Beide greifen bewusst in die Gesprächslenkung ein, beide appellieren an Herrschertugenden (Barmherzigkeit, Gerechtigkeit), beide setzen Gesten ‚symbolischer‘ Kommunikation ein, beide skizzieren den Tathergang und berufen sich als Zeugen für die Wahrheit des Gesagten auf die Heiligen. Wie erfolglos die auch dem König gegenüber dominante Gesprächsführung der Königin dennoch letztlich ist, da dieser dem Augenschein mehr Wert zumisst als den Worten, zeigt sich im letzten Redebeitrag Karls: Dieser missachtet den gesamten Inhalt ihrer Dialogbeiträge und bezeichnet diese nur dem Geräusch nach als „klaffen[.]“.[60]

Der französische Laissen-Text ist nur fragmentarisch erhalten, und in den überlieferten Fragmenten fehlt diese Szene; es sei deswegen ein Blick auf die altspanische und die mittelfranzösische Prosa-Fassung geworfen, die mit dem Laissen-Text gemeinsame Wurzeln

---

[58] Sibille verweist somit nicht erst in Angesicht des Scheiterhaufens auf ihre Schwangerschaft (vgl. Ertzdorff, Xenja von: *Romane und Novellen des 15. und 16. Jahrhunderts in Deutschland*, Darmstadt 1989, S. 203).

[59] Vgl. „erbarmet“, „bedenckent“, <9>.

[60] Zu diesem häufig zur Kennzeichnung (vermeintlich) leerer Worte verwendeten Verb siehe Miedema, Nine: „Höfisches und unhöfisches Sprechen im *Erec* Hartmanns von Aue“, in: Miedema/Hundsnurscher (Hg.): *Formen und Funktionen von Redeszenen* (wie Anm. 6), S. 181-201, hier S. 193. Gemeint ist mit „klaffen“ keineswegs, dass Sibille „can *manipulate* language well“, wie von Morrison: „Women Writers“ (wie Anm. 41), S. 32, behauptet (Hervorhebung N.M.).

teilen. Im altspanischen Text erhält die Königin erst unmittelbar, bevor sie auf dem Scheiterhaufen verbrannt werden soll, die Gelegenheit, sich zu verteidigen, die obige Szene entfällt somit ganz.[61] Die französische Prosaerzählung argumentiert bereits in den Redebeiträgen <1> und <2> anders, indem sie konkreter und anzüglicher auf den Körper der Dame verweist, der, wie Charlemaine spöttisch vermerkt, wohl Ruhe brauche nach dem „travail" der Nacht;[62] Sebille verteidigt sich, die Anspielung nicht verstehend, mit dem Hinweis, es wäre ihr nicht schwergefallen aufzustehen, wenn sie rechtzeitig geweckt worden wäre, da sie keine besonderen körperlichen Anstrengungen auf sich genommen habe. Erst in <3> gibt Charlemaine den in Elisabeths Text bereits in <1> formulierten Hinweis auf den reichspolitischen Charakter der Schäden, die Sebille verursacht habe. Sie entdeckt den Zwerg und erhebt die Faust, als dieser aus dem Bett springt; lediglich in indirekter Rede wird erzählt, der Zwerg werfe sich dem König zu Füßen, „priant mercy que de mort le voulsist sauver".[63] Auch hier lässt der König das Gespräch vom Zwerg lenken und gibt in <5> an, der Zwerg, „qui tant es de grant laidure plain", sei „venu couchier avecq la dame que mon corps a eu espousee",[64] damit weniger den Gegensatz zwischen Schönheit und Hässlichkeit betonend als vielmehr den ehebrecherischen Charakter des vermuteten Verhältnisses. Der Zwerg verteidigt sich in <6> ähnlich wie in der frühneuhochdeutschen Fassung, wonach jedoch abweichend folgt: „Et quant le nain eust son excusacion donnee lors voulut parler la dame quant l'empereur rompy son langage et dit – Riens ne vous vault dame fait il quelque excusacion [...]".[65] In dieser Fassung des Textes wird der Königin somit das Sprechen gewaltsam verboten; Charlemaine lässt sich vom Zwerg im Gespräch lenken, nicht jedoch von Sebille, der damit eine deutlich weniger selbstständige und herrschaftliche Position zukommt als in Elisabeths Fassung. Die Position, die Elisabeth Sibille gerade im Gespräch zuschreibt,[66] durchbricht deren in allen sonstigen bekannten Fassungen des Stoffes ausgesprochen passive oder zumindest machtlose Opferrolle, obwohl sich Sibille auch in dieser Fassung (stoffbedingt) dem Urteil des Königs beugen muss.[67]

Diese Abweichungen sind signifikant: Dass eine Frau hohen Standes bei einer derart schweren Anklage nicht die Möglichkeit erhalten sollte, ihre eigene Position zu verteidi-

---

61 Tiemann: *Der Roman der Königin Sibille* (wie Anm. 44), S. 37; siehe bereits Liepe: *Elisabeth* (wie Anm. 19), S. 216. Zum ebenfalls ausgesprochen eingeschränkten Handlungsspielraum der Königin in anderen, deutschen Fassungen des Stoffes siehe Stiller: *Die unschuldig verfolgte* (wie Anm. 31), S. 118f., S. 128f.

62 Tiemann: *Der Roman der Königin Sibille* (wie Anm. 44), S. 197.

63 Ebd., damit entfällt <4>.

64 Ebd.

65 Ebd., S. 198. Die Redebeiträge <7>, <9> und <10> fehlen.

66 Vgl. Stiller: *Die unschuldig verfolgte* (wie Anm. 31), S. 156 (ohne eine genauere Analyse der einzelnen Redeszenen): Die „Möglichkeit der Rede [gehört] zu den besonderen Handlungsspielräumen von Elisabeths *Sibille*".

67 Ebd., S. 143, beschreibt weitere Situationen, in denen die Sibille Elisabeths im Kontrast zu anderen deutschen Fassungen des Textes nicht „demütig schweigsam" bleibt, und verweist auf die „adlige Unabhängigkeit Sibilles vom französischen König" (S. 154), aus der ihr „Handlungsspielräume ständischer und genealogischer Exklusivität [erwachsen], wie sie auch die französische Feudalität in ihren Auseinandersetzungen mit der Zentralgewalt beansprucht" (S. 154).

gen, dürfte Elisabeth ein Dorn im Auge gewesen sein. Entscheidend ist dabei weniger, wie ihre Vorlage ausgesehen haben mag, sondern dass sie entweder einen eigenen Text gestaltete oder einen vorgefundenen Text weitergab, der das Rederecht der adligen Frau einforderte, trotz aller Dezenz und Zurückhaltung, die sie in anderen Bereichen erkennbar werden ließ.[68] Dass sie selbst das Recht der Verteidigung in Anspruch nahm, zeigt sich in ihren Briefen sehr deutlich, insbesondere in der Auseinandersetzung um das Schloss Varsberg, das ihr, wie sie mehrfach beteuerte, genommen worden war, obwohl sie an den dieser Übernahme zugrunde liegenden Problemen ihrer eigenen Auskunft nach völlig unschuldig war.

4. Der Einfluss der Briefe auf den Stil der Erzähltexte

Vergleicht man die Varsberg-Briefe mit der Selbstverteidigung der Königin Sibille, so zeigen sich inhaltlich gewisse, wenn auch lediglich entfernte Ähnlichkeiten mit den Briefen im Fall Varsberg. So verweist Sibille z.B. auf ihre Unschuld,[69] ebenso wie Elisabeth in den Briefen mehrfach emphatisch ihre Unschuld beteuerte.[70] Darüber hinaus verweist die Königin Sibille in der Erzählung darauf, dass sie schwanger ist, und hofft damit offensichtlich, Mitleid zu erregen und den König zu Barmherzigkeit bewegen;[71] vergleichbar finden sich in Elisabeths Briefen gehäuft Verweise auf ihren Status als Witwe, die die Rechte ihrer unmündigen Kinder zu verteidigen habe und damit ebenfalls Mitleid und Rücksicht verdiene.[72] Beteuerungen bisheriger Loyalität und richtigen Verhaltens finden sich, im In-

---

[68] Das Pauschalurteil, Elisabeths Sibillen-Text zeige „eine eindeutig misogyne Grundtendenz" (Kohlmeier, Markus: *Analyse und Vergleich der Normendarstellung in ausgewählten frühneuhochdeutschen Prosaromanen unter besonderer Berücksichtigung der Zivilisationstheorie von Norbert Elias* [Europäische Hochschulschriften, Reihe 1 1812], Frankfurt am Main u.a. 2001, S. 125), bedarf damit einer Differenzierung.

[69] Vgl. „ffindent jr an der zijt/ so ich nü kindes sol geligen/ das es ist/ als der twerg sagt/ so sollent ir mich verbornen", <7>; „dan ich han der übeldat nit gedan/ der ir mich zyhent", <9>.

[70] Unschuldsbeteuerungen finden sich etwa z.B. in Brief Nr. 7 (an Elisabeth von Bar-Lothringen): „[...] mich [...] solicher geschichte vor vnschuldig zu haben, als wir der auch jn rechter warheit gentzlich vnschuldig sin"; Nr. 44 (an Johann von Kriechingen); Nr. 45 (an René von Anjou); Nr. 61 (an Konrad von Metz: „vnd mir vnd mynen kinden daz zu grossen vnschulden gescheen ist"); Nr. 68 (an Konrad von Metz: „ir habent wol erfaren vnd wissent eigentlich, wie vnschuldenclich ich vnd myne kinde vnsers deiles dez slosses entbern"); Nr. 69 und 70 („daz alles zu vnschulden"); Nr. 78 („vnuerschuldt"); Nr. 82 („vnschuldenclich"); usw. Ob dies als „Taktieren" (Herrmann: „Lebensraum" [wie Anm. 23], S. 97) oder als situationsangemessenes Sprechen zu interpretieren ist, sei dahingestellt. Die Briefe werden zitiert nach: Herold, Jürgen u.a.: „Edition der Briefe", in: Haubrichs/Herrmann/Sauder (Hg.): *Zwischen Deutschland und Frankreich* (wie Anm. 1), S. 254-388.

[71] Bedeutsam erscheint, dass in anderen Fassungen des Stoffes nicht die Königin selbst, sondern sie verteidigende Männer (etwa der Bruder der Königin) auf ihren Zustand hinweisen; vgl. Stiller: *Die unschuldig verfolgte* (wie Anm. 31), S. 128.

[72] Janich: „Individuelle Züge" (wie Anm. 30), S. 403f.; vgl. Bichsel, Peter: *Hug Schapler – Überlieferung und Stilwandel. Ein Beitrag zum frühneuhochdeutschen Prosaroman und zur lexikalischen Paarform* (Zürcher Germanistische Studien 53), Bern u.a. 1999, S. 320. Der Verweis auf die Wehrlosigkeit ihrer Kinder findet sich relativ häufig, zumeist in Verbindung mit dem Hinweis auf das Witwentum; siehe z.B. Nr. 42 (an René von Anjou: „myner widemen vnd myns sons erbe"). Vgl. außerdem Nr. 1 (an Karl von Lothringen), Nr. 6 (an Anton von Vaudémont), Nr. 28 (an Anton von Vaudémont, auf Französisch), Nr. 51, 54, 78 (an Konrad von Metz). Siehe außerdem den bei Herrmann: „Lebensraum" (wie Anm. 23), S. 97, Anm.

halt ähnlich wie von Sibille geäußert, in den Briefen ebenfalls.[73] Nina Janich und Jürgen Herold haben nachgewiesen, dass Elisabeth in ihren durchaus individuelle Züge aufweisenden Briefen je nach Adressaten *und* Situation die genannten Argumente einsetzte oder ausließ;[74] ähnlich ließ Elisabeth auch ihre literarischen Protagonistinnen diese Argumente je nach Adressaten und Situation verwenden. Elisabeth tritt in ihren Briefen, ebenso wie ihre literarischen Figuren, in unterschiedlichen, sprachlich differenzierbaren Sprecherrollen auf, z.B. als Bittstellerin, als Friedensstifterin oder als Schlichterin.[75] Inhaltlich bieten die Briefpassagen somit Vergleichsmomente zu Elisabeths Ergänzungen gegenüber den mutmaßlichen Vorlagen in den Erzähltexten, im Wortlaut weichen sie jedoch (soweit rekonstruierbar) sehr weit ab.

Bleibt der Vergleich mit den Vorlagen (und damit die Einschätzung des möglichen eigenen Anteils der Elisabeth) im Fall der *Königin Sibille* noch relativ schwierig, so ist für den *Huge Scheppel* besser bekannt, welche Fassung der Chanson de geste Elisabeth benutzt haben dürfte; es lassen sich hier ihre Übersetzungstechnik und ihr Bearbeitungsspielraum besonders gut beobachten.

274, zitierten Brief an die lothringischen Räte: „So bieden ich uch gutlich, fordern und gesynnen aber ernstlich, das ir in stat myner gnedigesten herrn die wiedewen und nemelich in besonderheit mich (nast dem ich ein wiedewe und dem huse von Lothringen bewant bin), schuren, schirmen und by rechte behalten und hanthaben sollen" (1453).

[73] Siehe <2>: „jch engedet noch nye widder üch/ vnd en wil es ouch nummer gedün". Vgl. Brief Nr. 42 (an René von Anjou: „[...] mich geen uwern gnaden ye nit anders dan vffrichtig vnd gelich weiß gehalden han vnd mich, abe got wil, auch nit anders zu halden meynen [...]"), fast wörtlich auch in Brief Nr. 45 (ebenfalls an René von Anjou). Verlässlichkeit und Beständigkeit werden in den Briefen insgesamt häufig betont (Herrmann: „Lebensraum" [wie Anm. 23], S. 97). – Diese Beispiele für Unschuldsbeteuerungen, Hinweise auf den Mitleid verdienenden Status der Frau (Schwangerschaft bzw. Witwentum) und Beteuerungen bisherigen tadellosen Verhaltens ließen sich um viele weitere ergänzen; es drohen dabei allerdings selbstverständlich keine so drakonischen Strafen, wie sie Sibille auf sich zu nehmen bereit ist.

[74] Nach Herold: „Quellenkundlicher" (wie Anm. 30), S. 218, wechseln die Briefe z.B. je nach Adressaten und Situation zwischen Brief- und Kanzleistil. Janich: „Individuelle Züge" (wie Anm. 30), S. 405-407, bespricht den Wandel des Tones der Briefe an Bischof Konrad von Metz, der sich durch die sich verändernde Situation im Konflikt ergibt. Auch sie betont die Wichtigkeit der Analyse der Variation, der Nuance, gegenüber der dominanten Formel. Als variierende individuelle Züge nennt sie, S. 408: bewusste Auslassung erwarteter Elemente; Abwandlung von Formeln; gezielte Kombination von performativen Verben und Modalangaben. Es ergebe sich zwar in den Briefen keine „sprachliche Einmaligkeit und Einzigartigkeit", es lasse sich jedoch eine „Fähigkeit zur Variation und Erweiterung vorhandener Muster des betreffenden Funktional- und Epochenstils und eine differenzierte Art von Selbstdarstellung und Selbstbehauptung zum Zwecke erfolgreichen Kommunizierens" feststellen (ebd., S. 409). Vgl. auch Janichs frühere Ausführungen zur situationsbedingten individuellen Variation in Elisabeths Briefen: Janich, Nina: „Höflichkeit und Streit in Briefen. Die Varsberg-,Fehde' der Elisabeth von Nassau-Saarbrücken", in: Gisela Brandt (Hg.): *Historische Soziolinguistik des Deutschen III: Sprachgebrauch und sprachliche Leistung in sozialen Schichten und soziofunktionalen Gruppen. Internationale Fachtagung Rostock/Kühlungsborn 15.-18.9.1996* (Stuttgarter Arbeiten zur Germanistik 351), Stuttgart 1997, S. 95-110. Über den angeblich unangemessenen (aggressiven) Ton ihrer Briefe beschwert sich Anton von Vaudémont, siehe Brief Nr. 65/66.

[75] Vgl. Janich: „Individuelle Züge" (wie Anm. 30), S. 395f., zu den Differenzierungen in den Anredeformen, S. 396-398 zu den Gruß- und Segensformeln, S. 398 zu den Segenswünschen und Dienstversicherungen, S. 404f. zu den Formen der Selbstnennung.

Im *Huge Scheppel* wird u.a. erzählt, dass die Königin von Frankreich, Wißblume, vom Grafen Savari bedrängt wird, der ihren Ehemann vergiftet hat und nun hofft, die Königstochter Marie zur Frau nehmen und damit den Königsthron erobern zu können. Durch eine Taktik des Hinhaltens, die zwar derjenigen im Konflikt um Varsberg vergleichbar ist, in diesem Fall aber von der Vorlage vorgegeben wurde, gelingt es Wißblume, einen Aufschub zu gewinnen, während dessen sie sich mit den Bürgern von Paris berät. Auch hier kürzte Elisabeth Passagen, die offensichtlich nicht ihrem Bild der Handlungsfreiräume einer Fürstin entsprachen. Bei der Beratung schlägt in der französischen Fassung einer der Bürger der Königin vor, den Forderungen Savaris nachzukommen:[76]

Premiers parla ly ung c'on tint a excellent

835   Et leur dist: „Biau signeur, or oyés mon tallent!

De ceste chose chi diray mon ensïant:

Ly contez Savaris a amené grant gent

Et est venus requerre no dame poissanment

Et le franque roïne a ce point ne s'asent

840   Et Marie se fille aussy n'en veult noient.

Or est il de chechy en nostre jugement,

A ce que nous ferons le roïne s'assent,

Et ly contez est fel et de faus couvenant;

Se nous ly reffussons le roïne au corps gent,

845   Il porra le royaulme mettrë a grant tourment,

Car il a maint hault prinche a sen commandement;

Mieux ly vauroit le damme donner paisiblement

Que mettre le roiaulme en tel triboullement;

Car qui pais puet avoir, sos est qui guerre prent".

Elisabeths deutscher Text kürzt die letzten Verse dieser Passage:[77]

Do hub der Redelichsten burger eyner zu den andern also zu sagen/ lieben frunde vernement hye myn meynonge/ graue sauary ist mit grossem volcke her komen Vnd hait der konigynne dochter gefordert vnd geheyschen/ Aber vnser frouwe Die konigynnen vnd irc dochter wollen des nit verhengen nach gehabt haben/ Dar über sollen wir nů urteilen/ vnd was wir nu dar Jnne dün oder lassen/ Das wil die konigynne follen ziehen Nu ist der graue grymmich vnd arg willich/ wo wir ym die schone dochter versagen/ so möchte er das konigrich zu grossem schaden bringen/ Dann er hait vil große fürsten vnd herren in syner betwenglichheit.

Getilgt wird somit der Hinweis des Bürgers, es sei besser, die Königstochter von Frankreich Savari zu ‚geben' („donner", v. 847), es bleibt bei dem weniger explizit formulierten

---

[76] Zitiert wird nach der folgenden Ausgabe: *Hugues Capet. Chanson de geste du XIVe siècle* (Les classiques français du Moyen Âge 122). Noëlle Laborderie (Hg.), Paris 1997, Laisse XVIII, S. 105, v. 834-849 (Hervorhebung N.M.).

[77] Hier und im Folgenden zitiert nach: *Der Huge Scheppel der Gräfin Elisabeth von Nassau-Saarbrücken nach der Handschrift der Hamburger Stadtbibliothek*, mit einer Einleitung von Hermann Urtel (Veröffentlichungen aus der Hamburger Stadtbibliothek 1), Hamburg 1905, hier fol. 7vb (Schaft-S wird als normales S wiedergegeben). Vgl. auch das Faksimile (wie Anm. 33). Zu den Veränderungen im Laufe der Überlieferung des *Huge Scheppel*, auf die hier nicht eingegangen werden kann, siehe Müller: „Held und Gemeinschaftserfahrung" (wie Anm. 1); Ders.: „Gattungstransformation" (wie Anm. 1), S. 438f.; *Romane des 15. und 16. Jahrhunderts. Nach den Erstdrucken mit sämtlichen Holzschnitten* (Bibliothek deutscher Klassiker 54 / Bibliothek der Frühen Neuzeit 1). Jan-Dirk Müller (Hg.), Frankfurt am Main 1990, S. 1096-1116; sie dürften auch das Redeverhalten der Figuren betreffen.

Hinweis, es sei gefährlich, dem Grafen Marie zu „versagen" (vgl. „refussons", v. 844). Es deutet sich dadurch an, dass Elisabeth Anstoß daran nahm, eine Fürstentochter als ‚Verhandlungsmasse' behandeln zu lassen, über die Bürger eigenmächtig verfügen könnten.[78]

Nach Savaris Tod setzt dessen Bruder Friedrich die Bemühungen um die Krone Frankreichs fort; er schickt Wißblume einen Boten, der nunmehr für Friedrich die Heirat mit Marie einfordert. In ihrer Antwort spricht Wißblume, anders als Blanchefleur in der erhaltenen französischen Fassung, den Boten des Grafen Friedrich formvollendet an und verwendet dabei Wendungen, die eine auffällig hohe Anzahl brief- bzw. rechtsformelhafter Elemente aufweisen. Der französische Text lautet:[79]

> Quant l'entent le roïne, Huon moult regarda,
> Et puis tout en riant le mesaige apella:
> 2345   „Amis, dist le roïne, on vous respondera:
> Fedris premierement me fille point n'ara,
> Car Savaris sez frere le sien pere enerba,
> Le fort rois Loaÿs dont orphe(ne) demoura [...]".

Elisabeth arbeitet dies wie folgt aus:

> Als die künigynne die mere gehorte sij gesach hugen gütlich an/ vnd dar nach mit lachemdem [sic] munde/ sprach sij zu dem boden/ frunt man sal uch zu stunt ein antwert geben zum ersten male sollent ir yme sagen daz is nit zymlich oder billich sij Das wir yme gehorsam solten sin nach syner begerongel/ Dann er sal ye vnser dochter marie nit haben Dann sin brůder Sauary hait yren vatter myme lieben herren vnd hußwirte konnig ludewig seligen vergeben/ Des Dann sij vnd ich witwa vnd weyse beliben sin [...]". [fol. 21ra, Hervorhebungen N.M.].

In den Varsberg-Briefen lassen sich an vielen Stellen vergleichbare Formulierungen nachweisen:[80]

> „billich" wird auch in Elisabeths Briefen häufig verwendet, vgl. z.B. Nr. 20, 23, 25, 27, 49, 74, 78, 81 u.ö. „billich[.] und zimlich[.]" ist seit dem 15. Jahrhundert als Rechtsdoppelformel nachgewiesen.[81]
> „gehorsam" ist in der Varsberg-Korrespondenz nicht nachgewiesen, auch dieser Begriff gehört jedoch zu den Rechtstermini.[82]
> „begeronge" begegnet als Substantiv in Elisabeths Briefen selten (s. Brief Nr. 58), das Verb „begern" jedoch häufig (Briefe Nr. 13, 20, 21, 23, 42, 47, 49, 50, 68, 74, 75, 77, 78, 82 u.ö.); beide Wörter sind ebenfalls Rechtsbegriffe.[83] – Friedrich meint das, was er geäußert hat, offensichtlich nicht als „bege-

---

[78] Huge äußert dies wenig später in unmissverständlichen Worten: „Jr herren sprach er Jr horent wol/ was der hye vor vns allen saget/ Sölichs gefellet mir nit [...]" (fol. 7vb-8ra, Zitat fol. 7vb); vergleichbar auch in der französischen Fassung, Laisse XVIII, S. 105f., v. 850-869.

[79] *Hugues Capet* (wie Anm. 76), Laisse L, S. 156, v. 2343-2348.

[80] Dies trotz der Tatsache, dass sich die von Albrecht Greule und Nina Janich aus den Briefen Elisabeths zusammengestellten Beispiele für „Termini technici" (zusammengestellt auf S. 195) sowie „fachsprachliche[.] Formeln und feststehende[.] Wendungen" (S. 195-197) in den erzählenden Texten nicht nachweisen lassen. Siehe Greule, Albrecht / Janich, Nina: „Sprachwissenschaftlicher Kommentar zu den Briefen Elisabeths von Nassau-Saarbrücken", in: Haubrichs/Herrmann/Sauder (Hg.): *Zwischen Deutschland und Frankreich* (wie Anm. 1), S. 194-201.

[81] Preußische [und Heidelberger] Akademie der Wissenschaften (Hg.): *Deutsches Rechtswörterbuch* (*Wörterbuch der älteren deutschen Rechtssprache*), Bd. 1ff., Weimar u.a. 1914ff., hier Bd. 2, Sp. 334-336; der Ausdruck „zimlich [und] billich" findet sich etwa im 15. Jahrhundert.

[82] Ebd., Bd. 3, Sp. 1508-1512.

[83] Ebd., Bd. 1, Sp. 1412-1414 (mit Belegen seit dem 14. Jahrhundert). Vgl. Janich: „Individuelle Züge" (wie

ronge", sondern vielmehr als „forderunge", so dass sich im Redebeitrag der Wißblume möglicherweise eine feine Ironie verbirgt: Durch ihre Kennzeichnung der Angaben Friedrichs als „begeronge" verweist sie darauf, dass Friedrich in seiner Position allenfalls etwas „begeren", keineswegs aber etwas „fordern" könne.[84] Dass Elisabeth solche Formen der Ironie über das sprachliche Verhalten der Figuren nicht fremd waren,[85] zeigt sich auch in einer deutlich späteren Passage, in der der Graf von Dampmertin die Königin gegen Graf Friedrich verteidigt: Auf Dampmertins „mit besonnem müde" ausgesprochene Bitte, die Königin nicht weiter zu bedrängen („vnder den übel dedern ist besser der Jhene Der da ruwe hat/ Dann der der in synen sunden verharren vnd bliben ist/ lassent/ die frouwe vnd yre dochter die konigynne gewerden/ des bijtten ich üch/ dann es dncket mich ye billich sin", fol. 46va), antwortet Friedrich (anders als in der erhaltenen französischen Fassung) ironisch: „wie ist dem [...] sint ir eyn prediger worden [...]" (ebd.).[86]

Dass Elisabeth in ihren Briefen situationsabhängig den Hinweis auf ihr Witwentum einsetzte, wurde oben (Anm. 72) bereits erwähnt. In der vorliegenden Passage des Huge Scheppel ergänzte sie den Verweis auf das (Halb-)Waisentum der Tochter Marie um denjenigen auf den Witwenstatus der Wißblume; in den Briefen findet sich diese Doppelformel ebenfalls häufig.

Die von Elisabeth verwendeten Rechtstermini belegen den unmittelbaren und wörtlichen Einfluss der Briefpraxis im Regierungsalltag der Fürstin Elisabeth auf ihre Tätigkeit als Autorin bei der Gestaltung des Redeverhaltens der Protagonistinnen in ihren Erzähltexten. Handlungsfunktional ist der Zusatz in der gerade zitierten Passage nicht, und er widerspricht Elisabeths sonstiger Tendenz zur Kürzung; offensichtlich wurde der Passus

---

Anm. 30), S. 399; Ebert, Helmut: „Bemerkungen zur Syntax frühneuhochdeutscher Bittbriefe", in: Anne Betten (Hg.): *Neue Forschungen zur historischen Syntax des Deutschen. Referate der Internationalen Fachkonferenz Eichstätt 1989* (Reihe Germanistische Linguistik 103), Tübingen 1990, S. 224-238, hier S. 230; Bichsel: *Hug Schapler* (wie Anm. 72), S. 304, S. 310.

[84] Elisabeth verwendet den Begriff *fordern* in ihrer Korrespondenz z.B. Johann von Kerpen gegenüber, siehe Brief Nr. 14 (vgl. auch die Steigerung in Nr. 13: „begern wir vnd fordern mit gantzem ernste", ähnlich in Nr. 10, Nr. 47; vgl. Nr. 21, 23: „begern mit ernste", Nr. 20: „begern wir vnd bijden dich mit ernste"); Nr. 25; Nr. 26: „fordern wir vnd gesynnen aber mit ernste an dich"; ähnlich Nr. 49. Sie verwendet den Begriff hochgestellten Personen gegenüber deutlich weniger häufig und dann nur in wenigen feststehenden Wendungen: in Briefen an Elisabeth von Bar-Lothringen in der Form des „begern ich uwern gnaden zu wissen" (Nr. 27, 30, 34, auch an René von Anjou, Nr. 41, 42, 45) oder „begern heruff uwer gnaden gnedige verschriben antwort" (Nr. 42, 44, 51, 58, 74, 82, an René von Anjou, Konrad von Metz und Elisabeth von Bar-Lothringen); erst bei der Steigerung des Konfliktes auch gegenüber Konrad von Metz, Nr. 68: „Her vmb begern vnd bijden ich uwer liebe aber", ähnlich Nr. 76; Nr. 75: „so begern vnd fordern ich mit fruntlichem ernste an uch", ähnlich Nr. 76; an Elisabeth von Bar-Lothringen, Nr. 82: „bidden uwer gnade dienstlich vnd begeren vnd fordern mit ernste demutenclich". Zu dieser situationsbezogenen Variation der performativen Verben siehe Janich: „Individuelle Züge" (wie Anm. 30), S. 399f., zur ausgesprochen reflektierten Verwendung solcher Verben, die sich anhand der Korrekturen der Briefkonzepte nachweisen lässt (ebd., S. 400f.).

[85] Dies gegen Liepe: *Elisabeth* (wie Anm. 19), S. 119: „Die Selbständigkeit dieses schadenfrohen Humors traue ich unserer braven Übersetzerin nicht zu" (zu einer Passage im *Herpin*; in der *Königin Sibille* hat Elisabeth allerdings tatsächlich an einigen Stellen ironische Passagen getilgt, vgl. ebd., S. 220).

[86] Diese Passage befindet sich allerdings im zweiten Teil des Textes (ab fol. 41r), der dem Laissen-Text weniger genau folgt als der erste Teil und dementsprechend möglicherweise auf einer anderen, heute nicht mehr erhaltenen Vorlage beruht. Vgl. Urtel: *Huge Scheppel* (wie Anm. 77), S. 17.

deswegen aufwändiger gestaltet als in der Vorlage, weil Elisabeth Königin Wißblume nicht nur inhaltlich, sondern auch formal sachgemäß auf die unverschämte ‚Bitte' Friedrichs reagieren lassen wollte.

5. Vollständig zitierte Briefe in Elisabeths Erzählungen

Ein letzter Aspekt der hier dargestellten Thematik ergibt sich aus der Tatsache, dass in Elisabeths Prosaerzählungen an verschiedenen Stellen im vollständigen Wortlaut Briefe zitiert werden.[87] Nach Christine Wand-Wittkowski, die in ihren textübergreifenden Studien zu den Briefen in deutschen Erzähltexten nicht alle Erzählungen Elisabeths berücksichtigt, interessiert der Brief die mittelalterlichen Autoren

> vor allem als simuliertes Gespräch [...]. Das zeigt sich in der Bevorzugung der direkten Briefwiedergabe [...]. Zusätzlich wird der Gesprächscharakter des Briefs durch das Fehlen brieftypischer Anfangs- und Schlußformeln betont. Der so mitgeteilte Briefinhalt könnte ohne weiteres Bestandteil eines tatsächlich mündlichen Gesprächs sein, als ob die Briefpartner gar nicht räumlich voneinander getrennt wären.[88]

Es zeigt sich, dass sich diese Beobachtung nicht für alle Texte Elisabeths verallgemeinern lässt, denn der *Huge Scheppel* enthält einen Brief Asselins an Friedrich, der wörtlich zitiert wird und der, gegen die Beobachtungen Wand-Wittkowskis, alle formalen Kennzeichen eines Standardbriefes aufweist.[89] Darauf hat bereits Ute von Bloh hingewiesen,[90] die jedoch nicht ausführt, dass der deutsche Text hier erneut von der erhaltenen französischen Fassung abweicht. Diese gibt den Brief auf relativ formlose Art und Weise wieder:[91]

> Une lettre fist faire que point ne s'y detrie
> Et manda a Fedry: „Chier oncle, je vous prie,
> Vengons nous de Huon qui par losengerie
> 4875   A esté couronné en France le jollie.
> Je vous ay en couvent et a vous je me fie,
> Qu'en Bourgongne est entrez a petit de mainie,
> Jamais n'en istera a nul jour de se vie,
> Espiier le feray de ma chevallerie,

---

87 Siehe von Bloh: „Information" (wie Anm. 28). Der *Herpin* erwähnt 19 Briefe (Wand-Wittkowski: *Briefe* [wie Anm. 28], S. 348f., zählt 18, da sie den Brief der Beatrix, dessen Wortlaut nicht mitgeteilt wird, nicht mitzählt), *Königin Sibille* in Elisabeths Fassung keine (ebd., S. 348), *Loher und Maller* neun (von Bloh, S. 25), *Huge Scheppel* sechs (ebd.). Wie bei den Varsberg-Briefen handelt es sich bei dieser Korrespondenz jeweils nicht um Privatbriefe (von Bloh, S. 35)

88 Wand-Wittkowski: *Briefe* (wie Anm. 28), S. 319; vgl. auch S. 22. Siehe außerdem von Bloh: „Information" (wie Anm. 28), S. 42f.: „[W]as diese Briefe charakterisiert, ist ihre funktionale und strukturelle Affinität zur mündlichen Rede".

89 Worstbrock: „Die Frühzeit" (wie Anm. 25), S. 137, unterscheidet als zumeist vorhandene Bestandteile eines Musterbriefes *salutatio, exordium, narratio, petitio* und *conclusio*, Wand-Wittkowski: *Briefe* (wie Anm. 28), S. 32, nennt statt des *exordiums* die *captatio benevolentiae* (ähnlich auch Dreher: *Enclosed Letters* [wie Anm. 28], S. 41f.; Janich: „Individuelle Züge" [wie Anm. 30], S. 394), verweist jedoch darauf, dass auch die lateinische Briefpraxis „Flexibilität" zeige.

90 Von Bloh: „Information" (wie Anm. 28), S. 40; vgl. vor ihr auch Waller, Martha: „Briefe in den deutschen Volksbüchern", in: *Zeitschrift für deutsche Philologie* 61 (1936) S. 293-309, hier S. 299.

91 *Hugues Capet* (wie Anm. 76), Laisse CXX, S. 242f., v. 4872-4890. Der Brief befindet sich allerdings im zweiten Teil des Textes (vgl. oben, Anm. 86).

<pre>
4880   Ocire le feray coy que nulz hons m'en die;
        Alez ent a Orliens, si ne le laissiez mie,
        Et menez avec vous de chiaulz de vo partie
        Tant c'on ne vous y puist faire nul vilonnie,
        Car la roïne y est qui tant est agensie
4885   Et sa mere ensement, que ly cors Dieu maudie!,
        S'y est ly connestablez qui lez a en baillie.
        Faitez que vous aiiez le roïne jollie,
        Ce sera vo moullier, se Dyeus me benaïe,
        Car j'ochiray le roy en yceste partie;
4890   N'affiert point a bouchier si haute signourie".
</pre>

In Elisabeths Text ist der Brieftext wie folgt ausgearbeitet (kursiviert sind die gegenüber dem französischen Text erweiterten formalen Bestandteile eines Standardbriefes):[92]

(fol. 43rb) Nu horet des bijtten ich uch/ wes sich der hertzog Asselin bedachte/ Er bestalte von stunt einen gewissen boden/ vnd schreib eynen brieff/ Dar jnne stunde geschreiben alsus/
Ffriderich myn lieber frunt uch enbieten ich grusse vnd alle fruntschafft zuuor [salutatio]
vnd lassen uch wissen Das huge den ich in hertzen sere hassen/ her in bourgonien mit wenig folcks kommen ist [exordium] des ich erfrauwet bin/ wan er nummer dar vß bekommet Jch enhabe yne dan vor gedödet/ wir wollen vns wol an yme rechen/ Die edele konnigynne ist zu orliens// mit yrem heymlichen gesinde. [narratio]
her vmb bijtten ich uch vmb gottes willen Das ir uwers folcks bis an die zwey dusent verbotschafften vnd vff das heymlichste ir mogent gewappent vnd erzüget bestellen wollet/ vnd uch dan nahe bij orliens in das gewelde fügent/ Also das ir nit gesehen werdent/ vnd des andern morgens so is dag ist So Rittent zu der staidt Jnn vnd nit erferent uch fugent uch glich snelle zu dem palas zu Dar Jn findent ir die konnigynne holent sij/ is sij ir lieb odir leyt/ Dann furent sij mit uch in Champanien/ So wil ich uff diese sijtte soliche sache ghein dem konnige begynnen das er da durch zu male verdarfft werden sal// wann ich wil yne zu dode slagen/ aen yne zu gnaden nymmen/ Als dann nemment ir die konnygynne zu der Ee vnd werdent (fol. 43va) Jr huß wirt [petitio]
mit solichen dingen werden wir vnser fiente vff das aller niederste brengen [conclusio].

Der Vergleich mit den klassischen Bestandteilen eines Briefes nach den *artes dictandi* lässt erkennen, dass im deutschen Text die *salutatio*,[93] das Dienstangebot und die Überleitungsformel genau den Gepflogenheiten der schriftlichen Korrespondenz entsprechend vorhanden sind, während sich der französische Text bereits durch die durchaus auch in der Wiedergabe von Gesprächen verwendete vertrauliche *salutatio* („Chier oncle", v. 4873)[94] eher wie ein mündlicher Redebeitrag liest. In diesem Fall ändert Elisabeth somit den relativ informellen Brieftext der französischen Fassung zu einem allen Regeln der Kunst entsprechenden Schreiben; der Brief bewahrt damit den von Wand-Wittkowski für

---

[92] Vgl. von Bloh: „Information" (wie Anm. 28), S. 40, die den Text leicht abweichend gliedert.

[93] Dieser Brief „entspricht mit der ‚enbieten'-Formel mit Gruß und Freundschaft, dem nachgestellten ‚zuuor' und der folgenden ‚Wiß'-Formel ganz deutlich mittelalterlichen Originalbriefen" (Wand-Wittkowski: *Briefe* [wie Anm. 28], S. 55, Anm. 117).

[94] Vgl. etwa die folgenden, im Text mehrfach verwendeten Anredeformen, für die jeweils nur ein Beispiel angegeben sei: *Hugues Capet* (wie Anm. 76), Laisse XIV, S. 99, v. 648 („Chiere dame"); Laisse III, S. 80, v. 103 („Biaus onclez"); Laisse XXII, S. 110, v. 989 („Franque roïne"); Laisse XXIX, S. 123, v. 1360 („Gentis sirez"); Laisse LIV, S. 162, v. 2532 („Biaus fieulz"); Laisse LXXI, S. 183, v. 3134 („Noble baron"). Von Bloh: „Information" (wie Anm. 28), S. 41, bezeichnet diese Anrede einmal als „ausnahmsweise" „förmlich", einmal als (wie „unter Verwandten, zukünftigen Ehepartnern oder Verbündeten" üblich) informell.

sonstige in Erzählungen zitierte Briefe gültigen „Gesprächscharakter" nicht, sondern betont die Funktion des Briefes als Instrument der Herrschaftsausübung.[95]

Es wäre ein auffälliges Ergebnis, wenn man anhand aller in den Prosaerzählungen Elisabeths zitierten Briefe feststellen könnte, dass die Einführung eines strengeren Regelsystems für die Briefe ein generelles Stilprinzip Elisabeths sei. Dem ist jedoch nicht so: Das nachfolgende Textbeispiel zeigt für den *Herpin* gerade die entgegengesetzte Tendenz, denn hier überliefert der französische Text das Briefformular mit *salutatio* und *intitulatio*, während Elisabeths deutscher Text den Brieftext reduziert und dadurch stärker den Gesprächs- und nicht den Dokumentcharakter der Briefe betont.[96] Beide Briefe seien hier im Wortlaut zitiert, wobei erneut die Kursivierung die im deutschen Text nicht vorhandenen formelhaften Elemente kennzeichnet:

> *Lion de Bourges:*[97]
>
> Adont fist une lettre teille comme vous dirait:
> *„Sallut et bonne amour a Lion per dela* [*salutatio*].
> 9240   *Je, voustre chiere amie* [*intitulatio*], qui de cuer dollant ait,
> Sus avuec Marie qui bien confortéz m'ait;
> Sans prison et san chartre ou pallais et sa e la
> Voy a ma vollanteit, ja nulz ne m'en tanrait [*narratio*].
> Mais jai tant comme je vive mez corpz n'en ysterait,
> 9245   Se lou duc ne prenés que vous corpz assis ait.
> Metés vous an en payne; or y parrait
> Comment pour moy aidier vous corpz se penerait [*petitio*].
> Sallués moy mon perre que mon corpz engenrait,
> Et le Blanc Chevalier qui bien aidiér vous ait [*conclusio*]"`.

Herpin:[98]

Florentina „schreib Lewen:

,Jch laß uch wissen, das uwer lieber bůle hie gat zů Rige jn der stat mit Mergen, die mich allezit tröst, vnd gont hie vnbeslossen. Harvmb bit ich uch vmb mynen willen sere zů arbeiten, ob jr den herczo-

---

[95]   Von Bloh: „Information" (wie Anm. 28), S. 47.

[96]   Auf weitere Unterschiede zwischen der französischen und Elisabeths Fassung des Stoffes, die nicht zuletzt auch die Redeszenen betreffen, geht von Bloh ein (von Bloh: *Herpin* [wie Anm. 32], S. 23 u.ö.).

[97]   Zitiert nach: *Lion de Bourges. Poème épique du XIVᵉ siècle* (Textes littéraires français 285). William W. Kibler u.a. (Hg.), 2 Bde., Genf 1980, S. 289, Laisse CLXXVII, v. 9238-9249.

[98]   Zitiert nach der Heidelberger Handschrift Cod. Pal. germ. 152 (im Netz unter http://digi.ub.uni-heidelberg.de/diglit/cpg152/ [Stand September 2007]), fol. 90r-90v (Schaft-S wird als normales S wiedergegeben); vgl. auch das Faksimile (wie Anm. 32). Diese Fassung weicht von der Wolfenbütteler Handschrift ab, die mir nicht vorlag. Der betreffende Brief wird von Karl Simrock: *Die deutschen Volksbücher*, Bd. 11, Basel 1892, S. 213-445, Nachdruck in Bd. 6, Hildesheim / New York 1974, der sich im Wesentlichen nach der Wolfenbütteler Handschrift richtet, mit lediglich einem Halbsatz wiedergegeben („und schrieb Löwen einen Brief, daß sie auf Rige unverschloßen gehe", S. 320), wobei unklar ist, ob Simrock hier gegenüber seiner Vorlage kürzt bzw. den Drucken folgt (vgl. von Bloh: *Ausgerenkte Ordnung* [wie Anm. 1], S. 3f. mit Anm. 8-9). – Auf die Auswirkungen, die die Bearbeitungen des Textes für den Druck auf die Gestaltung der Redeszenen und Briefe gehabt haben, kann hier nicht näher eingegangen werden (vgl. Ralf Konczak: *Studien zur Druckgeschichte zweier Romane Elisabeths von Nassau-Saarbrücken. ,Loher und Maller' und ,Herpin'* [Europäische Hochschulschriften, Reihe 1 1273], Frankfurt am Main u.a. 1991; von Bloh: *Herpin* [wie Anm. 32], S. 12-15, S. 31; vgl. auch Waller: „Briefe" [wie Anm. 90], S. 300-302).

gen möchtent fahen; vnd grüssent mir myn vatter sere vnd den wissen ritter, der uch so getruwlich jm turney geholffen hat'."

Es zeigt sich so, dass der in den Kanzleien übliche Aufbau der Briefe in Elisabeths Texten teilweise übernommen wurde, ohne dass dabei allerdings vereinheitlichend in die Vorlagen eingegriffen wurde. Wenn vorhanden, so diente der formale Aufbau dem Zweck, die Realitätsnähe und Authentizität des Erzählten zu betonen;[99] der in den Varsberg-Briefen vorhandene elaborierte Kanzlei*stil* fand jedoch in den Erzählungen (außer in den für den *Huge Scheppel* gezeigten Rechtsformeln) kaum Verwendung.

6. Fazit und Ausblick

Elisabeth von Nassau-Saarbrücken spricht als Fürstin – sie spricht in Briefen, die sie dazu zwingen, sprachlich situationsadäquat die alltäglichen politischen Geschäfte zu führen, und sie spricht in ihren Erzählungen, einerseits dadurch, dass sie als deren Übersetzerin in den Text eingreift, z.B. an Stellen, die ihren Vorstellungen von weiblicher Herrschaft nicht entsprechen, und andererseits dadurch, dass sie ihre weiblichen Protagonistinnen auf eine für Fürstinnen angemessene Art und Weise sprechen lässt und ihnen tendenziell größere Handlungsspielräume zuweist. Die Untersuchung der Redeszenen in den Erzähltexten, unter Einbezug der realen Briefe der Fürstin, bietet eine wichtige Möglichkeit, den spezifischen Sprachstil der Erzählwerke Elisabeths zu untersuchen, auf deren Basis die Poetik des frühneuhochdeutschen Prosaromans besser erfasst werden könnte.

Die Stimme dieser Fürstin wird ohne Zweifel von anderen, lauteren Stimmen überlagert, sie bleibt jedoch dennoch bei genauerer Betrachtung der Texte erkennbar. Elisabeths politischer Handlungsspielraum mag zeittypisch eingeschränkt gewesen sein, ihre Briefe zeigen dennoch, dass sie im Rahmen dieses Spielraumes sprachlich angemessen zu handeln wusste.[100] Trotz aller Treue zu den Briefformularen weisen Elisabeths Briefe durchaus individuelle Züge auf, sie verwendete stilsicher und situationsadäquat unterschiedliche Sprachregister. Auch als Übersetzerin und Literatin nahm sich Elisabeth größere Freiheiten, als gelegentlich behauptet wird. Die Gestaltung ihrer Dialoge spiegelt ihre Vorstellungen von weiblicher Herrschaft wider: Ihre Protagonistinnen agieren (wenn auch verhalten) anders als diejenigen der Vorlagen. Zum Teil lässt sich Elisabeth für die Gestaltung des verbalen Verhaltens der Protagonistinnen von der Praxis des Briefeschreibens inspirieren, insbesondere von den Rechtsformeln, und zeigt somit ihre literarische Kunst vom herrschaftlichen Alltag beeinflusst; das zuletzt besprochene Beispiel zeigt jedoch, dass sie den in den Briefen gepflegten Kanzleistil und die formalen Briefmuster nicht ausnahmslos und mechanisch auf die literarischen Werke übertrug.[101] Eine nähere Untersuchung solcher

---

[99] Von Bloh: „Information" (wie Am. 28), S. 42f.

[100] Elisabeths „Spielräume[.] für politisches Handeln unter den Voraussetzungen weiblicher Regentschaft [erscheinen] von vornherein eingeschränkt, da Elisabeth als Frau eine persönliche und eigenständige Konfliktbewältigung mit kriegerischen Mitteln kaum möglich war" (Herold: „Quellenkundlicher" [wie Anm. 30], S. 250). Als weibliche Regentin ist sie auf die Hilfen der Ratgeber angewiesen; „[d]aß Elisabeth aber eine gänzlich passive Rolle gespielt hätte, kann man [...] nicht sagen" (ebd., S. 253).

[101] Der Hinweis darauf, der Gebrauch von Briefformeln in literarischen Texten wirke häufig „ermüdend und gleichförmig" (Wand-Wittkowski: *Briefe* [wie Anm. 28], S. 55), trifft somit auf Elisabeths Texte kei-

Muster, die hier allerdings nicht geleistet werden kann, hätte nicht nur die hier insbesondere beschriebene Lexik der Texte zu untersuchen, sondern vor allem auch die syntaktischen Konstruktionen der Texte.[102]

Es ist kaum zufällig, dass die *Königin von Frankreich* Schondochs[103] den Faustschlag für den Zwerg (aus dem ersten Textbeispiel) an König Karl und die Verteidigung der Königin an einen der Männer aus dem Gefolge delegiert[104] – beim männlichen Autor Schöndoch schweigt Sibille, bei der weiblichen Autorin Elisabeth agiert die Königin, über die Vorlage hinausgehend, selbst.[105] Es bräuchte mehr solcher vergleichenden Untersuchungen, um (trotz aller skizzierten Vorlagenproblematik) die literarischen Leistungen Elisabeths würdigen und ein umfassendes Verständnis für die ‚Poetik des Prosaromans‘ entwickeln zu können – von den tentativen Anfängen bei Elisabeth, mit ihrer (so die These) charakteristisch eigenen Stimme, bis zu den weit verbreiteten späten Drucken dieser für die Neuzeit so zukunftsweisenden Textsorte.

---

nesfalls zu (vgl. auch ebd., S. 57f., zu weiteren Beispielen für einen freieren Umgang mit dem Briefformular in literarischen Texten).

[102] Vergleichsmaterial speziell zu den Dialogen und Briefen bieten die Untersuchungen Roloffs: *Stilstudien* (wie Anm. 4), S. 157-160, S. 186f., zu Thürings *Melusine*, Brandstetters: *Prosaauflösung* (wie Anm. 4), S. 97-134, zu *Tristrant und Isalde*, *Wilhelm von Österreich* und *Wigoleis vom Rade*, Melzers: *Trivialisierungstendenzen* (wie Anm. 4), S. 84-94, zu *Tristrant und Isalde*, Knapps: *Hystoria Troyana* (wie Anm. 4), S. 395-399, zur *Hystoria Troyana* und Straubs: *Entstehung und Entwicklung* (wie Anm. 4), S. 96-98, S. 128f., S. 138-145, zum *Wilhelm von Österreich*. Für die realen Briefe des Spätmittelalters gilt: „Nicht zuletzt korrespondiert der sprachliche Aufwand (z.B. Anzahl der Sätze) mit der Größe der Bitte, ebenso hängt das Vorhandensein und die Beschaffenheit einer syntaktischen Tiefenstaffelung mit der Komplexität des vorgetragenen Sachverhalts zusammen" (Ebert: „Bemerkungen" [wie Anm. 83], S. 236; vgl. Greule und Janich: „Individuelle Züge" [wie Anm. 30], S. 194); dies lässt sich auf die Erzähltexte offensichtlich nicht übertragen.

[103] Textausgabe: Jutta Strippel: *Schondochs ‚Königin von Frankreich‘. Untersuchungen zur handschriftlichen Überlieferung und kritischer Text* (Göppinger Arbeiten zur Germanistik 252), Göppingen 1978. Stiller: *Die unschuldig verfolgte* (wie Anm. 31), S. 112, datiert den Text zwischen 1365 und 1402; nach Steinhoff: „Elisabeth" (wie Anm. 18), Sp. 485 (mit weiterer Literatur), könnten Elisabeths und Schondochs Text auf die gleiche Vorlage zurückgehen, was den Unterschieden in der Gestaltung des weiblichen Handelns umso mehr Gewicht verleiht.

[104] Strippel: *Schondochs ‚Königin von Frankreich‘* (wie Anm. 103), v. 98-102 (Karl tötet den Zwerg); v. 113 („Swige und rede do wider nit!"); v. 138-140, v. 144-166 (Herzog Lütpolt verteidigt die Königin).

[105] Vgl. dazu Stiller: *Die unschuldig verfolgte* (wie Anm. 31), S. 117f., S. 155f.

„IR SOLLEN DIE SACHEN BILICHER VERWYßEN ÜWERM NYFFTELIN"

FAMILIENBEZIEHUNGEN UND GENERATIONENKONFLIKTE IN DEN ROMANEN ELISABETHS VON NASSAU-SAARBRÜCKEN

INGRID BENNEWITZ

Die Romane Elisabeths von Nassau-Saarbrücken können als symptomatisch für das neue Interesse der Mediävistik an der Literatur des 15. und 16. Jahrhunderts gelten, das sich seit Beginn der achtziger Jahre des 20. Jahrhunderts beobachten lässt. Zunächst allenfalls Lektüre und Forschungsgegenstand weniger Spezialisten, dürfen Elisabeths Werke mittlerweile fast so etwas wie kanonische Geltung für das Zeitalter und die Gattung des Prosaromans beanspruchen; die Autorin selbst gehört trotz aller Editions- und Untersuchungs-Desiderate zu den prominentesten Autorinnen deutschsprachiger Literatur der Vormoderne. Stellvertretend für dieses stetig wachsende Interesse sei auf die Arbeiten von Walter Haug, Jan-Dirk Müller, Ute von Bloh und den wichtigen Sammelband von Wolfgang Haubrichs, Hans-Walter Herrmann und Gerhard Sauder verwiesen.[1]

Aus diesem Grunde will ich im Folgenden versuchen, den mittlerweile so vielfach untersuchten Texten einige Aspekte abzugewinnen, die bislang noch etwas weniger im Zentrum des wissenschaftlichen Interesses gestanden haben. Als Türöffner dazu sollen zunächst einmal Schlüsselwörter der jüngeren Forschung dienen, nämlich *Genealogie*, *Familie* und *Generation*.[2]

---

[1] Müller, Jan-Dirk (Hg.): *Romane des 15. und 16. Jahrhunderts. Nach den Erstdrucken mit sämtlichen Holzschnitten* (Bibliothek der frühen Neuzeit, 1. Abt. 1), Frankfurt/Main 1990; Ders.: „Held und Gemeinschaftserfahrung. Aspekte der Gattungstransformation im frühen deutschen Prosaroman am Beispiel des ‚Hug Schapler'", in: *Daphnis* 9 (1980) S. 393-426; Ders.: „Späte Chanson de geste-Rezeption und Landesgeschichte. Zu den Übersetzungen der Elisabeth von Nassau-Saarbrücken", in: Joachim Heinzle (Hg.): *Chanson de geste in Deutschland* (Wolfram-Studien 11), Berlin 1989, S. 206-226; Bloh, Ute von: *Ausgerenkte Ordnung. Vier Prosaepen aus dem Umkreis der Gräfin Elisabeth von Nassau-Saarbrücken: ‚Herzog Herpin', ‚Loher und Maller', ‚Huge Scheppel', ‚Königin Sibille'* (Münchener Texte und Untersuchungen zur deutschen Literatur des Mittelalters 119), Tübingen 2002; Haubrichs, Wolfgang / Herrmann, Hans-Walter / Sauder, Gerhard (Hg.): *Zwischen Deutschland und Frankreich. Elisabeth von Lothringen, Gräfin von Nassau-Saarbrücken* (Veröffentlichungen der Kommission für Saarländische Landesgeschichte und Volksforschung e.V. 34), St. Ingbert 2002; Haug, Walter: „Huge Scheppel – Der sexbesessene Metzger auf dem Lilienthron. Mit einem kleinen Organon einer alternativen Ästhetik für das spätere Mittelalter", in: Joachim Heinzle (Hg.): *Chanson de geste in Deutschland. Schweinfurter Kolloquium 1988* (Wolfram-Studien 11), Berlin 1989, S. 185-205, sowie auch Steinhoff, Hans Hugo: „Art. ‚Elisabeth von Nassau-Saarbrücken'", in: Kurt Ruh (Hg.): *Verfasserlexikon*, Bd. 2, Berlin 1980, Sp. 482-488.

[2] Vgl. dazu Weigel, Sigrid: „Familienbande, Phantome und die Vergangenheitspolitik des Generationendiskurses. Abwehr von und Sehnsucht nach Herkunft", in: Ulrike Jureit / Michael Wildt (Hg.): *Generationen. Zur Relevanz eines wissenschaftlichen Grundbegriffs*, Hamburg 2005, S. 108-127; Bloch, Howard: *Etymologies and Genealogies. A Literary Anthropology of the French Middle Ages*, Chicago / London 1983; Daniel, Ute: *Kompendium Kulturgeschichte. Theorien, Praxis, Schlüsselwörter*, Frankfurt/Main 2002, S. 330-345; Kellner, Beate: *Ursprung und Kontinuität. Studien zum genealogischen Wissen im Mittelalter*, München 2004; Bennewitz, Ingrid: „Frühe Versuche über alleinerziehende Mütter, abwesende Väter und inzestuöse Familienstrukturen. Zur Konstruktion von Familie und Geschlecht in der deutschen Literatur des

Gerade die Verbindung von genealogischen Strukturen mit der Darstellung von Familienkonstellationen verspricht spannende Einsichten in mittelalterliche Denkformen und literarische Entwürfe von Ordnung. Das zumindest für den urbanen Mittel- und Westeuropäer des ausgehenden 20. Jahrhunderts zunehmend fremd erscheinende Denkmuster der Genealogie verbindet sich hier mit der (literarischen) Darstellung und Entwicklung von Emotionalität im Kontext familiärer generationenübergreifender Bindung und – zwangsläufig auch – innerfamiliärer und intergenerationeller Konflikte. Das emotionale Potential jedoch, das in diesen Kontexten entfaltet wird, mutet vergleichsweise bekannt und wenig fremdartig an, eher schon partiell bedrohlich vertraut.

1. Genealogische Verortungen

Walter Haug[3] und Jan-Dirk Müller verdanken wir den Hinweis darauf, wie sehr genealogisches Denken einerseits die Erzählungen Elisabeths prägt, wie diese andererseits aber jeden Versuch einer Rückführung auf ‚reale‘ Historie unterlaufen. Angelegt sind die vier Romane jedenfalls als Familiengeschichte, die „auf drei Generationen zusammengezogen, […] die Geschichte von Größe und Niedergang der Karolinger bis zum Aufstieg der neuen Dynastie [enthält]“,[4] wobei zunächst der aus stilgeschichtlichen Gründen als Erstlingswerk eingestufte *Herpin* (‚Weiß Ritter‘) nur über die Karlsgeschichte angebunden erscheint, tatsächlich aber von Elisabeth in den Folgeerzählungen, etwa insbesondere der *Sibille*, im Rückbezug immer wieder mit eingeschlossen wird:

> Da gingen das falsche g(e)slechte züsamen. Es warhen die/ die ouch hertzog Herpin verdrieben (124)[5]
> Konnig Karle ginge zü dische myt siner ritterschafft/ vnd hait in syme hoffe eynen bösen schalck/ vnd verreder/ der was geheyssen Mayrkar/ vnd was geborn von den verredern/ die hertzog Herpin verrieden (128)

Mit anderen Worten: Nicht nur das Zentrum der Macht, die Königsfamilie und ihre Ansippungen werden im Sinne eines genealogischen Zusammenhangs entfaltet, sondern auch ihre Gegenspieler, die Seite des ‚Bösen‘, wird quasi per Geburt für ihre zukünftige Rolle als Verräter bestimmt. Wie wichtig Elisabeth die Wahrung der genealogischen Kontinuität auch für jene Rezipienten gewesen sein muss, die möglicherweise nur eine der vier Historien lasen oder vorgelesen bekamen, zeigt sich nicht zuletzt an der Rekapitulation der (kruden) Kapetinger-Genealogie am Beginn des *Hug Schapler*. Die genealogische Struk-

Mittelalters“, in: *Jahrbuch für Internationale Germanistik* XXXII (2000) Heft 1, S. 8-18.

3 Haug, Walter: „Die ‚Königin Sibille‘ der Elisabeth von Nassau-Saarbrücken und das Problem des Bösen im postarthurischen Roman“, in: Wolfgang Haubrichs / Hans-Walter Herrmann / Gerhard Sauder (Hg.): *Zwischen Deutschland und Frankreich. Elisabeth von Lothringen, Gräfin von Nassau-Saarbrücken* (Veröffentlichungen der Kommission für Saarländische Landesgeschichte und Volksforschung e.V. 34), St. Ingbert 2002, S. 477-491.

4 Müller: *Romane des 15. und 16. Jahrhunderts* (wie Anm. 1), S. 1101.

5 Im Folgenden zitiert nach: *Der Roman von der Königin Sibille in drei Prosafassungen des 14. und 15. Jahrhunderts* (Veröffentlichungen aus der Staats- und Universitätsbibliothek Hamburg 10). Mit Benutzung der nachgelassenen Materialien von Fritz Burg, Hermann Tiemann (Hg.), Hamburg 1977. – Der Text des *Hug Schapler* wird zitiert nach Jan-Dirk Müller: *Romane des 15. und 16. Jahrhunderts* (wie Anm. 1; beide Fassungen); der *Herpin* nach dem Druck von Siegmund Feyerabend: *Das Buch der Liebe*, Frankfurt 1587; *Loher und Maller* nach der Ausgabe von Karl Simrock, Stuttgart 1868.

tur des Erzählten ist wiederum rezeptionsgeschichtlich eingebunden in die Generationen-Abfolge der hochadeligen Literaturkenner: Elisabeths Mutter, „frowe Margrette greffyne zu wyedemont vnd frowe czu Genville hertzog frydrichs von lottringen graffen czu wiedemont hussfrowe",[6] die *Loher und Maller* 1405 aufzeichnen ließ, gefolgt von Elisabeth, die gerade in diesem Text ihre Autorschaft mit Nachdruck betont („durch sich selbs […] betütscht"[7]), ihrem Sohn Johann III., der die Prachthandschriften der Erzählungen in Auftrag gab, und ihrer Tochter Margarethe von Rodemachern, die wohl eine Kurzfassung eben dieses Textes besaß.[8] So wie Elisabeths Texte von der Drei-Generationen-Abfolge des königlichen Hauses im Augenblick des Wechsels von Karolingern zu Kapetingern erzählen, so schließen die drei Generationen der Häuser von Vaudémont und Nassau-Saarbrücken eine Art genealogische Klammer – zugleich auch im Sinne fürstlicher *memoria* – um die Sammlung, Übersetzung und repräsentative Weitergabe der *chanson de geste*-Epen, wie sie wenigstens in der Mutter-Sohn-Abfolge auch noch die Vorrede Konrad Heimdorffers zum *Hug Schapler* im Druck von 1537 bewahrt. – Genealogische Zugehörigkeit, wie wichtig sie auch in allen vier Epen erscheint, wird gleichzeitig jedoch in ihrer Bedeutung für den Einzelnen ständig zur Disposition gestellt. Dies ist zunächst auch erzählerisches Grundprinzip gerade der *chanson de geste*, wobei jedoch – denkt man etwa an Wolframs *Willehalm* – zuletzt die dynastische Bindung zumeist den Ausschlag gibt für die Gewährung von Hilfe und Unterstützung. Generell scheint die je eigene Sippe zunächst vertrauenswürdiger zu sein als die durch Heirat erworbene Bindung: So darf Sibille nach ihrer Begegnung mit dem *beckart*, der sich als Onkel väterlicherseits entpuppt, sofort auf tatkräftige Unterstützung hoffen, für die der Onkel sogar eine Auszeit vom Eremitendasein in Kauf nimmt:

> Liebe frouwe/ jr sint myn nyfftel. Uwer vader ist myn brüder/ Dar vmb wil ich die cluse lassen/ vnd wil mit uch geen Constantinopel zü vwerm vader/ vnd da wil ich mit myme brüder so viel reden/das wir so viele lude wollen züsamen brengen/ das wir über den konnig von Franckrich wollen ziehen/ vnd wil üch dan der konnig nit wider nemen/ so wollen wir yme sin lant alles gar verderben/ Wan das geschicht/ dan wil ich widder her jnne geen/ vnd wil dan myn penitencie dragen/ (150)

Gleichzeitig aber erweisen sich genealogische und dynastische Bindungen, auch Ehe-Bündnisse, als brüchig und unzuverlässig gegenüber Freundschaft – speziell unter Männern –, gegenüber Liebe und nicht zuletzt der Treue der Untertanen. – So wird Sibille ohne weiteres Gerichtsverfahren von ihrem Ehemann, ‚künig Karl', auf Anraten seiner schlechten Räte zum Feuertod verurteilt, bevor die treuen Vasallen Sibilles Verbannung mit Rücksicht auf ihre Schwangerschaft durchsetzen können. Freilich ist dies zugleich auch eine Eheschließung, der nicht vorausgeht, was etwa die Verbindungen von Löw und Florentina im *Herpin* oder Hug und Marie im *Hug Schapler* auszeichnet: dass nämlich das, was aus dynastischer Raison wünschenswert wäre, quasi im Vorgriff durch spontane emotionale Zuneigung zwischen den zukünftigen Ehegatten, speziell durch die explizite Zu-

---

6   Zitiert nach Haubrichs, Wolfgang: „Kurze Forschungsgeschichte zum literarischen Werk der Elisabeth von Nassau-Saarbrücken", in: Haubrichs/Herrmann/Sauder (Hg.): *Zwischen Deutschland und Frankreich* (wie Anm. 1), S. 17-40, hier S. 20.

7   Ebd., S. 20.

8   Vgl. von Bloh: *Ausgerenkte Ordnung* (wie Anm. 1), S. 18.

stimmung der zukünftigen Ehefrau und zumeist sogar durch ihre zielgerichtete Initiative zur Beförderung des Bündnisses legitimiert wird. – Sibille scheint zwar nicht gegen diese Heirat zu sein; ihr Vater aber holt ihre Zustimmung nicht explizit ein, sondern macht die ihm politisch günstig erscheinende Verbindung von sich aus fest. – Ansonsten aber scheinen die durch Liebe und Konsens legitimierten Ehen auch den stärksten Belastungen von außen zu trotzen, am nachdrücklichsten etwa gleich zu Beginn des *Herpin*, wenn Herpins hochschwangere Ehefrau durch ihre Bitten das vom Kaiser verhängte Todesurteil in eine Verbannung umändern kann, die sie dann – trotz Schwangerschaft – auch noch mit ihrem Mann teilen wird.

Die *Sibille* zeigt deutlich, wie wichtig der von den Verwandten der Frau ausgeübte Druck auf willkürlich verfahrende Ehemänner sein kann, um die Restituierung des Eheverhältnisses und damit auch die Anerkennung des rechtmäßig geborenen Sohnes zu erzwingen. Die geschlossene Phalanx von Ehegattin, Schwiegervater, Schwager, (noch unbekanntem) Sohn und Papst (!) wird aufgeboten, um sicherzustellen, dass Karl nach dem Kniefall und der nochmaligen öffentlichen Unschuldsbeteuerung der Königin die Ehefrau huldvoll wieder aufnimmt, in öffentlicher Darstellung: sie aufhebt und seinen Mantel um sie schlägt. Insofern meine ich auch – gegen Walther Haug[9] –, dass weniger die Faszination des Bösen an diesen Geschichten interessierte, sondern vorrangig die Durchsetzbarkeit dynastischer Absprachen und Eheverträge gegen widrigste Umstände: hier zum Zweck der Wahrung der Genealogie durch die Anerkennung des legitimen Sohnes, angeblich der Grund für Sibilles Leidensbereitschaft. Doch gerade als das Vertrauen des Hörers/Lesers in die genealogische Ordnung als Garant für Frieden und Recht wieder hergestellt scheint, wird dies von Elisabeth selbst wieder unterlaufen, indem der abschließende – wenn ich richtig sehe, so nur bei ihr zu findende – Passus gerade den Bruch verwandtschaftlicher Bindung für die zukünftige dynastische Entwicklung vor Augen stellt:

> Also wart konig Karl vnd sin husfrouwe wol gesünet vnd gewonnen darnach eynen sone der wart ein keyser zu Rome vnd wart genannt Lohir. Darnach gewonnen sye ein dochter die wart ein graffyn zu Pontue. Die gewan eynen sone […] hieß Jsenbart. Der was der den sin vetter konnig Ludewig verjagete vß allen crysten landen als jr hernach werdent horen. (173)

Und als ob es damit nicht genug wäre, verlässt Elisabeth an dieser Stelle ihre eigene sprachlich-formale Vorgabe, nämlich die Verwendung von Prosa, und reimt – fast – in vierhebigem Reimpaarvers:

> Also hat dis buch eyn ende.
> Got alle noit von vns wende (173)

---

[9] Vgl. Haug: „Die Königin Sibille" (wie Anm. 3), S. 491. Haug spricht hier von einer „narrative(n) Philosophie des Bösen" in der *Sibille*.

2. „Ennobling love"[10]

Der frühneuhochdeutsche Prosaroman ist geradezu ein Tummelplatz für die Vorführung jener intensiven charismatischen Freundschaftsbeziehung unter (jungen) Männern, die Stephen Jaeger so treffend als ‚ennobling love' beschrieben hat. Freilich, so hoch emotionalisiert wie Jörg Wickrams Freundespaar Gabriotto und Reinhart erscheinen Loher und Maller noch nicht; gleichwohl aber ist eben dieser Roman das beste Beispiel für die Parallelführung von beständiger Freundschaft einerseits und verwandtschaftlicher Illoyalität andererseits. Während Maller bis zuletzt sein Leben für den Freund aufs Spiel setzt, wird Loher gleich mehrfach von seinen Verwandten im Stich gelassen: Zwar nimmt ihn der Oheim gastfreundlich auf; sein Vetter Otto jedoch überredet ihn in falscher Absicht zu einem einjährigen Namens- und Identitätstausch, der zum Ausgangspunkt jahrzehntelanger Feindschaft werden soll. Es ist Maller selbst, der den Kontrast zwischen Freundesliebe und Verwandtenhass auf den Punkt bringt:

> Küsset mich, lieber Herr [...], denn ich habe euch lieber als alle eure Freunde euch haben. Euer Vater ist todt, und euer Bruder, Ludwig folgt eher euern verrätherischen Feinden, so daß ihr bey ihm kein Trost suchen durft. (262)

Ähnlich aber wie im *Hug Schapler* abschließend die Aporie des autonomen Heros vorgeführt wird, so in *Loher und Maller* die Aporie der Freundschaft; es ist schlussendlich Loher selbst, der Maller tötet, denn aus Trauer über das Verschwinden seines Freundes hat er verboten, in seiner Gegenwart dessen Namen zu erwähnen – als dieser selbst sich in seine Erinnerung ruft, wirft Loher mit dem Messer nach ihm und trifft ihn tödlich.

Neben die charismatische Männerfreundschaft tritt – speziell in der *Sibille* – aber auch noch die unverbrüchliche Treue der zum Teil selbsternannten Vasallen und Diener in Konkurrenz zum dynastischen Prinzip. Die von Karl verstoßene Sibille erwählt zunächst einmal Abrye zum Begleiter, der prompt wenig später vom Verräter Mayrkar heimtückisch ermordet wird, und trifft gleich darauf ihren neuen, bis zum Ende treuen Beschützer in einer Szene, deren typologische Inszenierung kaum zu überhören und übersehen ist, denn:

> Das geschach vmb die ostern zyt/ Da begente jr ein gross vngeschaffen man/ der hat ein ouge das was ytel wyß/ vnd das ander zü male swartz/ Er ginge an eyme fuß barffuß/ vnd an dem andern hait er eynen schug an/ Er treyb eynen essel vor yme dar vff wolde er holtz in furen/ Der man hübe sin heubt vff vnd ersach die konnigynne. Da sprach er/ Nü sye es got gelobt/ jch han hie eyn abentüre funden mit der sal ich mich ergetzen (130)

Als sich die Königin zu erkennen gibt, akzeptiert Warakir sein ‚abentüre' mit apostolischem Sendungsbewusstsein: „dan ich wil wybe vnd kinde lassen/ vnd wil mit üch gene zü Constantinopel konnig Richart üwern vader süchen" (*Sibille*, 131). So ziehen sie gemeinsam ins nächste Dorf: die hochschwangere Sibille auf ihrem Maultier, der treue Warakir als vorgeblicher Ehemann, beide auf Herbergssuche. Erst ganz am Ende der Historie wird Warakir zu seiner Frau und seinen Kindern (kurz) zurückkehren, die mittlerweile völlig verarmt sind und ihn dennoch mit großer Freude begrüßen, wenn auch zunächst sein Esel ihn als einziger erkennt.

---

[10] Vgl. dazu Jaeger, Stephen C.: *Ennobling Love. In Search of a Lost Sensibility* (The Middle Ages Series), Philadelphia 1999.

3. Herrschaft ohne Töchter?

Wie schon Jan-Dirk Müller mit Bezug auf den *Hug Schapler* betont hat, „antwortet Heldenepik (immer noch) auf ein aktuelles politisches Problem", nämlich als „die Söhne Philippes IV le Bel (1285-1314) nacheinander ohne männlichen Erben starben"[11], 1317 Frauen von der Thronfolge ausgeschlossen wurden und der Streit um die Nachfolge Karls IV. letztlich den Ausgangspunkt des Hundertjährigen Krieges zwischen England und Frankreich bildete. Elisabeths *Hug Schapler* führt die Aporie heroischer Existenz an einem Protagonisten vor, der wie kaum ein anderer Held der *chanson de geste* trotz mangelnder genealogischer Zugangsqualifikation aufgrund der mütterlichen Abstammung vom ‚Metzgers Geschlecht' geradezu einer Inkarnation feudaladeliger Qualitäten und feudaladeligen Selbstverständnisses gleichkommt, zugleich aber qua Erzähllogik und eigenem Beschluss ein einzigartiger Fall ohne Nachfolger bleiben wird. Den Außenseiter, der ohne einschlägige dynastische Qualifikation aus eigener Kraft durch Heirat zum noch dazu vorbildlichen König wird, wird es nach Inkrafttreten des Erbfolgegesetzes, das die zwölf Räte der Königin nach Hugs Verehelichung beschließen, nie mehr geben können. Die Beschränkung auf die männliche Erbfolge kann freilich dem außergewöhnlichen Helden und zehnfachen Vater außerehelicher Söhne wenig anhaben:

> Aber gott fügt es mit Hugen das es noch nye von synem geschlecht kam/ dann er gewann viel sün mit der künigin. (293)

Auch hier unterläuft also die Erzählstrategie jene Sinnkonstruktion, die sie gerade erst scheinbar erfolgreich etabliert hat: Erscheint im *Hug Schapler* die Möglichkeit weiblicher Erbfolge schlussendlich als einzigartige Chance, den bestqualifizierten Helden, nicht den qua Geburt dafür vorgesehenen, als König zu gewinnen, so wird durch den zukünftigen Ausschluss weiblicher Erbfolge eben dies verhindert.

Jan-Dirk Müller hat anlässlich früherer Überlegungen zum *Hug Schapler* gezeigt, dass „die handschriftliche Überlieferung wesentlich stärker als die gedruckte Prosa die gemeinschaftsbildende und normbestätigende Funktion der Heldenepik bewahrt hat".[12] Eine Erneuerung der Epen durch Elisabeth von Nassau-Saarbrücken war letztendlich nicht wirklich nötig, denn „grundsätzlich war diesseits der Sprachgrenze das Verhältnis zur Vergangenheit kein anderes".[13] Das Bildprogramm der Handschriften für Johann III. zeige jedoch deutlich den Wunsch nach Teilhabe, und es entstehe dadurch eine deutliche Verlagerung, weg vom Einzelgeschehen hin auf „kollektiv bedeutsame Vorgänge", insbesondere solche, die den Herrscher inmitten seines Hofes zeigen.[14] – Mit anderen Worten: Auch im Fall der *chanson de geste*-Handschriften Elisabeths wird die Materialität der Überlieferung zukünftig viel stärker als bisher Berücksichtigung finden müssen. Erst aus diesem Kontext heraus lassen sich die verdienstvollen Einzelbeobachtungen, wie sie zuerst schon Wolfgang Liepe[15] gesammelt hat – etwa die Auszeichnung Elisabeths durch sprachliche Attri-

---

11 Müller: *Romane des 15. und 16. Jahrhunderts* (wie Anm. 1), S. 1105 bzw. 1104.
12 Müller: „Späte Chanson de geste-Rezeption" (wie Anm. 1), S. 209.
13 Ebd., S. 208.
14 Ebd., S. 214f.
15 Vgl. Liepe, Wolfgang: *Elisabeth von Nassau-Saarbrücken. Die kulturellen und literaturgeschichtlichen Grundlagen*

buierungen wie *liep*, die Einfügung einzelner Namen aus ihrer Umgebung etc. – einer angemessenen Bewertung zuführen. Dass es möglicherweise reizvoll sein könnte, die französischen und deutschsprachigen Texte zusammenzuspannen, die das Thema der weiblichen Erbfolge behandeln und in der Zeit vor oder um den Hundertjährigen Krieg entstanden sind, sei nur nebenbei erwähnt. In Elisabeths Werk steht auch hier wieder beides nebeneinander: Der *Hug Schapler*, in dem das aktuelle Problem aufgerufen wird (wobei – wenn die Aussage im Druck korrekt ist – dieser Text ja möglicherweise von Elisabeth selbst zu den drei anderen hinzugefügt worden ist, nach der Vorlage, die ihr Sohn aus Saint Denis beschafft haben soll),[16] und die *Sibille*, die sich dem entzieht, indem der Raum der Auseinandersetzungen gänzlich auf den Bereich zwischen Paris und Konstantinopel konzentriert erscheint, und die möglicherweise deshalb, wie in der Forschung immer wieder vermutet, von der ‚aktuelleren‘ Version des gleichen Themas durch Schondoch und Hans von Bühel, nämlich der *Königstochter von Frankreich*[17], verdrängt worden sein könnte. In diesem Zusammenhang müsste dann wohl auch ein französischer Text gesehen werden, der zwar in Frankreich so auch keine Rezeption gefunden hat, im Hinblick auf seine literarische Qualität und die intellektuelle Delikatesse, mit der er das Thema der weiblichen Erbfolge traktiert, jedenfalls als richtungsweisend gelten kann, nämlich der Roman *Silence* des Heldris von Cornwall, der Ende des 13. Jahrhunderts entstanden sein dürfte.[18] In diesem Text wird Silence, Tochter des Fürsten von Cornwall, als Knabe erzogen, weil der König Eban von England weibliche Nachfolge verbietet. Die allegorischen Figuren ‚nature‘ und ‚nurture‘, aber auch ‚raison‘ begleiten Silence auf dem Weg hin zum Erwachsenwerden. Insbesondere die Vernunft rät ihr, ihr Leben als Mann fortzusetzen um der vielen Vorteile willen, die es einem Leben als Frau gegenüber besitzt. Silence wird ein berühmter Ritter und ist als solcher mit dem sexuellen Begehren der Königin Eufeme, Ebans Gattin, konfrontiert. Silence weist die Avancen ihrer Geschlechtsgenossin entschieden zurück, muss als Beweis ihrer Unschuld aber anschließend eine fast unlösbare Aufgabe übernehmen, nämlich den Zauberer Merlin an den Hof zurückzubringen. Es ge-

---

ihrer schriftstellerischen Tätigkeit. Ein Kapitel zur Entstehungsgeschichte des deutschen Prosaromans, Halle/Saale 1919; Ders.: *Elisabeth von Nassau-Saarbrücken. Entstehung und Anfänge des Prosaromans in Deutschland*, Halle/Saale 1920.

[16] So vermuten schon Burchert und Jan-Dirk Müller; vgl. Burchert, Bernhard: *Die Anfänge des Prosaromans in Deutschland. Die Prosaerzählungen Elisabeths von Nassau-Saarbrücken* (Europäische Hochschulschriften, Reihe 1 962), Frankfurt/Main u.a. 1987; Müller: *Romane des 15. und 16. Jahrhunderts* (wie Anm. 1).

[17] Vgl. dazu Strippel, Jutta: *Schondochs „Königin von Frankreich". Untersuchungen zur handschriftlichen Überlieferung und kritischer Text* (Göppinger Arbeiten zur Germanistik 252), Göppingen 1978; *Des Büheler's ‚Königstochter von Frankreich' mit Erzählungen ähnlichen Inhalts verglichen und hg. von Theodor J.F.L. Merzdorf*, Oldenburg 1867; Bennewitz, Ingrid: „Mädchen ohne Hände. Der Vater-Tochter-Inzest in der mittelhochdeutschen und frühneuhochdeutschen Erzählliteratur", in: Kurt Gärtner / Ingrid Kasten / Frank Shaw (Hg.): *Spannungen und Konflikte menschlichen Zusammenlebens in der deutschen Literatur des Mittelalters. Bristoler Colloquium 1993*, Tübingen 1996, S. 157-172.

[18] *Silence. A Thirteenth-Century French Romance. Newly Edited and Translated with Introduction and Notes* (Medieval Texts and Studies 10). Sarah Roche-Mahdi (Hg.), East Lansing 1992; dazu: Scholz Williams, Gerhild: „Konstruierte Männlichkeit: Genealogie, Geschlecht und ein Briefwechsel in Heldris von Cornwalls ‚Roman de Silence‘", in: Horst Wenzel (Hg.): *Gespräche – Boten – Briefe. Körpergedächtnis und Schriftgedächtnis im Mittelalter* (Philologische Studien und Quellen 143), Berlin 1997, S. 193-212.

lingt ihr; Merlin aber entdeckt Silences wahre Identität und die Machenschaften der Königin, an deren Stelle jetzt Silence tritt, nachdem zuvor das weibliche Erbfolgerecht wiederhergestellt (!) worden ist. Dass ausgerechnet diese einzige Handschrift während des Hundertjährigen Krieges beim Fall von Laval in englische Hand fiel (und in England blieb), mag das zeithistorisch aktuelle Interesse an diesen Erzählungen demonstrieren.

Ich möchte an dieser Stelle noch einmal zurückkehren zu der Frage, wie Genealogie einerseits und Familienbeziehungen im Sinne der Kernfamilie andererseits in Elisabeths Romanen miteinander verknüpft werden und dabei zwei Bereiche zur Demonstration ansprechen, nämlich die Verbindung von Geld und Familie einerseits und erotische Konkurrenzen andererseits.

4. Geld und Familie

Elisabeths Romane arbeiten gleich mehrfach mit dem Motiv der Vatersuche und der Vertreibung – beides impliziert genealogische und dynastische Unsicherheit, zum einen in Hinblick auf die personale Einbindung, zum anderen aber auch auf die lokale Verankerung durch Landbesitz und Herrschaftsgewinn. Adelige Abstimmung manifestiert sich im *Hug Schapler* ebenso wie im *Herpin* zunächst einmal an einem Konsumverhalten und an materiellem Anspruchsdenken, das nicht nur die eigenen Verhältnisse völlig übersteigt, sondern auch die Verwandten und Pflegeväter zu ruinieren droht. Als Hug Schapler einige Jahre nach dem Tod seines Vaters allen Besitz der Familie durchgebracht hat, weil er sich „sither so herlich vnd so köstlich gehalten [habe]/ das ich das myn vnd das sin als verthon hab vnd dennocht me darzů" (195), erinnert er sich plötzlich daran, dass es ja offenbar auch noch diese reiche, nicht-standesgemäße Metzgersverwandtschaft gibt. Der Metzger-Vetter weiß schon beim ersten Anblick, woran er ist („Jch sich wol das ir nit halten üwers vatters stadt"; 195). Doch selbst das Angebot, alleiniger Erbe des reichen Metzgers zu werden, kann Hug nicht mit der Aussicht versöhnen, dafür arbeiten zu sollen. Es sind die klassischen adeligen Repräsentationswerte, die Hug dagegen setzt:

> So hett ich gern ein yeglichen monat ein nüwes cleidt/ vnd hielt gern vier wind ein hasen zů fahen/ vnd ein par falcken zů beissen. vnd wer mir wol das ich dry pfyffer vnd luten schlaher hett/das hort ich lieber dann ein ochsen oder ein kalp blerren. (196)

Kein Wunder, dass angesichts solcher Perspektiven dem reichen Vetter „alles sin geblüt begunde […] zů grüselen (196)" und er Hug liebend gerne mit 300 Gulden abfertigt. – Noch viel deutlicher wird dieser qua Geburt erworbene Anspruch auf repräsentativen Konsum im *Herpin*. Der nach der Entführung seiner Mutter von einer Löwin gesäugte Sohn Herpins wird von dem Ritter Baldwin als Pflegekind angenommen (von einer offiziellen Adoption ist nie die Rede) und genießt die bestmögliche Erziehung für einen jungen Adeligen, mit dem Ergebnis, dass Löw dessen gesamten Besitz durchbringt. Der freilich überhäuft den vermeintlichen Vater statt mit Dank mit Vorwürfen und unterstellt, er würde sein Geld vor ihm verstecken, bis dieser zu guter Letzt kapituliert und Löw über seinen Status als Findling aufklärt. Das wiederum ändert die Ausgangssituation: Löw beklagt heftig, „eines andern Gut verthan" zu haben, „das nicht mein ist" (358v) – beim Besitz der eigenen Familie wäre dies offenbar kein Problem gewesen. Wie wichtig jedoch diese Möglichkeit zum repräsentativen Konsum für die Integration des zukünftigen Herrschers in die feudaladelige Gesellschaft ist, erweist sich nicht zuletzt daran, dass die potentiellen Heiratskandidatinnen stets heimlich mit Geld aushelfen, um ihre Favoriten in ihrer Stellung zu befördern, wobei stets das Gleiche gilt: Das Geld dient in keiner Weise zur Absicherung, sondern wird, am gleichen Abend zumeist noch, gemeinsam mit ‚Freunden' durchgebracht.

Eine Ausnahme konstituiert in dieser Hinsicht einmal mehr die *Sibille*: Warakir gelingt es rechtzeitig, den ‚richtigen' Paten für ‚seinen' Sohn zu finden, nämlich den König von Ungarn, der ihm auf dem Weg zur Taufe begegnet, ihm seinen Namen gibt und seine Erziehung ab dem zehnten Lebensjahr übernimmt. – Genealogie erweist sich hier also nicht als kulturelles Konstrukt, vielmehr konstituiert ‚art', die Abstammung und genealogische Herkunft, unvermeidbar quasi das Verhalten und Schicksal des Helden.

5. Erotische Konkurrenzen

Das weite Feld von Begehren, Liebe und Ehe in den Romanen Elisabeths von Nassau-Saarbrücken ist insbesondere von Ute von Bloh so intensiv bearbeitet worden, dass es vielfach genügt, auf ihre Untersuchungen zu verweisen.[19] Ich greife deshalb nur einen Aspekt heraus, der meines Erachtens bislang noch zu wenig in seiner Bedeutung – gerade auch für die erzählerische Souveränität Elisabeths – gewürdigt wurde. – Vorauszusetzen ist, dass die Beziehungen zwischen Eltern und Kindern in allen Texten eine wesentliche Rolle spielen, zum einen natürlich in Hinblick auf ihr genealogisches Potential, zum anderen aber auch in Hinblick auf ihre hochrangige emotionale Besetzung: Eltern und Kinder trennen sich weinend voneinander, Mütter fallen bei der Entführung ihrer Kinder oder der Trennung von ihnen in Ohnmacht, die Wiedersehensszenen werden umfangreich und intensiv geschildert. Einer ganz besonderen Prüfung wird dieses gute Verhältnis zwischen Eltern und Kindern jedoch dort unterzogen, wo sie unversehens in erotische Konkurrenz zueinander geraten.

So geschieht es beispielsweise im *Hug Schapler*, als Mutter und Tochter unabhängig voneinander ihre erotische Faszination für den Helden und (was sie noch nicht wissen) ‚womanizer' Hug entdecken. Literarisch passiert das Ganze fünf Zeilen voneinander getrennt (Marie „besach den iungen man von vnden biß obnen vß vnd begund in heymlich lieb zehaben [...] Die künigin die blickte dick vff Hugen vnnd geuiel ir sin wesen vnd geberd wol/ vnd beduncket sie wol/ das sie nye hette so züchtigen manlichen iüngling gesehen", 234f; bzw. „Die küngin [...] ward in ir selbs in lieb gegen im beweget"; 248). So wird denn zunächst einmal Hug salomonisch offeriert, er möge wählen, was er lieber als Auszeichnung hätte, ein „halsen und küssen" von der Königin oder von der Tochter (258) – unnötig zu sagen, wofür er sich entscheidet. – Diese Entscheidung wird schlussendlich von außen und von der männlichen Verwandtschaft an die beiden Damen herangetragen und so auch akzeptiert: Der königliche Vetter Drogne empfiehlt der Königin, ihre Tochter mit Hug zu verheiraten zum Dank für seine Unterstützung (290). – Im *Herpin* gerät Vergleichbares freilich noch viel burlesker: Die im Auftrag Gottes als Mann verkleidete Herzogin verdingt sich hier zunächst als Küchenjunge, bis sie schließlich auf göttli-

---

[19] Vgl. von Bloh: *Ausgerenkte Ordnung* (wie Anm. 1).

chen Befehl einen Riesen tötet und zum Marschall des Königs aufsteigt. So fällt das begehrliche Auge der Königstochter auf sie/ihn, und sie lädt ihn/sie nicht nur in ihre Kammer, sondern erzwingt verbal sozusagen ihre eigene Verführung, bis die Herzogin sich schließlich ihrer Kleider entledigt. Der Vater hingegen – statt auf die Geschichte seiner Tochter mit Empörung zu reagieren – zeigt Amüsement, nicht ohne nun seinerseits sofort sein sexuelles Begehren auf die Herzogin zu richten; umsonst, sie wird seinen Nachstellungen entfliehen, und die Szene endet im Lachen zumindest des Vaters über sein und der Tochter erotisches Missgeschick.

Diese Episoden sind letztlich Kabinettstücke eines erotischen Humors, der Elisabeths Erzählen in der älteren Forschung diskreditierte, der meines Erachtens aber auch – unter dem Stichwort ‚Souveränität des Erzählens‘ – zeigt, dass sie solche Episoden bewusst in ihre Übersetzungen aufgenommen hat, sind sie doch letztlich für den Handlungsverlauf irrelevant oder hätten – gerade in Prosa – in zwei bis drei Sätzen zusammengefasst werden können. Das gilt noch viel mehr für eine andere Szene im *Hug Schapler*, an die hier abschließend erinnert sei.

6. ‚Pragmatisches Erzählen‘

Hugs ‚amoralisches‘ Jugendleben und die ihm gewidmeten Passagen sind vielfach Gegenstand literaturwissenschaftlicher Erörterung und Entsetzens gewesen, lebt Hug doch offensichtlich mehrere Jahre hindurch als eine Art vorweggenommener Don Juan, von einer jungen Schönheit zur nächsten ziehend, stets deutliche Spuren seiner Virilität hinterlassend – nebst trostlosen jungen Damen sowie verärgerten Vätern und Anverwandten. Zuletzt bringt ihn dieses Verhalten in die Gefangenschaft eines erzürnten Onkels, des Königs von Friesland, der ihn dafür hängen lassen will. – Die Lösung des Falls übernimmt die Königin selbst, deren Argumentation ebenso haarscharf analysierend wie pragmatisch verläuft, nämlich: Das Mädchen ist erstens bildhübsch, und er hat sie nicht vergewaltigt, im Gegenteil, sie hat nach ihm geschickt, deshalb – zweitens – kann man ihn nicht töten, zumal man die Tochter angesichts des attraktiven Herrn ganz gut verstehen kann. Führst du – drittens – deinen Vorsatz aus, weiß die ganze Welt davon, und wir haben neben dem Unrecht Spott und Schande, und – viertens – denk doch bitte daran, dass du selbst nicht besser warst („vnd gedencken dar an lieber herr was ir geübet habent mit Elsabethen von monclier vnd merien/ vnd ouch andren“; S. 203) und schlussendlich, das mag man Doppelmoral nennen: „Jr sollen die sachen billicher verwyßen üwerm nyfftelin“ (203).

Mindestens genauso gelassen reagiert die französische Königin angesichts der zehn erwachsenen Bastard-Söhne Hugs, die plötzlich vor dem Thron stehen:

> Fürwar herr Hug/ hie sicht man wol was mans ir gewesen sint/ ir habent über teyl nit versumpt. Schouwent hie dise zehen gesellen sint all üver sün/ wa haben ir die döchter verborgen/ ist es nit ein subtiliche zucht (271)

Kaum eine andere Szene kann so deutlich zeigen, dass Elisabeth eben nicht auf eine Harmonisierung der Figuren und Handlungsebenen abzielt, sondern stattdessen, wie es Ute von Bloh genannt hat, das „Regelwidrige zur Disposition“ gestellt wird.[20] Dem ent-

---

[20] Vgl. von Bloh: *Ausgerenkte Ordnung* (wie Anm. 1), S. 435.

spricht es auch, wenn in der *Sibille*, im Grunde ja dem Hohelied auf Treue und Leidensbereitschaft der Ehefrau, an der wohl dramatischsten Stelle des ersten Teils wiederum quasi erzähltechnisch genau diese Handlungslogik unterlaufen wird. Als nämlich der treue Abrye, erster Begleiter der zu Unrecht verstoßenen Sibille, vom Verräter Maykar hinterhältig ermordet wird, läuft der Hund Abryes allein zurück an den Hof und attackiert dort den Verräter. Der daraufhin angesetzte Zweikampf zwischen Hund und Mörder endet mit dem Sieg des treuen Tieres. Die auftretenden Zweifel aber – ob nämlich ein Hund tatsächlich wahrhaftiger sein könne als ein Mensch – werden in einer Art Binnenerzählung ausgerechnet mit einer literarischen Anekdote legitimiert, die unter anderem sowohl in Marquarts von Stein *Ritter vom Thurn* wie auch im *Spiegel der regiersüchtigen Weiber* kolportiert wird[21] und im Kontext der Rechtfertigung einer zu Unrecht verleumdeten und verfolgten Ehefrau zunächst verblüffen könnte. Denn diese allseits bekannte Geschichte erzählt von einem Ritter, der vom Herrscher aufgefordert wird, seinen besten Spielmann, seinen besten Freund und seinen größten Feind mit an den Hof zu bringen. Als bester Spielmann erweist sich der begeistert die Trommel schlagende kleine Sohn, als treuester Freund der Hund, als größter Feind die eigene Ehefrau, die nicht dazu bereit ist, sich von ihrem Mann öffentlich bloßstellen zu lassen, ohne mit (vermeintlich) gleicher Münze zurückzuzahlen und ihn eines (fingierten) Mordes zu bezichtigen.

Für moderne Leseerwartungen mag diese Wendung erstaunlich, ja absurd erscheinen. Aber es sind andererseits vielleicht gerade diese Inkompatibilitäten, die Elisabeths Romane spannend und fremdartig zugleich anmuten lassen.

[21] Vgl. dazu Bennewitz, Ingrid: „Darumb eine fraw jrem mann nit kan zu vil gehorsam seyn.' Zur Konstituierung von Weiblichkeitsidealen im ‚Ritter vom Thurn' des Marquart von Stein", in: Peter K. Stein / Andreas Weiss / Gerold Hayer (Hg.): *Festschrift für Ingo Reiffenstein zum 60. Geburtstag* (Göppinger Arbeiten zur Germanistik 478), Göppingen 1988, S. 545-564.

Die *Enseignements* der Anne de France zwischen Tradition und individueller Lebenserfahrung

Brigitte Burrichter

Anne de France, Herzogin von Bourbon, schrieb 1504 oder Anfang 1505 Ratschläge für ihre damals 13-jährige Tochter Susanne nieder.[1] Als Grund gibt sie die „parfaicte amour naturelle que j'ai à vous, ma fille" an, die perfekte Mutterliebe zu ihrer Tochter. Äußere Anlässe für die Enseignements waren wohl zum einen der Tod von Susannes Vater, Pierre de Beaujeu. Anne spricht ausdrücklich davon, dass ihr eigener Tod sie daran hindern könnte, Susanne weiter zu begleiten und sie ihr deshalb ihre Ratschläge schriftlich hinterlassen möchte.[2] Zum anderen markiert Susannes bevorstehende Hochzeit[3] einen Einschnitt im Verhältnis von Mutter und Tochter.

Anne entwirft in ihren Enseignements ein Idealbild der adligen Frau, das bei genauer Lektüre signifikant von den traditionellen Frauenlehren abweicht und auf ein Frauenbild verweist, das von Annes eigenen Lebenserfahrungen geprägt ist.

Auf den ersten Blick allerdings entspricht es weitgehend dem traditionellen Frauenbild: Die adelige Frau ist ein Spiegel für alle anderen Frauen und muss deshalb die weiblichen Tugenden besonders rein verkörpern. Sie muss – und dies ist im Grunde genommen die Quintessenz der Tradition – ein gottgefälliges Leben führen,[4] sich stets beherrschen, im-

---

[1] Der Text wurde in einem einzigen Manuskript überliefert, das sich in der Sammlung Dubrowski in Sankt Petersburg befand und heute verschollen ist. Martial A. Chazaud hat ihn 1878 nach diesem Manuskript ediert (*Les Enseignements d'Anne de France, Duchesse de Bourbonnois et d'Auvergne à sa fille Susanne de Bourbon*, Moulins 1878, digitalisiert unter http://gallica.bnf.fr/ark:/12148/bpt6k111125k), Tatjana Clavier und Éliane Viennot haben ihn 2006 nach der Ausgabe von Chazaud neu herausgegeben (*Anne de France. Enseignements à sa fille. Histoire du siège de Brest*, Saint-Étienne 2006). Die Beschreibung des Manuskripts befindet sich in der Einleitung zu Chazauds Ausgabe, S. I-X, es war im persönlichen Besitz Susannes de Bourbon und enthielt 19 Miniaturen (vgl. Chazaud, S. VII-X). Das Manuskript ist zwischen 1521 und 1527 in Lyon gedruckt worden (vgl. die Diskussion in der „Introduction" von Clavier und Viennot, S. 30f.), ein Druck aus Lyon ist erhalten.

[2] „La parfaicte amour naturelle qu j'ai à vous, ma fille, considérant l'estat de notre povre fragilité, et meschante vie présente, (innumérables et grans dangiers, en ce monde transsitoire, sont à passer) aussi après, *recongoissant la très-briefve subdaine et hastive mort que à toute heure j'attens*, nonobstant mon povre rude et débile engin, me donne couraige et vouloir de vous faire, tandis que je vous suis présente, aucuns petis enseignements [...]" [Herv. B.B.], zitiert nach der Ausgabe von Chazaud, S. 1. Die Zitate werden im Folgenden nach dieser Ausgabe nachgewiesen, zusätzlich gebe ich die Seitenzahlen der Neuausgabe von Clavier/Viennot an (hier S. 37). Wenig später spricht Anne ausdrücklich von ihrem Tod: „En oultre, ma fille, si d'aventure la mort me prenoit, avant que eussiez quelque provision [...]" (S. 14/43). Tatiana Clavier zeigt, dass Anne mit diesem Einleitungssatz gleichzeitig die Konventionen eines Autors allgemein (Angabe des Schreibanlasses) und die Konventionen weiblichen Verhaltens (die öffentliches Reden von Frauen nicht vorsehen) bedient (Clavier, Tatiana: „*Les Enseignements d'Anne de France* et l'héritage de Christine de Pizan", in: Isabelle Brouard-Arends [Hg.]: *Lectrices de l'Ancien Régime*, Rennes 2003, S. 23-31, hier S. 27).

[3] Susanne heiratet 1505 Charles de Bourbon-Montpensier.

[4] „Le premier et principal point, sur tous les autres, est que affectueusement, et de tout vostre léal et plain pouvoir, vous gardez de faire, dire, ne penser chose, dont Dieu se puisse à vous courroucer [...]" (S. 2/37).

mer das richtige Maß[5] finden und sich geduldig in die Umstände fügen.[6] Einzelne Ausführungen im Verlauf der Enseignements und vor allem die knappe Zusammenfassung ihrer Regeln, die Anne im vorletzten Kapitel ihres Buches gibt, relativieren allerdings diesen ersten Leseeindruck. Susanne, so heißt es dort, soll sich Maria anvertrauen und sich wie eine Frau von Stand verhalten. Das bedeutet: sie soll sich stets ehrenhaft benehmen, sich kalt, also distanziert und immer ihrer selbst sicher zeigen, nicht hochmütig blicken, zurückhaltend sprechen, nicht wankelmütig, sondern entschlossen sein und stets ihrer Überzeugung treu bleiben.[7] Ein solches Auftreten ist nicht eigentlich frauenspezifisch, sondern entspricht dem Ideal des adligen Verhaltens und passt damit weit besser zu Annes Lebenserfahrung als das zwar kluge, aber doch recht devote Verhalten der traditionellen Frauenlehren.

1. Die Enseignements zwischen traditioneller Frauenlehre und eigener Lebenserfahrung

Das traditionelle Frauenbild wird im 14. und 15. Jahrhundert in zahlreichen Erziehungsbüchern und Traktaten entfaltet, die von Klerikern und Laien verfasst wurden. Das Frauenbild, das sie entwerfen, repräsentiert die misogyne Sichtweise der traditionellen Kirche und Gesellschaft: Frauen sind von Natur aus schwach, können sich dem Bösen nicht widersetzen und haben keinerlei Rechte. Ich möchte diese Werke hier nicht referieren, sondern werde nur immer wieder kontrastiv auf sie verweisen. Eine Ausnahme bilden die Werke Christines de Pizan, die hundert Jahre vor Anne de France als erste Autorin Verhaltensregeln für Frauen aus weiblicher Sicht schrieb. Anne kannte ihre Bücher, bezieht sich aber nicht explizit auf Christine.[8]

Anne reflektiert in ihren Enseignements das traditionelle Frauenbild vor dem Hintergrund ihrer eigenen Situation und ihrer individuellen Lebenserfahrungen. Dies wirkt sich zunächst auf die Form der Enseignements aus. Der Text ist sehr persönlich gehalten, Anne spricht ihre Tochter immer wieder direkt an. Sie verzichtet zudem weitgehend darauf, ihre Unterweisungen durch Exempel zu illustrieren, sondern verweist auf Autoritäten sowie auf ihre eigenen Erfahrungen oder auf Beispiele aus ihrer engeren Umgebung. Die meisten Frauendidaxen verwenden dagegen zahlreiche Exempel, um ihre Argumentation darzulegen. Anne erzählt nur zwei Exempel ausführlich. Das eine, die Geschichte der drei Töchter des Herren von Poitiers, zeigt das falsche Verhalten junger Frauen und die bösen

---

[5] Vgl. z.B. „en toutes choses, le moïen est vertueux" (S. 92/76).

[6] „Donc, ma fille, s'il advenoit […] que y eussiez beaucop à souffrir, aiez parfaicte pascience […]" (S. 73/68).

[7] „Et pour tant, ma fille, […] conduisez vous […] saigement, ainsi que femmes de façon doivent faire, et vous recommandez de bon cueur à la vierge Marie […]. Soiez tousjours en port honnorable, en manière froide et assurée, humble regard, basse parolle, constante et ferme, tous jours en ung propoz, sans fléchir." (S. 128f./92).

[8] Über die Gründe, die Anne bewogen haben mögen, ausgerechnet Christine de Pizan nicht zu erwähnen, ist verschiedentlich spekuliert worden. Vgl. etwa Tatjana Clavier und Éliane Viennot in der „Introduction" zu ihrer Ausgabe: Um zu zeigen, dass ihre weibliche Sicht mit derjenigen der Autoritäten übereinstimmt, vermeidet sie es, eine weitere weibliche Stimme anzuführen (Clavier/Viennot: *Anne de France* [wie Anm. 1], S. 25). Eine Zusammenstellung der Bücher Christines in der Bibliothek von Moulins findet sich in Clavier, „*Les Enseignements d'Anne de France* et l'héritage de Christine de Pizan" (wie Anm. 2), S. 24f.

Konsequenzen, die es nach sich zieht.[9] Das zweite, deutlich längere Exempel, die Histoire du siège de Brest, steht als eigenständige Erzählung am Ende der Enseignements. Es resümiert in der Figur der Dame von Brest das vorbildliche Verhalten einer adligen Frau.[10] Gelegentlich äußert Anne auch ihre eigene Meinung, etwa in Kleiderfragen.[11] Der Titel schließlich verweist auf ein älteres, königliches Vermächtnis an eine Tochter, die Enseignements de Saint Louis à sa fille Isabelle aus dem 13. Jahrhundert,[12] und stellt Annes Enseignements – abgesehen davon, dass sich Ludwigs Lehren bei Anne wiederfinden – eher in die Traditionslinie der königlichen Familie[13] als in die der traditionellen Frauendidaxen.

1.1. Annes Leben

Ich möchte zunächst Annes Biographie skizzieren, um den – historisch fassbaren – Hintergrund ihrer individuellen Erfahrungen zu zeigen.

Anne wurde 1461 als ältestes (überlebendes) Kind des zukünftigen Königs von Frankreich, Ludwig XI. und seiner Frau Charlotte von Savoyen geboren. Ihr Vater verheiratet sie 1474 mit Pierre de Beaujeu, dem jüngeren Bruder des Herzogs des Bourbonnais. Kurz vor seinem Tod bestimmt Ludwig XI. Anne zur Erzieherin ihres Bruders, des Thronfolgers Karl VIII. 1483 wird sie damit de facto – nicht de jure[14] – Regentin des mächtigsten Reiches im Europa ihrer Zeit.

Zusammen mit ihrem Mann und weiteren Beratern setzt sie die Politik ihres Vaters fort, die auf der territorialen Konsolidierung des Reiches und auf der Friedenssicherung basiert. Gleichzeitig verteidigt sie erfolgreich ihre Stellung als Regentin und ihren Führungsanspruch. Von Zeitgenossen und gerade auch von ihren Gegnern wird sie als politisch klug und als exzellente Taktiererin beschrieben, als machtbewusst (oder machtgierig, je nach Perspektive) und ebenso auf das Wohl ihres Landes als auf ihr eigenes Wohl bedacht. Brantôme hebt ihre Leistungen als Regentin besonders hervor: „[...] elle gouverna si sagement et vertueusement que ç'a esté ung des grandz Roys de France, et qui par sa va-

---

[9] Kap. 14, S. 39-45. Das Exempel ist in ähnlicher Form auch von anderen erzählt worden, etwa vom Chevalier de la Tour Landry (Kap. 12-14). Das *Livre du Chevalier de la Tour Landry pour l'enseignement de ses filles* aus dem späten 14. Jahrhundert ist ein gutes Beispiel für eine Frauendidaxe, die auf Exempeln basiert (vgl. dazu De Gendt, Anne Marie: *L'Art d'éduquer les nobles damoiselles. Le Livre du Chevalier de la Tour Landry*, Paris 2003).

[10] Vgl. Clavier/Viennot: *Anne de France* (wie Anm. 1), S. 26-30. Die Quelle für diesen Text geht auf die *Chroniques* von Jean Froissart zurück.

[11] Vgl. etwa: „ne peult homme ou femme de fasson estre trop gent ou trop net *à mon gré*" (S. 25/47).

[12] Chazaud druckt sie im Vorwort seiner Ausgabe ab (S. XX-XXVII). Auch Ludwig IX. verwendet die direkte Anrede an seine Tochter und beginnt jeden Absatz mit ‚chière fille'.

[13] Auch Annes Vater, Ludwig XI., hat für seinen Sohn ‚enseignements' verfassen lassen, den *Rosier des guerres*.

[14] Die so genannte ‚loi salique' gewinnt im 15. Jahrhundert an Gewicht und verbietet faktisch die weibliche Thronfolge ebenso wie die weibliche Regentschaft; vgl. Clavier/Viennot: *Anne de France* (wie Anm. 1), S. 10f. sowie ausführlich Éliane Viennot: *La France, les femmes et le pouvoir*, Teil 1: *L'invention de la loi salique (V^e-XVIe siècle)*, Paris 2006.

leur fut proclamé Empereur de tout l'Orient [...]".[15] Gleichzeitig geht er aber auch auf ihre negativen Seiten ein: „[...] elle éstoit fort vindicative [...] trinquate, corrompue, plaine de dissimulation et grand' hypocrite, qui, pour son ambition, se masquoit et se desguisoit en toutes sortes."[16]

1488 stirbt der Bruder ihres Mannes und sie wird Herzogin des Bourbonnais, des größten Herzogtums Frankreichs. 1491 wird ihre Tochter Susanne, das einzige Kind des Paares, geboren. Im gleichen Jahr emanzipiert sich ihr Bruder von seiner dominanten Schwester und beendet die Regentschaft.

In den folgenden Jahren setzen Anne und Pierre de Beaujeu alles daran, ihr Herzogtum zu gestalten. Der Ausbau ihrer Residenz in Moulins und auch anderer Orte ist von einer wahren Prachtentfaltung bestimmt. Architekten, Bildhauer, Maler und Goldschmiede finden sich zahlreich in den Rechnungsbüchern.[17] Verschiedene Dokumente lassen darauf schließen, dass besonders Anne als Auftraggeberin und Mäzenin auftrat.[18] Das wohl schönste Werk, das in ihrem Auftrag entstand, ist der bemerkenswerte Altar des Maître de Moulins. Die Feste am Hof von Moulins waren legendär, ebenso der ‚Hof der Damen', den Anne anführte.[19] Ihr wurden mehrere Töchter des Hochadels zur Erziehung anvertraut und sie scharte zahlreiche weitere adlige Frauen um sich.[20] Nach dem Tod ihres Mannes 1503 versucht Anne, durch die Verheiratung ihrer Tochter Susanne mit einem geeigneten Kandidaten die Position des Herzogtums zu halten.

Ihr ganzes Leben, so scheint es, drehte sich um den Erhalt und die Demonstration von Macht und war von einem ausgeprägten Standesbewusstsein geprägt.[21]

---

15 Brantôme, Pierre de Bourdeille: „Madame Anne de France", in: Pierre de Bourdeille Brantôme: *Recueil des Dames, poésies et tombeaux*, hg. von Etienne Vaucheret (Bibliothèque de la Pléiade 380), Paris 1991, S. 167-171, hier S. 167. Brantôme beruft sich bei der Beschreibung Annes auf seine Großmutter, die mit Anne zusammen erzogen worden ist („comme ma grand'mere, nourrie aveq'elle, contoit", S. 168).

16 Ebd., S. 169.

17 Vgl. die Zusammenstellung der verschiedenen Werke und der Handwerker, die für Anne de France gearbeitet haben, bei Paul Dupieux: *Les artistes à la cour ducale des Bourbons. Les Maîtres de Moulins* (Curiosités bourbonnaises, Sér. 2 39), Moulins 1946, S. 10-16.

18 Dupieux zitiert einen Brief, in dem Jean de Chartres als „tailleur d'images de Madame de Bourbon" bezeichnet wird (Dupieux: *Les artistes* [wie Anm. 17], S. 19) und verweist unter anderem auf ein Rechnungsbuch Annes de France aus dem Jahr 1498, in dem die unterschiedlichsten Gewerke erwähnt werden (Ebd., S. 53, Nr. XII).

19 Vgl. dazu unten S. 288 mit Zitat Anm. 26.

20 Z.B. Margarethe von Österreich, die Verlobte ihres Bruders und Louise de Savoye, die Mutter von François I., vgl. Willard, Charity C.: „Anne de France, reader of Christine de Pizan", in: Glenda K. McLeod (Hg.): *The Reception of Christine de Pizan from the Fifteenth through the Nineteenth Centuries* (Medieval and Renaissance series 9), Lewiston / Queenston / Lampeter, S. 59-70, hier S. 61f.

21 Brantôme betont: „[...] elle tenoit terriblement à sa grandeur." (*Recueil des Dames* [wie Anm. 15], S. 169).

1.2. Die Enseignements als Spiegel der Lebenserfahrung

Die Erfahrungen als Mitglied der königlichen Familie, als ‚fille de France‘, und als Politikerin bestimmen weitgehend, so meine These, die Lehren, die Anne de France ihrer Tochter gibt und unterscheidet die Enseignements von anderen Frauendidaxen der Zeit.

Zunächst gibt es – darauf ist in der Forschung immer wieder hingewiesen worden[22] – eine Akzentverschiebung im Vergleich zu den traditionellen Erziehungslehren: Für Anne hat zwar – wie für die traditionellen Verhaltenslehren auch – die religiöse Unterweisung Priorität, daneben aber entwirft sie eine höfisch geprägte Adelsethik. Dabei orientiert sie sich sehr stark an den praktischen Anforderungen des Hoflebens und geht auf alle erdenklichen Situationen ein, mit denen ihre Tochter als Vertreterin des Hochadels konfrontiert werden könnte. Sie gibt Ratschläge für den Fall, dass sich Susanne in den Dienst einer höhergestellten Dame begeben muss, aber auch für den (wahrscheinlicheren) Fall, dass sie selbst Herrin ist. Sie unterrichtet Susanne in ihren Pflichten als Herrin, Ehefrau, Gastgeberin, Erzieherin ihr anvertrauter Kinder und Mutter und – gegebenenfalls – als Witwe. Gerade in diesen praktischen Bereichen kommt ihre Erfahrung als Regentin und Herzogin immer wieder zum Tragen.

Auch ganz traditionelle Verhaltensregeln erscheinen im Licht der eigenen Erfahrung. Als Politikerin formuliert sie die gängige Vorschrift, nach der eine Frau nicht neugierig und nicht schwatzhaft sein soll, in eine höfisch-politische Regel um: Susanne soll alles hören, sehen und beobachten – aber nicht über das so Erfahrene reden. Der Satzanfang leitet auf den ersten Blick aus der ‚Lehre der Weisen‘ ein allgemeines Gebot für Frauen ab, sich nicht in öffentliche Angelegenheiten einzumischen. Aber Anne schränkt dies ein: Nur junge Frauen müssen sich zurückhalten.[23] Für eine reife Frau und erfahrene Politikerin wie Anne gilt implizit nur die taktische Seite der Regel.[24] Auch die Warnung, sich durch Vorhaltungen anderer gegenüber unbeliebt zu machen, trägt Spuren eigener Erfahrung.[25] Überdies dient die Verschwiegenheit der eigenen Ehre. Anne führt ihrer Tochter sehr eindrücklich vor Augen, dass sie niemandem wirklich trauen kann. Auch hier scheint hinter den Ausführungen die eigene Erfahrung durchzuscheinen. Anne spricht von Freundschaften, die zerbrechen (S. 94/76f.) und davon, dass nicht einmal die Familienehre garantiert, dass ein Geheimnis bewahrt wird (S. 96f./78). Anne schreibt dies dem Zustand der

---

[22] Vgl. etwa Clavier/Viennot: *Anne de France* (wie Anm. 1), S. 18.

[23] „Aussi, ma fille, au regard de la court, il n'apartient à femme jeune de soy mesler ne embesogner de plusieurs choses, et dient les saiges que on doit avoir yeulx pour toutes choses regarder, et rien veoir, oreilles pour tout ouyr et rien sçavoir, langue pour responde à chascun, sans dire mot qui à nully puisse estre en rien préjudiciable" (S. 20/45f.).

[24] „il n'apartient à *femme jeune* de soy mesler ne embesogner de plusieurs choses"; Anne hat als Regentin ihre Gegner immer wieder dadurch überrascht, daß sie über alles informiert war, aber niemand ihr Handeln vorhersehen konnte. Vgl. dazu das Zitat von Brantôme oben S. 286.

[25] „Au sur plus, gardez vous, à qui que ce soit, de faire nulz rapportz, car aulcunes fois, plusieurs en ont fait de bien justes et raisonnables, et à bonne intencion, qui, depuis, en ont esté hays, et eu beaucop à souffrir." (S. 22f./46).

Gesellschaft zu: „Et est le monde aujourduy, en ceste qualité, tout corrompu, et tant qu'on ne sçait en qui se fier." (S. 94f./77) Wenig später merkt sie an: „nous le voions par expérience" (S. 95/77).

Anne wirkte als Regentin und vor allem als Herzogin als Erzieherin für Töchter des Hochadels und hatte einen bekannten ‚court des Dames'.[26] Auch Susanne wird, so betont Anne an mehreren Stellen, ‚Herrin' und damit vor allem auch für die ihr untergebenen und anvertrauten Frauen und Mädchen verantwortlich sein. Diese Passagen reflektieren Annes eigene Erfahrungen, sie zeichnen aber auch besonders deutlich das Idealbild der hochadligen Frau. Die wichtigste Regel lautet, dass Susanne ihren Damen immer ein gutes Beispiel geben soll: Adelige müssen „le miroer patron et exemple des autres" (S. 65/65) sein. Gleichermaßen gilt, immer Distanz zu wahren. So muss die Herrin immer besser gekleidet sein als ihre Damen (S. 91/75f.) und sie darf keinen allzu vertrauten Umgang pflegen (S. 93/76). Aber sie hat auch die Aufgabe, das Verhalten ihrer Damen stets zu überwachen und, wenn nötig, zu korrigieren (S. 82-84/72f.). Anständiges Verhalten, Religionsausübung und standesgemäße Freizeitgestaltung (S. 93/76) der Untergebenen liegen im ureigenen Interesse der Herrin, denn ihr Ruf hängt eng mit dem Ruf ihres Gefolges zusammen (S. 81/71f.).

Besonders deutlich wird Annes Haltung im Verhältnis von Gott und Welt – ‚Dieu et le monde' heißt es an mehreren Stellen. Oberste Priorität hat ein gottgefälliges Leben, ein Verhalten, das immer mit dem Gewissen vereinbar ist. In der Regel fällt ein solches Verhalten mit dem zusammen, das auch die Gesellschaft erwartet.[27] ‚Wenn Ihr Euch so und so verhaltet, gefallt Ihr Gott und genießt in der Welt einen guten Ruf' – solche Formulierungen ziehen sich leitmotivisch durch das ganze Werk.[28] Gott und die Welt sind kein Gegensatz, sondern zwei Seiten derselben Medaille. In dieser Perspektive bekommt auch das höchste innerweltliche Ziel – der gute Ruf und die Ehre – seinen Platz. Das stete Bemühen ums Renommee als zentraler Punkt von Annes Adelsauffassung ist so gleichzeitig Garant für das christliche Leben.

Im Hinblick auf ‚Gott und die Welt' sind zwei weitere Aspekte interessant. Zum einen akzentuiert Anne die Unterweisungen zum religiösen Verhalten anders als die traditionellen Frauenlehren. Dort wird neben den Gebeten besonders der Besuch der Heiligen Messe vorgeschrieben. Anne verweist, wie die Frauendidaxen, in ihrem Werk ständig auf Gott

---

[26] Vgl. Brantômes Bericht: „[...] elle fut en sa maison retirée [à Moulins], ou elle faisoit semblant pourtant de s'y plaire et faire valloir sa Court, qui estoit tousjours très-belle et grande, comme disoit ma grand'mère, et estant toujours accompaignée de grand' quantité de Dames et de filles qu'elle nourrissoit fort vertueusement et sagement." (*Recueil des Dames* [wie Anm. 15], S. 170).

[27] Tatjana Clavier und Éliane Viennot schließen aus dem Befund, dass Anne vor allem Regeln für das irdische Leben gibt, dass ihr das Seelenheil nicht so wichtig sei: „Dans l'ensemble des messages qu'Anne de France veut transmettre à sa fille, celui qui concerne le salut de son âme est certainement le moins pressant." (Clavier/Viennot: *Anne de France* [wie Anm. 1], S. 24). Mir scheint das zu kurz gegriffen. In Annes Idealbild weiblichen – oder allgemeiner, adligen – Verhaltens stimmen irdische und himmlische Maßstäbe völlig überein.

[28] Hier einige Beispiele: „c'est une œuvre [...] bien plaisant à Dieu, et où l'on acquiert bonne renommée" (S. 60/63); „ce sont œuvres charitables, et y acquiert l'on la grâce de Dieu et du monde" (S. 70/67); „telz gens ne sont aymez de Dieu ne du monde" (S. 13/42).

– auf ‚Gott und die Welt' in weltlichen Dingen, auf Gott allein in spirituellen. Sie empfiehlt ihrer Tochter allerdings besonders das private Gebet.[29] Wenn es aber darum geht, das tägliche Leben in Einklang mit Gott zu führen, ist der Seelenadel, die „noblesse de couraige" (S. 57/61), entscheidend. Dass Geburtsadel und Seelenadel nicht zusammenfallen müssen, weiß Anne, so fügt sie an, aus eigener Erfahrung: „il semble aujourduy à plusieurs nobles, de lignaige non de couraige, estre belle chose (nous le voions par epérience)" (S. 95/77). Der Seelenadel geht zum Teil auf die Erziehung zurück,[30] auf die Anne großen Wert legt denn das „vertueux sçavoir" (S. 123) ist unerlässlich, um das richtige Verhalten zu erkennen.[31] Als Quellen guter Verhaltensregeln zitiert Anne selbstverständlich die Bibel und einige Erziehungslehren,[32] aber auch die Schriften der Kirchenväter sowie antike und christliche Philosophen.[33] Diese Bücher – die übrigens alle in der herzoglichen Bibliothek in Moulins standen[34] – empfiehlt sie ihrer Tochter auch zur Lektüre.[35] Die Ausführungen zu diesem Thema sind recht umfangreich – aber nur mit einem einzigen Satz erwähnt Anne die Heilige Messe (S. 64/64). Der häufige Kirchgang erscheint selbstverständlich, aber für eine selbstbewusste, gebildete Frau wie Anne nicht ausreichend, ebenso wie die wenigen erwähnten Formen der Religionsausübung fast nebensächlich wirken,[36] während die Orientierung an Gott von zentraler Bedeutung ist.

Zu dem anspruchsvollen Bildungsprogramm passen zwei weitere Themen der Enseignements, die Annes Erfahrungen spiegeln. Susanne soll sich Gebildeten gegenüber besonders freundlich zeigen, denn es gäbe keine Bildung ohne Tugend. Die Ehre, die man den ‚sçavants' erweist, bekomme man daher doppelt zurück (S. 101/79). Der Wissenserwerb spielt auch in der Kindererziehung eine große Rolle. Susanne solle alle Mühe darauf verwenden, ihre Kinder gut zu unterrichten, denn es gäbe auf der Welt keine größere Freude für Vater und Mutter, als wohlerzogene und gebildete Kinder.[37]

---

[29] Zitat S. 26. Im Text erscheinen die Ausführungen zum Gebet allerdings als Abschweifungen vom eigentlichen Thema, denn Anne fährt danach fort: „Mais, pour abréger, et revenir à nostre propoz, touchant habillemens […]" (S. 27/48).

[30] „[…] pensez de bien conduire vos enfants en bonne doctrine […] et ne faire pas comme aucuns folz pères et mères, à qui ne chault d'acquérir à leurs enfants bonnes vertus, mais leur suffit de les veoir hault eslevez, qui est chose diabolicque, et dampnable." (S. 117/87f.).

[31] Vgl. dazu Clavier: „Les Enseignements d'Anne de France et l'héritage de Christine de Pizan" (wie Anm. 2), S. 25.

[32] Am Häufigsten zitiert sie einen ‚docteur Liétard', den die Herausgeberinnen der Ausgabe von 2006 mit Leonardo von Udine identifizieren, Clavier/Viennot: Anne de France (wie Anm. 1), S. 24.

[33] Vgl. die Übersicht bei Homet, Raquel: „Las Enseñanzas de Ana de Francia, duquesa de Borbón", in: Temas Medievales 12.1 (2004) S. 37-82, hier zitiert nach der Internet-Version (www.scielo.org.ar/pdf/tmedie/v12n1/v12n1a03.pdf, S. 5-9).

[34] Vgl. die Bibliotheksverzeichnisse im Anhang der Ausgabe von Chazaud.

[35] „[…] je vous conseille que lisiez le livret du preudhomme de sainct Lis, celui de sainct Pierre de Luxembourg, les sommes le roy, l'orloge de Sapience, ou aultres livres de vie des Saincts, aussi les dictz des philosophes et anciens saiges, lesquelles doctrines vous doivent estre comme droicte reigle et exemple, et c'est très-honneste occupation et plaisant passe temps" (S. 8f./40f.):

[36] Die Ausführungen zur Messe stehen, ähnlich wie bereits die zum privaten Gebet, in einem Kontext, der sie als Argument unter anderen erscheinen lassen. Hier geht es um die ‚grâce du monde' und die ‚bonne renommée', für die es wichtig ist, sich in der Kirche richtig zu verhalten.

[37] „[…] en ce monde, n'a telle joye au père et à la mère, que avoir enfans saiges et bien endoctrinez."

Zum anderen gibt es in Annes Enseignements eine signifikante Leerstelle: Während alle früheren Erziehungslehren davon ausgehen, dass eigentlich das kontemplative Leben das bessere sei und selbst Christine de Pizan ihre Ausführungen zur vita activa als Rechtfertigung derselben formuliert,[38] geht Anne mit keinem Wort auf diese Problematik ein. Für eine Frau wie ihre Tochter, die als Herzogin das Erbe ihrer Eltern weiterführen wird, ist die vita activa die einzige Option, der kein Mangel anhaftet und die keiner Rechtfertigung bedarf.[39]

Annes eigene Erfahrung kommt aber besonders ins Spiel, wenn es um die Charakterisierung der Frau geht. Alle älteren Verhaltenslehren gehen davon aus, dass die Frau von Natur aus schwach oder sogar sündig sei. Jede Frauenerziehung muss darauf ausgerichtet sein, die Frau vor ihrer eigenen Schwäche zu schützen bzw. ihre sündige Natur zu überwinden.

Anne differenziert diese Ansicht. Seelenadel können beide Geschlechter gleichermaßen haben, ebenso wie es die niedere Gesinnung bei beiden gibt. Gegen die Annahme einer grundsätzlichen weiblichen Schwäche und Unterlegenheit spricht ihre eigene Erfahrung. Sie war als Politikerin ebenso erfolgreich wie ihr Vater und – im Urteil der Historiker und sicher auch in ihren eigenen Augen – weitaus besser als ihr Bruder, der König.[40] Die meisten Fehler, die sie anprangert – Stolz, Neid, die Neigung zu übler Nachrede und zum Verrat – finden sich bei Männern und Frauen gleichermaßen. Dasselbe gilt für die meisten positiven Aspekte, die Anne verhandelt. Das Streben nach Ehre, die ständige Sorge um den guten Ruf oder die politische Klugheit gelten ihr zufolge für beide Geschlechter. Viele ihrer Ratschläge gelten denn auch für beide: ‚seigneurs, dames et demoiselles‘ ist die rekurrente Formel für die Gleichwertigkeit wenn nicht gar Gleichheit der Geschlechter im jeweiligen Kontext.[41] Besondere Verhaltensmaßnahmen für Frauen resultieren nicht aus deren Natur, sondern aus ihrer gesellschaftlichen Rolle. Die Ehre und der gute Ruf einer Frau hängt eng mit ihrer Jungfräulichkeit bzw. Treue zusammen, daher ist es wichtig, Herz und Körper unter Kontrolle zu haben oder, noch besser, allen Gelegenheiten aus dem Weg zu gehen.[42] Im Übrigen sieht sie die Gefährdung in diesem Bereich weniger in einer etwaigen Disposition der weiblichen Natur als im rücksichtslosen Werben der Männer: „il n'y a si homme de bien, tant noble soit, qui n'y use de traïson, ne à qui ce ne semble bon bruit, d'y abuser ou tromper femmes de façon" (S. 32/50). Sie be-

---

(S. 104/81).

[38] Vgl. *Le Livre des trois vertus*, Kap. 6.

[39] Der einzige Hinweis auf die *vita contemplativa* findet sich in den Ausführungen zur Kindererziehung. Einem Kind, das ins Kloster gehen möchte, soll man dies nicht verwehren, aber man soll abwarten, bis es die nötige Reife hat, um sich seiner Entscheidung sicher zu sein (vgl. S. 105/81).

[40] Vgl. Brantômes Einschätzung, sie sei „ung des grandz Roys de France" gewesen, siehe oben S. 285.

[41] Vgl. etwa im positiven Sinn: „[Il appartient] principallement *à hommes ou à femmes nobles*, avoir beau port hault et honnorable, doulce manière bien moriginée et asseurée en toutes choses" (S. 29/48; vgl. auch das Zitat in Anm. 11) oder, im negativen: „plusieurs *seigneurs, dames et demoiselles*, ne tiennent compte de leurs parens de plus simple estat qu'ilz ne sont" (S. 61f./63).

[42] „Mais nonobstant, ma fille, [...] ne vous fiez en chasteté, force ne perfection que vous cuydez cognoistre en vous ne en aultre [...] pour la plus grant seureté, je vous conseille que vous vous gardez de toutes privées et gracieuses acoinctances [...]" (S. 35f./52).

stärkt diese Ansicht mit dem Verweis auf eine Autorität und auf die einschlägige Erfahrung einer „femme noble et de grant façon" (ebd.), die ihr diese Dame selbst berichtet habe.

Die Frau ist, dies ist ein zweites Beispiel, in der Ehe dem Mann untergeordnet und braucht deshalb Ratschläge, wie eine Ehe angenehm zu gestalten bzw. eine eigentlich unerträgliche Beziehung auszuhalten sei.[43] Annes Ausführungen zur Ehe sind ausgesprochen knapp. Die Frauenlehren männlicher Verfasser nutzen die Ausführungen zur Ehe tendenziell dazu, den absoluten Gehorsam der Frau einzufordern und durch zahlreiche Beispiele vor Augen zu führen, wie die Männer unter ihren Frauen leiden. Anne zählt die traditionellen Anforderungen an die Ehefrau auf – vom stets freundlichen Benehmen bis zum Gehorsam. Der Einleitungssatz des Kapitels aber lässt aufhorchen: „Or pensez donc, ma fille, puisque ainsi est, que vous qui estes féminine et foible créature" (S. 47f./57). Es ist der syntaktisch komplizierteste Einleitungssatz des ganzen Buches, und im Übrigen das einzige Mal, dass von der ‚weiblichen und schwachen Kreatur' die Rede ist: ‚Nun bedenkt, meine Tochter, da es nun einmal so ist, dass Ihr eine weibliche und schwache Kreatur seid'. Es klingt Resignation über das Los der Frau an, die, so stark sie sonst sein mag, sich in der Institution Ehe unterordnen muss. Gleichzeitig vermittelt der Satz den Eindruck, als müsse sich Susanne besonders in ihr Schicksal fügen. Anne verweist damit vielleicht dezent darauf, dass dies für ihre Tochter tatsächlich gilt, denn Susanne war behindert und wohl nicht besonders attraktiv.[44] Sie musste und konnte diesen Nachteil nach Meinung ihrer Mutter aber offenbar durch ihr Verhalten wettmachen. Anne belässt es bei diesen – im Verhältnis zum Umfang des Buches – knappen Ausführungen, denn es ergibt sich implizit, dass das allgemeine vorbildliche Verhalten der idealen Frau auch ihr Verhalten im häuslichen Bereich bestimmt. Auch hier sind Gott und die weltliche Ehre die obersten Werte, „tant pour l'amour de Dieu, que pour l'honneur de son mary" (S. 73/68), muss die Ehefrau auch schwierige Situationen klaglos ertragen.

In einem letzten Bereich, der in allen Frauendidaxen ausführlich behandelt wird, der Mode, zeigt sich, dass Anne wesentlich differenzierter argumentiert als die männlichen Verfasser von Verhaltenslehren oder auch Christine de Pizan. Anne kommt mehrfach auf die Kleiderfrage zu sprechen, sowohl im Hinblick auf Susanne als auch auf deren Untergebene. Sie lehnt zunächst die üblichen Modetorheiten ab – zu enge, zu dünne, ‚aufge-

---

[43] In letzterem Fall ermahnt Anne ihre Tochter zu Geduld und Gottvertrauen: „Donc, ma fille, s'il advenoit [...] que y eussiez beaucoup à souffrir, aiez parfaicte pascience, en vous actendant du tout à la voulonté et bon plaisir du Créateur." (S. 73/68). Vgl. auch (zum Problem der berechtigten Eifersucht): „Car, posé qu'il y eust cause évidente et notoire à chascun, si le devés vous porter pasciemment, faignant de n'en rien savoir, tant pour l'amour de Dieu, que pour l'honneur de son mary, sans soy en mérencolier, mais en rendre grâces à Dieu, et le louer [...]" (ebd.).

[44] Anne kommt am Schluss ihrer Ausführungen zur Ehe nochmals auf Susannes besondere Situation zu sprechen: „Donques, ma fille, [...] regraciez et louez Dieu de bon cueur en toutes vos adversitez, croyant que en pourriez avoir beaucoup plus si luy plaisoit, et comme ont plusieurs autres meilleurs et plus parfaictes que vous n'estes." (S. 76/69). Bei diesen ‚anderen' darf man sicher an Annes Schwester Jeanne denken, die schwer behindert war und die ins Kloster ging, als ihr Mann, Ludwig von Orléans, König wurde und Anne de Bretagne heiraten wollte.

donnerte' Kleidung[45] –, differenziert dann aber sehr schnell nach Alter und Stand. Während die Tradition von allen Frauen Schlichtheit und Zurückhaltung in der Kleidung verlangt, schränkt Anne diese Forderung ein. Susanne soll sich an den Erwartungen ihrer Umgebung orientieren. Solange sie jung sei, könne sie alles tragen, was ihr gefällt[46] – mit den oben genannten generellen Einschränkungen – erst im Alter sei dann Zurückhaltung angebracht. Anne begründet das mit einer wohl sehr persönlichen Erfahrung: Wenn man über vierzig sei (sie selbst ist Anfang vierzig), könne auch die schönste Kleidung die Falten nicht kaschieren und wirke daher fehl am Platze.[47] Für jedes Alter aber gilt, dass eine Vertreterin des Hochadels immer besser gekleidet sein muss als ihre Untergebenen. Man könnte ihre Einstellung zur Kleidung so formulieren: Während die Tradition Schlichtheit verlangt, fordert sie Stil.

2. Erziehungslehre und Selbstdarstellung

Die vielfachen Spuren, die Annes eigene Erfahrungen in den Enseignements hinterlassen haben, verdichten sich zu einem Bild der idealen Adeligen, das ein Spiegelbild der Verfasserin zu sein scheint. Anne sammelt in den Enseignements nicht nur die Ratschläge, die sie ihrer Tochter auf den Lebensweg mitgeben will, sondern hinterlässt ihr (und damit auch der Nachwelt) ein – sozusagen offizielles – Portrait. Sie selbst verkörpert das Ideal von Geburts- und Seelenadel, ihr Verhalten bei Hof und in Modefragen ist vorbildhaft. Anne selbst ist der „miroer patron" (S. 65/65) für die anderen Frauen.[48] Die Enseignements bilden in dieser Perspektive das Gegenstück zum offiziellen Portrait ihrer Autorin auf dem Altarbild von Moulins.[49] Beide Portraits der Anne de France, insbesondere aber das in den Enseignements, stehen im Spannungsfeld von Tradition und Neuorientierung, das die Zeit um die Wende vom 15. zum 16. Jahrhundert insgesamt bestimmt. In den Enseignements erscheinen die Neuerungen als Reflexe individueller Erfahrung.

Zusammenfassend lässt sich sagen, dass Annes Entwurf der idealen adligen Frau zweierlei reflektiert: Einerseits zeigt er das Bild eines sehr traditionellen Adels: Susanne ist, wie Anne, eine Vertreterin des gottgewollten Adels als weltlichem Oberhaupt einer gottgewollten gesellschaftlichen Ordnung, in der jeder seinen Platz und seine Aufgabe hat. Gottgefälliges Verhalten und die Sorge um die weltliche Ehre bestimmen das Leben. Die traditionellen adligen Tugenden bilden die Grundlage für beides. Andererseits modelliert Anne die überlieferten Normen nach ihrer eigenen Erfahrung und nach ihrem eigenen

---

[45] „je vous conseille que ne les [habillements] portez pas le plus oultrageux, trop estroitz, ne fort chéans, et ne ressemblez pas aucunes, à qui il semble qu'elles sont fort gentes, quant elles sont fort ouvertes, et justes chaucées, et vestues tant que, par force de tirer, sont souvent leur vestemens désirez" (S. 27/48).

[46] „Aussi, ma fille, touchant ces habitz et atours, je suis assez contente, tant que serez jeunes, et en estat pour les porter, […] que vous les portez" (S. 24f./47).

[47] „Et, depuis que une femme a passé quarante ans, quelque beauté que jamais elle ait eue, l'on voit qu'il n'est habillement, tant soit bien fait, qui luy puisse musser les fronces du visage" (S. 107f./83). Im folgenden Satz mokiert sie sich über Frauen, die sich jugendlich kleiden, dabei aber neben ihren Töchtern wie deren Großmütter aussehen.

[48] Brantôme bestätigt, dass sie „sage et vertueuse" war (Recueil des Dames [wie Anm. 15], S. 169).

[49] Vgl. die Abbildung in http://www3.ac-clermont.fr/pedago/arts/ressources/a_visiter/maitre_de_moulins.htm.

Ideal. Die adelige Frau, wie Anne sie sieht, nutzt ihre Handlungsspielräume weitest möglich aus, steht auf einer Ebene mit den Männern und pocht auf ihre Souveränität. Möglicherweise sieht Anne sogar eine gewisse weibliche Überlegenheit – ohne sie explizit zu benennen –, denn die Frau verbindet mit der vita activa eine intensive Hinwendung zu Gott.

Einzelne Aspekte in den Enseignements reflektieren besonders offensichtlich Annes individuelle Erfahrung und Einstellung und sprägen das Selbstporträt. Oberstes Ziel ist die eigene Ehre, „faictes tant que vostre renommée soit digne de perpétuelle mémoire" (S. 11/42), ermahnt sie ihre Tochter von Anfang an. Das ‚bonne renommée' und der ‚bon bruit' sind Zielpunkt jeder Verhaltensregel und entsprechen der Natur des Adels: „[...] la nature des nobles doit estre d'acroistre leur renommée de bien en mieulx tant en vertus que en sçavoir, affin qu'il en soit mémoire." (S. 112f./85)

Anne ist als Vertreterin des Hochadels ausgesprochen standesbewusst – sie unterzeichnet ihr Leben lang mit ‚Anne de France' und nicht etwa mit ‚Anne de Beaujeu'.[50] Deshalb ist es nur folgerichtig, dass sie ihrer Tochter ausführlich nahe legt, darauf zu achten, dass alles der rechten Ordnung folgt – „car en toute choses faust tenir ordre" (S. 48/58). Sie entwickelt ein kompliziertes Beziehungsgeflecht von Herrschaft und Verwandtschaft, dem die adelige Frau in ihrem Verhalten Rechnung tragen muss.[51] Anne unterstreicht diese ‚natürliche' Ordnung – sie spricht von ‚droit et raison' – indem sie Verstöße dagegen mit dem Aufstand Luzifers vergleicht[52] und mit Negativbeispielen aus ihrer unmittelbaren Umgebung illustriert: „Et ay veu, depuis ung an en ça, en ce cas, nobles femmes, devant leurs mères et grans mères, faire de telles coquardises [...] Et cecy advint en une niepce, mariée à ung simple chevalier [...]" (S. 51/59).

Sehr kurz, aber auch sehr pointiert, fallen Annes Ratschläge für den Fall aus, dass Susanne – als Witwe oder auch als Regentin – ohne männlichen Beistand ihr Leben meistern muss. Anne argumentiert zunächst im Einklang mit der Tradition. Susanne solle sich in diesem Fall in ihr Schicksal fügen, maßvoll in ihrer Trauer sein und Gott in den Mittelpunkt stellen: „dévotion doit estre la principalle occupation des femmes vefves" (S. 116/87). Sobald Anne aber auf die alltäglichen Aufgaben und die Verwaltung der Güter zu sprechen kommt, ändert sich der Ton, und die Ratschläge lesen sich wie das Programm für Annes eigene Witwenschaft (ihr Mann ist 1503 gestorben). Hier fordert sie die absolute Souveränität und Verantwortung der Witwe ein, die niemandem Macht abtreten solle: „Et du gouvernement de leurs terres et besongnes, ne s'en doivent actendre que à elles, touchant la souveraineté, ne n'en doivent donner puissance à nul qui soit" (S. 116/87). Anne formuliert hier sehr deutlich den Anspruch, ihr Herzogtum allein zu regieren und weist damit die tatsächlich bestehenden Ansprüche der französischen Krone zurück. Unmittelbar nach diesem einen Satz wendet sie sich dem Verhalten gegenüber den

---

[50] Brantôme kommentiert dies eigens (*Recueil des Dames* [wie Anm. 15], S. 170).

[51] *Enseignements*, S. 48-55/58-61.

[52] „Et saichez, quelque haultaine alliance où vous puissez jamais parvenir, que [...] ne devez despriser vos ancestres, dont vous estes descendue; car ce seroit contre droict et raison. Et, selon le docteur Liénard, ceulx qui ainsi le font, ressemblent à Lucifer, qui, par son orgueil, se voulut eslever contre Dieu son créateur [...]" (S. 49/58).

Dienern und der Erziehung der Kinder zu. Der Anspruch scheint so selbstverständlich, dass er keiner weiteren Erläuterung bedarf.

Auch die vielen Verweise auf das gottgefällige Leben haben mehrere Facetten. Sie stehen scheinbar ganz im Einklang mit der Tradition. Auf den zweiten Blick zeigt sich aber, dass in ihnen bereits das Bild eines Menschen aufscheint, dessen Frömmigkeit sich in einem ‚direkten‘ Kontakt zu Gott äußert.

Diese scheinbar gegensätzlichen Perspektiven bestimmen auch Annes öffentliches Auftreten und bilden so noch einmal das individuelle Substrat von Annes Erziehungslehre. Auf der politischen Bühne hat sie als Regentin für die territoriale Einheit Frankreichs gekämpft, die das Fundament der neuen nationalen Einheit des Königreiches bildet. Als Herzogin aber hat sie die traditionelle, im Grunde durch ihre eigene Politik als Regentin überholte Eigenständigkeit ihres Herzogtums mit allen Mitteln verteidigt.[53] Ihr Bild auf dem von ihr und ihrem Mann gestifteten Altar in Moulins zeigt sie als Stifterin kniend und zu Maria betend, aber auch als standesbewusste Herzogin. Der prächtige Altar zeugt – ebenso wie die ganze neu gestaltete Kirche von Moulins – nicht nur vom Glauben, sondern ebenso vom weltlichen Machtanspruch.

Annes Politik und ihre Enseignements markieren so sehr deutlich die Schwelle zwischen Tradition und Neuerung. Ihr Entwurf einer idealen Adligen wie auch ihre eigene politische Tätigkeit zeigen dabei sicher das Maximum an Eigenständigkeit und Macht, das eine Frau ihrer Epoche erreichen konnte.

---

[53] Das Herzogtum wird 1527, fünf Jahre nach Annes Tod, aufgelöst.

MARGUERITE DE NAVARRE ZWISCHEN HERRSCHAFT UND KUNST

PATRICIA OSTER

Zwischen Herrschaft und Kunst – besser könnte man die Position der Fürstin und Erzählerin Marguerite de Navarre nicht charakterisieren. Sehr genau illustriert die von Herrn Ott kommentierte Illumination aus dem Gebetbuch der Maria von Burgund[1] die Spannung zwischen einer Machtstellung in der Öffentlichkeit und einer privaten Existenz, die Marguerite de Navarre als Schriftstellerin aus der Distanz betrachtet: Man sieht eine Dame allein im privaten Raum an einem Fenster lesend, das Fenster aber öffnet sich auf den Chorraum einer großen Kathedrale, in der dieselbe Dame nunmehr im öffentlichen Raum mit ihrem Hofstaat gezeigt wird. An die Stelle eines kleinen Hündchens, das den privaten Raum kennzeichnete, ist ein repräsentatives Windspiel getreten, das zu ihren Füßen liegt. Man könnte fast spekulieren, dass sich das Fenster auf das Imaginäre der Dame öffnet, die sich selbst im öffentlichen Raum reflektiert. Ist die traditionelle Rolle der Herrscherin im Hinblick auf die Kunst oft die einer Mäzenin, so wird das Verhältnis von Herrschaft und Kunst im Fall von Marguerite de Navarre (1492-1549) gewendet, sie ist selbst Künstlerin und schafft sich im Raum der Fiktion einen Rahmen, um ihre eigene Machtstellung zu reflektieren. Unter den Bedingungen der Kunst, unter den Bedingungen der ästhetischen Freiheit, verzichtet sie auf die Herrschaft.[2]

Marguerite de Navarre hatte als Tochter von Karl von Orléans und Schwester von François d'Angoulême, der 1515 als François Ier auf den französischen Thron gelangte, eine bedeutende machtpolitische Stellung. Mit der Thronbesteigung ihres Bruders, dem sie sehr nahe stand, wurde sie mit ihrer Mutter Luise von Savoyen zur mächtigsten Frau Frankreichs. Um ihren Bruder, der nach der verlorenen Schlacht von Pavia (1525) als Gefangener von Karl V. festgehalten wurde, zu befreien, reiste sie selbst als Unterhändlerin nach Madrid. Häufig vertrat sie bei offiziellen Anlässen ihre Schwägerin. Sie heiratete 1509 den Herzog von Alençon und nach seinem Tod Henri d'Albret, den König von Navarra. Sie lebte überwiegend am französischen Hof, zeitweise aber auch in Nérac und in Pau, wo sie einen eigenen Hof von höchster intellektueller Brisanz unterhielt. Sie beherrschte sieben Sprachen, protegierte die Reformbewegung und förderte Intellektuelle im Umkreis der Reformation, unter andern Clément Marot, Bonaventura des Périers, Jean Calvin und François Rabelais.[3] Zugleich ist sie aber auch die Autorin einer bedeutenden Novellensammlung, die unter dem Titel *L'Heptaméron* bekannt wurde. Wie stellt sich dieser fiktive Raum des Novellenerzählens zwischen Herrschaft und Kunst dar? Bestimmt eine Rhetorik der Macht die Narration oder distanziert sich die Autorin von ihrer Rolle als

---

1 Vgl. dazu den Beitrag von Norbert Ott in diesem Band, S.17-55, hier Abb. 8, S. 33.

2 In abgewandelter Form wurde dieser Aufsatz bereits unter dem Titel „Marguerite de Navarre. Souveraine et Parlamente" in dem von Roland Galle und Rudolf Behrens herausgegebenen Band *Konfigurationen der Macht in der Frühen Neuzeit* (Heidelberg 2000) publiziert.

3 Vgl. in diesem Zusammenhang die ausführliche Bibliographie von Pierre Jourda: *Marguerite de Navarre. Duchesse d'Alençon, Reine de Navarre (1492-1549). Etude biographique et littéraire* (Bibliothèque littéraire de la Renaissance 5), 2 Bde., Paris 1930, Bd. 1.

Königin? Bei Boccaccio, ihrem italienischen Vorbild, haben politische Machtstrukturen keine zentrale Bedeutung. Im Erzählraum der Rahmenhandlung des *Decameron* inszeniert er aber eine fiktive Hierarchie der Narration, indem jeden Tag ein König oder eine Königin gekrönt wird, die einen Tag über die kleine Gruppe herrschen.[4] Die mit einem Lorbeerkranz gekrönte Königin beschränkt ihren auch optisch inszenierten Herrschaftsanspruch auf den ästhetischen Raum der Fiktion. Hier bestimmt sie über Sprechen und Schweigen: „Pampinea, fatta reina, comandò che ogn'uom tacesse".[5] Im Gegensatz zu Boccaccio, von dem sie sich zweifellos in diesem Punkt bewusst absetzt, wird bei Marguerite de Navarre keine Königin gekrönt.[6] Als Autorin tritt die Königin „aus der Abhängigkeit der Kräfte", wie es bei Schiller heißt.[7] In einem komplexen Prozess der Delegierung von Machtansprüchen verwandelt sich die Souveraine in ‚Parlamente', ihre porteparole im Raum ihrer großen Novellensammlung, im Raum der Fiktion.

In der Rahmenhandlung des *Heptaméron* wird die Protagonistin Parlamente gemeinsam mit vier anderen Frauen und fünf Männern von einem Unwetter in den Pyrenäen überrascht und findet Zuflucht in einem Kloster. Da alle Verbindungswege unpassierbar geworden sind, soll eine Brücke gebaut werden, ihre Fertigstellung beansprucht aber einige Zeit, die man sich mit dem Erzählen von Novellen vertreibt. Während bei Boccaccio die Angst vor der Pest eine Gruppe junger Leute dazu bringt, Florenz zu verlassen und sich aufs Land zurückzuziehen, inszeniert Marguerite de Navarre zwei in einer Ausnahmesituation voneinander abgetrennte Räume. „Le pont reliera métaphoriquement le monde de la fiction, le lieu du monastère, où les histoires sont racontées, avec le monde de la réalité" interpretiert Marcel Tetel.[8] In unserer Perspektive ist aber weniger die verbindende Funktion der Brücke von Interesse, als die Tatsache, dass diese Brücke zwischen Realität und Fiktion, zwischen dem politischen Raum realer Machtansprüche und dem fiktiven Raum des Novellenerzählens eben nicht existiert. In der Ausnahmesituation ihrer Autorschaft hat Marguerite de Navarre die Verbindung zwischen den beiden Räumen unterbrochen. Ebenso distanziert sie sich auch von ihrer eigenen Rolle als Königin, indem sie diese Identität von sich abspaltet. Im fiktiven Raum des Novellenerzählens tritt sie als Schwester des Königs, als „madame Marguerite", zwar in Erscheinung, sie nimmt sich selbst in dieser Rolle aber aus der distanzierten Perspektive Parlamentes wahr. Hatte Marguerite de Navarre am Hof das Projekt, nach dem Vorbild Boccaccios in ausgesuchtem Kreis Novellen zu erzählen, so wird dieses Projekt nunmehr von einer anderen Instanz ihrer selbst im

---

[4] Giovanni Boccaccio: *Decameron*. Vittore Branca (Hg.), Milano 1985, S. 28f.

[5] Ebd., S. 29.

[6] Boccaccio stellt dem sich auflösenden Gemeinwesen und dem während der Pestepidemie herrschenden Chaos einen Raum der Ordnung und eine ideale Herrschaftsform im Bereich der Fiktion gegenüber. Marguerite de Navarre erfindet in umgekehrter Weise angesichts etablierter Herrschaftsstrukturen einen Freiraum suspendierter Macht.

[7] Friedrich Schiller: „Über die ästhetische Erziehung des Menschen in einer Reihe von Briefen", in: *Schillers Werke*. Nationalausgabe, 42 Bde., begr. von Julius Petersen, fortgef. von Lieselotte Blumenthale / Benno von Wiese, Bd. 20: *Philosophische Schriften*, Teil 1. Benno von Wiese (Hg.), Weimar 1962, 22. Brief, S. 379-383, hier S. 380.

[8] Marcel Tetel: L'Heptaméron *de Marguerite de Navarre. Thèmes, Langage et Structure*, Paris 1991, S. 125.

ästhetischen Freiraum der Fiktion verwirklicht.[9]

Der Prozess dieser Delegierung wird in der Rahmenhandlung explizit, wenn Parlamente ausführt:

> [Es] ist, glaube ich, keiner unter euch, der nicht die hundert Novellen des Boccaccio gelesen hat [...], von denen der König Franz, seines Namens der Erste, der gnädige Herr Dauphin und Madame Marguerite so viel Aufhebens machen, daß Boccaccio, könnte er sie im Grabe hören, bei den Lobsprüchen solch erlauchter Personen von den Toten aufstehen müßte. Und neulich hörte ich, daß die beiden obgenannten Damen und mit ihnen mehrere andere vom Hof erwogen, ebensolche Geschichten zu schreiben [...] Und die genannten Damen wie auch der Herr Dauphin versprachen, daß sie jeder zehn Novellen verfassen und insgesamt bis zu zehn Personen zusammenbringen wollten, lauter Leute, die sie für die würdigsten hielten, etwas zu erzählen [...] Die großen Ereignisse jedoch, die seither über den König gekommen sind, des fernern der Friedensschluß zwischen ihm und dem König von England, die Niederkunft der Madame Dauphine und verschiedene andere Vorkommnisse, die der Teilnahme des gesamten Hofes würdig waren, brachten es mit sich, daß dieses Vorhaben gänzlich in Vergessenheit geriet; wir aber können dank unserer langen Muße, bis unsere Brücke vollendet ist, das Werk in zehn Tagen an sein Ende führen.[10]

Während die potentielle Erzählrunde am Hof aus der distanzierten Perspektive Parlamentes in ihrer politischen Funktion als ‚Le Roi François, premier de son nom‘, ‚monseigneur le Daulphin‘ und ‚madame la Daulphine‘ wahrgenommen wird, erfährt der Leser von den um Parlamente versammelten Novellenerzählern nur die Vornamen: Hircan, Oisille, Ennasuite, Geburon, Longarine, Nomerfide, Dagoucin, Saffredent und Simontault. Die Forschung wurde nicht müde, die wahre Identität der einzelnen Protagonisten zu ‚enttarnen‘. So wird etwa Hircan als der zweite Mann Marguerites identifiziert: „C'est

---

[9] Philippe de Lajarte stellt in seiner strukturalistischen Analyse des Prologs „Le Prologue de *l'Heptaméron* et le processus de production de l'œuvre" (in: Lionello Sozzi [Hg.]: *La Nouvelle française à la Renaissance: Études réunies par Lionello Sozzi et présentées par V[erdun] L[ouis] Saulnier*, Genf / Paris 1981, S. 397-423) die Frage nach der Funktion dieser komplizierten Form der reflektierten Selbstinszenierung: „Si le personnage historique de Marguerite (entouré de son cercle de personnalités de la Cour) est bien l'instance fondatrice réelle et unique de l'œuvre, pourquoi donc le Prologue ne le présente-t-il pas comme tel d'entrée de jeu? Pourquoi ce détour accompli par une fiction dont le développement semble n'avoir pour fin de lever un masque bien inutilement posé, semble-t-il, sur le début du discours." (S. 404) Seine Interpretation des Prologs stellt das Verhältnis von „discours littéraire" und „discours réel" in den Vordergrund, ohne dabei jedoch die politische Identität der Marguerite de Navarre in Betracht zu ziehen: „Précisons: le problème qui se pose ici est celui des rapports entre le discours littéraire (i.e. le discours fictif) et le discours réel (i.e. le discours quotidien), et la question celle de savoir si le second a le privilège d'incarner à lui seul la véritable et unique réalité historique" (S. 407).

[10] Übersetzung aus dem Französischen von Walter Widmer: *Margarete von Navarra. Das Heptameron*, München ²1999, hier S. 18f. Originaltext zitiert nach: *Marguerite de Navarre, L'Heptaméron*. Michel François (Hg.) (Classiques Garnier), Paris 1967, S. 9f.: „je croy qu'il n'y a nulle de vous qui n'ait leu les cent Nouvelles de Bocace [...] que le roy François, premier de son nom, monseigneur le Daulphin, madame la Daulphine, madame Marguerite, font tant de cas, que si Bocace, du lieu où il estoit, les eut peu oyr, il debvoit resusciter à la louange de telles personnes. Et, à l'heure, j'oy les deux dames dessus nommées, avecq plusieurs autres de la court, qui se delibererent d'en faire autant [...] Et prosmirent les dictes dames et monseigneur le Daulphin avecq d'en faire chascun dix et d'assembler jusques à dix personnes qu'ilz pensoient plus dignes de racompter quelque chose [...] Mais les grandz affaires survenuz au Roy depuis, aussy la paix d'entre luy et le roy d'Angleterre, l'acouchement de madame la Daulphine et plusieurs autres choses dignes d'empescher toute la court, a faict mectre en obly du tout ceste entreprinse, que par nostre long loisir pourra en dix jours estre mise à fin, actendant que nostre pont soit parfaict."

Henri d'Albret qui est incarné dans ce personnage, Henri d'Albret dont le prénom, ou latin, Henricus, ou gascon, Hanric, est à peine modifié ici."[11] Und ‚Oisille' oder auch ‚Osyle' erscheint als Anagramm von Louise de Savoie, der Mutter Marguerites.[12] Sollten diese Mutmaßungen auch zutreffen, so besteht das eigentliche Interesse doch an der Verfremdung der Namen im Freiraum der Fiktion. Mit Hilfe der Sprache versucht die Autorin auf diese Weise, auch die Teilnehmer an der Gesprächsrunde ‚aus der Abhängigkeit der Kräfte' zu heben. Außer den Vornamen wird nur das ungefähre Alter der Protagonisten angegeben. Hircan und Parlamente sind verheiratet, unter den anderen Personen ist noch ein Ehepaar, das sich aber nicht genau identifizieren lässt. Alle gehören offenbar der gehobenen Schicht an, ohne eine politische Machtposition innezuhaben.

Der Name Parlamentes bildet eine Ausnahme unter den Vornamen der Gesprächspartner. Im eigentlichen Sinne handelt es sich nicht um einen Vornamen, sondern um die Personifizierung einer Sprachhandlung: Nach Huguet[13] ist ‚parlamenter' identisch mit ‚parlementer' und hat die Bedeutung von ‚pourparler, entretien, conversation'. Parlamente ist also im wahrsten Sinne des Wortes ‚pourparleuse' Marguerites. Zugleich erscheint sie aber auch als Inkarnation einer spontanen Gesprächsbereitschaft im Hin und Her der Konversation, die einer Rhetorik der Macht diametral entgegengesetzt ist. In diesem Zusammenhang gewinnt noch eine weitere Bedeutungsschicht ihres Namens an Interesse. Bereits Gisèle Mathieu-Castellani stellte die vorsichtige Frage: „Est-il impertinent de noter, par parenthèse, que celle qui conduit les débats [...] s'appelle *Parlamente*, la parlementaire?"[14] So absurd scheint diese Frage indes nicht. Das Parlament war in der Regierungszeit Franz I. ein nicht zu unterschätzender Machtfaktor. Ernst H. Kantorowicz beschreibt das Selbstverständnis des französischen Parlaments folgendermaßen:

> The Parlement, a body headed by the king and composed of the Twelve Peers, the Chancellor, the four Presidents of Parlement, a few officers and councillors, and of a hundred other members (allegedly after the model of the Roman Senate), objected to interference and proclaimed itself ‚un corps mystique meslé de gens ecclésiastiques et lais [...] representans la personne du roy,' because this highest court of the kingdom was ‚the sovereign Justice of the Realm of France, and the true throne, authority, magnificence, and majesty of the king himself.' The idea was, of course, that the king and his

---

[11] Jourda: *Marguerite de Navarre* (wie Anm. 3), Bd. 2, S. 763.

[12] Ebd.

[13] Huguet, Edmond: *Dictionnaire de la langue française du XVIᵉ siècle*, 7 Bde., Paris 1925-1967, Bd. 5, S. 637.

[14] Mathieu-Castellani, Gisèle: *La Conversation conteuse*, Paris 1992, S. 63. Bereits Betty Davis brachte die sprachliche Kompetenz Parlamentes mit der parlamentarischen Rede vorsichtig in Verbindung: „Intelligent, well-read, and thoughtful, Parlamente is a determined defender of the honor of her sex and a staunch champion of virtue and morality. Her name is perhaps a reference to her reputation for speaking at length or to the high court, the Parlement, where matters of importance were discussed and decided." (Davis, Betty J.: *The Storytellers in Marguerite de Navarre's Heptaméron* [French Forum Publishers 9], Lexington 1978, hier S. 23) Winfried Wehle wies ebenfalls auf diese mögliche Deutung des Namens hin: „Selbst im *Heptaméron*, wo an der anagrammatischen Wiedergeburt der Figuren meist nur die historische Familie interessiert hat, scheint eine allegorisierende Absicht nicht ausgeschlossen, wenn sich Marguerite selbst in ‚Parlamente' als der entschiedenen Anwältin eines integralen Liebeskonzepts verwandelt;", in: Winfried Wehle: *Novellenerzählen. Französische Renaissancenovellistik als Diskurs* (Humanistische Bibliothek 37), München 1981, S. 161.

council could not act against the Parlement, because this ‚mystical body' was representative of, or even identical with, the person of the king.[15]

Auch H. Lemonnier macht deutlich, wie das Parlament gerade unter Franz I. „contre le Roi au nom de la Royauté" gewirkt habe:[16]

Ainsi le Parlement proteste très énergiquement contre le Concordat, qui lui semble contraire aux libertés traditionnelles de L'Eglise de France; [...] il résiste à François Ier, quand il s'agit de défendre la fortune royale contre les profusions, et à chaque instant il refuse d'enregistrer des lettres de dons, malgré des ordres réitérés. Enfin, dans les affaires religieuses, loin d'être l'agent du souverain, il est entraîné par ses propres passions et par ses convictions jusqu'à méconnaître les volontés et les sentiments du roi.

Doch nicht nur in politischer Hinsicht, sondern auch im Bereich der kunstvoll verwendeten Sprache spielte das Parlament in der Renaissance eine nicht unbedeutende Rolle. Marc Fumaroli hat in *L'Age de L'Eloquence* dem ‚stile parlementaire' ein ganzes Kapitel gewidmet. Er stellt besonders eine „Analogie entre la fonction législative du Parlement et sa fonction langagière"[17] heraus. Die sprachliche Gewandtheit, in der sich das Hin und Her der Argumentation vollzog, wurde wie ein Schauspiel genossen, das sich allgemeiner Beliebtheit erfreute:

François Ier n'avait pas cru mieux honorer Charles-Quint en visite à Paris qu'en l'emmenant écouter une de ces fêtes du langage français. Et Henri IV suivait la tradition des ses prédécesseurs lorsque, voulant faire ‚une faveur extradordinaire' au Duc de Savoie, il le mena ‚en son parlement', ‚comme dans le plus auguste sénat de l'Europe', et y fit plaider devant lui ‚un bel cause' (...).[18]

Da von 1537 an neben den Princes du sang auch andere Mitglieder der königlichen Familie den Sitzungen des Parlaments beiwohnten,[19] ist es wahrscheinlich, dass Marguerite de Navarre das Parlament aus eigener Anschauung kannte. Die auch im Hinblick auf ihre ästhetischen Qualitäten allgemein bewunderte Rhetorik der argumentativen parlamentarischen Debatte stand im Gegensatz zu einem einseitig geführten Diskurs der Macht und könnte ein Vorbild für die in der Rahmenhandlung des Heptaméron stattfindenden Ge-

---

[15] Kantorowicz, Ernst H.: *The King's Two Bodies. A Study in Mediaeval Political Theology*, Princeton 1957, S. 220f. Das von Kantorowicz angeführte Zitat stammt aus: Maugis, Edouard: *Histoire du Parlement de Paris*, Paris 1913, Bd. 1, S. 374f.

[16] Lemonnier, Henri: „Ainsi le Parlement proteste très énergiquement contre le Concordat, qui lui semble contraire aux libertés traditionnelles de L'Eglise de France; [...] il résiste à François Ier, quand il s'agit de défendre la fortune royale contre les profusions, et à chaque instant il refuse d'enregistrer des lettres de dons, malgré des ordres réitérés. Enfin, dans les affaires religieuses, loin d'être l'agent du souverain, il est entraîné par ses propres passions et par ses convictions jusqu'à méconnaître les volontés et les sentiments du roi", in: Ernest Lavisse (Hg.): *Histoire de France illustrée. Depuis les origines jusqu'à la révolution*, Paris 1900-1911, reprint New York 1969, Bd. 5, S. 216.

[17] Fumaroli, Marc: *L'Age de L'Eloquence. Rhétorique et „res literaria" de la Renaissance au seuil de l'époque classique* (Bibliothèque de L'Evolution de l'Humanité), Paris ²1994, S. 434.

[18] Ebd., S. 442.

[19] Vgl. in diesem Zusammenhang Le Goff, Jacques (Hg.): *L'Etat et les Pouvoirs* (Histoire de France), Paris 1989: „Les véritables lits de justice commencent donc avec ces séances du parlement de Paris de 1527 et 1537, lorsque François Ier porte devant lui les problèmes liés à son conflit avec Charles Quint. [...] En 1527, chancelier, officiers, royaux, pairs laïques et ecclésiastiques font face aux parlementaires. A ce parterre placé en avant du roi, qui domine l'ensemble sur une estrade, s'ajoutent en 1537 les princes du sang et les autres membres de la famille royale" (S. 204).

spräche gewesen sein, in denen jede einzelne Novelle ausführlich ‚verhandelt' wird.[20]

Als Beispiel einer solchen Diskussion in der Gesprächsrunde soll die zwölfte Novelle dienen. Sie handelt von der historischen Figur Alessandro de' Medici, den sein Cousin Lorenzino de' Medici 1537 zusammen mit einem Komplizen ermordet hatte.[21] In der Geschichte erscheint der Herzog als ein Machthaber, der sich zwar freundschaftlich um einen ihm untergebenen jungen Mann bemüht, von diesem aber unter Todesandrohung die Preisgabe der Tugend seiner Schwester fordert. Um seine Schwester vor den unlauteren Absichten des verheirateten Herzogs zu schützen und sein eigenes Leben zu retten, tötet ihn der junge Mann, indem er ihn in eine niederträchtige Falle lockt. Der Erzähler der Novelle, Dagoucin, beschließt seine Rede mit einer doppelten Warnung:

> Daraus, meine Damen, könnt ihr lernen, wie sehr ihr diesen kleinen Gott fürchten müsst, dem es Spaß macht, Fürsten so gut wie Bettler [...] zu quälen [...] Es müssen sich also die Fürsten und alle, die Einfluß und Macht besitzen, davor hüten, daß sie Untergebenen und Geringeren Unrecht tun, denn jeder kann schaden, wenn Gott an dem Sünder Vergeltung üben will, und es ist keiner so groß, daß er dem, der in seiner Hut steht, Böses zufügen könnte.[22]

Dagoucin rät der Gesellschaft, sich vor dem ‚petit dieu' Amor in Acht zu nehmen, der Arm und Reich gleichermaßen heimsuche. Zugleich versteht er die Geschichte aber auch als Warnung für die Machthaber, ihre Autorität nicht in unzulässiger Weise auszunützen, weil auch sie selbst die Strafe der höchsten göttlichen Autorität befürchten müssten. Das Eingreifen des jungen Mannes interpretiert er nämlich als göttliche Strafe, die den Tyrannen ereilt habe, weil er in seinen egoistischen Machtansprüchen sündigte. In der Perspektive Dagoucins hat sich der Machthaber weniger vor dem Menschen, als vor Gott zu rechtfertigen, der als höchste Autorität über jeder menschlichen Autorität steht und den Einzelnen schützt. Dies will er mit seiner Novelle exemplarisch verdeutlichen. Doch Dagoucin formuliert in seiner weniger politisch als religiös geprägten Interpretation nur eine mögliche Einschätzung und Bewertung des Geschehens. In einem nächsten Schritt

---

[20] Nach M. Tetel ist für Marguerite de Navarre Novellenerzählen notwendig mit einer kontroversen Perspektivierung in der Rahmenhandlung verbunden: „En fait, Marguerite a formulé sans le vouloir sa propre définition d'une nouvelle: histoire plus débat" (Tetel: *L'Heptaméron* [wie Anm. 8], S. 115). Marguerite de Navarre ist indes kein Einzelfall. Nach Wehle gehört zum „auszeichnenden Merkmal" eines bestimmten Typus der Rahmenzyklen, dass „Geschichte und subjektive Kommentierung in Einheit den Versammelten zu – erregter – Debatte übergeben werden" (Wehle: *Novellenerzählen* [wie Anm. 14], S. 172).

[21] Es handelt sich hier um die erste französische Bearbeitung des sogenannten Lorenzaccio-Stoffes. Die Novelle Marguerite de Navarres wurde als eine auf persönlicher Kenntnis Lorenzinos beruhende Quelle betrachtet, da Lorenzo und seine Schwester 1537 am Hof ihres Bruders Zuflucht gefunden hatten. Vgl. in diesem Zusammenhang Dimoff, Paul: *La Genèse de Lorenzaccio. Textes publiés avec introduction et notes*, Paris 1936 und Bromfield, Joyce G.: *De Lorenzino de Médicis à Lorenzaccio* (Etudes de littérature étrangère et comparée 64), Paris 1972, hier vor allem S. 31-36.

[22] S. 159 der oben genannten deutschen Ausgabe (wie Anm. 10). „Voylà, mes dames, qui vous doibt bien faire craindre ce petit dieu, qui prent son plaisir à tormenter autant les princes que les pauvres [...] Et doibvent bien craindre les princes et ceulx qui sont en auctorité, de faire desplaisir à moindres que eulx; car il n'y a nul qui ne puisse nuyre, quand Dieu se veult venger du pecheur, ne si grand qui sceust mal faire à celuy qui est en sa garde" (S. 94f.).

überführt Marguerite de Navarre die Einstimmigkeit des Exempels[23] in den Raum der Parlamente, in die Mehrstimmigkeit des Kasus:

> Diese Geschichte wurde von der ganzen Gesellschaft aufmerksam angehört, aber sie rief einander widersprechende Meinungen hervor. Denn die einen behaupteten, der Edelmann habe nur seine Pflicht getan, indem er sein Leben und die Ehre seiner Schwester rettete und zugleich seine Vaterstadt von einem solchen Tyrannen befreite. Die andern hielten dem entgegen, nein, es sei ein schmählicher Undank, seinen Wohltäter umzubringen, der einem soviel Gutes erwiesen und so große Ehre gebracht habe. Die Damen erklärten, er habe als guter Bruder und vorbildlicher Bürger gehandelt, die Männer hingegen meinten, er sei ein Verräter und böswilliger Diener gewesen. Es war vergnüglich, die beiderseitigen Ansichten, die dazu geäußert wurden, anzuhören.[24]

Während in allen anderen Novellen[25] die Diskussion unmittelbar einsetzt, kommt an dieser Stelle eine Erzählerinstanz zu Wort, die die Diskussion zusammenfasst, bevor die Stimmen der so genannten ‚dévisants‘ sich wieder unmittelbar Gehör verschaffen. Dabei wird die bewusste Inszenierung divergierender Meinungen besonders deutlich. Die Autorin konstruiert eine weibliche und eine männliche Perspektive auf den Kasus. Die Damen, die im Blick auf das Gemeinwohl, das auch die Ehre der Frauen gewährleisten soll, argumentieren, betrachten die Tat als gerechtfertigt. In ihren Augen ist der junge Mann ‚bon frere et vertueux citoyen‘, der die ‚patrie‘ von einem Tyrannen befreite. Die Herren beurteilen den Fall aus der Perspektive des Machthabers. Was ist die Ehre der Schwester im Vergleich zu dem Glück, seinem Herren dienen zu können. Rechtfertigt das harmlose Vergnügen einen Mord? Für sie ist der junge Mann ein ‚traistre et meschant serviteur‘. Indem die Damen, darunter auch Parlamente, einem ‚citoyen‘ das Recht einräumen, im Namen der ‚patrie‘ gegen den Machthaber aufzubegehren, vertreten sie in gewisser Weise die Argumentation des Parlaments, das sich auch im Namen der Royauté gegen den König stellt. Dagegen vertreten die Herren die Position des Königs selbst, der seine absoluten Machtansprüche geltend machen will. Als Frau und ergebener Schwester des Königs steht der Autorin selbst eine doppelte Perspektive zur Verfügung, die in den divergierenden

---

[23] Bereits bei Boccaccio kommt es zu einer Problematisierung des Exemplums. Vgl. in diesem Zusammenhang vor allem Hans-Jörg Neuschäfer, der in seiner Arbeit *Boccaccio und der Beginn der Novelle* (München 1969) Boccaccios Weg vom Exemplum über das problematisierte Exemplum zur Novelle verfolgt. Neuerdings hat Joachim Küpper in einer Auseinandersetzung mit der Deutung Neuschäfers das „Verhältnis von mittelalterlichem und rinascimentalem Diskurs" bei Boccaccio genauer herausgearbeitet. In seinem Aufsatz „Affichierte ‚Exemplarität', tatsächliche A-Systematik" verfolgt er eine „Pluralisierung der Perspektiven" bei Boccaccio, die für ihn nicht Ausdruck einer Rhetorik, sondern einer Struktur der „A-Systematik" ist (Küpper, Joachim: „Affichierte ‚Exemplarität', tatsächliche A-Systematik", in: Klaus W. Hempfer [Hg.]: *Renaissance. Diskursstrukturen und Epistomologische Voraussetzungen* [Text und Kontext 10], Stuttgart 1993, S.47-93, hier S. 90).

[24] S. 159 der deutschen Ausgabe. „Ceste histoire fut bien ecoutée de toute la compaignye, mais elle luy engendra diverses oppinions; car les ungs soustenoient que le gentil homme avoit faict son debvoir de saulver sa vie et l'honneur de sa seur, ensemble d'avoir delivré sa patrie d'un tel tirant; les autres disoient que non, mais que c'estoit trop grande ingratitude de mectre à mort celluy qui luy avoit faict tant de bien et d'honneur. Les dames disoient qu'il estoit bon frere et vertueux citoyen; les hommes, au contraire, qu'il estoit traistre et meschant serviteur; et faisoit fort bon oyr les raisons alleguées du deux costez" (S. 95).

[25] Mit Ausnahme der Novelle 44, wo sich auch kurz eine Erzählerinstanz zu Wort meldet, die allerdings die Diskussion nicht im Vorfeld zusammenfasst: „La Nouvelle ne fut pas achevée sans faire rire toute la compaignie et principalement ceulx qui congnoissent le seigneur et la dame de Sedan" (S. 302f.).

Standpunkten ihren Ausdruck findet. Im Rahmen der Fiktion vermag sie sich imaginär auf die Seite des Parlaments – in Parlamente – zu versetzen.[26] Auch Gisèle Mathieu-Castellani erkennt in den Diskussionen der ‚dévisants‘ Strukturen juristischer Auseinandersetzungen:

> Des juges et des avocats, des témoins et des procureurs, des victimes et des coupables: le modèle judiciaire s'impose dans les discours des devisants, qui examinent après chaque récit les ‚cas‘ comme autant de causes, en les discutant dans le cadre d'un procès contradictoire [...] Bref les Dix ne cessent de se constituer en jury d'honneur, autorisé à prononcer jugement et sentence, après avoir entendu témoins, avocats, procureurs.[27]

So treffend die Beobachtung Mathieu-Castellanis auch ist, umso mehr fragt es sich doch, ob überhaupt jemand in der Erzählerrunde ‚autorisé à prononcer jugement et sentence‘ ist? Es gibt eben keine autoritäre diskursive Instanz, die ein endgültiges Urteil spricht. Und das ist in diesem besonderen Fall umso brisanter, als es sich ja um den Mord an einem Repräsentanten der Macht handelt, dessen Beurteilung im ‚Schonraum‘ der Fiktion gleichsam zur Disposition gestellt wird. Nach Wehle schafft „der Fiktionsaufbau des *Heptaméron* eine utopische Redefreiheit“.[28] Oisille erklärt in der Rahmenhandlung der achtundvierzigsten Novelle „[ihr könnt] frei heraus reden.“[29] Man muss allerdings einschränkend feststellen, dass sich diese Freiheit nur auf die Mitglieder der Gruppe beschränkt, die alle der Aristokratie angehören. Denn die Mönche des Klosters, die mit großem Vergnügen den Gesprächen der Damen und Herren lauschen, müssen sich zunächst „bäuchlings hinter einer dichten Hecke in einen Graben gelegt“[30] recht unbequem verstecken und erhalten am Ende des zweiten Tages, als die Gesellschaft von ihrer Zuhörerschaft erfährt, die großzügige ‚offizielle‘ Erlaubnis, sich hinter der Hecke zu installieren: „Darum wurde ihnen angesichts ihrer Wißbegierde erlaubt, jeden Tag hinter der Hecke behaglich hingesetzt dabeizusein, wenn man sich Geschichten erzählte“.[31] Nur stumm und unsichtbar dürfen sie den Erzählungen beiwohnen. Im Hinblick auf die Gruppe der Damen und Herren wird im ‚Prologue‘ die gleichberechtigte Rede jedes Einzelnen allerdings eigens thematisiert. Hircan erklärt: „[...] im Spiel sind wir alle gleich.“[32] Zuvor hatte er bereits seiner Frau die Freiheit der Rede gewährt: „Parlamente, Hircans Gattin, die nie

---

[26] Als besonders interessant erweisen sich in diesem Zusammenhang die Überlegungen André Jolles zur ‚Urform‘ der Novelle in *Einfache Formen* (Tübingen 1930), weil hier der Zusammenhang zwischen der juristischen Erörterung des Kasus als „Kampf zweier Normen im Gesetze, der Kampf dessen, was wir den Geist und den Buchstaben des Gesetzes nennen“ (S. 186) und der Kunstform der Novelle erörtert wird. (S. 171-189) Für Jolles ist der Kasus die Form des problematisierten Beurteilens: „Das Eigentümliche der Form Kasus liegt nun aber darin, daß sie [...] uns die Pflicht der Entscheidung auferlegt, aber die Entscheidung selbst nicht enthält – was sich in ihr verwirklicht ist das Wägen, aber nicht das Resultat des Wägens“ (S. 191). Im Hinblick auf den bei Marguerite de Navarre negierten Diskurs der autoritären Entscheidung ist vor allem dieser Aspekt einer suspendierten Entscheidungsfindung zentral.

[27] Mathieu-Castellani: *La Conversation* (wie Anm. 14), S. 189f.

[28] Wehle: *Novellenerzählen* (wie Anm. 14), S. 172.

[29] S. 546 der deutschen Ausgabe. „vous povez parler en liberté“ (S. 317).

[30] S. 257 der deutschen Ausgabe. „dedans une fosse, le ventre contre terre, derrière une haye fort espesse“ (S. 156).

[31] S. 258 der deutschen Ausgabe. „Parquoy, voyans leur bonne volunté, leur fut permis que tous les jours assisteroient derriere la haye, assiz à leurs ayses“ (S. 156).

[32] S. 20 der deutschen Ausgabe. „au jeu nous sommes tous esgaulx“ (S. 10).

einen Augenblick müßig oder trübsinnig war, erbat sich von ihrem Gatten die Erlaubnis zu sprechen"[33]. Die bereitwillig gewährte Rede erlaubt ihr, der ,von der Welt abgeschnittenen' Gruppe ihr Projekt des Novellenerzählens vorzustellen. Wir haben es also mit einem doppelten Prozess der Delegierung zu tun. Marguerite de Navarre delegiert ihre Rede an Parlamente, die ihrerseits von männlicher Seite ,Redefreiheit' erhält. Mit Hilfe dieser sicher nicht ganz unironischen Prämisse schafft die Autorin explizit eine utopische Gemeinschaft, in der jedes Mitglied das Recht auf eine Stimme, jede/jeder das Recht auf seine eigene Überzeugung hat. Wehle wies bereits darauf hin, dass die Diskussionen der Rahmenhandlung im Kontext der Dialogliteratur der Renaissance zu verstehen sind:

> In der Rahmenerzählsituation, wie im übrigen in der konvivialen Konversation sowie der Dialogliteratur, boten sich den Gebildeten der Zeit literarische Diskurstypen, mit deren Hilfe sich eine als problematisch erfahrene Wirklichkeit zum Gegenstand der Besprechung mit literarischen Mitteln machen ließ.[34]

Der Dialog bot aber auch die Möglichkeit, einen Freiraum zu konstituieren, in dem ein Gespräch zwischen dem Inhaber der Macht und den Intellektuellen möglich schien. Unter der Annahme, dass man im intellektuellen Feld gleichberechtigt ist, konnte über neue Erfahrungen, die unter Umständen auch im machtpolitischen Bereich lagen, diskutiert werden. Budé und seine Gespräche mit François Ier in *De Philologia*[35] sind hier ein prägnantes Beispiel. Das *Heptaméron* hat Teil an einem solchen Diskurs der dialogischen Konfrontation. Unter fiktionalen Bedingungen wird auch hier eine Freiheit gespielt, die es im Raum der politischen Macht nicht gibt. Während Budé sich in der Fiktion selbst zum gleichberechtigten Gesprächspartner des Königs stilisiert, verzichtet Marguerite de Navarre in umgekehrter Weise freiwillig auf einen Diskurs der Macht.[36] Auch Michel Jeanneret hebt in seiner Analyse der narrativen Strukturen der Rahmenhandlung das Fehlen jedes autoritären Diskurses hervor: „autonomous subjects, capable of judgment, take center stage, and, in the polyphony of their discordant voices, destroy the principle of authority."[37]

---

[33] „Parlamente, qui estoit femme de Hircan, laquelle n'estoit jamais oisifve ne melencolicque, aiant demandé congé à son mary de parler, dist" (S. 14f.).

[34] Wehle: *Novellenerzählen* (wie Anm. 14), S. 173.

[35] In *De Philologia* konzipiert Budé ein fiktives Gespräch zwischen ihm selbst und François Ier. Obwohl dem Herrscher der ihm gebührende Respekt entgegengebracht wird, inszeniert Budé doch ein gleichberechtigtes Gespräch unter Intellektuellen, in dessen Verlauf die Gesprächssituation immer wieder als solche inszeniert wird. Guliemi Budaei: *Omnia Opera*, 2 Bde., Basel 1557, Photomechanischer Nachdruck: Westmead Farnborough, Hants, Bd. 1.

[36] Vgl. in diesem Zusammenhang Michel Foucaults zentrale Überlegungen in *L'ordre du discours*, Paris 1971. Hier heißt es: „je suppose que dans toute société la production du discours est à la fois contrôlée, selectionnée, organisée et redistribuée par un certain nombre de procédures qui ont pour rôle d'en conjurer les pouvoirs et les dangers, d'en maîtriser l'événement aléatoire, d'en esquiver la lourde, la redoutable matérialité" (S. 10).

[37] Jeanneret, Michel: „Modular Narrative and the Crisis of Interpretation", in: John D. Lyons / Mary B. McKinley (Hg.): *Critical Tales. New Studies of the Heptameron and Early Modern Culture*, Philadelphia 1993, S. 85-103, hier S. 98. Jeanneret geht allerdings davon aus, dass sich die freie Rede der Gesprächspartner gleichsam gegen die Intention der Autorin verselbständigt habe: „The exemplary model, however, does not work. The whole interest of the exchanges between storytellers is in the way the system fails, in the gap between the theoretical project, which supposes the possibility of a universal discourse on mankind

Im Erzählraum der Novellen selbst entspricht dieser ‚parlamentarischen' Struktur der Rahmenhandlung das Fehlen eines ‚absolutistischen' Erzählers, der die Perspektive monopolisieren würde. Zieht man als Beispiel zunächst wieder die zwölfte Novelle heran, so zeigt sich hier, dass die Novelle bereits die ambivalente Struktur aufweist, die sich in der folgenden Diskussion unter den ‚devisants' dialogisch entfaltet. Die weibliche Perspektive, aus der der Mord am Herzog gerechtfertigt scheint („seine Vaterstadt von einem solchen Tyrannen befreite") und die männliche Perspektive, aus der der Mord als Treuebruch des jungen Edelmanns interpretiert wird, sind gleichermaßen in die Narration eingeschrieben. Das Verhalten des tyrannischen Grafen wird zunächst durch seine übergroße Rücksicht auf seine sehr junge Ehefrau gerechtfertigt: „Weil sie aber noch so jung war, daß ihm nicht erlaubt war, bei ihr zu schlafen, behandelte er sie, solange sie nicht zur Frau herangereift war, mit größter Sanftmut. Um sie zu schonen, hatte er Liebschaften mit einigen andern Damen in der Stadt".[38]

Sein Verhalten Frauen gegenüber ist also nicht grundsätzlich von rücksichtslosem Verlangen bestimmt. Er vermag seine männlichen Wünsche zurückzustellen. Zugleich wird auch die großzügige und über alle Standesgrenzen hinwegsehende Freundschaft zu dem jungen Edelmann hervorgehoben, den er als ein alter ego liebt: „[Ein Edelmann], den der Herzog liebte wie sich selbst und dem er in seinem Hause so viel Einfluß einräumte, daß sein Wort wie das des Herzogs befolgt und gefürchtet ward."[39] Als der Herzog aber beginnt, die sich ihm tugendhaft verweigernde Schwester des Edelmanns leidenschaftlich zu begehren, verändert sich sein Verhalten. In subtilen Nuancen lässt die Autorin deutlich werden, wie sich der freundschaftliche Diskurs der égalité in einen Diskurs der Macht verwandelt. Unter Berufung auf ihre Freundschaft beginnt der Herzog zunächst: „Gäbe es irgend etwas in der Welt, mein Freund, das ich nicht für Euch täte, so würde ich mich scheuen, Euch zu erklären, wonach mir der Sinn steht. [...] Doch seid Ihr mir so lieb, daß, hätte ich eine Frau, Mutter oder Tochter und müßte ich sie opfern, um Euer Leben zu retten, ich sie viel eher dahingäbe, als Euch in Qualen sterben zu lassen."[40] In Tränen aufgelöst („baigné de larmes", S. 91) gesteht er dem jungen Edelmann sodann seine unglückliche Liebe und bittet ihn, nunmehr das für ihn zu tun, was auch er in einem vergleichbaren Fall für ihn getan hätte. Der Text lässt offen, ob sich der Herzog in besonders heimtückischer Absicht scheinbar auf die Ebene des jungen Mannes begibt oder ob er hier wirklich ein alter ego und freundschaftliche Zuwendung gefunden zu haben glaubt. Als der junge Mann jedoch zögert, sich auf diese rhetorisch erzeugte Ebene der Gleichheit einzulassen und seine Schwester um der Freundschaft des Herzogs willen preiszugeben,

---

and, on the other hand, empirical reality [...]" (ebd.).

[38] S. 152 der deutschen Ausgabe. „Et, pour ce qu'elle estoit encores si jeune, qu'il ne luy estoit licite de coucher avecq elle, actendant son aage plus meur, la traicta fort doulcement; car, pour l'espargner, fut amoureux de quelques autres dames de la ville" (S. 90).

[39] S. 152f. der deutschen Ausgabe. „un gentil homme que le duc aymoit comme luy-mesme, et auquel il donnoit tant d'autorité en sa maison, que sa parolle estoit obeye et craincte comme celle du duc" (S. 90).

[40] S. 153 der deutschen Ausgabe. „S'il y avoit chose en ce monde, mon amy, que je ne voulsisse faire pour vous, je craindrois à vous declarer ma fantaisye [...] Mais je vous porte tant d'amour, que, si j'avois femme, mere ou fille qui peust servir à saulver vostre vie, je les y emploirois, plustost que de vous laisser mourir en torment" (S. 91).

zeigt sich die ‚andere‘ Seite des Herzogs: „Da geriet der Herzog in maßlosen Zorn. Er biß sich auf die Fingernägel und antwortete ihm in schäumender Wut: Wohlan denn, da ich bei Euch keine Freundschaft finde, weiß ich, was ich zu tun habe.“ In seinen drohenden Worten, „wenn Euch mein Leben lieb ist, werde ich auch das Eure schonen“,[41] nimmt die beschworene Gleichheit nunmehr eine andere Gestalt an: das Leben des Herzogs und das des Edelmanns werden jetzt unterschiedlich bewertet. Im Hinblick auf den Herzog bezieht sich *vie* auf das glückliche Liebes-Leben, im Hinblick auf den Edelmann aber auf das ‚nackte‘ Leben, das er nur zu retten vermag, wenn er dem ‚Freund‘ zu Willen ist. Kommt in dieser Extremposition die wahre Natur des Herzogs ans Licht? Oder hat nur die besinnungslose Leidenschaft einen guten Freund und rücksichtsvollen Ehemann dazu gebracht, seine Machtposition grausam auszuspielen? Auch die Tat des jetzt als Opfer erscheinenden jungen Mannes lässt sich nicht eindeutig als einen heroischen Akt der Selbstverteidigung interpretieren. Zwar will er seine Schwester vor einer Vergewaltigung bewahren, die Ehre seines Hauses retten und zugleich sein Vaterland von einem Tyrannen befreien („delivrer sa patrye d'un tel tyran, qui par force vouloit mettre une telle tache en sa maison;“ S. 92), doch die Umstände der Tat, die in fast komischer, zumindest entwürdigender Weise zu misslingen droht, scheinen Zweifel an der Richtigkeit des Unterfangens vorzubereiten. Denn der Herzog wird nicht in einem ritterlichen Kampf getötet. Er wird mit einer List nachts allein in das Haus des jungen Mannes gelockt. Kaum liegt er wohl parfümiert im Nachthemd und voll froher Erwartungen im Bett, stürzt sich der Edelmann mit einem Schwert auf ihn. Und obwohl der Herzog unbewaffnet und hilflos ist, gelingt es dem jungen Mann nicht, ihn zu überwältigen. Vielmehr kommt es zu einem grotesken Kampf im Bett, bei dem der Edelmann Bisswunden davonträgt:

> Als der Herzog ihn zurückkommen hörte, dachte er, nun bringe jener ihm die Jungfrau, die er so sehr liebte, und schlug den Vorhang zurück und öffnete weit die Augen, um das Glück zu sehen und zu empfangen, das er so sehnlich erwartet hatte. Doch anstatt der Jungfrau, von der er sich seines Lebens Heil erhoffte, sah er seinen nahen Tod in dem blanken Degen, den der Edelmann gezückt hatte. Damit stach er auf den Herzog ein, der nur mit einem Hemd bekleidet war. Der aber, zwar waffenlos, doch keineswegs feig, setzte sich im Bett auf, packte den Edelmann um den Leib und schrie: ‚So also haltet Ihr Euer Versprechen?‘ Und da er keine andern Waffen hatte als seine Zähne und Nägel, biß er den Edelmann in den Daumen und setzte sich mit der Kraft seiner Arme so heftig zur Wehr, daß sie beide zwischen Bett und Wand zu Boden fielen.[42]

Ein eingeweihter Diener zieht die Kämpfenden schließlich an den Füßen in die Mitte des Zimmers und sticht auf den Herzog ein, bis dieser an Kraft verliert: „Da legten ihn

---

[41] S. 154 der deutschen Ausgabe. „Le duc tout enflambé d'un courroux importable, mint le doigt à ses dentz, se mordant l'ungle, et luy respondit par une grande fureur: „Or bien, puisque je ne treuve en vous nulle amityé, je sçay que j'ay à faire [...] Si vous aymez ma vie, aussi feray-je la vostre“ (S. 91).

[42] S. 156 der deutschen Ausgabe. „Et, quant le duc l'ouyt revenir, pensant qu'il luy amenast celle qu'il aymoit tant, ouvrit son rideau et ses oeilz, pour regarder et recepvoir le bien qu'il avoit tant actendu; mais, en lieu de veoir celle dont il esperoit la conservation de sa vie, va veoir la precipitation de sa mort, qui estoit une espée toute nue que le gentil homme avoit tirée, de laquelle il frappa le duc qui estoit tout en chemise; lequel, denué d'armes et non de cueur, se mest en son seant, dedans le lict, et print le gentil homme à travers le corps, en luy disant: ‚Est-ce cy la promesse que vous me tenez?‘ Et, voiant qu'il n'avoit autres armes que les dentz et les ongles, mordit le gentil homme au poulce, et à force de bras se defendit, tant que tous deux tomberent en la ruelle du lict“ (S. 92f.).

der Edelmann und sein Diener auf das Bett und machten ihm mit Dolchstößen vollends den Garaus."[43] Nach diesem ‚Sieg' über den Herzog sieht sich der junge Mann zunächst in einer wichtigen politischen Rolle dazu ausersehen, noch weitere Repräsentanten der Macht auf dieselbe Weise umzubringen: „Als er nun seinen mächtigen Feind besiegt sah, durch dessen Tod er dem Staat die Freiheit wiederzugeben meinte, dachte er, sein Werk wäre nur halb vollbracht, wenn er nicht noch fünf oder sechs nahe Verwandte des Herzogs umbrächte."[44] Die subjektive Perspektive des Edelmanns wird durch den zweimaligen Gebrauch des Verbs *penser* unterstrichen. Der Diener holt seinen Herren allerdings wieder aus der Höhe seiner politischen Vision („mettre en liberté la chose publicque") herab, indem er ihn an die erheblichen Schwierigkeiten erinnert, die ihm bereits der Mord an dem unbewaffneten Herzog bereitet habe. Darauf heißt es: „Der Edelmann, den sein schlechtes Gewissen ängstlich machte, glaubte seinem Diener."[45] Die groteske und unehrenhafte Weise, in der der Herzog zu Tode kommt, nimmt dem Akt des Tyrannenmordes seine heroische Größe. Dies wird in der Reaktion des jungen Mannes ausdrücklich gemacht, der nicht als strahlender Held, sondern ängstlich und mit schlechtem Gewissen den Schauplatz seiner Tat verlässt. Es bleibt allerdings wiederum offen, ob sich das schlechte Gewissen auf die Tat selbst oder nur auf seine Unfähigkeit bei ihrer Durchführung bezieht. Denn die Erzählung endet mit dem Ausblick auf das glückliche Los der Schwester, die sich auf Grund ihrer überall bekannt gewordenen Tugend nunmehr weit über ihrem Stand verheiratet. Auf diese Weise werden auch die positiven Konsequenzen der Tat noch einmal akzentuiert. Die zwölfte Novelle macht besonders deutlich, wie die Autorin eine ‚Rhetorik der Macht' vermeidet, indem sie eine Vielzahl verschiedener Perspektiven bereits in die Narration einfließen lässt.[46] So wird nicht nur die kontroverse Diskussion in der Rahmenhandlung vorbereitet und gerechtfertigt, sondern auch der einzelne Leser in einen Prozess der Destabilisierung verfestigter Sichtweisen und Normen einbezogen.[47]

---

[43] S. 156f. der deutschen Ausgabe. „Alors le gentil homme et son serviteur le meirent dans son lict, ou à coups de poignart le paracheverent de tuer" (S. 93).

[44] S. 157 der deutschen Ausgabe. „Et, quant il se veid victorieux de son grand ennemy, par la mort duquel il pensoit mettre en liberté la chose publicque, se pensa que son euvre seroit imparfaict, s'il n'en faisoit autant à cinq ou six de ceulx qui estoient les prochains du duc" (S. 93).

[45] S. 157 der deutschen Ausgabe. „Le gentil homme, la mauvaise conscience duquel le rendoit craintif, creut son serviteur" (S. 93).

[46] Tetel spricht von einem „voile interrogateur", mit dem die Autorin ihre Novellen umgebe. Allerdings besteht für ihn die Ambiguität nicht in der Vielschichtigkeit der Narration, sondern in den immer wieder verändert erscheinenden Intentionen der Erzähler: „Tout texte littéraire se prête de lui-même à des interprétations variées et contradictoires de la part du lecteur, mais quand l'auteur narre ou structure son récit de manière à l'envelopper sciemment dans un voile interrogateur, alors cette ambiguïté peut être considérée comme une partie intégrante de sa pensée et de son esthétique. Dans certains cas, le narrateur énonce un but déterminé pour raconter l'histoire, puis un autre après l'avoir narrée, tandis que la nouvelle elle-même en souligne encore un différent." (Tetel: *L'Heptaméron* [wie Anm. 8], S. 93).

[47] Hiermit ist jedoch nicht „eine Destabilisierung des Diskurses der Macht im Sinne einer Kritik an der absoluten Macht schlechthin" gemeint, wie es Ruth Groh in der Diskussion der Vorlage verstand. Marguerite de Navarre ist keine Autorin der Aufklärung. Deshalb entlastet der offene Dialog in der Tat nur zum Schein vom absoluten Diskurs der Macht. Aber gerade dies charakterisiert den literarischen Text.

Gelingt es Marguerite de Navarre in einer großen Zahl von Novellen, eine narrative Offenheit zu realisieren, die eine Monopolisierung der Perspektive ausschließt, so bleibt zu untersuchen, wie die Autorin in jenen Novellen verfährt, in denen sie selbst oder die königliche Familie kraft ihrer herrschaftlichen Autorität unmittelbar in das Geschehen eingreifen. Dies ist zum Beispiel der Fall in der sechzigsten Novelle. Eine Ehefrau hat ihren Ehemann verlassen, um mit einem Kantor zusammenzuleben. Als der Ehemann versucht, sie mit Hilfe der Kirche zur Rückkehr zu zwingen, täuscht sie ihren Tod vor und lebt fortan unbehelligt an der Seite ihres Liebhabers. Ihr Ehemann heiratet nach ihrem vermeintlichen Tod eine schöne junge Frau, mit der er mehrere Kinder hat. Nach fünfzehn Jahren erfährt er, dass seine erste Ehefrau noch am Leben ist. Die Kirche verlangt, dass er sich von der zweiten Frau trennt, um wieder mit der ersten zusammenzuleben: „die Kirche wollte unverzüglich die Angelegenheit ins reine bringen und trennte fürs erste die beiden, bis die Wahrheit geklärt wäre".[48] Der Erzähler Geburon ergreift eindeutig Partei für den armen Mann: „Nun wurde also der arme Mann gezwungen, von seiner guten Frau zu lassen und sich statt ihrer der schlechten anzunehmen."[49] Als der Fall der Frau und der Mutter des gerade an die Regierung gelangten François Ier vorgetragen wird, betont Geburon, dass auch die ganze Hofgesellschaft Mitleid ergriff: „die ganze Versammlung empfand tiefes Mitleid mit ihm."[50] Das Urteil der Recht sprechenden Königinnen ist dagegen gnadenlos:

> Als ihm seine Frau vorgeführt wurde, wollte sie lange behaupten, er sei nicht ihr Gatte, und hätte er's gekonnt, er hätte es von Herzen gern ebenfalls geglaubt. Sie aber war mehr betrübt als beschämt und erklärte ihm, lieber wolle sie sterben als zu ihm zurückkehren; und das machte ihn froh. Aber die Damen, in deren Gegenwart sie so unehrbar sprach, verurteilten sie, zu ihm zurückzugehen, und setzten dem Sänger mit Drohungen so heftig zu, daß er notgedrungen seiner häßlichen Liebsten sagte, sie müsse zu ihrem Gatten zurückkehren, er wolle nichts mehr von ihr wissen.[51]

Der Begriff des „Ausspekulierens", den Hans Robert Jauß als bedeutende Kategorie der ästhetischen Erfahrung bei Alfred Adler herausstellte, scheint in besonderer Weise auch auf das *Heptaméron* zuzutreffen, obwohl die Reflexionen Adlers das altfranzösische Epos betreffen: „Irgendwie hängt aber die Fabel an einer Wirklichkeit, wie ein Kind an der Nabelschnur. Die epische Fabel – in diesem wichtigen Aspekt einer mythischen vergleichbar – definiert nicht den historischen Faktor, ‚an dem sie hängt', von dem sie abhängt. Sie überspielt diesen Faktor spekulativ. Sie gibt vor, zeigen zu können, wie ein gegebener historischer Sachverhalt sich ausnähme, falls gewisse *extreme* Konsequenzen, zu denen der Sachverhalt führen könnte, einmal bis zum letzten ausspekuliert würden, hart an der Grenze des von dem Sachverhalt abgesteckten Kraftfeldes von Möglichkeiten. Die in *extremis* ausspekulierte epische Sachlage stellt sich dar als Problem, das gelöst werden sollte, weshalb denn auch gewisse Lösungsvorschläge *ausspekuliert* werden, die aber nicht als wirkliche Lösungen gelten können" (Adler, Alfred: *Epische Spekulanten. Versuch einer synchronen Geschichte des altfranzösischen Epos. Vorwort von H. R. Jauß*, München 1975, hier S. 21).

[48] S. 644 der deutschen Ausgabe. „incontinant l'Eglise y voulut mectre ordre; et, pour le premier, les separa tous deux jusques ad ce que l'on sceut la verité de ce faict" (S. 368).

[49] S. 644f. der deutschen Ausgabe. „Allors fut contrainct ce pauvre homme laisser la bonne, pour pourchasser la mauvaise" (S. 368).

[50] S. 645 der deutschen Ausgabe. „il faisoit grande pitié à toute la compaignye" (S. 368).

[51] Ebd. „Et, quant sa femme luy fut presentée, elle voulut soustenir longuement que ce n'estoit poinct son mary, ce qu'il eust voluntiers creu s'il eust peu. Elle, plus marrye que honteuse, lui dist qu'elle aymoit mieulx mourir que retourner avecq luy; dont il estoit très contant. Mais les dames, devant qui elle parloit si deshonnestement, la condamnerent qu'elle retourneroit, et prescherent si bien ce chantre par force

Mit Gewalt (‚par force menasses') wird von der königlichen Familie eine den Gesetzen der Kirche entsprechende abstrakte Entscheidung durchgesetzt, die in ihrer Problematik deshalb offenbar wird, weil der Erzähler der Novelle eine eindeutige Sympathielenkung zu Gunsten der Opfers dieses Urteils vornimmt. Der Mann und seine zweite Frau mit ihren Kindern werden gleichsam mitbestraft, weil die Königinnen, die nach den Richtlinien der Kirche urteilen, die ehebrecherische ‚layde amye' des gegen das Zölibat verstoßenden ‚chantre' treffen wollen. In dieser Perspektive erscheint das Urteil, das zwei sich liebende Paare zur Trennung zwingt, um ein sich verabscheuendes Paar zu vereinen, rational wenig nachvollziehbar. In der Rahmenhandlung wird die Bewertung des Falles nicht diskutiert. Das Vorgehen der Königinnen wird somit zwar nicht in Frage gestellt, aber auch der Erzähler und seine eindeutige Sympathielenkung zugunsten der ‚Opfer' werden nicht korrigiert.

Marguerite de Navarre scheint im Raum der Fiktion so sehr von ihrer politischen Rolle entlastet, dass sie den Diskurs der Recht sprechenden Macht auf der Ebene der Narration in Frage zu stellen vermag. In der einundsechzigsten Novelle tritt sie selbst in einem vergleichbaren Konfliktfall auf. Auch hier hat eine Frau ihren Mann verlassen, um mit ihrem Geliebten – einem Domherrn – leben zu können. Einmal wurde sie bereits auf Grund dieses Vergehens ins Gefängnis geworfen, aus dem sie aber ihr alles vergebender Ehemann befreit hatte. In das Haus ihres Ehemanns zurückgekehrt, täuschte sie eine tödliche Krankheit vor, um in einem unbewachten Augenblick erneut zu dem Geliebten zu fliehen. Nach geraumer Zeit versteckt sie sich nicht mehr, hat mit dem Domherrn mehrere Kinder und lebt über zwanzig Jahre unbehelligt an seiner Seite. Als jedoch die königliche Familie in der Stadt Quartier nimmt, berichten die moralisch entrüsteten Bürgersfrauen einer Hofdame der duchesse d'Alençon, also der Marguerite de Navarre, von diesen Vorgängen und die Damen nehmen sich der Sache an: „Unverweilt begab sich die Herzogin zur Königin und zu der Frau Regentin und berichtete ihnen diese Geschichte. Die beiden Damen machten kurzen Prozeß und ließen die Elende vor sich entbieten. Die verbarg sich mitnichten".[52]

Obwohl Marguerite de Navarre nun selbst zu den handelnden Personen im Erzählraum gehört, wird auch in dieser Novelle die einseitige Monopolisierung der Perspektive in komplexe Erzählstrukturen aufgelöst. Aus der Sicht der Herrscherpersönlichkeiten ist die in Sünde lebende einfache Frau aus dem Volk eine ‚pauvre malheureuse'. Auf einer anderen Erzählebene erscheint sie aber auch als ‚pauvre malheureuse', weil sie unverhofft zum Opfer des ‚sans autre forme de procès' einberufenen hochherrschaftlichen königlichen ‚Gerichtshofs' wird. Saffredent, der Erzähler der Geschichte, zitiert das Plädoyer der Angeklagten ausführlich:

Ich bitte euch, hohe Damen, wollet verhüten, daß man an meine Ehre rührt; denn gottlob habe ich mit dem Herrn Kanonikus ein so musterhaftes und tugendliches Leben geführt, daß kein Mensch mich deswegen tadeln darf. [...] Wer uns trennen wollte, der würde eine schwere Sünde auf sich laden,

---

menasses, qu'il fut contrainct de dire à sa layde amye qu'elle s'en retournast avec son mary et qu'il ne la vouloit plus veoir" (S. 368).

[52] S. 659 der deutschen Ausgabe. „Tout soubdain, s'en alla la duchesse à la Royne et à madame la Regente, leur compter ceste histoire; qui, sans autre forme de procès, envoierent querir ceste pauvre malheureuse, laquelle ne se cachoit poinct" (S. 375).

denn der liebe Mann, der jetzt an die achtzig Jahre zählt, wird nicht lange leben ohne mich, die ich fünfundvierzig bin.[53]

Indem Geburon die rührenden Worte der Frau, die nicht aus frevelhafter Lust sondern liebevoller Fürsorge bei ihrem inzwischen gealterten Liebhaber bleiben will, im Wortlaut anführt, nimmt er ebenfalls eine Sympathielenkung vor. So erscheint auch sie als Opfer, wenn die Königinnen ihr nunmehr Vorhaltungen machen und schließlich einen Vertreter der kirchlichen Gerichtsbarkeit herbeizitieren, der sie bei Wasser und Brot ins Gefängnis steckt:

> Ihr könnt euch denken, wie die Damen sich zurückhalten konnten! Jede machte ihr die heftigsten Vorstellungen [...]. Um sie noch ärger zu demütigen, ließen sie den guten Erzdiakon von Autun kommen, der sie für ein Jahr zu Gefängnis bei Wasser und Brot verurteilte.[54]

Im Gegensatz zu der sechzigsten Novelle nimmt die Geschichte insofern einen guten Ausgang, als der vom Archidiakon streng gerügte Domherr sich sogleich reuevoll von seiner Geliebten trennt, und der Ehemann seine ebenfalls alles bereuende Ehefrau aus dem Gefängnis holt und in Gnaden wieder bei sich aufnimmt.

Obwohl Marguerite im Raum der Erzählung selbst zu den Damen gehört, die der Frau strengste Vorhaltungen machen, und die sie durch den Archidiakon bestrafen lassen, wird auch in dieser Novelle auf der Ebene der Narration eine Sympathielenkung zu Gunsten des Opfers dieser ‚königlichen Gerichtsbarkeit‘ betrieben. Diese eindeutige Parteinahme setzt sich aber hier in der Rahmenhandlung fort. Keine andere als ausgerechnet die porteparole Marguerites im Raum der Fiktion, nämlich Parlamente, ergreift die Partei der Frau, wenn sie in der folgenden Diskussion ausführt: „Zudem glaube ich, das arme Geschöpf besserte sich eher infolge der Kerkerhaft und der Gewißheit, ihren Domherrn nicht wiedersehen zu können, als dank allen Vorhaltungen, die man ihr machen konnte."[55] In den Augen Parlamentes ist die von den Königinnen gedemütigte Frau eine ‚pauvre créature‘, die die endgültige Trennung von dem geliebten Mann und das Gefängnis schließlich in die Knie zwang. Im Raum der Fiktion vermag Marguerite de Navarre ihre eigenen Handlungen als politischer Funktionsträger aus der Perspektive Parlamentes wahrzunehmen und kritisch zu reflektieren.

Ein besonders eindrucksvolles Beispiel dieser Form der reflektierten Selbstinszenierung findet sich in der letzten Novelle des unvollendet gebliebenen Werks. Hier wird die Geschichte einer einfältigen Nonne erzählt, die von ihrem ‚prieur‘ unter Vorspiegelung falscher Tatsachen verführt und geschwängert worden war. Da das Kloster ihre Anklage des

---

[53] S. 660 der deutschen Ausgabe. „Je vous supplie, mes dames, que voulez garder que l'on ne touche poinct à mon honneur, car, Dieu mercy! j'ay vescu avec monsieur le chanoine si bien et si vertueusement, qu'il n'y a personne vivant qui m'en sceut reprendre. [...] Et, qui nous separera fera grand peché, car le bon homme, qui a bien près de quatre vingtz ans, ne vivra pas longuement sans moy, qui en ay quarante cinq" (S. 375).

[54] Ebd. „Vous povez penser comme à l'heure les dames se peurent tenir; et les remonstrances que chascun luy feit [...] Et, pour l'humillier plus fort, envoierent querir le bon archediacre d'Authun, qui la comdemna d'estre en prison ung an, au pain et à l'eaue" (S. 375f.).

[55] S. 661 der deutschen Ausgabe. „Encores je croy que la pauvre creature se chastia plus que la prison et l'opinion de ne plus voir son chanoyne, qu'elle ne feit pour remonstrances qu'on luy eut sceu faire" (S. 376).

‚prieur‘ nicht verfolgt, entschließt sie sich verzweifelt, nach Rom zu pilgern, weil sie hofft, auf diese Weise ihre Jungfräulichkeit wiederzuerlangen. Auf ihrer Reise betritt sie eine Kirche, in der sich zufällig auch gerade Marguerite de Navarre mit einigen Hofdamen aufhält, um zu beten. Die Autorin lässt sich selbst aus der Perspektive des Erzählers mit dem gebührenden Respekt wahrnehmen: „wo die Frau Herzogin von Alençon, die später Königin von Navarra wurde [...] insgeheim eine neuntägige Andacht abhielt."[56] Dieses Zurschaustellen ihrer Person in der Narration steht in krassem Gegensatz zu ihrem Verhalten auf der Ebene der histoire. Denn hier verbirgt sich die Duchesse, um heimlich das Gebet der Nonne zu belauschen: „Da die Herzogin ihren Gebeten lauschen wollte, zog sie sich in die Ecke beim Altar zurück."[57] Als sie das Wehklagen der Nonne vernimmt, tritt sie auf sie zu, um sie nach ihrem Kummer zu befragen, ohne allerdings ihre eigene Identität preiszugeben. Die Nonne will sich aber nur der duchesse d'Alençon anvertrauen:

> Ach weh, liebe Dame, mein Unglück ist so groß, daß ich nur noch zu Gott meine Zuflucht nehmen kann, und ich flehe zu ihm, daß er mir einen Weg zeige, wie ich mit der Frau Herzogin von Alençon sprechen kann; denn nur ihr allein werde ich meine Angelegenheit erzählen, bin ich doch gewiß, sie wird, wenn es überhaupt möglich ist, einen Ausweg finden.[58]

Die Duchesse gibt sich jedoch weiterhin nicht zu erkennen und spricht auf einer freundschaftlichen Ebene zu der Nonne, indem sie die Anrede ‚m'amye‘ übernimmt: „Liebes Kind, sprach die Herzogin zu ihr, mit mir könnt Ihr sprechen, wie zu ihr selbst, denn ich gehöre zu ihren vertrautesten Freundinnen."[59] Erst als sich die Nonne erneut weigert, ihr ihren Kummer anzuvertrauen, gibt sie ihre wahre Identität preis: „Da sagte ihr die Herzogin, sie möge nur ganz offen zu ihr sprechen, denn sie sei die Gesuchte."[60] Sogleich verändert sich die Situation. Die Nonne fällt auf die Knie, und die Duchesse artikuliert sich in einem Diskurs der Macht, der durch Briefe vermittelt wird, die sie der Nonne überreicht: „Die Herzogin tröstete sie [...] Danach schickte sie die Ärmste in ihre Priorei zurück und gab ihr Briefe an den Bischof der Stadt mit, in denen sie Befehl gab, den anstößigen Mönch aus dem Kloster zu verjagen."[61] In ihrer politischen Rolle kann sie auf einen Diskurs der Macht nicht verzichten. Nur mit Hilfe dieses Diskurses, den die Nonne auch von ihr erwartet, indem sie sie geradezu dazu zwingt, als Herrscherin in Erscheinung zu treten, kann unmittelbar auf die Verhältnisse eingewirkt werden: ‚nur ihr allein werde ich meine Angelegenheit erzählen, bin ich doch gewiß, sie wird, wenn es überhaupt möglich ist, einen Ausweg finden.‘ Zugleich inszeniert Marguerite de Navarre in dieser Novel-

---

[56] S. 756 der deutschen Ausgabe. „où madame la duchesse d'Alençon, qui depuis fut royne de Navarre, alloit secretement faire quelque neufvaine" (S. 426).

[57] Ebd. „Et, afin d'entendre ses devotions, se retira la duchesse au coing de l'autel" (S. 426).

[58] Ebd. „Helas! m'amye, mon malheur est tel, que je n'ay recours que à Dieu, lequel je suplie me donner moien de parler à madame la duchesse d'Alençon, car, à elle seule, je conterai mon affaire, estant asseurée que, s'il y a ordre, elle le trouvera" (S. 426f.).

[59] S. 757 der deutschen Ausgabe. „M'amye, ce luy dist la duchesse, vous povez parler à moy comme à elle, car je suis de ses grandes amyes" (S. 427).

[60] Ebd. „Alors la duchesse luy dist qu'elle povoit parler franchement et qu'elle avoit trouvé ce qu'elle demandoit" (S. 427).

[61] Ebd. „La duchesse la reconforta [...] et la renvoya en son prieuré, avecq des lettres à l'evesque du lieu, pour donner ordre de faire chasser ce religieux scandaleux" (S. 427).

le aber auch das Spiel mit der eigenen Identität, den Prozess einer Distanzierung von der eigenen Person in einer freundschaftlichen Situation des Gesprächs: ‚mit mir könnt Ihr sprechen, wie zu ihr selbst‘. Es gelingt der Autorin in dieser Novelle, den Raum der realen politischen Macht in den Raum der Fiktion zu projizieren. Auf diese Weise wird die fundamentale Differenz zwischen der Sprachhandlung des ‚donner ordre‘, die dem politischen Machtbereich der Souveraine notwendig angehört, und der Sprachhandlung des ‚parler‘, die sich im fiktionalen Raum der Parlamente realisiert, sinnfällig.

Das *Heptaméron* bot Marguerite de Navarre die Möglichkeit, sich selbst in ihrer Identität als Königin in der Fiktion zu reflektieren und mit dem freiwilligen Verzicht auf eine ‚Rhetorik der Macht‘ einen Raum zu schaffen, in dem Normkonflikte, gesellschaftliche Veränderungen und Machtfragen ausphantasiert und ausspekuliert werden können. Als Autorin tritt die Königin, um noch einmal Schiller zu zitieren, aus der ‚Abhängigkeit der Kräfte‘ in den Raum der Kunst.

BÜCHER, BILDUNG UND HERRSCHAFT VON FÜRSTINNEN IM UMKREIS DES PRAGER HOFES DER LUXEMBURGER

AMALIE FÖßEL

Adlige Frauen, Fürstinnen, Königinnen werden oft mit Büchern dargestellt. Festgehalten werden die Momente, in denen ihnen Bücher überreicht werden. Eine berühmte Szene zeigt die Schriftstellerin Christine de Pizan, als sie der Königin Isabeau von Frankreich eine umfangreiche, in rotes Leder gebundene prachtvolle Handschrift schenkte.[1] Eine andere Abbildung illustriert, wie der Schreiber einer Ausgabe von Boethius' *Trost der Philosophie* diese an Königin Margarete von York aushändigte.[2] Neben solchen Schenkungsritualen, in denen hochadelige Damen und ihre Bücher im Mittelpunkt stehen, finden sich zahlreiche Bilder lesender Frauen. Besonders häufig wird in der mittelalterlichen Kunst die Jungfrau Maria als Lesende dargestellt: Maria liest in der Stunde, als der Erzengel Gabriel zu ihr trat, um ihr die Empfängnis Jesu zu verkünden. Sie liest aber auch im Stall zu Bethlehem, vor ihrer Niederkunft sowie nach der Geburt Jesu, während Joseph mit dem Kind im Arm zu ihren Füßen kauert. Sie liest auf der Flucht nach Ägypten, auf dem Esel reitend, und wiederum ist es Joseph, der das Kind in den Armen hält und behütet. Maria ist von ihrer Mutter Anna mit Büchern unterrichtet worden. Sie selbst unterrichtet dann auch Jesus und die Apostel. Sie schreibt ihren Lobpreis, das Magnifikat.[3] Im Mittelalter wird Maria zum gelehrten Vorbild für die Frauen, so sieht es Christine de Pizan. Maria als Himmelskönigin ist die Vornehmste aller Frauen, ihr gebührt der erste Platz an der Spitze der ‚Stadt der Frauen' als einem Ort der Zurückgezogenheit und Ruhe für das Lernen und die Aneignung von Bücherwissen.[4]

Auch die meisten Königinnen und hochadeligen Damen im mittelalterlichen Europa besitzen und lesen Bücher, die für sie angefertigt, die ihnen geschenkt wurden, die sie in Auftrag gaben, die man ihnen widmete und die ihnen in den Hofbibliotheken zur Verfügung standen. Einige Fürstinnen verfassten oder übersetzen Bücher, wie die in diesem Band im Mittelpunkt stehende Elisabeth von Nassau-Saarbrücken oder Eleonore von Österreich. Und manchen – wie beispielsweise der Eleonore von Aquitanien – waren Bücher offensichtlich so wichtig, dass sie mit einem Buch religiösen Inhaltes, einem Psalter oder Stundenbuch, auf ihrem Epitaph dargestellt sein und dem Betrachter und Besucher für alle Zeiten als fromme und gebildete Frauen erscheinen wollten.[5] In der mittelalterlichen Malerei, Buchillustration und Bildhauerei werden Bücher zu einem wesentlichen Attribut von Frauen.

---

[1] London, British Library, Ms. Harley 4431, fol. 3, Abbildung in: *Wege in die Stadt der Frauen. Texte und Bilder der Christine de Pizan.* Margarete Zimmermann (Hg.), Zürich 1996, S. 21.

[2] Universitätsbibliothek Jena, MS El. f. 85, fol. 13v.

[3] Zahlreiche Abb. in: Schreiner, Klaus: *Maria: Jungfrau, Mutter, Herrscherin*, München / Wien 1994, passim.

[4] Pizan, Christine de: *Das Buch von der Stadt der Frauen*. Vollständige Ausgabe, aus dem Mittelfranzösischen übertragen, mit einem Kommentar und einer Einleitung versehen von Margarete Zimmermann (Hg.), München ²1990, III, 1, S. 249 f.; vgl. Kottenhoff, Margarete: *„Du lebst in einer schlimmen Zeit". Christine de Pizans Frauenstadt zwischen Sozialkritik und Utopie*, Köln / Weimar / Wien 1994, S. 173-175.

[5] Abb. des Epitaphs der Eleonore in Fontevrault unter anderem in: Duby, Georges / Perrot, Michelle (Hg.): *Geschichte der Frauen im Bild*, Frankfurt am Main 1995, S. 61.

Nun ist diese Beobachtung nicht neu und hat auch verschiedentlich zur Formulierung konkreter Fragestellungen und Erkenntnisinteressen geführt. Schon 1935 hat Herbert Grundmann in einem grundlegenden „Beitrag zur Frage nach der Entstehung des Schrifttums in der Volkssprache" festgestellt, dass es die adeligen Frauen waren, die als Leserinnen volkssprachlicher Literatur eine laikale Lesekultur begründeten. Bücher sind ‚Frauensache', insbesondere die aus dem Lateinischen ins Volkssprachliche übersetzten Bücher mit religiösen Inhalten, die in den deutschen Rechtssammlungen des 13. Jahrhunderts zu den ‚Frauendingen' zählen, die ausschließlich in weiblicher Erbfolge weitergegeben werden.[6] Aus dem neueren gendergeschichtlichen Blickwinkel heraus hat 1982 Susan Groag Bell in einem nicht weniger wichtigen Aufsatz die Bedeutung hochadeliger Frauen für den kulturellen Wandel an deren spezifischen Verhältnis zu Büchern festgemacht. Durch intensive Lektüre volkssprachlichen religiösen Schrifttums hätte die gebildete weibliche Leserschicht, so Bell, ihren eigenen individuellen Zugang zur religiösen Literatur gefunden und an der kirchlichen Kontrolle vorbei die spätmittelalterliche Laienfrömmigkeit maßgeblich mitgeprägt. Als Ehefrauen auswärtiger Monarchen und Fürsten fungierten die an Büchern und Literatur interessierten Damen darüber hinaus als ‚Kulturbotschafter', indem sie den Kulturaustausch und Kulturtransfer zwischen den europäischen Höfen beförderten.[7]

Die Themenbereiche ‚Bildung und Lesekultur', ‚Bücher und Bibliotheken', ‚Hofgesellschaften und deren Gebrauch von Literatur' sowie ‚Kulturtransfer zwischen den europäischen Höfen' werden in den letzten Jahren von der historischen Forschung zunehmend in den Blick genommen.[8] Dazu gehört auch die Frage, welchen Anteil die Frauen daran hatten. Im Unterschied zu den westeuropäischen Königreichen, für die in den letzten Jahren einschlägige Studien publiziert wurden,[9] ist zu diesem Thema für den Raum des spätmit-

---

[6] Grundmann, Herbert: „Die Frauen und die Literatur im Mittelalter. Ein Beitrag zur Frage nach der Entstehung des Schrifttums in der Volkssprache", in: Ders.: *Ausgewählte Aufsätze* 3 (Schriften der MGH 25,3), Hannover 1978, S. 67-95.

[7] Bell, Susan Groag: „Medieval Women Book Owners: Arbiters of Lay Piety and Ambassadors of Culture", in: Mary Erler / Maryanne Kowaleski (Hg.): *Women and Power in the Middle Ages*, Athens / London 1988, S. 149-187 mit zahlreichen Abbildungen zum Thema ‚Frauen und Bücher', unter anderem Abbildung 3: Margarete von York (wie Anm. 2).

[8] Vgl. etwa die Tagungsbände: Kasten, Ingrid / Paravicini, Werner / Pérennec, René (Hg.): *Kultureller Austausch und Literaturgeschichte im Mittelalter. Transferts culturels et Histoire littéraire au Moyen Âge* (Beihefte der Francia 43), Sigmaringen 1998; Paravicini, Werner / Wettlaufer, Jörg (Hg.): *Erziehung und Bildung bei Hofe* (Residenzenforschung 13), Stuttgart 2002.

[9] Neben Bell: „Book Owners" (wie Anm. 7) sei hier lediglich hingewiesen auf einige neuere Bände: Meale, Carol M. (Hg.): *Women and Literature in Britain, 1150-1500* (Cambridge Studies in Medieval Literature 17), Cambridge 1993, ²2005; Larrington, Carolyne: *Women and Writing in Medieval Europe. A Sourcebook*, London / New York 1995; McCash, June Hall (Hg.): *The Cultural Patronage of Medieval Women*, Athens / London 1996; Taylor, Jane H. M. / Smith, Lesley (Hg.): *Women and the Book. Assessing the Visual Evidence* (The British Library studies in medieval culture), London / Toronto 1997; Wogan-Browne, Jocelyn u.a. (Hg.): *Medieval Women: Texts and Contexts in Late Medieval Britain. Essays for Felicity Riddy* (Medieval women 3), Turnhout 2000; Krug, Rebecca: *Reading Families. Women's Literate Practice in Late Medieval England*, Ithaka 2002; Erler, Mary C.: *Women, Reading, and Piety in Late Medieval England* (Cambridge Studies in Medieval Literature 46), Cambridge 2004; Scott-Stokes, Charity: *Women's Books of Hours in Medieval England: selected texts translated from Latin, Anglo-Norman French and Middle English with introduction and interpretive essay* (Library of medieval women), Woodbridge 2006; Watt, Diane: *Medieval Women's Writing. Works by and for Women in*

telalterlichen deutschen Reiches vergleichsweise wenig gearbeitet worden.[10] Das hängt zum einen wohl mit einer eher schmalen Quellenbasis zusammen, die durch Archivrecherchen erst noch zu verbreitern wäre, zum anderen aber sicherlich auch mit den enormen methodischen Schwierigkeiten, die sich zum Beispiel mit Bibliotheksinventaren und Nachlassverzeichnissen verbinden, weil die hier aufgelisteten Bücher eben nicht so ohne weiteres die tatsächlichen Lesegewohnheiten widerspiegeln.[11]

Trotz der quellenbedingten und methodischen Probleme ist es dennoch auffallend, wie wenig wir über die Bildung und die Bücher der weiblichen Mitglieder der Königshäuser im spätmittelalterlichen Reich wissen. Das gilt grosso modo auch für die Dynastien, deren Höfe als Kulturzentren galten. Dazu gehörten die Luxemburger und der Prager Hof, wo Kaiser Karl IV. und sein Sohn und Nachfolger Wenzel großes Engagement in den Aufbau von Bibliotheken legten. Beide verband ihr großes Interesse an Kunst, Kultur und Büchern. So wurde eine Vielzahl von Büchern mit Texten ganz unterschiedlichen Inhalts für den Prager Hof geschrieben, übersetzt und illuminiert, maßgeblich gefördert durch die Herrscher selbst, die gut ausgebildet und mehrsprachig waren.[12]

Über die Bildung und Bücher ihrer Ehefrauen, Töchter und weiblichen Verwandten ist jedoch wenig bekannt. In der Forschungsliteratur steht die generationenübergreifende

---

England, 1100-1500, Cambridge 2007; Green, Dennis H.: *Women Readers in the Middle Ages* (Cambridge Studies in Medieval Literature 65), Cambridge 2007.

[10] Exemplarische Studien gibt es freilich zu den erwähnten literarischen ‚Ausnahmefrauen', den Schriftstellerinnen und Übersetzerinnen Elisabeth von Nassau-Saarbrücken und Eleonore von Österreich; vgl. Liebertz-Grün, Ursula: „Höfische Autorinnen. Von der karolingischen Kulturreform bis zum Humanismus", in: Gisela Brinker-Gabler (Hg.): *Deutsche Literatur von Frauen*, Bd. 1: *Vom Mittelalter bis zum Ende des 18. Jahrhunderts*, München 1988, S. 39-64, hier S. 54-60; sowie zu den ‚bibliophilen Fürstinnen' Mechthild von der Pfalz und Anna von Katzenelenbogen; zu Mechthild: Theil, Bernhard: „Literatur und Literaten am Hofe der Erzherzogin Mechthild in Rottenburg", in: *Zeitschrift für Württembergische Landesgeschichte* 42 (1983) S. 125-144; Kruska, Renate: *Mechthild von der Pfalz. Im Spannungsfeld von Geschichte und Literatur* (Europäische Hochschulschriften, Reihe I: Deutsche Sprache und Literatur 1111), Frankfurt am Main / Bern 1989; Maurer, Hans-Martin (Hg.): *Eberhard und Mechthild. Untersuchungen zu Politik und Kultur im ausgehenden Mittelalter* (Lebendige Vergangenheit 17), Stuttgart 1994; Rückert, Peter (Hg.): *Der württembergische Hof im 15. Jahrhundert* (Veröffentlichungen der Kommission für geschichtliche Landeskunde in Baden-Württemberg, Reihe B: Forschungen 167), Stuttgart 2006. Zunehmend wird auch der Themenschwerpunkt ‚Bildung und Kloster' bearbeitet, vgl. etwa Ehrenschwendtner, Marie-Luise: *Die Bildung der Dominikanerinnen in Süddeutschland vom 13. bis 15. Jahrhundert* (Contubernium 60), Stuttgart 2004; Kruppa, Nathalie / Wilke, Jürgen (Hg.): *Kloster und Bildung im Mittelalter* (Veröffentlichungen des Max-Planck-Instituts für Geschichte 218, Studien zur Germania Sacra 28), Göttingen 2006.

[11] Wichtig dazu Spieß, Karl-Heinz: „Zum Gebrauch von Literatur im spätmittelalterlichen Adel", in: Kasten/Paravicini/Pérennec (Hg.): *Kultureller Austausch* (wie Anm. 8), S. 85-101; speziell zu den adeligen Frauen: Signori, Gabriela: „Bildung, Schmuck oder Meditation? Bücher, Seidenhüllen und Frauenhände in der flämischen Tafelmalerei des 15. Jahrhunderts", in: Andrea Löther u.a. (Hg.): *Mundus in imagine. Bildersprache und Lebenswelten im Mittelalter. Festgabe für Klaus Schreiner*, München 1996, S. 125-168.

[12] Zu Kunst und Kultur der Luxemburger zuletzt der umfangreiche Ausstellungskatalog: Fajt, Jiří (Hg.): *Karl IV. Kaiser von Gottes Gnaden. Kunst und Repräsentation des Hauses Luxemburg 1310-1437*. Unter Mitarbeit von Markus Hörsch und Andrea Langer mit Unterstützung von Barbara Drake Boehm, München / Berlin 2006; zu den Bibliotheken vgl. den Beitrag von Fajt, Jiří / Drake Boehm, Barbara: „Herrschaftsrepräsentation in den Fussstapfen des Vaters", S. 461-481, bes. S. 479-481. Grundlegend zur Bibliothek Wenzels IV. noch immer Krasa, Josef: *Die Handschriften König Wenzels IV.*, Wien 1971.

Luxemburger Tradition des Erzogenwerdens und Lernens am französischen Hof im Vordergrund. Hier lernte Karl IV. seine erste Gemahlin Blanca von Valois kennen, mit der er in einer Kinderehe vermählt wurde. Die Mehrsprachigkeit in der Königsfamilie, wobei die deutsche Sprache einen dominierenden Platz einnahm, erforderte es von Blanca deutsch zu lernen. Wie gut sie es sprach, wissen wir freilich nicht. Ihre Nachfolgerinnen kamen aus dem deutschen Adel und den angrenzenden östlichen Gebieten.[13] Wo und wie sie erzogen wurden, entzieht sich unserer Kenntnis. Nur für die früh verwaiste Anna von Schweidnitz-Jauer, die Karl IV. in dritter Ehe heiratete, gibt es Hinweise, dass sie am ungarischen Königshof in Ofen von ihrer Großtante, der Königin Elisabeth, erzogen wurde, hier eine glänzende Ausbildung erhielt und auf ein späteres Leben als Fürstin und Königin vorbereitet wurde.[14] Dass die Kaiserin Anna wie auch Karls vierte Ehefrau, Elisabeth von Pommern, Bücher besaßen, ist wohl mehr als wahrscheinlich, auch wenn sich bislang keine Handschriften zuweisen lassen.[15]

Eine wichtige Persönlichkeit für die Politik Karls IV. und profilierter Repräsentant der Kultur am Prager Hof war Johannes von Neumarkt.[16] Seit 1341 Kanoniker in Breslau schlug er die Notarslaufbahn ein und wurde 1347 Hofkaplan, Sekretär und Notar in der königlichen Kanzlei Karls IV. 1351 wird er in den Quellen als Kanzler der Königin Anna von der Pfalz, der zweiten Gemahlin Karls, genannt. Und Anna dankt ihm für seine Arbeit und erwirkt zu seinen Gunsten einen päpstlichen Dispens, der es ihm ermöglichte, weitere Pfründen zu erwerben. 1353 stieg er dann zum Kanzler des künftigen Kaisers auf, was er bis 1374 blieb, und er wurde im selben Jahr 1353 Bischof von Leitomischl, 1364 dann von Olmütz und schließlich, wohl kurz vor seinem Tod im Dezember 1380, Bischof von Breslau.[17] Er begleitete Karl IV. auf seinen beiden Zügen nach Italien und Rom, 1355

---

[13] Vgl. Fößel, Amalie: *Die Königin im mittelalterlichen Reich. Herrschaftsausübung, Herrschaftsrechte, Handlungsspielräume* (Mittelalter-Forschungen 4), Stuttgart 2000, passim.

[14] Gottschalk, Joseph: „Anna von Schweidnitz, die einzige Schlesierin mit der Kaiserinnenkrone (1353-1362)", in: *Jahrbuch der Schlesischen Friedrich-Wilhelms-Universität zu Breslau* 17 (1972) S. 25-42, hier S. 27f.

[15] Bislang bekannt sind zwei Handschriften eines Marianischen Stundenbuchs in tschechischer Sprache. Die Provenienz der in der Bibliothek des Prager Nationalmuseums verwahrten Prager Handschrift Ms. V H 36 (Knihovna Národního muzea), entstanden in Prag 1390-1395, mit Malereien eines dem Samson-Meister der Wenzelsbibel nahe stehenden Künstler, in dem fol. 151 eine mit aufgeschlagenem Codex kniend betende böhmische Königin dargestellt ist, ist bislang unbekannt. Die Königin wird in der Forschung identifiziert mit Elisabeth von Pommern, Königin Johanna und Königin Sophie sowie der Kaisertochter Anna; vgl. die Zusammenfassung von Hana J. Hlaváčková in: Fajt (Hg.): *Karl IV.* (wie Anm. 12), Kat.-Nr. 166, S. 499. – Berühmt ist darüber hinaus freilich das zu Beginn des 14. Jahrhunderts von Kunigunde, Tochter Ottokars II. und Äbtissin des Klosters St. Georg auf der Prager Burg, in Auftrag gegebene Passional als einem der schönsten illuminierten Andachtsbücher Ostmitteleuropas (MS XIV. A. 17, Národní knihovna, Prag); dazu jetzt Toussaint, Gia: *Das Passional der Kunigunde von Böhmen. Bildrhetorik und Spiritualität*, Paderborn / München / Wien / Zürich 2003.

[16] Einen Überblick gibt Rupprich, Hans: *Die deutsche Literatur vom späten Mittelalter bis zum Barock*, 1. Teil: *Das ausgehende Mittelalter, Humanismus und Renaissance 1370-1520*. 2., neu bearbeitete Auflage von Hedwig Heger (De Boor-Newald: Geschichte der deutschen Literatur IV/1), München 1994, S. 384-393. Aus der Sicht der Historiker Seibt, Ferdinand: *Karl IV. Ein Kaiser in Europa 1346 bis 1378*. 3. Aufl., München 1978, S. 367-376.

[17] Bistřický, Jan: „Johann von Neumarkt (um 1310-1380)", in: Erwin Gatz (Hg.): *Die Bischöfe des Heiligen Römischen Reiches 1198 bis 1148. Ein biographisches Lexikon*, unter Mitwirkung von Clemens Brodkorb, Berlin

zur Kaiserkrönung Karls und seiner dritten Ehefrau Anna, wo er Petrarca persönlich kennen lernte.[18] Auch 1368, als Karls vierte Ehefrau Elisabeth zur Kaiserin gekrönt wurde, befand er sich im kaiserlichen Gefolge. Er war fasziniert von der Gedankenwelt des italienischen Frühhumanismus, die er nach Böhmen zu übertragen versuchte. Er erwarb nach und nach „eine bedeutende Privatbibliothek, die er zu einer der reichsten privaten Handschriftensammlungen seiner Zeit ausgestaltete".[19] Er schrieb Gebete, überarbeitete Texte und übersetzte Schriften aus dem Lateinischen ins Deutsche. Auf Wunsch und Bitte Kaiser Karls übersetzte er für ihn die pseudo-augustinischen *Soliloquia anime ad deum*, die Johannes als „Buch der Liebkosungen" betitelte.[20] Er übersetzte und schrieb aber offensichtlich für keine der Ehefrauen Karls. Weder für Anna von der Pfalz, deren Kanzler er war, noch für Anna von Schweidnitz-Jauer oder Elisabeth von Pommern lassen sich persönliche Widmungen seiner Arbeiten nachweisen. Aber er schrieb in seiner Zeit als Kanzler und Bischof von Olmütz für Elisabeth von Mähren, einer Urenkelin König Albrechts I. und Tochter des Grafen Albert von Öttingen.[21] 1367 wurde sie mit dem jüngeren Bruder Karls IV., dem Markgrafen Johann Heinrich von Mähren,[22] als dessen vierte Ehefrau verheiratet. Ihr widmete Johannes mehrere Werke.

In Italien hatte Johannes von Neumarkt die Hieronymus-Verehrung in den Kreisen der von ihm besonders geschätzten und geförderten Augustiner-Eremiten kennen gelernt. Aus seiner Begeisterung heraus bearbeitete er später gefälschte Briefe des Eusebius, des Augustinus und des Cyrill für eine lateinische Hieronymus-Vita, die er 1370/71 dem Kaiser widmete und überreichte.[23] Anschließend übersetzte er seinen Text ins Deutsche und dedizierte ihn der Markgräfin, die ihn damit beauftragt hatte.[24] In einem Schreiben an ihren Mann, den Markgrafen, in dem Johannes als Bischof von Olmütz um Schutz gegen vielfache Übergriffe auf seine Diözese bat, teilte er in einem Nachsatz mit, dass er sich

---

2001, S. 512f.

[18] Bujnoch, Josef: „Johann von Neumarkt als Briefschreiber", in: Ferdinand Seibt (Hg.): *Lebensbilder zur Geschichte der Böhmischen Länder*, Bd. 3: *Karl IV. und sein Kreis*, Wien 1978, S. 67-76.

[19] Klapper, Joseph: *Johann von Neumarkt, Bischof und Hofkanzler. Religiöse Frührenaissance in Böhmen zur Zeit Kaiser Karls IV.* (Erfurter Theologische Studien 17), Leipzig 1964, S. 35.

[20] Ebd., S. 20f.

[21] Zu den schwierigen Verwandtschaftsverhältnissen vgl. Veldtrup, Dieter: *Zwischen Eherecht und Familienpolitik. Studien zu den dynastischen Heiratsprojekten Karls IV.* (Studien zu den Luxemburgern und ihrer Zeit 2), Warendorf 1988, S. 109-111, der auf der Quellengrundlage des für die Ehe benötigten päpstlichen Ehedispenses in Elisabeth die Urenkelin König Albrechts I. und Tochter des 1357 gestorbenen Grafen Alberts von Öttingen und seiner Gemahlin Adelheid von Ortenburg bestätigte, entgegen der älteren Auffassung, dass sie eine Enkelin König Albrechts I. und Schwester Albrechts I., somit Tochter des Grafen Ludwig VI. von Öttingen und seiner Gemahlin Jutta von Habsburg gewesen sei.

[22] Hecht, Fritz: *Johann von Mähren*. Halle 1911; Mezník, Jaroslav: „Jan Jindřich jako markrabě moravský", in: Jiří Vaněk (Hg.): *Moravští Lucemburkové 1350-1411*, Brno 2000, S. 37-71; zur Geschichte Mährens im 14. Jahrhundert vgl. den Überblick von Chamonikola, Kaliopi: „Mähren – Auf dem Weg zur Eigenständigkeit", in: Fajt (Hg.): *Karl IV.* (wie Anm. 12), S. 291-299.

[23] *Schriften Johanns von Neumarkt*, 2. Teil: *Hieronymus. Die unechten Briefe des Eusebius, Augustin, Cyrill zum Lobe des Heiligen* (Konrad Burdach: Vom Mittelalter zur Reformation 6, 2). Joseph Klapper (Hg.), Berlin 1932, lateinische Widmung an Karl IV. S. 3-5.

[24] *Schriften Johanns 2* (wie Anm. 23).

nun auf den Weg nach Prag mache, um die Übersetzung für die Markgräfin zu beenden. Er wolle die Handschrift dann mit den vom Markgrafenpaar zur Verfügung gestellten Mitteln ausstatten, also binden und vielleicht auch illuminieren, und dann unverzüglich an den Hof in Olmütz überbringen lassen.[25]

Den zweiten Hinweis enthält der in Deutsch geschriebene Widmungsbrief an die Markgräfin persönlich, mit dem zusammen er die Handschrift überreichte: Die Anrede lautet: ‚Der durchlewchtigen furstynn und frawen Elizabeth, margraunn czu Merhern, meiner gnedigen suenderleichen frawen, enbiet ich Johannes, von gots gnaden bischof czu Olmuncz, des romischen keisers kanczler, mein demuetiges gepet in dem heiligen namen des allemechtigen gots.' Er betont die Weisheit und Gelehrtheit der Kirchenväter, neben der sich seine eigene *kunst* als gering erweise, um dann diesen üblichen Bescheiden-heitstopos mit der Bemerkung zu verknüpfen, dass seine Arbeit erfolgt sei durch ‚ewer furstenleichs gebot, dem ich gehorsam sein schol vnd wil czu allen czeiten'.[26]

Der Kanzler und Bischof war auch weiterhin ‚czu getrewem dinst ewern furstenleichen gnaden' bereit. Er schrieb für Elisabeth von Mähren mit einer besonderen Widmung die deutsche Gebetssammlung „Tagzeiten vom Leiden Christi".[27] Dabei formuliert er: „Durchlewchtige furstinn vnd genedige fraw. Alz mir ewer genad gepoten hat, also hab ich die gepet der martter vnsers herren nach meinen vernünften zusamen gelesen vnd die geordent, so ich peste möchte".[28] Er arrangierte für sie die Gebetssammlung „Tagzeiten vom Mitleiden Marias"[29] sowie weitere deutsche Gebete für sie und die Frauen der kaiser-lichen Hofgesellschaft. Die Texte wurden für illuminierte Gebetbücher adliger Damen kopiert und fanden darüber hinaus Verbreitung in Nonnenklöstern, vornehmlich im süd-deutschen Raum.[30]

Die Markgräfin schätzte die sprachlichen und literarischen Fähigkeiten des Bischofs. Noch bevor sie als Witwe 1380 an den Wiener Hof Herzog Albrechts III. übersiedelte, ist – wahrscheinlich auf ihre Vermittlung hin – eine illuminierte Handschrift für die Herzöge von Österreich, Albrecht III. und Leopold III., angefertigt worden.[31] Die von Johannes

---

[25] *Briefe Johanns von Neumarkt.* Gesammelt, herausgegeben und erläutert von Paul Piur (Konrad Burdach: Vom Mittelalter zur Reformation 8), Berlin 1937, Nr. 125, S. 192.

[26] Ebd. Nr. 127, S. 194-196; *Schriften Johanns 2* (wie Anm. 23), S. 6-9.

[27] Text der Gebetssammlung in: *Schriften Johanns von Neumarkt*, 4. Teil: *Gebete des Hofkanzlers und des Prager Kulturkreises* (Konrad Burdach: Vom Mittelalter zur Reformation 6,4). Joseph Klapper (Hg.), Berlin 1935, S. 1-15.

[28] *Briefe Johanns* (wie Anm. 25), Nr. 128, S. 196; *Schriften Johanns 4* (wie Anm. 27), S. 1-3.

[29] *Schriften Johanns 4* (wie Anm. 27), S. 16-26.

[30] Nachweise bei *Schriften Johanns 4* (wie Anm. 27), S. VIII-IX.

[31] Erwähnt wird in einem Schreiben Johanns an den Augustinerprior von Brünn eine Abschrift des Hiero-nymustextes (ob die lateinische oder deutsche Fassung gemeint ist, bleibt unklar) für die Herzöge von Österreich; *Briefe Johanns* (wie Anm. 25), Nr. 129, S. 197f. – Zu den Beständen der Österreichischen National-bibliothek zählt eine Handschrift mit den von Johannes von Neumarkt zusammengestellten Ge-betssammlungen „Tagzeiten zum Leiden Christi" und „Tagzeiten zum Mitleiden Marias": „Dise vorge-schriben tag zeit von der marter vnsers herren vnd von dem leiden vnser frawen hat geschriben der ob-genant pischoff von pete wegenn frawenn Elysabeth ainn Margraffin vonn Merchern", Wien, ÖNB 2742, fol. 28r: Beschreibung der Handschrift und Zitat bei Menhardt, Hermann: *Verzeichnis der altdeutschen literarischen Handschriften der österreichischen Nationalbibliothek 1* (Deutsche Akademie der Wissenschaften zu

---

318

von Neumarkt einer adligen Leserschicht bereitgestellten Texte waren Gebrauchsliteratur und dienten den täglichen Frömmigkeitsübungen. Die Widmungen an die Markgräfin erwecken den Eindruck, dass die Handschriften zu ihrem persönlichen Gebrauch hergestellt und nicht als Stiftung weitergeschenkt wurden.

Weil die Hieronymus-Vita und die dem Text vorangestellte Widmung für Kaiser Karl IV. in lateinischer Sprache geschrieben, die Hieronymus-Vita einschließlich Widmung für die Markgräfin Elisabeth aber in Deutsch verfasst sind[32], könnte man meinen, dass – was wir freilich wissen – der mehrsprachige Kaiser Latein beherrschte, die Markgräfin hingegen nicht. Ob jedoch eine solche Schlussfolgerung gerechtfertigt wäre, ist mehr als fraglich. Denn in dieser Zeit war es schon längst üblich geworden, die religiöse Alltags- und Gebrauchsliteratur in der jeweiligen Muttersprache zu benutzen. Erhalten haben sich zudem zwei weitere lateinische Briefe Johannes' von Neumarkt an Elisabeth aus der Zeit, als sie bereits Witwe war. Wegen ihrer gesundheitlichen Probleme erteilte er ihr die Erlaubnis, die Messe an einem Tragealtar lesen zu lassen, wo immer sie sich auch aufhalte.[33] Mit einem zweiten Brief vom Januar 1380 suspendierte er sie von einem Interdikt, das über den mährischen Markgrafenhof verhängt worden war.[34] Dass solche bischöflichen Amtsschreiben lateinisch ausgefertigt wurden, ist nicht überraschend. Und auch hier wäre die Schlussfolgerung, dass Elisabeth diese lateinischen Briefe lesen konnte, nicht zwingend. Diese hätte sie sich natürlich auch übersetzen lassen können.

An dieser Stelle wird ein generelles Problem sichtbar. Die zur Verfügung stehenden Quellen reichen kaum aus, um eine konkrete Vorstellung vom Grad der Bildung Elisabeths zu gewinnen. Allenfalls können wir folgendes festhalten: Die Markgräfin stand in einem zweifellos engen persönlichen Kontakt zu einer der herausragenden Persönlichkeiten der Prager Kulturszene, die in diesen Jahren alles andere als provinziell war, sondern vielmehr eine große künstlerische und kulturelle Ausstrahlungskraft besaß. Elisabeths literarisches Interesse war eindeutig religiös geprägt. Mit Johannes von Neumarkt teilte sie das Interesse für die in Kreisen der Augustiner-Eremiten in Mode gekommene Hieronymus-Verehrung, die dieser in Italien kennen gelernt hatte. Durch ihre Initiative kam es vielleicht auch zu einer weiteren Verbreitung der von ihm zusammengestellten deutschen Gebetbücher in den Kreisen der weiblichen Hofgesellschaft.[35]

Berlin, Veröffentlichungen des Instituts für deutsche Sprache und Literatur 13), Berlin 1960, S. 249f.; nur in dieser Handschrift wird Elisabeth genannt, vgl. *Schriften Johanns 4* (wie Anm. 27), S. LXXf.; die Handschrift ist möglicherweise in Brixen in der zweiten Hälfte des 15. Jahrhunderts entstanden, so Unterkircher, Franz: *Inventar der illuminierten Handschriften, Inkunabeln und Frühdrucke der Österreichischen Nationalbibliothek*, Teil 1 (Museion, Zweite Reihe 2,1), Wien 1957, S. 83; neuerdings dazu Martin, Roland: „Buchmalerei der Gotik", in: Paul Naredi-Rainer / Lukas Madersbacher (Hg.): *Kunst in Tirol*, Bd. 1, Innsbruck 2007, S. 283, Anm. 111, dem ich für den Hinweis auf die Beschreibung der Handschrift danke.

[32] Vgl. Anm. 23 und 26.

[33] *Briefe Johanns* (wie Anm. 25), Nr. 315, S. 401.

[34] Ebd., Nr. 317, S. 402f.

[35] Burdach, Konrad (Hg.): *Aus Petrarcas ältestem deutschen Schülerkreise. Texte und Untersuchungen* (Konrad Burdach: Vom Mittelalter zur Reformation 4), Berlin 1929, S. 32; ob man freilich aufgrund der gemeinsamen literarischen Interessen mit Johannes von Neumarkt Elisabeth mit Veldtrup: *Eherecht* (wie Anm. 21), S. 373, als „zu Petrarcas deutschen Schülerkreis" zählen darf, erscheint mir doch sehr fraglich.

Religiöse Literatur spielte am Prager Hof – wie überall an den europäischen Höfen – eine zentrale Rolle. Die Bibel rückte immer mehr in den Mittelpunkt. Gehörte es zu den Phänomenen der mittelalterlichen Ketzerbewegungen seit dem 12. Jahrhundert, dass die des Lateinischen unkundigen Katharer und Waldenser Teile der Bibel und insbesondere das Neue Testament in die Volkssprache hatten übersetzen lassen, so wurden solche Übertragungen seit der Mitte des 14. Jahrhunderts ,hoffähig'.[36] Zahlreiche Könige und Königinnen in Europa gaben solche in Auftrag, so auch die französische Königin Jeanne von Burgund, für die eine Übersetzung der Sonntagslesungen und der Evangelien angefertigt wurde.[37] In Prag entstanden seit 1375 die ersten deutschen Gesamtausgaben. Hier herrschte ein geistiges Klima, das geprägt war durch neue reformatorische Impulse, maßgeblich getragen von einer reichen deutschen Einwohnerschaft in der Prager Altstadt. Dazu zählte der vermögende Patrizier Martin Rotlev, der eine erste deutsche Gesamtübersetzung finanzierte. Motiv und Leitlinie waren es, die Bibel als „höchste Autorität" und „klare Quelle der Offenbarung Gottes"[38] allen Menschen zugänglich zu machen. Diese Rotlev'sche Bibel wurde zur Textvorlage für eine der prächtigsten und berühmtesten Bibel-Ausgaben des Mittelalters, die so genannte *Wenzelsbibel*, die im Auftrag König Wenzels und seiner Gemahlin Sophie hergestellt und bilderreich illuminiert wurde, aber schließlich fragmentarisch, in Wort und Bild unfertig blieb.[39]

In diesen Jahren erregten weitere in Prag entstandene Bibelausgaben und Übersetzungen Aufsehen, weit über die Grenzen Prags und Böhmens hinaus. Denn als die Kaisertochter Anna[40] aus der vierten Ehe Karls IV. mit Elisabeth von Pommern im Januar 1382 mit dem englischen König Richard II. verheiratet wurde,[41] gehörten zu ihrer Ausstattung auch Handschriften mit Evangelientexten in mehreren Sprachen.[42] Neben einer lateinischen Fassung brachte sie eine deutsche und eine tschechische Übersetzung mit

---

[36] Zu den volkssprachlichen Bibeln sei hier lediglich verwiesen auf: Deanesly, Margaret: *The Lollard Bible and other medieval Biblical versions*, Cambridge 1920, ND London 1978; Biller, Peter / Hudson, Anne (Hg.): *Heresy and Literacy, 1000-1530* (Cambridge Studies in Medieval Literature 23), Cambridge 1994; Segl, Peter: „Auf Leben und Tod. Bibel und Ketzer im Mittelalter", in: Joachim Kügler / Werner H. Ritter (Hg.): *Auf Leben und Tod oder völlig egal. Kritisches und Nachdenkliches zur Bedeutung der Bibel* (bayreuther forum TRANSIT 3), Münster 2004, S. 25-48.

[37] Deanesly: *Lollard Bible* (wie Anm. 36), S. 20; zur französischen Bibel, die 1372 als Geschenk in den Besitz König Karls V. von Frankreich kam, vgl. Signori: „Bildung" (wie Anm. 11), S. 139.

[38] Krasa: *Handschriften* (wie Anm. 12), S. 34.

[39] Wien, ÖNB 2760, Prag 1390-1395 und späte 90er Jahre: *Die Wenzelsbibel. Faksimile, Dokumentation, Kommentar*, 11 Bde., Graz 1981-1999; vgl. Theisen, Maria: „Wenzelsbibel", in: Andreas Fingernagel (Hg.): *Im Anfang war das Wort. Glanz und Pracht illuminierter Bibeln*, Köln u.a. 2003, S. 118-131; Schmidt, Gerhard: „Deutsche Bibel König Wenzels IV.", in: Fajt (Hg.): *Karl IV.* (wie Anm. 12), Kat.-Nr. 155, S. 486f.

[40] Zur Biographie Annas: Höfler, Constantin: *Anna von Luxemburg. Kaiser Karls IV. Tochter, König Richards II. Gemahlin, Königin von England 1382-1394* (Denkschriften der kaiserlichen Akademie der Wissenschaften, phil.-hist. Classe 20), Wien 1871, S. 89-240.

[41] Zu den diplomatischen Beziehungen und Heiratsverhandlungen Reitemeyer, Arnd: *Außenpolitik im Spätmittelalter. Die diplomatischen Beziehungen zwischen dem Reich und England 1377-1422* (Veröffentlichungen des Deutschen Historischen Instituts London 45), Paderborn u.a. 1999, S. 148-173.

[42] Zur Literatur und Kultur in Böhmen und der Bedeutung Annas für den englischen Königshof: Thomas, Alfred: *Anne's Bohemia. Czech Literature and Society 1310-1420* (Medieval Studies 13), Minneapolis / London 1998.

nach England. Wir wissen von diesen Büchern. Es ist allerdings keine Auflistung ihrer Aussteuer überliefert, in der diese Handschriften genannt wären. Somit können wir auch nicht mit Gewissheit sagen, ob die verschiedensprachigen Evangelienausgaben die einzigen Handschriften waren, die Anna in ihrem Gepäck hatte. Aber es ist doch sehr wahrscheinlich, dass sich Gebetbücher und möglicherweise weitere Bücher in ihren Truhen befanden.[43]

Mit den Evangelienbüchern aber verknüpft sich eine Aufsehen erregende Geschichte. Denn in der Auseinandersetzung mit den Gegnern einer Übersetzung der Bibel ins Englische und der Abwehr des damit verbundenen Häresievorwurfes argumentierte John Wyclif mit den Handschriften der Königin und betonte, dass es eine teuflische Überheblichkeit darstellen würde, die Königin wegen ihrer Evangelienbücher dem Häresievorwurf auszusetzen, es vielmehr nur vernünftig sei, wenn die Deutschen auf diese Art und Weise ihre Sprache verteidigen würden. Dem fügte er hinzu, dass die Engländer in diesem Punkt gleichziehen sollten.[44] Noch viele Jahre später ist dieser Bücherbesitz der Königin Anna auch vom böhmischen Reformator Johannes Hus in einem Traktat erwähnt worden.[45] Doch wenn auch die reformatorischen Spitzen Englands und Böhmens, Wyclif und Hus, die volkssprachlichen Evangelientexte Annas positiv kommentieren und rechtfertigen und darüber hinaus als Argument für ihre eigenen Bestrebungen anführen,[46] muss man daraus noch nicht zwangsläufig schlussfolgern, dass Anna die Handschriften für ihren persönlichen Gebrauch mit nach England brachte. Sie könnten auch als Geschenke fungiert haben.[47] Aber dennoch: Wer außer ihr und ihrem Gefolge sollte wohl die deutschen und tschechischen Bücher lesen und verstehen können?[48] Zudem gibt es weitere Hinweise

[43] Vgl. Walsh, Katherine: „Lollardisch-hussitische Reformbestrebungen in Umkreis und Gefolgschaft der Luxemburgerin Anna, Königin von England (1382-1394)", in: František Šmahel (Hg.) unter Mitarbeit von Elisabeth Müller-Luckner: *Häresie und vorzeitige Reformation im Spätmittelalter* (Schriften des Historischen Kollegs, Kolloquien 39), München 1998, S. 77-108, hier S. 95. – Zur Handschrift MS Lat. liturg. fol. 3, Oxford, Bodleian Library, ein Stundenbuch im Besitz der Anna von Böhmen, vgl. Penketh, Sandra: „Women and Books of Hours", in: Taylor/Smith (Hg.): *Women and the Book* (wie Anm. 9), S. 266-281, hier S. 278-280.

[44] John Wyclif: „De triplici vinculo amoris", in: Rudolf Buddensieg (Hg.): *John Wyclif's Polemical Works in Latin*, Bd. 1, London 1883, ND New York 1966, S. 151-198, hier S. 168; vgl. Deanesly: *Lollard Bible* (wie Anm. 36), S. 247f.; Höfler: *Anna* (wie Anm. 40), S. 133f.; Walsh: „Reformbestrebungen" (wie Anm. 43), S. 95f.

[45] Zu Hussens Traktat „Contra Iohannem Stokes" und der Erwähnung der mehrsprachigen Bibeln Annas vgl. Hilsch, Peter: *Johannes Hus (um 1370-1415). Prediger Gottes und Ketzer*, Regensburg 1999, S. 151f.

[46] Zu den Konsequenzen, die sich aus Annas Bücherbesitz ergaben, vgl. Höfler: *Anna* (wie Anm. 40), S. 178 und Lambert, Malcolm: *Medieval Heresy. Popular Movements from the Gregorian Reform to the Reformation*, Oxford / Malden ³2002, S. 263f. Zum Umgang mit den Büchern der Lollarden und den diversen Bücherverbrennungen im 15. Jahrhundert jetzt Werner, Thomas: *Den Irrtum liquidieren. Bücherverbrennungen im Mittelalter* (Veröffentlichungen des Max-Planck-Instituts für Geschichte 225), Göttingen 2007, S. 255-310.

[47] Zu Büchern als Brautgeschenken in französischen Hofbibliotheken vgl. Signori: „Bildung" (wie Anm. 11), S. 143f.

[48] Eine französische Übersetzung befand sich im Besitz Richards II., vgl. Deanesly: *Lollard Bible* (wie Anm. 36), S. 278. Zu Mäzenatentum, Kunst und Kultur am Hof Richards II. vgl. besonders Mathew, Gervase: *The Court of Richard II*, London 1968; Scattergood, Vincent J. / Sherborne, James W. (Hg.): *English Court Culture in the later Middle Ages*, London 1983; Bennett, Michael: „The court of Richard II and the

darauf, dass Anna bald auch englische Übersetzungen der vier Evangelien und der dazugehörigen Glossen erhielt, die sie eifrig studiert haben soll. Der Erzbischof von Canterbury Thomas Arundel soll dies bei der Beerdigung der Königin lobend erwähnt und darüber hinaus geäußert haben, dass sich Anna mit der Bitte an ihn gewandt habe, die Richtigkeit der Übersetzungen zu bestätigen, was er getan habe. Auch wenn diese Quelle als suspekt eingeschätzt wird und es eher unwahrscheinlich ist, dass der Erzbischof die verstorbene Königin auf diese Weise öffentlich lobte, so wird der Kern der Aussage dennoch nicht angezweifelt.[49] Demnach las Anna in mehreren Sprachen und sie hielt sich an die Spielregeln und holte die offizielle kirchliche Erlaubnis für ihre englische Übersetzung ein. Neben den Textinhalten wird die Lektüre der englischen Texte sicherlich auch der Vervollkommnung ihrer Sprachkompetenz gedient haben. Das Lesen von Büchern in der eigenen Muttersprache aber konnte einer in der Fremde lebenden Königin ein Gefühl von Heimat geben.

Auf der Suche nach Büchern adeliger Frauen am Prager Hof um 1400 ist neben Elisabeth von Mähren und der Kaisertochter Anna besonders auf die Königin Sophie hinzuweisen, die König Wenzel IV. 1389 in zweiter Ehe heiratete. Wie schon ihre Vorgängerin, die 1386 verstorbene Johanna,[50] so stammte auch Sophie aus dem bayerischen Herzogshaus der Wittelsbacher.[51] In der kunsthistorischen Forschung wird ihr Name Sophie-Euphemia mit der Wenzels-Bibel in Zusammenhang gebracht. Dass die in den Bildern der Bibel dargestellte Königin Sophie repräsentieren soll, erscheint wahrscheinlich, ist jedoch unbewiesen.[52]

Von Sophie, „der schönen tanzfrohen und tief religiösen Wittelsbacherin", so Konrad Burdach,[53] hat sich eine Quelle erhalten, die meines Wissens für die Königinnen im mittelalterlichen deutschen Reich bislang einzigartig ist: Eine Liste ihres Nachlasses, die einige Wochen nach Sophies Tod am 4. November 1428 angefertigt wurde. Dabei handelt es

---

[49] Vgl. Deanesly: *Lollard Bible* (wie Anm. 36), S. 278-280; zur Problematik der Quelle Walsh: „Reformbestrebungen" (wie Anm. 43), S. 98-100.

promotion of literature", in: Barbara A. Hanawalt (Hg.): *Chaucer's England. Literature in historical context* (Medieval Studies at Minnesota 4), Minneapolis 1992, S. 3-20.

[50] Zu den Motiven der Heirat mit Johanna, Tochter Herzog Albrechts I. von Bayern-Holland, vgl. Veldtrup: *Eherecht* (wie Anm. 21), S. 407-418.

[51] Zu Sophie, der Tochter Herzog Johanns II. von Bayern-München und der Katharina von Görz: Krzenck, Thomas: „Sophie von Wittelsbach – eine Böhmenkönigin im Spätmittelalter", in: Gerald Beyreuther / Barbara Pätzold / Erika Uitz (Hg.): *Fürstinnen und Städterinnen. Frauen im Mittelalter*, Freiburg / Basel / Wien 1993, S. 65-87; Klassen, John M.: *Warring Maidens, Captive Wives, and Hussite Queens. Women and Men at War and at Peace in Fifteenth Century Bohemia* (East European Monographs 527), New York 1999, S. 226-236.

[52] Krasa: *Handschriften* (wie Anm. 12), passim.

[53] Burdach, Konrad (Hg.): *Der Dichter des Ackermann aus Böhmen und seine Zeit* (Konrad Burdach: Vom Mittelalter zur Reformation 3,2), Berlin 1926-1932, S. 26; vgl. dazu auch Klassen: *Warring Maidens* (wie Anm. 51), S. 233, der mit Blick auf das Tanzen die Beziehung Sophies zu Hus diskutiert und feststellt: „her adherence to Hus was real even if she did not follow his moral standards", die unter anderem in der Auffassung Hussens bestanden, „that dancing was sinful and especially harmful to women and a waste of their time". Allgemein zu den Festen: Šmahel, František: „Die königlichen Feste im mittelalterlichen Böhmen", in: *Bohemia* 37 (1996) S. 271-290.

sich um ein mehrspaltiges, auf sechs Blättern überliefertes Inventar, das sich im Geheimen Hausarchiv Wittelsbach in München in einem Band mit Korrespondenzen, unter anderem zwischen Sophie und ihren Brüdern, den Herzögen Ernst und Wilhelm III., wie auch zwischen Sophie und Sigismund, erhalten hat.[54] Dem Inventar zufolge dauerte die Sichtung und schriftliche Dokumentierung von Sophies Hinterlassenschaft sowie deren Verpackung in mehreren Kisten, die wohl größtenteils zusammen mit der Liste nach München in den Besitz ihrer Brüder, gelangten, eine ganze Woche lang, von Montag, dem 17. Januar, bis Freitag, den 21. Januar 1429. Die von Sigismund angeordnete Bestandsaufnahme[55] beaufsichtigten Erzbischof Johannes von Olmütz, der ein langjähriger enger Vertrauter des Königs war und 1426 zum Kardinal ernannt wurde,[56] sowie der Gespan des Komitats Pressburg, Stefan Rozgonyi,[57] Leute aus der Umgebung Sophies, ihr Kanzler

---

[54] München, HStA Abt. III. Geheimes Hausarchiv, Korrespondenzakten 543; für die Erlaubnis zur Einsichtnahme und Auswertung der Korrespondenz Sophies danke ich dem Chef des Hauses Wittelsbach. – Gesichtet hat diesen Faszikel bereits Bartoš, František M.: „Česká královna v husitské bouři", in: *Jihočeský sborník historický* 10 (1937) S. 15-30, der in einem Anhang „Mnichovský fascikl a jiné listiny královy Žofie" (S. 26-30) die für die Geschichte Sophies relevanten Stücke, teilweise mit Regesten, auflistet.

[55] „...sind vermerkt die nachgeschriebn güt die etwen gewesn sind frawen Sophien kunigin zu Beheim von gepots wegn des kunigs durch den Cardinal, herrn Stephan von Rozgan, hauptman zu Prespurg, herrn Sigmund den kanczler, herrn Niclasen den peichtiger, Stephan Ebster hofmeister des herczogen zu Bairn, vnd Protiua kuchenmeister der vorgenanten kunigin", HStA Abt. III. GHA, Korrespondenzakten 543; Inventar col.1. – Publiziert wurde das Inventar, allerdings nicht lückenlos und fehlerfrei, von Vítovský, Jakub: „Lampa z pozostalosti kráľovnej Žofie Bavorskej v Mestskom múzeu v Bratislave", in: *Ars* (1991) H. 1 S. 45-58, Inventar S. 54-57. Für diesen Hinweis auf die Publizierung des Inventars danke ich Dr. Dušan Buran, Kurator der Sammlung der gotischen Kunst in der Slowakischen Nationalgalerie, Bratislava.

[56] Der aus dem Prager Patriziat stammende Johannes von Bucca, ‚der Eiserne' (Jan Železný) machte eine steile kirchliche Karriere, war 1392-1416 Bischof von Leitomischl und 1416 bis zu seinem Tod 1430 Erzbischof von Olmütz, zudem seit 1421 Administrator des Erzbistums Prag und damit Primas der böhmischen Kirche; vgl. die biographische Skizze von Zdeňka Hledíková und Štěphán Kohout, in: Gatz (Hg.): *Bischöfe* (wie Anm. 17), S. 596-598. – Der Bischof war ein entschiedener Gegner der Hussiten und treuer Vertrauter Sigismunds. Protegiert wurde er vom Kardinal Branda da Castiglione, der seit 1421 im Auftrag Papst Martins V. als päpstlicher Legat in Böhmen tätig war; vgl. Studt, Birgit: *Papst Martin V. (1417-1431) und die Kirchenreform in Deutschland* (Forschungen zur Kaiser- und Papstgeschichte des Mittelalters. Beihefte zu J. F. Böhmer, Regesta Imperii 23), Köln / Weimar / Wien 2004, S. 485. – 1429 beaufsichtigte der Kardinal im Auftrag Sigismunds nicht nur die Regelung des Nachlasses Sophies in Pressburg, sondern er hielt sich während des ganzen Jahres 1429 in der Stadt auf und nahm an den von Sigismund einberufenen Religionsdisputationen mit den Hussiten teil; zu den Religionsgesprächen vgl. Hoensch, Jörg K.: *Kaiser Sigismund. Herrscher an der Schwelle zur Neuzeit 1368-1437*, München 1996, S. 355-357; Quellenbelege zum Pressburger Aufenthalt Sigismunds bei Hoensch, Jörg K. (Hg.): *Itinerar König und Kaiser Sigismunds von Luxemburg 1368-1437* (Studien zu den Luxemburgern und ihrer Zeit 6), Warendorf 1995, hier S. 115; Nachweise zum Aufenthalt des Kardinals: Altmann, Wilhelm (Hg.): *Regesten der Urkunden Kaiser Sigmunds (1410-1437)* (Regesta Imperii XI/2), Innsbruck 1896-1900, ND Hildesheim 1967, Nr. 7255 (26. April), 7322 (Juni), 7374 (13. August).

[57] Stephan Rozgonyi, gestorben 1442, war in den Jahren 1421 bis 1442 Gespan des Komitats Pressburg (ung. Pozsony); er war der Sohn des Landrichters Simon Rozgonyi und *aule regie miles*, gehörte also zum königlichen Hof und nahm an den Sitzungen des königlichen Rates teil; vgl. Mályusz, Elemér: *Kaiser Sigismund in Ungarn 1387-1437*. Aus dem Ungarischen übertragen von Anikó Szmodits, Budapest 1990, S. 143.

Sigmund,[58] ihr Beichtvater Niklas, ihr Küchenmeister und schließlich der Vertreter der bayerischen Herzöge, der Hofmeister Stefan Ebster.[59] Neben Kleidung, Tuch und Schmuck, Hausrat, profanen und religiösen Gegenständen, Bildern und Briefen sind auch Bücher aufgelistet, die also zu ihrer persönlichen Habe der letzten Jahren in Pressburg (Bratislava) gehörten. Dabei handelt es sich um 13 Handschriften, über deren Herkunft wir nichts wissen.[60] Es könnten Geschenke an die Königin oder persönliche Einkäufe und Auftragsarbeiten darunter gewesen sein. Möglicherweise stammten die Bücher aber auch aus der Bibliothek Wenzels, deren Großteil von seinem Bruder, Kaiser Sigismund, bei der Herrschaftsübernahme Böhmens mitgenommen wurde und nach dessen Tod in den Besitz von Sigismunds Schwiegersohn und Nachfolger Albrecht II. und durch ihn nach Wien gelangte.[61]

Von den dreizehn Handschriften, die in Sophies Inventar genannt werden, sind sechs nicht näher bezeichnet: Drei tschechische Bücher auf Papier, ein tschechisches Buch auf Pergament sowie eine deutsche Papierhandschrift und eine Bilderhandschrift auf Pergament. Die übrigen sieben Handschriften umfassen einen in rotes Leder gebundenen Psalter, eine pergamentene Bibel, ein Buch über die Zehn Gebote, ein in ein seidenes Tuch gewickeltes und mit goldbezogenen Schließen geschmücktes *Buch über die sieben Freuden der Jungfrau Maria*, eine Auslegung des Matthäus-Evangeliums, ein kostbar eingebundenes Stundenbuch und schließlich – neben diesem religiösen Schriftgut – auch eine Handschrift des Alexanderromans. Fast alle von Sophies Büchern sind in tschechischer Sprache geschrieben, so auch die Bibel.[62] Ausnahmen sind die nicht näher bezeichnete deutsche

---

[58] Wahrscheinlich handelt es sich um den bislang zwischen 1420 und 1422 als Kanzler Sophies nachgewiesenen Sigmund von Budweis (tsch. Budějovic), vgl. Tomek, Vácslav Vladivoj: *Dějepis města Prahy*, Bd. 6, Praha 1905, S. 192.

[59] Der aus Tirol stammende Stephan Ebster war 1425 Rat König Sigismunds und hatte die Landvogtei Augsburg inne, er war aber auch von 1420-1430 herzoglicher Rat in Bayern und seit 1427 Hofmeister der bayerischen Herzöge und wurde von diesen mit wichtigen politischen Missionen betraut; vgl. Andrian-Werburg, Klaus Frhr. von: *Urkundenwesen, Kanzlei, Rat und Regierungssystem der Herzoge Johann II., Ernst und Wilhelm III. von Bayern-München* (1392-1438) (Münchener Historische Studien, Abt. Geschichtliche Hilfswissenschaften 10), Kallmünz (Opf.) 1971, S. 99f.

[60] Bartoš: „Česká královna" (wie Anm. 54) und die auf seine Auswertung des Münchener Faszikels basierende Literatur sprechen von 11 Handschriften. Dabei enthält das Inventar 11 Einträge mit der Nennung von Büchern, wobei ein Eintrag gleich drei Handschriften auflistet: „Item zwai puch pehamisch geschribn ains in pirmet das ander in papir und das drit ain clains in papir", HStA Abt. III. GHA, Korrespondenzakten 543, Inventar col. 4 (wie Anm. 54).

[61] So Krasa: *Handschriften* (wie Anm. 12), S. 18: „Nur einen kleinen Teil der Handschriften vermochte Königin Sophie, die schon bei der Entstehung der Bibliothek (Wenzels) eine bedeutende Rolle gespielt hatte, zu retten". Worin diese Rolle Sophies aber bestand, wird nicht konkretisiert. – Abbildungen und Beschreibungen der Bücher Wenzels jetzt in dem von Fajt herausgegebenen Katalog *Karl IV.* (wie Anm. 12), S. 483-497.

[62] Allgemein zu den tschechischen Bibeln und ohne Hinweis auf Sophies Bibel: Kadlec, Jaroslav: „Die Bibel im mittelalterlichen Böhmen", in: *Archives d'Histoire doctrinale et littéraire du Moyen Age* 39 (1964) S. 89-109; Rothe, Hans: „Die Länder der Krone Böhmen als Bibellandschaft", in: *Slavia* 65 (1996) S. 239-253; vgl. auch Šmahel, František: „Literacy and heresy in Hussite Bohemia", in: Biller/Hudson (Hg.): *Heresy* (wie Anm. 36), S. 237-254, zu den tschechischen Schriften des Jan Hus und seine weibliche Leser- bzw. Hörerschaft S. 246f.

Papierhandschrift, die Bilderhandschrift, die als „ain puchel in pirmet mit pilden gemalt" angegeben wird,[63] und schließlich das Stundenbuch, das lateinische und tschechische Texte enthielt.[64]

Damit umfasst die Bücherauswahl der Sophie das übliche Spektrum dessen, was auch sonst an den europäischen Höfen gelesen wurde. Es sind Bücher mit religiösen und theologischen Inhalten: neben der Bibel und meditativen Gebetstexten eben auch Auslegungen und Interpretationen sowie ein weltlicher Text, der weit verbreitete und seit dem frühen Mittelalter in viele Sprachen übersetzte Alexanderroman. Höchst interessant ist es freilich, dass es sich bei Sophies Ausgabe nicht um die am Hof des letzten přemyslidischen Königs Wenzel II. entstandene deutsche Übersetzung des Ulrich von Etzenbach handelt.[65] Denn das Inventar überliefert ausdrücklich eine Pergamenthandschrift in tschechischer Sprache.[66] Demnach muss es sich um eine Abschrift der Alexander Bohemicalis zugeschriebenen, um 1306 entstandenen alttschechischen Bearbeitung der Alexanderreis des Walter von Chantillon gehandelt haben.[67]

Bislang ist keines von Sophies Büchern gefunden worden.[68] Es gibt keine Anhaltspunkte über ihren Verbleib. So lässt sich nur darüber spekulieren, dass die Handschriften nach Bayern, in eine der wittelsbachischen Bibliotheken gekommen sind. Denn die kinderlos gebliebene Sophie hatte 1428 in ihrem Testament ihre beiden Brüder Ernst und Wilhelm (III.), die Herzöge von Bayern-München, zu ihren Testamentsvollstreckern und Erben bestimmt,[69] und diese hatten zur Regelung des Nachlasses den herzoglichen Hofmeister Stefan Ebster nach Pressburg geschickt. Im Frühjahr 1429 reisten die Herzöge persönlich an den Hof Sigismunds in Pressburg, um hier eine Schlichtung ihrer Erbstreitigkeiten

---

[63] HStA Abt. III. GHA, Korrespondenzakten 543, Inventar col. 7 (wie Anm. 54).

[64] „Item in ainer pawtel vnser frawen curs lattin vnd pehamisch mit silbrein preten vergult", HStA Abt. III. GHA, Korrespondenzakten 543, Inventar col. 7. Zum tschechischen Stundenbuch einer böhmischen Königin vgl. Anm. 15.

[65] Zum Kulturbetrieb und Mäzenatentum der Přemysliden vgl. Behr, Hans-Joachim: *Literatur als Machtlegitimation. Studien zur Funktion der deutschsprachigen Dichtung am böhmischen Königshof im 13. Jahrhundert* (Forschungen zur Geschichte der Älteren Deutschen Literatur 9), München 1989, zum Alexanderroman S. 143-175.

[66] „Item ain puch in pirmet von des gross Alexander leben pehemisch geschribn", HStA Abt. III. GHA, Korrespondenzakten 543, Inventar col. 7 (wie Anm. 54).

[67] Handschriftenstemma der weit verzweigten Überlieferung des Pseudo-Callisthenes in: Pfrommer, Michael: *Alexander der Große. Auf den Spuren eines Mythos*, Mainz 2001, S. 20f.; vgl. Baumann, Winfried: *Die Literatur des Mittelalters in Böhmen. Deutsch-lateinisch-tschechische Literatur vom 10. bis zum 15. Jahrhundert* (Veröffentlichungen des Collegium Carolinum 37), Wien 1978, S. 149-153 mit Anm. 16, in denen neun Handschriften des alttschechischen Textes aufgelistet werden; Šváb, Miroslav: „Zur alttschechischen Alexanderreis. Kritische Auseinandersetzung mit einigen Behauptungen über das Werk", in: *Die Welt der Slaven. Halbjahresschrift für Slavistik* 27 – N. F. 7 (1982) S. 382-421. Für Literaturhinweise danke ich Frau Prof. Angelica Rieger, Aachen.

[68] So auch Krasa: *Handschriften* (wie Anm. 12), S. 18 (auf der Grundlage von Bartoš, Anm. 54): „Nicht einen dieser Codices können wir jedoch mit den illuminierten Handschriften aus Wenzels Bibliothek identifizieren, und nicht einer davon wurde bisher gefunden".

[69] Der Druck des Testaments bei Oefele, Andreas Felix: *Rerum Boicarum scriptores*, Bd. 2, Augsburg 1763, S 211f.

nach dem Tod Herzog Johanns III. von Bayern-Holland zu erreichen[70] und den Nachlass ihrer Schwester abzuholen. Sigismund gewährleistete den sicheren Transport der Güter durch einen Geleitbrief vom 17. Mai 1429.[71] Es ist jedoch nicht die komplette Hinterlassenschaft nach Bayern und in den Besitz der Brüder gekommen. Das beweist ein im Inventar beschriebener und in Pressburg verbliebener Leuchter.[72]

Mit Sophies Bücherliste verknüpft sich ein grundsätzliches methodisches Problem. Denn aus der nach ihrem Tod erstellten Liste kann man – wie bereits häufiger konstatiert wurde – nicht automatisch schlussfolgern, dass die Königin die Bücher auch tatsächlich gelesen hat. Aber dennoch: Angesichts des eher kleinen und überschaubaren Bestandes sowie der Aufgeschlossenheit der Königin gegenüber den neuen hussitisch-reformatorischen Ideen und der damit einhergehenden Durchsetzung des Tschechischen als Schriftsprache erscheint es mehr als wahrscheinlich, dass die Königin ihre mehrheitlich tschechischen Bücher auch las.

Für Anna in England und Sophie in Böhmen werden auch die aus der Lektüre der Bücher gewonnenen Einsichten und Erkenntnisse in ihren politischen und gesellschaftlichen Entscheidungen und Einflussnahmen deutlich. Wenn die Mahnung, dass man „von der aktiven Beschäftigung der Frauen mit bestimmten Themen der Literatur nicht ohne weiteres auf ihre Vorstellungen und ihre Wahrnehmung der gesellschaftlichen Umwelt schließen" könne,[73] sicherlich gerechtfertigt ist, so sollte man – wie ich meine – für Anna und Sophie diese Möglichkeit nicht von vornherein in Abrede stellen.

Anna wurde in England schnell dafür bekannt, dass sie ihren als tyrannisch angesehenen Gemahl Richard II. besänftigen und zur Nachsicht bewegen konnte. Sie bewirkte Amnestien und verhalf Bittschriften mit Klagen gegen das königliche Regime zum Erfolg. Ihre Rolle als *advocata clementiae* soll sich dann auch in Geoffrey Chaucers „The Legend of Good Women" niedergeschlagen haben. Die Bezüge dieses Werkes zu Anna sind so offensichtlich, dass man ihre Anregung zur Abfassung des Textes vermuten kann. Ihre Interventions- und Vermittlungsbereitschaft scheint die Königin zudem zugunsten der Reformbewegung Wyclifs und der Lollarden gezeigt zu haben. Es gibt vereinzelte Hinweise darauf, dass sie Richard zu einem toleranteren Umgang mit den Reformern ermuntert hat.

[70] Altmann (Hg.): *Regesten Sigmunds* (wie Anm. 56), Nr. 7255 (1429, April 26). Zum Erbstreit Straub, Theodor: „Bayern im Zeichen der Teilungen und der Teilherzogtümer (1347-1450)", in: Kraus, Andreas (Hg.): *Max Spindler. Handbuch der Bayerischen Geschichte*, Bd. 2, München ²1988, S. 199-287, hier S. 267-270.

[71] Oefele: *Scriptores* (wie Anm. 69), S. 212.

[72] Der so genannte Leuchter der Euphemia-Sophie, dessen Materialien (Bernstein, Walrosszähne, Edelmetall) wie auch dessen ‚eklektischer' Stil ihn als ein Unikat in der Kunst Böhmens und Ungarns ausweisen, gehörte zu den Stücken der im Inventar genannten dritten Kiste und blieb bis heute in Pressburg, gehörte zuerst zur Ausstattung von Sophies Privatkapelle im Dom St. Martin, wo sie bestattet wurde, wechselte im späten 15. Jahrhundert in den Besitz der Fronleichnamsbruderschaft; vgl. Buran, Dušan: „Leuchter der Königin Euphemia Sophie", in: Fajt (Hg.): *Karl IV.* (wie Anm. 12), Kat.-Nr. 167, S. 499f.

[73] Rogge, Jörg: „Nur verkaufte Töchter? Überlegungen zu Aufgaben, Quellen, Methoden und Perspektiven einer Sozial- und Kulturgeschichte hochadeliger Frauen und Fürstinnen im deutschen Reich während des späten Mittelalters und am Beginn der Neuzeit", in: Cordula Nolte / Karl-Heinz Spieß / Ralf-Gunnar Werlich (Hg.): *Principes. Dynastien und Höfe im späten Mittelalter* (Residenzenforschung 14), Stuttgart 2002, S. 235-276, hier S. 246.

Zumindest aber war ihr oben dargelegtes eigenes Interesse an den volkssprachlichen Bibelversionen sehr schnell in diesen Kreisen bekannt geworden. Nach ihrem Tod ist sie in der Lollardenbewegung zu einer Anwältin für die Bibelübersetzung ins Englische gemacht worden. Das Ausmaß ihrer Bemühungen lässt sich freilich kaum mehr konkretisieren, dazu erscheint die Quellenlage zu dünn.[74]

Etwas genauer kann man die Rolle beschreiben, die Königin Sophie in den Anfängen der Hussitenbewegung in Böhmen spielte. Der Bezug zwischen ihrer politischen Rolle und ihren religiösen tschechischen Büchern scheint mir durchaus gegeben zu sein, zumal dann, wenn man in den nicht näher spezifizierten tschechischen Handschriften mit František Bartoš theologische Traktate und Predigtsammlungen des Johannes Hus und seiner Mitstreiter vermuten will.[75]

Die böhmische Königin war eine Anhängerin und Förderin des Jan Hus. Daran ist nicht zu zweifeln. Ihr Beichtvater ist Hus sicherlich nicht gewesen, darin ist man sich in der Forschung heute einig.[76] Aber sie kam – wie viele andere adlige Damen auch[77] – in die Bethlehemkapelle, um seinen auf Tschechisch gehaltenen Predigten zuzuhören.[78] Aus dem Kerker in Konstanz heraus schrieb Hus Briefe, in denen er oftmals an sie dachte und ihr für die Unterstützung und die ihm erwiesenen Wohltaten dankte. In einem der letzten Briefe an ‚seine treuen Tschechen‘ hat Hus, in Erwartung des Todesurteils, wie er selbst schreibt, diese darum gebeten, für König Wenzel und Königin Sophie zu beten und für die Bethlehemkapelle einzutreten.[79] In einem Schreiben an seinen Freund Johannes von Chlum vom 29. Juni 1415 bat er diesen, die Frau Königin in besonderer Weise zu grüßen und darin zu bestärken, dass sie standhaft in der Wahrheit bleibe und an ihm kein Ärgernis nehme, als sei er ein Ketzer.[80] Und noch in seinem wohl letzten tschechischen Schreiben an die engsten Freunde und Anhänger dachte er an Sophie und bat eine Freundin darum, der Königin für alles Gute zu danken.[81] Und Sophie blieb ihm wohl treu ergeben bis zum Schluss. Über seinen Tod hinaus hat sie Jan Hus verteidigt und für seine Anliegen gekämpft.

---

[74] Zur Rolle Annas als Friedensvermittlerin in mehreren Konflikten vgl. Walsh, Katherine: „Die Fürstin an der Zeitenwende zwischen Repräsentationsverpflichtung und politischer Verantwortung", in: Jörg Rogge (Hg.): *Fürstin und Fürst. Familienbeziehungen und Handlungsmöglichkeiten von hochadeligen Frauen im Mittelalter* (Mittelalter-Forschungen 15), Ostfildern 2004, S. 265-279, hier S. 267-269.

[75] Nach Krasa: *Handschriften* (wie Anm. 12), S. 18.

[76] Von Hus als Beichtvater Sophies ging noch aus Burdach: *Ackermann* (wie Anm. 53), S. 27. Zum aktuellen Forschungsstand vgl. Krzenck: *Sophie* (wie Anm. 51), S. 85 Anm. 65 mit Verweis auf Bartoš: „Česká královna v husitské bouři" (wie Anm. 54); vgl. auch Hilsch: *Hus* (wie Anm. 45), S. 119, 147.

[77] Zur Rolle der Frauen vgl. Šmahel, František: *Die Hussitische Revolution* (Schriften der Monumenta Germaniae Historica 43), 3 Bde., Hannover 2002, hier Bd. 1, S. 536-544; Klassen: *Warring Maidens* (wie Anm. 51).

[78] Hilsch: *Hus* (wie Anm. 45), S. 69; Šmahel: *Revolution* (wie Anm. 77), S. 540 bezeichnet Königin Sophie als „Anhängerin".

[79] Novotný, Václav (Hg.): *M. Jana Husi korespondence a dokumenty*, Praha 1920, Nr. 129 (10. Juni 1415), S. 269-273; vgl. Hilsch: *Hus* (wie Anm. 45), S. 271.

[80] *...rogo eciam dominam reginam specialiter salutari, et moneri, quod sit constans in veritate, et non scandalizetur in me, tamquam sim haereticus*, in: Novotný: *Husi korespondence* (wie Anm. 79), Nr. 161, S. 330-332.

[81] Ebd., Nr. 164, S. 335-337; Hilsch: *Hus* (wie Anm. 45), S. 276.

Überliefert ist ein Briefcorpus vom September 1410, als an der Kurie ein erster Prozess gegen Hus angestrengt wurde. Diese Briefe sind ausgefertigt im Namen von König und Königin, den Baronen, der Universität, der Prager Altstadt und Neustadt. Sie sind gerichtet an Papst Johannes XXIII. und Kardinal Oddo Colonna, der mit der Prozessführung beauftragt worden war. Intention der Briefe ist es, die Vorladung von Jan Hus rückgängig zu machen, weil er zu Unrecht angeklagt sei und man zudem um sein Leben auf der Reise nach Rom fürchten müsse. Wenzel und Sophie bezeichnen Hus als ihren getreuen, frommen und lieben Kaplan, dem man erlauben müsse, friedlich predigen zu dürfen. Die Vorladung nach Rom solle kassiert werden, weil nur die Prager Universität über ihn zu Gericht sitzen könne. Sophie droht darüber hinaus, dass der König, die Barone und sie andere Wege gehen würden, sollte man ihren Bitten nicht nachkommen.[82]

Diese Briefe sind aufgrund ihres geschliffenen und der königlichen Kanzlei entsprechenden Stils als Produkt des Hofes angesehen worden, der damit eine deutliche Initiative zugunsten Hus' startete.[83] Eine neuere kodikologische und philologische Studie hingegen ist zu dem Ergebnis gekommen, dass es sich bei diesen Briefen um fingierte Briefe handelt, die von Studenten und Magistern als rhetorische Übungen formuliert wurden.[84] Die Diskussion darüber ist in Gang.[85] Gehen wir von der Fiktionalität der Schreiben aus, so braucht der Quellenwert der Briefe dennoch nicht in Abrede gestellt werden. Denn diese sind zweifellos zeitgenössisch, auf der Basis authentischer Quellen geschrieben und darum bemüht, eine Situation, so wie sie hätte sein können, vor Augen zu stellen und die Argumente in Prag und am Hof einzufangen.[86] So berichtet die *Repetitio pro defensione causae M. Io. Hus* des Johannes von Jessenitz vom Dezember 1412 ausdrücklich von der Intervention des Königspaares, der Barone und der Prager Städte.[87] Dem Engagement der Königin wird damit Rechnung getragen.

Die prohussitischen Sympathien der Königin bestätigen — wenn auch in negativer Ausrichtung — die zeitgenössischen historiographischen Belege und die Bewertungen in den gegnerischen antihussitischen Texten dieser Zeit.[88] So nennt Hermann Korner 1423 in

---

[82] Abgedruckt in: Palacký, František (Hg.): *Documenta Mag. Joannis Hus vitam, doctrinam, causam in Constantiensi consilio actam et controversias de religione in Bohemia, annis 1430-1418 motas*, Praha 1869, ND Osnabrück 1966, S. 409-415 mit drei Briefen der Sophie.

[83] So die These von Kejř, Jiří: *Husitský právník M. Jan z Jesenice*, Praha 1965; Šmahel: *Revolution* 1 (wie Anm. 77), S. 243 hält an der Echtheit der Briefe fest.

[84] Die von Kopičková, Božena / Vidmanová, Anežka: „K lístům na Husovu obranu", in: Miroslav Polívka / František Šmahel (Hg.): *In memoriam Josefa Macka (1922-1991)*, Praha 1996, erstmals vorgelegte Analyse hält Hilsch: *Hus* (wie Anm. 45), S. 117-119 für plausibel. Umfassend jetzt Kopičková, Božena / Vidmanová, Anežka: *Listy na Husovu obranu z let 1410-1412. Konec jedné legendy?*, Praha 1999.

[85] Neuerdings hat Kejř, Jiří: *Die causa Johannes Hus und das Prozessrecht der Kirche*, Regensburg 2005, S. 80f., Anm. 48, die Beweiskraft der Studie von Kopičková und Vidmanová anerkannt: „Ihre präzise Analyse zwingt dazu, diese Briefe aus der Lebensbeschreibung von Hus zu streichen. Trotzdem muss man jedoch von irgendwelchen Eingriffen König Wenzels und seiner Fürsprache ausgehen." Einzubeziehen sind auch die Königin, die Barone und die Prager Städte.

[86] So Hilsch: *Hus* (wie Anm. 45), S. 118, der den Wert der Briefe als historische Quelle damit begründet, dass sie auf der Textbasis des Prozessberichtes und Hussens Brief an den Papst basieren.

[87] Kejř: *Die causa* (wie Anm. 85), S. 80f.

[88] Vgl. die von Bartoš: „Česká královna v husitské bouři" (wie Anm. 54) zusammengetragenen Quellenbe-

seiner *Chronica novella* die Königin Sophie eine *fautrix hereticorum et origo tocius mali regnum Bohemorum corrumpentis*, die nach dem Tod Wenzels 1419 in ihrer Boshaftigkeit verharren und die Großen des Reiches zum Widerstand gegen Sigismund, dem Erben der Königsherrschaft, anstacheln würde und zwar seine Höflinge und Ratgeber, die Frauen am Hof und die Soldaten.[89] Bilderreich und eindrücklich hatte schon Ludolf von Sagan 1417 in seinem *Tractatus de longevo schismate* geschrieben, dass die Häresie wie eine Schlange in das Schlafgemach des Königs Wenzel gekrochen und wie eine Eidechse in den königlichen Häusern geblieben sei und Wenzels Gemahlin und viele aus der nächsten Umgebung sowie einige Vornehme, Barone und Soldaten durch Beschmutzen verdorben und durch das Verderben beschmutzt habe.[90]

Ein weiteres Textbeispiel dafür, dass die Königin als Anhängerin und Förderin der hussitischen Bewegung bekannt war und ihre Aktivitäten bei den Gegnern verurteilt wurden, ist die hochinteressante *Querimonia contra reginam Sofiam*. Der Autor wirft der böhmischen Königin, der *illustrissima domina Sophia,* vor, dass sie entgegen der Exkommunikationsurteile und Predigtverbote Jan Hus begünstigt und verteidigt, seine Predigten oft und öfter besucht sowie ihn in seiner Hartnäckigkeit und Häresie bestärkt habe und ihre Protektion auch seinem Freund und Mitstreiter Johannes von Jessenitz zuteil werden lasse. Man wirft ihr vor, dass sie die päpstlichen Anweisungen und die Dekrete des Konstanzer Konzils öffentlich und in allgemein bekannter Weise verurteile und keinen Hehl daraus mache, dass sie selbst unter beiderlei Gestalten kommuniziere und ihre Gunst den Wycliffiten und Hussiten gehöre und sie daran festhalte, diese zu schützen und zu verteidigen. Schließlich habe sie in den ihr als Wittum übertragenen Städten und Dörfern hussitischen Predigern die Kirchen geöffnet, ihnen Predigt und Eucharistie *sub utraque specie* erlaubt und ihnen Schutz gewährt.[91]

Während der bürgerkriegsähnlichen Wirren in Böhmen und Prag nach dem Tod Wenzels am 16. August 1419 übernahm Sophie zeitweilig die Regierung und versuchte, eine allgemeine Landfriedenseinung durchzusetzen. Sehr erfolgreich ist sie dabei – bei allem, was wir wissen – nicht gewesen. Nachdem Sigismund im Juli 1420 dann die Herrschaft im Königreich Böhmen übernommen hatte, hielt sie sich noch einige Zeit in dessen Gefolgschaft auf und versuchte, ihn zur Toleranz gegenüber den Hussiten zu bewegen, was ihr freilich nicht gelang.[92] Die letzten Jahre lebte sie in Pressburg, wo sie am 4. November

---

lege bei Krzenck: *Sophie* (wie Anm. 51), S. 76f.

[89] *Die Chronica novella des Hermann Korner*. Jakob Schwalm (Hg.), Göttingen 1895, S. 421.

[90] *Tanta fuit proch dolor, ut heresis ipsa eciam ad penetralia cubilis sui serperet et more stellionis in domibus regum habitantis conthoralem suam reginam cum multa familia insuper et nonnullos proceres, barones et milites maculando corrumperet et corrumpendo macularet,* Ludolf von Sagan, *Tractatus de longevo schismate*, in: Johannes Loserth (Hg.): *Beiträge zur Geschichte der hussitischen Bewegung* (Archiv für österreichische Geschichte 60), Bd. 3, Wien 1880, S. 424; dazu Machilek, Franz: *Ludolf von Sagan und seine Stellung in der Auseinandersetzung um Konziliarismus und Hussitismus* (Wissenschaftliche Materialien und Beiträge zur Geschichte und Landeskunde der böhmischen Länder 8), München 1967, S. 158.

[91] *Querimonia contra reginam Sofiam*, in: Karl Höfler (Hg.): *Geschichtsschreiber der husitischen Bewegung in Böhmen* (Fontes rerum Austriacarum 6), Teil 2, Wien 1865, S. 310f. Zur freien Spende des Abendmahls in den Leibgedingstädten Sophies auf ihre Erlaubnis hin: Šmahel: *Revolution* 2 (wie Anm. 77), S. 1076.

[92] Vgl. Šmahel: *Revolution* 2 (wie Anm. 77), S. 1008-1038; Krzenck: *Sophie* (wie Anm. 51), S. 78f.

1428 verstarb und im dortigen Dom St. Martin, für den sie eine Kapelle gestiftet hatte,[93] bestattet wurde.

Abschließend ist folgendes festzuhalten: Die in neueren Arbeiten zum Thema ,Kulturtransfer‘ und zur Rolle hochadliger Damen und Fürstinnen gestellte Frage nach den Unterschieden im Umgang und ,Gebrauch von Literatur im spätmittelalterlichen Adel‘[94] zwischen Männern und Frauen wird meist dahingehend beantwortet, dass keine geschlechtsspezifischen Unterschiede erkennbar werden.[95] Das hier vorgelegte Material bestätigt diese Einschätzung. In der Zeit Karls IV. stehen die religiösen Interessen deutlich im Vordergrund. Das zeigen die Auftragsarbeiten der Elisabeth von Mähren und die Bücher Annas, wobei letztere wohl nicht nur auf die Inhalte schaute, sondern ein Vergnügen an den sprachlichen Varianten der Evangelientexte entwickelt haben könnte.

Unter König Wenzel IV. vergrößerte sich der bibliophile Bestand auf den böhmischen Burgen. Neben der von ihm in Auftrag gegebenen, kunstvoll ausgestalteten deutschen Bibel, der religiösen Gebrauchsliteratur und dem theologischen Schrifttum, wird nun aber auch wieder ein stärkeres literarisches Interesse sichtbar. Die unter Wenzel entstandene *Willehalm*-Handschrift[96] und der für Sophie belegte tschechische Alexanderroman als bibliophile Bindeglieder zwischen dem přemyslidischen und dem luxemburgischen Hof stehen vielleicht pars pro toto.

Eine präzise Vorstellung über die Bildung der Frauen am Prager Hof lässt sich freilich nicht gewinnen – das war auch nicht zu erwarten gewesen. Aber es gibt doch vereinzelte Einblicke in die Lesepraxis und die damit verbundenen Interessen. Diese waren vornehmlich religiös geprägt und motiviert und lassen sich konkretisieren und differenzieren.

Denn Anna von Böhmen und Sophie von Bayern ging es nicht nur – wie das für Elisabeth von Mähren zu vermuten ist – um Frömmigkeitsübungen. Anna und Sophie vollziehen darüber hinaus den Schritt von ihrer Lektüre hin zu einer gezielten praktischen Umsetzung dessen, was sie lesen. Sie befassen sich mit Büchern, die nicht nur religiös fundiert sind, sondern auch eine unmittelbare und aktuelle politische Brisanz haben. Sie lesen die Bücher und ziehen daraus politische, kirchliche und gesellschaftliche Schlussfolgerungen. Sie handeln gemäß dessen, was sie lesen, aber natürlich auch von verschiedenen Seiten zu hören bekommen. Das erfordert einen reflektierten Umgang mit den Texten.

Sophie tritt für Jan Hus und die hussitischen Reformer ein und stellt sich gegen die römische Kirche und ihre Vertreter. Sie tut das als eine gekrönte und gesalbte Königin, für die bei der Krönung am 15. März 1400 die Hilfe Gottes erfleht wurde, damit sie – wie einst Judith und Esther – mit Klugheit, Mut und Entschlossenheit handle und das ihr anvertraute Volk in rechter Weise regiere und beschütze.

---

[93] Zu den kirchlichen Bauten und Stiftungen Sophies sowie der Kapelle in Pressburg vgl. Fajt/Drake Boehm: „Herrschaftsrepräsentation", in: Fajt (Hg.): *Karl IV.* (wie Anm. 12), S. 477 mit Nennung der einschlägigen Literatur.

[94] So der Titel von Spieß: „Zum Gebrauch von Literatur" (wie Anm. 11).

[95] Rogge: „Töchter" (wie Anm. 73), S. 251f.; Signori: „Bildung" (wie Anm. 11), S. 147, für die französischen Fürstenhöfe des 15. Jahrhunderts.

[96] Wien, ÖNB Cod. Ser. n. 2643; Schmidt, Gerhard: „König Wenzels Willehalm", in: Fajt (Hg.): *Karl IV.* (wie Anm. 12), Kat.-Nr. 158, S. 489f.

SPÄTMITTELALTERLICHE FRAUENKLÖSTER IM DEUTSCHSPRACHIGEN RAUM ALS ZENTREN DER LITERATURPRODUKTION, KULTURVERMITTLUNG UND LEHRE

ALBRECHT CLASSEN

1. Mittelalterliche Frauenklöster als politische und kulturelle Knotenpunkte

Bedenkt man die Möglichkeiten, die Frauen in einem mittelalterlichen Kloster zur Verfügung standen, erscheint diese, von den Reformatoren so gerne verdammte und verteufelte Institution als höchst faszinierendes Kultur- und Literaturzentrum, wo, natürlich abgesehen vom religiösen Kult und Ritus, nicht nur Stickereien, Webereien und andere meist typisch weibliche Handarbeiten durchgeführt wurden, sondern im Grunde das gesamte Spektrum an Kunsttätigkeiten und literarischer Produktion praktiziert wurde, auch wenn dies bisher in der Forschung nur ansatzweise so wahrgenommen wurde.[1] Die berühmten Dramen der Roswitha von Gandersheim (ca. 935-ca. 975)[2] legen genauso gut beredtes, und zwar sehr frühes, eine Tradition bildendes Zeugnis davon ab wie die sehr späten, unglaublich beeindruckenden Wandmalereien im Nonnenchor des Zisterzienserinnenklosters Wienhausen bei Celle aus dem Spätmittelalter. In der traditionellen, aber auch in der neueren Kultur- und Literaturgeschichtsschreibung hat man jedoch weiterhin genau diesen außerordentlichen fruchtbringenden Bereich, wo mittelalterliche Frauen die besten Betätigungsfelder für ihre Kreativität und intellektuellen Fähigkeiten vorfanden, nur relativ wenig, und dann nur in Spezialstudien konsultiert.

Durch ihre oftmals engen Verbindungen zu den herrschenden Familien ließen sich Frauenklöster außerdem als wichtige Knotenpunkte in dem breit gefächerten politischen Kommunikationsnetz identifizieren, was ich hier aber bloß konstatieren, nicht hingegen umfangreich darlegen möchte. Während sie im frühen und hohen Mittelalter oftmals in enger Zusammenarbeit mit den herrschenden Dynastien fungierten, oder von diesen an erster Stelle gegründet worden waren, entwickelten sich im Spätmittelalter vielfache Konflikte und kam es häufiger zu veritablen Kämpfen zwischen den Klosterfrauen und den Herzögen, was dann in der Reformationszeit geradezu dramatische Formen annahm.[3]

---

[1] Smith, Lesley: „Scriba, Femina: Medieval Depictions of Women Writing", in: Lesley Smith / Jane H. M. Taylor (Hg.): *Women and the Book. Assessing the Visual Evidence*, Toronto / Buffalo 1997, S. 21-44. In ihrem breit angelegten Überblick erwähnt Ferrante, Joan M.: *To the Glory of Her Sex. Women's Roles in the Composition of Medieval Texts* (Women of Letters), Bloomington / Indianapolis 1997, eine erstaunlich große Anzahl von schreibenden Frauen, geht aber nicht auf die Welt der Klosterfrauen ein.

[2] *Hrotsvit of Gandersheim. Contexts, Identities, Affinities and Performances.* Phyllis R. Brown / Linda A. McMillin / Katharina M. Wilson (Hg.), Toronto / Buffalo / London 2004.

[3] Faust, Ulrich: „Die Frauenklöster in den benediktinischen Reformbewegungen des hohen und späten Mittelalters", in: Edeltraud Klueting (Hg.): *Fromme Frauen – unbequeme Frauen? Weibliches Religiosentum im Mittelalter* (Hildesheimer Forschungen 3), Hildesheim / Zürich / New York 2006, S. 127-142; Schmidt, Hans-Joachim: „Widerstand von Frauen gegen Reformen", in: Edeltraud Klueting (Hg.): *Fromme Frauen – unbequeme Frauen? Weibliches Religiosentum im Mittelalter* (Hildesheimer Forschungen 3), Hildesheim / Zürich / New York 2006, S. 143-180.

2. Forschungsüberblick

Weder der Überblick zu höfischen Autorinnen durch Ursula Liebertz-Grün noch derjenige zu den geistlichen Autorinnen vom frühen Mittelalter bis zum 12. Jahrhundert durch Wiebke Freytag in der großen von Gisela Brinker-Gabler herausgegebenen Publikation *Deutsche Literatur von Frauen* (1988) wird diesem Thema gerecht, wenngleich zumindest Liebertz-Grün in einem weiteren Kapitel die frauenmystische Literatur des 13. und 14. Jahrhunderts berücksichtigt.[4] Obwohl die feministische Forschung schon lange vorher und insbesondere seit den späten 80er Jahren erheblich weiter in die Tiefe gegangen ist und dementsprechend einige der bereits genannten Dichterinnen/Autorinnen beträchtlich an Respekt gewonnen haben, sei es Hildegard von Bingen, sei es Mechthild von Magdeburg,[5] sind wir bis heute kaum über die Ergebnisse hinausgelangt, die bereits 1934 Lotte Traeger in ihrer Prager Dissertation und 1984 Peter Dronke in seiner grundlegenden Arbeit *Women Writers of the Middle Ages* vorgelegt haben.[6] Erst jüngst sind allerdings eine recht große Zahl von weltlichen und religiösen Liedern aus dem Spätmittelalter bekannt geworden, von denen wir hinsichtlich der ersten Gruppe zumindest vermuten, hinsichtlich der zweiten sicher ausgehen können, dass sie von Frauen verfasst wurden.[7] Allerdings braucht uns dies nicht gar so zu überraschen, veränderten sich ja sowieso seit dem 15. und 16. Jahrhundert erheblich die sozial-ökonomischen und literar-kulturellen Bedingungen für Frauen, und dies sowohl zum Besseren als auch zum Schlechteren hin.[8] Was wir jedoch vorläufig über die künstlerische und literarische Produktion von Frauen im Mittelalter wissen, bezieht sich weitgehend auf individuelle, hervorragende Figuren, die ein so außerordentliches Ansehen genossen, dass es wie eine Selbstverständlichkeit wirkt, so wichtige Werke aus ihren Federn zu besitzen, während die Welt des Klosters zumindest aus literarhistorischer Sicht wesentlich weniger in die Betrachtung einbezogen worden ist. Die Gründe dafür liegen auf der Hand, bestanden ja die meisten Klosterbibliotheken aus liturgischer, biblischer und paränetischer Literatur.[9]

---

[4] Brinker-Gabler, Gisela (Hg.): *Deutsche Literatur von Frauen*, Bd. 1: *Vom Mittelalter bis zum Ende des 18. Jahrhunderts*, München 1988. Vgl. dazu: Gnüg, Hiltrud / Möhrmann, Renate (Hg.): *Frauen, Literatur, Geschichte: schreibende Frauen vom Mittelalter bis zur Gegenwart*. 2., völlig rev. und erw. Aufl., Stuttgart 1999, wo weitgehend exakt die gleichen Informationen, ja auch identischen Texte abgedruckt werden.

[5] Die Forschung zu Hildegard ist mittlerweile so groß angewachsen, dass es hier ausreichen mag, auf eine Bibliographie zu verweisen: *Hildegard von Bingen. Internationale wissenschaftliche Bibliographie unter Verwendung der Hildegard-Bibliographie von Werner Lauter* (Quellen und Abhandlungen zur mittelrheinischen Kirchengeschichte 84). Marc-Aeilko Aris / Michael Embach (Hg.), Mainz 1998. Zu Mechthild siehe jetzt: Poor, Sara S.: *Mechthild of Magdeburg and Her Book. Gender and the Making of Textual Authority* (The Middle Ages Series), Philadelphia 2004.

[6] Traeger, Lotte: *Das Frauenschrifttum in Deutschland von 1500-1650*. Dr. phil. Prag 1934; Dronke, Peter: *Women Writers of the Middle Ages. A Critical Study of Texts from Perpetua (†203) to Marguerite Porete (†1310)*, Cambridge 1984.

[7] Classen, Albrecht: *Deutsche Frauenlieder des fünfzehnten und sechzehnten Jahrhunderts. Authentische Stimmen in der deutschen Frauenliteratur der Frühneuzeit oder Vertreter einer poetischen Gattung (das Frauenlied?)*. Einleitung, Edition und Kommentar von Albrecht Classen (Amsterdamer Publikationen zur Sprache und Literatur 136), Amsterdam / Atlanta 1999; Classen, Albrecht: *„Mein Seel fang an zu singen‘. Religiöse Frauenlieder des 15.-16. Jahrhunderts. Kritische Studien und Textedition*, Leuven / Paris / Sterling, VA 2000.

[8] Siehe dazu meine Untersuchungen in: *Late-Medieval German Women's Poetry. Secular and Religious Songs. Translated from the German with Introduction, Notes and Interpretive Essay* (Library of Medieval Women), Cambridge 2004.

[9] Ringler, Siegfried: *Viten- und Offenbarungsliteratur in Frauenklöstern des Mittelalters. Quellen und Studien* (Münchener

332

3. Kunst, Literatur und Bibliotheken in Frauenklöstern

Selbst auf die Gefahr hin, mittlerweile Eulen nach Athen zu tragen, besteht die Absicht meiner folgenden Darlegungen darin, primär spätmittelalterliche Frauenklöster als wichtige Zentren der Kultur- und Literaturproduktion und der entsprechenden Vermittlung in weiten Kreisen vorzustellen, wobei natürlich das Problem bei der Auswahl von und Konzentration auf bestimmte Institutionen besteht. Indem ich aber nicht den Anspruch erhebe, hier einen flächendeckenden Ansatz zu verfolgen, sondern nur repräsentative Beispiele herausgreife und zusammentrage, welche Erkenntnisse wir in den letzten Jahren gewonnen haben, hoffe ich doch, eine Schneise in das Dickicht zu schlagen und Grundlagen für die zukünftige Forschung zu schaffen.[10] Dabei können wir besonders von den Erkenntnissen in der Kunstgeschichte profitieren, wo schon seit einiger Zeit entschieden die pejorative Bedeutung von ‚Nonnenarbeit' oder ‚Nonnenmalerei' zurückgewiesen worden ist, weil es sich keineswegs immer und überall um naive, provinzielle, schwärmerische oder grobschlächtige Kunstwerke handelte. Wie Jeffrey Hamburger überzeugend postuliert:

> Instead of supplying coherent categories, *Kleines Andachtsbild* and *Nonnenarbeit* define dumping grounds for images, often made by and for women, with which art history would rather not be bothered [...]. Pigeonholed as examples of popular imagery, *Nonnenarbeit* and *Kleine Andachtsbilder* sink below the horizon of art-historical regard to remain the concern of pious collectors or the chroniclers of *Volkskunde*.[11]

Darin pflichtet ihm vollkommen Susan Marti bei, die sogar davor warnt, „dass mit den modernen Kategorien von Kunstwerken und Künstlern viele mittelalterliche Phänomene nicht zu fassen sind, in besonders hohem Masse dann, wenn Fragen der Geschlechterverhältnisse mitbetroffen sind."[12]

Diese Beobachtungen implizieren, dass wir mit erheblich größerer Vorsicht in der Beurteilung von religiösen Werken, seien sie visueller, seien sie schriftlicher Art, vorgehen müssten, bevor wir sie adäquat im Kontext ihrer Zeit beurteilen können. Zwar wäre kaum davon auszugehen, eines Tages eine Dichterin in einem mittelalterlichen Kloster zu entdecken, die etwa einem Gottfried von Straßburg oder Wolfram von Eschenbach das Wasser zu reichen in der Lage gewesen wäre — warum jedoch eigentlich nicht? bzw. welche Kriterien wären dafür überhaupt zu berücksichtigen? —, aber schon ein solcher Vergleich führt uns auf Abwege, die die spezifischen Lern- und Produktionsbedingungen nicht ausreichend in Betracht ziehen,

---

Texte und Untersuchungen zur deutschen Literatur des Mittelalters 72), München 1980; Bauer, Christian: *Geistliche Prosa im Kloster Tegernsee* (Münchener Texte und Untersuchungen zur deutschen Literatur des Mittelalters 107), Tübingen 1996; Fechter, Werner: *Deutsche Handschriften des 15. und 16. Jahrhunderts aus der Bibliothek des ehemaligen Augustinerchorfrauenstifts Inzigofen* (Arbeiten zur Landeskunde Hohenzollerns 15), Sigmaringen 1997; Schiewer, Hans-Jochen: „Literarisches Leben in dominikanischen Frauenklöstern des 14. Jahrhunderts: Das Modell St. Katharinental bei Diessenhofen", in: Falk Eisermann / Eva Schlotheuber / Volker Honemann (Hg.): *Studien und Texte zur literarischen und materiellen Kultur der Frauenklöster im späten Mittelalter. Ergebnisse eines Arbeitsgesprächs in der Herzog August Bibliothek Wolfenbüttel, 24.-26. Februar 1999* (Studies in Medieval and Reformation Thought 99), Leiden 2004, S. 285-309.

[10] Siehe zuletzt den Sammelband: *Fromme Frauen – unbequeme Frauen* (wie Anm. 3).

[11] Hamburger, Jeffrey F.: *Nuns as Artists. The Visual Culture of a Medieval Convent*, Berkeley / Los Angeles / London 1997, S. 4.

[12] Marti, Susan: *Malen, Schreiben und Beten. Die spätmittelalterliche Handschriftenproduktion im Doppelkloster Engelberg*, Zürich 2002, S. 247.

schließlich bemühten sich die im Kloster tätigen Frauen um ein sehr spezifisches, internes Publikum, das religiöse Bedürfnisse hatte und weltliche Werke abgelehnt oder gar nicht gewünscht hätte, wenngleich eine absolute Beurteilung in dieser Hinsicht noch genauer zu überprüfen wäre.

Zwischen ca. 750 und 1025 stieg die Zahl von Frauenklöstern im deutschen Sprachraum von circa 44 auf circa 750, von denen viele Kanonissenstifte waren, was eine doch andere finanzielle Situation und Lebenseinstellung als in den traditionellen Klöstern reflektierte. Ab 1200 entdecken wir erste Zeugnisse dafür, dass einige der Bewohnerinnen als Schreiberinnen tätig wurden, womit der Durchbruch für weibliches Schrifttum gegeben war.[13] Zwar handelt es sich in den meisten Fällen um Kopistinnen, aber diese Tätigkeit selbst verlangte eine recht gute Ausbildung und Kenntnis der relevanten Literatur. Indem wir also zunächst einmal feststellen können, dass Nonnen wesentlich zur Vermittlung von liturgischen Texten für die Klostergemeinschaft beitrugen, entsteht auf einmal ein ganz anderer Eindruck und werden wir gewarnt davor, die kulturhistorischen Tätigkeiten hinter den Klostermauern verächtlich aufgrund von ästhetischen oder allgemein literarhistorischen Kategorien, die sich meist noch dem 18. und 19. Jahrhundert schulden, abzutun. Im prämonstratensischen Haus Schäftlarn bei Freising lassen sich z.B. im 12. Jahrhundert unter den Schreibern drei Frauen identifizieren, Adelheid, Sophia und Irmingart. Sobald sich das Kloster ausdehnte, waren auch mehr Bücher gefragt, so dass diese drei Frauen erheblich in den Kopiervorgang involviert wurden, ob diese Bücher für ihre Mitschwestern oder, eher wahrscheinlich, für die Mitbrüder gedacht waren.[14] Außerdem kam es offensichtlich zu einer Reihe von kooperativem Vorgehen, wohl weil die Komplexität der Materie es verlangte und unter den Frauen sich Personen mit besonderen Fähigkeiten befanden.

In einem anderen Kloster, Admont, lässt sich aufgrund des Nekrologs feststellen, dass eine Nonne sogar das Amt einer *armaria* ausübte, um die steigende Zahl von Büchern in der Bibliothek zu organisieren und zu verwalten, was auf das große Interesse der Nonnen an einschlägiger Lektüre hinweist.[15] Manche von diesen waren von einem ganzen Team von Nonnen geschrieben worden, was auf einen hohen Bildungsstand des gesamten Klosters hinweist.[16] Natürlich werden die meisten der Bücher rein theologischer Provenienz gewesen sein, besonders also für die Liturgie gedient haben. Beach hat mit mehr oder weniger Erfolg versucht, eine einschlägige Liste für Admont zusammenzustellen. Diese umfasste ein Passional, Auszüge aus dem Alten Testament, eine Sammlung von Honorius Augustodunensis' *Hexameron* und sein *Sigillum Beatae Mariae*, ein Brief Gerhochs von Reichersberg über die liturgische Auslegung des Auferstehungsfestes, ein Predigt-Kommentar, Anselms von Canterbury *Meditationes et Orationes* und *Die Wunder der Gebenedeiten Jungfrau*.

Darüber hinaus scheint es, wie so üblich in der mittelalterlichen Klosterwelt, zu einem regen Austausch zwischen vielen Bibliotheken gekommen zu sein, so dass wir mit Wahrscheinlichkeit davon ausgehen dürfen, noch zahlreiche andere Bücher in den Leselisten der Nonnen

---

[13] Beach, Alison I.: *Women as Scribes. Book Production and Monastic Reform in Twelfth-Century Bavaria*, Cambridge 2004, S. 25 et passim.

[14] Ebd., S. 117.

[15] Ebd., S. 79.

[16] Ebd., S. 94-103.

zu finden.[17] Insgesamt, wie Beach folgert, erlaubte die intellektuelle Fähigkeit und hohe Ausbildung diesen Frauen, „to play a critical role both in building a library that could support active and serious study of the Bible, and in constructing the monastery's exegetical voice."[18] Diese Ergebnisse finden auch Bestätigung in den Forschungen Arnold Ottos zum Zisterzienserinnen-Kloster Lichtenthal im heutigen Baden-Baden, wo einerseits aktiv unter der Leitung der Schwester Margaretha (besser bekannt als Schwester Regula) seit 1450 ein intensiver Kopierungsprozess einsetzte, andererseits zugleich eigenständige religiöse Dichtung geschaffen wurde.[19] Allerdings hatten die dortigen Nonnen bereits vor ihrem Eintreffen intensives Leseinteresse demonstriert und somit zur Entwicklung der Bibliothekssammlung beigetragen, die durchaus textkritisch orientiert war, wie die vielen Korrekturen und Marginalglossen indizieren.[20] Wie das umfangreiche Erbauungsbuch *der slecht weg zuo dem himelrich* andeutet, war man im geistlichen Rahmen durchaus an einem breiten Spektrum von verschiedenen Textgattungen interessiert und rezipierte aufmerksam, was außerhalb der Klostermauern an Literatur vorhanden war. Die von Otto edierte *Chrestomathie* enthält eine Fülle an Einzeltexten unterschiedlicher Provenienz, z.B.: „dis ist meister albertus lere"; „Dis saget wie gar nutze frage sy"; „Wie man sich in er ee halten sol"; „Wie man sich gein den kinden halten sol und die kinde her wider"; „Was das gesinde solle dun", dann ein weihnachtliches Marienlob des Mönchs von Salzburg, „Maria kusche muter zart" und eine Dichtung unter dem Titel „Der Weltlohn" in enger Anlehnung an das sehr gleichgeartete Gedicht Konrads von Würzburg. Nicht zu vergessen wäre auch die deutsche Fassung von Albertanus' von Brescia *Liber de Doctrina dicendi et tacendi*, womit die sehr gemischte Gemengelage dieser Sammelhandschrift eindringlich vor Augen tritt, aber eben gerade auch das erstaunliche Interesse der Zisterzienserinnen von Lichtenthal. Otto erklärt es damit, dass schon seit dem frühen 15. Jahrhundert zahlreiche Bücher über Religiosität und die Sittenlehre sich zunächst in Privatbesitz befanden, dann aber schnell auch in die Klöster gelangten:

> Auf einer religiösen Ebene stellt diese Sammlung wie auch das Büchlein von der Liebhabung Gottes Literatur dar, die als niederschwelliges Lektüreangebot durchaus auch zur Unterstützung einer Klosterreform und zur Erbauung ungebildeter oder weniger gebildeter Klosterbewohner verwendet wurde. Die Parallelen zu St. Katharinen in Nürnberg und den dortigen privaten Beständen sowie zur Melker Klosterreform machen es plausibel, daß die Gedichtsammlung zeitnah zu ihrer Entstehung nach Lichtenthal kam.[21]

4. Kreatives Schreiben in Frauenklöstern

Aus mystischer Motivation heraus entstanden bereits im vierzehnten Jahrhundert eine Reihe von großen Sammelhandschriften, die so genannten *Schwesternbücher*, die inzwischen gründlich von Gertrud Jaron Lewis und dann von Anne Winston-Allen untersucht worden sind.[22] Die-

---

[17] Ebd., S. 82-84.

[18] Ebd., S. 103.

[19] Otto, Arnold: „*der slecht weg zuo dem himelrich*". *Ein oberrheinisches Erbauungsbuch. Edition und Kommentar* (Texte des späten Mittelalters und der frühen Neuzeit 42), Berlin 2005, S. 61-64; vgl. dazu Geith, Karl-Ernst: „Die Leben-Jesu-Übersetzung der Schwester Regula aus Lichtenthal", in: *Zeitschrift für deutsches Altertum und deutsche Literatur* 119 (1990) S. 23-37.

[20] Otto: *der slecht weg* (wie Anm. 19), S. 144-145.

[21] Ebd., S. 160.

[22] Jaron Lewis, Gertrud: *By Women, for Women, about Women. The Sister-Books of Fourteenth-Century Germany* (Studies

se sollen uns hier nicht so sehr interessieren, denn bei diesen Anthologien handelte es sich vorwiegend um eine Art der mystischen Selbstdarstellung oder Performanz der einzelnen Schreiberinnen/Autorinnen, ohne dass durch diese Werke die kulturhistorische Stellung von Frauenklöstern klar genug vor Augen treten würde. Immerhin dienen sie trotz allem außerordentlich gut als Beleg für die These, dass diese südwestdeutschen Klöster als wichtige Zentren für die Literaturproduktion dienten, die anschließend auf die Außenwelt, zumindest auf andere Klöster auszustrahlen vermochte.

Bereits 1914 hatte Anton Hauber auf dieses Phänomen hingewiesen und war zu dem folgenden Eindruck gelangt: „Kommt in den früheren Jahrhunderten das Schreiben in Frauenklöstern mehr gelegentlich und sporadisch vor, so begegnen uns später da und dort förmliche Schreibschulen und -stuben; die Frauen gingen mehr als einmal, von materieller Not getrieben, systematisch ans Abschreiben."[23] Unsere Kenntnis etwa über den Aufgabenbereich einer Buchmeisterin, sprich Bibliothekarin, indiziert, wie umfangreich manche Büchersammlungen auch in Frauenklöstern gewesen sein müssen, denn andernfalls wäre die Ernennung einer solchen Person kaum nötig gewesen. Leider liegen uns keine umfassenden Bücherlisten vor und sind im Laufe der Zeit viele der Bibliotheken vernichtet worden, aber wir können aus den verschiedensten Kommentaren schließen, dass die Büchersammlungen in den Nonnenklöstern durchaus beträchtlich gewesen sein müssen.[24] Zu diesen gehörten St. Katharina in Nürnberg, St. Katharina in St. Gallen, St. Katharina in Inzigkofen bei Sigmaringen und Oggelsbeuren bei Ehingen. Auf andere, vor allem in Norddeutschland liegende Klöster werde ich weiter unten eingehen.

Hauber bietet uns speziell Einsicht in einen Band, der ursprünglich im Besitz von Ludwig Uhland gewesen war und 1871 in den Besitz der Universitätsbibliothek Tübingen gelangte und unter der Ansprache an den Leser zu identifizieren ist: „Disz Buoch gehört in die gemain Teutsch Liberey in daz Gotzhausz Üntzkoffen."[25] Die Priorin formuliert in ihrer Widmung, wie wichtig dieser Buchschatz für das Kloster sei und drängt darauf, dass es niemals ausgeliehen werde: „Und begerend, daz dis buoch also belib in dem convent, das es niemer für das kloster kainem menschen gelichen noch gelesen waerd, waz orden sy sind, noch abgeschriben, und daz umb der truw, so wir suosamen hand in got."[26] Die Handschrift schließt nicht nur größere Schriften über die Ordensorganisation ein, sondern auch Passionstexte, d.h. Reflexionen über das Leiden und Sterben Christi, allegorische Betrachtungen religiöser Art, die

---

and Texts 125), Toronto 1996; Winston-Allen, Anne: *Convent Chronicles. Women Writing About Women and Reform in the Late Middle Ages*, University Park 2004.

[23] Hauber, Anton: „Deutsche Handschriften in Frauenklöstern des späteren Mittelalters", in: *Zentralblatt für Bibliothekswesen* XXXI, 8 (1914) S. 341-373, hier S. 354.

[24] Für neuere, leider weiterhin keineswegs systematisch gestaltete Untersuchungen siehe: Schmitt, Miriam / Kulzer, Linda (Hg.): *Medieval Women Monastics. Wisdom's Wellsprings*, Collegeville 1996; Schreiner, Klaus: „Lautes Lesen, fiktive Mündlichkeit, verschriftlichte Norm. Einleitende Bemerkungen über Fragen, Themen und Ergebnisse einer Tagung", in: Klaus Schreiner / Clemens M. Kasper (Hg.): *Viva vox und ratio scripta. Mündliche und schriftliche Kommunikationsformen im Mönchtum des Mittelalters* (Vita Regularis. Ordnungen und Deutungen religiösen Lebens im Mittelalter 5), Münster 1997; Signori, Gabriela (Hg.): *Lesen, Schreiben, Sticken und Erinnern. Beiträge zur Kultur- und Sozialgeschichte mittelalterlicher Frauenklöster* (Religion in der Geschichte 7), Bielefeld 2000.

[25] Hauber: „Deutsche Handschriften" (wie Anm. 23), S. 356.

[26] Ebd., S. 356-357.

unter anderem die Dialoge Gregors des Großen und die *Summa* von Johann Duns Scotus, eine Geschichte der Heiden etc. enthalten. Dazu findet sich ein Traktat darüber, „waz der sw[oestern] klaider bedütend und wie sy sich in tugenden nach der bedütung halten sond", also der größte Teil vom Buch der *Reformatio Predigerordens* von Johannes Meyer. Dieser scheint auch der Autor der Handschrift gewesen zu sein, wie Hauber vermutet,[27] aber der Codex gibt doch gut zu erkennen, wie reichhaltig und breit gefächert das Leseinteresse der Nonnen gewesen sein muss bzw. wie anspruchsvoll ihre Anforderungen an die Autoren waren, die ihnen Texte besorgten.

Natürlich erweisen sich die meisten Bibliotheken in Frauenklöstern genauso theologisch ausgerichtet wie die in Männerklöstern, wie das Beispiel von St. Katharina in St. Gallen lehrt. Dort waren ein Schwesternbuch, Messbücher, Antiphonarien, ein Evangelienbuch und zahlreiche Gebetsbücher in der Sammlung vorhanden. Was hier fasziniert, ist nicht nur das thematische Spektrum, sondern die große Anzahl von Werken in der Bibliothek, was auf einen hohen Bildungsstand der Nonnen schließen lässt, die in ihrem Interesse fortlaufend von gebildeten Schwestern unterstützt wurden, deren Aufgabe darin bestand, unablässig neue Kopien von anderen Büchern anzufertigen.[28] Hauber macht uns auch auf eine Reihe von Büchern aufmerksam, die von Nonnen in Inzigkofen geschrieben wurden, unter denen die Pröpstin Anna Jäck besonders hervorragt, wobei es sich allerdings um Kopiertätigkeit handelt und nicht um kreatives Schreiben. Die von Hauber untersuchten Klöster gehörten jedoch keineswegs zu den größeren und gut ausgestatteten monastischen Institutionen ihrer Zeit, vielmehr fallen sie in die unterste Kategorie, mussten sich ja die Nonnen stets um ihren Lebensunterhalt kümmern und hatten offensichtlich wiederholt beträchtliche finanzielle Schwierigkeiten, die sie dazu zwangen, sich der Schreibtätigkeit zu widmen und so ihre eigene Bibliothek zusammenzustellen.[29] Wir dürfen daher in Bezug auf viele der großen und reich ausgestatteten Nonnenklöster mit wesentlich umfangreicheren Sammlungen rechnen, die wichtiges Licht auf die Literaturvermittlung und -entstehung werfen dürften. Leider bestehen bis heute erhebliche Probleme darin, die mittelalterlichen Bibliotheksbestände in Frauenklöstern zu rekonstruieren, die zweifellos in der Norm mehr als nur die grundlegenden liturgischen Texte, Nekrologe und Memorialbücher enthielten, sondern auch ein breites Spektrum anderer Werke aufzuweisen hatten.[30] Wenn eine energische und um das Wohlergehen ihres Klosters besorgte Äbtissin auftrat, konnten sich leicht vielfältige Bildungsreformen entfalten, wie das Zeugnis der Helftaer Äbtissin Gertrud von Hakeborn belegt:

> Divinam Scripturam valde studiose et mira delectatione quandocumque poterat legebat, exigens a subditis suis ut lectiones sacras amarent, et jugi memoria recitarent. Unde omnes bonos libros quos poterat, ecclesiae suae comparabat, aut transcribi a Sororibus faciebat. Studiose et hoc promovebat, ut puellae in liberalibus artibus proficerent, ita dicens, si studium scientiae deperierit, cum amplius divinam Scripturam non

---

27 Ebd., S. 360.

28 Ebd., S. 364.

29 Ebd., S. 372.

30 Gleba, Gudrun: „‚Ock grote Arbeyt myt Scryven vor dyt convent gedaen.' Die spätmittelalterlichen Klosterreformen Westfalens in ihrem liturgischen und pragmatischen Schriftgut", in: Signori (Hg.): *Lesen, Schreiben, Sticken und Erinnern* (wie Anm. 24), S. 107-122. Für ein weiteres Beispiel für das große Interesse an Memorialbüchern in (Frauen)Klöstern des Spätmittelalters siehe Oldermann, Renate: *Stift Fischbeck. Eine geistliche Frauengemeinschaft in mehr als 1000jähriger Kontinuität* (Schaumburger Studien 64), Bielefeld 2005, S. 81-82.

intellexerint, Religionis simul cultus interibit. Unde et juniores minus litteratas amplius addiscere saepe cogebat, et magistras eis provideat.

So oft sie konnte, las sie sehr eifrig und mit großem Vergnügen die Heilige Schrift. Sie forderte von den ihr Unterstellten, daß sie die heiligen Lesungen lieben und beständig im Gedächtnis aufsagen sollen. Deshalb besorgte sie für ihre Kirche alle guten Bücher, die sie konnte, oder ließ sie von den Schwestern abschreiben. Sie war eifrig darum bemüht, daß die Mädchen Fortschritte in den freien Künsten machten. So sagte sie: „Wenn der Eifer für die Wissenschaft verloren geht, wird auch die Pflege des Glaubens verschwinden, weil sie die Hl. Schrift nicht mehr verstehen."[31]

Wie das Beziehungsgeflecht etwa zwischen Mystikerinnen und gebildeten Klosterfrauen, die ein hohes Interesse an literarischer Tätigkeit besaßen, gestaltet gewesen sein mag – und von einem solchen müssen wir mittlerweile ohne Frage davon ausgehen – konstituiert aber weiterhin ein recht undurchsichtiges Phänomen, das hier nicht weiter verfolgt werden kann.[32] Außerdem müsste genauer beachtet werden, wie eng die Kooperationen zwischen Schreiberinnen, Dichterinnen/Autorinnen, Künstlerinnen und Mäzeninnen gewesen sind.[33]

Vor nicht allzu langer Zeit hat Ruth Meyer auf die *St. Katharinentaler Liedersammlung* aufmerksam gemacht, die im Dominikanerinnenkloster St. Katharinental bei Dießenhofen im Kanton Thurgau, Schweiz, nach 1424 aufgezeichnet wurde.[34] Im Anschluss an die dort enthaltenen Nonnenviten[35] taucht auch eine zweiteilige Sammlung von 28 Liedern auf, die unter anderem in Tönen von Pseudo-Reinmar von Zweter und Albrecht Lesch verfasst worden sind.[36] Diese Sammlung enthält zwei Marienlieder, ein geistliches Mailied und ein Lied mit einer sehr frühen, vielleicht sogar der ersten Fassung von „Es kommt ein schiff geladen."[37] Dreizehn der Lieder lassen sich als mystisch inspiriert identifizieren, die hier unikal überliefert sind. Zwei Hände sind zu erkennen, die erste, frühere, die neunzehn Lieder eintrug, und eine zweite, spätere, die neun Lieder aufzeichnete. Diejenigen Lieder, die auch anderweitig aufgezeichnet wurden, finden sich in Sammelhandschriften in St. Katharina in Nürnberg, St. Niko-

---

[31] Zitiert aus: Hubrath, Margarethe: *Schreiben und Erinnern. Zur ‚memoria' im Liber Specialis Gratia Mechthilds von Hakeborn*, Paderborn / München / Wien / Zürich 1996, S. 35.

[32] Siehe aber dazu Poor, Sara S.: *Mechtild of Magdeburg* (wie Anm. 5), S. 132-145; siehe auch Dinzelbacher, Peter: „Mechtild von Magdeburg in ihrer Zeit", in: *Studies in Spirituality* 14 (2004) S. 153-170, besonders S. 166-169.

[33] Havice, Christine: „Women and the Production of Art in the Middle Ages: The Significance of Context", in: Natalie Harris Bluestone (Hg.): *Double Vision*, Cranbury / NJ 1995, S. 67-94; Caviness, Madeline H.: „Anchoress, Abbess, and Queen: Donors and Patrons or Intercessors and Matrons?", in: June Hall McCash (Hg.): *The Cultural Patronage of Medieval Women*, Athens / London 1996, S. 105-145.

[34] Heute in der Thurgauischen Kantonsbibliothek in Frauenfeld unter der Signatur Y 74; Meyer, Ruth: „Die ‚St. Katharinentaler Liedersammlung'. Zu Gehalt und Funktion einer bislang unbeachteten Sammlung geistlicher Lieder des 15. Jahrhunderts", in: Cyril Edwards / Ernst Hellgardt / Norbert H. Ott (Hg.): *Lied im deutschen Mittelalter. Überlieferung, Typen, Gebrauch. Chiemsee-Colloquium 1991*, Tübingen 1996, S. 295-307.

[35] Vgl. dazu Jaron Lewis: *By Women* (wie Anm. 22), S. 28-29; Winston-Allen: *Convent Chronicles* (wie Anm. 22), S. 69-70; siehe auch die Edition des Schwesternbuchs durch Meyer, Ruth: *Das St. Katharinentaler Schwesternbuch: Untersuchung, Edition, Kommentar* (Münchener Texte und Untersuchungen 104), Tübingen 1995.

[36] Meyer: *Das St. Katharinentaler Schwesternbuch* (wie Anm. 35), S. 9, nennt die Zahl von 28 Liedern, während sie in ihrem Aufsatz: „Die ‚St. Katharinentaler Liedersammlung'" (wie Anm. 34), von 19 Liedern ausgeht. Dazu kommen neun weitere Lieder von einer späteren Hand.

[37] Becker, Maria E.: „Untersuchungen zu dem Tauler zugeschriebenen Lied ‚Es kommt ein schiff geladen'", in: Ephrem M. Filthaut (Hg.): *Johannes Tauler. Ein deutscher Mystiker. Gedenkschrift zum 600. Todestag*, Essen 1961, S. 77-92.

laus in Straßburg, Unterlinden in Colmar und in Inzigkofen, mithin in städtischen Zentren, wo der Meistergesang gepflegt wurde, was die Berücksichtigung von den Tönen Leschs und Pseudo-Reinmars erklärt. Die offenkundige Absicht bestand darin, mittels des Liedes didaktisch-mystisch auf die Zuhörer auszugreifen und neuplatonisch-dioynisches Gedankengut zu vermitteln, wie es bereits in der Verarbeitung durch Meister Eckhart zur Verfügung stand.[38] Andererseits scheinen viele Nonnen in mystisch beeinflussten Klöstern selbst kreativ tätig geworden zu sein, wie verschiedene Hinweise und unverkennbare Parallelen textlicher Art zu erkennen geben, was uns darauf aufmerksam macht, dass diese Liedersammlung trotz ihrer zum Teil unikalen Qualität als Sammelbecken verschiedener Strömungen literarischer Herkunft aufzufassen ist. Wie Ruth Meyer treffend bemerkt: „Diese Zeugnisse aus den Schwesternbüchern sind aber Hinweise auf eine offenbar besonders intensive Rezeption des mystischen Liedgutes bei den Dominikanerinnen. Auch hundert Jahre später sind diese Lieder vor allem in dominikanischen Frauenklöstern verbreitet",[39] was unsere lang gehegte Vermutung bestätigt, dass auch oder gerade diese Nonnenkonvente sich in einem intensiven Netzwerk befanden und sich gegenseitig austauschten.[40] Das Lied „Es kommt ein Schiff geladen" ist noch in fünf weiteren Handschriften enthalten, von denen sich zwei in den schon genannten süddeutschen dominikanischen Frauenklöstern befanden, und drei in niederdeutschen (z.B. das Werdener Liederbuch).

5. Buchbestände in Frauenklöstern

Betrachten wir uns einige vorläufige Statistiken, die uns von verschiedenen Frauenklöstern im gesamten deutschsprachigen Bereich erhalten sind, ohne dass diese immer konkret Auskunft über die Inhalte vermitteln. In Ebstorff entwickelte sich seit 1464/1470 unter der Priorin Mette von Niendorf ein intensiver Kopierungsprozess, und schon 1487 besaß das Kloster, wie wir aus einer damals entstandenen Chronik erfahren, 27 umfangreiche und eindrucksvoll illustrierte neue Handschriften, die meisten von den Klosterschwestern selbst geschrieben, nachdem die alten Bände radikal allesamt zerschnitten und zerstört worden waren.[41] Zu diesen gehörten Homilien, zahllose Gebetsbücher für den Privatgebrauch, ein *Horologium eterne sapiente*, die *Geistliche Harfe*, die *Imitatio Christi*, die *Fundgrube des Leidens Christi*, Revelationen der

---

[38] Ruh, Kurt: „Mystische Spekulationen in Reimversen des 14. Jahrhunderts", in: Kurt Ruh / Werner Schröder (Hg.): *Beiträge zur weltlichen und geistlichen Lyrik des 13. bis 15. Jahrhunderts. Würzburger Kolloquium 1970*, Berlin 1973, S. 205-230, hier S. 229.

[39] Meyer: „Die St. Katharinentaler Liedersammlung" (wie Anm. 34), S. 303.

[40] Für frühmittelalterliche Beispiele siehe Bodarwé, Katrinette: „Ein Spinnennetz von Frauenklöstern. Kommunikation und Filiation zwischen sächsischen Frauenklöstern im Frühmittelalter", in: Signori (Hg.): *Lesen, Schreiben, Sticken und Erinnern* (wie Anm. 24), S. 27-52; für weltliche Beispiele auf dem Gebiet der Korrespondenz unter Frauen im Spätmittelalter siehe Classen, Albrecht: „Female Exploration of Literacy: Epistolary Challenges to the Literary Canon in the late Middle Ages", in: Carol Poster / Richard Utz (Hg.): *The Late Medieval Epistle*, (Disputatio: An International Transdisciplinary Journal of the Late Middle Ages 1), Evanston/IL 1996, S. 89-121.

[41] Siehe dazu Borchling, Conrad: „Litterarisches und geistiges Leben im Kloster Ebstorf am Ausgange des Mittelalters", in: *Zeitschrift des historischen Vereins für Niedersachsen* 4 (1905) S. 361-420. Zur Vorstellung des kulturellen und literarischen Netzwerkes siehe den Beitrag von Margarete Zimmermann zu dem Salonalbum der Claude-Catherine de Clermont, hier in diesem Band S. 203-221.

Heiligen Birgitta von Schweden, das niederdeutsche Gedicht *Joseph*, zahlreiche grammatische Schriften für den Schulunterricht, das berühmte Liederbuch (s.u.), eine Klosterchronik und sogar ein lateinisch-niederdeutsches Lexikon.[42]

In St. Katharina in St. Gallen soll die Bibliothek etwa 500 Bände umfasst haben, von denen heute noch 105 vorhanden sind. Die Bibliothek von St. Katharina in Nürnberg konnte auf einen noch größeren Bücherschatz (ca. 500-600) verweisen, von denen mindestens die Hälfte von den Klosterfrauen selbst kopiert worden waren.[43] Auch der Anteil an Nonnen, die als Übersetzerinnen tätig waren, darf nicht unterschätzt werden, so wenn wir an Claranna von Hochenburg (gest. 1423) in Schönensteinbach, Elizabeth Kempf (gest. 1485) und Dorothea von Kippenheim (gest. 1425) in Unterlinden, Anna Ebin (gest. 1485) in Pillenreuth, Aleydis Ruyskop (gest. 1507) in Rolandswerth und Regula (gest. 1478) in Lichtenthal denken.[44] Wollte man nun eine Liste derjenigen Frauen zusammenstellen, die in Klöstern überhaupt schriftstellerisch tätig waren, sei es als kreativ Schreibende, sei es als Kopistinnen, gerieten wir ins Uferlose. Allerdings erweist sich auch diese Erkenntnis als außerordentlich wichtig für die weitere Untersuchung von Klöstern als bedeutungsvolle Zentren der Literatur- und Kunstproduktion während des gesamten Mittelalters.[45]

Zu verweisen wäre etwa auf das faszinierende Beispiel von der Priorin Margareta Ursula von Masmünster, die 1419 bei der Reformierung des Klosters Unterlinden in Colmar und 1423 des Baseler Dominikanerinnenklosters an den Steinen mitwirkte und eine *Geistliche Meerfahrt* schuf, also eine Art Pilgerbericht, den die Nonnen stellvertretend für die eigentliche Pilgerschaft lesen bzw. praktizieren konnten, womit sie das Gebot der *stabilitas loci* nicht übertreten mussten. Bedenkt man die erhebliche Popularität dieses Traktats, der in vielen Handschriften vorliegt, und vergleicht ihn mit anderen Pilgertexten wie Felix Fabris *Sionpilger* von 1492 oder 1493, stellt man schnell fest, dass Margareta Ursula einen durchaus qualitativ und vom Inhalt her gleichwertigen Bericht verfasst hatte und man sie im Grunde auf die gleiche Stufe wie Fabri stellen müsste, wenn ihr Text in einer neuen Edition zur Verfügung stände und man nicht immer noch mit dem Vorurteil gegen Klosterliteratur zu kämpfen hätte.[46]

Allerdings haben wir weiterhin mit beträchtlichen Wissenslücken zu kämpfen, da uns nicht ausreichend bekannt ist, wie der tatsächliche Bildungsstand in den Frauenklöstern beschaffen war, wobei von Institution zu Institution zu unterscheiden wäre und selbst aus heutiger Sicht die Kriterien genauer festgelegt werden müssten, nach denen wir ‚Bildung‘, d.h. Lateinkenntnisse oder nicht, Schreib- und Lesefähigkeiten oder nicht etc. definieren wollten.[47] Die sehr

---

[42] Borchling: „Litterarisches und geistiges Leben" (wie Anm. 41), S. 367.

[43] Williams-Krapp, Werner: „Observanzbewegung, monastische Spiritualität und geistliche Literatur im 15. Jahrhundert", in: *Internationales Archiv für Sozialgeschichte der deutschen Literatur* 20 (1995) S. 1-15; Schneider, Karin: „Die Bibliothek des Katharinenklosters in Nürnberg und die städtische Gesellschaft", in: Bernd Möller (Hg.): *Studien zum städtischen Bildungswesen des späten Mittelalters und der frühen Neuzeit*, Göttingen 1983, S. 70-82.

[44] Siehe dazu Winston-Allen: *Convent Chronicles* (wie Anm. 22), S. 175-178; zum Thema ‚Frauen als Übersetzerinnen‘ siehe Krontiris, Tina: *Oppositional Voices. Women and Writers and Translators of Literature in the English Renaissance*, London / New York 1992.

[45] Winston-Allen: *Convent Chronicles* (wie Anm. 22), S. 181-188.

[46] Fabri, Felix: *Die Sionpilger* (Texte des späten Mittelalters und der frühen Neuzeit 39). Wieland Carls (Hg.), Berlin 1999, S. 38-39.

[47] Schraut, Elisabeth: „Zum Bildungsstand fränkischer Zisterzienserinnenkonvente", in: *Württembergisch Franken*

hohe Verlustquote macht es oftmals fast unmöglich, das tatsächliche Ausmaß von Literatur- und Kulturproduktion in einem Frauenkloster zu erschließen, aber die großen Ausnahmen dürften doch in vielerlei Weise die Regel zu bestätigen.[48] Es scheint mir überzeugend, uns hierbei den Überlegungen von Burkhard Hasebrink anzuschließen:

> Die Frage nach der Bildung einzelner Autorinnen [wie z.B. der bekannten Mystikerinnen] verdeckt ein bildungsgeschichtlich kaum beleuchtetes Feld: die Bildungswelt klösterlich lebender Frauen, deren Bildung sich nicht in der Textproduktion niederschlägt, sondern in der Tradierung und Rezeption einer Schriftkultur, die im 15. Jahrhundert für nichtliturgische Bereiche schon fast ausschließlich von der Volkssprache bestimmt ist. Wenn im 15. Jahrhundert über ein elementares und alltagsorientiertes Niveau hinaus volkssprachliche Bildungsprozesse in organisierter und institutionalisierter Form zu finden sind, dann nicht an den Lateinschulen und Universitäten, erst recht nicht an den Generalstudia der Orden, sondern in den Konventen der religiös lebenden Frauen.[49]

Eva Schlotheuber hat inzwischen darauf aufmerksam gemacht, dass genauso auch die intensive Korrespondenz von Nonnen an die Außenwelt bzw. an andere Klöster mitberücksichtigt werden müsste, um einen angemessenen Eindruck von der Bildungsstufe und Kulturarbeit in der Welt der Stiftsdamen und Nonnen zu gewinnen, wie es etwa das beträchtliche Corpus an Briefen der Söflinger Clarissen (bei Ulm) vom späten 15. Jahrhundert vor Augen führt.[50] Speziell wäre hierbei noch in Betracht zu ziehen, wie sehr gerade das epistolare Genre zur Entwicklung und Förderung des politischen Beziehungsnetzes beitrug und damit das klösterliche Leben in vielfacher Weise in die soziale Struktur und das politische Geschehen auch außerhalb der Klostermauern verankert war.[51] Die Beispiele hierfür könnten noch vielfach

72 (1988) S. 43-67; Walsh, Katherine: „Ein neues Bild der Frau im Mittelalter? Weibliche Biologie und Sexualität, Geistigkeit und Religiosität in West- und Mitteleuropa. Ist-Stand und Desiderata der Frauenforschung", in: *Innsbrucker Historische Studien* 12/13 (1990) S. 350-580; Schiewer, Hans-Jochen: „Literarisches Leben in dominikanischen Frauenklöstern des 14. Jahrhunderts. Das Modell St. Katharinental bei Diessenhofen", in: Eisermann/Schlotheuber/Honemann (Hg.): *Studien und Texte zur literarischen und materiellen Kultur* (wie Anm. 9), S. 285-310.

[48] Oldermann, Renate: *Kloster Walsrode – vom Kanonissenstift zum evangelischen Damenkloster. Monastisches Frauenleben im Mittelalter und in der frühen Neuzeit*, Bremen 2004, S. 34-44.

[49] Hasebrink, Burkhard: „Tischlesung und Bildungskultur im Nürnberger Katharinenkloster. Ein Beitrag zu ihrer Rekonstruktion", in: Martin Kintzinger / Sönke Lorenz / Michael Walter (Hg.): *Schule und Schüler im Mittelalter. Beiträge zur europäischen Bildungsgeschichte des 9. bis 15. Jahrhunderts* (Beihefte zum Archiv für Kulturgeschichte 42), Wien 1999, S. 187-216, hier S. 187f. Vgl. dazu Oldermann: *Kloster Walsrode* (wie Anm. 48), S. 34-35.

[50] Miller, Max: *Die Söflinger Briefe und das Klarissenkloster Söflingen im Spätmittelalter*, Stuttgart 1940; Schlotheuber, Eva: *Klostereintritt und Bildung. Die Lebenswelt der Nonnen im späten Mittelalter. Mit einer Edition des ‚Konventstagebuchs' einer Zisterzienserin von Heilig-Kreuz bei Braunschweig* (Spätmittelalter und Reformation, Neue Reihe 24), Tübingen 2004, S. 270-272; breit dazu Classen, Albrecht: „Female Epistolary Literature from Antiquity to the Present", in: *Studia Neophilologica* 60 (1988) S. 3-13; Classen, Albrecht: „Emergence from the Dark: Female Epistolary Literature in the Middle Ages", in: *Journal of the Rocky Mountain Medieval and Renaissance Association* 10 (1989) S. 1-15; Classen, Albrecht: „Footnote to the Canon: Maria von Wolkenstein and Argula von Grumbach", in: Jean R. Brink / Allison P. Coudert / Maryanne C. Horowitz (Hg.): *The Politics of Gender in Early Modern Europe*, Bd. XII: *Sixteenth Century Essays & Studies* (Kirksville, Missouri: Sixteenth Century Journal Publishers 1989), S. 131-147; vgl. dazu: Cherewatuk, Karen / Wiethaus, Ulrike (Hg.): *Dear Sister. Medieval Women and the Epistolary Genre* (Middle Ages Series), Philadelphia 1993; siehe auch die Beiträge zu: Poster/Utz (Hg.): *The Late Medieval Epistle* (wie Anm. 40).

[51] Breit zur epistolaren Kultur im Mittelalter vgl. Constable, Giles: *Letters and Letter-Collections*, Turnhout 1976.

weiterverfolgt werden, wobei die Frage nach der verwendeten Sprache – Latein oder die Volkssprache – für unsere Überlegungen sekundär sein dürfte, vor allem weil sich kein einheitlicher Trend wahrnehmen lässt, d.h. nicht automatisch alle Frauenklöster dem gelehrten Latein den Rücken zukehrten, wie die Situation gerade in norddeutschen Konventen beeindruckend illustriert, wo man z.B. in Ebstorf, Wöltingerode, Derneburg, Wienhausen, Isenhagen und Heilig-Kreuz bei Braunschweig verstärkt den Erwerb von Latein vorantrieb.[52]

6. Die Heideklöster

Das beste Beispiel dafür gibt das Heidekloster Lüne ab, wo intensiv und mit großer Zustimmung der ganzen Gemeinschaft das Latein für den gesamten Schriftverkehr und für die offiziellen Dokumente gebraucht wurde, weil offensichtlich das linguistische Niveau so hoch entwickelt war, dass sogar die circa 1500 Briefe, die zwischen 1480 und den vierziger Jahren des 16. Jahrhunderts von den dortigen Nonnen verfasst wurden, lateinisch gehalten waren. Wie Eva Schlotheuber nun konstatiert: „An der regen Korrespondenz mit benachbarten Frauenkonventen und vielen anderen geistlichen Institutionen der Region beteiligte sich der ganze Konvent [...] Diese Korrespondenz belegt nicht nur die guten Fähigkeiten des Ausdrucks in der Fremdsprache, sondern auch den intensiven Austausch der Konvente untereinander während und nach der Reformation."[53]

Nicht uninteressant dürfte in unserem Kontext auch das Phänomen sein, dass seit dem späten 15. Jahrhundert, vor allem in Folge breitflächiger Reformbemühungen in Frauenklöstern, häufig Rechnungsbücher erstellt wurden, die zwar allein dem pragmatischen Schrifttum zuzurechnen sind, die aber dennoch belegen, wie stark Schriftlichkeit überhaupt das Leben von den Klosterfrauen zu durchdringen begann. Markante Beispiele für diese Gattung sind die Rechnungsbücher der Katharina von Roden (Klostervorsteherin von Malgarten seit 1485), des Beichtvaters des Gertrudenberger Klosters Rembert von Gesteren (1483-1489), des Stiftes Überwasser und dann das Briefbuch der Herzebrocker Äbtissin Anna von Ascheberg (Abschrift von Briefen, die zwischen 1539 und 1563 geschrieben worden waren)[54] – mit Ausnahme von Überwasser (Münster) liegen alle Klöster in der Diözese Osnabrück.

Es bleibt aber ein schwieriges Unterfangen, den genauen Bildungsstand in einem Kloster heute noch zu bestimmen und vor allem objektiv zu bewerten, weil zum einen zahlreiche Bibliotheken dem Feuer und anderen Zerstörungen zum Opfer fielen, zum anderen keineswegs überall die Codices geschlossen in einem Raum aufbewahrt wurden und viele sogar ständig sich im Leihverkehr befanden, wie das Beispiel der Engelberger Stiftsbibliothek zu il-

---

[52] Ausführlicher dazu Schlotheuber: *Klostereintritt und Bildung* (wie Anm. 50), S. 273-281; für vergleichbare Studien in England siehe Bell, David N.: *What Nuns Read: Books and Libraries in Medieval English Nunneries* (Cistercian Studies Series 158), Kalamazoo 1995, S. 75f.

[53] Schlotheuber: *Klostereintritt und Bildung* (wie Anm. 50), S. 276; vgl. dazu Riggert, Ida-Christine: *Die Lüneburger Frauenklöster* (Veröffentlichungen der historischen Kommission für Niedersachsen und Bremen XXXVII, Quellen und Untersuchungen zur Geschichte Niedersachsens im Mittelalter 19), Hannover 1996, S. 302-306.

[54] Gleba, Gudrun: *Reformpraxis und materielle Kultur. Westfälische Frauenklöster im späten Mittelalter* (Historische Studien 462), Husum 2000, S. 96-111. Fast identisch, wohl auf der Grundlage ihrer früheren Studie, fasst sie diese Ergebnisse noch einmal zusammen in: Gleba, Gudrun: *Klosterleben im Mittelalter*, Darmstadt 2004, S. 216-220.

lustrieren vermag.[55] Dazu gälte auch genauer zu differenzieren zwischen Privatbesitz und Gemeinschaftsbesitz, was ein nicht zu vernachlässigender Faktor sein dürfte, der eine erhebliche Differenzierung in der Bewertung des Kulturniveaus eines Klosters spielt.[56]

Obgleich die weitaus größte Anzahl von Büchern in Frauenklöstern sich aus liturgischen und anderen geistlichen Werken zusammengesetzt haben wird, entdeckt man doch immer wieder Abweichungen davon. Während ich bereits auf das *St. Katharinenthaler Schwesternbuch* eingegangen bin, möchte ich zuletzt noch das *Wienhäuser Liederbuch* und das *Ebstorfer Liederbuch* berücksichtigen, die uns außerordentliche tief greifende Einblicke in Frauenklöster als Literaturzentren des Spätmittelalters ermöglichen können.

Das *Wienhäuser Liederbuch* enthält 59 Lieder und eine Reimprosa. Von den Liedern wurden 17 auf Lateinisch geschrieben, während die anderen das Niederdeutsch gebrauchen bzw. sich auf eine lateinisch-niederdeutsche Mischsprache stützen. Auch die Reimprosa bedient sich gleichzeitig der zwei Sprachen, während die 35 niederdeutschen Lieder zumindest einen lateinischen Refrain einsetzen. 15 der Lieder werden von Noten begleitet, was einen beträchtlichen Gewinn für uns bedeutet. Zwar wissen wir nicht, wer dieses Liederbuch zusammengestellt hat, wir können aber mit Sicherheit davon ausgehen, dass mehrere Schreiberinnen daran beteiligt waren, unter denen sich, was jedenfalls auf die Lieder Nr. 13 und 25 zutrifft, auch die Äbtissin Katharina von Hoya (gest. 1474) oder ihre Sekretärin befand.[57]

Während aus religionsgeschichtlicher Sicht die Beobachtung Relevanz besitzen dürfte, dass sich in dieser Liedersammlung deutlich der Einfluss der *Devotio moderna* bemerkbar machte,[58]

---

[55] Eine negative Einschätzung bietet Opitz, Claudia: „Erziehung und Bildung in Frauenklöstern des hohen und späten Mittelalters, 12.-15. Jahrhundert", in: Elke Kleinau (Hg.): *Geschichte der Mädchen- und Frauenbildung*, Bd. 1: *Vom Mittelalter bis zur Aufklärung*, Frankfurt a. M. / New York 1996, S. 63-77. So auch Schreiner, Klaus: „Benediktinische Klosterreform als zeitgebundene Auslegung der Regel. Geistige, religiöse und soziale Erneuerung in spätmittelalterlichen Klöstern Südwestdeutschlands im Zeichen der Kastler, Melker und Bursfelder Reform", in: *Blätter für württembergische Kirchengeschichte* 86 (1986) S. 105-195; wesentlich differenzierter sieht es Meuthen, Erich, auch wenn er sich kaum explizit auf Frauenbildung bezieht: „Zur europäischen Klerusbildung vom 14. bis 16. Jahrhundert", in: Wolfgang Harms / Jan-Dirk Müller (Hg.): *Mediävistische Komparatistik. Festschrift für Franz Josef Worstbrock zum 60. Geburtstag*, Stuttgart / Leipzig 1997, S. 263-294. So stellt er fest: „Nicht also den Verzicht auf Bildung, sondern ihre sich auf das Individuum konzentrierende Abgrenzung, wie sie die Devotio moderna *in het hoekje met het boekje* realisiere" (S. 291), fügt dem aber sogleich hinzu: „im Grunde denn doch wohl eine Bildungsreduktion auf das für den Menschen allein Notwendige, ‚Nützliche' (hier haben wir's also wieder)" (S. 291f.).

[56] Marti: *Malen, Schreiben und Beten* (wie Anm. 12), S. 73-78; sie bietet auch Beispiele aus dem Clarissenkloster San Francesco in Bologna, S. 259.

[57] Diese Informationen übernehme ich von meiner früher vorgelegten Untersuchung: Classen: *‚Mein seel fang an zu singen'* (wie Anm. 7), S. 25-27. Vgl. dazu Alpers, Paul: „Das Wienhäuser Liederbuch", in: *Niederdeutsches Jahrbuch* LXIX/LXX (1943/1947) S. 1-40; siehe dazu seine Edition: *Das Wienhäuser Liederbuch*. Bearbeitet von Paul Alpers (o.O. und o. J.), und: *Das Wienhäuser Liederbuch*. Heinrich Sievers (Hg.), Wolfenbüttel 1954; mittlerweile liegt auch eine Neuausgabe vor: *Das Wienhäuser Liederbuch*. Peter Kaufhold Hg.) (Kloster Wienhausen 6), Wienhausen 2002.

[58] Vgl. dazu Rehm, Gerhard: *Die Schwestern vom gemeinsamen Leben im nordwestlichen Deutschland: Untersuchungen zur Geschichte der Devotio moderna und des weiblichen Religiosentums* (Berliner Historische Studien 11 / Ordensstudien 5), Berlin 1985; Kock, Thomas: „Theorie und Praxis der Laienlektüre im Einflußbereich der Devotio moderna", in: Thomas Kock / Rita Schlusemann (Hg.): *Laienlektüre und Buchmarkt im späten Mittelalter* (Gesellschaft, Kultur und Schrift: Mediävistische Beiträge 5), Frankfurt a. M. / Berlin 1997, S. 199-220.

spielt für uns hingegen die Tatsache eine große Rolle, dass auch einige weltliche Lieder und deren Melodien hier Eingang gefunden haben. Mit „Der kuckuk und de reygere" liegt uns die älteste Fassung dieses seit dem Spätmittelalter beliebten Volksliedes vor, das wir heute noch unter dem Titel „Die Vogelhochzeit" kennen.[59] Hinter dem Lied „De engel van dem hymmel" (Nr. 44) verbirgt sich eine niederdeutsche Variante der Ballade von Landgraf Ludwig und den Wundern, die die Heilige Elisabeth bewirkte. Als faszinierendes Phänomen ist auch festzuhalten, dass die musikalische Fassung von „In tyden van den iaren" (Nr. 21), die vom so genannten Breslauer Judenfrevel handelt, von der Melodie her gesehen in enger Anlehnung an diejenige des *Jüngeren Hildebrandslied* gestaltet wurde.[60] Um weltliche Lieder handelt es sich auch bei „Asella in de mola" (Nr. 19) und „Flevit lepus parvulus" (Nr. 60). Wenn auch nur noch als Fragment übrig geblieben, beweist doch sogar die allein erhaltene Endstrophe der Ballade auf Cord Krümelin (Nr. 39), wie sehr diese Nonnen mit der weltlichen Dichtkunst außerhalb des Klosters vertraut waren und diese relativ unbekümmert in ihre eigene religiöse Welt einbezogen, was freilich unter Umständen zu Konflikten mit der Äbtissin führte, wie der berühmte Schatz an Devotionalien unter dem Fußboden in Wienhausen zu erkennen gibt, der vor der heftigen Reformatorin versteckt werden sollte. Wie Ida-Christine Riggert hervorhebt,

> [d]iese Texte zeigen, daß das Leben in den Lüneburger Frauenklöstern durchaus nicht so düster nur auf das Jenseits bezogen war, wie es sich viele heutige Besucher der Häuser, vor allem diejenigen, die der evangelischen Konfession angehören, vorstellen. Die Lieder zeigen, daß die Nonnen der Heidekonvente auch nach Ablegung der Gelübde profanes Denken und weltliche Lebensfreude nicht völlig unterdrückten.[61]

Auf der anderen Seite machen sich deutlich mystische Vorstellungen und Inspirationen bemerkbar, womit dieses Liederbuch gewissermaßen im Brennpunkt von orthodoxer Kirchenlehre, weltlicher Unterhaltungsdichtung und individueller religiöser Visionserfahrung stand und die Berührungspunkte von weltlicher Kunst und klösterlicher Praxis in sich fasste.[62]

Berücksichtigt man außerdem noch die berühmten *Tristan*-Teppiche, die ebenfalls im Kloster Wienhausen geschaffen wurden und die aufgrund ihrer Ikonographie außerordentliche Beweiskraft für die idiosynkratische Zwitterstellung des Klosters sowohl als abgeschlossene und nach innen gekehrte religiöse Institution wie auch als Rezeptionsorgan für weltliche Interessen dienen können, verstärkt sich dieser Eindruck. Diese großformatigen und geradezu als gewaltig zu bezeichnenden Kunstwerke überragten das Fassungsvermögen der Wände und dürften wohl als Bodenbelag gedient haben, wenn sie im Chor zu repräsentativen Zwekken eingesetzt wurden.[63] Ganz gleich, nach welcher literarischen Quelle sich die Webe-

[59] Götze, Alfred (Hg.): *Die älteste deutsche Vogelhochzeit*, Zwickau 1912.

[60] Classen, Albrecht: „The *Jüngeres Hildebrandslied* in Its Early Modern Printed Versions: A Contribution to Fifteenth- and Sixteenth-Century Reception History", in: *Journal of English and Germanic Philology* 95, 3 (1996) S. 359-381; zur Einbindung dieser Ballade in die Dietrichepik siehe Heinzle, Joachim: *Einführung in die mittelhochdeutsche Dietrichepik*, Berlin / New York 1999, S. 51-53.

[61] Riggert: *Die Lüneburger Frauenklöster* (wie Anm. 53), S. 275.

[62] Sroka, Anja: „Mystik im Lied. Rezeption mystischer Traditionen im Wienhäuser Liederbuch", in: *Jahrbuch der Oswald von Wolkenstein Gesellschaft* 10 (1998) S. 383-394.

[63] Schuette, Marie: *Gestickte Bildteppiche und Decken des Mittelalters*, 2 Bde., Bd. 1: *Die Klöster Wienhausen und Lüne, das Lüneburgische Museum*, Leipzig 1927, S. 30; Appuhn, Horst: *Kloster Wienhausen. Einführung und Beschreibung*,

Künstlerinnen bei der Gestaltung der Teppiche richteten, entscheidend gilt, dass sie unbesorgt um Kritik ihrer Oberinnen, wenn es denn eine solche gab, ein zentrales weltliches ikonographisches Programm benutzten und somit indirekt an dem heftigen öffentlichen Diskurs um das Liebesthema in der *Tristan*-Dichtung teilnahmen, auf jeden Fall aber mit einem der wichtigsten Werke bzw. allgemeinen Themen der höfischen Kultur vertraut waren und dieses auf selbständige Weise und mittels ihrer eigenständigen Medien neu zum Leben bringen konnten.[64]

Berücksichtigen wir kurz „Asellus in de mola" (Nr. 19 bzw. Nr. 7), erhellt rasch, wie wenig die Vorstellung vom Kloster als ein rein asketischer Raum ohne Luft zum freien Atmen zweckdienlich für die kulturhistorische Betrachtung bisher gewesen ist und uns insbesondere davon abhält, den wahrhaften Beitrag von Frauen zur mittelalterlichen Literatur- und Kunstproduktion zu erkennen. Das Lied ironisiert das Schulwesen und macht sich über lernwidrige Schülerinnen lustig, die als Esel evoziert werden, wie unter anderem die zweite Strophe zu illustrieren vermag:

> (2) Kum kum esele stum,
> kum kum, esel stum,
> sprick latin, du bist nicht dum;
> vis saccos oblivisci;
> ‚Ach ach, gut gemach
> ach ach, gut gemach
> wol ick wünschen al den dag
> si possem adipisci.'[65]

Auch die letzte Strophe sei hier zitiert, weil sie so eindringlich den Humor zum Ausdruck bringt, der das ganze Lied durchdringt und damit die Hinwendung der Dichterin bzw. Kopistin zur Literatur außerhalb des Klosters andeutet:

Hamburg 1955, S. 30f.; Ricklefs, Jürgen: „Der Tristanroman der niedersächsischen und mitteldeutschen Tristanteppiche", in: *Jahrbuch des Vereins für niederdeutsche Sprachforschung* 86 (1963) S. 33-48; Fouqet, Doris: *Wort und Bild in der mittelalterlichen Tristantradition. Der älteste Tristanteppich von Kloster Wienhausen und die textile Tristanüberlieferung des Mittelalters* (Philologische Studien und Quellen 62), Berlin 1971, S. 31ff.; zuletzt Deighton, Alan: „Visual Representations of the Tristan Legend and Their Written Sources: a Re-Evaluation", in: *Tristania* XX (2000) S. 59-92.

[64] Parallel dazu wären auch andere, zeitgenössische großformatige Teppiche, die in süddeutschen Frauenklöstern wie St. Katharina in Nürnberg entstanden sind, zu berücksichtigen, insoweit sie einerseits die große Kunstbeflissenheit der Nonnen reflektieren, andererseits die machtpolitische Stellung der Klöster auf Grund ihrer engen Beziehung zu Bischöfen und führenden Stifterfamilien belegen. Ein gutes Beispiel dafür bieten die Walburga-Teppiche im Kloster St. Walburga in Eichstätt; vgl. dazu Zander-Seidel, Jutta: „Zur kunsthistorischen Bedeutung der Walburga-Teppiche", in: *Domschatz- und Diözesanmuseum Eichstätt: Die Walburga Teppiche* (KulturStiftung der Länder – Patrimonia 199), Eichstätt 2004, S. 14-20; vgl. dazu Braun, Emanuel: „Die Eichstätter Walburga-Teppiche", in: Emanuel Braun (Hg.): *Heilige Walburga hilft aus aller Not. Zeugnisse ihrer Verehrung und Verklärung. Ausstellungskatalog*, Eichstätt 2000, S. 121-131.

[65] Zitiert nach: Classen (wie Anm. 7, *‚Mein Seel fang an zu singen'*), S. 42.

(8) ‚Ach ach, hedde ik doch,
ach ach, hedde ik doch
secke dragen wente noch!
tunc esset mihi suave.
Vorwar vorwar
wert it em swar,
de de schal up sinen olden jar
pondus portare grave.‘[66]

Durchaus Ähnlichkeit mit dem mystisch-erotischen Diskurs in Mechthilds von Magdeburg *Das fließende Licht der Gottheit* besitzt das Lied „Das Kreuz. Gespräch des Herrn mit der Seele", wo die letztere z.B. den Herrn flehentlich anspricht und um Hilfe bittet:

(12) O here, giff mi der leve brand!
min krankheit is di wolbekant.
lestu mi up mi sülvest stan,
so westu wol, ik mot vorgan.[67]

Am häufigsten ist aber die Gattung der Marienlieder vertreten, was für religiöse Lieder, die in einem Kloster gedichtet oder zumindest aufgeschrieben wurden, nicht überraschend wirkt. Entscheidend bleibt aber, dass die Nonnen überhaupt so intensiv darum bemüht waren, mittels dieser Liedersammlung ein Dokument ihrer religiösen Leidenschaft zu schaffen, die sich leichterdings schlicht als die andere Seite der gleichen Medaille erweist, womit nämlich die weltliche Liebeslyrik des späten Mittelalters großartig komplimentiert wurde.

Auf etwas anderer Ebene gelagert erweist sich die Situation vom Kloster Ebstorf, heute so berühmt wegen der dort geschaffenen Weltkarte.[68] Zugleich liegt uns aber auch ein Liederbuch vor, das von den Nonnen in Ebstorf geschrieben wurde, das zwar einerseits ebenfalls ganz deutlich die Beeinflussung durch die *Devotio moderna* reflektiert, andererseits in vielerlei Form auch die weltliche Liebeslyrik verarbeitete und ihre Elemente für die religiöse Thematisierung umsetzte, ob wir an das Marienlob (Nr. 3), an das Kreuzlied (Nr. 4) oder das Liebeslied auf Jesus denken (Nr. 5), von dem hier die letzten zwei Strophen zitiert zu werden verdienen:

(7) Tho mynes leves hoveden
dar steit eyn lylienbladt,
dat lopt van vrouden umme
so alze eyn molenradt.
(8) Tho mines leves diden
dar stat eyn gulden schrin,
dar inne is beslaten
dat milde hertken sin.[69]

[66] Siehe dazu auch Agricola, Kathrin: „,*Vrouwet juk, kynder, alghemeyne…*'" – *das Wienhäuser Liederbuch als Zeugnis von Religiosität und Klosterleben im Spätmittelalter*. Wissenschaftliche Hausarbeit zur Erlangung des akademischen Grades eines Magister Artium der Universität Hamburg, Hamburg 1997.

[67] Zitiert nach: Classen (wie Anm. 7, *„Mein Seel fang an zu singen'*), S. 45.

[68] Wilke, Jürgen: *Die Ebstorfer Weltkarte* (Veröffentlichungen des Instituts für Historische Landesforschung der Universität Göttingen 39), 2 Bde., Bielefeld 2001.

[69] Zitiert nach: Classen (wie Anm. 7, *„Mein Seel fang an zu singen'*), S. 127.

Obwohl die Dichterinnen niemals vom explizit geistlichen Thema abweichen, füllen sie doch oftmals den gegebenen Rahmen durch stark erotisch geprägte Bilder aus, die auf die Vereinigung von der Seele mit Christus hinzielen, wie dies in Lied Nr. 18 der Fall ist:

> (5) Den han ik mi to fründe koren,
> unde mine trüwe öme gesworen.

> (6) Wan ik ön to fründe han,
> so bin ik küsk unde wolgetan.[70]

Dies macht sich noch viel deutlicher in einem „Farbenlied" bemerkbar, wo Strophe für Strophe der symbolische Wert von einzelnen Farben behandelt wird, was in der weltlichen Liebeslyrik genauso zur Sprache kam, wie etwa die dritte Strophe, die sich auf ‚rot' bezieht, unmissverständlich zum Ausdruck bringt:

> Roder farwe der hebbe ik vel,
> in der leve so brent myn hertz;
> dat se dat nicht erkennen wil,
> dat dot my seker smertz.
> Dat szegehe ik van hertzen gherne:
> ach mochte ik by er syn!
> ik hope, dat se jo wil schir
> ere junghe hertze to my keren,
> wor ik in elende byn.[71]

Zwei Fragmente von so genannten Volksliedern (Nr. 12 und Nr. 14) verraten weiterhin, wie interessiert die Schreiberinnen am populären Liedgut außerhalb des Klosters gewesen waren und dass sie nicht zögerten, wenn sich eine Gelegenheit bot, dieses in ihre eigenen Handschriften aufzunehmen.

7. Schlussfolgerungen

Schließen wir unsere Betrachtungen damit ab und versuchen wir, einige der wichtigsten Beobachtungen zusammenzufassen. Ohne Zweifel lässt sich nun festhalten, dass Frauenklöster überall im deutschsprachigen Raum mehr oder weniger je nach der personalen Zusammensetzung und nach den finanziellen Möglichkeiten intensiv oder zumindest aktiv an der geistlichen Literaturproduktion beteiligt waren, und dies grundsätzlich für den eigenen Gebrauch.[72] Der Bildungsstand in Klöstern schwankte erheblich, aber die Welt des Latein war keineswegs ein absolutes Privileg der Männerklöster, wie vor allem die norddeutschen Frauenklöster vor Augen führen. Weiterhin dürfen wir nun festhalten, dass viele Bibliotheken in spätmittelalterlichen Klöstern gut bis außerordentlich reich ausgestattet waren, wenngleich die meisten heu-

---

[70] Zitiert nach: Classen (wie Anm. 7, *„Mein Seel fang an zu singen"*), S. 64-65.

[71] Vgl. dazu etwa „Nach grüner farb mein hertz verlangt" (Nr. 57) im *Ambraser Liederbuch*; siehe Classen, Albrecht: *Deutsche Liederbücher des 15. und 16. Jahrhunderts* (Volksliedstudien 1), Münster / New York / München / Berlin 2001, S. 37. Ausführlich dazu Lutz, Eckart Conrad: *Das Dießenhofener Liederblatt. Ein Zeugnis späthöfischer Kultur* (Literatur und Geschichte am Oberrhein 3), Freiburg i. Br. 1994, S. 26, dort auch weiterführende Literatur (Anm. 44).

[72] Classen, Albrecht: „The Medieval Monastery as a ‚Gesamtkunstwerk'. The Case of the ‚Heideklöster' Wienhausen and Ebstorf", in: *Studi medievali* XLIII, Fasc. II (2002) S. 503-534.

te schon lange zerstört worden sind oder ihre Ausstattung in alle Winde zerstreut ist. Als besonders bemerkenswert fällt auch ins Gewicht, dass Frauenklöster gar nicht exklusiv liturgische und biblische Literatur kopierten, sondern durchaus Interesse auch an weltlicher Dichtung zeigten, die sie unter Umständen in ihren Liederbüchern rezipierten.[73] Rein weltliche Dichtung scheint aber kaum je in Klöstern geschaffen worden zu sein, wenngleich so manche weltlichen Themen, unter anderem sogar solche erotischer Natur, Einfluss auf die geistlichen Texte ausübten. Obwohl ich das Thema der Lehre (Schule) nur knapp angeschnitten habe, trifft ebenfalls zu, dass Frauenklöster wichtige schulische Zentren darstellten, obgleich sie zunehmend Abstand davon nahmen, Schülerinnen zu unterrichten, die keine Absicht hatten, sich fest der Klostergemeinschaft anzuschließen.

Am wichtigsten dürfte aber sein, dass wir nun die Welt der Frauenklöster mit derjenigen der mittelalterlichen Frauenliteratur schlechthin enger verbinden müssen, auch wenn die Nonnen meistens bloß rezeptiv vorgingen und weniger kreativ ihre eigenen Werke schufen, hingegen erstaunlich aktiv durch Kopierung sich oftmals beachtliche Bibliotheken schufen. Welche Bücherschätze sie konkret mit sich ins Kloster brachten, wenn sie den Schleier annahmen, lässt sich vorläufig nur abschätzen,[74] aber wir können nun mit Sicherheit davon ausgehen, dass spätmittelalterliche Frauenklöster durchaus als ernstzunehmende Zentren der Literatur- und Kulturproduktion zu beurteilen wären, die als ein vollwertiger Ersatz zur *vita activa* jenseits der Klostermauern angesehen wurde, auf die man freiwillig verzichtet hatte.[75] Die Einflussnahme auf die Gesellschaft und Politik mittels der Herstellung von illustrierten Handschriften, der Abfassung von Briefen und der Produktion von Kunstwerken im Auftrag von Mäzenen wäre nun von Fall zu Fall genauer zu überprüfen, wenngleich der Tatbestand an sich kaum in Zweifel zu ziehen wäre, bedenkt man die engen familiären Beziehungen zwischen den Klosterinsassen und ihren Familien bis in die höchsten sozialen Ränge hinein. Dass Frauen die Volkssprache bevorzugten, mindert keineswegs ihren wichtigen Beitrag, deutet vielmehr darauf hin, wie sehr sie wiederum für ein weibliches Lesepublikum schrieben, das vor allem an paraliturgischen Texten Interesse zeigte.[76]

---

[73] Dazu zuletzt Wolf, Jürgen: „*vrowen phlegene ze lesene*. Beobachtungen zur Typik von Büchern und Texten für Frauen", in: Eckart Conrad Lutz / Wolfgang Haubrichs / Klaus Ridder (Hg.): *Text und Text in lateinischer und volkssprachiger Überlieferung des Mittelalters. Freiburger Kolloquium 2004* (Wolfram-Studien XIX), Berlin 2006, S. 169-190.

[74] Gleba: *Reformpraxis und materielle Kultur* (wie Anm. 54), S. 111-115.

[75] Elm, Kaspar: „Verfall und Erneuerung des Ordenswesens im Spätmittelalter. Forschungen und Forschungsaufgaben", in: *Untersuchungen zu Kloster und Stift* (Veröffentlichungen des Max-Planck-Instituts für Geschichte 68 / Studien zur Germania Sacra 14), Göttingen 1980, S. 188-238; Williams-Krapp, Werner: „Ordensreform und Literatur im 15. Jahrhundert", in: *Jahrbuch der Oswald von Wolkenstein Gesellschaft* 4 (1986/1987) S. 41-51.

[76] Wolf: „*vrowen phlegene ze lesene*" (wie Anm. 73), S. 184-190.

TOMAS TOMASEK

1. Vorbemerkung

Am Ende der Dichtungen der Frau Ava, der ersten namentlich bekannten, deutschsprachigen Autorin, findet sich die folgende Passage:

> Dizze buoch dihtote zweier chinde muoter.
> diu sageten ir disen sin, michel mandunge was under in.
> der muoter waren diu chind liep, der eine von der werlt sciet.
> [...]
> dem wunsket gnaden und der muoter, daz ist AVA.[1]

In diesen Schlusssätzen wird eine Epikerin aus dem Anfang des 12. Jahrhunderts nicht nur namentlich hervorgehoben, sondern auch durch die Aussage, ihre zwei Söhne „sageten ir disen sin", als Verfasserin religiöser Dichtungen legitimiert: Avas Kinder dürften Geistliche gewesen sein, die das religiöse Interesse ihrer Mutter nicht nur geteilt, sondern auch ihr Dichtertum gestützt haben, da weibliches geistliches Schreiben im Mittelalter der Rechtfertigung bedurfte.

Punktuell vergleichbar ist hiermit die Schlussbemerkung des *Loher und Maller* der Gräfin Elisabeth von Nassau-Saarbrücken, der frühesten namentlich bekannten deutschen Romanautorin:

> vnd dis büch tet schriben in welscher sprach ein edele wolgeborne frowe die was genant frowe Margrette greffynne zu wyedemont und frowe zu Genville hertzog fryderichs von lottringen graffen zu wiedemont husfrawe In den Iaren vnsers Herren tusent vierhundert und fünff Iare Vnd ist diß buch ouch vorbaß von welsch zu dutsch gemacht durch die wolgeborne frowe Elizabeth von llotringen grefffynne wytwe zu nassauwe vnd Sarbrucken/ der vorgenanten herzog friderichs vnd frowe Margreten tochter/ die es durch sich selbs also bedütschet hat Als es hie vor an beschriben stat vnd ist vollenbracht In den Iaren tusend vierhundert sieben vnd dryssig Nach der geburt cristi vnsers Herren Der uns nu vnd vmmer welle schirmen vnd bewaren[2]

Auch hier wird die Tätigkeit einer mittelalterlichen Literatin in generationsübergreifenden Familienstrukturen verortet, doch verfügt die Fürstin des Spätmittelalters über ihren profanen Stoff, der für sie einen lothringischen Haus-Stoff darstellt, vorbehaltloser als die Dichterin des 12. Jahrhunderts. Elisabeths literarisches Interesse ist in der Nachfolge ihrer Mutter gleichsam dynastisch legitimiert, während Frau Ava von ihren Söhnen den für ihr Dichten erforderlichen geistlich-männlichen Rückhalt erhält.

Frau Ava zollt in ihrer religiösen Epik weiblichen Figuren durchaus Beachtung, doch

---

[1] *Die Dichtungen der Frau Ava* (Altdeutsche Textbibliothek 66). Friedrich Maurer (Hg.), Tübingen 1966, S. 68 (*Das Jüngste Gericht*, 35).

[2] Benutzt wird die folgende Ausgabe: *Loher und Maller. Übertragen aus dem Französischen von Elisabeth von Nassau-Saarbrücken. Hamburg, Staats- und Universitätsbibliothek, Cod. 11 und 11a in scrinio* (Codices illuminati medii aevi 35). Farbmikrofiche-Edition. Literar- und kunsthistorische Einführung und kodikologische Beschreibung von Ute von Bloh, München 1995, hier fol. 143ᵛ.

finden sich aus stofflichen Gründen unter ihnen kaum Herrscherinnengestalten.[3] Auch zählte die frühmittelhochdeutsche Dichterin wohl selbst nicht zur Gruppe der Herrscherinnen. Dagegen liegt der Herrscherinnenstatus Elisabeths von Nassau-Saarbrücken offen zu Tage, schließlich trug sie zur Entstehungszeit der ihr zugeschriebenen Romane als verwitwete Gräfin und Mutter minderjähriger Söhne die Verantwortung für eine eigene Grafschaft. Ihre Übersetzungen greifen auf vier im hochadeligen Milieu spielende, an Fürstinnengestalten besonders reiche französische Chanson de geste-Epen zurück, so dass den Herrscherinnenfiguren Elisabeths einiges Gewicht zukommen dürfte – ein Gedanke, dem allerdings in der Forschung bislang nicht konsequent nachgegangen wurde.

Mit ‚Herrscherinnen‘ sind im Folgenden die in der Regel dem Geblütsadel entstammenden Ehefrauen von Grafen, Herzögen oder Königen gemeint. In literarischen Texten können sie als Einzelpersonen mit Ambitionen, Schwächen usw. dargestellt sein, darüber hinaus bleiben sie in familiäre Rollen z.B. als Ehefrauen oder Mütter eingebunden und treten auch als Repräsentantinnen der mittelalterlichen Ordnung in Erscheinung. Dementsprechend werden die prominenten Fürstinnen in den Elisabeth zugeschriebenen Werken durch Personennamen, Familienrollen und Adelsprädikate dreifach markiert (z.B. Adelheid, *husfrouwe*, Herzogin).

Auch wenn diese drei Bereiche nicht streng voneinander zu trennen sind, soll im Folgenden der Schwerpunkt auf dem gesellschaftlichen Handeln der Herrscherinnenfiguren liegen. Dabei wird sich zeigen, dass in die Gestaltung von Elisabeths Protagonistinnen, die in der Forschung bislang unter den Aspekten der literarischen Typik (Motivgeschichte) und der Geschlechtsspezifik[4] betrachtet wurden, einiges an herrscherlichem Orientierungswissen eingeflossen ist. Den Elisabeth zugeschriebenen Werken sind Grundzüge eines Herrscherinnenkonzepts inhärent, das an problematischen Frauenfiguren (Kap. 2) wie an idealtypisch gezeichneten Heldinnen (Kap. 3) gleichermaßen ablesbar wird. Hieraus lassen sich auch Rückschlüsse hinsichtlich der umstrittenen Entstehungsfrage der Werke Elisabeths ziehen (Kap. 4).[5]

---

[3] Einzige Ausnahme ist die nur kurz erwähnte „valantinne Herodia“ (*Die Dichtungen der Frau Ava* [wie Anm. 1,], S. 9 [*Johannes* 27, 6]).

[4] Besonders verwiesen sei auf: Morrison, Susan Signe: „Women Writers and Women Rulers: Rhetorical and Political Empowerment in the Fifteenth Century“, in: *Women in German. Yearbook* 9 (*WIGYb*) (1994) S. 25-48; von Bloh, Ute: „Gefährliche Maskeraden. Das Spiel mit der Geschlechteridentität. (‚Herzog Herpin‘, ‚Königin Sibille‘, ‚Loher und Maller‘, ‚Huge Scheppel‘)“, in: Wolfgang Haubrichs / Hans-Walther Herrmann / Gerhard Sauder (Hg.): *Zwischen Deutschland und Frankreich. Elisabeth von Lothringen, Gräfin von Nassau-Saarbrücken* (Veröffentlichungen der Komm. für Saarländische Landesgeschichte und Volksforschung 34), St. Ingbert 2002, S. 495-515. Weitere Arbeiten werden genannt und kritisch besprochen bei Gaebel, Ulrike: *Chansons de geste in Deutschland. Tradition und Destruktion in Elisabeths von Nassau-Saarbrücken Prosaadaptionen*, Diss. Phil. Berlin 2002, S. 29-32; http://www.diss.fu-berlin.de/2002/8/

[5] Welchen Anteil die Saarbrücker Gräfin an der Entstehung der ihr zugeschriebenen Übersetzungen hatte, wird ungeachtet der oben zitierten Schlussbemerkung von *Loher und Maller* in der neueren Forschung kontrovers diskutiert. Ute von Bloh z.B. geht hinsichtlich der Autorschaft Elisabeths von „einer inszenierten Legende“ der gräflichen Familie aus (von Bloh, Ute: *Ausgerenkte Ordnung. Vier Prosaepen aus dem Umkreis der Gräfin Elisabeth von Nassau Saarbrücken: ‚Herzog Herpin‘, ‚Loher und Maller‘, ‚Huge Scheppel‘, ‚Königin Sibille‘* [Münchener Texte und Untersuchungen zur deutschen Literatur des Mittelalters 119], Tübingen 2002), S. 32. Vgl. dazu auch zusammenfassend Gaebel: *Chansons de geste* (wie Anm. 4), S. 25ff.

2. Die problematische Herrscherin: Weißblume

Die am deutlichsten in politisches Geschehen involvierte Fürstin im Textkorpus Elisabeths ist die in zahlreichen Episoden zweier Romane präsente, schillernde[6] Figur der Königin Weißblume, die Gemahlin des französischen Königs Ludwig, die sich gleich bei ihrem ersten Erscheinen in *Loher und Maller* in die Staatsgeschäfte einmischt: Als die turbulente Handlung gerade wieder auf ein Gleichgewicht zusteuert, weil die verfeindeten Brüder Loher (Kaiser Lothar) und Ludwig ihr Verhältnis zu regeln bereit sind, tritt Weißblume auf den Plan, und stachelt ihren Ehemann auf, die Rangdifferenz gegenüber dem Bruder nicht hinzunehmen (vgl. *Loher* fol. 57^{rb-va}).

Abb. 1: Staats- und Universitätsbibliothek Hamburg, Codex in scrinio 11, F. 57r

Dahinter stehen die bösartigen Ratgeber des Königs, deren Plan, Kaiser Loher entmannen zu lassen, damit er keine Nachkommen zeugen kann, Ludwig bereits einmal zurückgewiesen hatte (vgl. *Loher* fol. 55vb-56ra) und die sich nun an die Königin wenden, der es in einem nächtlichen Bettgespräch (Abb. 1) gelingt, ihren Ehemann umzustimmen und doch

---

6 Wie Morisson: „Women Writers" (wie Anm. 4), S. 28 in Weißblume „an ideal ruler" sehen kann, bleibt unverständlich.

noch für den hinterhältigen Plan zu erwärmen.[7] Weißblumes Verhalten zeugt hier von Anmaßung und Selbstüberschätzung, denn sie setzt einen unter Vermittlung des Papstes mühsam gefundenen Reichsfrieden aufs Spiel; vor allem offenbart es ihre Ambitionen, denn gelänge der Plan, würde ihrer Familie die Kaiserwürde winken (vgl. *Loher* fol. 57[rb-va]), und zugleich zeugt es von Ahnungslosigkeit, da Weißblume nicht bemerkt, dass die bösen Ratgeber langfristig auch auf den Sturz Ludwigs hinarbeiten.

Der Text verdeutlicht den großen Einfluss, der von einer Herrscherin ausgehen kann. Weißblume macht an dieser Stelle tatkräftig Politik, indem es ihr gelingt, gegen den ursprünglichen Willen des Königs den Thronrat ins Spiel zu bringen, und auch die Ratgeber folgen den Spielregeln der Politik im Mittelalter, wenn sie den Weg zum Ohr des Königs über dessen Ehefrau suchen.[8] Die Dimensionen des Verhaltens Weißblumes erweitern sich noch, als die Königin während des durch die Entmannung Lohers ausgelösten Krieges eigenmächtig und „groß volck zů hilff" (*Loher* fol. 62[v]) mitführend auf dem Schlachtfeld erscheint. Da sie bereits nach kürzester Zeit in Gefangenschaft gerät, schwächt sie durch ihr unkoordiniertes Verhalten die Lage ihres Mannes entscheidend.[9]

Im Folgenden beweist Weißblume aber auch Statur: Als ihr der Zauberer Grimmoner vorschlägt, sie aus der Gefangenschaft zu lösen, lehnt sie dies mit dem Argument ab, sie habe Sicherheit geschworen und werde zu ihrem Wort stehen (vgl. *Loher* fol. 65rb). Solches Festhalten am gegebenen Wort ist eine im Mittelalter vielfach geforderte königliche Qualität.[10] Als sie ihren Ehemann später wiedersieht, bittet Weißblume ihn in einem weiteren Bettgespräch – ein Beispiel für das Prinzip der Spiegelung in Elisabeths Werken –, sich mit dem entmannten Bruder auszusöhnen (vgl. *Loher* fol. 66[rb-va]), d.h. sie versucht, den angerichteten Schaden zu begrenzen.

Weißblume ist also eine tatkräftige, zum Wortlaut eines Versprechens stehende Herrscherin, die oft aber auch ichbezogen und unbedacht handelt und ihrem Gatten dadurch in gefährlicher Weise in die Parade fährt. In diesem Punkt unterscheiden sich vorbildliche Protagonistinnen im Werk Elisabeths wie die Herzogin Adelheid, Florentine oder Fröhlich grundlegend von Weißblume, denn sie greifen niemals fahrlässig in die Pläne ihrer

---

7   Dabei lassen sich die Verräter von zeitgenössischem Orientierungswissen leiten: „Wir wellen es der kümynn jn geben Die sol yn wol dar zu sprechen Wann welliche frowe einen man hat der sye von gantzem hertzen liep hat Die bringet yn war zu sye wil Vnd so ein man ye wiser ist So yn sin wip zu grosser torheit bringet" (*Loher* fol. 56rb). Hinter diesem Wissen steht der Topos von den ‚Minnesklaven' und letztlich das Adam und Eva-Schema.

8   Vgl. Althoff, Gerd: „Verwandtschaft, Freundschaft, Klientel. Der schwierige Weg zum Ohr des Herrschers", in: Ders.: *Spielregeln der Politik im Mittelalter. Kommunikation in Frieden und Fehde*, Darmstadt 1997, S. 185-198.

9   Hierin liegt, wie die Spiegelung dieser Szene am Schluss des Romans zeigt (vgl. *Loher* fol. 142rb-143ra), kein grundsätzliches Plädoyer gegen weibliches militärisches Eingreifen, das – im Gegenteil –, wenn erforderlich wird, weil z.B. die Streitkräfte nicht ausreichen, sogar kriegsentscheidend sein kann.

10 Vgl. die im TPMA unter der Rubrik ‚Der König soll sein Wort halten' gesammelten Belege (*Thesaurus Proverbiorum Medii Aevi. Lexikon der Sprichwörter des romanisch-germanischen Mittelalters. Begründet von Samuel Singer*. Kuratorium Singer der Schweizerischen Akademie der Geistes- und Sozialwissenschaften (Hg.), Berlin / New York 1998, Bd. 7, S. 129ff.). Weißblume verhält sich hier nach den Vorgaben adeligen Orientierungswissens, was sich auch daran zeigt, dass Grimmoner ihr mit einem bekannten Rechtssprichwort antwortet (vgl. *Loher* fol. 65rb).

Ehemänner ein und verkörpern so *ex silentio* ein Ideal, an dem sich Weißblume verfehlt.

Dieses Profil Weißblumes aus *Loher und Maller* ist auch für den *Huge Scheppel* vorauszusetzen,[11] in dem sich folglich eine interessante Frage stellt: Wie will eine unberechenbare Regentin ohne männlichen Nachkommen die gefährliche Lage meistern, in der sich Frankreich nach dem Tode König Ludwigs befindet, da nun die Stunde der Verräter gekommen ist, denen Weißblume schon einmal vertraut hat? Das Herrscherinnen-Thema, das sich auch im Bildprogramm der Hamburger Handschrift ausführlich niederschlägt, ist ein fester Bestandteil der *Huge Scheppel*-Konzeption und trägt zum literarischen Reiz des Werkes erheblich bei.[12]

Als im *Huge Scheppel* die bösen Ratgeber bei Hof vorstellig werden (Abb. 2) und für einen der ihrigen, den Grafen Savari, die Hand der Königstochter verlangen, verhält sich die von diesem Gedanken angewiderte Königin nach außen neutral und antwortet, man werde sich beraten (vgl. *Huge* fol. 6ʳ). Doch Marie, ihre anwesende Tochter, verliert – menschlich verständlich, aber politisch sehr ungeschickt – die Contenance und beschimpft den Grafen Savari öffentlich als den Mörder ihres Vaters, was dieser kühl zurückweist. Als Marie erneut aus der Haut fährt, beschließen die Verräter, denen inzwischen genügend Beleidigungsgründe geliefert worden sind, die Königstochter gleich in Gewahrsam zu nehmen, was auch geschehen wäre, wenn sich nicht die Königin vor ihnen auf die Knie geworfen und durch die einlenkenden Worte, man solle morgen wiederkommen, dann werde sie nach einer Beratung mit den Bürgern von Paris ihre Tochter aushändigen, die gefährliche Situation gerettet hätte (vgl. *Huge* fol. 6ᵛ).

Im Gegensatz zu Marie geht Weißblume hier sehr geschickt vor: Mit ihrem Kniefall inszeniert sie Schwäche[13] – die Verräter glauben auch, die Königin eingeschüchtert („vast erschracken", *Huge* fol. 6ᵛᵇ) zu haben –, und gewinnt dadurch Zeit. Die nutzt sie, um die Bürger der Stadt eindringlich vor der mangelnden charakterlichen Eignung des Grafen Savari zu warnen (Abb. 3), wobei sie auch politisch argumentiert – sollte Savari König werden, werde das Reich verarmen (vgl. *Huge* fol. 7ʳᵇ) –, bevor sie ihre Rede, gestisch effektvoll, mit einem Ohnmachtsanfall beendet (vgl. *Huge* fol. 7ᵛᵃ).

---

[11] Die Figur Weißblumes wird bei Elisabeth keineswegs „inkonsequent ausgeführt", wie Gaebel: *Chansons de geste* (wie Anm. 4), S. 45 meint. Weder ist sie in *Loher und Maller* als schwach und ausschließlich negativ noch in *Huge Scheppel* als eindeutig positiv dargestellt. Ein kundiges Publikum kannte unter Umständen bereits aus dem altfranzösischen Wilhelmszyklus das schillernde Wesen dieser Figur, das auch im *Willehalm* Wolframs von Eschenbach die Ehefrau König Ludwigs kennzeichnet.

[12] Benutzt werden die folgenden Ausgaben: *Huge Scheppel / Königin Sibille. Übertragen aus dem Französischen von Elisabeth von Nassau-Saarbrücken. Hamburg, Staats- und Universitätsbibliothek, Cod. 12 in scrinio* (Codices illuminati medii aevi 26). Farbmikrofiche-Edition. Einführung zum Text und Beschreibung der Handschrift von Jan-Dirk Müller, München 1993; *Der Huge Scheppel der Gräfin Elisabeth von Nassau-Saarbrücken nach der Handschrift der Hamburger Stadtbibliothek* (Veröffentlichungen aus der Hamburger Stadtbibliothek 1). Mit einer Einleitung von Hermann Urtel, Hamburg 1905.

[13] Dass die *deditio* ein taktisch einsetzbares Mittel darstellt, zeigt Althoff, Gerd: „Das Privileg der *deditio*. Formen gütlicher Konfliktbeendigung in der mittelalterlichen Adelsgesellschaft", in: Ders.: *Spielregeln der Politik im Mittelalter. Kommunikation in Frieden und Fehde*, Darmstadt 1997, S. 99-125.

Abb. 2: Staats- und Universitätsbibliothek Hamburg, Codex in scrinio 12, F. 6r

Abb. 3: Staats- und Universitätsbibliothek Hamburg, Codex in scrinio 12, F. 7v

Am nächsten Tag empfängt Weißblume die Verräter mit betrübter Miene, gibt sich also weiterhin eingeschüchtert (vgl. *Huge* fol. 7va). Als Graf Savari die Hand der Tochter verlangt, verweist die Königin auf die noch ausstehende Bürgerdelegation: Sobald die eingetroffen sei, äußert sie sibyllinisch,[14] werde alles entschieden (vgl. *Huge* fol. 7vb). Daraufhin drängen die Bürger in den Saal und metzeln den größten Teil der Verräter nieder (Abb. 4).

Abb. 4: Staats- und Universitätsbibliothek Hamburg, Codex in scrinio 12, F. 8r

---

14 Die Königin bricht auch hier formal nicht ihr Wort, da es, äußerlich gesehen, die Bürger sind, welche die Übergabe der Königin verhindern und dadurch eine neue Lage schaffen.

Mit einer Dankesrede (Abb. 5) bindet die Königin die Pariser Bürger daraufhin noch enger an sich (vgl. *Huge* fol. 9ʳᵃ) und geht demonstrativ auf Huge, den tapfersten von ihnen, zu, um ihm als Auszeichnung die Hand zu reichen – der „neygete sich gar syttenclich" (ebd.). Dabei bemerkt die Königin, was für ein attraktiver Mann Huge ist – und hiermit beginnt eine Folge von Überreaktionen der Herrscherin, die nicht zuletzt eigennützig motiviert sind, aber auch zur Folge haben, dass Huge immer enger an die Königstochter

Abb. 5: Staats- und Universitätsbibliothek Hamburg, Codex in scrinio 12, F. 9r

herangeführt wird. Bei genauem Hinsehen ist hier wieder die problematisch agierende Weißblume zu erkennen, nur dass die Konsequenzen ihres Verhaltens diesmal eher burlesk wirken und letztlich zu einem guten Ende führen.

Es beginnt damit, dass Weißblume, nachdem sie gerade erst dessen Attraktivität bemerkt hat, ankündigt, sie werde Huge noch „hude oder morn" zum „Ritter machen" (*Huge* fol. 9rb). Wenn sie hinzufügt, sie glaube nicht, dass man sie „dar umb straffen sölle", macht sie auf das Ungewöhnliche ihres Vorhabens selbst aufmerksam, denn es steht der Königin-Witwe nicht gut an, einem Mann von ständisch unsicherer Herkunft, den sie erst wenige Augenblicke (d.h. gar nicht) kennt, derart rasch eine solche Gunst in Aussicht zu stellen.

Abb. 6: Staats- und Universitätsbibliothek Hamburg, Codex in scrinio 12, F. 13v

Da die Verräter und ihre Verbündeten von der Forderung nach der Königstochter nicht ablassen, kommt es zur Belagerung von Paris. Die Herrscherin weiß, was sie ihren Kämpfern schuldig ist, und zeigt sich mit Marie auf der Treppe des Palastes (vgl. *Huge* fol. 12vb).[15] Als Huge, der von allen als bester Kämpfer gepriesen wird, ihr mit einer Verbeugung einen gefangenen Grafen überantwortet, spricht Weißblume ihren Favoriten mehrdeutig als „liebe[n] geselle[n]" an, nimmt ihn öffentlich bei der Hand und lädt ihn in den Palast zu Tisch (*Huge* fol. 13rb).

Kaum hat er dort Platz genommen, lässt ihm die Königin zur Auszeichnung einen gebratenen Pfau servieren (Abb. 6). Darüber empfindet Huge Scham und leistet auf den Pfau das Gelübde, am folgenden Tag ins feindliche Lager zu reiten, um mindestens einen der gegnerischen Anführer zu töten, auch wenn er selbst dabei umkommen solle (vgl. *Huge* fol. 13^r). Diese Szene ist ein Lehrbeispiel für die Deutungsoffenheit symbolischer Kommunikation, beruht doch Huges Reaktion auf dem Orientierungswissen, dass derjenige, dem ein Pfau vorgesetzt wird, nach alter Gewohnheit eine kühne Tat zu vollbringen hat (vgl. *Huge* fol. 13vb).[16] Die Königin aber hatte daran nicht gedacht, als sie den eigentlich für ihren Tisch bestimmten Pfau zu Huge umleiten ließ (vgl. *Huge* fol. 13va), und ist nun entsetzt über das Resultat ihrer Geste. Dass sie, ohne es zu wollen, ihren Favoriten zu einem Selbstmordkommando animiert hat, belegt ihre Unsicherheit im herrscherlichen Register. Nun muss sie zurückrudern und Huge den Ausflug ins feindliche Lager ausdrücklich verbieten. Zusätzlich gibt sie die Anweisung, die Stadt hermetisch zu verschließen und niemanden hinauszulassen (vgl. *Huge* fol. 14^r) – eine erneute Überreaktion der Königin, die ins Leere läuft, da Huge kurzerhand über die Mauer steigt (vgl. *Huge* fol. 15^r), um seine angekündigten Heldentaten zu vollbringen.

Als die Belagerer Weißblume später mit dem Mittel der Diplomatie schlagen wollen und ihr durch einen Boten Frieden anbieten, sofern sie ihre Tochter freigibt und Huge ausliefert (Abb. 7), verhält sie sich ein weiteres Mal unvorsichtig, indem sie in öffentlicher Rede in ein sprachliches Register fällt, das, wenn es zwischengeschlechtlich verwendet wird, als das des Minnedienstes aufgefasst werden kann: Sie sieht Huge „gütlich an" und erklärt, ihr „geselle" habe ihr so „wol gedienet", dass sie ihn „liep habe" und nicht mehr entbehren könne (*Huge* fol. 21ra).[17]

Erst danach gesteht sich Weißblume in einem Monolog ihre Verliebtheit, die sie der Öffentlichkeit längst signalisiert hat, auch selbst ein (vgl. *Huge* fol. 21va), aber als sie von ihrer Tochter befragt wird, warum sie so bleich sei, gibt sie ihre Liebessymptome als Sorge

---

[15] Man beachte, dass Weißblume die Reaktion im Volk durchaus missdeutet (fol. *Huge* fol. 12vb-13ra).

[16] Vgl. zum Hintergrund dieser Szene: Müller, Jan-Dirk: „Held und Gemeinschaftserfahrung. Aspekte der Gattungstransformation im frühen deutschen Prosaroman am Beispiel des ‚Hug Schapler'", in: *Daphnis* 9 (1980) H. 3 S. 393-426, hier S. 419; Haug, Walter: „Huge Scheppel – der sexbesessene Metzger auf dem Lilienthron. Mit einem kleinen Organon einer alternativen Ästhetik für das spätere Mittelalter", in: *Wolfram-Studien* 11 (1989) S. 185-205, hier S. 187f.

[17] Wenn aber der Gegner unbedingt ihres „dieners" teilhaftig werden wolle, so fährt Weißblume fort, würde sie ihn schneller, als dem Feind „liep" sei, hinüber schicken. Der Bote hört die doppeldeutigen Begriffe wohl heraus und antwortet: „Ffrauwe [...] hait uch der geselle [...] wol gedienet So ist is billich Das ir yne liep habent", und setzt das Wortspiel fort: Wenn es ihr nun „gliebe", seine Botschaft gut aufgenommen zu haben, mag es ihr auch „gelieben", ihn gehen zu lassen (*Huge* fol. 21rb).

Abb. 7: Staats- und Universitätsbibliothek Hamburg, Codex in scrinio 12, F. 20v

um das Reich aus (ebd.). Der anschließende Streit mit Marie, die längst selbst ein Auge auf den altersmäßig zu ihr passenden Mann geworfen hat, zeigt, dass Huge für die Königin-Witwe zu einer Art ‚fixen Idee' geworden ist. Erst nach dem Streit mit ihrer Tochter wird Weißblume langsam vernünftig und überlässt Marie den Bräutigam, so dass ihr eigensüchtig-verliebter Umgang mit dem jüngeren Mann – im Gegensatz zu ihrem Taktieren in *Loher und Maller* – zu einem guten Ende führen kann.

Abb. 8: Staats- und Universitätsbibliothek Hamburg, Codex in scrinio 12, F. 32v

Etwas später überrumpelt die Königin Huge, indem sie ihn gegen alle Standeskonventionen zum Herzog von Orleans (vgl. *Huge* fol. 22ᵛ) erhebt; danach bringt sie ihn dazu, das königliche Wappen anzunehmen (Abb. 8), und führt ihn mit ihrer Tochter zusammen. Auf diese Etappen soll hier nicht mehr eingegangen werden, doch ist deutlich, dass Huges Erwerb der Königstochter nicht eigentlich das Resultat souveräner Figurenstrategien ist, sondern maßgeblich auf dem eigensinnigen Verhalten einer nicht immer sattelfesten Herrscherin beruht. Huges Waghalsigkeit und Weißblumes eigensüchtige Leichtfertigkeit treiben die Handlung nicht ohne komische Effekte voran.

3. Idealtypische Herrscherinnen

In *Loher und Maller* wie auch in *Huge Scheppel* wird am Beispiel der schillernden Figur Weißblumes ein deutliches Interesse an den Verhaltensweisen einer Herrscherin sichtbar. Wie aber steht es mit den idealtypischen adeligen Frauenfiguren, die sich gegenüber ihren Ehemännern zurückzunehmen wissen und deshalb auf den ersten Blick weniger als amtsausübende Figuren in Erscheinung treten? Auch diese Fürstinnen sind zu beherztem Auftreten befähigt, vor allem wenn sie ohne ihren Partner handeln müssen. So reagiert die frischgebackene Königin Sibille in einem Moment der Abwesenheit ihres Ehemanns auf die Bedrohung der königlichen Ehe durch einen teuflischen Zwerg mit einem kräftigen Faustschlag, wie es wohl auch ihr Ehemann getan hätte, wenn er zugegen gewesen wäre (vgl. *Sibille* fol. 59[va-vb]).[18]

Im Verlauf der Handlung bleibt es der von König Karl verbannten Sibille lange Zeit verwehrt, als Herrscherin am eigenen Hof zu agieren. Im Moment ihrer Verstoßung trägt sie den durch ein Kreuz auf der Schulter legitimierten Sohn Karls im Leib, was ihr fortan die Sorge um die Sicherung der Rechte des Thronfolgers und das Fortbestehen der Dynastie auferlegt – eine nicht nur mütterliche, sondern zugleich herrscherliche Aufgabe. Bezeichnenderweise ist es ein Kennzeichen der Fürstinnen im Werk Elisabeths, dass sie sich intensiver als ihre Ehemänner mit ihren Söhnen verbunden fühlen.[19]

Man kann Sibilles quer durch Europa und zurück an den Karlshof führenden (Leidens-)Weg als die Unternehmung einer zu Unrecht vertriebenen Herrscherin lesen, der es durch ethische Vorbildlichkeit gelingt, alle gesellschaftlichen Kreise – den Bauernstand (Warakier), die Gottesmänner (Einsiedler, Papst), das Heer der Byzantiner und sogar die vagabundierenden Kriminellen (Grimmoner) – um sich zu sammeln, um das Fortbestehen einer von Gott legitimierten Dynastie und damit die öffentliche Ordnung gegen die Machenschaften der Verräter am Hof zu sichern.

Auffällig ist, dass die vorbildlichen Herrscherinnenfiguren Elisabeths – wie übrigens auch die Saarbrücker Gräfin selbst – erstgeborene Söhne zur Welt bringen (neben Sibille sind es unter anderem Adelheid, Florentine und Fröhlich im *Herpin* oder Zormerin in *Loher und Maller*). Männliche Nachkommen zu gebären, stellt eine überaus wichtige Aufgabe der Herrscherinnen in Elisabeths Werk wie auch in der mittelalterlichen Wirklichkeit dar. Vor diesem Hintergrund ist es bezeichnend, dass es der Königin Weißblume nicht beschieden ist, diese ‚Leistung‘ zu erbringen, wodurch eine Szene im *Huge Scheppel* ihre eigentliche Pointe erhält:

---

[18] Benutzt werden die folgenden Ausgaben: *Huge Scheppel / Königin Sibille* (wie Anm. 13); *Der Roman von der Königin Sibille in drei Prosafassungen des 14. und 15. Jahrhunderts* (Veröffentlichungen aus der Staats- und Universitätsbibliothek Hamburg 10). Mit Benutzung der nachgelassenen Materialien von Fritz Burg. Hermann Tiemann (Hg.), Hamburg 1977.

[19] Vgl. Gaebel: *Chansons de geste* (wie Anm.4), S. 239f.

Bevor Huge an den Pariser Hof kommt, hat er in seinen wilden Jahren das Herz mancher Fürsten- und Bürgerstochter gebrochen – sie alle bringen, als Huge längst weiter gezogen ist, einen Sohn zur Welt. Bei der Verteidigung der Stadt Paris finden sich diese zehn unehelichen Söhne ein, und als Huge sie der Königin vorstellt, staunt sie nicht schlecht, dass es unter Huges Erstgeborenen keine Töchter gibt (vgl. *Huge* fol. 23r).[20]

Auch an dieser Stelle ist implizites herrscherliches Orientierungswissen in die Textgestaltung eingeflossen. Mit Recht hat die Forschung andererseits darauf hingewiesen, dass hinter dem Profil einiger Protagonistinnenfiguren Elisabeths auch legendennahe Handlungsmuster stehen,[21] zumal sich die Heldinnen auf ihren Leidenswegen stets im Einklang mit dem göttlichen Willen sehen. Auffälligerweise ist aber diese Typik in Elisabeths Werken mit der Aufgabe der Herrscherin, die Erbfolge zu sichern, verbunden. Sibille – um nur ein Beispiel zu nennen – unterscheidet sich von der Titelfigur der Crescentia-Legende dadurch, dass sie mit dem legitimen Thronerben schwanger ist, als sie der Untreue bezichtigt wird. Es geht also bei Elisabeths Herrscherinnenfiguren nicht nur um die Integrität einer gottesfürchtigen Ehefrau, sondern maßgeblich auch um die Sicherung einer Dynastie.

Die Aufgabe der Fürstin als Bewahrerin der gottgewollten Ordnung lässt sich insbesondere an den Taten der Herzogin Adelheid im *Herpin*[22] ablesen, die – ebenfalls als Schwangere – die Heimat verlassen und im Laufe der Handlung männliche Rollen annehmen muss. Ute von Bloh, die diese Thematik ausführlich untersucht hat,[23] erklärt die in Elisabeths Werken mehrfach erfolgenden Verkleidungen weiblicher Figuren einleuchtend mit der Gefahr, der sie während der Trennung von ihren Männern ausgesetzt sind. Allerdings reicht eine solche Deutung nicht aus, um Szenen wie den Riesenkampf, den die Herzogin Adelheid in männlicher Rüstung besteht, sowie die daraus resultierenden Folgekämpfe Adelheids zu erklären:

> Als Adelheid verkleidet am Königshof von Toledo die Arbeit eines Küchenknechts verrichtet, erhält sie im Traum von Gott die freudige Nachricht, dass Herzog Herpin und ihr Sohn am Leben sind. Zugleich erteilt er ihr den Auftrag, einen gefährlichen Riesen zu töten. Mit Gottes Hilfe zerstückelt sie ihn im Zweikampf (Abb. 9-11) und reißt ihm zuletzt die Zunge aus dem Rachen. Als daraufhin ein heidnischer Ritter dem König den Kopf des Riesen präsentiert und beteuert, er habe den Riesen getötet, legt die Herzogin/der Küchenknecht dem König die Zunge vor. Da der Ritter behauptet, die Zunge sei ihm entwendet worden, muss die Herzogin/der Küchenknecht auch ihn im Zweikampf besiegen, was erneut mit Gottes Hilfe gelingt. Der Riese und der lügnerische Ritter sind Heiden, und als das Heer der Heiden zum Rachefeldzug anrückt, muss sich die Herzogin auch in der Feldschlacht als Heidenkämpferin bewähren (vgl. *Herpin* fol. 20ᵛff.).

---

20 Vgl. dazu Haug: „Huge Scheppel" (wie Anm. 17), S. 193.

21 Vgl. Liepe, Wolfgang: *Elisabeth von Nassau-Saarbrücken. Entstehung und Anfänge des Prosaromans in Deutschland*, Halle/Saale 1920, S. 177-180; vgl. außerdem Gaebel: *Chansons de geste* (wie Anm. 4), S. 31, die darauf aufmerksam macht, dass Elisabeth auch „keineswegs vor der Darstellung betrügerischer Frauen zurückschreckt".

22 Benutzt wird die folgende Ausgabe: *Historie von Herzog Herpin. Übertragen aus dem Französischen von Elisabeth von Nassau-Saarbrücken. Heidelberg, Universitätsbibliothek, Cod.Pal.Germ152* (Codices illuminati medii aevi 17). Farbmikrofiche-Edition. Literarhistorische Einführung und Beschreibung der Handschrift von Ute von Bloh, München 1990.

23 Vgl. von Bloh: „Gefährliche Maskeraden" (wie Anm. 4).

Abb. 9:   Wolfenbüttel, Herzog August Bibliothek, Cod. Guelf. 46 Novissimi 2°, F.9r (Zweikampf links unten)

Diese in den Handschriften ausführlich bebilderte Episodensequenz bietet weit mehr als nur „Maskeraden",[24] zumal dem zu Grunde liegenden Zungenmotiv aus dem *Tristan*-Roman eine Legitimitätsfrage eingeschrieben ist. So macht die Textstelle innerfiktiv die Aussage, dass Gott zum Rechts- und Heidenkämpfer auch Personen erwählen kann, die nicht die gesellschaftliche Standarderwartung erfüllen, wie z.B. einen Küchenknecht (vgl. auch den Hundekampf in der *Sibille*). Der Rezipient weiß aber, dass es hier nicht um eine ständische, sondern um eine Erwartungsopposition im inneradeligen Gender-Bereich geht. Ohne die Tätigkeitsfelder des männlichen Adels anzutasten, wird an dieser Stelle die Aussage gemacht, dass auch einer Herzogin die Aufgabe und die Legitimation einer Kämpferin gegen die Heiden und das Unrecht – zweifellos herrscherliche Aufgaben – zuteil werden können.

---

[24] Vgl. dagegen von Bloh: „Anders nämlich als im Fall der geschlechtsidentischen Maskeraden der Männer, bleibt unter den Verkleidungen der Frauen zumeist ihre Weiblichkeit präsent. Sie agieren nur als unvollkommene Männer und dazu in einer Doppelrolle" (ebd., S. 506). Adelheid handelt bei ihren Kämpfen aber ausdrücklich in göttlichem Auftrag, so dass die umfangreiche Sequenz auch nicht als ein „besonders pittoreske[r] Einzelfall" (so Gaebel: *Chansons de geste* [wie Anm. 4], S. 250) abgetan werden kann.

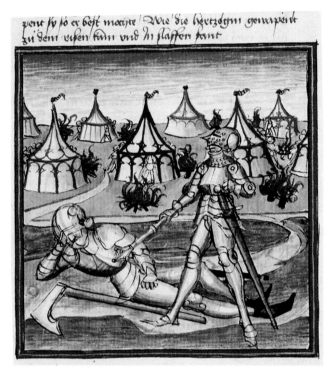

Abb. 10: Heidelberg, Universitätsbibliothek, Cod. Pal. Germ. 152 (‚Herpin'), F.21v

Abb. 11: Heidelberg, Universitätsbibliothek, Cod. Pal. Germ. 152 (‚Herpin'), F.23r

4. Fazit

An den behandelten Beispielen aus den vier Elisabeth von Nassau-Saarbrücken zugeschriebenen Werken, die sich leicht vermehren ließen – man denke nur an die zahlreichen weiteren Auftritte Weißblumes in *Loher und Maller* und *Huge Scheppel* –, ist ein dezidiertes Interesse an den Facetten der Herrscherinnenrolle unverkennbar. So werden anhand der Figur Weißblumes unterschiedlichste Konstellationen, sei es kritisch, exemplarisch oder auch humorvoll, durchgespielt. Diese Figur bildet gleichsam einen impliziten Herrscherinnen-Diskurs ab, der schon deshalb für die zeitgenössischen Saarbrücker Rezipienten von Interesse gewesen sein muss, da ihre Fürstin zur Entstehungszeit der ihr zugeschriebenen Werke als Witwe das Land regierte.

Nimmt man die zahlreichen vorbildlichen adeligen Frauenfiguren im Werk Elisabeths in den Blick, so zeichnet sich das Bild einer im Idealfall mit ihrem Partner zusammenwirkenden Herrscherin ab. Mit Gottes Hilfe muss aber auch eine Fürstin auf sich allein gestellt tatkräftig zu handeln in der Lage sein. Und sollte der Herrscher einmal ‚mit seinem Latein am Ende‘ sein, kann es der Fürstin auch zufallen, in seinem Beisein eine verfahrene Situation zu retten, wie in der Anfangsszene des *Herpin*, als die sich vor König Karl ausdrücklich zu ihrem Gatten bekennende Herzogin Adelheid ihren Mann durch einen Kniefall vor dem Tode bewahrt (vgl. *Herpin* fol. 3ᵛ 4ʳ). Das besondere Augenmerk einer Herrscherin liegt aber auch stets auf der aktiven Vertretung der Interessen ihrer (männlichen) Nachkommen. So kann festgestellt werden, dass die in der mittelalterlichen Theologie propagierte Sicht einer passiven, rezeptiven weiblichen Anthropologie[25] unter Elisabeths Herrscherinnenfiguren keine Belege findet.

Elisabeths profilierte Herrscherinnengestalten bleiben in den Werken deutscher Dichterinnen des Mittelalters und der frühen Neuzeit allerdings einmalig. Zieht man zum Vergleich den ebenfalls im 15. Jahrhundert entstandenen deutschen *Pontus und Sidonia*-Roman[26] heran, welcher der Herzogin Eleonore von Österreich zugeschrieben wird, so ergeben sich markante Unterschiede: Bereits die Zuweisung an Eleonore in der Vorrede der Augsburger Druckfassung (A¹ 1483), nach der sie ihre Übersetzung aus dem Französischen als Gefälligkeit für ihre Gatten angefertigt haben soll,[27] wirkt förmlicher und unkonkreter als jene Angaben, die Frau Ava und Elisabeth von Nassau-Saarbrücken in Generationen übergreifender Perspektive als Bearbeiterinnen familienrelevanter Stoffe be-

---

[25] Vgl. Bußmann, Magdalena: „Die Frau – Gehilfin des Mannes oder eine Zufallserscheinung der Natur?", in: Bea Lundt (Hg.): *Auf der Suche nach der Frau im Mittelalter. Fragen, Quellen, Antworten*, München 1991, S. 117-133.

[26] Benutzt wird die folgende Ausgabe: *Volksbücher vom sterbenden Rittertum* (Deutsche Literatur. Sammlung literarischer Kunst- und Kulturdenkmäler in Entwicklungsreihen, Reihe Volks- und Schwankbücher 1). Heinz Kindermann (Hg.), Leipzig 1928, S. 115-236.

[27] „Welche hystori die durchleüchtig vnd hochgeporn fraw, fraw Heleonora, geporne künigin auß schottenland, ertzhertzogin zů österreich, lőblich von frantzosischer zungen in teütsch getranßferiert uñ gemacht hat dem durchleuchtigen hochgepornem fürsten vnd herren, herren Sigmunden ertzhertzog zů österreich etc. jrem eelichen gemahel czů lieb vnd zů geuallen" (Reinhard Hahn: ‚*Von frantzosischer zungen in teütsch‘. Das literarische Leben am Innsbrucker Hof des späteren 15. Jahrhunderts und der Prosaroman ‚Pontus und Sidonia (A)‘* [Mikrokosmos 27], Frankfurt am Main 1990, S. 75f.).

glaubigen.[28] Vor allem aber lässt sich in *Pontus und Sidonia* keine nennenswerte Hinwendung zu Herrscherinnenfiguren registrieren: Nichts von den genannten Spezifika der Fürstinnengestalten im Werk Elisabeths – das tatkräftige Eintreten von Frauen für den legitimen Thronfolger,[29] entschlossenes weibliches (politisches) Handeln, Kampf für das Recht usw. – findet sich darin wieder.

Umso bemerkenswerter bleiben die unter dem Namen Elisabeths von Nassau-Saarbrücken überlieferten Romane mit ihren engagierten Fürstinnengestalten. Ein Interesse an Stoffen mit handlungsstarkem, weiblichem adeligem Personal, das, wie die Schlussbemerkung in *Loher und Maller* andeutet, unter Umständen bereits von Elisabeths Mutter geteilt wurde, ist in diesen Texten so offenkundig, dass es nicht als bloße Zufallserscheinung abgetan werden kann. Mag Elisabeth für die Übersetzung ihrer französischen Vorlagen ins Deutsche auch Helfer gehabt haben, ihr persönlicher Anteil an der Entstehung des unter ihrem Namen erhaltenen vierteiligen deutschsprachigen Epenzyklus wird in keinem Falle gering gewesen sein.

---

[28] Dass die im Augsburger *Pontus und Sidonia*-Druck enthaltene Zuweisung an Eleonore von Österreich unsicherer als die Autorschaft Elisabeths von Nassau-Saarbrücken ist (vgl. ebd., S. 73ff., S. 141ff.) und möglicherweise aus marktstrategischen Gründen erfolgte (vgl. ebd., S. 14), betont Hahn mit beachtenswerten Argumenten.

[29] Man vergleiche dagegen das blasse Erscheinungsbild der Mutter des Pontus, der namenlosen Königin, die ohne an ihre bedrohten Kinder zu denken, ihr eigenes Leben rettet (vgl. Kindermann: *Volksbücher* [wie Anm. 27], S. 117, S. 213ff.).

DEUTSCHSPRACHIGE PREIS- UND EHRENREDEN AUF FÜRSTLICHE FRAUEN DES SPÄTEN MITTELALTERS IM UMKREIS LUDWIGS DES BAYERN

WOLFGANG HAUBRICHS

Frauen zu preisen war in der Vergangenheit und ist wohl auch in der Gegenwart eine dankbare Aufgabe. Wenn ich nun doch meinen Vortrag mit der Behandlung einer Ehrenrede auf einen Fürsten, nicht auf eine Fürstin beginne, so gehorche ich damit einem sachlichen Zwang, zugleich freilich auch die Hoffnung instrumentierend, dass sich alsbald eine geziemende Steigerung einstellen werde.

Im Jahre 1337 hat der Sprecher und (nach dem Zeugnis des französischen Chronisten Froissart) Herold *Gelre*, der sich nach dem flämischen Namen seines Auftraggebers, des Herzogs von Geldern, nannte[1], eine Preis- und Ehrenrede auf den frisch verstorbenen Grafen von Holland verfasst, die später in sein ‚Wapenboek‘ einging. Ein sicherlich ebenfalls in Kontakt mit dem niederländischen Hof stehender niederrheinischer Autor schrieb zum gleichen Anlass eine Totenrede „Van dem greve(n) va(n) Hollant", die sowohl einem eigenwilligen Aufbau folgte als auch strukturbildend für das Genre wurde. Gegenstand war der unlängst verstorbene, die Grafschaft Holland in der Vereinigung mit Friesland, Seeland und Hennegau (frz. Hainaut) zu größter territorialer Entfaltung gebracht habende Graf Wilhelm III., der sich vielleicht der Abstammung von den aquitanischen Wilhelmiden und damit auch vom in französischen Chansons de Geste und von Wolfram von Eschenbach in seinem heroischen Roman ‚Willehalm‘ gefeierten Guillaume d’Orange, dem hl. Wilhelm von Gellone rühmen konnte. Eine altfranzösische Totenklage hatte Wilhelm Jean de Condé gewidmet, so dass man von umfangreichen Bemühungen seines Hauses um Publizität ausgehen darf, an denen die Familie, vor allem die Kinder Wilhelm IV. und Margarethe, Gemahlin Kaiser Ludwigs des Bayern, zweifellos Anteil hatten.

Der vorgenannte *Gelre* hatte dann seit 1339 eine feste Position am Hofe der Herzöge von Geldern inne[2]. Er muss jedoch davor und gleichzeitig weitere bedeutsame Beziehun-

1   Vgl. zu *Gelre* Bouton, Victor (Hg.): *Wapenboeck ou Armorial de 1334 à 1372 ... précedés de poésies heraldiques par Gelre, héraut d'armes*, Paris / Bruxelles 1881 [dort als Nr. X die Rede auf Wilhelm III. von Holland]; Supplément, Paris 1890; Riegel, Karl: „Ein Fragment einer unbekannten Handschrift von Gelres Wapenboek", in: *Tijdschrift voor Nederlandsche Taal- en Letterkunde* 5 (1885), S. 17-48; Beelaerts van Blokland, W.A.: *Beyeren quondam Gelre armorum rex de Ruyris*, s'Gravenhage 1933; Rosenfeld, Hellmut: „Nordische Schilddichtung und mittelalterliche Wappendichtung", in: *Zeitschrift für Deutsche Philologie* 61 (1936) S. 232-269, hier S. 248-252; Ders.: „Gelre (eigentlich Heynen)", in: *Die deutsche Literatur des Mittelalters. Verfasserlexikon*, 2. Aufl., Bd. 2 (1979), Sp. 1186-1187; van d'Elden, Stephanie C.: „The Ehrenreden of Peter Suchenwirt and Gelre", in: *Beiträge zur Geschichte der deutschen Sprache* (Tübingen) 97 (1975) S. 88-101; Nolte, Theodor: *Lauda post mortem. Die deutschen und niederländischen Ehrenreden des Mittelalters*, Frankfurt a.M. / Bern 1983, S. 115-126, 182-186; van Anrooij, W.: *Spiegel van ridderschap, Heraut Gelre en zijn ereredes*, Amsterdam 1990, S. 56-67.

2   Zu in fürstlichen Diensten stehenden Herolden, Sprechern (auch *segghers* genannt) im niederländischen und rheinischen Raum, z.B. a. 1326 Albrecht oppen Berge, *een heraut met een dienstmansgoed* vgl. Jonckbloet, W.J.A.: *Geschiedenis der middennederlandse Dichtkunst*, Bd. 3, Amsterdam 1855, S. 595-604; van Winter, Johanna Maria: *Ministerialiteit en Ridderschap in Gelre en Zutphen*, Groningen 1962, S. 154f.; Peters, Ursula: „Herolde und Sprecher in mittelalterlichen Rechnungsbüchern", in: *Zeitschrift für deutsches Altertum* 105

gen zu Fürsten des niederländisch-niederrheinischen Raumes unterhalten haben. Das bezeugen sein prachtvolles, von 1356 bis 1396 geführtes Wappenbuch und die davor geschriebenen mittelniederländischen, *dutschen* Reimchroniken der Herzöge von Brabant und der Grafen von Holland, von denen letztere 1355 mit einem Preis auf die Tochter Wilhelms III., Margarethe, von der noch ausführlich die Rede sein wird, endet; das bezeugen auch historische Lieder und Wappengedichte auf Fürsten, die seinem Wappenbuch beigegeben wurden[3]. Dieser Reimsprecher und Herold mit dem Dienstnamen *Gelre* hieß eigentlich *Heynen*; sein Nachfolger wurde 1371-1404 sein Sohn *Claes Heynenz-soon* (sic!) *de Ruyris*, der danach bis 1411 unter dem Dienstnamen *Beyeren* als Herold in den Dienst des Herzogs Wilhelm II. von Bayern-Straubing und Holland († 1417) trat, womit wichtige Beziehungen zwischen dem bairisch-wittelsbachischen und dem niederländischen Raum sichtbar werden, von denen ebenfalls noch zu sprechen sein wird[4].

Es ist wohl kein Zufall, sondern den genealogischen Prätentionen Wilhelms III. zu verdanken, wenn der aus dem niederrheinisch-niederländischen Umkreis Gelres stammende Verfasser in seiner Ehrenrede, eigentlich einem Planctus (‚Van deme greven van Hollant‘), einer Totenklage auf den vierfachen Grafen, den er auch wegen seiner Abkunft als *Aquitain* (v. 378) rühmt[5], Bezug auf das dichterische Vorbild, den kanonischen Autor Wolfram von Eschenbach, den ‚Willehalm‘-Autor also, nimmt (v. 14f.):

> *Och hedde ich Wolfraimis munt*
> *Den man heist va[n] Eyschebach*

(„Ach hätte ich den Mund, die Redegabe Wolframs, den man ‚den von Eschenbach‘ heißt ...“).

Die 480 Verse lange Rede gibt sich formal als Gebet an den Herrn, an *Got here* und die *gotteyt*, beginnt und endet auch mit ihrer Anrufung. Sie besteht aber im Kern aus einer komplexen allegorischen Narration. Der Dichter flieht eines Nachts vom Sturm verjagt aus seiner Behausung und gerät in eine Wildnis, ein Waldgebirge, womit der *erémus*, der Ort des ganz Andern, aber auch der Ort des Numinosen aufgerufen wird. Die Wildnis ist angefüllt mit *wilden würme(n)* (v. 46), d.h. Drachen, aber auch mit *lewen* und *beren*, denen er nur mühsam entgeht. An einem Brunnen findet er eine weinende, schreiende, seufzende, in allen Gesten der Klage agierende Dame, die sich erstaunlicherweise als „Frau Tugend“ (*de hogelofde dûgent*, v. 115) zu erkennen gibt. Nach dem Grund ihres exorbitanten Schmerzes, ihrer Seins- und Glücksverlorenheit (v. 108) gefragt, verweist sie den Dichter an ihre Schwester „Frau Ehre“ und deren Hof. Dorthin gelangt der Wanderer nach erneutem Aufstieg durch das wilde Gebirg und trifft die höfische Herrin der Ehre mit ihrem (ein-

---

(1976), S. 233-250.

[3] Vgl. Bouton: *Wapenboek* (wie Anm. 1), Bd. 1 und Supplément; Riegel: „Fragment“ (wie Anm. 1).

[4] Rosenfeld: „Gelre“ (wie Anm. 1), Sp. 1187.

[5] von der Hagen, Friedrich: „Graf Wilhelm von Holland. Aus der Berliner Handschrift von Gottfrieds Tristan“, in: *Germania* 6 (1844) S. 251-271. Vgl. dazu Rheinheimer, Melitta: *Rheinische Minnereden. Untersuchungen und Edition*, Göppingen 1975, S. 14-17, 232 (mit weiteren Rezeptionszeugnissen); Nolte: *Lauda post mortem* (wie Anm. 1), S. 167-172; Ders.: „Totenklage auf Graf Wilhelm III. von Holland“, in: *Die deutsche Literatur des Mittelalters. Verfasserlexikon*, 2. Aufl., Bd. 9 (1995), Sp. 988-989. Der Text stammt aus der berühmten Blankenheimer Tristan-Handschrift, Berlin Stiftung Preußischer Kulturbesitz, Staatsbibliothek germ. 4° 284 (ripuarisch, 2. H. 14. Jh.).

schließlich ihr selbst) aus sieben Damen zusammengesetzten *kůnne* (v. 241), d.h. „Geschlecht, Verwandtschaft" – man bemerke das in die Allegorie eingeschmolzene genealogische Bewusstsein des Adels: es sind *Truwe* („Treue" = *fides*), *Milde* („Freigebigkeit" = *liberalitas*), *Manheyt* („Tapferkeit" = *fortitudo*), *Demůyt* (= *humilitas*), *Warheyt* (= *veritas*) und *Stede* („Beständigkeit" = *constantia*), die, in völliger Auflösung höfischen Seins und höfischer Freude, eine nach der andern den Verlust ihrer Geltung, ihrer Existenzberechtigung in rituell mit „Owe" und „Ach" reich garnierten Planctus ausgiebig beklagen. Stets wiederkehrend ist von einem *He*, einem verstorbenen „Er", die Rede, der alle diese Tugenden und die Ehre am Leben erhielt, über sie verfügte, sie feierte und dessen Tod höfische Ehre und Tugend in den Abgrund stürzte. Auch sie aber offenbaren den Namen des hohen Toten nicht, sondern verweisen ihn auf einen *van Surie* (Syrien) … *kůnsten richen heyden* (v. 326f.), einen sarazenischen Astronomen, der mit seinem *astrolabio* in den Sternen lesen kann, wie in Wolframs ‚Parzival' der Heide Flegetanis[6] und daran anknüpfend beim Tugendhaften Schreiber, gerade in der Totenklage um einen verstorbenen Landgrafen von Thüringen, ein Sternenkundiger[7]. Dieser *astronimus* weiß nun auch aus den *lüffen der planeten*, aus den Planetenläufen also (v. 363), die Herkunft des toten Fürsten zu erschließen, der ein *Aquôs* ist, d.h. aus dem Geschlecht der von Avesne (Dép. Nord) stammt, zugleich ein *Aquitain* („Aquitanier"), und zugleich den Namen des *hogelofden here[n]: us Hollant greve wilhelm*. Der Heide erfragt nun vom Dichter, dem Herold, die *wapin* dieses *herre van veir landen*, die dieser bereitwillig, in vollendeter Wappenblasonierkunst beschreibt, worauf der kunstfertige Sarazene verspricht, um der *wirdicheit* des hohen Toten willen die Wappen in Gold zu schmieden und mit Edelsteinen zu schmücken.

Die Ehrenrede auf *Wilhelm III.* ist in einer letzten Endes aus der Bibliothek des rheinischen Grafengeschlechts von Blankenheim stammenden, von einer Hand der 2. Hälfte des 14. Jahrhunderts weitgehend einheitlich niedergeschriebenen Sammelhandschrift enthalten, welche mit der (niederdeutschen) ‚Sächsischen Weltchronik' beginnt, mit Fabeln, der Ehrenrede, einem Gedicht über die ‚Jagd nach der Minne', Sprüchen, Wappendichtung, Minnesang fortfährt und mit Gottfrieds von Straßburg ‚Tristan' (N) und seiner Fortsetzung durch Ulrich von Türheim endet[8]. Diese Zusammenstellung von Historie, höfischer Minnedichtung und Wappenkunst vermag das literarische Interesse zu spiegeln, das einer solchen Ehrenrede wie der auf Wilhelm III. von Holland (mit der ersten deutschen Wappenblasonierung überhaupt) auch nach dem unmittelbaren Anlass der Obsequien und Memorialfeiern noch zukommen konnte.

Zu der schon erwähnten Quelle des ‚Wartburgkrieges', die auch einen ähnlichen Katalog von sieben trauernden und fürbittenden Damen (hier für den Landgrafen von Thürin-

---

6 Eschenbach, Wolfram von: *Parzival* (453, 23ff.). Nach der Ausgabe Karl Lachmanns revidiert und kommentiert von Eberhard Nellmann, übertragen von Dieter Kühn, Bd. 1, Frankfurt a.M. 2006, S. 751f.; Bd. 2, S. 666-668; Vgl. Strohschneider, Peter: „Sternenschrift. Textkonzepte höfischen Erzählens", in: *Wolfram-Studien* 19 (2006), S. 33-58.

7 Darauf weist bereits F. v. d. Hagen (wie Anm. 5) hin. Vgl. nun zum Tugendhaften Schreiber und der im ‚Wartburgkrieg' enthaltenen ‚Totenfeier' Kornrumpf, Gisela: „Der Tugendhafte Schreiber", in: *Die deutsche Literatur des Mittelalters. Verfasserlexikon*, 2. Aufl., Bd. 9 (1995), Sp. 1138-1141, bes. Sp. 1140 (mit Lit.).

8 Vgl. Anm. 5.

gen) enthält, kommt nun als engere Parallele die zeitlich nahe stehende anonyme Totenklage (,Klage um eine edle Herzogin') um die 1331 verstorbene Beatrix von Tirol, Gemahlin des Herzogs Heinrichs V. von Kärnten, Grafen von Tirol, eine geborene Gräfin von Savoyen[9]. Der Autor dieser Totenklage von 638 Versen dürfte aufgrund schlagender Parallelen und stilistischer Übereinstimmungen identisch gewesen sein mit dem Verfasser der allegorischen Dichtung vom ,Kloster der Minne', das im bairisch-alemannischen Raum entstand, sich zweimal in auffälliger Überlieferungsgemeinschaft mit der Totenklage findet und ein institutionalisiertes höfisches Idealleben von Königen, Herzögen, Grafen, Rittern und Knappen und ihren Frauen im klösterlichen Raum entwirft, das man mit guten Gründen mit der Konzeption des 1330 von Kaiser Ludwig dem Bayern gegründeten Kloster Ettal verbindet, „das damals beträchtliches Aufsehen erregt, da hier – gemäß den Bestimmungen des Stifters – Benediktinermönche und ritterliche Ehepaare in genau abgegrenzten Bereichen, aber doch gemeinsam leben sollten und auch lebten, bis sich bald nach Ludwigs Tod (1346) das Ritterstift auflöste" (I. Glier)[10].

Die Allegorie gestaltet sich in der Narration ganz ähnlich der Ehrenrede auf Graf Wilhelm III.:

> Der Sänger nimmt eines Morgens sein Ross und reitet in die Wildnis des Waldgebirges, dort wo es am schroffsten und unwegsamsten ist. Auf einmal hört er zwei jämmerlich klagende Stimmen; als er sich nähert, erblickt er zwei Damen in Trauerkleidung. Er beschreibt ihre edle Schönheit und reich gezierte Kleidung, ihre jammervollen Gebärden und Klagen, die wie das Zitat von Begräbnisriten wirken. An Sprüchen, die mit goldenen Buchstaben als Devisen auf ihre Kleider gestickt waren, erkennt er die Eine als „Frau Ritterschaft", die Andere als „Frau Freude". Als er sie anspricht, fahren sie in ihrer exorbitanten Klage fort, beschreiben ihm aber auch das gesellschaftliche Leid, das sich anlässlich des Begräbnisses der betrauerten hohen Frau bei höfischen Damen und Rittern offenbarte. Dann heben sie aufs Neue ihre Klage an, bis sie – von Schmerz und Leid erschöpft – in eine Ohnmacht sinken, aus der sie der Sänger mittels eines in frisches Bachwasser getauchten Wildgrasbündels erlöst. Nun nennen sie ihm auf seine Bitte hin die Funktionsnamen der verstorbenen Fürstin, um die sie so schmerzliche Klage führen (v. 563ff.):

[9] Lassberg, Joseph Freiherr von (Hg.): *Lieder-Saal. Sammlung altdeutscher Gedichte*, Bd. 2 (1820-25), Neudruck Darmstadt 1968, S. 265-286, Nr. 125. Vgl. dazu Glier, Ingeborg: *Artes amandi. Untersuchung zu Geschichte, Überlieferung und Typologie der deutschen Minnereden*, München 1971, S. 178f. Dies.: „Klage um eine edle Herzogin", in: *Die deutsche Literatur des Mittelalters. Verfasserlexikon*, 2. Aufl., Bd. 4 (1983), Sp. 1162-1163; Nolte: *Lauda post mortem* (wie Anm. 1), S. 160-166; Janota, Johannes: *Orientierung durch volkssprachige Schriftlichkeit* (Geschichte der deutschen Literatur von den Anfängen bis zum Beginn der Neuzeit, hg. v. Joachim Heinzle, Bd. III, 1), Tübingen 2004, S. 336, 346. Der Text findet sich in der um 1433 im Konstanzer Umkreis entstandenen Hs. Donaueschingen 104 und in der 1470-90 zu datierenden nordalemannisch-südrheinfränkischen Hs. UB Heidelberg cpg. 313.

[10] Vgl. Glier: *Artes amandi* (wie Anm. 9), S. 179. Zu Ettal vgl. P. Fried, in: *Lexikon des Mittelalters*, Bd. 4 (1989), Sp. 59-60.

Ez waz ain edlin hertzogin
Von kärnden ze tierol gesin
Von saffoy was sy geborn
Owe wie schädlich hat verlorn
An ir dü welt gemain …

(„Es war eine edle Herzogin von Kärnten und Tirol gewesen, aus dem Geschlecht derer von Savoyen stammte sie. O weh! Zu ihrem großen Schaden hat die ganze Welt sie nun verloren…“).

Vergebens redet der Sänger ihnen zu, ihren Schmerz zu mäßigen; sich in das, was nicht mehr zu wenden sei, zu fügen, ihrer – der „Freude“ und der „Ritterschaft“ Bestimmung für die Welt zu folgen. Sie erklären ihm, dass sie entschlossen seien, in dieser Wildnis Wohnung zu nehmen und ihre Tage in Trauer um die verlorene Herzogin und in Gebet für ihre abgeschiedene Seele hinzubringen. Auch sein höfliches Anerbieten, bei ihnen zu bleiben und ihnen zu dienen, nehmen sie nicht an. Sie danken ihm und senden ihn in die Welt zurück, mit dem (nicht gerade zukunftsweisenden) Auftrag, all denen, die nach „Freude“ und „Ritterschaft“ fragen, zu künden, dass diese sich auf ewig im Erémus begraben hätten.

Man fragt sich, wie das allegorische Narrationsschema der Totenklage auf Beatrix von Tirol zum niederrheinischen Verfasser, der offensichtlich deren einfache Struktur erweiterte und unter Verwendung von aus anderen Quellen entlehnten Elementen komplizierte und steigerte, gelangt sein könne. Dies ist freilich nicht so schwer zu erraten, wenn man den Autor im Umkreis des 1330 gegründeten Ettals und seines Stifters, Ludwigs des Bayern, ansiedeln darf. Seit 1324 war er mit Wilhelms III. Tochter Margarethe vermählt (vgl. die genealogische Tafel Abb. 1). Ein wohl aus dem Umkreis Gelres stammender Niederländer hat die allegorische Motivik der Beatrixrede übrigens 1345 noch einmal – und zwar recht deutlich - für seine Totenrede (,Een jammerliche clage‘) auf *Wilhelm IV. von Holland* verwandt[11].

Wichtiger ist jedoch, wie die fürstliche Frau in der Totenrede jenseits des rituellen Geschäfts der Klage beschrieben wird: Eine individuelle Charakterisierung wird man nicht erwarten dürfen, es sind topische Versatzstücke, die zur Etikettierung benutzt werden und es ist letztlich Etikette, was daraus entsteht: (v. 535ff.). Sie ist *aine raine frowe zart* („eine reine, keusche, anmutige Dame“) sie ist *recht tugentlich* wie keine vor ihr, verfügt also über alle gebotenen Tugenden, *dar zu schon vnd minicklich* („dazu schön und liebenswert“) (V. 538ff.):

Mit züchten friges mutes
Pflag sy und was ir gutes
Milter dann ain kaini wär
Da von müssen wir iemer swär
Dulden vmb daz raine wib
So volkomen waz ir lib

---

11 Vgl. Zacher, Julius: „Handschriften im Haag, Nr. 3 Liedersammlung (no. 721)“, in: *Zeitschrift für deutsches Altertum* 1 (1841) S. 227-262, Teiledition S. 241f. Neuere Editionen: van Vloten, J. (Hg.): „Onuitgegeven Middelnederlandsche Verzen uit het Haagsche HS, no. 721 (Die Ehrenrede auf Graf Wilhelm IV von Holland)“, in: *De Dietsche Warande* 9 (1871) S. 6-23; Kossmann, E.F.: *Die Haager Liederhandschrift. Faksimile des Originals mit Einleitung und Transkription*, Haag 1940, S. 53-60. Vgl. Nolte: *Lauda post mortem* (wie Anm. 1), S. 173-177.

(„Sie übte freien [adligen?] Sinn mit Anstand [- hier klingt einmal ein personales Moment an -] und ging mit ihren Gütern freigebiger um als jede andere. Deswegen müssen wir auf immer um diese unverfälschte reine Frau trauern, so vollkommen war ihre Person").

Dieses Motiv der Reinheit und Tugendhaftigkeit wird später noch einmal aufgenommen (v. 568ff.):

> *Ir leben waz so rain*
> *Vnd waz och aller tugent vol*
> *Daz waisz der zart got vil wol*
> *Er wolt sy auch im selber han*
> *Vnd lie den tot über sy ergan*
> *Mit aim so recht beschaiden end*
> *an aller missewend*
> *Schied sy von der welt so schon:*
> *Got hat ir er in sinem tron.*

(„Ihr Leben war so rein und war auch angefüllt mit allen Tugenden. Das weiß der zarte, liebliche Gott gar wohl. Er wollte sie wohl auch für sich haben und ließ den Tod über sie ergehen und mit einem so beispielhaftem Ende: ohne alles Fehl schied sie in angemessener Weise von der Welt, Gott verwahrt ihre Ehre in seinem Thron.").

Mit diesen Prädikaten nähert sich die Gepriesene der Gottesmutter und gerade die letzten Verse über die Aufnahme ihrer „Ehre", ihres *honor* am Sitz des Allerhöchsten wirken fast wie eine Assumptio, durch den *zarten*, den „höfischen" Gott.

Topoi des höfischen Anstands, der Reinheit, der Anmut, der Schönheit, der Liebenswürdigkeit, der Vollkommenheit in den Tugenden, besonders in der Freigebigkeit gegenüber den Bedürftigen, des freien adligen Sinns und schließlich der reinen, unschuldigen Frömmigkeit, die bis in den Himmel trägt, Topoi und Konvention gewiss – doch stecken diese Topoi, gerade indem sie gesellschaftliche Konvention sind, den Horizont *fürsticklicher* (v. 561) Erwartungen an adlige Frauen ab, skizzieren das fürstliche Frauenbild für die Repräsentation nach außen, zweifellos nicht die Realität.

Jenseits der Vollkommenheit findet sich freilich wieder ein gesellschaftliches Regulativ, eingespeist in die allegorische Erzählung. Denn was anders heißt es denn, wenn gerade „Frau Freude" und „Frau Ritterschaft" um die Tote so intensiv klagen, als dass die Fürstin die Garantin der höfischen „Freude", verkörpert im Fest, und Protektorin der „Ritterschaft", verkörpert im Turnier, ist, im Turnier, das in der Klage zuvor als nun verloren beschrieben wird (v. 339ff.). Ja, diesen *personae* wird sogar, was sonst den Mönchen oder Nonnen des Begräbnisklosters aufgetragen ist, die Memoria, das *gedechtnus*, die Fürbitte für die Verstorbene aufgetragen, wozu sie sich in anachoretischem Akt in den Eremus, in die Wildnis auf ewig zurückziehen.

Der Meister der Ehrenreden auf fürstliche und adlige Personen im 14. Jahrhundert ist zweifellos *Peter Suchenwirt*, dem wir auch die zweite überlieferte Totenpreisrede auf eine

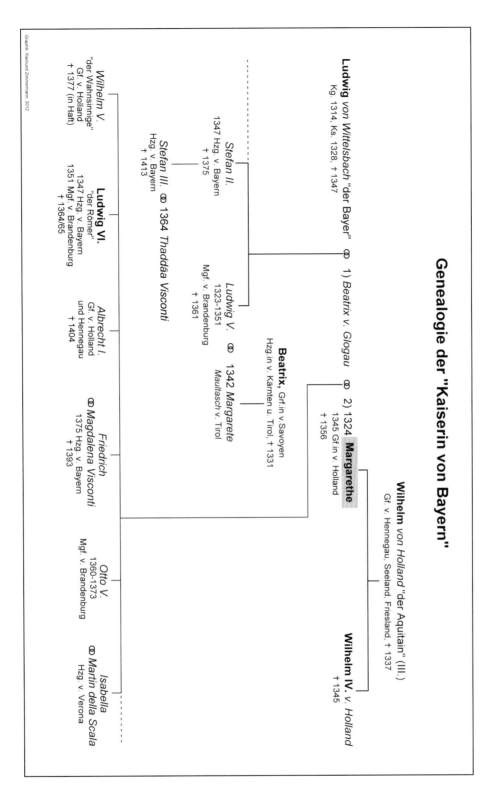

Genealogie der "Kaiserin von Bayern"

Ludwig *von Wittelsbach "der Bayer"*
Kg. 1314, Ks. 1328, † 1347

⚭ 1) *Beatrix v. Glogau*

Stefan II.
1347 Hzg. v. Bayern
† 1375

Stefan III.
Hzg. v. Bayern
† 1413
⚭ 1364 *Thaddäa Visconti*

Ludwig V.
1323-1351
Mgf. v. Brandenburg
† 1361
⚭ 1342 *Margarete*
Maultasch v. Tirol

Beatrix, Gfr.in v. Savoyen
Hzg.in v. Kärnten u. Tirol, † 1331

⚭ 2) 1324 *Margarethe*
1345 Gf.in v. Holland
† 1356

Wilhelm *von Holland "der Aquitain"* (III.)
Gf. v. Hennegau, Seeland, Friesland, † 1337

Wilhelm V.
"der Wahnsinnige"
Gf. v. Holland
† 1377 (in Haft)

Ludwig VI.
"der Römer"
1347 Hzg. v. Bayern
1351 Mgf. v. Brandenburg
† 1364/65

Albrecht I.
Gf. v. Holland
und Hennegau
† 1404
⚭ *Magdalena Visconti*
1375 Hzg. v. Bayern
† 1393

Friedrich

Otto V.
1360-1373
Mgf. v. Brandenburg

Wilhelm IV. v. Holland
† 1345

Isabella
⚭ *Martin della Scala*
Hzg. v. Verona

Grapik Raimund Zimmermann 2012

Abb. 1

375

fürstliche Frau, eben auf die schon mehrfach erwähnte Gattin Kaiser Ludwigs des Bayern verdanken[12]. Seine Name ist – wie bei fahrenden Berufssängern oft zu beobachten – ein sprechender Satzname: „Such den Wirt", d.h. such einen Haus- oder Hofherrn, einen Mäzen, der ihm die *nar*, die Nahrung gibt. Ähnlich heißen andere im 14. Jahrhundert *Suchensinn* („Such den Verstand" – bei ihm selbst natürlich!), oder Konrad *Suchendank* („such den Dank" – d.h. such die Gabe, die dem Fahrenden das Leben ermöglicht), oder *Habedank* etc.[13]. Er hat das auch selbst in einer ironisch formulierten Propagandastrophe für seine Reimsprecherkunst formuliert; eine um poetische Preisung nachfragende Dame bescheidet er[14]:

> *«Vraw, so nemt den Suechenwirt,*
> *Der red mit worten schon florirt,*
> *Den vindet man in Österreich*
> *Bey den fürsten tugentleich»*

Man nimmt freilich wohl zu Recht an, dass er Fahrender - *vagand, gerender*, wie er sagt - nur in seinen früheren Jahren gewesen ist. In den fünfziger Jahren des 14. Jahrhunderts nehmen seine mäzenatischen Beziehungen festere Formen an[15]:

1) Auftragsarbeiten für *Ludwig* V., Markgraf von Brandenburg, Sohn Ludwigs des Bayern aus erster Ehe, und seinen Hofkreis in den fünfziger Jahren. Noch 1365 beklagt er einen engen Vertrauten des Brandenburgers beim Kampf um die Mark; 1351 hat nach einer Schuldverschreibung der Markgraf *dem Suchenwirt* ein Pferd – ein typisches Spielmannsgeschenk übrigens – angewiesen.

2) 1356 wird er für König Ludwig von Ungarn und dessen Hof tätig.

3) In den späten vierziger Jahren, etwa ab Herzog Albrecht II. († 1358) findet er seinen „Tätigkeitsbereich hauptsächlich im Umkreis des Wiener Hofes"[16]. Spätestens seit 1377 ist er urkundlich als in Wien ansässig fassbar; nach dem Wohnviertel, in dem er ein

---

[12] Vgl. zu Peter Suchenwirt: Primisser, Alois (Hg.): *Peter Suchenwirt's Werke aus dem vierzehnten Jahrhunderte. Ein Beitrag zur Zeit- und Sittengeschichte*, Wien 1827; Friess, G.E.: „Fünf unedierte Ehrenreden Peter Suchenwirts", in: *Sitzungsberichte der Kaiserlichen Akademie der Wissenschaften, phil.-hist. Klasse*, Bd. 88, 1 (1877), S. 99-126; Seemüller, Josef: „Chronologie der Gedichte Suchenwirts", in: *Zeitschrift für deutsches Altertum* 41 (1897) S. 193-233; Rosenfeld: „Nordische Schilddichtung" (wie Anm. 1), S. 249; Weber, Otfried: *Peter Suchenwirt. Studien über sein Wesen und Werk*, Greifswald 1937; Helm, Karl: „Zu Suchenwirts Ehrenreden", in: *Beiträge zur Geschichte der deutschen Sprache und Literatur* 62 (1938) S. 383-390; van d'Elden, Stephanie C.: *Peter Suchenwirt and Heraldic Poetry*, Wien 1976; Dies.: „Ehrenreden" (wie Anm. 1), S. 88-101; Nolte: *Lauda post mortem* (wie Anm. 1), S. 81-114; Brinker, Claudia: *Von mannigen helden gute tat. Geschichte als Exempel bei Peter Suchenwirt*, Bern etc. 1987; Dies.: „Peter Suchenwirt", in: *Die deutsche Literatur des Mittelalters. Verfasserlexikon*, 2. Aufl., Bd. 9 (1994), Sp. 485-488; Achnitz, Wolfgang: „Die Gestörte Hochzeit. Literatur und Geschichte in den Ehrenreden des vermeintlichen Herolds Peter Suchenwirt", in: Jaroslaw Wenta (Hg.): *Mittelalterliche Kultur und Literatur im Deutschordensstaat in Preußen: Leben und Nachleben*, Torún 2008, S. 483-498.

[13] Vgl. Schanze, Frieder: „Suchensinn", in: *Die deutsche Literatur des Mittelalters. Verfasserlexikon*, 2. Aufl., Bd. 9 (1994), Sp. 478-481; ders.: „Suchendank, Konrad", ebd., Sp. 477f.; Brinker: *Von mannigen helden gute tat* (wie Anm. 12), S. 2f.

[14] Ebd., S. 4.

[15] Ebd., S. 1-8; dies.: „Suchenwirt" (wie Anm. 12), Sp. 481-483.

[16] Ebd., Sp. 482.

Haus hat, zu urteilen, ist er Hofbeamter der Habsburger, dient immer stärker dem aktiven Albrecht III., der für seine hausbezogene Publizistik – unter anderem habsburgbezogene Glasfenster im Stephansdom – auf vielen Gebieten Medienkompetenz suchte.

Suchenwirt qualifizierte sich zwischen 1352 und 1379 in starkem Maße durch zumeist, aber nicht nur aus Todesanlass geschriebene Ehren- und Preisreden, danach hat er das Genre nur noch einmal bedient, nämlich aus Anlass des Todes seines Hauptmäzens, Albrechts III. von Österreich, am 29. August 1395[17]. Man hat in der Analyse zahlreicher Anspielungen zeigen können, dass die panegyrischen Reden einen adligen Zuhörerkreis, ein höfisches Publikum, wie das des Wiener oder des Brandenburger Hofes voraussetzen, zu dem ausdrücklich Frauen gehörten. „Kennerschaft und Geschmack wurden ... in erster Linie von den Damen erwartet"[18]. Bei *Suchenwirt* sind sie die Urteilsinstanz für den Ritter, dessen nur noch in Festen und Turnieren sich artikulierende „heile", aber längst vergangene Welt er preist und sie erneuern sollen.

Für *Suchenwirts* Kunst der Preisrede ist charakteristisch die Kunst der Wappenblasonierung, der Wappenbeschreibung. Man nimmt wohl zu Recht an, dass er die Anregung für diese Kunst bei *Gelre* fand, womit sich erneut niederländisch-südostdeutsche Beziehungen andeuten, wie sie auch in der Totenklage ‚Von der Kayserin von Bayrn' auf Margarethe, Tochter des Grafen Wilhelm III. von Holland, deutlich werden, die anlässlich ihres Todes 1356 entstand, entweder für den Hof der Niederlande oder – wahrscheinlicher – erneut für den Brandenburger Hof, wo nun ihr Sohn Ludwig VI., der „Römer", Markgraf war[19].

Margarethe muss eine recht bemerkenswerte Fürstin gewesen sein[20]. Mit *Ludwig dem Bayer*, den sie 1324 geheiratet hatte, hatte sie 5 Söhne und mehrere Töchter. Die Hausinteressen richteten sich auf Bayern, die Niederlande, Brandenburg, Tirol und die oberitalienischen Potestate, vor allem Verona und Mailand. Als das holländische Grafenhaus mit dem Bruder Wilhelm IV. 1345 ausstarb, belehnte ihr Gemahl sie mit den vier Grafschaften Hennegau, Holland, Seeland und Friesland. Nach seinem Tode 1347 beging sie wohl den Fehler ihres Lebens, als sie ihrem Sohn Wilhelm V. 1349 die Regentschaft dreier Grafschaften übertrug[21]. In Holland erregten hohe Steuerlasten den Unwillen der Städte und des Adels; Kämpfe mit Friesland und Utrecht blieben erfolglos. Angesichts wachsender Unzufriedenheit entführten 1351 die Anhänger der Partei der *Kabeljauwen* („Kabeljaue") den Sohn Margarethes nach Delft und erhoben ihn zum Grafen. Ein jahrelanger Bürgerkrieg, in dem sich Margarethe zeitweise nach London flüchten musste und sich hinter ihr die Partei der *Hoeken* (als „Angelhaken" interpretiert) sammelte, zerriss das Land. Seeschlachten fielen einmal zum Vorteil der Mutter, zum anderen Male zum Vorteil des Soh-

[17] Primisser: *Peter Suchenwirt's Werke* (wie Anm. 12), Nr. V.

[18] Brinker: *Von mannigen helden gute tat* (wie Anm. 12), S. 39ff. (Zitat nach Kurt Ruh).

[19] Primisser: *Peter Suchenwirt's Werke* (wie Anm. 12), Nr. II, S. 4f.

[20] Vgl. Schmid, A.: „Ludwig IV. der Bayer", in: *Lexikon des Mittelalters*, Bd. 5 (1991), Sp. 2178-2181; Thomas, Heinz: *Ludwig der Bayer (1282-1347). Kaiser und Ketzer*, Graz / Wien / Köln 1993, S. 338f., 361, 373f.; Fößel, Amalie: *Die Königin im mittelalterlichen Reich. Herrschaftsausübung, Herrschaftsrechte, Handlungsspielräume*, Stuttgart 2000, S. 313-316, 364-369.

[21] Vgl. zu diesen Konflikten Quicke, F.: *Les Pays-Bas à la veille de la periode bourguignonne (1356-1384)*, Bruxelles 1947, S. 54-57, 76-81.

nes aus. Zum zweiten Male musste sie Wilhelm die Regentschaft der Grafschaften Holland, Seeland und Friesland abtreten. Sie starb am 23. Juni 1356 in Valenciennes.

Der Herold und Chronist *Gelre* stand offenbar auf der Seite der Mutter, denn er schloss 1355, ohne ihren – später wegen Wahnsinns abgesetzten – Sohn zu erwähnen, seine Chronik der Grafen von Holland mit auf die Würdigung ihres Bruders folgenden, ihren kaiserlichen Rang fraglos repräsentierenden (niederländischen) Versen ab[22]:

> *Margriet, zijn zuster, nemet goom,*
> *hadde Lodewiic den keyser van Room,*
> *ende hertooch van Beyeren was becant;*
> *zi wart gravinne ontfaen int lant,*
> *ende zi regneerde voir waer*
> *bicant in Hollant wel teen iaer.*

(„Margarethe, seine Schwester, habt wohl Acht, hatte Ludwig den römischen Kaiser [zum Mann], der auch als Herzog von Bayern bekannt war; sie wurde als Gräfin in diesem Land empfangen und sie regierte – das ist wahr – anerkannt in Holland wohl zehn Jahre").

Auch in einem leider nur fragmentarisch erhaltenen, zwischen 1328 (Jahr der Kaiserkrönung) und 1347 im Kreis um den Kaiser in Schwaben entstandenen Panegyrikos auf Kaiser Ludwig den Bayern, in dem Schwierigkeiten, die der Kaiser mit dem Papst hatte, die dann 1324 zu seiner Bannung durch Johannes XXII. führten, durchaus erwähnt werden, wird die Gemahlin deutlich in eigenen Preispartien gewürdigt[23]. Insbesondere ihre nicht ohne *sorgen* durchgeführte Beteiligung an der zur Kaiserkrönung und Wahl eines Gegenpapstes führenden Romfahrt von 1328 wird hervorgehoben. Wieder ist es eine Allegorie, die die Narration treibt, hier berichtet „Frau Ehre" von den Qualitäten der Kaiserin, freilich von den Lücken der Überlieferung deutlich behindert (P-IV, v. 14ff.):

> *Ich weis von ir noch mêre,*
> *Ich mein ir gantzen trúwe*
> *Die si hat stête núwe*
> *Zů ir vil lieben herren,*
> *Das kunden vnde verren*
> *Ist mit warheit worden kunt,*
> *Wie manger hande sorgen bunt*
> *Dú reine hat erlitten*
> *Mit tugentlichen sitten*
> *Verre in welschem lande*
> *Als manger wol erkande.*

---

[22] Bouton: *Wapenboek* (wie Anm. 1), S. 21-32, hier S. 32.

[23] Pfeiffer, Franz: „Bruchstücke eines Gedichtes auf Kaiser Ludwig den Baier", in: *Sitzungsberichte der phil.-hist. Classe der Kaiserlichen Akademie der Wissenschaften* 41 (1863), S. 328-365 [Fragment P]; Dr. Englert: „Zwei Bruchstücke des Gedichtes auf Kaiser Ludwig den Baier", in: *Anzeiger für deutsches Altertum* 12 (1886), S. 71-75 [Fragment E]; Schaus, Emil: „Das Gedicht auf Kaiser Ludwig den Baiern", in: *Zeitschrift für deutsches Altertum* 42 (1898), S. 07-105; Thoma, Herbert: „Ein neues Bruchstück des Gedichtes auf Kaiser Ludwig den Baiern", in: *Zeitschrift für deutsches Altertum* 58 (1921), S. 87-91 [Fragment T]; Blank, Walter: *Die deutsche Minneallegorie. Gestaltung und Funktion einer spätmittelalterlichen Dichtungsform*, Stuttgart 1970, S. 66, 112; Nolte: *Lauda post mortem* (wie Anm. 1), S. 70f.; Janota: *Orientierung* (wie Anm. 9), S. 346, 348f.; Glier, Ingeborg: „,Ludwig der Bayer' (Preisgedicht auf Kaiser L. den Bayern)", in: *Die deutsche Literatur des Mittelalters. Verfasserlexikon*, 2. Aufl., Bd. 5 (1985), Sp 991-993.

Wie kumberlich si dicke
Ze sorglichem schricke
Wart geweket harte,
Daz wag dú reine zarte … .

(„Ich weiß von ihr noch mehr, ich meine ihre vollkommene Treue, die sie stets von Neuem ihrem lieben Gemahl erweist. Das ist dem Gefolge und den Fernerstehenden als
Wahrheit bekannt geworden, wie vielfachen, wechselnden Kummer die Reine mit tugend-
haftem Anstand in fernem welschem Land [Italien] ertragen hat, wie viele wissen. Wie
leidvoll sie oft in sorgenvollem Erschrecken grob geweckt wurde, das bewegte die reine
zarte [Dame] …").

Wie Beatrix von Tirol wird Margarethe die „Reine", die „Anmutige" genannt und das
Hauptlob gilt nach dem schon vorher hervorgehobenen anstandsvollen, repräsentativen
Benehmen (v. 8: *mit rechter zúchte glimpfe* „ ein Benehmen, hervorgegangen aus guter Erziehung") der *trúwe*, der „Treue" gegenüber dem Kaiser, auf dessen Ehre und Nutzen sie
stets zielt (*êre unde fromen*). Der Preis der *trúwe* setzt sich fort, er zielt erneut auf die Ehre
des Kaisers, diese *trúwe* ist also eine politische Treue, meint stetige Partnerschaft, die sie
die kaiserliche Krone zu Recht tragen lässt (P IV, v. 36ff.):

Will ieman gantze trúwe spehen,
Der schowe die keiserinne,
Dú mit stetem sinne
Meint ir friedels êre,
Da von dú kúsche hêre
Hat keiserliche crône
Mit grosser richeit schône,
Als es der beste wollte
Empfangen als si sollte
Bi dem keiser Ludewig.

(„Will jemand wahre Treue sehen, der schaue an die Kaiserin, die mit beständigem Sinne
pflegt ihres Geliebten Ehre. Deswegen hat die Reine und Erhabene die mit großer Macht,
so wie es besser nicht sein könnte, geschmückte kaiserliche Krone vom Kaiser Ludwig,
wie es Brauch ist, empfangen.").

Die Kaiserin ist ein Exempel der *trúwe*. Dies befähigt sie dazu, die Verstrickungen des
Kaisers in die Sorge zu entwirren; so ist sie befähigt, rasch Freude lebendig werden zu lassen. Demut vereint sie mit hohem Anstand, und dieses hohe, repräsentative Verhalten ge-
biert neue Freuden. Niemand kommt an reichen Tugenden dieser Dame gleich (ebd.,
v. 46-56).

Es ist die Allegorie der Ehre, die an der Kaiserin ihre Sorge um die Ehre des Kaisers,
den *honor imperatoris*, rühmt, gewissermaßen also ihre eigene Emanation preist, die sich in
der *trúwe* äußert und Freude, höfisch repräsentative Freude produziert, wie sie als Aufgabe der Fürstin schon in der oben analysierten Klage um Beatrix von Tirol definiert wurde.

Diese Position wird im zweiten Fragment des Kaiserinnenpreises [E-II] verstärkt
(v. 10ff.). Wieder ist die Preisende wohl Frau Ehre, die in geradezu zärtlichen Tönen von
Margarethe spricht:

Ey was selden ist betagt
Dem fürsten dem si wonet bi

Si tůt in mangs sorge fri.
Vnd birt im hochgemůte
Mit ir wibes gůte …

(„Ach welches Glück ist dem Fürsten beschert, dem sie vermählt ist; sie befreit ihn von manchem Kummer und schafft ihm *hohen muot*, die *magnanimitas*, aus ihrer weiblichen Qualität heraus …").

Schon vorher wurde es formuliert und wird danach noch einmal bestärkt, dass sie allem Feind ist, was der Ehre abträglich wäre. Sie ist so sehr auf Ehre bedacht, dass sie der „Frau Ehre" Nebenbuhlerin (*gelle*) zu werden verspricht, eine Nebenbuhlerin, die diese freilich zärtlich liebt. *Er lit ir bi vnd hat doch mich ze sunder trute sicherlich: Svs ist er uns gemeine* (v. 35-37), „Er liegt bei ihr und hat doch auch mich" – sagt Frau Ehre – „zu besonderer Geliebten: so gehört er uns beiden".

Ich breche hier die Analyse ab, da die folgenden Verse, in denen sich der *Schriber* auch als Untertan der *frowe* Kaiserin, seiner Herrin, offenbart, in immer neuen, durchaus besonderen, eigenartigen Variationen, aber doch immer wieder das Thema der fürstlichen Ehre (z. B. v. 93) umkreisen.

Durchaus verwandte Töne schlägt die 1356 verfasste Ehrenrede *Peter Suchenwirts* ,Auf die Kayserin von Payrn' in der Konzipierung ihres Fürstinnenbildes an[24]. Wie die Ehrenrede auf *Wilhelm III. von Holland* ist der Preistext in die äußere Form eines Fürbittegebets, hier an *Maria muter unde magt* gerichtet[25]. Auch die weitere formale Struktur ist bemerkenswert. Ein erster Teil formuliert die Verluste, die durch den Tod der hohen Frau entstanden – es sind die sozialen Verluste der höfischen Gesellschaft – in dreizehn gewichtigen Wer-Fragen: Wer soll nun den *hohen muot*, die *magnanimitas*, als zentralen Wert der höfischen Gesellschaft pflegen? Wer soll Freude in die Herzen senken? Wer soll nun Tröstung spenden? Wer löst nun den Kummer auf? Wer übt nun um Gottes und der Ehre willen Mildtätigkeit? Wer stärkt nun die ritterliche Gesinnung durch das Spenden von Freude? Wer vermag nun die Kranken zu firmen? Wer senkt nun um des *hohen muotes* willen Liebe und Lust in die Herzen? Wer stärkt nun die Kraft beständiger Gesinnung? Wer ermutigt nun die tapfere Ritterschaft zu ehrenvoller guter Tat? Wer gibt nun Verstand und weisen Rat? Wer begegnet nun dem Spott mit höfischem Anstand? Wer übt nun solch gutes Benehmen, das niemanden zu verletzen vermag?

Der zweite Teil (ab v. 24ff.) beschwört in Übereinstimmung mit der Preisrede auf Ludwig den Bayern und auch mit der in der Totenklage auf Beatrix formulierten Konzeption die Kaiserin als Exempel der Weiblichkeit , das Gott selbst gebildet hat (v. 28ff.), nämlich als Exempel der Treue, der Ehre und der vollkommenen Tugend. Die Tote war die Verkörperung der Freigebigkeit gegenüber den Armen, des Rates und Trostes gegen-

---

[24] Primisser: *Peter Suchenwirt's Werke* (wie Anm. 12), Nr. II. Vgl. Seemüller: „Chronologie" (wie Anm. 12), S. 227f.; van d'Elden: *Peter Suchenwirt* (wie Anm. 12), S. 33, 146; Nolte: *Lauda post mortem* (wie Anm. 1), S. 112f.; Brinker: *Von mannigen helden gute tat* (wie Anm. 12), S. 31.

[25] Zu Recht betont die enge Bindung von Suchenwirts Text an die Ehrenreden Gelres und die beiden Totenklagen auf Wilhelm III von Holland († 1337) und Wilhelm IV. von Holland († 1345) Helm: „Zu Suchenwirts Ehrenreden" (wie Anm. 12), S. 383-385. Vgl. van d'Elden: „The Ehrenreden" (wie Anm. 1), S. 88-101.

über den Leidenden (v. 38ff.). Ganz ungewöhnlich und eigentlich der Hagiographie, den Leben der *sancti* vorbehalten ist die Befreiung und der Loskauf von Gefangenen (v. 44ff.). Die gepriesene Tote rückt in die Nähe der *sancti*; so können ihr auch Marienprädikate verliehen werden: *raine frucht* (v. 37), *hochgeteurtes* [carissima] *tugende chlait* (v. 59), *vrewdenreiches tawes regen* (v. 67).

Noch einmal wird der Leib beklagt (v. 54ff.), der stets im *hohen muote*, in der *magnanimitas* lebte und nach Ehren strebte. Angerufen wird mit initialem „O" (v. 59, 62) das Tugendkleid, der Ehrenkranz, den sie trug, angerufen die „Ritterschaft", die sie rühmte, deren Glanz sie war. Wieder ist es die Fürstin, deren Aufgabe es ist, Tugend und Ehre zu repräsentieren, die Erhaltung der Ritterschaft zu garantieren, ihr den Glanz zu geben, dessen sie bedürftig ist.

Im dritten Teil, nach den *similitudines*, die durch marianische Prädikatisierung, durch Zuschreibung heiliger Taten an die tote Fürstin vorbereitet wurden, wird Maria als Seelenpflegerin selbst angerufen (v. 68ff.), die Hörer werden in die Bitte um Fürbitte bei Maria eingezogen (v. 85f.):

> *Der pite gotes müter chlar,*
> *Daz dort ir sele wol gevar.*

(„Der bitte Gottes lichte Mutter, dass es ihrer Seele im Jenseits wohl ergehen möge").

Und – Zeugnis der hohen Kunst, die Suchenwirt entfaltet – erst ganz am Schluss wird der Name der toten Fürstin, den doch alle schon in der aktuellen Situation der *memoria* kennen müssen, offenbart, so dass sich die Spannung von Wissen um die Person einerseits und Wissen um die noch ausstehende zeremonielle Anrufung der Person andererseits beim Publikum lösen kann (v. 87ff.):

> *O edelen graefinn von Holant,*
> *Vraw Margret mit nam genant,*
> *Ein chaysrinn Römischz reiches,*
> *Nie wart so tugentleiches!*
> *Phleg deiner Sel geist, vater, christ,*
> *Der ye waz got und immer ist!*

(„Oh edle Gräfin von Holland, mit Namen Herrin Margarethe genannt, Kaiserin zugleich des Römischen Reiches, nie lebte jemand, so reich an Tugenden! Nimm ihrer Seel dich an, [Heiliger] Geist, Vater, Christus, der seit ewig Gott war und immer ist").

Bemerkenswert ist, dass die *Sel,* mit Majuskel geschrieben, als Person gedacht wird und in einer Näheformel mit „Du" angeredet wird.

Wie jedes ernste Genre, das seinen Sitz in der Gesellschaft hat, hat auch die Ehrenrede ihr Satyrspiel, in dem die eben noch gravitätisch zelebrierten Werte verlacht werden können. *Peter Suchenwirt* hat eine solche Parodie auf eine Ehrenrede selbst inszeniert[26], in der er einen Helden, nicht eine Heldin, vorführt, bei dem nur eines zu loben ist: die Konsequenz, in der er Ignoranz und Faulheit verbindet (v. 8ff.):

---

[26] Friess: „Fünf unedierte Ehrenreden" (wie Anm. 12), S. 118-122, Nr. V. Vgl. Weber: *Peter Suchenwirt* (wie Anm. 12), S. 11; van d'Elden: „The Ehrenreden" (wie Anm. 1), S. 96; Nolte: *Lauda post mortem* (wie Anm. 1), S. 113.

> *… er hat guter tugent vil,*
> *wenn daz er sich ir luzel went,*
> *sein herze sich nach ern sent,*
> *als nach der chazen tut die maus.*
> *hört wie er lebt in seinen haus …*

(„Er nennt wohl viele gute Tugenden sein Eigen, freilich macht er wenig Gebrauch von ihnen; sein Herz sehnt sich nach Ehre, wie nach der Katz sich sehnt die Maus. Hört, wie er lebt in seinem Haus!").

Der Held zeigt keine Freigebigkeit, kennt keine Gastfreundschaft; er hasst Feste, Tänze und die Liebe; die Turniere, auf denen Tapferkeit zu zeigen wäre, verschläft er lieber; seine Abenteuerreisen führen ihn bis zum Acker und zur Linde; als wär' er in La Mancha, schreckt ihn schon ein Has' zur Umkehr (v. 18ff.):

> *er hat zu grozzen eren phlicht,*
> *davor in gott wol sicher wais.*
> *sein lop nimpt auf in ern chrais*
> *als durrez salcz in wasser warm.*
> *der helt hat einen heizzen darm,*
> *darin er schanden vil verdewt …*

(„Er hat wohl große Ehren unter seiner Aufsicht, doch hat ihn Gott von deren Übung freigestellt. Nehmt lobend ihn in unsre Ehrenrunde auf, wie mager Salz in warmes Wasser. Der Held hat einen heißen Darm, in dem er viele Schanden kann verdauen").

Noch mehr (v. 44f.):

> *sein hercz smilzt auf der minne rost,*
> *als auf dem eys ein chalter stain.*

Das Lob dieses Anti-Helden, dieses Un-Ritters gipfelt in Wappenbeschreibung und Namennennung. Als wahrer *rusticus* führt er im Wappen Leberwurst, Futtersack und Haferstroh, bekrönt von einem Topf voll Sauerkraut. Aber erst sein Name (v. 138ff.):

> *sein nam der swaymt aus hoher art*
> *Sumolf Lapp von Ernwicht*
> *zu guten sachen unbericht.*

(„Sein Name klingt nach hoher Abkunft – *Sumolf Lapp von Ehrenwicht*, zu allen guten Dingen nicht geschickt").

Der sprechende Name ist selbst raffiniert gestaltete Parodie in der Parodie auf die Ehren-Werte des Rittertums.

1) *Sum-olf* klingt nach *sûmen* „versäumen, zögern, zu spät sein", also nach dem Ungesellschaftlichen par excellence, dessen Übung das Leben bestraft.
2) *Lapp*, das Cognomen, stellt sich zu mhd. *lappe* „einfältiger Mensch, ungeformtes Stück", nhd. *Laffe*.
3) *Ern-wicht* charakterisiert den „Wicht, den Nichtsnutz an Ehren", der er ist.

Im Zeitalter der Verbindung von Adel und Kapital ließe sich solches *nomen* wohl in etwa mit « Faulwolf Flapp von Minderwert » wiedergeben.

Es ist das gleiche Publikum, das hier angesprochen wird, nur ist die Gelegenheit eine andere als bei der feierlichen Totenrede oder Tatenpreisrede auf Herren und Damen der fürstlichen Höfe. Explizit werden die *roten mündel* der adligen Frauen angerufen, die vom Sprecher den Namen des Helden erfragen sollen, der soviel wert ist; es sind die *zarten frouwen*, die „liebreizenden Damen", die ihn bejubeln sollen …

Der Un-Held kann verlacht werden ob seines Un-Wertes, doch werden die gleichen um „Ehre" und „Tapferkeit", bei den Frauen um „Reinheit" kreisenden Werte gerade auch in der Negation befestigt. Die Preisreden, die Ehrenreden setzen ein Publikum voraus, das sich der Konventionalität des Fürstenlobes wohl bewusst war und diese Konventionen auch in der Brechung noch erleben konnte, doch ihre Geltung nicht gebrochen wissen wollte. Denn Konvention war „Übereinkunft, Verständnis, Einverständnis" und damit ein Element des Friedens.